KB119547

논어

- 일러두기

1. 원문은 많은 판본을 참고했다. 특히 《십삼경청인주소十三經淸人注疏》 가운데 (청淸) 유보남劉寶楠 찬撰, 고류수高流水 점교點校의 《논어정의論語正義》(중화서국中華書局, 1990. 3.), 《무영전십삼경주소武英殿十三經注疏》 가운데 (위魏) 하안何晏 집해集解, (송宋) 형병邢昺 소疏의 《논어주소論語注疏》(http://ctext.org/analects/zh), 주희朱熹의 《사서집주四書集註》 가운데 《논어집주論語集註》(문화도서공사文化圖書公司, 1984. 8.)를 비교·대조했다.

2. 장절 구분은 《무영전십삼경주소》 본에 따랐으며 괄호 안 숫자 표시는 이 판본의 편과 장을 표시한 것이다.
   예) 1편 1장 → 1:1

3. 기본적으로 원문·번역문·역주·해설의 네 가지 형식을 취했으나 역주가 불필요한 부분에는 달지 않았다.

4. 번역문은 원문을 현대 한국어로 직역했다. 역주는 중복되는 경우도 있으며, 장마다 해설을 달고 해설의 말미에 의역을 가미해 뜻이 통하도록 상세한 번역을 덧붙였다.

5. 같은 한자어는 같은 번역어를 쓰려고 노력했으며 부득이한 경우만 한글 문맥에 맞추어 바꾸었다. 부록으로 《논어論語》에 출현하는 〈한자 번역어 일람〉을 덧붙였다.

6. 책 이름은 《 》로, 편 이름은 〈 〉로 표기했다.

7. 역주 및 해설에서 인용하는 고문은 한문 원문을 병기하지 않음을 원칙으로 하되 인명·지명·서명 등은 원칙적으로 처음 나올 때만 각 편별로 병기했다.

완역에서 — 완독까지 | 004

논어

공자 지음 | 장현근 옮김

위즈덤하우스

정치학으로 논어 읽기

·

《논어》는 동서고금을 막론하고 가장 널리 사랑받고 읽히는 고전
이다. 그만큼 번역서도 많고, 해설서와 연구서도 많다. 유학을 전
공하는 학자라면 자신만의 《논어》 책을 한 권쯤 가지고 있다고 말
해도 될 정도로 해석이 다양하기도 하다. 《논어》를 정치적으로 해
석하려는 시도가 처음은 아니지만 사회과학을 전공하는 학자로
서 살아 움직이는 사람들의 관계를 염두에 두고 《논어》를 새롭게
해석하려는 내 나름의 시도가 필요하다고 생각해왔다. 《논어》·
《맹자孟子》·《순자荀子》·《신어新語》·《신서新書》 등 유학자들의 책을
발췌해 번역한 적이 있으니, 궁극적으로 갈 곳 또한 《논어》 완역이
었다. 물론 선배들의 지적 성취에 빚을 져온 나로서는 처음부터 전
혀 다른 해석을 내놓겠다는 생각은 없었다.

　군이 남과 다르지 않은 또 하나의 《논어》를 내서 나와 사람들을
괴롭힐 필요가 있을까? 이런 고민을 거듭하던 중에 출판사 위즈덤
하우스의 제의를 받았다. 중국 정치사상을 전공한 나는 수십 년 동
안 관련 서적 30여 권을 출간하고 논문 60여 편을 냈는데, 이 경험
을 《논어》에 담아내도 좋겠다는 생각이 들어서 제안을 받아들이

기로 했다. 특히 《논어》의 두 핵심 개념인 군자君子와 인仁을 훌륭한 정치가와 어진 정치(가)로 해석해온 내 생각을 책에 담아 '정치'에 관한 서구정치학과는 다른 관념을 제시함으로써 동서사상의 융합에 실낱같은 도움이라도 주어야겠다는 의지도 한몫했다.

어려서부터 중국 고전을 접했는데, 《사서四書》 번역서를 완독한 것은 중학교 2학년 때였다. 대학교 때는 《논어》의 한문 원문을 외우기도 했다. 중국 유학을 다녀오고 대학에서 학생들을 가르치는 동안 《논어》를 원전으로 10여 차례 완독했다.

유학 시절에 중화 5,000년 역사를 꿰고 70년 동안 한 번도 같은 강의를 하지 않았다는 역사학자 치앤무錢穆 선생이 인터뷰하는 장면을 본 적이 있다. 90대 노학자는 평생 가장 가치 있게 읽은 책을 딱 한 권 꼽으라면 주저 없이 《논어》를 선택한다고 했다. 10년 단위로 《논어》를 한 번씩 읽었는데 그때마다 다른 의미로 다가왔다는 치앤무 선생의 말에 크게 감동했다. 삼성 그룹 창업주 이병철 회장도 평생의 보배를 《논어》라고 말한 적이 있다. 선진 문헌부터 청나라 말 문헌까지 전부는 아니지만 꽤 많은 책을 통사적으로 일별해본 나도 사람들이 중국 고전 하나를 추천해달라고 하면 역시 《논어》를 먼저 권한다.

《논어》 관련 책을 낸 분들은 다 성취가 있는 분들이다. 내 연구실에는 한국어·중국어·일본어로 된 《논어》 책만 해도 서른 종이 넘는다. 일일이 다 언급할 수는 없지만 내가 참고했던 책을 내신 모든 분들의 성과를 똑같이 존경한다. 그 가운데 나는 《논어》에 대한 역사적 주석서로 주희의 《논어집주論語集註》를 최고로 여긴다. 이 책은 성백효 선생의 훌륭한 번역이 이미 있다. 그리고 역대 중국의 모든 주석을 망라한 문헌학적·고증학적 주석서는 단연 유보남의 《논어정의論語正義》를 꼽을 수 있다. 유보남의 책은 아직 한글 번역이 없지만 앞으로도 이 책의 방대한 체계와 상세한 소개를 능가하는 업적이 쉽지 않을 것이다. 그 외에도 나는 이 책을 쓰면서 김용옥 선생의 《도올논어》와 류종목 선생의 《논어의 문법적 이해》를 많이 참조했다. 솔직히 이들을 뛰어넘는 새로운 번역·해설·역주를 달 자신이 없다. 다만 내가 오랫동안 주장해온 유학 고전의 정치학적 독해를 위해 할 일이 조금 있지 않을까 생각했을 뿐이다.

나는 《논어》든 《맹자》든 《순자》든 모두 정치학 교과서라고 생각한다. 그들은 모두 정치로 세상을 구원하려는 사람들이었으며, 그들의 책은 모두 바른 사람, 좋은 세상, 올바른 정치를 위한 주장이다. 이 책은 해설 부분에서 정치학으로 《논어》 읽기를 시도한다. 극히 일부 인사들이 이와 비슷한 주장을 각 편의 몇 장 해석에 도입한 사례들은 있으나 《논어》 전체를 정치학으로 해설한 경우는 거의 없다. 제자들과 여러 차례 《논어》를 읽을 때마다 항상 정치를 개입시켜 해석하는 것이 공자孔子와 그 제자들의 원뜻에 가까우리라는 확신이 많이 들었다. 나는 정치 개념을 보다 나은 세상을 위한 인간의 노력이라고 풀이하기 때문이다.

《논어》 스무 편은 아무 기준 없이 편집된 것이 아니라 일관된 내용을 전달하기 위한 방식으로 꾸며졌다고 생각한다. 따라서 각 장을 해석할 때도 앞뒤 장과의 연관성을 동시에 고려해야지, 독립된 잠언처럼 해석하는 것은 옳지 못하다고 생각한다. 그래서 앞뒤 장들을 연결해 번역하고 해설하려고 노력했다. 또한 이 책의 원문 번역 부분에서 가급적 직역으로 원어와 번역어를 일치시키고자 했다. 예컨대 학學 자는 항상 '공부'로 번역하고, 이이의而已矣는 항상 '~할 뿐이다'로 번역했다. 의역을 덧붙이지 않으면 문의가 통하지 않는 경우가 많지만 가급적 조사를 활용해 이를 극복하고 다른 내용을 첨부하지 않았다. 대신에 해설을 풍부하게 달았다.

나는 운이 좋아서 현대 중국어와, 고대 중국어 즉 한문을 동시에 구사할 수 있다. 중국어로 된《논어》번역서는 당연히 우리보다 월등히 많다. 그 가운데 좋은 번역을 참고하고 여러 판본을 비교하면서 좋은 번역어를 찾았다고 믿는다. 나는 공자 당시의 관념이 고대 갑골문 어휘에 더 가까웠으리라고 생각한다. 그래서 일부 논란이 있거나 의미 부여가 잘되지 않는 개념어들은 역주에 갑골문 의미를 달아주었다.《논어정의》와《논어집주》등 기존 책은 대부분 한대 이후 관념들로《논어》를 주석했을 뿐, 공자 당시 한자 개념의 근원적인 문제를 접근한 경우는 없었다.

《논어》에 정치학적 해설을 시도했다는 말을 조금 더 구체화하면, 이 시대 정치인을 겨냥한 말이 아니라 정치가의 길, 리더의 길, 지도자의 길을 걷는 사람들은 마땅히 어떻게 살아야 하는가에 대한 당위적인 입장을 견지했다는 뜻이다. 기존 해설서들 가운데 사회과학적으로《논어》를 해석한 경우가 많지 않은데, 이 책에서는 정치학 용어를 동원해 해설했다. 쉽고 간결하게 논어의 정치적인 의미를 파악하는 것이 목적이었다. 다만 생각보다 많이 길어져 독자들에게 미안할 따름이다. 그럼에도 맹자孟子와 순자荀子 등 후대 유가사상을 풍부하게 반영한 해설을 통해 공자 정치사상을 도드라지게 한 점은 이 책의 작은 성취라고 생각한다.

제자들에게 《논어》를 읽힐 때마다 훌륭한 지도자에 대해 생각하라고 말한다. 공자의 사상을 한 글자로 압축하면 인仁인데, 이는 우리말로 어진 정치 또는 어진 정치가를 뜻한다. 이 책에서는 명백한 개인의 품덕과 관련된 극히 일부를 제외하고는 인仁을 모두 일관되게 어진 정치(가)로 해석했다.[1]

《관념의 변천사: 중국의 정치사상》이란 책을 쓴 적이 있다. 관념사 입장에서 사상가로서 공자의 가장 위대한 성취 가운데 하나는 군자 등 여러 정치적 관념을 재탄생시킨 것이다. 이 책에서는 군자를 훌륭한 정치가 또는 군자 정치가로 일관되게 해석했다. 공자가 군자보다 한 단계 위의 리더로 인정한 성인聖人은 위대한 정치가로 해석했다.

《논어》는 공자의 제자들이 편찬한 책이다. 그래서 자왈子曰을 "선생님이 말씀하셨다"라고 번역했다. 공자가 제자들을 가르친 일관된 취지는 수기치인修己治人(修己安人이라고도 한다)이다. 내면의 수양과 정치적 안정을 동일시한 것이다. 그는 모든 제자가 공부로 자신을 갈고닦아 위대한 정치지도자가 되기를 바랐다. 자신 또한 정치로 구세를 꿈꾸었고, 군주들이 도덕을 수양해 어진 정치를 하는 세상이 오기를 바랐다. 수기와 치인이 통일되고 공부와 실천이 통일되는 삶을 주장한 것이다. 그래서 《논어》를 수기치인이라는 관점에서 읽어야 한다고 생각한다. 《논어》 안의 모든 구절은 수기와 치인이란 이중 의미가 담겨 있다는 뜻이다.

....

1 물론 〈양화〉 21장처럼 삼년상을 부정하는 재아를 평가하며 불인不仁하다, 즉 인정머리 없다는 뜻으로 쓰는 등 특수한 경우도 있다.

유가사상에서 보는 정치는 모든 것이 통합된 전체이며, 삶에서 가장 중요한 영역이다. 나·가족·마을·국가·천하 모두가 정치의 연장선상에 있다. 따라서 수기와 치인을 꼭 구분해 읽을 필요는 없다. 하지만 현대사회에서 정치를 인식하는 방법은 윤리와 단절된 것으로서 치인에 방점이 찍혀 있다. 물론 서양 정치학의 영향이 크긴 하지만 근대사회로 전환하면서 전통적인 정치 관념을 제대로 계승하지 못했기 때문이기도 하다. 따라서 전통사회의 방식대로 수기 중심으로 《논어》를 해석하면 《논어》의 진의를 정확히 이해하지 못할 수 있다. 그렇다고 현재의 정치적 용어들을 그대로 사용해 번역한다면 전통적인 수기치인의 합일을 설명할 방법이 없다. 따라서 매 장의 앞부분 번역은 수기치인의 융합이란 관점에서 전통적인 해석을 그대로 적용하고, 뒷부분 해설에서 현대 정치학적인 관점에서 재번역하는 방식으로 책을 구성했다.

《논어》를 다 읽고서도 미진하다고 생각되거나 공자의 언행을 더 알고 싶다면 《공자가어孔子家語》를 추천한다. 이 책에는 공자와 관련된 인물 정보가 가장 많이 담겨 있다. 사마천의 《사기史記》 〈공자세가孔子世家〉와 〈중니제자열전仲尼弟子列傳〉에도 기본 정보가 실려 있다. 《공자가어》는 오랫동안 위진魏晉시대에 편찬된 위서로 취급되었다. 그러나 최근 고증에 따르면 일부는 후대에 가필된 가능성이 있으나 상당 부분이 《논어》를 기록한 후 남은 이야기들로, 《논어》보다 조금 후에 나왔을 것으로 추정한다.

2019년 3월 용인 골방에서

不諫, 장현근

《논어》 어떻게 끝까지 읽을 것인가[1]

《논어》는 공자가 제자들을 깨우치는 짧은 말씀이 대부분이며, 공자와 제자들의 대화 및 제자들의 말, 공자 일상의 모습, 제자들 간의 담론 등으로 구성되어 있다. 그래서 읽기가 어렵지 않다. 스무편의 편 구분은 별 의미가 없으며 아무 때나 책을 들추어서 한 장씩 읽어도 좋고, 차분하게 공자의 말씀만 일람해도 좋으며, 한 편씩 끊어 읽어도 좋다. 지난 2,000년간 동아시아 사람들의 필독서였기 때문에 우리말과 대화 속에 《논어》의 구절들, 이야기들, 성어들이 숱하게 살아 있어서 어느 구절을 읽어도 고개를 끄덕이게 된다.

읽기는 쉬우나 498장(어떤 판본은 521장)의 글 모든 곳에 삶과 세상을 통찰하는 깊은 지혜가 녹아 있어서 찬찬히 음미하면 더 높은 뜻에 도달할 수 있다. 공자의 말과 그의 제자들의 대화를 통해 2,500년 전의 시대를 읽을 수도 있고, 역사를 이해할 수도 있으며, 좋은 정치와 바른 세상에 대한 유교의 기본 정신을 읽어낼 수도

---

1   옮긴이의 글이다.

있다.

《논어》는 올바른 정치와 훌륭한 지도자에 대한 일관된 정신을 담고 있으며, 어진 세상을 향한 공자와 제자들의 열망이 녹아 있는 책이다. 일부분만 읽어도 공자와 초기 유가의 사상을 이해할 수 있지만, 책 전체를 읽어야 어진 정치의 전모를 확연히 깨달을 수 있다. 예컨대 공자는 인仁에 대한 제자들의 질문에 각기 다르게 대답을 했는데, 책 전체를 다 읽고 나서야 공자의 인仁이 가지는 총체적인 의미가 무엇인지, 왜 그렇게 대답했는지를 알 수 있다.

공자는 "아는 것을 안다고 하고 모르는 것을 모른다고 하는 것이 아는 것이다"라고 말한다. 《논어》는 현재 수백 종의 번역서와 해설서가 존재한다. 동서양의 역사적 성과를 모두 아우르면 수천 종에 달할 것이다. 이 책 모두 《논어》를 수없이 읽고 나름대로의 '앎'이 있는 사람들이 쓴 책이다. 이들의 생각을 다 읽어낸다는 것은 불가능한 일이다. 독자들은 《논어》를 통해 공자를 알 수 있으면 된다. 독자들이 이 책으로 성인이 아닌 인간 공자를 이해하려는 목적으로, 훌륭한 지도자는 어떤 존재인가를 염두에 두며 일독하기를 권한다.

《논어》를 처음 접하는 사람은 해설까지 꼼꼼히 읽어야 공자의 말뜻을 제대로 이해할 수 있을 것이다. 꼭 순서에 따라 읽을 필요는 없으나 혼란을 피하기 위해서는 역시 〈학이學而〉에서 〈요왈堯曰〉까지 순서대로 일독하는 것이 좋다. 중복된 부분과 단순한 사건 기록은 지나쳐도 좋다. 좀 난해한 내용은 오래 머물지 말고 표시만 해두고 넘어가면 뒤에 비슷한 내용들이 나와 저절로 그 뜻을 이해하게 될 것이다.

한국에서 고등교육을 받은 사람이라면 어떤 형태로든《논어》의 구절들을 자주 접해보았을 것이다. 다만 그것들의 정확한 의미와 전후맥락을 모르는 경우가 많다. 이런 분들은 해설을 주의해서 읽을 필요가 있다.《논어》는 제자들의 말이 상당 부분을 차지하며 모두 공자의 사상과 맥락을 같이한다. 여태 공자의 이야기인 줄 알았는데 제자의 말임을 깨닫는 경우도 있을 것이다. 해설에서는 공자와 제자들, 맹자 및 순자에 이르기까지 초기 유가사상가의 말과 공자의 말을 비교해 맥락을 분명히 하고 있으니 해설을 참고하며 읽으면 읽는 재미를 더할 수 있다.

《논어》를 일별이라도 해본 사람이거나 과거에 일부라도 읽어본 경험이 있는 사람이라면 쉽게 이해가 가는 장의 해설을 건너뛰고 읽어도 좋다. 역주와 해설 모두를 건너뛰고 원문 번역만 먼저 읽으면 몇 시간이 걸리지 않을 것이다. 그렇게 읽고 나서 관심이 가는 장을 다시 들추어 역주와 해설을 꼼꼼하게 읽어보는 것도 좋다.

《논어》를 한 번이라도 완독한 경험이 있는 독자라면 역주에 천착할 필요가 있다. 기존의 역주와 다른 새로운 시도들을 보고 평가하는 재미가 있을 것이다. 또는 우리 선조들이 그러했듯이 한자 1만 6,000자 정도인 이 책의 암송에 도전해보기를 권한다. 완벽하게 외울 필요는 없으나 외운 문장들을 소리 내어 읽는 성독聲讀을 하다보면 저절로 문리가 트여 공자의 진의에 다가갈 수 있다. 또한 외운 구절들을 정확한 의미와 더불어 자유롭게 구사할 수 있다면 각종 인간관계와 삶의 현장에서 매우 유용한 작용을 해줄 것이다.

《논어》의 많은 구절은 시대를 뛰어넘는 혜안이 담겨 있으며, 다양한 시각으로 해석이 가능한 융통성이 있다. 나이에 따라, 위치에 따라, 시각에 따라 다른 해석이 가능한 참으로 위대한 고전이다. 혼자 읽어도 좋은 책이지만 세대를 달리하는 가족끼리 읽어도 좋고, 다양한 사람들의 모임에서 함께 읽어도 좋다. 무한한 토론 거리를 제공해줄 뿐 아니라 서로의 느낌을 통해 서로를 성취시켜주는 둘도 없는 고전이다.

차례

•

01편

학이
學而

《논어》의 편명은 첫 구절 앞 두 글자 또는 세 글자를 따서 제목으로 삼은 것으로, 특별한 의미는 없다. 그렇다고 편 안의 장들이 전혀 무관한 것은 아니며, 일정 부분 같은 주제를 다루고 있다. '공부하라'는 뜻의 〈학이〉는 모두 열여섯 장으로, 공부·도·덕·효·예 등 유가사상의 핵심이자 근원적인 문제들을 언급한다.

1:1

子曰: "學而時習之, 不亦說乎? 有朋自遠方來, 不亦樂乎? 人不知而不慍, 不亦君子乎?"

•

선생님이 말씀하셨다. "공부해서 때마다 그것을 익히니 역시 즐겁지 않은가? 벗이 있어 먼 곳에서 오니 역시 즐겁지 않은가? 사람들이 알아주지 않아도 성내지 않으니 역시 군자가 아닌가?"

역주

* 자子는 자식 또는 자제라는 뜻이며, 성 뒤에 붙여 쓴다. 남자의 통칭이기도 하며, 스승 혹은 학문과 도덕이 뛰어난 사상가에게 붙이는 용어이기도 하다. 자왈子曰은 "공자가 말했다"로 번역해도 되는데, 여기서는 《논어》가 공자의 제자들이 쓴 글임을 감안해 "선생님이 말씀하셨다"로 통일한다.

* 학습學習의 학學은 산가지로 점을 치고 글자를 배우는 방을 뜻했는데, 나중에 자子 자가 붙었다. 아이들에게 산수와 글자를 가르치는 교실이 학이다. 습習은 새가 둥지에서 날갯짓을 하는 형상이다. 몸으로 익히는 실천적인 노력이 습이다. 학은 이론과 지식을 배우는 것이고 습은 생활에 실천하는 것이다. 습習 자는 여기 외에 《논어》에 두 번(〈학이〉 4장, 〈양화〉 2장) 더 나오는데 모두 후천적인 실천·실습으로 읽으면 통일된 해석이 가능하다.

* 붕朋 자의 갑골문자형은 옥 꾸러미 둘을 꿰어놓은 모양이다. 붕朋 자는 나란히 나는 새를 뜻하는 붕鵬 자가 축약되어 이후 동료·동문이란 의미로 사용되었다. 한편 옥 꾸러미를 나란히 꿰어놓은 형상에 사람 인人 자가 붙은 붕傰 자에서 사람 인人 변이 빠진 것을 붕朋 자의 원형으로 보고, '품행이 어질고 취향이 비슷한 사람끼리 교류함'을 붕朋의 원뜻으로 보는 견해도 있다. 우友는 손을 잡고 나란히 좇는 친구를 말하는데, 유붕有朋의 유有가 우友와 발음이 같아 우붕友朋 혹은 붕우朋友로 해석하는 경우도 있다. 또 붕을 붕새의 붕鵬으로 읽어서 봉황이 와서 춤추는 태평성대를 노래한 〈봉황내의鳳凰來儀〉라는 악곡으로 보는 견해도 있다. 열락悅樂의 열悅(원글자는 說)은 내면의 즐거움을 뜻하고 락樂은 밖으로 드러나는 기쁨을 말한다.

해설

첫 구절에 대해서는 수많은 해석과 논란이 있다. 느닷없이 목적어 없이 출현한 학學 자 때문이기도 하며, 이 구절이 뜻하는 바가 무엇인지 정확한 설명이 없기 때문이기도 하다. 현존하는 《논어》의 편제가 언제 구성되었는지 논란이 많다.

서한 후기에 국책 과제로 제자백가 서적이 정리되었을 때 함께 정리된 《순자》는 〈권학勸學〉에서 시작해 〈요문堯問〉에서 끝난다. 순자는 공자를 가장 닮고 싶어 한 사람이다. 순자가 《논어》의 초기 구조를 보았을 가능성이 있으며 그는 공자의 학學을 권학, 즉 공부를 권장하는 것으로 풀었다. 공자가 정치를 통한 구세를 실천적인 열정으로 드러낸 사상가라면, 순자는 냉철한 학문으로 풀어낸 학자다. 이렇게 볼 때 첫마디인 학은 공부 전체를 말한다. 무슨 공부일까? 공자에게 정치는 인생과 사회와 국가와 천하를 아우르는 총체다. 공자의 공부는 총체로서의 정치에 대한 공부다. 공자에게 인격수양은 위대하고 훌륭한 정치가가 되기 위한 전제조건이다. 그 위대한 인격의 정치가를 공자는 군자라고 불렀다. 현실 정치상 군주의 자제를 뜻하는 군자라는 말은 공자에 이르러 위대한 인격의 소유자라는 이상적인 관념으로 재창조되었다.

첫 구절의 결론은 '군자'다. 따라서 공부는 군자와 연결 지어야 한다. 학이 출발이고 군자가 목적이다. 앞서 이야기했듯이 《논어》는 수기치인의 맥락을 함께 읽어야 한다. 따라서 공자 개인의 수양 차원으로 보았을 때 공부는 정치가가 되기 위한 다양하고 수많은 공부를 뜻하며, 벗은 그것을 배우기 위해 멀리서 찾아오는 친구·제자·동지 들이다. 이때의 공자는 군주의 자제도 아니고, 벼슬을 살고 있지도 않았으니 그의 정치 아이디어가 인人에게 받아들여지지 않았을 것이다. 공경대부公卿大夫들도 임용하지 않았고 일반 사람들도 잘 몰랐을 것이다. 따라서 그런 일에 성낼 필요 없이 즐겁고 기쁘게 공부하는 것이 진정한 군자라는 이야기다.

학을 정치와 관련된 공부, 습을 정책 실습, 붕을 의견을 같이하는 정치동지, 인人을 공경대부 등 권력자와 일반 사람들, 군자를 진정한 정치가로 번역해 부정을 긍정으로 바꾸면 다음과 같다.

"정치에 관련된 공부를 해 기회가 있을 때마다 정책으로 실천하니 얼마나 즐거운가! 먼 곳에서 동지들이 찾아오니 얼마나 기쁜가! 권력자나 일반 사람들이 인정해주지 않아도 성내지 않으니 훌륭한 정치가 아닌가!"

1:2

有子曰：“其爲人也孝弟, 而好犯上者, 鮮矣; 不好犯上, 而好作亂者, 未之有也. 君子務本, 本立而道生. 孝弟也者, 其爲仁之本與!”

•

유자가 말했다. “그 사람됨이 효도하고 공순하면서 윗사람 해치기를 좋아하는 사람은 드물다. 윗사람 해치기를 좋아하지 않으면서 난亂 일으키기를 좋아하는 사람은 아직 없었다. 군자는 근본에 힘쓰며 근본이 서면 도가 생겨난다. 효성과 공순함이야말로 어짊의 근본일지니!”

역주

* 유자有子는 공자보다 서른세 살 어린 제자인 유약有若을 말한다 (《공자가어》 기준). 《맹자》와 《사기》에 따르면 유약의 외모가 공자와 닮아서 공자 사후 제자들이 유약을 공자 모시듯 했다고 하나 근거는 없다. 공자의 핵심 개념인 효제孝悌·군자·인仁 등을 적절히 다루고 있는 이 구절로 보면 유약 또한 사상 면에서 대단한 성취를 이룬 사상가로 보인다. 산둥山東성 중부 페이청肥城현에 유약을 시조로 모시는 유씨有氏 집성촌이 있다. 페이청은 역사가 좌구명左丘明의 고향이기도 하다.

* 작란作亂은 어지럽게 만든다는 뜻이나, 범상犯上, 즉 아랫사람이 윗사람을 해친다는 앞 구절과 연결하면 사회혼란이나 정치적인 난을 일으킨다는 뜻이 된다.

* 제弟는 제悌와 같다. 효는 부모나 조상에 대한 공경이고, 제는 형이나 나이 든 사람에 대한 공순함을 말한다.

해설

왜 바로 두 번째 장에 공자 다음으로 유자의 말을 인용했는지에 대해 논란이 많다. 스승 공자가 그리웠던 제자들이 스승을 닮은 유약을 존중해서라는 주장도 있으나, 증자曾子는 이를 달가워하지 않았다. 또한《논어》에 공자의 제자급임에도 자子를 부르지 않고 스승을 나타내는 자子 자를 뒤에 붙인 사례는 유독 유자와 증자 둘뿐이다. 이 때문에《논어》를 유자 혹은 증자의 제자들이 집필했다는 주장도 있다.

현존하는《논어》의 체제는 한漢대에 확립되었다. 한대는 효를 최고의 정치가치로 여겼다. 이 점에서 효제와 범상犯上, 작란作亂, 인仁을 연결시킨 유자의 이 말이 유가 정치사상의 핵심을 구성하므로 앞에 배치했을 가능성도 있다. 또한 스승의 주장을 압축해서 유창하게 풀어낼 수 있었다는 점은 유약의 학문적인 성취가 대단했음을 뜻하기도 한다.

정치로 연결시켜 해석하면 다음과 같다.

"보통 때 사람됨이 효성스럽고 공손하면서 최고지도자를 공격하기를 좋아하는 사람은 드물다. 최고지도자를 공격하기를 좋아하지 않으면서 사회혼란을 일으키기를 좋아하는 사람은 아직 없었다. 훌륭한 정치가는 사람됨의 근본에 힘쓰고 근본이 확립되면 정치의 길이 열린다. 효성과 공순이야말로 어진 정치의 근본이다."

1:3

子曰: "巧言令色, 鮮矣仁!"

•

선생님이 말씀하셨다. "말을 교묘하게 하고 낯빛을 잘 지으면서 어진 경우는 드물다."

역주

＊교언巧言은 말을 교묘하게 꾸미는 것, 영색令色은 속마음과 달리 얼굴빛을 부드럽게 잘 지어내는 것을 말한다.

해설

공자는 직直, 즉 솔직함을 좋아했다. 제자들과 이야기하면서 게으름을 변명하거나 말만 번지르르한 사람에게 매우 공격적인 자세를 취했다. 교묘하게 말을 꾸미고 억지 낯빛을 짓는 사람은 군주에게 영합해 이익을 취하려는 사람들, 즉 아첨꾼의 전형적인 모습이다. 제자를 훌륭한 정치가로 키우고 싶었던 공자는 이런 태도를 아주 경계했다.

　"말을 번지르르하게 잘하고 억지 낯빛을 잘 꾸며대는 사람이 어진 정치가가 되는 경우는 드물다."

1:4

曾子曰: "吾日三省吾身. 爲人謀而不忠乎? 與朋友交而不信乎? 傳不習乎?"

•

증자가 말했다. "나는 하루 여러 번 내 자신을 살핀다. 사람들을 위해 도모하면서 불충했는가? 친구와 더불어 사귀면서 불신했는가? 전해 받은 것을 실천하지 않았는가?"

역주

* 증자는 공자보다 여섯 살 연하인 초기 제자 증점曾點(자는 석晳)의 아들로 이름은 삼參[1]이고 자는 자여子輿. 삼은 아버지에게 배우다 열여섯인 기원전 490년부터 공자를 스승으로 모셨으며 스승의 임종을 지키고 공자의 손자인 급伋(자는 자사子思)을 가르쳤다.

* 삼三은 고대 문헌에서 셋이란 뜻도 전혀 없지는 않으나 대부분 많음, 여럿 등의 의미다. 여기서도 뒤의 세 문구가 있어서 셋으로 번역하기 쉬우나 여러 차례 반성하는 것으로 해석하는 편이 적절하다.

* 전傳은 뒤의 불습不習을 어떻게 해석하느냐에 따라 달라질 수 있으나 여기서는 스승으로부터 전해 들은 것을 뜻한다.

....

1　이 유명한 인물을 역사적으로 증삼, 현대 중국어 발음으로는 쩡선zēng shēn으로 읽어왔으며 우리나라에서도 언해諺解에 증삼으로 읽었다. 參 자는 석 삼 혹은 간여할 참으로 두 가지 발음이 있다. 청나라 고증학의 대가 왕인지王引之가 《경의술문經義述聞》〈춘추명자해고春秋名字解詁〉에서 증자의 자가 자여子輿인 것에 천착해 삼參을 곁마 참驂(현대 중국어 발음으로는 찬cān)으로 읽어야 한다고 주장한 이래 많은 논란이 있다. 성백효가 역주한 《논어집주》(전통문화연구회, 2007)의 32쪽 이야기는 여기서 비롯되었다. 하지만 고문자 연구의 핵심 서적인 허신許慎의 《설문해자說文解字》를 보면 參驂은 찬cān으로 읽는 것이 맞으나 삼森(shēn) 자 발음이 '증삼의 삼'이라고 한 점 등 후대 많은 용례에서 선shēn이 존재한 점을 보면 꼭 증참으로 읽어야 할 근거는 부족하다. 이 책에서는 관례대로 증삼으로 읽는다.

해설

증자는 공자 말년의 제자이며 공자의 수제자 안회顔回가 일찍 죽은 뒤 공자가 자신의 손자를 맡길 정도로 공자의 마음을 잘 계승한 제자였다. 심성이 착하고 부모에게 효성스럽기로 유명한 증자는 스승 말년의 정서를 깊이 이해했던 듯하다. 공자가 예순에 이순耳順하고 일흔에 종심소욕從心所欲했다는 점은 증자로 하여금 정치적 실천보다는 사람의 내면 수양에 관심을 보이도록 했을 것이다. 이러한 증자의 사상은 자사와 그의 제자를 거쳐 맹자에게 이어졌다. 이 장 또한 증자가 일상생활에서 스스로 반성하면서 했던 마음가짐을 뜻한다고 할 수 있다. 이 때문에 '군주와 백성들을 위해 정사를 도모하면서 충성을 다하지 않았는가? 정치동지들과 교류하면서 믿음을 잃지는 않았는가?' 등 현실 정치로 해석하는 것은 무리다.

불충不忠의 충忠은 내면의 성실함을 뜻한다. 충은 원래 치우치지 않는 상태를 뜻하는 관념이었는데, 공자시대에 충실과 성실이란 추상적인 의미가 더해지고, 전국시대를 지나면서 나라와 군주에 대한 충성의 의미가 조금씩 강해지기 시작했다.[2]

불신不信의 신信은 원래 수많은 말로 허락하거나 보증한다는 뜻으로 말을 믿고 실천함이니 역시 내면의 성실함과 관련이 있다.

전불습傳不習은 좀 다르며 논란이 있다. 보통 "스승으로부터 전해 들은 것을 복습·예습하지 않았다"로 해석하는데 그렇다면 공

---

2 이에 대해서는 장현근,《관념의 변천사: 중국의 정치사상》〈충효忠孝〉, 한길사, 2016, 457쪽 이하를 참조할 것.

자가 죽기 전인 증자가 스물일곱 살 되기 이전 일일 것이다. 워낙 뛰어난 인물이라 그럴 수도 있겠으나 여기서의 증자왈 즉 "증 선생님이 말씀하셨다"는 것은 증자의 제자들이 옮긴 말이다. 따라서 젊은 증자가 아니라 나이 든 증자가 하루 일과를 성찰하는 내용일 가능성이 높다. 그렇다면 공자를 존경하고 따르던 그가 스승 공자가 전해준 가르침을 현실에 습習, 즉 실천하지 않았음을 반성했다고 보는 것이 옳다. 전목錢穆은 《논어신해論語新解》에서 뒤 세 구절을 끊어 읽는 방법에 주의해 "전해 들은 것을 강습하지 않은 것을 반성한다"고 해석한 적이 있다.

"나는 하루에 여러 번 내 자신을 반성한다. 다른 사람들을 위해 일을 도모하면서 성심을 다하지 못했던 것은 아닐까? 동료와 친구와 더불어 교류하면서 믿음을 가지지 못했던 것은 아닐까? 스승으로부터 전해 받은 것을 실천에 옮기지 못했던 것은 아닐까?"

1:5

子曰: "道千乘之國: 敬事而信, 節用而愛人, 使民以時."

•

선생님이 말씀하셨다. "천승千乘의 나라를 이끌려면 일을 공경해 믿음을 쌓고, 쓰임을 절약해 사람들을 아끼고, 백성들을 때에 맞추어 부려야 한다."

역주

* 도道 자는 이끌 도導 자와 어원이 같으며 고대에는 서로 통용했

다. 최초의 의미는 교차로에서 길을 이끌어주는 사람을 뜻하는 글자였다. 나중에는 도導가 이끈다는 뜻을 지닌 대표 글자가 되고 도道는 사람이 가야 할 정당한 길·방법·수단 등을 가리키게 되었다.[3]

* 승乘은 말 네 마리가 끄는 전투용 수레를 말한다. 토지 10정井을 1승乘이라 하고 여기서 전차 한 대를 내었다고 보면 천승은 사방 100리里의 땅이다. 1승에 장교 열 명과 보병 스무 명이라는 설과 갑사甲士 세 명과 보졸 일흔두 명이 따랐다는 설 등 문헌마다 다르다. 국國은 창을 든 병사가 지키는 도성을 가진 제후국을 말한다.

* 인人은 노동자의 상형이었으나 차츰 노예 이상 계급의 모든 사람을 뜻하는 관념으로 변화했다. 민民은 처음에는 이민족 포로를 뜻하는 글자였다가 차츰 통치자 한 사람을 제외한 모든 통치대상을 가리키는 글자가 되었다.[4] 따라서 애인愛人은 모든 사람을 아끼는 것이고 사민使民은 통치대상인 백성들을 부리는 것이다.

해설

앞 장이 개인 생활의 내면 문제를 말한 것이라면 이 장은 천승의 나라, 즉 상당한 규모의 제후국을 다스리는 방법을 말한다. 《주례周禮》에는 사방 500리, 400리의 봉지도 있었다고 하지만 《맹자》에 나오는 "천자가 다스리는 땅은 사방 1,000리이고, 공후公侯가 다스리는 땅은 사방 100리이고, 백伯은 70리, 자남子男은 50리다"

---

3 이에 대해서는 같은 책, 〈도덕道德〉, 309쪽을 참조할 것.
4 이에 대해서는 같은 책, 〈신민臣民〉, 267쪽을 참조할 것.

라는 말이 더 신뢰성이 있다고 인정된다. 정확한 계산법은 알려지지 않았으나 당시 1리를 400~500미터로 보면 사방 100리의 제후국은 대략 서울시 면적의 세 배, 제주도 면적 정도다. 주나라 초에 몇 개의 제후국이 있었고 공자시대에는 몇 개의 제후국이 남아 있는지 이설이 분분하다. 문헌상 등장하는 이름만 200여 개라는 주장도 있고,《순자》〈유효儒效〉에는 "주나라 초 71개 국國을 건립하고 그 가운데 희씨姬氏 성이 유독 53개를 차지했다"라고 말한다. 기존의 국들과 주변 지역을 합하면 아주 많았을 것이다. 춘추시대에 수많은 국이 합병되었으므로 공자시대 초楚와 제齊 같은 큰 국國은 사방 1,000리에 이르기도 했을 것이다.

여기서 공자가 이야기하는 것은 주나라 초에 원칙에 따라 세워진 제후국으로 보아야 한다. 공자는 제후가 큰 나라를 이끄는 정책의 기본 원칙에 대해 이야기한 것이다.

경사敬事는 정치적 업무를 대하는 예법제도와 행정부의 정책운용 태도를 말한다. 목표는 백성들로부터 신뢰를 확보하는 것이다. 절용節用은 경제정책이다. 애인愛人, 즉 구성원 모두에 대한 사랑을 목표로 삼았다는 것은 재화를 절약해 고르게 분배해 사용해야 한다는 뜻이다. 사민使民은 국가의 각종 공사와 군역에 백성들을 동원하는 일이다. 핵심은 시時, 즉 농사철이나 겨울철을 피하는 것이다. 공자 정치사상의 기본을 이해할 수 있는 문장이다. 물자를 아끼고 민심과 자연에 순응해 백성들의 신뢰를 얻는 것이 국가운영의 기본이라는 이야기다.

"사방 100리의 큰 나라를 이끌려면 정사를 경건하게 처리해 백성들의 신뢰를 얻고, 국가재정을 절약 운영해 모든 사람에게 혜택이 돌아가게 하고, 백성들을 동원할 경우에는 적절한 때에 맞추어야 한다."

1:6

子曰: "弟子入則孝, 出則弟, 謹而信, 汎愛衆而親仁. 行有餘力, 則以學文."

•

선생님이 말씀하셨다. "자제들은 들어오면 효도하고, 나가면 공순하며, 삼가고 믿으며, 널리 민중을 아끼되 어진 사람과 친해야 한다. 이를 행하고 남은 힘이 있으면 그로써 글을 공부해라."

역주

* 제弟와 자子는 형兄과 부父에 대응하는 말이다. 효孝는 부모에게 효도함이고, 제弟, 즉 제悌는 나이 어린 동생이 연장자에게 공순하게 함이다.

* 보통 '범애중汎愛衆 이친인而親仁'으로 끊어 읽으며 "널리 민중을 사랑하고, 어진 사람을 가까이한다"라고 번역하지만 이 문장은 군자의 정치적인 태도를 말하는 것이므로 중衆 가운데 인仁한 사람이라 보고 "민중을 사랑하되 어진 사람을"이라고 이어 번역한다.

* 문文은 문예다. 열 살까지 효도와 공경의 실행을 가르치고 이어서 지적인 교육을 하라는 이야기이므로 공자의 주요 교육 내용인 육예六藝를 말한다.

해설

공부와 실천에 대한 이야기다. 공자는 언행일치 입장에서 먼저 글을 가르치고 그에 따른 실천을 강조한 사람이었으나 여기서는 "실천하고 남은 힘이 있으면 그로써 글을 공부하라"고 실천을 먼저 할 것을 요구한다. 따라서 이 문맥은 뒤부터 해석해야 한다. 글을 공부하라는 것은 관직에 나가게 만드는 공자의 주된 교육 내용인 육예를 익히라는 이야기다. 육체적·정신적 훈련과목인 예악사어서수禮樂射御書數, 즉 의례, 무악, 활쏘기, 말 타기, 글씨 쓰기, 셈은 효도와 공경을 먼저 실천한 뒤에 공부하라는 말이다. 《예기禮記》〈곡례曲禮〉에는 "열 살까지를 유학幼學이라"고 한다. 그러니까 어린아이로 하여금 부모에게 효도하고 어른을 공경하는 태도를 익히고 실천하도록 가정교육을 철저히 시키고 조금 크면 군자가 되는 생활태도를 실천하게 만든다. 삼가고, 성실하고, 널리 민중을 사랑하되 어진 사람을 가까이하는 습관을 들인 뒤 육예를 공부하라는 뜻이다. 널리 민중을 아끼고 사랑함은 정치가의 길이다. 인仁은 어진 정치를 말한다. 현인을 존중하고 민중을 포용하는 것이 군자의 태도다. 상세히 번역하면 다음과 같다.

"어린 자제들은 집에 들어오면 부모에게 효도하고, 나가면 어른을 공경하게 한다. 이어 매사에 삼가고 성실하며, 널리 민중을 사랑하고, 어진 정치를 가까이하는 태도를 기르게 한다. 이것을 실천하고도 여력이 있는 젊은이에게 관직에 나갈 문예를 공부시킨다."

1:7

子夏曰: "賢賢易色, 事父母能竭其力, 事君能致其身, 與朋友交言
而有信. 雖曰未學, 吾必謂之學矣."

•

자하子夏가 말했다. "현명한 사람을 현명하게 여기고 여색을 쉽게
여길 것이며, 부모를 모심에 그 힘을 다할 수 있어야 하며, 임금을
섬김에 그 몸을 바칠 수 있어야 하며, 친구와 말을 나누면서 믿음
이 있어야 한다. 아직 공부한 적이 없는 사람이라 하더라도 나는
반드시 그런 사람을 공부한 사람이라고 말하겠다."

역주

* 자하는 공자보다 마흔넷 어린 제자 복상卜商이다. 위衛나라 사람
이었으며 위문후魏文侯의 스승이 되었다.

* 현현賢賢의 앞 현賢 자는 현명하게 여긴다는 동사이고, 뒤 현賢 자
는 현명한 사람을 뜻하는 목적어다.

* 이색易色은 논란이 많다. 색色은 여색 또는 여색을 좋아한다는 뜻
이다. 주희의 《논어집주》에서는 "여색을 좋아하는 마음과 바꾼다"
라고 해석해 바꿀 역易으로 본다. 《논어정의》는 현현이색賢賢易色이
부부 사이에 윤리를 밝힌 것으로 해석해 여색을 귀하게 여기지 않
음, 즉 간략할 이易 자로 본다. 안사고顏師古의 주석이 특히 그렇다.
부부간에 어짊을 소중히 하고 외모는 가벼이 여기라는 뜻으로 여
겨 여기서는 '이색'으로 본다. 이易를 여如로 보아 덕을 존중하기를
색을 좋아하듯 하라고 해석해도 통한다.

해설

앞 장에서는 가정의 윤리를 실천하고 육예를 배우라고 했는데 여기에서는 배우지 않아도 배웠다고 말할 수 있을 만한 사회윤리를 언급한다. 부부간의 일, 부모를 섬기는 일, 군주를 섬기는 일, 벗과 교유하는 일 등 사람이 일생을 살아가는 데 필요한 기본적인 윤리를 공부 이전에 이루어야 할 가치로 이야기하고 있다. 사회의 출발은 남녀의 결합으로부터 비롯되니 부부간의 윤리는 외모를 따지기보다 덕성과 현명함을 소중히 여기는 것이다. 부모는 생명의 근원이니 자신의 힘을 다해 모시되 게으름을 피우지 말라는 것이다. 군주, 즉 국가는 구성원의 신체를 안전하게 보호하는 의무가 있으므로 국가를 위해 봉사할 때는 몸을 사리지 말라는 것이다. 친구와 대화를 나눌 때 믿음이 쌓여야 한다는 말은 사회적인 신뢰 구축과 관련이 있을 것이다. 공부를 이루어 위문후의 스승이 된 후 자하가 한 말임을 염두에 두고 해석해보면 다음과 같다.

"남녀 사이에는 현명함을 존중하고 외모 따위는 가벼이 여길 것이며, 집안에서 부모를 모실 때에는 게으름 피우지 말고 온 힘을 다할 것이며, 국가와 사회에 봉사할 때에는 몸을 사리지 말 것이며, 친구와 교류할 때는 사회적인 신뢰를 쌓아야 한다. 그런 사람이라면 아직 정식 공부를 시작하지 않은 사람이더라도 나는 그를 공부한 사람이라고 부르겠노라."

1:8

子曰: "君子不重則不威, 學則不固. 主忠信, 無友不如己者, 過則勿憚改."

•

선생님이 말씀하셨다. "군자가 무겁지 않으면 위엄이 서지 않고, 공부를 해도 단단하지 않다. 참됨과 믿음을 앞세우고 자기만 못한 사람을 친구로 삼지 말고, 잘못하면 고치는 것을 꺼리지 말라."

역주

* 중重은 중후하다, 돈후하다, 무겁다는 의미다. 부중不重은 태도가 중후하지 못함을 뜻한다.
* 고固는 견고하다는 의미다. 불고不固는 배워도 견고해질 수 없다는 뜻이다.
* 무無는 무毋와 음과 뜻이 같으며, 하지 말라는 이야기다.

해설

군자는 정치가다. 실제로 벼슬살이에 필요한 공부를 했든 하지 않았든 훌륭한 정치가로서 가져야 할 기본 태도에 대한 이야기다. 앞 장들과 연결된다. 권위는 정치질서의 원천이므로 말과 행동을 중후하게 해 위엄을 세워야 한다. 또한 태도가 중후하지 않으면 아무리 세상을 다스리는 공부를 해도 그 의리를 깨칠 수 없다. 충과 신을 중심에 두고 자기만 못하면 동지로 삼지 않고 잘못된 정책은 과감히 고치는 것이 정치가로서 군자의 태도다.

"정치가로서 군자가 태도를 중후하게 취하지 않으면 권위가 서지 않고, 그런 상태에서 관료가 되는 공부를 하더라도 견고한 기초를 다지기 힘들다. 자신에 대해 성실과 말에 대한 신뢰를 주요 가치로 삼고 자기만 못한 사람은 벗으로 삼지 말고, 정책에 잘못이 생기면 고치는 것을 꺼리지 말라."

1:9

曾子曰: "愼終, 追遠, 民德歸厚矣."

•

증자가 말했다. "죽음에 신중하고 먼 (제사까지) 잘 좇으면 백성들의 덕이 두텁게 돌아온다."

역주

* 종終은 죽음부터 매장까지를 말한다. 죽음에 대해 《예기》〈단궁 檀弓〉에는 "군자는 종終이라 하고 소인은 사死라 한다"라고 말한다.
* 원遠은 죽은 지 오래되어 지내는 제사를 뜻한다.

해설

증자는 효로 유명하다. 그는 생전의 부모에게 효도할 뿐 아니라 죽은 조상에게 효를 극진히 하는 것도 정치의 요체라고 설명했다. 신종愼終은 상사를 당해 성심성의껏 최선을 다하는 것을 말하고 추원追遠은 부모뿐 아니라 먼 조상에게도 경건하게 제사를 지내며 추모의 염을 다하는 것을 말한다. 민은 군주의 상대이니, 군주가 상례와 제례에 효성을 다함을 보여준다면 원래 순박한 백성들의 도타운 성정을 회복시킬 수 있다는 주장이다.

"성심을 다해 부모의 상례와 장례를 치르고 멀리 조상의 제사를 경건히 받들면 백성들의 돈후한 성정이 회복될 것이다."

1:10

子禽問於子貢曰: "夫子至於是邦也, 必聞其政, 求之與? 抑與之
與?" 子貢曰: "夫子溫良恭儉讓以得之. 夫子之求之也, 其諸異乎
人之求之與?"

•

자금이 자공子貢에게 물었다. "스승님께서 어떤 나라에 닿을 때마
다 반드시 그곳의 정치에 대해 들으셨는데 그것을 구하신 것입니
까? 아니면 (누군가) 준 것입니까?" 자공이 말했다. "스승님께서 온
화함, 선량함, 공손함, 검소함과 사양을 통해 그것을 얻으신 것입
니다. 스승님이 그것을 구하셨더라도 다른 사람들이 구하는 것과
는 여러 가지가 다른 것이었겠지요?"

역주

* 자금子禽은 공자보다 마흔 살 어린 제자 진항陳亢이고, 자공은 공
자보다 서른한 살 어린 제자 단목사端木賜다.
* 부자夫子는 덕이 높은 스승을 가리키기도 하고 대부大夫 이상의
벼슬을 한 사람을 부를 때 사용하는 경칭이기도 하다.
* 방邦은 초목으로 경계를 둔 원시적인 경계를 뜻하고, 국國은 성곽
과 수비병을 상형한 인위적인 경계를 뜻한다.[5] 《주례》〈태재太宰〉에

----

5 같은 책, 〈국가國家〉, 159쪽 이하 방邦과 국國의 차이를 참조할 것.

는 "큰 것을 방이라 하고 작은 것을 국이라 한다"라고 주석한다.

* 문聞은 들어서 아는 것을 말한다.

해설

당시 군주들이 중요한 정책을 결정할 때마다 공자에게 자문을 구하는 모습을 보고 후배 자금이 사형 자공에게 물은 것이다. 자공은 공자를 사모해 무덤 곁에서 삼년상을 두 번이나 치른 사람이다. 자공은 스승의 평소 태도를 깊이 이해하고 있었다. 온양공검양溫良恭儉讓의 온溫은 안색의 부드러움, 양良은 마음의 선함, 공恭은 공경과 엄숙, 검儉은 검약, 양讓은 겸손한 양보다. 왕충王充의 《논형論衡》 〈지실知實〉에서는 이 말을 인용해 온·양·공·검·양은 다른 사람들로부터 존경을 받는 행동이어서 사람들이 친근하고 자세히 알려준 것이라고 해석한다.

자공은 스승 공자가 여러 나라의 정치현황을 깊이 통찰하고 있던 이유에 대해 사람들과 다르게 해석했다. 공자가 애써 한자리를 구하려고 했기 때문이 아니라 높은 도덕적 행위 덕분에 스스로 깨친 것이라고 한다.

"다른 나라의 정치를 잘 아는 것은 선생님께서 온화하고 선량하고 공손하고 검소하고 겸양하는 태도를 통해 스스로 얻으신 것이다. 선생님께서 구하신 것은 다른 사람들이 구하는 권력 따위와는 다른 것이었다."

1:11

子曰: "父在, 觀其志; 父沒, 觀其行; 三年無改於父之道, 可謂孝矣."

•

선생님이 말씀하셨다. "아버지가 계시면 그 뜻을 살피고, 아버지가 돌아가시면 그 행적을 살펴 3년 동안 아버지의 도를 바꾸는 일이 없다면 효도했다고 할 만하다."

역주

* 시視는 있는 그대로 보는 것이고, 관觀은 자세히 헤아려서 살펴보는 것이다.

* 지志는 마음을 관찰하는 것이고, 행行은 실천한 행동을 살펴보는 것이다.

* 주周시대에는 한 해를 년年이라 했다. 하夏시대에는 세歲, 은殷시대에는 사祀, 요순시대에는 재載라고 했다. 3년은 부모의 상을 치르는 햇수다.

해설

효는 상당히 중요한 정치적인 행위다. 아버지가 살아 계실 때는 멋대로 할 수 없으니 아버지의 뜻을 살필 수밖에 없지만 돌아가시면 금방 다른 길을 모색한다. 적어도 상을 치르는 3년이라도 아버지의 평소 행적을 그리워하며 아버지의 길을 고치지 않는 것이 효도라는 이야기다. 정치에서 흔히 보이는 일이다. 아들이 권력을 잡으면 아버지 때의 정책과 신료들을 대거 교체하고 자신을 옹립한 사람들을 전면에 배치하며 권력기반을 강화한다.

아버지의 도를 바꾸지 않는다는 말은 도가 아닌 것은 바꾸어도 된다는 뜻으로 받아들일 수 있다. 그릇된 일이 분명한데 3년을 바꾸지 않을 수는 없기 때문이다. 택선擇善해 좋은 제도는 고치지 말고 따르라는 이야기다.

"사람들은 아버지가 살아 계실 때는 자식의 뜻을 살펴보고 아버지가 돌아가시면 자식이 하는 행동을 관찰한다. 3년 동안 아버지가 실천하신 옳은 제도를 바꾸지 말아야 효성스럽다고 말할 수 있다."

1:12

有子曰: "禮之用, 和爲貴. 先王之道斯爲美, 小大由之. 有所不行, 知和而和, 不以禮節之, 亦不可行也."

•

유자가 말했다. "예의 쓰임은 화합을 귀하게 여긴다. 선왕의 도는 이를 아름답게 여겨 작은 일이건 큰일이건 그것으로 말미암는다. 행해서는 안 되는 경우가 있는데, 화합을 알고 화합하되 예로써 그것을 절제한 것이 아니면 역시 행해서는 안 된다."

역주

* 용用은 체體에 대한 운용·작용·실행을 말한다.
* 소대小大는 작은 일과 큰일을 뜻하기도 하고, 사람의 존비귀천이나 음식·의복·궁실 등 정치제도와 관련된 크고 작음을 가리키기도 한다.
* 절節은 절제·조절 등을 뜻하는 예의 본체적인 의미다.

해설

예악을 굳이 나누면 '예주절禮主節, 악주화樂主和'로, 예는 절이 핵심이고 악은 화가 핵심이다. 하지만 예악일원禮樂一元이라는 큰 범위에서 보면 악도 예의 일종이다. 여기서는 예의 본체를 절節로 보고 화和를 예의 작용으로 보고 있다. 예의 본체는 천리를 구현하는 인간사의 원리원칙이며, 그 작용은 한쪽에 치우치지 않은 조화에 있다는 것이다. 그래서 옛 선왕들은 나라를 다스리면서 크고 작은 일에 모두 화和를 운용했다고 한다. 폭넓은 중용中庸의 조화야말로 정치세계에서 상생과 대화합을 이끌 수 있다. 하지만 조화를 추구한다면서 예의 근본 이치인 절節을 잃어서는 안 된다. 작용이 본체를 흐트러뜨릴 수는 없기 때문이다. 예의 정치적인 역할에 대해서는 《순자》의 성취가 가장 뛰어난데, 공자의 제자인 유약도 절제를 강조함으로써 예의 본질에 접근하고 있다.

"예의 운용은 조화를 가장 중요하게 여긴다. 선왕의 정치는 조화를 아름답게 여겨 크고 작은 정책이나 제도 모두 조화를 핵심으로 삼았다. 그럼에도 어떤 경우는 조화를 운용할 수 없다. 조화만을 중시하고 조화만을 추구하면서 예가 그것을 절제시키지 못한다면 실행해서는 안 된다."

1:13

有子曰: "信近於義, 言可復也. 恭近於禮, 遠恥辱也. 因不失其親, 亦可宗也."

•

유자가 말했다. "믿음이 의에 가까우면 그 말이 반복될 수 있다. 공손함이 예에 가까우면 치욕을 멀리한다. (무슨) 인척이든 그 친함을 잃지 않으면 역시 으뜸 어른이 될 수 있다."

역주

* 복復은 번복이나 반복을 뜻하는 복覆의 의미다. 여기서는 말을 거듭할 수 있는 실천을 의미한다.

* 인因은 무엇이 연유하는 원인을 말하는데, 여기서는 뒤의 친親이 가족 간의 친밀함을 뜻하므로 인척으로 번역한다.

* 종宗은 친족 범위의 으뜸이자 마루를 뜻한다. 종실의 대주이거나 한 가문의 최고 수장을 일컫는다.

해설

이 구절은 여러 논란이 있고, 함축이 많아 해석도 분분하다. 유약은 왜 인간관계의 신뢰를 도의나 의리를 뜻하는 의義와 연결시켰을까? 복復은 어떻게 해석해야 옳은가? 복復을 유보남은 복覆으로 보지만[6] 주희와 그를 따르는 성백효는 실천으로 해석한다.[7]

인因 자를 어떻게 해석하는가도 문제다. 성백효는 주인삼을 인因이라고 풀었고 류종목은 '연접하다'는 뜻의 동사로 해석했다.[8] 여기서는 맨 뒤의 종宗 자와 연결 지어 가문과 친족 간의 각종 인

---

6 유보남, 《논어정의》, 30쪽을 참조할 것.

7 성백효 역주, 《논어집주》, 44쪽; 류종목, 《논어의 문법적 이해》, http://terms.naver.com/entry.nhn?docId=2426944&cid=41893&categoryId=51342 참조할 것.

8 같은 곳.

연관계를 뜻하는 말로 해석하고자 한다. 인囚을 인婣 자로 보는 견
해도 여럿이다. 이를 토대로 살을 붙이고 정치적으로 해석하면
사회정의에 합당한 말이 유행하도록 하고, 예에 맞는 공손함을
갖추지 못한 사람은 치욕스럽게 생각하도록 하며, 가족과 같은
친밀함으로 인간관계를 완성해낸 사람을 지도자로 선택해야 한
다는 말이다.

"벗에 대한 신의가 도의에 부합할 때 약속의 말들이 거듭될 것
이다. 윗사람에 대한 공손함이 예에 부합할 때 아부한다는 욕에서
멀어질 것이다. 집안의 모든 인척과 친밀한 관계를 유지하는 사람
은 가문의 으뜸으로 존경받을 만하다."

1:14

子曰: "君子食無求飽, 居無求安, 敏於事而愼於言, 就有道而正
焉, 可謂好學也已."

•

선생님이 말씀하셨다. "군자는 먹는 데 배부름을 구함이 없고, 머
무는 데 편안함을 구함이 없고, 일에는 재빠르되 말에는 신중하며,
도가 있는 곳으로 나아가 (자신을) 바르게 하므로 공부를 좋아한다
고 말할 수 있다."

역주

* 식食은 밥을 먹는 일을 말하고, 거居는 거처를 말한다.

* 취就는 나아간다, 따른다는 뜻이며 여기서는 도가 있는 사람을

좇는다는 의미다.

* 정正은 바로잡는다, 바르게 만든다는 뜻으로, 여기서는 도가 있는 사람을 따라 자신을 바로잡는다는 의미다.

해설

《논어》에서 군자는 정치가이기도 하고 고매한 인격의 소유자이기도 하다. 굳이 인격자로 해석하면 배불리 밥을 먹지 않고 편한 삶을 추구하지 않는 이유를 안빈낙도와 같은 도덕의 성취를 바라는 삶으로 연결시킬 수 있겠다. 하지만 여기서는 정치가로 해석하면 더 적절하다. 배부르고 안락한 삶을 추구하지 않고 정무와 행정을 빠르게 처리하고 말에 신중하며 도덕적 성취가 있는 사람을 좇아 자신의 행위를 바로잡아가는 정치가, 그리하여 진정한 정치가 무엇인지 공부하는 정치가를 말한다.

"훌륭한 정치가인 군자는 음식을 먹음에 배부름을 추구함이 없고, 집에 머물며 편안함을 추구함이 없고, 정무와 행정은 근면하게 하되 말에는 신중하며, 도가 있는 사람을 좇아 자신을 바로잡으므로 공부를 좋아한다고 말해도 된다."

1:15

子貢曰: "貧而無諂, 富而無驕, 何如?" 子曰: "可也. 未若貧而樂, 富而好禮者也." 子貢曰: 《詩》云: '如切如磋, 如琢如磨.' 其斯之謂與?" 子曰: "賜也, 始可與言詩已矣! 告諸往而知來者."

•

자공이 말했다. "가난해도 아첨이 없고, 부유해도 교만이 없으면 어떻습니까?" 선생님이 말씀하셨다. "옳지만 아직 가난해도 즐겁고, 부유해도 예를 좋아하는 것만 못하다." 자공이 말했다. 《시경詩經》에 '자르듯 갈듯 쪼듯 문지르듯'이라고 하는데 그것이 이 말입니까?" 선생님이 말씀하셨다. "사가 처음으로 더불어 시를 이야기할 만하게 되었구나! 지난 일을 알렸더니 다가올 일을 아는구나."

역주

* 빈貧에 첨諂을, 부富에 교驕를 대응시켰다. 가난 때문에 굽실거리는 것이 첨이고, 부자라고 잘난 체하는 것이 교다.

* 공자는 아첨하지 않고 교만하지 않음을 가可라고 했다. 괜찮다는 뜻이다.

* 《시경》〈위풍衛風·기욱淇奧〉에 나오는 절차탁마切磋琢磨의 절과 차는 상아나 뼈를 자르고 가는 것을 말하고, 탁과 마는 옥돌을 쪼고 문지르는 것을 말한다.

* 제諸는 '~에서'를 뜻하는 어조사 저諸라기보다 상대를 지칭하는 대명사다.

* 왕往은 지난 일, 래來는 앞으로 올 일을 말한다. 공자는 여기서 한 가지를 가르쳐주면 가르쳐주지 않은 것까지 자공이 알아차림을 칭찬하고 있다.

해설

자공은 공자 말년의 젊고 충성스러운 제자였다. 나중에 장사를 해 큰 부자가 되었다. 나중에 부자가 될 것을 미리 알고 스승에게 가난해도 굽실대며 아첨하지 않고 부자가 되어 교만하지 않으면 어떠냐고 물었을 리는 없다.《논어》의 여러 군데서 공자는 가난을 부끄러워하지 말고 부유함을 자랑하지 말라고 가르치고 있다. 자공은 그 정도의 성취를 높게 여기고 질문했으나 스승은 그보다 한 단계 높은 "가난해도 즐겁고, 부유해도 예를 좋아하는" 경지를 일깨운다. 안빈낙도와 호례好禮는 아무나 쉽게 한순간에 다다를 수 없다.

자공은 외교에 능한 제자다. 공자는 부유해도 예를 지키는 것이 국제관계에서 얼마나 중요한가를 깨우쳐주고 싶었는지도 모른다. 총명한 자공은 예전에 스승에게 들었던 《시경》의 구절로 이를 표현한다. 절차탁마는 혼자 갈고닦는 것을 뜻하지 않는다. 동료 또는 스승과 열심히 토론하고 격려하고 수양하며 거친 옥돌을 정교한 완성품으로 만드는 작업이 절차탁마다. 그렇게 위대한 정치가로 거듭난다.

"가난해도 권력에 아부하는 일이 없고, 부유해도 교만하게 군림하지 않으면 어떻습니까?" 공자가 말했다. "괜찮지. 하지만 가난해도 도를 즐기고, 부유해도 예법에 맞는 행위를 좋아하는 것만 못하다." 자공이 말했다. "《시경》에 '옥을 자르듯 갈듯 쪼듯 문지르듯 하라'는 말이 있던데 그것이 이 뜻입니까?" 공자가 말했다. "자공이 처음으로 함께 시를 이야기할 만하게 되었구나! 그에게 지난 일들을 이야기해주었더니 가르쳐주지 않은 앞으로의 일까지 아는구나!"

1:16

子曰: "不患人之不己知, 患不知人也."

●

선생님이 말씀하셨다. "사람들이 자기를 알지 못함을 걱정하지 않고 사람들을 알지 못함을 걱정해야 한다."

역주

* 인人은 타인 또는 사람들을 뜻하니 문법상 동사–명사 구조로 '자신을 알아준다'는 기知己가 되어야 하는데 여기서는 거꾸로 되었다.
* '내가 타인을 알지 못하는' 것이니 부지인不知人의 앞에 기己 자가 빠졌을 수 있다. 그러나 대구이기 때문에 없어도 뜻은 통한다.

해설

사람들이 나를 알아주지 않으면 잃을 것도 없으니 걱정할 것도 없다. 일상에서 남이 나를 알아주든 말든 무슨 문제인가. 또 내가 남을 알지 못함을 걱정할 필요가 무엇인가. 다만 인간은 정치적인 동물이기 때문에 집단생활을 하면서 나를 드러내고 영향력을 행사하고 싶어 한다. 그런 정치적인 욕구 때문에 보다 많은 사람이 나를 알아주기를 바라고 알아주지 않을까봐 걱정한다. 그런데 내가 남을 알지 못하는 것이 더 큰 문제다. 더 큰 정치적인 영향력을 확보하는 것은 더 많은 사람의 욕구를 이해하는 것이기 때문이다. 그래서 훌륭한 지도자는 민심을 제대로 이해하지 못할까 걱정한다.

"사람들이 나의 능력을 알아주지 못할까봐 걱정하지 말라. 내가 백성들을 제대로 이해하지 못했는지를 걱정하라."

02편 | 위정
爲政

'정치를 한다'는 뜻의 〈위정〉은 모두 스물네 장으로 구성되어 있다. 노魯나라 정치가들이 등장하며, 정치와 효도에 대해 많이 다룬다.

2:1

子曰: "爲政以德, 譬如北辰, 居其所而衆星共之."

●

선생님이 말씀하셨다. "덕으로써 정치를 함은 마치 북극성이 그곳에 머물러도 뭇 별들이 그와 함께하는 것과 같다."

역주

* 위정爲政은 '정치를 한다'는 의미다. 공자는 권력을 교체하는 문제를 다루지 않았으며 정치가와 관료들이 어떻게 좋은 행정을 펼쳐서 백성들의 삶을 편안하게 할 것인가에 관심을 두었다.
* 북신北辰은 북극성Polaris을 말한다. 현대 과학에 의하면 천구의 북극에 고정된 별이 아니라 매우 작은 회전반경으로 일주운동을 한다. 하지만 거의 고정된 듯 보여 예로부터 모든 방위의 기준이 되었다.
* 공共을 껴안을 공拱 자로 보는 견해도 있으나 뭇 별들이 중심의 별을 둘러싸듯 백성들이 유덕한 군주를 '함께' 에워싸고 있다는 뜻이다.

해설

덕으로써 정치를 하라는 공자의 주장은 덕치德治로 개념화되어 오랫동안 동아시아 정치사회를 지배했다. 북극성은 천추天樞라고 불리는 움직이지 않는 천구의 중심이다. 본문의 북신北辰이 북극을 가리키는지에 대해서는 역사적으로 논란이 많다. 여하튼 공자의 이야기는 모든 별이 북극성을 중심으로 일주운동을 하듯 천하의 백성들이 유덕한 군주를 에워싸고 돌아간다는 말이다. 군주가 아무 일도 하지 않고 천하의 질서를 통괄하는 명당明堂에서 중심을 잡는다고 세상이 다 교화가 된다는 뜻은 아닐 것이다. 덕德으로 정치를 하는 것은 무위의 정치가 아니다. 덕德의 어원은 높은 뜻을 지향하는 고도의 인격적인 행위를 말한다.[1] 정치지도자가 위로 하늘의 행위를 받들고 아래로 자신의 행위를 바로잡아 교화하면 자연스럽게 천하 만민이 그 덕을 추종해 예악형정禮樂刑政이 모두 덕에 부합하게 될 것이다.

"덕으로 정치를 하면 마치 북극성이 제자리에 가만있는데 뭇 별들이 그것을 에워싸듯 세상이 잘 돌아갈 것이다."

2:2

子曰: "《詩》三百, 一言以蔽之, 曰: '思無邪.'"

•

선생님이 말씀하셨다. "《시경》300편을 한마디 말로 덮는다면 '생각에 어긋남이 없다'고 말하겠다."

---

1 장현근, 앞의 책, 311~313쪽을 참조할 것.

역주

* 삼백三百은 큰 숫자를 말한다. 예로부터 전해진 시가 3,000여 편에 이르렀는데 《한서漢書》〈예문지藝文志〉에 따르면 공자가 이를 305편으로 다시 정리했다고 한다. 현존 《시경》에 제목만 있고 내용이 없는 여섯 편을 합하면 311편이다. 공자는 이들을 현악기에 올려 노래로 만들었다고 한다.

* 폐蔽는 덮어서 가려짐을 말하며 막힌다는 의미에서 색塞과도 통한다.

* 사邪는 사리에 어긋난다는 의미로, 간사함·사특함 등의 의미다. 정正의 반대다.

해설

이 구절의 핵심은 사무사思無邪, 즉 "생각에 어긋남이 없다"는 것이다. 《시경》〈노송魯頌·경駉〉에 있는 문구다. 시는 생각이며, 생각을 정교한 언어로 풀어낸 것이다. 어긋나지 않은 바른 생각은 시를 짓는 사람의 마음이며, 시를 읽는 사람 또한 시인의 마음을 느껴 생각이 어긋나지 않을 수 있다. 《논어》에서 공자는 시를 통해 사물의 이름을 익히고 적절한 행동을 취하고 바른 정치를 생각하라고 가르친다. 시를 통해 위대한 지도자의 행위와 법도를 읽어낸다. 《시경》은 풍風·아雅·송頌으로 크게 분류되며, 남녀 사이의 깊은 사랑 이야기도 있지만 높은 정치적인 성취를 찬양하는 구절도 많다. 《예기》〈악기樂記〉에는 "너그럽고 고요하며 부드럽고 올바른 자는 마땅히 〈송頌〉을 노래하고, 광대하되 고요하며 소달疏達하고 믿음이 있는 자는 마땅히 〈대아大雅〉를 노래하고, 공검하고 예의를 좋아하는 자는 마땅히 〈소아小雅〉를 노래하고, 정직하고 청렴하며 사양하는 자는 마땅히 〈풍風〉을 노래하고, 정직하고 자애로운 자는 마땅히 〈상商〉을 노래하고, 온화하고 어질며 단호할 수 있는 자는 마땅히 〈제齊〉를 노래한다'라고 말한다.《순자》〈대략大略〉에는 "위를 더럽히지 않으며 스스로 이끌어 아래에 처하면서 오늘날 정치를 괴로워하고 지난 시절을 회상한다"라는 구절이 있다. 공자의 "생각에 어긋남이 없다"는 말은 《시경》을 통해 정치의 올바름을 생각하라는 의미일 것이다.

　　"《시경》300편을 한마디로 아우른다면 '세상에 대한 바른 생각으로 어긋남이 없다'라는 말이다."

2:3

子曰: "道之以政, 齊之以刑, 民免而無恥; 道之以德, 齊之以禮, 有恥且格."

　　•

선생님이 말씀하셨다. "정치로써 이끌고 형벌로써 가지런히 하면 백성들이 그것만 면하려 하고 부끄러움이 없다. 도덕으로 이끌고 예의로 가지런히 하면 부끄러움이 있고 또한 바르게 된다."

역주

＊도道는 도導 자의 변용이다. 이끈다는 뜻으로, 특히 나라를 이끈다는 의미다.

＊정政의 원래 의미는 무력으로 정복해 힘으로 통치한다는 뜻이

다.[2] 권력을 둘러싼 현상을 뜻하는 오늘날의 정치와 미묘한 의미 차이가 있다. 공안국孔安國은《논어정의》에서 정政을 '법의 가르침'이라고 한다. 하지만 여기서는 번역의 통일성을 위해 정치로 번역한다.

* 격格은 공경을 뜻하는 각恪 자로 해석하는 경우도 있고, 격심格心, 즉 마음을 바르게 가지는 것으로 해석하기도 한다.

해설

국가를 통치하는 네 가지 기제에 대해 말하고 있다. 정政은 법에 입각한 공적인 통치, 형刑은 형벌, 덕德은 통치자의 도덕성, 예禮는 사회적 공공선으로서 예의를 말한다. 군주는 정치안정을 위해 어떤 길을 선택해야 하는가?《대대예기大戴禮記》〈예찰禮察〉에는 이렇게 말한다.

"예로 다스리는 사람은 예의를 쌓고 형벌로 다스리는 사람은 형벌을 쌓는다. 형벌이 쌓이면 백성들의 원망이 배가하고 예의가 쌓이면 백성들이 화친한다. 그래서 군주는 백성들이 선으로 동질화되기를 바라는데 백성들을 선으로 나아가게 만드는 것과는 다르다. 혹자는 도덕의 가르침으로 이끌고 혹자는 법령으로 채찍질을 한다. 도덕의 가르침으로 이끄는 경우는 도덕의 가르침이 실천되어 백성들이 건강하고 즐거워하지만, 법령으로 채찍질을 하는 경우는 법령이 극단에 이르고 백성들이 슬프고 힘들어한다."

그렇다고 공적인 행정이나 형벌이 불필요하다는 이야기는 아니

---

2 장현근, 같은 책, 18~25쪽을 참조할 것.

다.《백호통의白虎通義》〈오형五刑〉에는 성인의 정치에 형벌을 두는 것은 "그것으로 도덕을 보좌해 정치를 돕는 것이니 하늘의 이치에 순응하는 제도다"라고 한다. 도덕과 예의로 이끌고 교화를 실행해도 바뀌지 않는 사람들에게는 형벌을 사용할 수도 있다. 그래서 공자는 백성들의 부끄러움 여부를 이야기한 것이다. 두려워 복종하는 것과 부끄러움을 느껴 스스로 행동을 바르게 하는 정치 가운데 어떤 길을 선택하는 것이 옳은가. 덕치와 예치가 아니라 법치·형치刑治만을 숭상하는 정치를 하면 사람들은 사나워져서 소송을 남발하고 부끄러움을 모르는 불행한 시대를 산다.

"군주가 공공행정으로 이끌고 형벌로 가지런히 하면 백성들은 요행히 법의 굴레를 벗어날 것만 생각하고 부끄러움이 없다. 도덕으로 이끌고 예로 가지런히 하면 부끄러움을 가질 뿐 아니라 바르게 살 것이다."

2:4

子曰: "吾十有五而志于學, 三十而立, 四十而不惑, 五十而知天命, 六十而耳順, 七十而從心所欲, 不踰矩."

•

선생님이 말씀하셨다. "나는 열다섯 살에 공부에 뜻을 두었고, 서른 살에 일어섰으며, 마흔 살에 헷갈리지 않게 되었으며, 쉰 살에 천명을 알았고, 예순 살에 귀가 순해졌으며, 일흔 살에 마음이 하고자 하는 바에 따라도 법도를 넘지 않게 되었다."

역주

* 십유오十有五는 열 하고도 다섯이므로, 유有 자는 또 우又 자로 본다.
* 우于는 어조사로 '~에'라는 뜻인데《서경書經》외의 고문헌에는 대부분 어於로 쓴다. 여기서 우于는 다른 판본의 호乎 자가 바뀐 것이라고 한다. 현대 중국어에서는 우于로 통일해 쓴다.
* 일어설 립立은 공부를 이루었다는 뜻이다. 도에 서고, 예에 선다는 말이 대표하듯, 서른 살이 되어 학문을 이루고 도덕을 성취했다는 의미다.
* 이순耳順은 선왕의 정치적 성취를 들어서 그 덕행을 이해하고 마음속에 어기지 않는 것이다. 귀로 들은 것을 마음으로 따르므로 귀가 순해졌다고 말한 것이다.
* 구矩는 사각을 바르게 그릴 수 있는 기구로, 법도를 뜻한다.

해설

스무 살에 대학에 들어갔다는 주장도 있으나, 고대사회에서는 열다섯 살이면 다 자란 아이로 보았다. 소학을 떼고 비로소 음양을 갖추어 지학志學, 즉 대학에 들어가 경술을 익히고 군신 간의 의례와 상하관계의 질서를 배운다. 정치적으로 의미 있는 사람이 되는 것이다. 이는 사회질서를 구성하는 도와 예를 익히고 완성함으로써 끝난다. 그래서 서른에 이립而立한다. 마흔 살에는 어떤 유혹에도 넘어가지 않고 괴이한 행동을 일삼지 않으며 사회적 존재로서 제 역할을 다해야 하는 불혹不惑의 나이다. 맹자는 마흔 살에 부동심不動心하는 것을 진정한 용기로 보았다. 쉰은 하늘이 시킨 일이 무엇인지 아는 지천명知天命의 나이다. 군자는 천명의 처음과 끝을 알아 도덕적 사명을 이해하고 어쩔 수 없는 숙명을 헤쳐 나간다. 천명을 모르면 군자라 부를 수 없다. 환퇴桓魋에게 곤란을 당할 때 공자는 "하늘이 나에게 덕을 부여해주셨다"라고 말했다. 하늘이 낳아준 것이 바로 천명이란 이야기다. 또 천명을 알았기 때문에 "나를 알아주는 것은 하늘이다"라고 말하면서 천심과 자신의 마음이 서로 통함을 밝히기도 했다. 나이 예순에 이순耳順했다는 것을 정현鄭玄은 "귀로 말을 들으면 미묘한 취지를 이해한다"라고 해석한다. 역시 사회관계·정치관계를 꿰뚫는다는 말이다. 그리하여 일흔에 종심從心함은 참된 하늘의 도를 체현하며 여유롭게 중도를 지키는 삶이 가능해진다는 것이다. 정치적 교화가 완전히 성공한 상태를 이르는 말이기도 하다.

"나는 열다섯 살에 정치관계를 배우는 대학에 뜻을 두었고, 서른 살에 그 원리와 방법을 성취했으며, 마흔 살에 정치적 자기 역할을 다하며 헷갈리지 않게 되었으며, 쉰 살에 도덕적 사명을 숙명으로 이해했고, 예순 살에 정치관계를 꿰뚫어 귀가 순해졌으며, 일흔 살에 마음이 하고자 하는 바에 따라도 법도에 어긋나지 않게 되었다."

2:5

孟懿子問孝. 子曰: "無違." 樊遲御, 子告之曰: "孟孫問孝於我, 我對曰: '無違.'" 樊遲曰: "何謂也?" 子曰: "生, 事之以禮; 死, 葬之以禮, 祭之以禮."

•

맹의자孟懿子가 효에 대해 물었다. 선생님이 말씀하셨다. "어기지 마십시오." 번지樊遲가 마차를 모는데 선생님이 그에게 알려주며 말씀하셨다. "맹손이 나에게 효에 대해 물어서 나는 '어기지 말라'고 대답했느니라." 번지가 "무슨 말씀입니까?"라고 물었다. 선생님이 말씀하셨다. "살아 계시면 예로서 섬기고, 돌아가시면 예로서 장사를 지내고 예의로서 제사를 지내야 하느니라."

역주

* 맹의자는 노나라 대부 중손하기仲孫何忌이며 의懿는 시호다.
* 번지는 기원전 515년생으로 노나라 사람이다. 공자의 일흔두 명 현인제자 가운데 하나로, 이름은 수須다.
* 무위無違는 무위毋違라고도 쓴다. 위違는 떠난다는 뜻이며 등지고 버린다는 의미다.
* 어御는 말을 몰거나 부린다는 것이다. 번지는 제자이므로 스승 대신 말을 몰았을 것이다.

해설

맹의자는 권력자로, 공자에게 배웠다. 효도를 묻는 맹의자에게 공자는 부모 대에 이루어냈던 정책들을 등지지 말라고 충고했다. 그리고 그가 이해하지 못했을까봐 번지에게 그 뜻을 보다 상세히 가르쳐주었다. 마땅히 예로써 부모를 섬겨야 한다고 말을 '어기지 말라'고 말한 것이다. 이는 말은 예로써 부모를 섬기는 일을 어기지 말라는 것이다. 대부 이상의 계급은 살아서부터 죽은 뒤까지 오직 예에 입각해 행동해야 한다. 《순자》〈예론禮論〉은 이렇게 말한다.

　"예란 삶과 죽음을 신중하게 다스리는 일이다. 삶은 사람의 시작이고, 죽음은 사람의 끝이다. 끝과 시작이 모두 좋아야 사람의 도를 마치는 것이다. 그래서 군자는 시작을 공경하고 끝을 신중히 해 시종여일하니 이것이 군자의 도이고 예의의 문채다. 신하가 제 군주를 지극히 중시하고 자식이 제 부모를 지극히 중시해야 하는 까닭은 여기서 다 끝난다."

2:6

孟武伯問孝. 子曰:"父母唯其疾之憂."

•

맹무백孟武伯이 효에 대해 물었다. 선생님이 말씀하셨다. "오직 부모의 질병을 근심하십시오."

역주

* 맹무백은 맹의자의 아들 중손체仲孫彘다. 무武는 시호다. 백伯은 형제 가운데 가장 어른을 말한다.
* 유唯는 유惟와 같으며 홀로, 오직 등의 의미다.

해설

이 구절은 해석이 둘로 나뉜다. 부모는 오직 자식이 병들까 걱정하는 것으로 보아 자식의 건강을 주문하는 것으로 해석하는 경우와, 자식으로서 걱정은 오직 부모의 병환이라고 보아 부모의 건강을 걱정하는 것으로 해석하는 경우다. 《맹자》는 "지키자면 무엇이 가장 큰 것인가? 몸을 지키는 것이 가장 크다"라고 말한다. '몸을 지

킴'으로써 부모를 섬긴다. 그래서 사람의 자식은 부모가 걱정하는 바를 알아야 하고 스스로 질병을 조심할 수 있어야 한다. 망령되고 그릇된 짓을 하지 않고 제 몸을 잃지 않아야 한다는 말이다.《논형》〈문공問公〉이나《회남자淮南子》〈설림說林〉은 후자로 해석한다. 그렇다면 '부모'라는 글자는 생략해서 읽어야 한다. 사람의 자식으로 부모의 질병을 걱정하는 것이 효도라는 이야기다. 여기서는 후자로 해석했다.

2:7

子游問孝. 子曰:"今之孝者, 是謂能養. 至於犬馬, 皆能有養. 不敬, 何以別乎?"

●

자유子游가 효에 대해 물었다. 선생님이 말씀하셨다. "오늘날 사람들의 효는 봉양할 수 있음을 말한다. 개나 말에 이르러도 모두 양육 정도는 할 수 있다. 공경하지 않는다면 어떻게 구별이 되겠느냐?"

역주

* 자유는 공자보다 마흔다섯 어린 제자로, 성은 언言이며 이름은 언偃이다.
* 능양能養은 먹여서 길러주는 것으로 어린이에 대한 양육, 어른에 대한 봉양을 할 수 있음을 말한다. 견마犬馬를 능유양能有養이라고 한 데 대해 두 가지 해석이 있다. 하나는 부모가 기르는 개나 말도 양養은 할 수 있다는 뜻으로, 부모에 대한 효는 그와 다르다는 주

장이다. 다른 하나는 먹여 살리는 양養은 개나 말도 할 수 있으며 거기에 공경이 들어가야 사람의 효라는 주장이다. 까마귀의 반포 反哺는 특수한 경우이고, 개나 말이 제 어미를 봉양하지는 않으므로 여기서는 전자의 해석을 따랐다.

* 별別은 칼로 나눈다는 의미로, 구별을 뜻한다. 동물을 양육하는 것과 부모를 봉양하는 것은 구별된다는 의미다.

해설

효는 집안의 질서를 잡아주는 핵심 이념이다. 이를 확장해 나라를 다스리는 문제도 마찬가지로 효를 중심에 두면 자발적인 질서가 유지된다. 그래서 한漢나라 때부터 중국은 중앙정부에서 정치적 교화의 가장 중요한 이념으로 효를 선택하고 강조했다. 능양能養, 즉 부모에게 음식을 봉양하는 것만이 효가 아니다.《맹자》는 〈진심盡心 상〉에서 "먹이되 사랑하지 않는다면 돼지로 키우는 것이요, 아끼되 공경하지 않는다면 짐승으로 기르는 것이다"라고 말한 적이 있다. 봉양을 하되 좋은 음식으로 공경을 다하는 것이 사람의 길이자 군자의 효도라는 이야기다. 공경의 기초는 예다. 음식이나 의복으로 봉양만 할 것이 아니라 예의를 갖춘 최대한의 공경이 효의 본질임을 공자는 자유에게 가르친 것이다.《효경孝經》에는 "효자가 부모를 섬김에 편안히 집에 있을 때는 공경을 다하고 봉양을 할 때는 최고의 즐거움에 이르게 한다"라고 말한다. 결국 부모의 마음을 즐겁고 편하게 해드리는 것이 효인데 누구나 할 수 있는 일이 아니다. 최고의 효도는 부모의 뜻을 헤아리는 양지養志이고, 그다음이 부모의 낯빛을 살피는 양색養色이고, 그다음이 음식으로 봉양하는 양체養體다.

"오늘날 사람들이 효도라고 하는 것은 음식으로 부모를 봉양할 수 있는 것만을 일컫는다. 부모가 아끼는 개나 말에도 모두 음식을 주어 양육은 할 수 있다. 부모에 대한 공경이 함께하지 않는다면 그것들과 어떻게 구별이 되겠느냐?"

2:8

子夏問孝. 子曰: "色難. 有事, 弟子服其勞, 有酒食, 先生饌, 曾是 以爲孝乎?"

●

자하가 효에 대해 물었다. 선생님이 말씀하셨다. "낯빛을 살피기가 어려우니라. 일이 있으면 자제들이 그 노고를 입고, 술과 밥이 있으면 먼저 나신 분들이 먹는 것만을 일찍이 효도로 여겼던 것이냐?"

역주

* 색난色難은 부모의 안색을 공경하고 따름이 어려운 일이라는 뜻이다. 양지養志, 즉 부모의 뜻을 헤아리는 효도가 어려운 일임을 강조해 부모의 의중에 그대로 따르며 온화한 낯빛을 짓기가 어렵다는 뜻으로 해석하기도 한다.
* 선생先生은 먼저 난 사람으로, 가족 내에서 부모와 형, 누나를 일컫는다. 《논어》에 두 번 나오는 선생은 모두 연장자란 뜻이다.
* 찬饌은 음식이다.

해설

앞에 나온 봉양의 효도만이 효도가 아니라는 주장과 일맥상통한다. 부모의 안색을 잘 살펴 그 뜻에 순응해 자신 또한 온화한 낯빛으로 받드는 효도를 하기가 어렵다는 이야기다. 자하에게 말한 스승의 충고는 부모에게 그저 먹을 것을 먼저 드시게 하거나 힘든 일을 대신해주는 것으로 효도를 다했다고 생각하면 안 된다는 것을 가르치고 있다.

"온화한 안색으로 부모의 뜻을 받들기는 어려운 일이다. 힘든 일이 있을 때 제자가 그 수고를 대신해주거나 술과 밥이 있을 때 부모나 연장자에게 먼저 드시도록 하는 것만을 일찍이 효도로 여겼단 말이냐?"

2:9

子曰: "吾與回言終日, 不違如愚. 退而省其私, 亦足以發. 回也, 不愚."

•

선생님이 말씀하셨다. "내가 회와 더불어 종일 이야기를 나누었는데 어리석은 사람처럼 (아무것도) 어기지 않았다. 물러나 그의 사생활을 살펴보니 역시 충분히 (내 말을) 발현하고 있더라. 회는 어리석은 사람이 아니다."

역주

* 회回는 공자가 가장 아끼는 제자 안회다. 노나라 사람으로, 자는 자연子淵이다.

* 불위 不違는 어긋나는 질문을 하지 않고 어리석은 사람이 선생의 말뜻을 알아듣지 못하듯이 묵묵히 듣고만 있다는 의미다.

* 퇴 退는 자리에서 물러나 자기 생활로 돌아간 나중 일을 말한다.

* 사 私는 공적인 자리와 반대되는 말로, 주희의 《논어집주》에 따르면 연거독처 燕居獨處, 즉 편안히 혼자 살아가는 사적인 생활을 말한다.

해설

공자가 가장 아끼는 제자 안회와 온종일 수업을 했다. 안회는 마치 어리석어 선생의 말을 하나도 이해하지 못하는 것처럼 아무 질문도 하지 않았다. 그런데 집으로 돌아간 안회는 선생이 말한 것을 충분히 이해하고 있을 뿐 아니라 들었던 내용을 한 걸음 더 발휘하며 살고 있었다. 이론적인 다툼보다 실천적인 삶을 훨씬 중시하는 공자와 그의 제자의 면면을 이해할 수 있는 구절이다.

"내가 안회와 종일 이야기를 나누었는데 안회는 마치 어리석은 사람처럼 아무 질문도 없었다. 그런데 나중에 그가 집에 돌아가 살아가는 모습을 살펴보니 충분히 배운 바를 더 잘 실천하고 살더라. 안회는 결코 어리석지 않다."

2:10

子曰: "視其所以, 觀其所由, 察其所安. 人焉廋哉? 人焉廋哉?"

•

선생님이 말씀하셨다. "그 까닭을 보고, 그 경유를 살피고, 편안해하는 바를 헤아린다. 그러면 사람이 어찌 감출 수 있겠는가? 사람이 어찌 감출 수 있겠는가?"

역주

* 시視·관觀·찰察은 모두 보다, 살피다, 헤아리다 등의 의미다. 일
상적으로 보는 것을 시視라 하고, 일상적이지 않게 자세히 보는 것
을 관觀이라 하고, 계산하고 따져서 살펴보는 것을 찰察이라 한다.
여기서는 얕게 보는 것에서 깊은 관찰에 이르는 순서에 따라 이야
기한 것이다.

* 소이所以는 까닭, 즉 움직임의 동기를 말한다. 소유所由는 동기에
따라 움직이는 것, 즉 동動을 말한다. 소안所安은 그런 움직임이 일
어나게 하는 내적인 상태, 즉 마음의 태도를 말한다.

* 수瘦는 '여위다'는 뜻인데 여기서는 감출 장藏 또는 숨길 닉匿의
의미다.

해설

공자가 면밀히 사람을 관찰하라는 것은 일반 사람들을 말하는 것
이 아니다. 정치에 종사하면서 보이는 태도를 말하는 것이다. 《대
대예기》〈문왕관인文王官人〉에 공자가 사람을 알아보는 방법으로
시중視中을 강조하는 대목이 있다. 여섯 가지 징후로 첫째 관성觀
誠, 즉 참된 마음을 관찰하고, 둘째 고지考志, 즉 뜻을 살펴보고, 셋
째 시중視中, 즉 중용의 태도를 살펴보고, 넷째 관색觀色, 즉 낯빛을
관찰하고, 다섯째 관은觀隱, 즉 숨기는 것이 없는지 관찰하고, 여섯
째 규덕揆德, 즉 덕이 있는지 헤아리라고 한다. 정치행위를 하는 동
기와 행동과 태도를 면밀히 관찰하는 것은 시중의 여부를 이해하

기 위함이다.

"정무에 종사하는 사람들의 그 동기를 살펴보고, 그 행동을 면밀히 관찰하고, 그 태도를 따져보면 내면을 이해할 수 있다. 사람이 어찌 숨길 수 있겠는가? 사람이 어찌 숨길 수 있겠는가?"

2:11

子曰: "溫故而知新, 可以爲師矣."

•

선생님이 말씀하셨다. "옛것을 온습하고 새것을 알면 스승이 될 만하다."

역주

* 온溫이 따뜻하게 할 심燥 자에서 비롯되었으며 그 약자인 찾을 심尋의 뜻이라는 주장이 많다.
* 사師는《예기》〈왕제王制〉에 따르면 "사람들로 하여금 모범이 되고 본받도록 할 수 있는 사람"을 뜻한다.

해설

유명한 온고지신溫故知新의 출처다. 스승은 옛것을 잘 배우고 익힌 공부를 바탕으로 학생들에게 오늘날 일까지 알려줄 수 있어야 한다. 옛것은 무엇을 뜻하는가? 사람들이 본받을 만한 덕이 있는 사람이다. 특히 정치에서 대부 계급은 유덕함으로 부사父師가 되고 사士 계급은 소사少師가 되었다. 고금을 관통해 현대를 해석할 수 있는 유덕한 스승이 되라는 이야기다.

"옛것을 온습해 새 지식을 충분히 이해시킬 수 있으면 선생 노릇을 해도 된다."

2:12

子曰: "君子不器."

•

선생님이 말씀하셨다. "군자는 그릇 정도가 아니다."

역주

* 기器는 일반적으로 사용하는 그릇을 말한다. 보통 그릇은 국을 담든지 밥을 담든지 한 가지 용도로 쓰인다.

해설

군자는 위대한 정치가로서 대도를 체득한 사람이니 어느 한 가지 용도로만 쓰는 그릇이 아니라는 이야기다. 《예기》〈학기學記〉에는 "대도는 그릇 정도가 아니다"라고 말한다. 성인의 도는 그릇처럼 한 가지 용도로만 쓰이지 않고 광범하게 백성들에게 영향을 미친다는 의미다. 여기서도 마찬가지다.

"군자는 그릇처럼 한 가지 용도로만 쓰이지 않는다."

2:13

子貢問君子. 子曰: "先行其言, 而後從之."

·

자공이 군자에 대해 물었다. 선생님이 말씀하셨다. "말보다 먼저 행동하고 그런 뒤에 말이 따라야 한다."

역주

＊종從은 누구의 뒤를 따라간다는 뜻인데 여기서는 말을 따르게 한다는 뜻이다.

해설

공자는 말을 앞세우고 실천이 따르지 않는 사람을 소인이라고 비판했다. 특히 제자 재아宰我가 그렇다고 《논어》의 여러 곳에서 비판하기도 한다. 《예기》〈치의緇衣〉에는 "군자는 말을 적게 하고 실천함으로써 신뢰를 이룬다"라고 말한다. 선행후언先行後言, 즉 실천을 먼저 하고 말은 나중에 하라고 강조한다.

　"하고자 하는 말을 먼저 실천에 옮기고 난 뒤 말이 따라야 한다."

2:14

子曰: "君子周而不比, 小人比而不周."

·

선생님이 말씀하셨다. "군자는 두루 사귀되 작당을 않지만, 소인은 작당을 하고 두루 사귀지 않는다."

역주

* 주周는 마음씨가 주변에 두루 미친다는 의미이고, 비比는 나란히 맹목적으로 서로 견주어 좇는다는 뜻이다. 정현과 공영달孔穎達은 모두 주周를 충성과 믿음으로 해석하고 비比를 당파에 아부하는 것으로 주석했다.

해설

《논어》에서 군자와 소인은 신분의 높낮이로 구분하기도 하지만 덕성의 유무로 구분하기도 한다. 여기서 소인은 덕이 없는 사람으로, 서로 작당 모의해 바른 정치를 망치는 사람들이다. 군자의 정치는 그들의 충성과 신뢰가 전국적으로 두루 미치지만 소인의 정치는 서로의 당파적 이익에 몰두해 나라를 망치는 길로 갈 뿐 전국에 영향을 주지 못한다는 이야기다. 군자의 정치는 전국에 걸친 공적인 일에 관심을 두고 연고를 배척하지만 소인의 정치는 연고에 치중해 당파적 이익만 앞세울 뿐 국익에 도움이 되지 않는다.

"군자의 정치는 두루 영향을 미치되 당파적 모의를 하지 않지만, 소인은 작당 모의를 하고 두루 영향을 미치지 못한다."

2:15

子曰: "學而不思則罔, 思而不學則殆."

•

선생님이 말씀하셨다. "공부만 하고 생각을 하지 않으면 얻는 게 없고, 생각만 하고 공부를 하지 않으면 위태롭다."

역주

* 망罔은 얻는 것이 없다는 뜻이다.
* 태殆는 정신적으로 위태로워진다는 뜻이다.

해설

학이사學而思는 유교의 유명한 학문 방법론이다. 책을 읽는 공부와 사유하는 공부라는 학문의 두 가지 길의 조화를 말한다. 하나에만 집착했을 때 생겨나는 문제점을 분명하게 짚고 넘어간다. 《순자》 〈권학〉에는 "소인의 공부는 귀로 들어가 입으로 나가버린다. 귀와 입 사이는 네 치에 불과한데 어떻게 일곱 척의 몸을 아름답게 만들 수 있겠는가?"라고 말한다. 깊은 사유가 깔린 진정한 공부만이 덕성을 함양하는 참 공부로 온 사회를 이롭게 만들 수 있다는 의미다. 사상의 바탕이 깔리지 않는 공부는 진정한 깨달음을 얻을 수 없으며, 책을 읽는 공부 없이 사색만으로 깨침에 이르겠다는 것은 게으름과 나태를 불러와 정신적으로 위태로워질 것이다. 둘 가운데 굳이 따지자면 공자는 사유하는 공부보다 책을 읽는 공부를 더 강조한다. 〈위령공〉에서 공자는 "온종일 먹지도 자지도 않고 생각만 해보았으나 무익해 책을 읽는 공부만 못하더라"고 말한 적이 있다.

"공부만 하고 생각을 하지 않으면 모호해 얻는 것이 없고, 생각만 하고 공부를 하지 않으면 위태로워 불안하다."

2:16

子曰:"攻乎異端, 斯害也已!"

•

선생님이 말씀하셨다. "이단을 전공하면 해로울 뿐이다!"

역주

* 공攻은 치다, 다스리다 등의 의미다. 공목攻木은 나무를 다루는 사람, 공금攻金은 쇠를 다루는 사람이다. 여기서는 공부에 관한 것이므로 전공이라 번역한다.
* 이단異端은 다른 실마리, 즉 공부하는 데 바른길이 아닌 잘못된 길을 말하며 여러 가지 해석이 가능하다.
* 야이也已의 이已는 그칠 지止의 의미가 있어서 여기서는 '~할 뿐이다'라고 번역한다.

해설

공자가 무엇을 이단이라 했는지 의견이 분분하다. 크게 세 가지로 생각해볼 수 있다. 하나는 공자가 오경五經 공부를 중시하고 이것을 교과목으로 가르친 사람이란 점에서 오경 이외의 공부를 이단으로 지목했다는 황간皇侃의 《논어의소論語義疏》 등이 그렇다. 둘째는 잡서, 즉 제자백가의 여러 책을 말하는 것으로 정통이 아닌 소도小道, 즉 작은 길을 다루는 책이라는 견해로 한대 정현의 주석이 그렇다. 셋째는 역시 정현이 《대학》과 《중용中庸》의 내용을 예시하며 이단은 중용의 덕에 어긋나는 양단兩端을 이야기하는 것이라고 한다. 특히 정치적으로 백성들의 폭넓은 삶과 생각을 규정하는 보편이 아니라 극우와 극좌 같은 극단적인 두 끝단에 치우치면 나라의 큰 해악이 된다는 주장이다. 맹자가 극단적인 이기주의자와 극단적인 이타주의자로 양주楊朱와 묵적墨翟을 예로 든 것도 이 맥락이라고 한다. 오로지 정도의 바른길을 갔을 때 모든 길은 하나로 통하고 이롭다는 것이다.

"이단 사설에 빠져들면 국가적으로 큰 손해일 뿐이다!"

2:17

子曰:"由! 誨女知之乎? 知之爲知之, 不知爲不知, 是知也."

•

선생님이 말씀하셨다. "유야, 너에게 앎에 대해 깨우쳐줄까? 아는 것을 안다고 하고 알지 못하는 것을 알지 못한다고 하는 것이 아는 것이다."

역주

* 유由의 성은 중仲이고 자는 자로子路다. 변卞인이며 공자보다 아홉 살 어리다.
* 회誨는 가르쳐서 깨우치는 것이다.
* 여女는 여汝로, 보통 평등한 입장에서 상대를 지칭하면서 쓰는 말이다.

해설

자로는 성격이 급하고 실천을 중시하던 용감한 제자다. 스승 공자

는 그에게 진정한 앎이란 무엇인지 깨우쳐주어 그의 행동에 깊이
가 있도록 해주고 싶었을 것이다. 《순자》〈비십이자非十二子〉에 보
면 "말을 해 마땅하면 아는 것이요, 침묵해 마땅한 것 역시 아는 것
이다"라는 말이 있다. 말과 행동으로 아는 정도가 드러난다. 아는
것을 안다고 하고 모르는 것을 모른다고 하는 것이 군자의 앎이
요, 할 수 있는 것을 할 수 있다고 하고 할 수 없는 것을 할 수 없다
고 하는 것이 군자의 실천이다. 이로써 안으로 자신을 속이지 않고
밖으로 남을 속이지 않는 참다운 사람이 된다.

  "아는 것을 안다고 하고 모르는 것을 모른다고 하는 사람이 진
정으로 아는 사람이다."

2:18

子張學干祿. 子曰: "多聞闕疑, 愼言其餘, 則寡尤; 多見闕殆, 愼行
其餘, 則寡悔. 言寡尤, 行寡悔, 祿在其中矣."

  •

자장子張이 녹을 구하는 일을 배우고자 했다. 선생님이 말씀하셨
다. "많이 듣되 의심나는 것은 뺄 것이며, 그 나머지에 대해서 말을
신중히 한다면 허물이 적을 것이다. 많이 보되 위태로운 일은 뺄
것이며, 그 나머지에 대해서 행동을 신중히 한다면 후회가 적을 것
이다. 말에 허물이 적고, 행동에 후회가 적다면 녹은 그 가운데 있
을 것이다."

역주

* 자장은 공자의 제자 전손사顓孫師다. 양성陽城 사람으로 공자보다 마흔여덟 살 어리다.
* 간록干祿의 간干은 구한다는 의미이며 녹祿은 녹봉과 지위를 말한다. 《시경》에도 이 말이 등장하는 것을 보면 공무원이 되어 월급을 받는 간록이란 말이 옛날부터 있었던 듯하다.
* 궐闕은 해야 할 일을 빠뜨리거나 빼놓는 것을 말한다.

해설

전손사는 진陳나라 사람으로 노나라에 망명을 와서 공자에게 배웠다. 정치에 능력을 보여 공자가 아꼈다. 그는 노나라에서 벼슬할 방법을 물은 것이다. 공자의 제자 번지는 어떻게 농사를 짓는지 물었고, 전손사는 어떻게 하면 공직에 나가 녹봉을 받을 수 있는지 배우고자 한 것이다. 공자는 제자들이 정치에 참여해 좋은 세상을 만들고 훌륭한 주군을 섬겨서 좋은 행정을 펼치기를 바란 사람이다. 자장의 물음에 공자는 공직자의 기본 태도를 언급하고 있다. 공자의 가르침은 꼭 관료가 되지 않아도 봉록을 받는 기본적인 마음가짐을 말하고 있다. 관직에 있는 사람들이 정책을 집행하면서 이와 같이 신중하게 언행을 한다면 그 지위와 녹봉은 보장될 것이다.

"많은 사람으로부터 의견을 들어보고 의심나는 것이 있으면 집행을 보류하고 그 나머지 정책에 대해서 신중하게 의견을 개진하면 실패할 확률이 줄어들 것이다. 과거의 경험을 많이 참고하고 결과가 위태롭다고 예상되는 일은 잠시 보류시키고, 그 나머지에 대해서도 신중하게 실행을 한다면 후회할 일이 덜 생길 것이다. 공직자로서 의견을 개진해도 허물이 적고, 정책을 실행하면서도 후회할 일이 적다면 관록은 자연스럽게 그 가운데 있게 된다."

2:19

哀公問曰: "何爲則民服?" 孔子對曰: "擧直錯諸枉, 則民服; 擧枉錯諸直, 則民不服."

●

애공哀公이 물었다. "어떻게 하면 백성들이 복종합니까?" 공자가 대답했다. "곧은 사람을 천거해 그릇된 사람 위에 놓으면 백성들이 복종하고, 그릇된 사람을 천거해 곧은 사람 위에 놓으면 백성들이 복종하지 않습니다."

역주

* 노 애공은 공자 당시의 군주다. 이른바 삼환三桓의 정치 간여 때문에 실권이 별로 없었다. 노나라는 후侯국이었으나 공·후·백·자·남 모두 해당 국가에서는 공公으로 불렸다.
* 조錯는 놓아둔다는 뜻이다.
* 저諸는 어조사로, '~에(서)'라는 뜻이다.

해설

노나라 애공의 질문에 대해 공자는 백성들의 마음을 얻는 방법을 말하고 있다. 군주의 인사임용권이야말로 통치행위의 핵심이다.

정직한 사람을 임용해 뒤틀리고 잘못된 사람을 억누르면 백성들이 마음으로 복종할 것이고, 뒤틀리고 잘못된 사람을 임용해 정직한 사람이 아랫자리에 눌려 있으면 백성들이 복종하지 않는다는 이야기다. 《순자》〈왕제王制〉에는 "현명하고 능력 있는 사람은 순서를 기다리지 말고 천거하고, 무능한 사람을 파면할 때도 때를 기다리지 말고 폐하라"고 말한다. 당시 정치현실을 보면 세 대부 집안의 발호 때문에 지위와 능력이 맞지 않은 경우가 많았고 현인들이 지위가 낮은 경우가 많았다. 공자는 이런 인사문제만 해결해도 백성들이 복종할 것이라고 말한다.

"정직한 사람을 높은 자리로 천거해 사특한 아랫사람들을 누르게 하면 백성들이 복종할 것이고, 사특한 사람을 높은 자리로 천거해 정직한 사람이 아랫자리에 있으면 백성들이 복종하지 않을 것이다."

2:20

季康子問: "使民敬忠以勸, 如之何?" 子曰: "臨之以莊則敬, 孝慈則忠, 擧善而教不能, 則勸."

●

계강자季康子가 물었다. "백성들로 하여금 공경과 충성으로 서로 권면하게 하려면 어떻게 합니까?" 선생님이 말씀하셨다. "장엄하게 임하면 공경하고, 효도하고 자애하면 충성하고, 잘한 사람을 천거해 불능한 사람을 가르치면 서로 권면합니다."

역주

＊ 권勸은 서로 잘하도록 권유하고 권면하다는 의미다.

＊ 효孝는 군주가 위로 부모에게 효도하는 것을 말하고, 자慈는 아래로 백성들에게 자애로운 것을 말한다.

＊ 선善은 무엇을 잘하는 사람을 일컫는다. 여기서는 잘하지 못하는 불능不能과 대비된다.

해설

정치의 요체는 민심 획득이다. 충忠은 참되고 성실한 삶의 태도로서 충성이다. 백성들로부터 어떻게 마음에서 우러나오는 공경과 충성을 얻어낼 것인가라는 질문에 공자는 장莊·효자孝慈·거선擧善이라고 대답했다. 장은 장엄하고 위엄 있는 태도를 유지하는 것이다. 그것은 한 점 부끄러움이 없는 도덕적인 삶을 성취했을 때 나온다. 효는 자기 부모를 섬기듯 나이 든 사람을 모시는 것이며, 자는 자기 자식을 아끼듯 어린 백성들을 사랑하는 것이다. 거선은 유능한 사람을 임용해 무능한 사람을 가르치도록 하는 것이다.

"장엄한 권위로 사람들을 대하면 백성들이 공경하고, 위로 부모에게 효도하듯 어른을 모시고 아래로 자식을 대하듯 백성들을 자애하면 백성들이 충성하고, 선하고 유능한 사람을 천거해 불능한 사람을 가르치면 백성들이 서로 공경과 충성으로 권면하게 된다."

2:21

或謂孔子曰: "子奚不爲政?" 子曰: 《書》云: '孝乎惟孝, 友于兄弟,施於有政.' 是亦爲政, 奚其爲爲政?"

•

어떤 사람이 공자에게 말했다. "선생께서는 어찌 정치를 하지 않으십니까?" 선생님이 말씀하셨다. "《서경》에 '효도해라, 오직 효도하고 형제간에 우애 있으면 정치가 시행되고 있음이다'라고 했습니다. 이 역시 정치를 하는 것인데, 어찌 위정자가 되어야만 하겠습니까?"

역주

* 서書는 《서경》〈군진君陳〉을 변용한 것이다. 현존 《서경》에는 "유효우우형제惟孝友于兄弟, 극시유정克施有政"이라 한다. 비슷한 해석이 가능하다.

* 효호유효孝乎惟孝를 앞에 붙여 "《서경》에 효에 대해서 말하고 있나니![書云孝乎]"라고 한 뒤 《서경》〈군진〉처럼 '유호우우형제惟孝友于兄弟'라고 나누어 해석하는 견해가 있다. 주희의 《논어집주》가 그 경우다. 그런데 효의 작용을 강조하는 공자의 생각을 중복시켜 표현한 것으로 보는 견해가 다수다.

* 정政은 정치로 해석하지만 고대의 정은 오늘날의 정치politics처럼 권력을 쟁취하려고 벌이는 현상으로 볼 수는 없다. 다만 가치의 권위적 배분과 같은 추상적인 의미, 전체 구성원의 안정된 삶이나 보다 나은 세상을 향한 노력 등은 오늘날이나 공자의 시대나 마찬가지였다. 고대 문헌에서 정政은 주로 행정, 정책, 정부의 명령, 갈등조정 등을 뜻한다.

노 정공定公 초기 공자가 벼슬하지 않았을 때 어떤 사람이 이를 빗대어 말한 것이리라. 공자는 정치의 요체를 담은 《서경》의 구절을 인용해 집안에서 부모에게 효도하고 형제간에 우애 있도록 해 아름다운 질서가 잡히는 것 자체가 이미 정치인데 군이 정치현장에 나가야 정치를 하는 것이냐고 말한다. 사실 우리 삶 자체가 정치다. 우리의 생활 어디든 권력현상은 있으며, 그 어떤 인간관계든 지배와 복종의 상관관계는 존재한다. 그 인간관계의 아름다운 질서는 효도와 우애라는 가족 내 도덕의 실천의 연장선상에 있다. 유교 국가 관념의 특징은 정치와 질서를 기본적으로 '가족 → 마을 → 국가 → 천하'로 확장되는 과정으로 본다는 점이다. 공자는 비근한 일상에서도 정치현상을 목격할 수 있으며 작은 집안에서도 얼마든지 정치의 요체를 실천할 수 있다고 생각했다.

  《서경》에 '효도해라, 오직 위로 부모에게 효도하고 아래로 형제간에 우애 있으면 정치는 그 가운데 이미 시행되고 있는 것이다'라고 했다. 이 역시 정치를 하는 것인데, 어찌 정계로 나가 위정자가 되어야만 정치를 하는 것이겠는가?"

2:22

子曰: "人而無信, 不知其可也. 大車無輗, 小車無軏, 其何以行之哉?"

•

선생님이 말씀하셨다. "사람이면서 믿음이 없으면 무엇이 될지 모르겠다. 큰 수레에 끌채의 끝이 없고, 작은 수레에 끌채의 쐐기가 없다면 어떻게 그것을 가게 하겠는가?"

역주

* 가可는 할 수 있다, 될 수 있다 등의 의미인데 여기서는 인간 됨에 관한 여러 가지 뜻을 함축하고 있다.
* 대거大車는 보통 짐을 싣는 우마차를 이야기한다.
* 소거小車는 말이 끄는 군대용 작은 전차 등을 말한다.
* 예輗는 수레와 소의 멍에를 이어주는 끌채 연결부위를 말하고 월軏은 멍에의 끝과 끌채의 연결부위를 이어주는 쐐기를 말한다.

해설

인의예지신仁義禮智信 오덕 가운데 신信은 모든 덕목의 기초다. 말에 대한 믿음을 뜻하는 신은 특히 인간의 정치적·사회적 삶의 핵심이다.《여씨춘추呂氏春秋》〈귀신貴信〉에는 말에 신용이 없으면 모든 일이 불만이라며 이렇게 말한다.

"군신 간에 믿음이 없으면 백성들이 비방하고 사직이 편안치 못하다. 관직에 있으면서 믿음이 없으면 아랫사람이 윗사람을 두려워하지 않고 귀천 간에 서로를 경시한다. 상벌에 믿음이 없으면 백성들이 쉽게 법을 어기고 명령을 관철시킬 수 없다. 친구 간에 믿음이 없으면 헤어지고 원한을 맺어 서로 친할 수 없다. 기술자들이 믿음이 없으면 기계가 어긋나고 단청과 염색이 잘못된다."

믿음이 없으면 그 어떤 인간관계도 유지할 수 없으므로 공자는 사람 노릇을 못 한다고 말한 것이다.

"사람이면서 믿음이 없으면 사람으로서 무엇을 할 수 있을지 모르겠다. 큰 수레에 수레와 멍에를 이어주는 끌채의 연결부위가 없고, 작은 수레에 끌채를 걸어주는 쐐기가 없다면 무엇으로 연결해 그것을 앞으로 나가게 할 수 있겠는가?"

2:23

子張問: "十世可知也?" 子曰: "殷因於夏禮, 所損益, 可知也; 周因於殷禮, 所損益, 可知也; 其或繼周者, 雖百世可知也."

●

자장이 물었다. "열 세대 뒤를 알 수 있습니까?" 선생님이 말씀하셨다. "은나라는 하나라 예에 따랐으니 줄이고 더한 바를 알 수 있다. 주나라는 은나라 예에 따랐으니 줄이고 더한 바를 알 수 있다. 혹여 주나라를 잇는 나라가 있다면 비록 100세대라 하더라도 알 수 있을 것이다."

역주

* 세世는 30을 뜻하는 세卋 자로, 30년을 1세로 본다. 한편 굳이 30년 한 세대를 말할 이유가 없으며, 새 왕조를 개창해 천명을 받기까지 30년이 걸린다는 데 착안해[3] 자장의 '십세'를 '열 왕조'로 해석하는 경우도 있다. 이 경우 뒤에 공자가 세 왕조만을 언급한 것과 백세百世를 언급한 것을 이해하기 어려워진다.

....

3   성백효 역주, 앞의 책, 73쪽을 참조할 것.

* 하夏·은殷·주周 삼대三代는 왕조의 이름이지만 지명에서 유래했다는 설이 유력하다. 동중서董仲舒는 여기에 하나라 이전 요임금의 당唐과 순임금의 우虞가 언급되지 않았다는 점을 예로 들며 당·우·하의 제도가 같았다고 주장하기도 한다.

해설

제도는 법이며 예는 제도다. 자장은 300년 정도를 왕조의 주기로 보고 후세의 예법이 어떻게 변할지 물은 것이다. 왕조마다 여러 가지 제도의 변화와 추구하는 가치의 변화는 있을 수 있지만 정부가 바뀌면서 옛 정부의 기본을 모두 바꾸지 않는 한 국가를 움직이는 기본 제도는 바뀌지 않을 것이다. 역사를 관통하는 이 법칙이 통용되어 주나라를 계승하는 나라가 있다면 3,000년 정도까지도 알 수 있다고 공자는 말하고 있다.

《순자》〈천론天論〉에는 "수많은 왕조에도 변함없이 관통하는 도가 있어 도관道貫으로 삼을 수 있다. 한 번 폐해지고 한 번 흥기해도 일관되게 대응한다"라고 말한다. 성왕이 만들어놓은 국가운영의 기본 예법은 시대가 바뀌어도 변하지 않는다는 말이다. 순자도 그렇지만 공자도 당시 상존하고 있는 주나라의 예법에 정통한 사람이었다. 지금 존재하는 주나라 예법으로 거꾸로 은나라 정치제도를 추정할 수 있고, 또 더 멀리 하나라의 예법까지 추정할 수 있다는 말이기도 하다. 한대 사람들은 그 예법이 삼강오륜이라고 주장하지만 삼강三綱은 한대에 생겨난 관념이므로 순자가 말한 예법이 더 적절하다. 한편 질박하고 순수한 바탕을 뜻하는 질質과 꾸밈과 형식을 앞세우는 문文으로 해석할 수도 있다. 공자는 문질文質

의 조화를 이상적인 정치상으로 보았는데 은나라는 질을 중시하고, 주나라는 문을 중시해서 공자가 이들의 조화를 언급한 것이라는 주장도 가능하다.

"질박한 은나라의 제도는 하나라의 예법에 기인해 만들었으므로 빠진 것과 더해진 것을 알 수 있다. 형식을 중시한 주나라의 예법은 은나라 제도에 기인해 만들었으므로 빠진 것과 더해진 것을 알 수 있다. 앞으로 혹여 주나라의 예법제도를 계승하는 나라가 있다면 100세대 이후라 하더라도 알 수 있을 것이다."

2:24

子曰: "非其鬼而祭之, 諂也. 見義不爲, 無勇也."

•

선생님이 말씀하셨다. "자기 귀신이 아닌데도 제사를 올리는 것은 아첨이다. 의를 보고도 행하지 않는 것은 용기가 없는 것이다."

역주

* 귀鬼는 귀신에 대한 통칭이다. 사람이 죽으면 귀신이 된다고 본다. 정현은 이를 통칭으로서 조고祖考, 즉 조상신으로 해석했다.

* 첨諂은 이익을 얻기 위해 행하는 정당하지 못한 알랑거림이다. 예법에 정해진 제사와 섬겨야 할 귀신이 있는데 다른 귀신에게 제사를 올리는 행위도 아첨으로 본 것이다.

* 공영달은 의義에 대해 마땅히 해야 할 일을 하지 않는 것이므로 무용無勇이라고 한다.

해설

공자가 굳이 귀신에 대한 제사와 용기를 엮어서 이야기한 이유가 무엇일까? 당시 정치상황을 이야기한 것이라는 주장이 있다.[4] 권력자 계씨季氏가 태산에서 여旅제사를 지내며 격에 맞지 않게 다른 귀신에게 제사를 올렸는데 공자의 제자인 염유冉有가 계씨를 모시고 있었음에도 계씨를 구원하지 못한 것은 "의를 보고도 실천하지 못한 것이니 용기가 없었다"라고 평가했다는 것이다. 뒤 〈팔일八佾〉에 나오는 이야기다. 정황으로 볼 때 일리가 있는 해석이다.

"자기 조상신이 아닌데도 제사를 올리는 것은 정의롭지 못한 대가를 바라는 아첨이다. 정의가 무엇인지 알면서도 아첨하는 짓을 제지하지 못한 것은 용기가 없는 것이다."

---

4 유보남, 앞의 책, 74쪽을 참조할 것.

'여덟 명 여덟 줄'의 춤을 뜻하는 〈팔일〉은 모두 스물여섯 장으로 예·악·제사 등에 대해 많이 다룬다. 예가 지켜지지 않는 당시의 정치상황을 주로 언급하며, 예의 형식에 대한 공자의 생각을 피력하고 있다.

3:1

孔子謂季氏:"八佾舞於庭, 是可忍也, 孰不可忍也?"

•

공자가 계씨에 대해 말했다. "뜰에서 팔일무를 춤추게 하는데 이 것을 참을 수 있다면 무엇을 참을 수 없겠는가?"

역주

* 씨氏는 분가한 남자에게 지역이나 읍성의 이름을 따서 본관처럼 붙이는 것으로, 아버지의 혈통을 강조해 여자에게 주로 쓰였던 성姓과는 다르다. 여기서 계씨가 계강자인지 계환자季桓子인지 알 수 없다.

* 일佾은 사람이 줄을 서 있는 모양이다. 팔일은 여덟 줄로 서 있는 모양이므로 8×8로 예순네 명이다.

해설

고대 예법에 천자는 팔일무, 제후는 육일무, 대부는 사일무, 사士 는 이일무를 추도록 규정하고 있다. 당시 악樂·가歌·무舞를 통괄 하는 음악은 매우 중요한 정치적인 행위였으며 정치적인 권위를 표현하는 형식이기도 했다. 문을 표현하는 춤은 깃을 들고 추기에 우무羽舞라 하고, 무를 표현하는 춤은 무기를 들고 추기에 간무干舞 라고 한다.

팔일·육일 등에 대해 해석이 크게 두 가지로 나뉜다. 하나는 《춘추곡량전 春秋穀梁傳》 등에서 말하는 여덟 명의 종대를 뜻하는 것이다. 그렇다면 팔일은 8×8로 예순네 명, 육일은 6×8로 마흔여덟 명, 사일은 4×8로 서른두 명, 이일은 2×8로 열여섯 명이 된다. 한편 《백호통의》 〈예악 禮樂〉의 주석에는 열과 줄을 함께한 것으로 본다. 이 경우에 팔일은 8×8로 예순네 명이지만 육일은 6×6으로 서른여섯 명, 사일은 4×4로 열여섯 명, 이일은 2×2로 네 명이 된다. 당시에 기본을 표현하는 악기 종류가 상당해 네 명으로 춤추기는 불가능했다는 점에서 전자의 해석이 옳게 생각된다.

여하튼 계씨가 자신의 가묘에서 감히 천자가 추는 팔일무를 공연케 했으므로 이 소식을 들은 공자는 도저히 참을 수 없었던 것이다.

"그가 천자의 춤인 팔일무를 그의 정원에서 춤추게 했는데, 윗사람을 참람 僭濫하는 이런 정치적인 행위를 용인할 수 있으면 그 어떤 일을 용인할 수 없겠는가?"

3:2

三家者以雍徹. 子曰: "'相維辟公, 天子穆穆', 奚取於三家之堂?"

•

세 집안사람이 옹 雍 음악으로 제사를 거두었다. 선생님이 말씀하셨다. "'벽공 辟公들이 서로 도우니 천자가 숙연하다'라고 했는데 어찌 세 집안의 묘당에서 그것을 취한단 말인가?"

역주

* 삼가三家는 당시 노나라 정치를 좌지우지한 중손仲孫·숙손叔孫·
계손季孫 세 집안을 말한다. 모두 환씨桓氏 계열로 집안마다 환묘를
세우고 있어서 삼환三桓이라 부르기도 한다. 《좌전左傳》〈환공 2년〉
에 "제후가 가를 세운다"라고 말한다. 즉 제후가 아래 계급인 대부
를 세우고 이를 가家로 삼았다는 이야기다. 그래서 제후는 국國, 대
부는 가家가 되었으며 나중에 대부가 제후를 찬탈하면서 국가國家
를 혼용해 사용하게 되었다.

* 옹雍은 《시경》〈주송周頌·신공臣工〉에 있는 노래 가운데 하나다.
천자는 종묘에 제사를 지내고 이 음악으로 끝마친다.

* 상相은 눈을 대신한 지팡이라는 의미로, 돕는다는 뜻이다.

* 유維는 뜻이 없는 어조사다.

* 벽공辟公은 천자의 제사를 지내는 데 참여해 돕는 같은 성씨의 제
후와 다른 성씨의 제후들을 모두 통칭하는 말이다.

* 목목穆穆은 엄숙하고 화목하다는 의미로, 천자의 표정이 숙연함
을 일컫는 형용사다.

* 당堂은 흙으로 기반을 다지고 처마와 네 개의 도리를 갖춘 건물
이다. 그 뒤쪽에 하나의 도리를 갖춘 실室이 있어서 여기서 제사를
지내고 음악은 앞의 당에서 한다.

해설

노나라는 천자의 지위를 섭정했던 주공周公의 땅이다. 그래서 일
찍부터 팔일무라든가 천자의 음악이라든가 천자의 예법이 무엇
인지 알려진 곳이다. 당시 노나라의 실권을 장악하고 있던 세 대부

집안은 각자의 조상에 대한 제사를 지내면서 그 묘당에서 감히 천자가 조상의 제사를 지낼 때 부르는 시가를 노래하며 제사를 마친 것이다. 이 소문을 들은 공자는 분노했다. 예법에 어긋나는 정도가 아니라 천자로부터의 정치적 위계질서를 무시하는 행위이기 때문이다. 제후들이 천자의 제사를 도우면서 이 음악으로 제사를 거두어 천자는 엄숙하고 숙연한 태도를 취하는 것인데 일개 가신家臣밖에 없는 삼환이 신분질서를 어지럽힌 것이다.

"가사를 보면 '제후들이 도우니 천자가 숙연하시다'라고 하는데 어떻게 겨우 대부인 삼가의 묘당에서 이런 노래를 부를 수 있단 말인가?"

3:3

子曰: "人而不仁, 如禮何? 人而不仁, 如樂何?"

•

선생님이 말씀하셨다. "사람이면서 어질지 않으니 예인들 무엇을 하겠는가? 사람이면서 어질지 않으니 음악인들 무엇을 하겠는가?"

역주

* 인仁은 정치인이 가져야 할 덕목으로서 어짊이다.
* 여如는 '만약 ~한들'로 보아 '예가 있다고 한들'로 해석해도 무방하고, '따르다'로 보아 '악을 따른다고 한들'로 해석해도 무방하다.

해설

앞 두 장의 내용과 연속해서 해석한다면 이 장 역시 예악을 지키지 않은 계씨를 공자가 평가한 말일 수 있다. 감히 천자의 예악을 참람한 계씨가 정치에 종사하는 사람이면서 정치의 기본 덕목인 어짊을 말하지도 실천하지도 못하고 있음을 비판한 것이다. 예악은 어진 정치가가 세상을 질서 있고 화목하게 만드는 중요한 기제다. 그 예악을 엉망으로 만든 정치인들이 인仁의 덕목을 갖추지도 못했다는 이야기다.

"정치를 하는 사람이면서 어짊이란 덕목을 지니지 않았는데 그에게 예가 있은들 무슨 소용이 있겠는가? 정치를 하는 사람이면서 어짊이란 덕목을 지니지 않았는데 그에게 악이 있은들 무슨 소용이 있겠는가?"

3:4

林放問禮之本. 子曰: "大哉問! 禮, 與其奢也, 寧儉; 喪, 與其易也, 寧戚."

•

임방林放이 예의 근본에 대해 물었다. 선생님이 말씀하셨다. "큰 질문이다! 예는 사치하기보다 차라리 검소함이 낫고, 상을 치를 때는 화이和易한 형식보다 차라리 슬퍼함이 낫다."

역주

* 임방은 노나라 사람이다. 《사기》〈중니제자열전〉에 기록이 없어

서 공자의 제자인지는 확인할 수 없다.

* '여기與其 A 녕寧 B'는 'A보다는 차라리 B가 낫다'의 관용구다.

* 이易는 마음으로 슬퍼한다는 척戚의 반대로, 화이和易, 즉 겉으로 드러난 온화하고 상냥함을 말한다. 부드러운 형식을 갖추어 상을 처리하는 절차를 말한 것이다.

해설

예禮는 문文, 즉 꾸밈이고 형식을 중시한다. 그렇지만 그 근본은 질 質, 즉 질박하고 순수함을 살리는 것이다. 《예기》〈예기禮器〉에 예는 처음 생겨난 근본으로 돌아가는 것이라고 말하며 공자의 말을 인용해 "선왕이 예를 제정한 것은 많이 해서도 안 되고 적게 해서도 안 되니 오직 딱 들어맞게 하는 것이다"라고 말한다. 임방은 공자에게 그러한 근본을 물어본 것이다. 공자는 문을 중시하는 주나라 예법을 존중했지만 너무 풍성하게 예를 차리는 것에도 반대하고, 너무 소략하게 감쇄하는 것에도 반대했다. 문질文質이 적절히 조화된 상태를 원했지만 굳이 하나를 선택한다면 작게 하는 것이 바탕을 덜 잃는 것이라고 생각했다.

"아주 좋은 질문이다! 모든 의례를 행할 때는 과도하게 사치하는 것보다 차라리 검소함이 더 낫고, 상을 치를 때는 온화한 형식 절차보다 차라리 안으로 슬퍼함이 낫다."

3:5

子曰: "夷狄之有君, 不如諸夏之亡也."

•

선생님이 말씀하셨다. "이적에 임금이 있음이 여러 하夏 지역에 없음만 못하다."

역주

*《이아爾雅》〈석지釋地〉의 주석에 따르면 "구이九夷는 동쪽에 있고, 팔적八狄은 북쪽에 있고, 칠융七戎은 서쪽에 있고, 육만六蠻은 남쪽에 있다"라고 한다. 《춘추春秋》에 "안으로 제하가 있고 밖으로 이적이 있다"라고 하는데 이적은 중국 외 지역 사람들을 통칭하는 말로 쓰였다.

* 제하諸夏는 여러 하 지역이란 뜻으로 오늘날 산시성陝西省 일부, 허난성河南省, 산시성山西省 일부가 포함되며 중원·중주·중국이라고도 불렀다.

* 망亡은 없다는 뜻이다.

해설

이적夷狄이 초나라와 오나라를 뜻한다는 주장도 있다. 공자시대 당시 두 나라는 강한 힘으로 패권을 차지했지만 중원의 예법을 아직 가지지 못했다. 그래서 공자는 그들의 정치행위를 볼 만한 것이 없다고 평가한 것이다. 이 구절을 두고 공자가 강한 중화우월주의자라는 주장이 있다. 힘을 경시하고 문화를 중시한 공자는 정치교화가 미치지 못한 지역을 평가절하하고 있다.

"저 멀리 오랑캐 지역의 나라들에 군주가 있어보았자 중원 각 나라에 군주가 없는 것보다 못하더라."

3:6

季氏旅於泰山. 子謂冉有曰: "女弗能救與?" 對曰: "不能." 子曰:
"嗚呼! 曾謂泰山不如林放乎?"

•

계씨가 태산에서 여旅제사를 지내고자 했다. 선생님이 염유에게
말씀하셨다. "너는 막을 수 없었느냐?" 대답했다. "할 수 없었습니
다." 선생님이 말씀하셨다. "오호라! 일찍이 태산이 임방만 못하다
고 평가한 것이냐?"

역주

* 여旅는 천자가 나라에 큰일이 있을 때 명산대천에 올리는 제사
다. 제후가 봉지 내의 산천에 올리는 제사도 여라고 한다. 계씨는
대부임에도 가신을 대동하고 천자에 준하는 예에 어긋나는 제사
를 올리려는 것이었다.
* 염유는 염구冉求로 공자의 제자이며 이때 계씨의 가신으로 있었
다. 노나라 사람으로 자는 자유子有이며 공자보다 스물아홉 살 어
렸다.
* 구救는 막다, 저지하다 등의 뜻이다.

해설

앞에서 임방은 공자에게 예의 근본을 물었고, 공자는 그의 질문에
크게 감동해 검소하고 질박한 형식을 강조하고 상을 치를 때는 슬
픔을 유지하는 본질에 충실하라고 말한 적이 있다. 그런데 제자인
염구는 예의 본질을 알면서도 그가 모신 계씨의 무례한 행동을 저

지하지 못했다. 공자는 이를 비판한 것이다.

"임방도 예의 근본을 이해하고 있는데 설마 태산이 계씨의 무례한 정치행위를 받아들일 수 있을 것이라고 말하려는 것이냐?"

3:7

子曰: "君子無所爭, 必也射乎! 揖讓而升, 下而飲, 其爭也君子."

•

공자가 말했다. "군자는 다투는 일이 없는데, 반드시 하는 것이 활쏘기다! 읍하고 양보하며 올라가고 내려와서 술을 마시니 그 다툼도 군자답다."

역주

* 쟁爭은 다툼인데, 서로 벌이는 싸움이 아니라 승부를 내는 경쟁을 말한다.
* 사射는 활쏘기로, 고대 예법의 가장 중요한 부분 가운데 하나였다. 공자도 제자들에게 육예의 하나로 반드시 활쏘기를 가르쳤다. 과녁에 적중시키는 신체훈련도 중요했지만 경쟁과정에서 인내와 예법도 함께 가르쳤다.
* 읍揖은 두 손을 맞잡거나 긴 소매 속에 손을 넣어 상대를 향해 높이 내밀고 고개를 숙인 뒤 다시 내리는 예절이다. 손을 올려서 상대를 높이고 자신을 낮추는 양보의 의미다.

해설

혈기를 지닌 사람은 누구나 경쟁하는 마음이 있는데 군자는 모든 경쟁에서 예를 기본으로 삼고 그것으로 사람들을 상대하므로 그 경쟁도 아름답다는 뜻이다. 《예기》와 《의례儀禮》에 따르면 활쏘기에는 네 종류가 있다. 대사大射·빈사賓射·연사燕射·향사鄕射가 그것이다. 《논어》의 이 구절은 대사를 말한다. 천자는 사궁射宮에서, 제후는 대학大學에서, 경대부는 교郊에서 한다. 제사를 지낼 때 신하들을 모아 그들의 예를 확인하는 것으로, 과녁에 적중하는 숫자로 제사 참여 여부를 결정한다. 사士 계급은 가신이 없으므로 대사례가 없다. 여기서 군자를 언급하는 것은 대부 이상의 계급에 적용된다는 이야기다. 따라서 여기서 군자는 도덕적으로 완성된 사람을 뜻하기보다는 예의를 잘 갖춘 귀족 계급을 뜻하는 것으로 보아야 한다.

활쏘기는 과녁을 향한 경쟁이므로 반드시 승부가 난다. 모든 상대가 내려오기를 기다린 뒤 승자가 읍을 해 양보하면 진 사람들은 활을 내리고 올라가 서서 술을 마신다.

"군자 계급은 경쟁할 일이 별로 없는데, 활쏘기는 꼭 경쟁을 해야 하는 일이다! 읍을 하며 서로 양보하면서 사대로 올라가고 활쏘기를 마친 뒤에 내려와서 과녁에 적중한 숫자에 따라 이긴 사람은 읍을 해 양보하고 진 사람은 올라가 서서 술을 마시니 그 경쟁도 군자답다."

3:8

子夏問曰: "'巧笑倩兮, 美目盼兮, 素以爲絢兮.' 何謂也?" 子曰:
"繪事後素." 曰: "禮後乎?" 子曰: "起予者商也! 始可與言詩已矣."

•

자하가 물었다. "'예쁜 웃음이 예쁘네, 아름다운 눈이 아름답네, 흰
바탕으로서 색칠을 하네'가 무슨 말입니까?" 선생님이 말씀하셨
다. "그림 그리는 일은 흰 바탕 뒤의 일이니라." (자하가) 말했다. "예
는 뒤의 일이란 거지요?" 선생님이 말씀하셨다. "나를 일으키는 사
람은 상이로구나! 처음으로 더불어 시에 대해 말할 수 있겠구나."

역주

* 교巧는 표정 짓는 것이 예쁘다는 뜻이며 천倩은 웃는 얼굴에 드
러난 보조개가 선명해 예쁘다는 뜻이다.

* 반盼은 하얀 바탕에 까만 눈동자가 아름답다는 뜻이다.

* 소素는 아무런 꾸밈도 가하지 않은 상태의 흰 바탕을 말한다.

* 현絢은 거듭 채색을 해 꾸미는 것이다.

* 후소後素의 후後를 동사로 해석한다. 소素, 즉 흰 바탕을 뒤에 한
다면 회사繪事, 즉 그림 그리는 일을 할 때 마지막에 흰색으로 빈
부분을 칠한다는 뜻이다. 그런데 이 시기에는 흰 물감이 없었으므
로 이 해석은 문제가 있다. 그래서 보통 후소를 흰 바탕 위에 채색
을 해가는 것이 그림 그리는 일이라고 해석한다. 《논어》가 인간의
바탕과 도덕적 성취에 대한 비유임을 생각하면 이 해석이 옳다.

해설

반듯하고 예쁜 얼굴이 바탕이 되고 그 위에 보조개가 들어간 웃는 얼굴은 정말 예쁘지 않은가. 맑고 빛나는 하얀 눈이 바탕이 되고 그 안에 새까만 눈동자는 정말 아름답지 않은가. 흰 바탕에 채색을 해 그림을 그리는 것에 대한 자하의 질문을 문법 그대로 해석하면 흰 바탕으로 색을 칠한다는 뜻인데, 공자는 제자의 이 질문에 회사후소繪事後素라는 유명한 말로 대답한다. 그림을 회화라고 부른다. 역사적으로 그림 그리는 사람들은 항상 후소後素를 그들의 회화철학으로 삼았다. 이에 대해 수많은 논란이 있었다. 아무리 예쁜 웃음이나 아름다운 눈동자를 지녔더라도 예를 갖추지 못하면 별것 아니라는 해석에서부터 인간의 일이나 정치 모두 흰 바탕에 무엇을 어떻게 그리느냐는 것은 예를 지키느냐 여부에 달렸음을 이야기한 것이라는 주장 등 다양하다.

자하가 '예를 뒤의 일'로 취급했고 공자가 이를 찬양한 것이라면 도대체 '앞의 일'은 무엇인가? 문장의 맥락으로 볼 때 예의의 바탕이 되는 것이란 말인데, 크게 보면 두 가지다. 하나는 공자의 근본 주장이 인의仁義에 대한 강조라는 입장에서 인의를 바탕으로 삼아 앞에 두고 예는 그다음이라는 것이다. 또 하나는 예를 예답게 만드는 바탕은 충신忠信, 즉 참됨과 신뢰이기 때문에 충신이 앞서고 예는 뒤의 일이라는 주장이다. 아름다운 여성에 대한 찬양을 정치가들의 인의와 충신에 대한 성취로 연결시킨 제자 자하의 해석에 대해 공자는 "처음으로 더불어 시를 이야기할 수준이 되었다"라고 칭찬한 것이다.

3:9

子曰：“夏禮, 吾能言之, 杞不足徵也; 殷禮, 吾能言之, 宋不足徵
也. 文獻不足故也, 足則吾能徵之矣.”

•

선생님이 말씀하셨다. “하나라 예에 대해서 내가 말할 수 있으나
기나라로는 증명하기에 부족하고, 은나라 예에 대해서 내가 말할
수 있으나 송나라로는 증명하기에 부족하다. 문장과 현재가 부족
하기 때문인데 족하다면 내가 그것들을 증명할 수 있다.”

역주

* 기杞의 동루공東樓公은 《사기》〈진세가陳世家〉에 따르면 하후夏后
우禹의 후예로서 주 무왕武王에 의해 오늘날 카이펑開封 근처에 처
음 봉해진 나라다.
* 징徵은 징험·증험·증명 등을 뜻하며 완성이란 의미도 있다.
* 송宋은 《사기》〈송세가宋世家〉에 따르면 미자개微子開의 봉지다.
은나라 제을帝乙의 큰아들로 주왕紂王의 서형이다. 조상을 받들라
고 상구商丘에 봉해졌다.
* 문헌文獻은 오늘날 문헌으로 보기 어렵다. 문文은 문장이다. 정현
은 헌獻을 현賢으로 해석했다. 문헌은 문장과 현재賢才를 뜻한다.

해설

징徵을 완성해낸다는 공자의 의지로 해석하고 문헌의 헌獻을 현賢
으로 해석할 수 있다. 그리고 기杞·송宋 등 국명의 표시는 그 군주
를 뜻하는 것일 수 있다. 따라서 하나라·은나라 예법을 이어가라

고 봉해진 이 나라들의 군주가 현명하지 못하고 실천도 못해 하례와 은례가 제대로 살아나지 못하고 있음을 한탄한 것이다. 공자는 그 군주들이 현명하고 충분한 조건을 갖추기만 하면 하례와 은례를 완성시켜줄 수 있다고 말한 것이다. 옛날 역사기록은 좌사左史가 말[言]에 대해 쓰고 우사右史가 일[事]에 대해 쓴다. 말에 대한 것은《서경》에 남아 있고, 일에 대한 것은《춘추》에 남아 있다. 여기서 공자는 그것들을 '말'할 수 있다고 했다.

"하나라를 다스렸던 예법에 대해서 내가 말할 수 있으나 그것을 물려받은 기나라 군주로는 그것을 완성하기에 많이 부족하다. 은나라를 다스렸던 예법에 대해서 내가 말할 수 있으나 그것을 물려받은 송나라 군주로는 그것을 완성하기에 많이 부족하다. 그 군주들의 문장과 현재가 부족하기 때문인데 충분하다면 내가 그것들을 완성해 보일 수 있다."

3:10

子曰: "禘自旣灌而往者, 吾不欲觀之矣."

•

선생님이 말씀하셨다. "체禘 제사에서 이미 술을 부은 다음부터는 나는 살펴보고 싶지 않다."

역주

* 체禘는 원래 천자가 시조에게 올리는 제사 이름이다. 춘추시대에는 제후들도 최초로 봉지를 받은 분의 시조에게 체 제사를 올렸

느데 이것도 예법과 달라 제사를 올리는 형식과 절차 모두 예법을 잃은 경우가 많았다.

* 관灌은 붓는다는 뜻인데 여기서는 제사를 올리면서 땅에 술을 부어 강신을 기원하는 절차다.

해설

체 제사는 시조를 기리고 정치질서를 확인하는 중요한 정치행사였다. 자식은 소昭, 손자는 목穆이라 하는데, 소목에 따른 제사의 순서와 예법이 매우 중요했다. 예컨대 문왕文王은 소, 무왕은 목, 성왕은 소라고 했다. 보통 울창주를 따라 신의 강림을 기원하면서 시작하는데, 공자 대에 각 제후국에서도 이 예를 올리면서 소목 순서가 엉망이 되었고 7헌獻·8헌까지 가는 복잡한 예법도 간략해졌다. 이에 정치적인 의미도, 의례의 장중함도 없어져 공자가 더는 볼 것이 없다고 한탄한 것이다.

"조상신에게 올리는 지금의 체 제사는 그 시작인 술 붓는 의례로부터 이어지는 그 어떤 행사도 나는 보고 싶지 않다."

3:11

或問禘之說. 子曰："不知也. 知其說者之於天下也, 其如示諸斯乎!" 指其掌.

●

어떤 사람이 체 제사의 의의에 대해 물었다. 선생님이 말씀하셨다. "모르겠습니다. 그 의의를 아는 사람은 천하를 다스림에 있어서 여기에 보이는 것과 같을 것이오!" 그리고 손바닥을 가리켰다.

역주

* 설說은 말씀·도리·의의·주장·내용 등 뚜렷한 의견이 있는 이야기를 뜻한다.
* 시示는 드러나서 눈에 보이는 것, 알려주는 것을 말한다.

해설

체 제사에 대해서는 앞 장에서 다루었다. 여기서 공자는 체 제사의 의의와 내용을 이해하는 사람이라면 천하를 손바닥 들여다보듯 다스릴 수 있다고 한다. 앞 장과 연결시켜 해석하면 천자는 천하에 대한 정치를 하는 존재이고 조상에 대한 제사의례로 정치질서와 안녕을 보여주는 것인데 제후국 노나라에서도 이런 행위를 하고 있으므로 공자는 알면서 모른다고 말한 것이다. 은나라 이래, 제정일치의 국가운영을 하면서 제사는 가장 중요한 정치행사이며 권력행위였다. 정치지도자들이 자신이 하는 공적 행위가 어떤 도리가 있으며 어떤 정치적 의미가 있는지 잘 이해한다면 국가를 다스리기가 매우 쉬울 것이라는 말이다.

"체 제사 같은 중요한 정치행위의 의미와 내용에 대해 잘 이해하면 마치 손바닥을 들여다보듯 천하를 다스리기가 쉬울 것이다!"

3:12

祭如在, 祭神如神在. 子曰: "吾不與祭, 如不祭."

•

제사는 계신 듯이 지냈고, 신에 대한 제사는 신이 계신 듯이 지냈
다. 선생님이 말씀하셨다. "내가 제사에 참여하지 않으면 제사를
지내지 않는 것과 같다."

역주

＊ 재在는 있다, 계시다 등의 의미다. 여재如在를 "신이 계신 것처럼
하라"고 해석할 수도 있고, 제사가 죽은 조상에 대한 것임을 염두
에 두면 "조상님이 살아 계신 것처럼 하라"고 해석할 수도 있다.

해설

공자는 대부였다. 대부는 정무관이다. 제사는 중요한 국가행사이
며 정치행위다. 개인의 병이나 사적인 일로 폐지하거나 남에게 대
신하도록 할 수 없는 일이다. 제사의 정치적 의미가 그만큼 중요하
기 때문이다.

"직접 참여하지 않으면 공인으로서 제사라는 공적 행위를 하지
않는 것과 같다."

3:13

王孫賈問曰: "與其媚於奧, 寧媚於竈, 何謂也?" 子曰: "不然, 獲罪
於天, 無所禱也."

•

왕손가王孫賈가 물었다. "아랫목 신에 잘 보이는 것보다 부엌 신에

잘 보이는 것이 낫다고 하는데 무슨 말입니까?" 선생님이 말씀하셨다. "그렇지 않습니다. 하늘에 죄를 얻으면 빌 곳이 없습니다."

역주

* 왕손가는 위衛나라 대부로, 당시의 권신이었다. 왕손이란 말에서 알 수 있듯이 주 왕실의 손자로 위나라에서 벼슬한 것이다.
* 미媚는 잘 보이기 위해 아양을 떨고 아첨하는 것을 말한다.
* 오奧는 방 안의 서남쪽 아랫목을 뜻하고, 조竈는 부엌을 뜻한다. 오가 높고 조가 낮으나, 조는 당시 다섯 제사의 하나로 중요했다. 조는 실질적인 제사의 주체이고, 오는 나중에 시동尸童을 맞이하는 형식일 뿐이다.

해설

왕손가는 실권자에게 아부하는 것이 낫다는 식으로 공자에게 물은 것이다. 천天, 즉 하늘은 모든 신의 대표로, 하늘을 제대로 섬기지 못하면 그 어떤 신에게서도 제대로 도움을 얻지 못할 것이다. 그래서 군주는 하늘이다. 군주에게 죄를 얻으면 그 어떤 방법으로도 만회할 길이 없다는 뜻이다. 그래서 왕손가가 "존귀한 오의 보우를 받는 것보다 실권을 쥔 조에게서 복을 구하는 것이 낫지 않겠느냐?"라는 왕손가의 질문에 공자는 "하늘 같은 군주에게 큰 죄를 지으면 아무리 달리 기도해도 소용이 없습니다"라고 대답한 것이다.

3:14

子曰:"周監於二代, 郁郁乎文哉! 吾從周."

•

선생님이 말씀하셨다, "주나라는 (하나라·은나라) 이대를 보았으니 융성하다, 문장이여! 나는 주를 따르겠다."

역주

* 감監은 '감시하다'는 용례처럼 주의 깊게 살펴본다는 뜻이다.
* 욱욱郁郁은 문채·문화·문장이 융성하게 드러나는 모양이다.

해설

공자사상의 핵심 가운데 하나는 종주從周, 즉 주나라를 따르는 것이다. 주나라가 이룬 문화적 성취를 따른다는 것이다. 주나라는 특히 예악제도에서 위대한 성취를 이루었다. 그 상당 부분은 주공에 의해 이루어진 것이므로 공자는 특별히 제례작악制禮作樂한 주공을 숭배하고 따르고자 했다.

여기서 문文은 넓은 의미의 문화다. 그런데 이 문화란 말은 1873년 일본인 니시 아마네西周가 영어 culture를 번역한 말로, 무엇을 특정해 설명하기가 어렵다. 풍토·사상·문장·문채 등 거의 모든 것을 포괄하는 개념이기 때문이다. 여기서는 예법을 담은 문장으로 해석한다.

"주나라 예법은 하나라·은나라 두 전대 왕조의 성과를 귀감으로 삼아 이루어졌다. 찬란하고 융성하다, 예법을 담은 문장이여! 나는 주나라 예법을 따르고자 한다."

3:15

子入大廟, 每事問. 或曰: "孰謂鄹人之子知禮乎? 入大廟, 每事問." 子聞之曰: "是禮也."

•

선생님이 태묘에 들어가 매사를 물었다. 어떤 사람이 "누가 추나라 사람의 아들이 예를 안다고 말했는가? 태묘에 들어가더니 매사를 묻더군"이라고 말했다. 선생님이 이 말을 듣고는 말했다. "이것이 예다."

역주

* 대묘大廟는 노나라를 처음 맡은 주공을 기리는 사당인 태묘太廟다. 공자가 노나라의 관료가 되었을 때 여기서 제사를 도우면서 매사를 물은 듯하다.
* 추鄹는 노나라에 있던 읍邑의 이름으로 공자의 아버지 숙량흘叔梁紇이 여기서 대부 계급인 읍재邑宰를 지냈다.

해설

천자는 시조에 대한 제사를 명당明堂에서 모시지만 제후국인 노나라는 태묘太廟를 건설하고 거기서 행했다. 4대의 예악을 갖추어 봉행하지만 그 세세한 절차를 담은 기록이 없어서 공자가 매번 물었을 수 있다. 공자는 어려서부터 예악에 밝은 사람으로 알려져 벼슬을 했고 처음 노나라 군주를 모시고 태묘의 제사를 도왔다. 그런데 매사를 물으니 어떤 사람이 비꼰 것이고 공자는 예의 본질을 바탕으로 답한 것이다. 예는 공경을 바탕으로 삼으니 매사를 묻는 것이 마땅하다. "그것이 예다."

3:16

子曰: "射不主皮, 爲力不同科, 古之道也."

•

선생님이 말씀하셨다. "활쏘기에 가죽을 (뚫는 데) 주력하지 않음은 힘을 쓰는 것이 같은 등급이 아니기 때문이다. 이것이 옛 도다."

역주

* 피皮는 베로 만든 과녁판 가운데에 가죽을 붙여 만든 표적이다. 천자·제후·대부 계급이 사용하는 가죽은 호랑이·곰·표범 등 각기 달랐다.

* 과科는 등급을 말한다. 힘을 쓰는 일에 보통 상중하 세 과를 두었다.

해설

《의례》〈향사례鄕射禮〉에도 활쏘기에 주피主皮, 즉 과녁 가운데 가죽을 뚫는 것을 주장하거나 주력하지 않는다고 한다. 상중하 등급에 따라 힘쓰는 것이 다르므로 과녁에 적중하느냐 여부를 따질 뿐 힘으로 과녁 가운데 가죽을 뚫고 힘자랑하는 것을 경계한 말이다. 활쏘기 또한 사회를 움직이는 중요한 정치행위이며 예법에 따라야 한다. 당시 이 예법을 어기고 힘자랑을 하는 풍토가 생긴 데 대해 공자는 옛 도를 언급해 바로잡고자 한 것이다.

"활쏘기 시합을 하면서 과녁의 가죽을 뚫는 것을 핵심으로 삼지 않음은 사람마다 힘의 등급이 다르기 때문이다. 이것이 옛날부터 세상을 움직여온 이치다."

3:17

子貢欲去告朔之餼羊. 子曰: "賜也, 爾愛其羊, 我愛其禮."

•

자공이 곡삭告朔 행사의 희양餼羊을 없애고자 했다. 선생님이 말씀 하셨다. "사야, 너는 그 양을 아끼는데 나는 그 예를 아끼겠다."

역주

* 곡삭이란 '초하루를 알리다'는 뜻으로 천자가 섣달에 제후들에게 다음 해의 월력을 하사하고, 제후는 이를 조상의 사당에 보관했다 가 시행하기 위해 매월 초하루에 양을 바치는 의식을 말한다.
* 희양은 제사에 쓰이는 살아 있는 희생용 양을 말한다.
* 애愛는 사랑하다, 아끼다, 친애하다, 애석해하다 등의 뜻이다.

해설

시간과 공간의 지배 아래 살아가는 인간사회에 시간과 관련된 책 력을 지정하는 것은 천자가 행하는 가장 의미 있는 행사 가운데 하나다. 곡삭은 섣달에 천자가 각 제후에게 1년의 달력을 주고 제 후들은 그것을 간직했다가 매월 초하루에 살아 있는 양을 바치 는 의식을 행한 뒤 이를 나라에 공포하고 시행했던 예법을 말한 다. 최고지도자가 권위와 영향력을 보여주는 행사였는데 걸왕桀

王·주왕 시절에는 곡삭을 행하지 않았다고 한다. 노나라는 문공 文
公 때부터 곡삭의 예를 행하지 않았으므로 자공이 양을 희생으로
바치는 일을 없애고자 했으나 공자는 예의 원래 취지를 생각해서
반대했다.

"너는 희생에 바칠 양을 애석히 여겨서 곡삭의 예를 없애고자
하지만 나는 그렇게 해서 그 예법이 원래 가지고 있는 정치적 의
미가 상실될까를 애석하게 여긴다."

3:18

子曰: "事君盡禮, 人以爲諂也."

•

선생님이 말씀하셨다. "군주를 섬기면서 예를 다하면 사람들이 아
첨으로 여긴다."

역주

* 사事는 윗사람을 섬긴다는 뜻이다.

해설

당시 군권이 쇠락하고 대신 大臣들의 정치적 영향력이 커서 군주에
게 무례한 경우가 많았다. 그리하여 예를 다하고 예법대로 군주를
섬기려고 하면 사람들은 이를 군주에게 무언가를 얻으려는 아첨
이라고 여겼다.

"군주를 섬기면서 예법에 있는 대로 열성을 다해 어긋남이 없으

니 사람들은 그것이 군주에게 아첨하는 것이라고 여긴다."

3:19

定公問: "君使臣, 臣事君, 如之何?" 孔子對曰: "君使臣以禮, 臣事君以忠."

•

노 정공이 물었다. "임금이 신하를 부릴 때나 신하가 임금을 섬길 때는 어떻게 하는 것입니까?" 공자가 대답했다. "임금은 예로써 신하를 부리고, 신하는 충으로써 임금을 섬깁니다."

역주

* 충忠은 마음과 진심을 다해 행동하는 것이다.

해설

노 정공 시절에는 공실이 더욱 미약했다. 신하들은 군주에게 예를 잃는 행동을 많이 했다. 어떻게 하면 이들을 마음으로 복종시킬 수 있는가? 공자는 여전히 군주에게 예에 맞는 행동을 하라고 주문한다. 군주의 태도에 관계없이 신하라면 무조건 복종해야 함을 절대적 군신관계라 하고, 군주의 태도를 판단해 신하의 충성이 달라짐을 상대적 군신관계라고 한다. 맹자와 순자도 상대적 군신관계라는 입장을 고수했다. 《맹자》〈이루離婁 하下〉에 "군주가 신하를 수족처럼 여기면 신하는 군주를 복심으로 여길 것이다. 군주가 신하를 개나 말로 여기면 신하는 군주를 보통 백성으로 여길 것이다.

군주가 신하를 초개처럼 여기면 신하는 군주를 원수처럼 여길 것이다"라고 말한다. 무례한 세상임에도 "군주가 예를 잘 갖추어 신하를 부리면, 신하는 마음속의 충성을 다해 군주를 섬길 것이다."

3:20

子曰: "關雎, 樂而不淫, 哀而不傷."

•

선생님이 말씀하셨다. "《시경》〈관저關雎〉는 즐겁되 어긋나지 않고 슬프되 아프지 않다."

역주

*〈관저〉는 《시경》〈국풍國風·주남周南〉의 첫 번째 편이다. 전편의 내용은 이렇다. "꾸룩꾸룩 물수리 황하 섬에 노니네/ 요조숙녀는 군자의 좋은 짝이라네/ 얼기설기 마름나물 이리저리 흐르네/ 요조숙녀를 자나 깨나 구하네/ 구해도 얻지 못해 자나 깨나 그리워하네/ 생각하고 생각해 전전반측 잠 못 이루네/ 얼기설기 마름나물 이리저리 따보네/ 요조숙녀는 금슬로 벗을 삼네/ 얼기설기 마름나물 이리저리 골라보네/ 요조숙녀는 음악으로 즐기네."
* 음淫은 즐거움이 지나쳐 도리에 어긋나는 것을 말한다.
* 상傷은 슬픔이 지나쳐 마음에 입는 아픔을 말한다.

해설

공자는 시에 정통한 사람이고 《시경》을 가장 중요한 교과목으로

가르쳤다. 《시경》의 첫 편인 〈관저〉는 암수 물수리가 화기애애하
게 노니는 모양으로 시작해 군자와 요조숙녀의 사랑과 즐거움을
노래한다. 공자가 여기서 무엇을 낙樂으로 보고 무엇을 애哀로 보
고 있는가에 대해 논란이 있다. 군자는 위대한 지도자다. 군자는
사랑을 하든 음악을 듣든 즐거움이 지나쳐서 사회의 혼란을 부추
겨서는 안 되고, 반대로 슬픔이 지나쳐서 민심의 화합을 해쳐서는
안 된다는 취지일 수도 있다.

　"군자는 쾌락이 지나쳐 세상을 음란에 빠지게 해서는 안 되고,
슬픔이 지나쳐 세상의 화합을 해쳐서는 안 된다."

3:21

哀公問社於宰我. 宰我對曰:"夏后氏以松, 殷人以柏, 周人以栗,
曰使民戰栗."子聞之曰:"成事不說, 遂事不諫, 旣往不咎."

●

애공이 재아에게 사社에 대해 물었다. 재아가 대답했다. "하후씨는
소나무로, 은나라 사람은 잣나무로, 주나라 사람은 밤나무로 했는
데 이는 백성들로 하여금 전율하도록 한다는 말입니다." 선생님이
이를 듣고 말씀하셨다. "이루어진 일은 이의를 달지 않고, 끝낸 일
은 따지지 않으며, 이미 지난 일은 허물하지 않는다."

역주

* 사社는 토지신에게 올리는 제사를 말한다. 흙 토土 자가 마을 광
장에 긴 나무를 세우고 깃발을 달아 동네의 안녕을 기원하는 상형

문자인 것과 관련이 있다. 한편 직稷은 곡식의 신에게 올리는 제사다. 우리가 사직이라고 부른 것은 그 나라의 강토와 농산물을 관장하는 신에게 제사를 올려 국가의 안녕을 구하는 행위에서 비롯된 말이다.

* 재아宰我는 《사기》 〈중니제자열전〉에 따르면 이름은 재여宰予이고 자는 자아子我다. 노나라 사람이다.

* 율栗은 밤나무다. 두려움에 벌벌 떤다는 뜻의 율慄 자와 통용되기도 한다.

* 성사成事란 일이 이미 이루어져 성공한 상태를 말한다. 수사遂事는 성공했는지 여부와 무관하게 일단 끝난 일을 말한다.

해설

토지신의 주체, 즉 사주社主에 대한 제사를 올리는 그 땅에 맞는 나무로 사社를 세우는데 재아는 그 본의를 무시하고 글자에서 뜻을 취했다. 이에 대해 두 가지 주장이 있다. 첫째는 각 지역 토질에 맞는 나무를 심는다는 주장이다. 하후夏后, 즉 하나라 군주는 하동河東에 도읍했으므로 소나무가 적당했고, 은나라는 박亳에 도읍했으므로 잣나무가 적절했고, 주나라는 풍호灃鎬에 도읍했으므로 밤나무가 적절했다는 것이다. 둘째는 토지신 사당을 중앙과 동서남북에 세우는데 중앙의 대사大社에는 소나무, 동사東社에는 잣나무, 남사에는 재梓, 즉 가래나무, 북사에는 괴槐, 즉 홰나무를 심었다고도 한다. 여하튼 역사상 그런 사례로 알려진 일에 대해 재아는 밤나무율栗이 두려움에 떠는 전율이란 말과 통한다는 데 착안해 멋대로 자신의 견해를 사실처럼 피력한 것이다. 실제로 소나무 송松 자는 두려워하다는 뜻의 송悚과 통하고, 잣나무 백柏은 다그치다는 뜻의 박迫과 통한다며 모두 백성들에게 권력의 무서움을 보여주려는 것으로 해석하는 경우도 있다. 그러나 공자의 대답은 명확하다. 지난 일을 따지는 무례하고 무능한 정치가들에 대한 충고다. 당시 노나라 애공을 겨냥한 말일 수도 있다.

"이미 성공한 거사에 대해 이러쿵저러쿵 평을 달지 말고, 끝나서 마무리된 일에 대해 따지고 들지 말 것이며, 이미 지난 일은 다시 허물하지 말라."

3:22

子曰: "管仲之器小哉!" 或曰: "管仲儉乎?" 曰: "管氏有三歸, 官事不攝, 焉得儉?" "然則管仲知禮乎?" 曰: "邦君樹塞門, 管氏亦樹塞門; 邦君爲兩君之好, 有反坫, 管氏亦有反坫. 管氏而知禮, 孰不知禮?"

•

선생님이 말씀하셨다. "관중管仲은 그릇이 작았지!" 어떤 사람이 "관중은 검소했습니까?"라고 묻자 공자가 말했다. "관 씨는 세 명의 부인을 두었고 자기 관청의 일을 겸섭하지 않도록 할 정도였으니 어찌 검약하다 하겠는가?" "그렇다면 관중은 예를 알았습니까?"라고 묻자 공자가 대답했다. "나라의 군주라야 문을 병풍으로 막는 것인데 관 씨 역시 문을 병풍으로 막았으며, 나라의 군주라야 두 군주의 우호 장소에 반점反坫을 두는데 관 씨 역시 반점을 두었다. 관 씨가 예를 안다면 그 누가 예를 모르겠는가?"

역주

* 관중은 제나라 환공桓公 시절의 정치가로 이름은 이오夷吾이며 영상潁上 사람이다. 관포지교로 유명하며, 춘추시대 패자정치의 문을 연 사람이다. 공자는 관중의 정치적 업적을 칭찬하면서도 그의 행위는 예에 맞지 않았다고 비판했다.

* 삼귀三歸에 대해서는 여러 가지 해석이 있다. ① 유월兪樾의《군경평의群經平議》에는 "세 곳의 가정집"으로 보았고, ②《안자춘추晏子春秋》에 따르면 "관중의 채읍采邑"이며, ③ 유향劉向의《설원說苑》에 따르면 "누대의 이름"이고, ④ 그 밖에《관자管子》〈산지수山之數〉와 연결해 "공실公室에 내는 시장 조세"로 보는 설이 있다. 여자가 시집가는 것을 귀歸라 한다. 관중은 세 곳에 여자를 두고 사는 사치를 한 듯하다.

* 섭攝은 끌어당긴다는 뜻이며 겸섭은 사람을 다른 쪽에 끌어당겨 여러 가지 일을 하도록 하는 것이다.

* 수새문樹塞門은 군주가 안과 밖을 구분하기 위해 병풍을 문 앞에 세워 가리는 장치.

* 반점은 군주끼리의 교유 장소에 기둥을 사이에 두고 각자의 술잔을 올려놓는 장치다.

해설

그릇이 작았다는 평가는 무엇을 기준으로 하는 것인가?《논어》의 다른 장과 마찬가지로 역시 정치적으로 해석할 수 있다. 공자는 관중을 예법을 지키지 않은 정치인으로 평가한 것이다. 군자의 정치는 자기 분수와 기준에 맞게 예를 지키며 위대한 도덕을 실천하는 사람이어야 하는데 정치적 성과는 거두었을지 모르나 소인의 행위를 했다는 것이다. 주방을 따로 갖춘 세 집에 여자를 두고 사는 것은 제후급 군주나 할 수 있는 일인데 관중은 신하 신분임에도 그런 사치를 부렸다. 각 공무에 맞게 공무원을 따로 뽑아 쓰는 것은 국가의 일인데 관중은 사적인 집안일에도 가신들을 겸직시키지 않을 정도로 뽑아 썼으니 이 역시 심한 사치다.

예에 따르면 천자는 바깥 병풍을 두고, 제후는 안 병풍을 두며, 대부는 발을 설치하고, 사士는 휘장을 둔다. 당시 정상회담 등을 할 때 예법은 주최 측 군주가 방문한 군주에게 술을 한 잔 주는 헌獻례를 하면 방문 군주는 술을 마시고 다시 술을 따라 주최 군주에게 올리는 작酢례를 한다. 주최 측 군주가 받아 마시고 다시 한 잔을 따라주는 수酬례를 하면 방문 군주는 그 잔을 받아 마시지 않고 반점 위에 올려놓는다. 그런데 관중은 제후나 할 수 있는 수새문·반점 등을 설치해 살았으니 예를 모르는 정치라고 공자는 평가했다.

"관 씨는 부엌을 따로 쓰는 세 명의 부인을 두었고 가신들에게 집안의 공무를 겸하지 않도록 할 정도였으니 어찌 검약하다 하겠는가?" "한 나라의 제후 이상은 되어야 문을 병풍으로 막아 안팎을 구분하는 것인데 관중은 제후국의 재상이었을 뿐인데도 문을 병풍으로 막았으며, 나라의 임금이라야 두 임금의 우호를 다지는 자리에 빈 잔을 놓는 반점을 설치하는데 관중 또한 반점이 있었다. 관 씨가 예를 안다면 그 누가 예를 모르겠는가?"

3:23

子語魯大師樂. 曰:"樂其可知也: 始作, 翕如也; 從之, 純如也, 皦
如也, 繹如也, 以成."

　　●

선생님이 노나라의 태사太師에게 음악에 대해 말씀하셨다. "음악
은 알 수 있습니다. 시작할 때는 일시에 일어나는 것 같고, 이어 풀
어지면서 조화를 이룬 것 같고, 또렷하게 드러내는 것 같고, 살리
며 이어지는 것 같다가 완성에 이릅니다."

역주

* 대사太師는 음악을 담당하는 관직으로, 태사라 한다.
* 흡翕은 일시에 일어나 합해지는 것을 뜻한다. 여러 악기가 각자
의 리듬에 따라 왕성하게 시작된다는 의미다.
* 종從은 풀어놓는다는 종縱의 뜻이다. 이미 시작된 음악이 고조되
면서 풀어진다는 의미다.
* 순純은 잡것이 섞이지 않은 순수한 상태를 뜻한다. 각각의 악기
에서 나오는 여러 음이 맑고 조화로운 상태를 이룬다는 의미다.
* 교皦는 여럿 가운데 또렷하게 드러남을 뜻한다. 음악이 조화를
이룬 상태에서 각자의 특색을 분명하게 드러낸다는 의미다.
* 역繹은 살리는 방향으로 이어간다는 뜻이다. 각각의 음악적 특
징들이 발현되며 차츰 조화가 잘된 가락을 구성해낸다는 의미다.

해설

《논어》여러 곳에서 공자는 음악가에 대해 깊은 존경을 표하고 있

다. 그런데 여기서는 음악 담당관에게 음악의 이치와 의미를 알려주고 있다. 천자는 음악 담당관을 태사와 소사 둘 두고, 제후는 태사 한 사람만 두었다. 대체로 맹인의 음감이 뛰어나기 때문에 맹인이 임명되었다. 이 구절 마지막에 완성된다고 한 말로 보아 합주음악의 기본과 흐름을 이야기한 듯하다. 궁상각치우宮商角徵羽 다섯 음조를 잘 조화시켜 상생과 화합과 연속이라는 중요한 정치질서의 완성을 기대하는 것이 국가 음악 사업의 중요한 지표였을 것이다.

"음악의 과정을 잘 알 수 있다. 시작할 때는 흥으로 왕성하게 화합의 기운을 일으키고, 차츰 악기들이 풀어지면서 각 악기의 순수한 음들이 조화롭게 어울리고, 각각의 악기가 명료하게 자기 음색을 드러내고, 서로를 살리며 이어지다가 완성에 이른다."

3:24

儀封人請見, 曰: "君子之至於斯也, 吾未嘗不得見也." 從者見之.
出曰: "二三子, 何患於喪乎? 天下之無道也久矣, 天將以夫子爲
木鐸."

•

의儀 땅 봉인封人이 뵙기를 청하면서 말했다. "군자가 여기에 이르면 내가 아직 만나보지 못한 사람이 없었다." (공자의) 종자가 뵙게 해주었는데 나오면서 말했다. "여러분은 (스승이 벼슬을) 잃은 것을 무얼 걱정하는가? 천하에 도가 없어진 지 오래다. 하늘이 장차 스승님을 목탁木鐸으로 삼을 것이다."

역주

* 의儀는 위衛나라 국경 근처에 있는 읍 가운데 하나다.

* 봉인封人은 국경을 관리하는 관원이다.

* 미상未嘗은 '아직 ~한 적이 없다'는 뜻이다.

* 종자從子는 '따르는 사람'이란 뜻으로 봉인이 찾아왔을 때 공자를 수행하던 제자를 말한다.

* 이삼자二三子는 《논어》에 여러 차례 등장한다. 윗사람이 아랫사람을 부를 때 너희들, 여러분들이란 의미로 쓴다. 많은 수가 아니라 두셋 정도였을 것이다.

* 여기서 상喪은 죽음이 아니라 벼슬과 관직을 잃고 쫓겨난 것을 말한다.

* 목탁木鐸은 쇠로 입을 만들고 그 안에 나무 방울을 달아 정치교화가 필요할 때나 법령을 공포할 때 흔들어 소리를 내서 경계하도록 하는 장치다. 오늘날 절에서 스님들이 치는 목탁은 정확히는 목어木魚다. 목탁은 훗사람들이나 대중을 깨우치는 선각자라는 의미도 있다.

해설

《주례》의 〈소사구小司寇〉 등 여러 편에 목탁이란 말이 등장한다. 안의 혀를 쇠로 만들면 금탁金鐸이라 한다. 천자는 조정에서 목탁을 흔들어 정치교화를 설파하는데 공자는 여기에 참여할 신분도 지위도 없었다. 그럼에도 봉인이 굳이 하늘이 공자를 목탁으로 삼을 것이라 함은 그가 위대한 스승으로 직접적인 정치교화보다 예법에 대한 새로운 해석으로 간접적으로 강한 정치적 교화를 불러오리라 추정했던 것이다. 장차 공자가 유교의 개산조사가 되어 중국 역사상 가장 강력한 영향력을 행사할 것을 봉인이 예언한 것이 아니라, 천하에 도가 없어진 지 오래인데 공자와의 대화로 도를 다시 회복할 가능성을 보았기 때문일 것이다. 숨은 현인인 듯하다.

"여러 제자는 스승이 벼슬을 잃는 것 따위를 걱정할 필요가 전혀 없다. 천하가 무질서해지고 아름다운 전통과 도의가 없어진 지 오래되었다. 하늘이 장차 공자를 목탁으로 삼아 천하의 질서와 도를 회복할 것이다."

3:25

子謂韶, "盡美矣, 又盡善也." 謂武, "盡美矣, 未盡善也."

•

선생님이 소韶 음악에 대해 평가하셨다. "아름다움을 다하면서도 좋음을 다한 것이다." 무武 음악에 대해 평가하셨다. "아름다움을 다하고 있으나 좋음을 다하지는 못했다."

역주

* 소韶는 순임금의 음악 이름이다. 위대한 덕으로 선양禪讓을 받아 임금이 되었음을 찬양한 노래다.
* 미美는 그 소리와 내용이 아름다움을 뜻한다.
* 선善은 내면의 좋음, 즉 의미가 좋음을 뜻한다.
* 무武는 주나라를 창립한 무왕의 음악이다. 무왕은 정벌로 천하를 취했다.

해설

순임금과 무왕의 정치적 공업을 예찬하는 두 음악에 대해 공자는 차별을 두고 평가했다. 두 임금 다 성왕으로 추앙받는 사람들이고 위대한 왕조를 개창했다. 순임금에게는 내용과 의미 모든 면에서 최고의 찬사를 보내지만, 무왕에게는 내용과 형식은 찬양하나 의의 면에서는 아무래도 정벌을 수단으로 삼았기 때문에 순임금처럼 사양을 한 뒤 천하를 얻는 것만 못하다는 뜻이다.

"순임금의 음악은 형식과 내용이 지극히 아름다울 뿐 아니라 양보와 선양으로 천하를 얻었기 때문에 의의 면에서도 지극히 좋다. 무왕의 음악 또한 형식과 내용이 지극히 아름답다. 그러나 정벌로 천하를 얻었기 때문에 의의는 완전히 좋다고 볼 수 없다."

3:26

子曰: "居上不寬, 爲禮不敬, 臨喪不哀, 吾何以觀之哉?"

•

선생님이 말씀하셨다. "윗자리에 머물면서 너그럽지 못하고, 예를 행하면서 공경하지 못하고, 상에 임해 슬퍼하지 못한다면 내가 무엇으로 그를 살펴보겠는가?"

역주

* 관寬은 너그러운 태도를 말한다. 인仁의 덕목을 여기에 부합시키기도 한다.

해설

예를 실천하는 문제와 상에 임하는 자세 모두 거상居上, 즉 윗자리에 앉은 사람을 두고 하는 말이다. 정치를 잘하는지 관찰해볼 수 있는 근거는 관寬, 즉 너그러움을 실천하는가와 항상 공경하는 마음을 바탕에 깔고 예법을 실천하는가와 상례를 거행하며 슬픔을 함께 나눌 수 있는가를 보면 된다.

"백성들 위에 군림하는 지도자가 백성들에게 너그럽지 못하고, 예법을 실천하고 이행하면서 공경하는 태도를 견지하지 못하고, 상례를 치를 때 슬픈 태도를 취하지 못한다면 내가 무엇으로 그의 정치를 평가할 수 있겠는가?"

04편

이인
里仁

'마을의 어진 사람'이란 뜻의 〈이인〉은 모두 스물여섯 장이다. 앞부분은 공자의 핵심 주장인 인仁에 대한 이야기가 많으며 그 후에는 정치가로서 군자와 효에 대한 내용을 주로 다룬다.

4:1

子曰: "里仁爲美. 擇不處仁, 焉得知?"

•

선생님이 말씀하셨다. "마을에 어진 사람이 있는 곳이 아름답다. 어진 사람이 머물지 않는 곳을 택하면 어찌 지혜롭다 하겠는가?"

역주

* 이인里仁을 주희의《논어집주》에서는 "마을에 인후한 풍속이 있어서 아름답다"라고 해석한다. 이 해석도 가능하지만 '인후한 마을'이란 어진 사람이 사는 곳이므로 여기서는 인을 어진 사람으로 해석한다.
* 처處는 살다, 머물다, 마음을 두다 등의 의미다.
* 득得은 동사로는 '얻다'라는 뜻이지만 보조동사로는 '~할 수 있다'는 뜻이다.
* 지知는 일반적으로 지智로 보아 지혜롭다로 해석한다.

해설

《순자》〈권학〉에 "군자는 반드시 고을을 선택해 살고 선비를 골라서 만나므로 치우침을 방지하고 중정에 가까워진다"라고 말한다. 공자사상의 핵심어를 한마디로 말하면 인仁이다. 〈이인〉은 인에 대한 이야기가 중심이다.

"어진 사람이 살아서 인후한 풍속이 있는 마을을 선택해 사는 것이 아름다운 일이다. 어진 사람이 살지 않은 마을을 선택해서 산다면 어찌 지혜로운 사람이라 하겠는가?"

4:2

子曰:"不仁者不可以久處約, 不可以長處樂. 仁者安仁, 知者利仁."

•

선생님이 말씀하셨다. "어질지 않은 사람은 절약에 오래 머물 수 없고, 즐거움에 길게 머물 수 없다. 어진 사람은 어짊을 편안해하고, 지혜로운 사람은 어짊을 이롭게 여긴다."

역주

* 약約은 절약하다, 검약하다 등의 뜻이다. 대부분은 곤궁으로 해석한다.
* 낙樂은 즐겁다는 뜻으로, 여기서는 즐거운 쾌락 상태를 가리킨다.

해설

어진 사람은 어짊 자체를 편안히 여기기 때문에 돈이 없어도 나쁜 짓을 하지 않는 데 비해 어질지 못한 소인은 오래 참지 못하고 도둑질을 한다. 마찬가지로 어질지 못한 사람은 즐거운 일이 있어도 즐거움을 오래 유지하지 못하고 교만하고 음란한 데 빠져 즐거움이 오래가지 못한다. 또한 인자와 지자의 차이가 있다. 어진 사람은 인을 오래 즐기고 편안해 하지만 지혜로운 사람은 인이 빈궁함을 오래 견디게 해주고 즐거움을 길게 이어줄 것을 알기에 어짊을 이롭게 여긴다.

"어질지 않은 사람은 절약이 길어지면 참지 못하고 나쁜 짓을 하므로 가난한 상태에 오래 있을 수 없고, 즐거운 일을 만나면 길게 유지하지 못하고 음란한 짓을 하므로 즐거움의 상태에 길게 있을 수 없다. 어진 사람은 어짊 그 자체를 편안하게 여겨 오래 길게 유지하고, 지혜로운 사람은 어짊이야말로 즐겁고 편안함을 오래 유지할 수 있으므로 인을 이롭게 여긴다."

4:3

子曰: "惟仁者能好人, 能惡人."

•

선생님이 말씀하셨다. "오직 어진 사람만이 다른 사람을 좋아할 수 있고, 다른 사람을 싫어할 수 있다."

역주

* 유惟는 홀로라는 뜻이다. 오직 유唯로 쓴 판본도 있다.
* 오惡는 좋아할 호好 자의 반대말로, 미워하다, 싫어하다라는 뜻이다.

해설

누구나 다른 사람을 좋아할 수도, 싫어할 수도 있다. 그런데 어진 사람만이 진정으로 그렇게 할 수 있다는 것은 사심私心과 관련이 있다. 인자는 사심이 없으므로 다른 사람을 제대로 평가할 수 있고 그래서 바른 표준을 세우고 있으므로 진정으로 좋아하고 진정으로 미워할 수 있다는 것이다.

"어진 사람만이 사심 없이 다른 사람을 좋아할 수 있고, 올바른 표준을 가지고 다른 사람을 싫어할 수 있다."

4:4

子曰: "苟志於仁矣, 無惡也."

•

선생님이 말씀하셨다. "진실로 어짊에 뜻을 두면 악함이 없다."

역주

* 구苟는 참된, 진실로 등으로 쓰이는 부사다. 성심성의를 다해 인에 뜻을 둔다는 의미다.

해설

앞 장의 호오好惡로 오惡 자를 읽어 "미워하는 바가 없다"고 해석하기도 한다. 하지만 인에 뜻을 두면 "선하게 됨"을 강조했다는 점에서 선악으로 보아, 여기서는 악행을 저지르는 일이 없다고 해석하고자 한다.

"진실로 어짊에 뜻을 두고 살면 악행을 저지르는 일이 없을 것이다."

4:5

子曰:"富與貴是人之所欲也, 不以其道得之, 不處也; 貧與賤是人
之所惡也, 不以其道得之, 不去也. 君子去仁, 惡乎成名? 君子無
終食之間違仁, 造次必於是, 顛沛必於是."

•

선생님이 말씀하셨다. "부유함과 귀함은 사람이면 바라는 바지만
도로써 얻은 것이 아니면 머물지 않고, 가난과 천함은 사람이면 싫
어하는 바지만 도로써 해결되지 않으면 없애지 않는다. 군자가 어
짊을 없애면 어떻게 이름을 이루겠는가? 군자는 식사를 마치는 사
이에도 어짊을 어기는 일이 없으니, 다급한 때에도 반드시 이에 따
르고, 엎어지고 넘어질 때에도 반드시 이에 따른다."

역주

* 부귀富貴의 부富는 재물이 많은 것이며 귀貴는 벼슬이 있거나 신
분이 높은 것이다.
* 빈천貧賤의 빈貧은 재물이 없는 것이며 천賤은 벼슬이 없거나 신
분이 낮은 것이다.
* 종식終食은 밥을 다 먹고 마칠 때까지 짧은 시간을 말한다.
* 조차造次는 조차간造次間이라고도 하며 창졸간에 다급한 경우를
말한다.
* 전패顚沛는 엎어지고 자빠진다는 뜻이다. 위급한 상황을 말한다.

해설

군자는 어질고 훌륭한 정치가를 말한다. 그는 인의 아름다움을 아

는 사람이고, 무엇을 미워해야 하는지 좋아해야 하는지도 알며, 악
행을 저지르지도 않는다. 항상 어짊을 편안하게 여기고 실천한다.
군자는 올바른 방법이 아닌 것으로 얻는 부귀는 바라지도 않고 누
리지도 않는다. 빈천은 누구나 싫어하는 바이지만 정당한 방법으
로 그것을 벗어나는 것이 아니라면 군자는 그냥 빈천한 상태로 살
아간다. 맹자는 "도에 맞지 않으면 한 주발의 밥이라도 다른 사람
에게서 받으면 안 된다"라고 말한 적이 있다. 특히 정치에 종사하
는 사람은 국가의 지도자들이다. 밥을 먹는 짧은 순간에도 어짊을
잃지 않으며, 창졸간에 급한 일이 생겨도 어짊을 유지하며, 엎어지
고 넘어지는 위태로운 순간에도 어짊을 잃지 않아야 한다.

"부유함과 고귀함은 사람이면 누구나 바라는 바이지만 정당한
도로써 얻는 부귀가 아니면 군자는 그것을 차지하지 않는다. 가난
함과 천함은 사람이면 누구나 싫어하는 바이지만 정당한 도로써
빈천을 해결할 수 없으면 군자는 그냥 빈천하게 살지 그것을 없애
지 않는다. 훌륭한 정치가인 군자가 어짊을 버린다면 어떻게 이름
을 이루겠는가? 군자는 밥 한 끼 먹는 짧은 순간에도 어짊을 어기
는 일이 없으며, 창졸간에 다급한 경우를 당하더라도 반드시 어진
상태를 유지하고, 엎어지고 넘어지는 위태로운 지경에 처해서도
반드시 어짊을 잃지 않는다."

4:6

子曰: "我未見好仁者, 惡不仁者. 好仁者, 無以尚之; 惡不仁者, 其
爲仁矣, 不使不仁者加乎其身. 有能一日用其力於仁矣乎? 我未

見力不足者. 蓋有之矣, 我未之見也."

•

선생님이 말씀하셨다. "나는 어짊을 좋아하는 사람과 어질지 못함을 싫어하는 사람을 아직 보지 못했다. 어짊을 좋아하는 사람은 더 바랄 것이 없으며, 어질지 못함을 싫어하는 사람은 어진 행동을 함에 어질지 못함이 제 몸에 더해지지 않도록 한다. 어짊을 행하는데 단 하루라도 제 힘을 다 쓸 수 있는 사람이 있는가? 나는 힘이 모자라는 사람을 아직 보지 못했다. 그런 사람이 있겠으나, 나는 아직 보지 못했다."

역주

* 상尙은 더하다, 바라다, 숭상하다 등의 의미이나, 여기서는 뒤의 가加 자와 대구임을 감안해 "더 바랄 것이 없다"로 해석한다.
* 일일 一日을 온종일로 해석해 긴 하루를 인을 실천하는 데 쓰는 사람이라고 해석할 수도 있으나 여기서는 긴 인생 안의 짧은 시간이라도 온전히 인에 힘쓸 수 있는 사람이 있을 수 있느냐는 의미로 보아 "단 하루라도"로 해석했다.
* 개蓋를 의문사로 보는 경우도 있으나 여기서는 발어사로 본다. 아마도, 어쩌면 등으로 해석할 수 있다.

해설

인仁은 공자사상의 정수이며 정치철학의 핵심 개념이다. 공자는 일상이든 정치적 행위든 인을 실천하는 사람을 찾기 어려움을 한탄하고 있다. 여기서 공자는 사람을 어짊을 좋아하는 사람과 어질

지 못함을 싫어하는 사람 두 종류로 나눈다. 유보남은 《논어정의》
(145쪽)에서 두 종류 사람 가운데 어짊을 좋아하는 사람이 어질지
못함을 싫어하는 사람보다 더 낫다고 한다. 어질지 못함을 싫어하
는 사람은 이인利仁, 즉 어짊을 이롭게 여기거나 강인强仁, 즉 어짊
을 강요하는 사람이지만 어짊을 좋아하는 사람은 안인安仁, 즉 어
짊을 편안히 여기고 즐기는 사람이기 때문이라는 것이다.

공자는 현실을 관찰하고, 사람은 누구나 인을 실천할 능력이 있
음에도 단 하루라도 온종일 어짊을 실천하는 노력을 기울이는 사
람을 찾아보기 어렵다고 말한다. 인을 좋아해서든 인하지 않음을
미워해서든 결국 인을 온전히 실천하는 것은 쉬운 일이 아니라는
말이다.

"나는 어짊을 좋아하는 사람이나 어질지 않음을 싫어하는 사람
을 아직 보지 못했다. 어짊을 좋아하는 사람은 더는 무엇을 바랄
것이 없으며, 어질지 않음을 싫어하는 사람은 어진 행동을 하면서
어질지 못함이 제 몸에 더해지지 않도록 노력한다. 어짊을 행하는
데 단 하루라도 제 힘을 온종일 쓸 수 있는 사람이 있는가? 나는 힘
이 모자라서 인을 실천하지 못하는 사람을 아직 보지 못했다. 어쩌
면 실제로 힘이 모자라서 어짊을 실천하지 못하는 사람이 있을 수
있겠으나, 나는 아직 그런 사람을 보지 못했다."

4:7

子曰: "人之過也, 各於其黨. 觀過, 斯知仁矣."

•

선생님이 말씀하셨다. "사람은 잘못에는 각기 제 무리가 있다. 잘못을 살펴보면 그 어짊을 알 수 있다."

역주

* 과過는 지나침으로 생긴 잘못을 말한다.
* 당黨은 같은 유형의 동류라는 뜻으로 무리 유類와 같은 뜻이다.

해설

〈이인〉은 어짊을 주제로 한 글이 대부분이다. 잘못을 관찰해 그가 어진지 아닌지를 알 수 있다는 말은 어진 사람도 잘못을 저지르는데 그 잘못의 수준과 정도가 다르다는 말이다. 군자와 소인이 다르고 인자仁者와 지자知者가 잘못하는 종류가 다 다르다. 주희의《논어집주》에는 후한의 청백리 오우吳祐를 예로 든다. 오우의 수하 손성孫性이 아버지 옷을 한 벌 장만하기 위해 백성들에게 약간의 세금을 더 거두었다. 아버지가 이를 고발하자 오우는 〈이인〉의 이 구절 관과지인觀過知仁이란 말을 인용하며 용서하고 옷을 다시 아버지에게 돌려드렸다고 한다.[1]

"사람은 잘못을 저지르는 데 각자 자기 나름의 무리끼리 짓는 유형이 있다. 잘못을 세밀히 관찰해보면 그의 행동이 어진지 여부를 알 수 있다."

----

1   성백효 역주, 앞의 책, 113쪽을 참조할 것.

4:8

子曰: "朝聞道, 夕死可矣."

•

선생님이 말씀하셨다. "아침에 도를 들으면 저녁에 죽어도 된다."

역주

* 가可를 '할 수 있다'로 해석해 '저녁에 죽을 수 있다'라고 할 수는 없다. 도를 들은 사실을 강조하기 위함이므로 "저녁에 죽어도 된다"로 해석한다.

해설

도는 선왕의 도이고 군자의 도다. 삶과 사회의 궁극적인 원리를 깨치는 것이 문도聞道다. 깨침에 이르는 것은 아침부터 저녁까지 짧은 시간만 누려도 될 만큼 가치 있는 일이라는 뜻이다.

"아침에 도를 들어 세상의 이치를 깨쳤다면 저녁에 죽어도 괜찮다."

4:9

子曰: "士志於道, 而恥惡衣惡食者, 未足與議也."

•

선생님이 말씀하셨다. "선비가 도에 뜻을 두고도 나쁜 옷과 나쁜 음식을 부끄러워한다면 더불어 논의하기에 아직 부족하다."

* 악惡은 좋음의 반대로, 거칠고 상태가 나쁜 물건을 말한다.

해설

사士는 사농공상士農工商 네 계급의 우두머리로, 도道와 공부에 뜻을 두고 마침내 벼슬에 나가 정치에 참여하는 존재다. 선비라면 오로지 인의의 실천에 뜻을 두고 세상을 이끌 생각을 해야 한다. 호의호식하는 일에만 관심을 두는 사람은 더불어 도를 논의할 자격도, 인의의 정치에 참여할 자격도 없다.

"선비는 세상을 이끄는 인의의 도에 뜻을 두어야 한다. 호의호식을 꿈꾸며 나쁜 옷과 나쁜 음식을 부끄러워하는 사람은 더불어 도와 정치를 논의할 만한 사람이 못 된다."

4:10

子曰:"君子之於天下也, 無適也, 無莫也, 義之與比."

•

선생님이 말씀하셨다. "군자는 천하에 대해 나아감도 없고 부정함도 없으며 옳음을 따른다."

역주

* 적適과 막莫의 뜻이 광범해 역사적으로 해석이 다양하다. 대표적으로 적適 자를 원수 적敵으로 보고 막莫 자를 그리워할 모慕 자로보아, 천하 사람들을 무작정 원수로 삼지도 않고 무작정 그리워하

고 탐하지도 않으며 중용의 의義를 따른다는 해석이 있다. 또는 적適 자를 두터울 후厚 자로 보고 막莫 자를 엷을 박薄 자로 보아 천하의 일에 과하게 두텁거나 박하게 나아가지 않고 정의를 지키는 것으로 해석하는 경우도 있다. 여기서는 이들 해석을 꺼안은 채 적適과 막莫의 원뜻대로 나아갈 적適, 없을(부정할) 막莫으로 해석한다.
* 비比는 여기서는 따르다로 해석하지만 친할 친親으로 해석하는 경우도 있다.

해설

군자는 도덕을 실천하는 정치가다. 천하 사람들과 천하의 일에 과도한 주장을 펼치며 앞장서거나 가볍게 부정해 무시하는 경우는 없다. 오직 정의로운 일이 무엇이냐를 비교해보고 그에 따라 행동한다.

"군자는 천하 사람과 천하의 일에 대해 절대 긍정하는 일도 없고, 절대 부정하는 일도 없으며, 비교해 옳은 일을 따른다."

4:11

子曰:"君子懷德, 小人懷土; 君子懷刑, 小人懷惠."

•

선생님이 말씀하셨다. "군자는 덕을 생각하나 소인은 땅을 생각하고, 군자는 법제를 생각하나 소인은 은혜를 생각한다."

* 회懷는 가슴에 품는다는 뜻으로 생각한다는 의미다.

* 형刑은 목을 벤다는 뜻으로 형벌을 의미하지만 여기서는 법제로 볼 수 있다.

해설

정치가 군자는 어떻게 하면 백성들을 덕으로 다스릴 것인가에 깊은 관심을 보이지만 소인은 일신의 이익을 위해 안주할 처소와 농사지을 땅만 생각한다는 의미다. 또 군자는 예법이나 법제 등 구성원 전체와 관련된 공적인 일에 관심을 보이지만 소인은 부끄러움을 모르고 어떻게 하면 혜택을 누릴 수 있는가만 생각한다는 뜻이다.

"군자는 유덕한 정치를 생각하나 소인은 일신의 처소나 농사지을 땅만 생각하며, 군자는 공적인 법제를 생각하나 소인은 사적인 혜택만을 생각한다."

4:12

子曰: "放於利而行, 多怨."

•

선생님이 말씀하셨다. "이익에만 뜻을 두고 행동하면 원망이 많아진다."

역주

* 방放은 놓다, 두다, 의지하다 등의 의미다.

해설

위에서 통치자가 이익을 따지면 아래 백성들이 힘들어지고 많은
사람의 원망을 살 것이다. 그래서 윗사람이 이익을 따지면 아랫사
람들은 그를 싫어한다. 이익과 재물에 반대하는 것은 유가의 공통
된 생각이다. 맹자는 〈양혜왕梁惠王 상上〉에서 군주가 이익을 따지
면 상하가 모두 이익을 따지게 되어 결국 나라가 망할 것이라고
경고한다. 순자는 〈대략〉에서 "의로움이 이익을 이기면 치세이고,
이익이 의로움을 이기면 난세다. 위에서 의를 중시하면 의가 이익
을 이기고, 위에서 이익을 중시하면 이익이 의를 이긴다"라고 말
한 적이 있다.

"통치자가 모든 것을 이익에 입각해서 행사하면 사람들 모두의
원망이 커질 것이다."

4:13

子曰: "能以禮讓爲國乎, 何有? 不能以禮讓爲國, 如禮何?"

•

선생님이 말씀하셨다. "예의와 사양으로 나라를 다스릴 수 있으면
무슨 문제가 있겠는가? 예의와 겸양으로 나라를 다스릴 수 없다면
예가 있은들 무엇이겠는가?"

역주

* 예양禮讓은 사양·양보·겸양으로 예절을 지키는 것으로, 예법제
도의 실질이다. 예는 사양을 꾸민 것이다.

해설

《예기》〈예운禮運〉에는 "신뢰를 쌓고 화목을 다지고 사양을 숭상하고 다툼을 제거하는 데 예를 버리면 어떻게 다스릴 수 있겠는가?"라고 말한다.《좌전》〈양공 13년〉에는 "사양은 예의 주체이며 세상을 다스리는 것이다"라고 말한다. 사양·양보·겸양이야말로 예의 실질이며 국가통치의 핵심이다.

"사양으로 예절을 지켜서 나라를 다스린다면 국가통치에 무슨 어려움이 있겠는가? 사양으로 예절을 지켜 나라를 다스릴 수 없다면 예법제도가 있은들 무슨 소용이 있겠는가?"

4:14

子曰: "不患無位, 患所以立; 不患莫己知, 求爲可知也."

•

선생님이 말씀하셨다. "자리가 없음을 걱정하지 말고, 그 자리에 서는 까닭을 걱정해야 한다. 자기를 알아주지 않음을 걱정하지 말고, 알려지게 되기를 구해야 한다."

역주

* 위位는 작위, 즉 벼슬자리를 뜻한다.
* 입立 자를 상하 문장의 대구로 볼 때 위位 자를 잘못 쓴 것으로 해석하기도 한다. 그럴 경우에도 자리에 선다는 뜻은 같다.

해설

《순자》〈비십이자〉에는 군자의 덕목으로 이와 비슷한 이야기를 싣고 있다.

　"군자는 귀하게 될 만한 행위를 할 수 있으나 다른 사람으로 하여금 자기를 소중하게 여기도록 할 수는 없고, 믿을 만한 행위를 할 수 있으나 다른 사람으로 하여금 자기를 믿게 만들 수는 없으며, 쓰일 만한 행위를 할 수 있으나 다른 사람으로 하여금 자기를 쓰게 할 수는 없다. 그래서 군자는 스스로 수양하지 못함을 부끄러워하지 모욕당함을 부끄러워하지 않으며, 스스로 믿음을 주지 못함을 부끄러워하지 믿어주지 않음을 부끄러워하지 않으며, 할 수 없음을 부끄러워하지 쓰이지 못한 것을 부끄러워하지 않는다."

　비방을 두려워하지 말고 오직 자신을 바르게 세워 도를 지키라는 주문이다. 출세나 남의 눈을 의식하지 말고 자신을 수양하는 것이 훨씬 중요하다는 공자의 말을 잘 설명하고 있다.

　"한자리 얻어 출세하지 못함을 걱정하지 않고 그 자리에 서게 될 정도의 수양을 했는지 여부를 걱정해야 한다. 자기를 알아주지 않는다고 걱정하지 말고 열심히 자기 수양을 해 널리 알리도록 스스로 노력을 해야 한다."

4:15

子曰: "參乎! 吾道一以貫之." 曾子曰: "唯." 子出. 門人問曰: "何謂也?" 曾子曰: "夫子之道, 忠恕而已矣."

●

선생님이 말씀하셨다. "삼아! 내 도는 하나로 관통하느니라." 증자가 말했다. "네." 선생님이 나가자 문인들이 물었다. "무슨 말씀입니까?" 증자가 말했다. "스승님의 도는 충성과 용서일 따름이다."

역주

* 유唯는 보통 발어사로 쓰지만 여기서는 대답하는 말이다.
* 문인門人은 문제자로 공자의 제자를 말한다. 그런데 증삼은 공자 말년의 나이 어린 제자였으므로 그가 스승의 도를 선배 동학들에게 한마디로 설명한다는 게 이치에 맞지 않기에 증자의 제자를 뜻한다는 주장도 있다.
* 충서忠恕의 충忠은 자신에 대해 성실과 진실을 다한다는 의미의 충성이고, 서恕는 타인 또는 피통치자들을 감싸고 동정한다는 의미의 용서다.

해설

공자가 추구하는 도의 기본은 널리 알려져 있듯이 극기복례克己復禮이고 수기안인修己安人이다. 즉 공부와 사색을 겸하며 끊임없이 자기 자신의 내면을 거듭 수양해야 군자가 될 수 있다. 그 군자는 수양을 바탕으로 예의가 통하는 세상을 회복해 온 세상 사람들을 편안하게 해주어야 한다. 공자의 정통을 누가 이었는지는 차치하고 증자가 한마디로 정의한 스승의 도, 즉 충서 또한 극기복례·수기안인의 연장선에서 이해할 수 있다. 그래서 역대 유학자들은 이에 대해 수많은 논의를 거듭하며 자신의 생각을 개진했다. 충은 자신에 대한 수양이자 극기克己이고, 서는 타인에 대한 관용이자 사람들을 편안하게 만드는 복례復禮다. 성리학자들은 그 가운데 전자, 즉 수기에 조금 더 비중을 두었던 듯하다.《예기》〈대학大學〉의 "이른바 성의誠意란 스스로를 속이지 않도록 하는 것"을 충忠으로 볼 수 있다. 주희는 충서를 "자기 자신을 다하는 것을 충이라 일컫고, 자기를 미루어 타자에 미치는 것을 서라 한다"라고 말했다. 결국 자신의 문제를 강조한 말이다. 충서는 군자가 갖추어야 할 구체적인 덕목이란 점에서 수기와 치인에 모두 통하는 정치사상 관념이다.

"삼아! 내 도는 하나로 전체를 관통하고 있느니라." "스승님의 도는 자신에 대한 성실함으로써 충과 타자와 백성들에 대한 관용으로서 서일 따름이다."

4:16

子曰: "君子喻於義, 小人喻於利."

•

선생님이 말씀하셨다. "군자는 옳음에 밝고 소인은 이익에 밝다."

역주

* 유喻를 공안국은 밝다, 환하다, 깨닫다 등을 의미하는 새벽 효曉 자로 해석한다.

해설

공자는 이익을 배척하지는 않았지만 의義와 이利의 상관관계를 군자와 소인을 구별하는 기준으로 삼았다. 군자는 정치에 종사하는 계급이며 소인은 피통치자인 일반 백성을 가리킨다. 그러니까 사람이면 누구나 이익을 추구하지만, 정치가는 의를 가치기준으로 삼고 살아야 한다는 말이다. 이를 더 발휘해 의와 이를 가장 선명하게 대비시킨 사상가는 맹자다. 《맹자》〈양혜왕 상〉 첫 구절에서 맹자는 위에서 군주가 이익을 따지면 상하 신하들과 백성들이 이익을 따져서 세상이 온통 이해다툼의 경연장이 될 것이고 그러면 정의와 도덕이 소멸해 국가가 망할 것이라고 주장한다.

"군자 정치가는 옳은 일을 기준으로 삼아 어떻게 행동할 것인지 깨닫지만 소인은 어떻게 이익을 얻을 수 있는가라는 계산에만 매우 밝다."

4:17

子曰: "見賢思齊焉, 見不賢而內自省也."

•

선생님이 말씀하셨다. "현명한 사람을 보면 같아질 것을 생각하고, 현명하지 못한 사람을 보면 안으로 스스로를 살핀다."

역주

* 현賢은 재능이 뛰어나고 어진 상태 또는 사람을 말한다.
* 제齊는 가지런하다, 나란하다, 같다 등의 의미다.
* 성省은 되돌아보다, 반성하다, 성찰하다 등의 의미다.

해설

공자의 이 말에 대해 순자가 적절히 해석한 곳이 있다. 《순자》〈수신修身〉에 선을 보면 단정히 그것을 스스로 지켜내고, 선하지 못함을 보면 걱정스레 스스로 반성한다고 말한다. 행위의 모범을 강조하는 유가사상의 기본 입장을 잘 반영하는 견현사제見賢思齊는 수양론의 일종으로, 현명한 사람이 되고자 하는 노력과 더불어 현명하지 못함에 대한 자기반성과 성찰을 요구한다는 점에서 의미가 있다.

"현명한 사람을 보면 그와 같아지기 위해 선을 지키는 노력을 기울이고 현명하지 못한 사람을 보면 자신의 내부에 선하지 못한 점이 없는지 스스로를 성찰해본다."

4:18

子曰: "事父母幾諫. 見志不從, 又敬不違, 勞而不怨."

•

선생님이 말씀하셨다. "부모를 섬길 때는 은미隱微하게 간해야 한다. 뜻이 따르지 않을 것으로 보여도 공경하고 어기지 말며 힘들어도 원망하지 않아야 한다."

역주

* 기幾는 순한 말투로 떠들지 말고 조용하고 작게 함을 말한다.
* 지志는 본심의 의향을 드러내는 뜻을 의미한다. 여기서는 부모의 의중을 뜻한다.

* 노勞는 노력하다, 힘쓰다 등의 의미인데 여기서는 부모를 위해 행하는 힘들고 수고로운 일을 말한다.

해설

부모와 살면 여러 가지 일이 생긴다. 간한다는 것은 올바른 길을 제시하고 그에 따르기를 권유하는 의미다. 부모가 잘못했을 경우 매우 조심스레 간언해야 한다. 큰소리를 내거나 무엇이 올바른가를 두고 다툰다면 평생 원수가 될 수 있다. 맹자가 친구로 감쌌던 제나라 대장군 광장匡章이란 인물도 어머니 시신을 거두는 문제로 아버지와 다툰 결과 처자식을 내보내고 평생 홀로 살았다. 부모가 자식의 간언을 따를 의향이 없더라도 공경하는 자세를 잃지 말아야 한다. 《예기》〈곡례〉에는 세 번 간해도 듣지 않으면 눈물을 흘리고 할 수 없이 부모 말에 따라야 한다고 말한다. 부모와 자식을 일체로 보는 시각에서 나온 이야기겠지만 부모의 뜻을 거역하지 말고 힘들더라도 부모가 시킨 일을 열심히 하라는 충고다.

"부모를 모시고 살 때 할 이야기가 있으면 작고 은미하게 간해야 한다. 부모의 의향이 자식의 말에 따르지 않을 것이 분명해도 그저 부모를 공경할 뿐 부모의 말을 거역하지 말고 부모가 시키는 일은 힘들어도 원망하지 않고 수행해야 한다."

4:19

子曰: "父母在, 不遠遊. 遊必有方."

•

선생님이 말씀하셨다. "부모가 계시면 멀리 여행하지 않는다. 여행을 하면 반드시 일정한 방향이어야 한다."

역주

* 유遊는 즐겁게 논다는 의미로, 떠나다, 여행하다 등으로 해석할 수 있다.
* 방方은 방위·방향을 뜻하는데, 여기서는 항상 상常으로 해석해 언제나 가는 곳을 가는 일정한 방향으로 본다.

해설

부모를 섬기는 자식의 태도에 대한 이야기다. 효도의 핵심은 부모를 걱정시키지 않는 것이다. 언제나 부모 곁을 지켜야 하며 부모가 일이 있어 부르면 언제든 올 수 있는 곳에 있어야 한다. 가급적이면 멀리 여행을 떠남으로써 부모를 걱정시키지 말아야 한다. 떠나더라도 가깝든 멀든 일정하게 가는 곳만 가서 가족들이 찾을 수 있어야 한다는 뜻이다.

"부모가 살아 계실 때 자식은 멀리 떠나 여행하지 않아야 한다. 여행을 떠난다면 반드시 어디로 가는지 방향을 정해두고 이를 부모에게 알려야 한다."

4:20

子曰: "父在, 觀其志; 父沒, 觀其行; 三年無改於父之道, 可謂孝矣."

•

선생님이 말씀하셨다. "아버지가 계시면 그 뜻을 살피고, 아버지가 돌아가시면 그 행동을 살펴 3년 동안 아버지의 도를 고치는 일이 없다면 효도했다고 할 만하다."

해설
〈학이〉 11장의 중복이다.

4:21

子曰:"父母之年, 不可不知也. 一則以喜, 一則以懼."

•

선생님이 말씀하셨다. "부모의 나이를 모르고 있으면 안 된다. 하나는 그로써 기뻐함이고, 하나는 그로써 두려워함이다."

역주
* 연年은 여기서는 나이를 뜻한다.
* 희喜는 기뻐하다, 즐거워하다 등의 의미다.
* 구懼는 걱정을 수반한 두려움을 말한다.

해설
나이는 숫자에 불과하지만 부모의 나이를 대하는 자식의 태도는 다르다. 부모 나이를 모르는 사람은 없을 테지만 부모의 나이를 늘 염두에 두어 부모의 건강상태를 점검하라는 주문일 것이다. 두 가지로 설명할 수 있다. 하나는 부모의 나이가 많을 경우 오래 살고 계시다는 사실만으로도 기쁘고 또 한편으로 사실 날이 얼마 남지 않았다는 사실 때문에 두렵다는 뜻으로 해석할 수 있다. 다른 하나는 부모의 나이가 젊으면 자식이 효도할 기회가 많으니 기쁘다는 것이고 또 한편으로 나이가 들었으면 효도할 날이 많지 않음을 걱정한다는 뜻으로 해석할 수 있다.

"부모의 나이를 모르고 있으면 안 된다. 하나는 장수하시고 효도할 기회가 많으니 기뻐서이고, 하나는 나이가 많아지시니 오래 못 사시거나 효도할 일이 줄어듦이 두렵기 때문이다."

4:22

子曰: "古者言之不出, 恥躬之不逮也."

•

선생님이 말씀하셨다. "옛사람들이 말을 내놓지 않음은 몸이 따르지 못할까 부끄러워했기 때문이다."

역주

* 궁躬은 몸으로, 자기 자신을 뜻한다.
* 체逮는 체포의 용례처럼 미치다, 붙잡다 등의 의미인데 여기서는 실천이 따르지 못한다는 뜻으로 해석할 수 있다.

해설

정치인들의 말은 가벼우면 안 된다. 반드시 실천이 동반되는 말을 해야 하며 말보다 행동을 앞세워야 한다. 지도자가 말을 함부로 하면 신뢰를 얻을 수 없고 결국은 어떤 일도 성취하지 못할 것이다. 《예기》〈치의〉에는 말에 행동이 따라주면 애써 말을 꾸밀 필요가 없고, 행동이 말을 실천하는 것이면 일부러 행동을 꾸밀 필요가 없다면서 군자는 말을 적게 하고 행동으로 보여 신뢰를 얻는다고 말한다.

"옛날 정치가는 말을 함부로 하지 않았다. 자신이 말을 해놓고 실천이 뒤따르지 않을까 부끄러워했기 때문이다."

4:23

子曰: "以約失之者, 鮮矣."

•

선생님이 말씀하셨다. "검약으로 잃는 사람은 드물다."

역주

* 약約은 검약의 용례처럼 물자를 아끼는 것으로 해석할 수도 있고 약속의 용례처럼 자신에 대한 단속으로 해석할 수도 있다. 해석에 따라 대명사 지之는 물자로 해석할 수도 있고 법도·정도·중용 등으로 해석할 수도 있다.

해설

일반적으로 검소하고 절약하는 사람은 재물을 잃는 경우가 드물다. 마찬가지 이치로 자신을 잘 단속하고 행동을 다스리는 사람은 큰 잘못을 저지르거나 중용의 정도를 잃는 경우가 드물 것이다.

"자신을 엄격하게 다스리고 검약하면 중도를 어기고 소중한 것을 잃는 경우가 드물다."

4:24

子曰:"君子欲訥於言, 而敏於行."

•

선생님이 말씀하셨다. "군자는 말은 더듬으나 행동은 재빠르고자 한다."

역주

* 눌訥은 말을 더듬는다는 뜻인데 과묵해 말을 잘하지 않는 경우에도 쓰인다.
* 민敏은 재빠르다, 총명하다, 영리하다 등의 뜻이다.

해설

22장의 내용과 비슷하다. 군자는 정치가다. 지도자는 민첩하게 행동으로 실천하는 사람이어야지, 말을 잘하는지 여부는 아무 상관이 없다. 어눌하게 더듬거리거나 말을 잘하지 못하거나 과묵하더라도 총명하고 재빠르게 실천하면 충분하다는 이야기다.

"군자는 말을 잘하지 못하고 더듬거리며 과묵하더라도 행동은 총명하고 민첩하게 하고자 한다."

4:25

子曰: "德不孤, 必有鄰."

•

선생님이 말씀하셨다. "덕은 외롭지 않으니 반드시 이웃이 있다."

역주

* 고孤는 부모가 돌아가시고 홀로 떨어진 외로운 경우를 말한다.
* 인鄰은 인隣이라고도 쓰며 이웃, 돕다 등의 의미다.

해설

유덕한 정치를 하면 천하가 인仁으로 귀결되니 외롭지 않을 것이다. 지극한 덕으로 세상을 다스리면 천하의 사람들이 덕에 감화되어 귀의할 테니 또한 외로울 수 없다. 덕으로 감화시키면 이웃 나라들도 모두 친근하게 다가올 테니 국가적으로도 외롭지 않을 것이다.

"유덕한 정치는 홀로 외롭지 않으니 반드시 도와주고 따르는 이웃이 있을 것이다."

4:26

子游曰: "事君數, 斯辱矣; 朋友數, 斯疏矣."

•

자유가 말했다. "임금을 섬기면서 자주 책망하면 욕을 당하고 친구에게 책망이 잦으면 소원해진다."

역주

* 삭數은 숫자를 세는 계산을 말할 때는 수數로 읽지만 잦다, 촘촘하다 등의 뜻일 때는 삭으로 읽으며, 책망하다는 해석도 있다. 유보남은 삭을 속삭速數의 삭으로 주석했다.[2]

* 소疏는 탁 트임을 뜻하는 글자이며 의미가 확장되어 성기다, 소원해지다, 멀어지다 등의 의미가 있다.

해설

군주 앞에서 너무 자주 싫은 말을 하거나 잘못을 책망한다면 아무리 의도가 좋더라도 욕을 초래할 것이다. 예를 들면 후한 시절 뛰어난 학자였던 환담桓譚은 광무제光武帝 앞에서 참위讖緯의 허망함을 과도하게 간언하다가 끌어내 목을 베라는 황제의 명령을 받고 이마에 피를 줄줄 흘리도록 땅에 머리를 박으며 사죄하고서야 겨우 사면을 받았다. 마찬가지로 친구에게도 자주 바른말을 하거나 충고를 심하게 하거나 또는 자기 자랑을 늘어놓는다면 관계가 소원해질 것이다. 군신간이든 친구간이든 예의와 중용의 도를 지켜야 한다는 뜻이다.

"군주를 섬기면서 너무 자주 심한 간언을 하거나 책망을 하면 욕을 당할 것이고 친구에게 너무 자주 충고를 하거나 자랑을 하면 관계가 멀어질 것이다."

---

2   유보남, 앞의 책, 160쪽을 참조할 것.

05편

공야장
公冶長

모두 스물여덟 장이다. 제자들의 성품을 평가하거나 제자들의 질문에 인간으로서 또는 정치가로서 덕목이 무엇인지 이야기하는 구절이 많다. 이에 더해 당시 현인이라 불린 사람들에 관련된 여러 가지 구체적인 사건을 예로 들며 객관적인 평가를 시도한다.

5:1

子謂公冶長, "可妻也. 雖在縲絏之中, 非其罪也." 以其子妻之.

•

선생님이 공야장公冶長을 "시집보낼 수 있다. 비록 감옥 속에 있었으나 그의 죄가 아니었다"라고 평가하시고 자식을 그에게 시집보냈다.

역주

＊처妻는 아내라는 뜻인데 동사로는 '시집보내다'이다.

＊누설縲絏의 누縲 자는 포승, 오라, 검은 새끼줄을 뜻하며 유로 읽어 유설이라고도 한다. 검은 줄로 묶어 옥에 가두어둔다는 의미로 감옥살이라고 해석된다.

해설

공야장의 성은 공야公冶이고 이름은 장長이다. 자는 자장子張 또는 자장子長이다. 공자의 제자로《사기》〈중니제자열전〉에는 제나라 사람이라고 나오나,《공자가어》〈제자해弟子解〉에는 노나라 사람이라고 한다. 가난했으나 벼슬을 거절하고 스승의 가르침에 따라 교육과 학문에 전념했다. 새소리를 알아듣는 재능이 있었는데 어느 날 새들이 지저귀는 소리를 듣고 시신이 있는 장소를 이야기했다가 살인범으로 몰려 억울한 옥살이를 했다. 나중에 감옥 안에서 새들의 이야기를 알아듣는 것으로 판명되어 석방되었다고 한다. 그는 공자의 딸과 결혼해 두 아들을 두었으나 큰아이가 일찍 죽었다. 억울한 감옥살이는 잘못된 일이니 전혀 염두에 두어서는 안 된다는 공자의 의도를 읽을 수 있다.

"딸을 시집보낼 수 있다. 비록 포승에 묶여 감옥살이를 한 적이 있으나 그에게 죄가 있었던 것은 아니므로 괜찮다."

5:2

子謂南容, "邦有道, 不廢; 邦無道, 免於刑戮." 以其兄之子妻之.

•

선생님이 남용南容을 "나라에 도가 있으면 버려지지 않을 것이며, 나라에 도가 없어도 죽음의 형벌은 면할 것이다"라고 평가하시고 형의 자식을 그에게 시집보냈다.

역주

* 방邦은 국國보다 먼저 생긴 개념으로, 초목으로 자연적인 경계를 이룬 정치공동체. 오늘날 보편적으로 쓰이는 '나라'라는 해석이 어울린다. 국國이 영어로 state라면 방邦은 country에 가깝다.
* 폐廢는 무너진다, 버린다는 뜻 외에 그만두게 하다, 버려지다 등의 의미가 있다.
* 형륙刑戮의 형刑은 목을 베는 것을 말하고 육戮은 죽인다는 뜻이다. 형륙은 죽음의 형벌을 뜻한다.

해설

공자의 제자 남용은 노나라 사람으로, 자는 자용子容이다. 성씨인 남궁南宮을 약칭해 남南으로 했다고 한다. 본명은 남궁도南宮絸 또는 남궁적南宮适, 남궁괄南宮括 등으로 설이 다양하다. 남궁씨의 족보에는 여기 등장하는 남궁도를 시조로 여기는 주장도 있다. 노나라 권력자의 하나였던 맹희자孟僖子의 아들로, 남쪽 궁궐에 살아서 남궁이라는 설도 있다.《사기》〈중니제자열전〉에는 남궁괄의 자를 자용이라 한다. 다른 편에 나오는 남궁경숙南宮敬叔이 남용이란 설도 있으나,《한서》〈고금인표古今人表〉에는 두 사람이라고 한다. 공자의 배다른 형 맹피孟皮의 딸을 이 귀족 제자에게 시집보낸 것인데 앞 장에서 가난한 제자인 공야장에게 자신의 딸을 시집보낸 내용과 대비해 공자의 대인 기질을 언급하기도 한다. 반면에 남녀 결혼 문제 등을 이와 같이 해석해서는 안 된다는 주장도 있다. 남용은 말을 신중하게 하고 행정 능력을 갖춘 사람으로 나라가 잘 돌아가면 반드시 크게 쓰일 인물이고, 나라가 어지러워도 사형당하지는 않을 정치가로 본 것이다. 아마도 형이 죽었기 때문에 공자가 그 딸의 혼례를 대신 주관했겠지만 형의 딸을 시집보낼 때 조카가 평생 고생할지 여부를 고민한 것이 아니었을까 생각된다.

"남용은 나라에 도가 있으면 버려지지 않을 인물이며, 나라에 도가 없어도 형벌을 받아 죽는 일까지는 없을 테니 조카딸을 시집보내도 된다."

5:3

子謂子賤, "君子哉若人! 魯無君子者, 斯焉取斯?"

•

선생님이 자천子賤을 "군자다운 사람이로다! 노나라에 군자가 없다면 이 사람은 어디서 이를 얻었겠는가?"라고 평가하셨다.

역주

* 자천은 공자보다 마흔아홉 어린 제자로, 성은 복宓, 이름은 부제不齊다.

* 약若은 같다, ~답다라는 뜻인데 뒤에 대명사가 오는 경우가 많다. 여기서 약인若人을 '사람 같다'고 해석하면 곤란해져 약차인若此人으로 본다. 그러면 "군자로다, 이와 같은 사람은"이 된다.

* 사斯는 사물 또는 대상을 가리키는 대명사다. 앞의 사斯는 자천을, 뒤의 사斯는 자천의 군자다움, 즉 인의와 덕을 말한다.

해설

노나라에 군자가 있다는 뜻이고, 자천은 그에게 군자의 어짊과 덕을 배워 정치를 잘했다는 뜻이다. 《여씨춘추》〈찰현察賢〉에는 재미있는 고사가 실려 있다. 복자천은 단보單父를 다스리면서 악기를 타고 대청에서 내려오지 않았는데도 잘 다스려졌는데, 무마기巫馬期는 별 보고 나가서 별 보고 들어오는 등 밤잠을 설쳐가며 다스리니 단보가 잘 다스려졌다. 무마기가 비결을 묻자 자천은 "나는 사람에게 맡기지만 당신은 힘에 맡긴다. 힘에 맡기면 힘들고 사람에 맡기면 편안하다"라고 대답했다고 한다. 《여씨춘추》는 복자천이야말로 군자라고 칭송한다. 공자 말년의 일이었을 텐데 인정仁政의 실질이 무엇인가를 이 어린 제자의 일화로 설명하려는 의도였을 것이다. 그렇다면 복자천을 길러낸 노나라의 진정한 군자는 공자였을 수도 있다.

"참으로 군자다운 사람이로다! 노나라에 군자가 없었다면 이 사람은 어디서 이러한 인의의 도덕정치를 하는 방법을 알았겠는가?"

5:4

子貢問曰: "賜也何如?" 子曰: "女器也." 曰: "何器也?" 曰: "瑚璉也."

•

자공이 물었다. "사는 어떻습니까?" 선생님이 말씀하셨다. "너는 그릇이니라." "무슨 그릇입니까?"라고 말하자 "(제사용 그릇) 호련瑚璉이다"라고 말씀하셨다.

역주

* 여女는 여자라는 뜻 외에 이인칭 대명사 '너'를 말하기도 한다. 나중에는 동등하거나 조금 아랫사람을 부를 때 쓰는 너 여汝 자로 대체되었다.
* 호련은 서직黍稷, 즉 메기장과 찰기장을 담는 제사용 그릇을 말한다.

해설

좁쌀 종류의 메기장과 수수 종류의 찰기장은 고대인의 주식이었다. 중원 사람들의 주식이 쌀이 된 것은 후대의 일이다. 제사 때에도 서직은 가장 중요하게 바치는 곡물이었다. 서직을 담는 그릇을 하나라 때는 호瑚라 하고 은나라 때는 연璉이라 불렀으며 주나라 때는 보궤簠簋라고 했다. 겉은 사각이고 안은 둥근 옥그릇으로, 제사상에서 가장 중요한 위치를 차지한다. 공자는 이 제기를 예로 들며 자공이 크고 중요한 임무를 맡을 만한 인물이라고 평가한 것이다.

"너는 제사상의 호련 그릇처럼 국가의 중임을 맡을 만한 사람이다."

5:5

或曰: "雍也, 仁而不佞." 子曰: "焉用佞? 禦人以口給, 屢憎於人. 不知其仁, 焉用佞?"

•

어떤 사람이 "중궁仲弓은 어질지만 말재주를 부리지 못한다"라고 말했다. 선생님이 말씀하셨다. "말재주를 어디에 쓰겠는가? 재빠른 말솜씨로 다른 사람을 막으면 다른 사람에게 누누이 미움을 산다. 그가 어진지는 모르겠지만 말재주를 어디에 쓰겠는가?"

역주

* 옹雍은 공자의 제자로, 성은 염冉이고 이름은 중궁이다. 노나라 사람으로 《논형》에서는 염백우冉伯牛의 아들이라고 한다.
* 영佞은 지나치게 공경하는 투로 말을 잘하는 아첨을 가리킨다.
* 어禦는 막다, 방어하다, 금지하다 등의 뜻이다.

* 구급口給의 구口는 입으로 나오는 말이고 급給은 제때에 댄다는 뜻으로, 구급은 상황에 맞는 재빠른 말솜씨를 말한다.

해설

중궁은 공자의 제자 가운데 어짊을 실천하는 덕행으로 잘 알려져 있었다. 중궁은 행동은 남보다 앞서서 했으나 말은 남에 뒤처지는 사람이었다. 당시 교묘한 말투로 지나치게 공경을 표시하는 사회 분위기 탓에 누군가 말을 잘하지 못하는 중궁을 애석히 여겨 공자에게 질문을 했다. 공자는 말재주의 쓸모없음을 에둘러 표현했다. 정치는 언어의 예술이지만, 보다 중요한 것은 인덕의 실천이지 언어에 매여서는 안 된다는 지적이다. 예의와 덕행의 실천을 강조했던 순자는 존경해 마지않는 인물로 공자와 자궁子弓을 이야기했는데 자궁이 중궁이라는 주장도 있다.

"정교하게 말을 잘한들 무슨 쓸모가 있겠는가? 말재주로 다른 사람들의 주장을 금지하거나 막으면 사람들로부터 미움을 사기 마련이다. 그가 어진지는 모르겠지만 말재주 따위를 어디에 쓰겠는가?"

5:6

子使漆雕開仕. 對曰: "吾斯之未能信." 子說.

•

선생님께서 칠조개漆雕開로 하여금 벼슬을 하라고 하자 "제가 그러기에는 아직 믿을 수 없습니다"라고 대답했다. 선생님께서 기뻐하셨다.

* 칠조개는 공자의 제자로, 자는 자개子開다. 조상의 직업이 조각품에 옻칠을 하는 관직과 연관이 있어서 성이 칠조漆雕였을 것이다.
* 열說은 말씀 설說이 아니라, 기껍다, 기쁘다는 뜻의 열悅로 읽는다.

해설

공자가 오늘의 법무장관이나 검찰총장에 해당하는 사구司寇 벼슬을 할 때의 일일 것이다. 공자는 제자들에게 공부가 되면 벼슬길에 나아가고 벼슬을 하면서도 공부를 게을리하지 말 것을 강조했다. 그래서 유학자들은 학문과 정치 또는 직업을 끊임없이 왕래하며 도덕을 실천하고 또 자신을 수양하면서 살아간다. 하지만 핵심은 인의도덕에 뜻을 두고 살아가는 것을 훨씬 중시했다. 여기서 공자가 벼슬길에 나서는 것보다 수양의 깊이가 덜해 자신할 수 없다는 칠조개의 태도를 기뻐하며 칭찬한 것도 같은 맥락으로 이해할 수 있다.

"제가 벼슬길에 나가기에는 아직 도덕 수양이 부족해 자신할 수가 없습니다."

5:7

子曰: "道不行, 乘桴浮于海. 從我者其由與?" 子路聞之喜. 子曰: "由也好勇過我, 無所取材."

•

선생님이 말씀하셨다. "도가 행해지지 않으니 뗏목을 타고 바다로 뜨런다. 나를 따르는 사람은 유이겠지?" 자로가 이를 듣고 기뻐했다. 선생님이 말씀하셨다. "유는 용기를 좋아함이 나를 넘어서는데 재목은 취할 것이 없다."

역주

* 부桴는 서까래를 걸치는 긴 도리를 뜻하는 글자인데, 여기서는 대나무나 나무를 엮은 뗏목을 말한다. 큰 것을 벌筏이라 하고 작은 것을 부桴라고 한다.
* 재材는 재료· 재목· 재주· 재능 등 다양한 의미가 있는데, 여기서는 뗏목을 만드는 재목으로도 해석이 가능하고 자로의 재능으로 해석할 수도 있다.

해설

이 구절에 대해서는 많은 논란이 있다. 공자가 벼슬했던 노나라에서 더는 자신의 주장을 실현시킬 수 없음을 깨닫고 주유천하했으나 어느 나라에서도 도를 실행시킬 수 없었다. 공자는 차라리 구이 지역에 가서 살고 싶다고 말한 적도 있다. 이 구절도 그와 관련이 있다. 동이東夷 땅은 노나라에서 멀지 않았으며 여기서 말하는 바다는 발해渤海를 말한다고 한다. 특히 한 대에는 발해·낙랑· 조선 등에 대한 이야기가 무척 유행했는데,《논어》해석이 활발했던 이 시기에 그나마 인의의 교화가 행해지고 도를 행할 만한 땅으로 여겨졌던 동이와 연결시킨 논의가 많다.

한편으로 자로에게 "취할 만한 재목이 없다"고 한 공자의 말을 두고도 해석이 여럿이다. 재材를 뗏목을 만드는 데 쓰는 실제 재료로 보고, 자로가 용기는 뛰어나지만 재목을 구해 실행에 옮길 수는 없는 사람이라고 평가했다는 주장도 있다. 또 자로가 용기만 뛰어날 뿐 취할 만한 덕행을 발견하긴 어렵다고 평가한 것이라는 주장도 있다. 심지어는 바다로 떠나려는 공자를 따를 사람이 자로 하나뿐이고 더는 다른 사람은 없다는 주장으로 보는 견해도 있다.

자로는 공자의 제자 가운데 가장 용기 있는 사람으로 꼽힌다. 실제로 전투에 참여해 공을 세우기도 했다. 다음 구절에도 자로에 대한 평가가 있다. 이를 종합하면 공자는 여기서 자로의 지나친 용기를 경계하며 "재목은 취할 것이 없다"는 미언微言으로 도를 실행하는 데 필요한 용기 외의 여러 덕목을 주문한 것으로 볼 수 있다.

"유는 나보다 훨씬 더 용기를 좋아하는 사람이지만 세상에 도를 실천하는 데 필요한 다른 재능은 취할 만한 것이 부족하다."

5:8

孟武伯問: "子路仁乎?" 子曰: "不知也." 又問. 子曰: "由也, 千乘之國, 可使治其賦也, 不知其仁也." "求也何如?" 子曰: "求也, 千室之邑, 百乘之家, 可使爲之宰也, 不知其仁也." "赤也何如?" 子曰: "赤也, 束帶立於朝, 可使與賓客言也, 不知其仁也."

•

맹무백이 "자로는 어집니까?"라고 묻자 선생님이 말씀하셨다. "모르겠습니다." 다시 묻자 선생님이 말씀하셨다. "유는 천승의 국國에서 군역을 다스리게 할 수 있습니다만 그가 어진지는 모르겠습니다." "염구는 어떻습니까?" 선생님이 말씀하셨다. "구는 천실의 읍이나 백승의 가家에서 읍재로 삼아도 될 것입니다만 그가 어진 지는 모르겠습니다."“공서적은 어떻습니까?" 선생님이 말씀하셨 다. "적은 관대를 두르고 조정에 서서 빈객과 말을 나눌 수 있습니 다만 그가 어진지는 모르겠습니다."

역주

* 부賦는 조세·부역 등을 의미한다. 여기서는 부여받은 토지에 따라 부과되는 군사용 조세에 해당하는 병부兵賦, 즉 군역을 뜻한다.
* 실室은 생활공간을 갖춘 집을 뜻한다. 천실은 1,000호戶다.
* 승乘은 네 마리 말이 끄는 수레의 단위를 뜻한다. 당시 군대는 보통 한 승 단위에 장교 몇 명과 수십 명의 병사가 따르는 것으로 계산한다. 제도에 따르면 천자는 만승, 제후는 천승, 대부는 백승을 낼 수 있었다.
* 재宰는 경대부가 다스리는 영역의 읍재를 뜻한다. 대부가 다스리는 영역을 가家라고 했기 때문에 가신을 지칭한다.
* 공서적은 노나라 사람으로 자는 자화子華이며 공자보다 마흔둘 어린 제자다. 《대대예기》에 따르면 공자가 문인들에게 빈객의 예는 의례에 밝은 공서적에게 배우라고 했다고 한다.
* 속대束帶의 속束은 묶다, 매다, 두르다 등의 뜻이고 대帶는 허리띠다. 속대는 관청에 근무하는 사람의 정복 차림을 말하며 관대를 두른다는 뜻이다.
* 빈객은 공경과 의탁을 뜻하는 글자다. 상객에 해당하는 다른 나라의 제후나 경대부를 지칭한다.

해설

인仁은 공자의 최고 덕목이다. 모든 덕목에 우선하는 덕목 중의 덕목이다. 어짊은 단순한 행정업무를 처리할 때 지녀야 할 덕목이 아니라 그보다 높은 중요한 정무 판단을 해야 하는 정치가가 지녀야 하는 덕목이다. 이 구절에서 공자는 행정에 관한 몇 가지 사례를 들며 제자들을 평가하고 있다. 자로를 비교적 큰 제후국 단위의 군대의 출납과 군역이라는 중요한 행정업무를 처리할 능력이 있는 사람이라고 평가하면서도 어진지 여부는 판단을 보류한다. 염구를 권력을 지닌 대부 집안의 읍재라는 총관의 지위를 할 수 있는 사람이라고 인정하면서도 어진지 여부는 판단을 보류한다. 공서적을 국가 간에 여러 가지 외교 의례와 의전을 담당할 수 있는 사람이라고 인정하지만 어진지 여부는 판단을 보류한다. 행정능력이 뛰어나더라도 전체 구성원에게 영향을 미치는 중요한 덕목으로서 인仁은 더 높은 경지의 수양과 성취를 요구한다는 뜻이다.

"자로는 전차 천승을 낼 수 있는 제후국에서 군대의 출납과 군역을 담당할 수 있는 인물이지만 그가 어진지는 모르겠다." "염구는 천호가 사는 읍이나 전차 백승을 낼 수 있는 대부의 가문을 총괄하는 읍재로 삼아도 될 만한 인물이지만 그가 어진지는 모르겠다." "공서적은 관원이 두르는 허리띠를 단정히 묶고 조정에 서서 국빈들과 외교적 담화를 나눌 수 있는 인물이지만 그가 어진지는 모르겠다."

5:9

子謂子貢曰: "女與回也孰愈?" 對曰: "賜也何敢望回. 回也聞一以知十, 賜也聞一以知二." 子曰: "弗如也! 吾與女弗如也."

•

선생님이 자공에게 "너와 회 가운데 누가 더 나으냐?"라고 말씀하시자 대답했다. "사가 어찌 감히 회를 바라겠습니까. 회는 하나를 들으면 열을 알지만 사는 하나를 들으면 둘을 압니다." 선생님이 말씀하셨다. "그만 못하지! 나와 너는 그만 못하다."

역주

* 유愈는 어떤 대상을 넘어서다, 낫다, 좋아지다 등의 의미다.
* 망望은 멀리 쳐다본다는 의미가 있으며, 바라다, 기대하다는 뜻이다.

해설

자공은 공자의 뛰어난 제자다. 언어와 문장에도 능했으며 장사에도 능해서 나중에 거부가 되기도 했다. 그럼에도 공자는 자신을 포함해 안회에 미치지 못한다고 자평한다. 하나를 들으면 열을 안다는 것은 언어와 문장의 문제가 아니라, 안회가 덕과 어짊에 뛰어났다는 뜻이다. 하나를 들어 열을 안다는 것은 큰 지혜로 크게 깨침을 뜻한다. 안타깝게 일찍 죽었지만 안회는 능력이 있었으며 스승과 동료 문인 모두의 존경을 받았던 듯하다.

　맨 뒤 문장 가운데 여與 자를 허여하다는 뜻으로 해석해 자공이 안회만 못함을 공자가 인정해 "나는 네가 안회만 못함을 인정한다"라고 해석하는 사람도 있다.[1] 공자가 자공의 잘난 체에 주의를 준 것이란 설명인데, 이는 공자를 나면서부터 깨친 생이지지生而知之의 타고난 성인으로 보는 과도한 견해에서 비롯된 해석이다. 안회의 덕행을 칭찬해 "나와 너 모두 안회만 못하다"라고 번역하는 편이 더 자연스럽다.

자공은 "제가 어찌 감히 안회를 멀리나마 따라갈 수 있겠습니까? 안회는 큰 지혜를 가져서 하나를 들으면 열을 깨치지만 저는 하나를 들으면 겨우 둘을 알아듣는 정도입니다"라고 대답했다.

5:10

宰予晝寢. 子曰: "朽木不可雕也, 糞土之牆不可杇也, 於予與何誅?" 子曰: "始吾於人也, 聽其言而信其行; 今吾於人也, 聽其言而觀其行. 於予與改是."

•

재여가 늦잠을 잤다. 선생님이 말씀하셨다. "썩은 나무에는 새길 수 없고 썩은 흙담에는 흙손질을 할 수 없으니 여에게 무슨 꾸지람을 주겠는가." 선생님이 말씀하셨다. "처음에 나는 사람에 대해 그 말을 들으면 그 행동을 믿었다. 지금의 나는 사람에 대해 그 말을 들으면 그 행동을 보는데 여가 나를 이렇게 고쳐주었다."

---

1 예를 들면 성백효 역주, 앞의 책, 135쪽을 참조할 것.

역주

* 주침晝寢에 대해서는 두 가지 해석이 있다. 낮 주晝와 잠잘 침寢 자로 보아 일과 시간인 낮에 자는 낮잠이라는 해석과, 한낮이 되도록 잠에서 일어나지 않은 늦잠이란 해석이 있다. 옛날 사람들도 낮잠을 곧잘 즐겼다. 이런 점에서 여기서는 해가 중천에 뜨도록 일어나지 않은 재여의 게으름을 나무라는 의미로 보아 늦잠으로 해석한다.

* 후목朽木은 썩어 부패한 나무를 말한다.

* 분토糞土는 똥이 섞인 흙으로, 썩어 부패한 흙을 말한다.

* 오杇는 나무로 만든 흙손인데 여기서는 흙손으로 흙을 바른다는 뜻이다.

* 주誅는 죄인을 벤다는 뜻이며, 유추해 형벌을 가한다는 의미도 있다. 여기서는 선생님이 제자에게 하는 벌로, 말로 하는 꾸지람이란 뜻이다.

해설

옛날 사람들은 닭이 울면 일어나고, 해가 뜬 시간을 낮으로 보았다. 공자는 근면하고 부지런한 자기 수양의 실천을 중시했다. 재여는 실천보다 말을 앞세우고 실용을 따지는 제자여서 스승 공자로부터 자주 주의를 받았다. 늦잠 잔 행위를 가지고 썩은 나무와 썩은 흙을 운운하며 조금 심하게 책망한 것도 말을 앞세우지 말라는 경고다. 말에는 믿음이 따라야 하는데, 그것은 실천으로만 증명된다는 이야기다. 나무나 흙담처럼 기존의 사람됨을 바탕으로 삼고 훈육으로 새로운 덕행을 갖춘 훌륭한 사람으로 거듭나게 하는 것이 공자 교육의 목표인데, 재아는 그 바탕이 잘못되었다는 심한 꾸지람이다. 두 번째 자왈子曰을 다른 절로 구분해 해설하는 판본도 많다.[2]

"썩은 나무를 가지고는 조각을 할 수 없고 썩은 흙담 위에는 흙손으로 새 흙을 덧바를 수 없는 법이다. 내가 꾸지람으로 재여를 가르친들 무슨 소용이 있겠는가? 처음에 나는 사람들을 대하면서 그의 말을 들으면 그의 말과 행동이 일치할 것이라고 믿었다. 그런데 지금 나는 사람들을 대하면서 그의 말을 들어보고 그가 한 행동을 지켜보게 되었다. 내가 이렇게 태도를 바꾼 것은 재여 때문이다."

5:11

子曰: "吾未見剛者." 或對曰: "申棖." 子曰: "棖也慾, 焉得剛?"

•

선생님이 말씀하셨다. "나는 굳센 사람을 아직 보지 못했다." 어떤 사람이 대답했다. "신정申棖입니다." 선생님이 말씀하셨다. "정이는 욕심이 많은데 어떻게 굳셀 수 있겠는가?"

역주

* 강剛은 굽히지 않는 강하고 굳센 삶의 태도를 말한다.
* 신정은 공자의 제자로, 노나라 사람이다. 이름을 당棠·당堂·당黨 등으로 쓴 판본도 여럿이나 잘 알려져 있지 않아 무엇이 맞는지

---

2 예를 들면 유보남, 앞의 책, 179쪽을 참조할 것.

정설이 없다.

* 욕慾은 욕심·정욕·욕망 등이 많음을 뜻한다.

해설

욕망을 뜻하는 욕慾 자는 고대에 쓰이지 않아 바랄 욕欲 자를 썼다. 《순자》〈성악性惡〉 등에 따르면 욕구[欲]는 본성에 뿌리를 두고 있지만 감정[情]의 형태로 발현된다. 다른 사람을 이기고 더 차지하려는 내면의 이기심에 바탕을 두고 있으므로 도덕과 정의를 지키려는 굳센 삶의 태도와 반대된다. 《맹자》〈등문공滕文公 하〉에는 "부귀해도 음란에 빠지지 않고, 빈천해도 뜻을 바꾸지 않고, 위세와 무력 앞에서도 굴하지 않는" 사람을 대장부라고 한다. 굳센 삶의 태도는 욕망을 줄이고 옳은 뜻을 지향하는 것이다.

"신정은 욕심이 많기 때문에 굳센 삶의 태도를 지녔다고 할 수 없다."

5:12

子貢曰: "我不欲人之加諸我也, 吾亦欲無加諸人." 子曰: "賜也, 非爾所及也."

●

자공이 말했다. "저는 다른 사람이 저에게 (강제로) 더하기를 바라지 않으며, 저 또한 다른 사람에게 (강제로) 더하고 싶지 않습니다." 선생님이 말씀하셨다. "사야, 네가 미칠 바가 아니니라."

역주

* 가加는 몸에 붙이다, 더하다 등의 의미다. 여기서는 의롭지 못한 일들을 강요한다는 의미의 덧붙임을 말한다.

* 저諸는 모두라는 뜻으로 쓰일 때는 제로 읽지만 ~에서, ~에게 등 어조사로 쓰일 때는 저로 읽는다. 우리나라 김치의 한자어도 '저' 자를 쓴다.

해설

공자의 도는 충서忠恕로 일관한다고 했다. 충은 자신에 대한 내면의 성실함을 말하며, 서는 남에 대한 관용이자 의리의 실천이다. 〈옹야〉에서 공자는 "내가 서고자 하는 곳에 다른 사람을 서게 하고 내가 다다르고자 하는 곳에 다른 사람을 다다르게 하는 것"이 인仁이라고 설명한다. 〈안연〉에서는 "내가 바라지 않는 것은 남에게도 베풀지 말라"고 말한다. 이 구절은 비슷한 맥락에서 자신이 원하지 않는 것을 남에게 강요하지도 않고 남의 강요 또한 받기 싫다는 자공의 말에 공자는 쉽지 않은 일이라고 한다.

"저는 다른 사람이 저에게 강제로 옳지 못한 일을 하도록 두고 싶지 않으며, 저 또한 다른 사람에게 강제로 무엇을 하라고 하고 싶지 않습니다"라는 자공의 말에 공자는 "자공아, 그건 네가 다다를 수 있는 경지의 일이 아니다"라고 말했다.

5:13

子貢曰: "夫子之文章, 可得而聞也; 夫子之言性與天道, 不可得而聞也."

•

자공이 말했다. "스승님의 문장은 얻어들을 수 있었으나 스승님이 본성과 천도에 관해 말씀하신 것은 얻어들을 수 없었다."

역주

* 부자夫子는 제자들이 스승인 공자를 존칭하는 말이었다가 나중에 덕행이 고매한 사람을 부르는 보통명사가 되었다. 아내가 남편을 부를 때도 사용한다. 대부 이상의 벼슬을 한 사람에 대한 경칭으로도 쓰였다.

* 문장文章의 문文은 글로 꾸민다는 말이고 장章은 글을 통해 밝힌다는 뜻이다. 형식을 갖춘 글이란 점에서 예법제도를 가리키기도 한다.

* 성性은 타고난 본성을 말한다.[3]

해설

공자는 글을 통해 분명한 이치를 밝혀서 제자들을 가르친 듯하다. 체계를 갖추고 당대의 예법제도를 충분히 연구한 결과들로 사회과학적인 지식을 제자들에게 전수했을 것이다. 또한 공자는 근거가 분명하지 않으면 잘 이야기하지 않았다. 하나라와 은나라의 역사도 증거만 있으면 충분히 말할 수 있다고도 했다. 따라서 근거를 제시하기 어려운 인간 본성에 대한 논의나 천명·천도·천리 등에

----

3   자세한 사항은 〈양화〉 2장의 역주를 참조할 것.

대한 이야기는 거의 하지 않았던 듯하다. 이 때문에 자공은 본성과 천도에 대한 말을 잘 들어보지도 못했거니와 들었어도 잘 이해하지 못했을 것이다. 그래서 마지막 문장을 "얻어들을 수 없다"로 번역하는 사람도 있고 "들어도 이해할 수 없었다"로 번역하는 사람도 있다.

"세상의 이치를 밝히신 스승님의 문장은 항상 들어서 이해할 수 있었다. 그러나 스승님은 인간의 본성이나 하늘의 이치에 관한 말씀은 거의 하지 않으셨으며 말씀해도 잘 이해할 수 없었다."

5:14

子路有聞, 未之能行, 唯恐有聞.

-

자로는 들은 것이 있어서 아직 실행할 수 없었는데 또 듣는 것이 있을까 두려워했다.

역주

*유唯는 오직이란 뜻이 있으나 구절 앞에서 의미 없는 발어사로 쓰이기도 한다.

해설

이전에 들은 바를 아직 실천에 옮기지 못했는데 나중에 다른 것을 더 듣게 될까봐 두려워했다는 것이다. 자로는 공자의 제자 가운데 가장 용감하고 용기 있는 행동을 좋아하는 사람이었다. 좋은 말이나 스승의 가르침을 듣고 아직 실천하지 못했는데 또 해야 할 다른 말을 듣고 둘 다 병행할 수 없을까 두려워했을 수도 있고, 기왕에 들은 것은 반드시 실행에 옮기는 사람이었는데 새로 들은 것이 있어서 지난번에 들은 것을 끝까지 실천하지 못할까 두려워했을 수도 있다.

"자로는 좋은 말을 듣고 아직 실행에 옮기지 못했을 때는 다시 새로운 이야기를 들을까봐 두려워했다."

5:15

子貢問曰: "孔文子何以謂之文也?" 子曰: "敏而好學, 不恥下問, 是以謂之文也."

•

자공이 물었다. "공문자孔文子는 어찌해서 문文이라고 말합니까?" 선생님이 말씀하셨다. "영민해서 공부를 좋아했고, 아랫사람에게 묻는 것을 부끄러워하지 않았기 때문에 문이라고 말한 것이다."

역주

* 공문자는 위衛나라 대부 공어孔圉이며 문文은 그가 죽은 뒤 얻은 시호다.
* 민敏은 재빠르다, 총명하다, 영민하다 등의 의미로, 머리가 좋다는 뜻으로 쓰인다.
* 하문下問은 신분의 높낮이가 있을 때 아랫사람에게 물어보는 것을 말한다.

해설

머리가 좋은 사람은 책을 읽는 공부에 소홀한 경우가 많은데 공어는 영민하면서도 배움을 좋아했고 모르면 묻기를 조금도 꺼리지 않았다. 일설에 따르면 공어는 평생의 정치적 행보가 그다지 본받을 만한 사람이 아니었다.[4] 그럼에도 시호를 부여하는 시법에서 매우 높은 위치를 차지하는 문文 자를 준 것에 자공이 의문을 제기하자 공자는 '부지런한 공부'와 '거침없는 질문'이란 두 가지 덕목을 갖추면 그럴 수 있다고 말한 것이다. 정치에 종사하는 사람들에게 이 두 가지는 매우 중요하다. 공부를 통한 수양은 정치가의 평생 과업이며 누구든 꺼리지 않고 질문하는 것은 정책의 실패를 줄이는 좋은 방법이다.

"머리가 영민함에도 공부를 좋아했고, 자기보다 아랫사람에게도 묻기를 전혀 부끄러워하지 않았으므로 문이라고 불린 것이다."

5:16

子謂子産, "有君子之道四焉: 其行己也恭, 其事上也敬, 其養民也惠, 其使民也義."

•

선생님이 자산子産을 "군자의 도가 네 가지 있었는데, 자기를 행하면서 공손했으며, 윗사람을 섬기면서 공경했으며, 백성들을 기르면서 은혜로웠으며, 백성들을 부리면서 의로웠다"라고 평가하셨다.

---

4   상세한 내용은 성백효 역주, 앞의 책, 140, 141쪽을 참조할 것.

* 자산은 정鄭나라 대부 공손교公孫僑의 자다. 정 목공穆公의 손자다. 크고 잘생겨서 자를 자미子美라고도 부른다.
* 여기서 군자君子는 고매한 인격의 소유자 개념이라기보다 실제로 정치에 참여하는 경대부 계급을 일컫는 용어다.

해설

자산은 대부로서 국정을 담당해 훌륭한 정치업적을 남긴 사람이다. 공자는 그 덕을 칭송하고 있다. 스스로 실행에 옮기면서 공손했다는 것은 수신이 잘되었다는 뜻이며, 윗사람을 공경히는 대도로 섬겼다는 것은 예의를 다했다는 뜻이며, 은혜로 백성들을 양육했다는 것은 어진 사람의 자세이며, 백성들을 의롭게 부렸다는 것은 공정하고 떳떳했다는 뜻이다.

　"자산은 군자 계급이 지녀야 할 네 가지 도를 갖추고 있었다. 스스로를 실천할 때는 공손한 태도를 지켰으며, 윗사람을 섬길 때는 공경의 예를 다했으며, 백성들을 기르고 가르칠 때는 어진 자의 은혜를 베풀었으며, 백성들을 부리고 일을 시킬 때는 공정하고 떳떳했다."

5:17

子曰: "晏平仲善與人交, 久而敬之."

•

선생님이 말씀하셨다. "안평중晏平仲은 다른 사람과 잘 사귀었는데 오래갈수록 그를 공경했다."

역주

* 안평중은 제齊나라의 대부로 성은 안晏, 시호는 평平, 자는 중仲, 이름은 영嬰이다. 내萊나라 이유夷維 사람이다. 안晏을 지명으로 보는 견해도 있다.

해설

안영은 춘추시대 제나라의 유명한 재상이었다. 관중 이래 최고라고 칭찬을 받던 사람이다. 영공靈公·장공莊公·경공景公 세 군주를 섬기며 인의의 정치와 평화 외교에 뛰어난 능력을 보였다.《안자춘추》는 그의 책이 아니라 후대인들이 그의 이름을 빌어 만든 위작이지만 안영의 사상을 잘 담고 있다.《사기》〈관안열전管晏列傳〉에는 안영에 관한 이야기를 상세히 담고 있다. 외모는 볼품없고 키가 작았다. 그러나 꿋꿋한 태도로 정치적 위기를 넘기기도 하고, 사신으로 타국에 갔을 때는 놀라운 기지와 달변으로 상대 군주의 공경을 받고는 했다. 공자가 그를 칭찬한 것도 그의 정치·외교적 성취와 무관하지 않다.

"안영은 사람들과도 잘 사귀었고 다른 나라와 외교에서도 뛰어났는데 그와 오래 사귈수록 사람들은 그를 공경했다."

5:18

子曰:"臧文仲居蔡, 山節藻梲, 何如其知也?"

•

선생님이 말씀하셨다. "장문중臧文仲이 거북을 안치하면서 (공포 위에) 산 무늬를 새기고 동자기둥에 마름풀 그림을 그렸으니 어찌해서 그가 안다고 하는가?"

역주

* 장문중은 노나라 대부 장손진臧孫辰으로, 시호는 문文이다.
* 거居는 살다, 거주하다 등의 의미인데 여기서는 점치는 거북을 안치한다는 뜻으로 쓰였다.
* 채蔡는 국가적인 점을 칠 때 쓰는 큰 거북을 뜻한다. 채蔡 지역에서 생산되었으므로 채라 불렀다.
* 산절조절山節藻梲의 절節은 건물의 공포栱包(또는 斗拱)에 넣는 새김무늬를 말한다. 절梲은 들보 위 동자기둥 위에 그려 넣는 그림무늬를 말한다.

해설

거북은 영험하고 예지능력이 있으며 등딱지가 하늘을 닮아서 점치는 도구로 오랫동안 활용되었다. 장문중은 당시 노나라에서 지혜롭다고 알려진 사람이다. 공자는 그의 무례함을 매우 구체적으로 지적하고 있다. 국가의 점복 행사에 쓰이는 한 자 두 치의 큰 거북을 안치하기 위한 건물 기둥 위의 공포에 산 모양을 조각하고 들보 위의 동자기둥에 마름풀 모양을 그림으로 그린 것은 천자가 하는 방식이다. 노나라는 제후국임에도 장문중이 이를 행했으니 공자가 그 참람함을 비판한 것이다.

"장문중이 점치는 큰 거북을 안치하는 건물을 지으면서 기둥의 공포 위에 산 모양 무늬를 조각해 넣고 대들보 위의 동자기둥에 마름풀 모양의 그림을 그려 넣었다. 이는 천자의 묘당과 같은 방식인데 어찌해서 그를 지혜롭다고 하겠는가?"

5:19

子張問曰: "令尹子文三仕爲令尹, 無喜色; 三已之, 無慍色. 舊令尹之政, 必以告新令尹. 何如?" 子曰: "忠矣." 曰: "仁矣乎?" 曰: "未知, 焉得仁?" "崔子弑齊君, 陳文子有馬十乘, 棄而違之. 至於他邦, 則曰: '猶吾大夫崔子也.' 違之. 之一邦, 則又曰: '猶吾大夫崔子也.' 違之. 何如?" 子曰: "淸矣." 曰: "仁矣乎?" 曰: "未知. 焉得仁?"

•

자장이 물었다. "영윤令尹 자문子文은 세 번 벼슬해 영윤이 되었으나 기쁜 낯빛이 없었고, 세 번 그만두었으나 성난 낯빛이 없었습니다. 옛 영윤의 정무를 반드시 새 영윤에게 알렸습니다. 어떻습니까?" 공자가 말했다. "충성스럽구나." "어진 것입니까?"라고 물었다. 공자가 말했다. "아직 모르겠다만 어찌 어질기야 하겠느냐?" "최자崔子가 제나라 군주를 죽이자 진문자陳文子는 말 열 승이 있었으나 버리고 거기를 떠났습니다. 다른 나라에 이르렀습니다만 '우리 대부 최자와 같구나'라고 말하고는 거기를 떠났습니다. 한 나라에 갔습니다만 또다시 '우리 대부 최자와 같구나'라고 말하고 떠났습니다. 어떻습니까?" 공자가 말했다. "맑구나." "어진 것입니

까?"라고 물었다. 공자가 말했다. "아직 모르겠다만 어찌 어질기야
하겠느냐?"

역주

* 영윤 자문은 초나라 대부다. 성은 투鬪이고 이름은 누穀, 자는 어
도於菟다. 영윤은 초나라 관직 이름으로, 재상에 해당한다. 일설에
는 초 장공 30년에서 희공僖公 23년까지 28년간 영윤을 지냈다고
한다. 삼사三仕를 세 번이 아니라 여러 번 벼슬을 한 것으로 해석하
는 견해도 있다.

* 이已는 그치다, 떠나다 등의 의미로 여기서는 벼슬을 잃고 자리
에서 물러남을 뜻한다.

* 최자와 진문자 둘 다 제나라 대부다. 최자의 이름은 저杼이고 진
문자의 이름은 수무須無, 문文은 시호다. 제 장공은 최자의 처 강씨
姜氏와 통정하다 최자의 공격을 받았고 담을 넘다 떨어진 틈에 살
해당했다. 진문자는 역적이 싫다고 많은 재산을 버리고 떠났으나
어떤 정치적 행위도 없이 결국 제나라로 되돌아왔다.

* 시弑는 신하나 자식이 그 주군이나 아버지를 노리고 저지른 살
인사건을 말한다. 살殺은 죽이는 사실을 기술할 때 쓰고, 시는 사
건명을 바르게 전달할 때 쓴다.

* 위違는 어기다, 위반하다 등의 의미이나 여기서는 버리고 떠남
을 말한다.

해설

인仁이 얼마나 중요한 정치적 가치인가에 대한 공자의 생각을 읽

을 수 있다. 공자는 업무처리가 분명하고 자리에 연연하지 않은 영
윤 자문의 정치행위를 충忠을 인정하면서도 아직 인에 이르지는
못했다고 평가한다. 주군을 시해하고 권력을 사유화한 제나라 최
자의 정치행위를 비난하며, 여러 나라를 떠돌던 진문자는 청淸, 즉
맑은 사람임을 인정하면서도 아직 인에 이르지 못했다고 평가한
다. 《논어집주》에서 주희는 이를 인욕의 사사로움과 연결시킨다.
즉 정치가의 내면에 사적인 욕망의 그늘이 조금이라도 있다면 천
리를 구현한 어진 정치를 시행했다고 보기 어렵다는 뜻이다. 단순
히 업무의 충직함을 넘어서 세상 사람들을 구제할 방안을 찾아야
하고 저 한 사람의 맑음을 넘어서 의리를 내세워 역적을 토벌하고
세상을 이끌 길을 제시해야 인에 이르렀다고 할 것이다. 공자의 어
진 정치에 대한 구체적인 지향이 잘 담긴 문장이다.

"초나라 영윤 자문은 여러 번 벼슬길에 나가 최고수장인 영윤
이 되었으나 얼굴에 기뻐서 좋아하는 빛이 없었고, 여러 번 벼슬길
에서 밀려났으나 얼굴에 노여워 성내는 빛이 조금도 없었다고 합
니다. 자신이 처리하던 영윤의 행정 업무와 정치적 사건을 반드시
새 영윤에게 꼼꼼히 알려주었다고 합니다. 이런 사람은 어떻습니
까?" 공자가 말했다. "충성스럽구나." "어진 것입니까?"라고 물었
다. 공자가 말했다. "아직 모르겠다만 어찌 어진 정치를 행했다고
할 수 있겠느냐?" "최자가 제나라 군주를 시해하자 진문자는 마흔
필의 말을 가진 영향력 있는 인물이었음에도 다 버리고 제나라를
떠났습니다. 다른 나라에 이르렀습니다만 '우리나라 대부 최자와
똑같구나'라고 말하고는 그 나라를 떠났습니다. 어느 한 나라에
갔습니다만 또다시 '우리나라 대부 최자와 똑같구나'라고 말하고

는 또 그 나라를 떠났습니다. 이런 사람은 어떻습니까?" 공자가 말했다. "맑구나." "어진 것입니까?"라고 물었다. 공자가 말했다. "아직 모르겠다만 어찌 어진 정치행위를 했다고 할 수 있겠느냐?"

5:20

季文子三思而後行. 子聞之, 曰: "再, 斯可矣."

•

계문자季文子가 세 번 생각한 뒤 행했다. 선생님께서 이를 듣고서는 "두 번이면 되었을 텐데"라고 말씀하셨다.

역주

* 계문자는 노나라 대부 계손씨로, 자는 행보行父이고 문은 시호다. 문자는 충성스러웠고 행동이 어질었으나 정무처리에 지나치게 신중했다.

해설

"장고 끝에 악수 둔다"는 바둑 격언이 있다. 한자 삼三은 많다는 뜻이다. 특히 정치행위를 하면서 한 번 깊이 생각한 결과를 실행하면 되는데 한 번 더 생각하는 것은 충분히 자세한 것일 수 있다. 그러나 방침을 정해놓고 한 번 더 생각한다는 것은 결국 처음 결정을 다시 여러 번 생각한다는 뜻이며 확신이 서지 않았다는 뜻이고 선을 향한 의지가 불분명했다는 뜻일 수 있다. 계손씨는 두 군주의 재상을 지냈음에도 첩에게 비단 옷을 입히지 않고 말에게 곡식을 먹이지 않은 충성스러운 사람이었는데 일처리가 지나치게 신중해 토벌해야 할 대상에게 선물을 주는 결정을 내렸다. 깊이 생각한 것은 좋은 일인데 지나쳐서 의리를 상하게 하는 정치행위는 좋지 않다는 점에서 공자가 비판한 것으로 보인다.

"두 번이면 충분했다."

5:21

子曰: "甯武子邦有道則知, 邦無道則愚. 其知可及也, 其愚不可及也."

•

공자가 말했다. "영무자甯武子는 나라에 도가 있을 때 지혜로웠고, 나라에 도가 없을 때 어리석은 듯했다. 그 지혜에는 미칠 수 있지만 그 어리석음은 미칠 수 없다."

역주

* 영무자는 위衛나라 대부로, 이름은 유兪이고 무는 시호다.

해설

《논어집주》에 따르면 도가 있는 시절은 위 문공 때이고, 도가 없는 시절은 성공成公 때라고 한다. 문공은 괜찮은 군주였으나 성공은 무도한 군주였다. 영무자는 두 군주를 다 섬겼으며 무사히 국정을 처리했다. 국가가 안정되고 잘 돌아갈 때 아이디어를 내고 국정에 도움이 되는 정치를 하는 일은 그다지 어려운 일도 아니고 딱히 드러낼 일도 아니다. 조금만 지혜로운 사람이면 누구나 가능하다. 하지만 국정의 난맥상이 드러나고 황음무도한 지도자가 권력을 장악했을 경우가 문제다. 당시 강국 진晉나라는 위 성공을 독살하고자 했다. 영무자는 의원을 매수해 독을 적게 타는 방법으로 위기를 넘기는 등 대국들 사이에서 나라를 지켜냈으며, 무도한 군주의 측근으로 어리석은 듯 처신해 형벌을 줄이고 백성들이 재앙에 빠지는 일을 최대한 막아내 난세를 벗어날 수 있었다. 누구나 할 수 있는 일이 아니다.

"영무자는 나라가 잘 돌아갈 때는 그저 지혜를 다해 국정을 도왔고, 나라에 도가 없을 때는 어리석은 듯 처신해 난세를 이겨냈다. 좋을 때 지혜는 누구나 내세울 수 있는 일이지만 어려울 때 어리석음을 가장해 정치를 안정시키는 것은 아무나 할 수 있는 일이 아니다."

5:22

子在陳曰: "歸與! 歸與! 吾黨之小子狂簡, 斐然成章, 不知所以裁之."

•

선생님께서 진나라에 계시면서 "돌아가자! 돌아가자! 우리 마을 어린아이들이 광간狂簡해서 빛나는 문장을 이루면서도 마름질해야 할 까닭을 모르는구나"라고 말씀하셨다.

역주

* 당黨은 무리·일가친척을 일컫는 말이기도 하며 그들이 모여 사는 마을을 뜻하기도 한다. 《주례》에는 5당에 주州를 두고 5주에 향鄕을 둔다고 한다.

* 광간狂簡의 광狂은 치닫는 미친개로, 용감하고 교만함을 말한다. 여기서 유추해 뜻이 크고 말이 큰 사람을 광이라 한다. 간簡은 소략하고 간결해 아직 꾸며지지 않은 상태를 말한다. 광간은 뜻은 크나 다듬어지지 않은 거친 사람을 말한다.

* 재裁는 치수에 맞게 옷감을 자르고 마름질한다는 뜻이다. 규칙과 제도에 따라 단락을 짓고 예절에 맞게 살아가는 것을 말한다. 오늘날 법 위반에 제재制裁를 가한다는 뜻에서 법을 빼고 생각하면 의미가 비슷하다.

해설

공자가 유세를 떠난 지 오래되어 예순이 되었다. 진陳나라에서 좋은 기회를 얻지 못했으며, 《사기》〈공자세가〉에 따르면 당시 국제 정세는 오吳왕 부차夫差가 진을 쳐서 세 읍을 취하고 진晉과 초楚가 다투며 진이 위험한 상황에 처한 시기였다. 한편 공자는 노나라에서 권력을 장악한 계강자가 공자의 제자인 염구를 임용한 기회를 구실로 귀국하고자 했다. 뜻은 크나 제대로 정치학 교육을 받지 못하는 젊은이들을 교육시킬 필요가 있다는 큰 교육자이자 위대한 지도자로서의 근심을 구실로 내세웠다. 혹자의 주장대로 공자 초기의 제자들이 뜻은 큰데 아직 갈무리를 잘하지 못해 제멋대로인 점을 걱정해서 돌아가고자 한 것일 수도 있으나, 고향의 자제들을 제재制裁할 필요가 있다고 생각했다는 사실 자체가 교화教化의 정치에 대한 공자의 열망이 아직 식지 않았음을 보여주는 대목이기도 하다. 실제로 공자가 완전히 귀국한 것은 이보다 훨씬 뒤인 노애공 11년이다.

"돌아가야겠다! 돌아가야겠다! 우리 고향 마을 어린 제자들이 뜻은 크나 거칠고 다듬어지지 않아서 공부를 통해 빛나는 문장을 이룰 능력이 있으면서도 그것들을 어떻게 마름질해 세상에 쓰이도록 만들어야 할지 모르니 내가 돌아가 가르쳐야겠구나."

5:23

子曰: "伯夷叔齊不念舊惡, 怨是用希."

•

선생님이 말씀하셨다. "백이伯夷와 숙제叔齊는 구악을 생각하지 않아서 원망은 드물게 있었다."

역주

* 백이와 숙제는 고죽국孤竹國의 두 왕자였다. 백伯은 크다는 뜻이고 숙叔은 젊다는 뜻이니 백이가 형이고 숙제가 아우다. 백이의 이름은 윤允, 숙제의 이름은 치致다. 이夷와 제齊는 시호라는 주장도 있다.

* 구악舊惡은 사회적으로 예전의 악습이나 폐단 등을 뜻하기도 하며 개인적으로 숙악宿惡처럼 과거에 저지른 비행이나 악행을 뜻하기도 한다.

* 희希는 바라다는 뜻도 있으나 여기서는 드물다는 의미다.

해설

옛날의 악감정을 기억하고 있으면 원한이 많을 것이다. 《맹자》 〈공손추公孫丑 상〉에는 백이와 숙제를 군주가 아니면 섬기지 않고, 친구가 아니면 벗하지 않고, 악인의 조정에 서지 않고, 악인과 대화하지 않고, 의관이 바르지 않은 사람은 마주치지도 않은 꼿꼿한 선비의 전형으로 그린다. 그런 개인적인 태도를 공자가 칭송하고 있는 것인지 아니면 백이와 숙제의 정치적인 태도를 칭송하는 것인지 알 수 없다. 어떤 경우든 미래를 향해 함께 걷는 것이 아니라 과거의 원한에 발목이 잡혀 있다면 자연스레 새로운 원한을 만들어 끝없는 보복의 악순환이 이어짐을 공자는 경계한 것이리라.

"백이와 숙제는 옛날의 악행을 염두에 두고 사람을 대하거나 정책을 실행하지 않아서 사람들로부터 원망을 사는 경우가 매우 드물었다."

5:24

子曰: "孰謂微生高直? 或乞醯焉, 乞諸其鄰而與之."

•

선생님이 말씀하셨다. "누가 미생고微生高를 곧다고 말하는가? 어떤 사람이 초를 구하자 이웃에서 그것을 구해다가 그에게 주었다."

역주

* 미생微生이 성인데 미생尾生이라 쓴 곳도 있다. 고高는 이름이다. 노나라 사람이다.
* 걸乞은 애써 빌며 구하는 것을 말한다.
* 혜醯는 식혜를 뜻하는 글자인데 여기서는 술에 쓰이는 신맛 나는 초醋를 말한다.

해설

미생고는 고집쟁이로 알려져 있었다. 《장자莊子》〈도척盜跖〉과 《전국책戰國策》〈연책燕策〉 등에 미생의 고사가 보인다. 다리 밑에서 만나기로 약속했던 어떤 여자가 시간이 되어도 오지 않았다. 이에 미생은 강물이 밀려오는데도 떠나지 않고 다리를 껴안고 죽었다고 한다. 당시에는 이런 사람을 정직하다고 생각했던 듯하다. 그런데 공자는 그의 평소 작은 행실을 보고 정직하지 않다고 평가를 내린다. 상대가 아무리 절실히 구한다고 해도 자기 집에 없으면 없다고 해야 정직한 것이지, 군이 옆집의 초를 구해다가 주는 것은 직直이 아니라는 것이다. 얻어간 사람은 미생고가 준 것으로 알고 고마워했을 것이다.

"누가 미생고를 정직하다고 말하는가? 어떤 사람이 식초를 애써 구하는데 미생고는 초가 자기 집에 없으니 이웃집에서 구해다가 그에게 주었다."

5:25

子曰: "巧言令色足恭, 左丘明恥之, 丘亦恥之. 匿怨而友其人, 左丘明恥之, 丘亦恥之."

•

선생님이 말씀하셨다. "말을 교묘하게 하고 낯빛을 잘 지으며 충분하게 공손함을 좌구명은 부끄러워했는데 나 역시 그것을 부끄러워한다. 원망을 감추고 그 사람과 벗으로 지냄을 좌구명은 부끄러워했는데 나 역시 그것을 부끄러워한다."

역주

* 주공足恭의 주足는 여기서는 발 족 자가 아니라 지나치다는 뜻의 주로 읽는다.
* 좌구명이 노나라 태사로, 《국어國語》와 《좌씨춘추左氏春秋》를 지은 좌구명인지에 대해서는 이설이 있다. 공자시대 당시의 유명한 현인이란 설도 있다. 성이 좌구左丘인지 좌左인지도 불분명하다.
* 익匿은 숨기고 감추는 것을 말한다.

해설

〈학이〉에서 공자는 교언영색을 하는 사람 치고 어진 사람이 드물다는 말로 말만 번지르르한 사람, 억지웃음을 잘하는 사람을 에둘러 비판한 적이 있다. 거기에 더해 허리를 90도로 꺾어 발을 내려다보는 지나친 공손함도 부끄러운 일이다. 앞 장에서 공자는 없는 것을 있다고 하는 양심에 어긋나는 행위를 정직하지 못하다고 비판한 적이 있다. 마음에 없는 억지 행위는 본성을 감추는 부끄러운 거짓이다. 그럼에도 세상은 매너란 이름으로 포장해 억지 행위를 강요하고 그런 사람이 권력이나 돈이나 명예 등 사회적으로 이익을 더 많이 가져간다. 정치하는 사람들은 특히 그렇다. 선거철만 되면 교묘한 말과 웃는 낯으로 큰절을 올린다. 심지어 욕을 많이 먹을수록 장수한다느니 사회적 관심이 더 많다는 증거라는 식으로 전혀 부끄러움을 모르는 행위를 일삼는다. 원한을 감추고 적을 친구로 여기는 행위 또한 같은 맥락으로 이해할 수 있다. 싫으면 싫다고 하고 좋으면 좋다고 하는 솔직한 태도로 정치행위를 해야 한다. 대부분 뒷날을 겨냥하는 얄팍한 계산으로 원한을 잠시 묻고 친구처럼 지낸다. 인간관계에서든 국가관계에서든 이익 앞에 영원한 친구도 적도 없으며, 공통의 관심사 앞에서는 어제의 적이 오늘의 친구가 된다며 자신의 행위를 정당화한다. 모두 부끄러움을 모르는 행위다. 공자는 이를 싫어한 것이다.

"말을 번지르르하게 잘하고 억지 낯빛을 잘 꾸며대며 머리가 땅에 닿도록 지나치게 공손하게 예의를 차리는 것을 좌구명은 부끄러워했는데 나 공구 또한 그런 행동을 부끄러워한다. 원한을 속으로 감추고 그 사람과 친구처럼 잘 지내는 것을 좌구명은 부끄러워했는데 나 공구 또한 그런 행동을 부끄러워한다."

5:26

顏淵季路侍. 子曰: "盍各言爾志?" 子路曰: "願車馬衣輕裘, 與朋友共, 敝之而無憾." 顏淵曰: "願無伐善, 無施勞." 子路曰: "願聞子之志." 子曰: "老者安之, 朋友信之, 少者懷之."

•

안연顏淵과 계로季路가 모시고 있는데 선생님이 말씀하셨다. "어찌
해서 각자 너희의 뜻을 말해보지 않느냐?" 자로가 말했다. "수레와
말에다가 가벼운 갖옷을 입고 벗들과 함께하다가 다 해져도 아무
서운함이 없기를 바랍니다." 안연이 말했다. "잘함을 자랑함이 없
고 노고를 드러냄이 없기를 바랍니다." 자로가 "선생님의 뜻을 듣
고 싶습니다"라고 하자 선생님이 말씀하셨다. "노인들은 편안하
고, 벗끼리 믿고, 젊은이들은 품어졌으면 한다."

역주

* 합盍은 반어 의문사로 하불何不, 즉 '어찌 ~하지 않느냐'는 뜻이다.
* 구裘는 동물 가죽으로 만든 가벼운 갖옷을 말한다.
* 폐敝는 깨지고 부서진다는 의미인데, 여기서는 옷이 낡아서 해
진다는 뜻이다.

해설

자로는 안연보다 스물한 살 많다. 이 문장에서 대답의 순서는 용기
와 사심 없음을 이야기하는 자로가 첫 번째, 내면의 수양과 덕을
이야기하는 안연이 두 번째, 사회적 안정과 정치적 성취를 이야기
하는 공자의 말이 세 번째다. 공자는 제자들의 소망을 종합해 정치
에서의 성취로 궁극적으로 좋은 세상을 만듦으로써 모든 사람의
소망이 실현되기를 바라고 있다. 자로의 이야기도 사실은 친구 사
이의 신뢰, 즉 불신과 배신이 없는 사회적 신뢰가 끝까지 이어지기
를 바라는 것이다. 안회는 성취를 자랑하지 않는 유덕한 정치가의

모습과 세상을 위해 온 힘을 다하고도 그 공적을 드러내 명예와 이익을 챙기지 않은 위대한 지도자의 모습을 바라는 것이다. 그 결과는 공자가 말하는 쉰 살 넘은 노인들의 삶이 불안하지 않고, 사회적으로 신뢰가 굳건하고, 모든 어린이가 보호되고 모든 젊은이의 꿈을 실현할 수 있는 복지가 잘된 좋은 세상이다.

안연과 자로가 스승을 모실 때 스승 공자가 뜻을 이야기해보라는 요청을 했다. 자로는 "모든 사람이 가지고 싶어 하는 수레와 말, 그리고 입고 다닐 가벼운 갖옷이 있고 그것을 사회적으로 벗들과 함께 누리다가 수명이 다해 해져도 아무 유감이 없기를 바랍니다"라고 답했고 안연은 "백성들을 위해 일처리를 잘하고도 과장해 광고하지 않고, 백성들을 위해 위대한 공을 세우고도 드러내 이익을 보는 일이 없기를 바랍니다"라고 대답했다. "선생님의 뜻을 듣고 싶습니다"라는 자로의 질문에 공자는 "모든 노인이 안락을 누리며 살고, 모든 사회적 붕우관계에 신의가 바탕에 깔리고, 정부가 어린이와 젊은이를 잘 보살피는 정치가 펼쳐지기를 바란다"라고 답한다.

5:27

子曰: "已矣乎! 吾未見能見其過而內自訟者也."

•

선생님이 말씀하셨다. "끝났구나! 나는 제 잘못을 볼 수 있으면서 안으로 자책하는 사람을 아직 보지 못했다."

* 자송自訟의 송訟은 소송을 제기한다는 뜻으로, 자송은 자책 즉 스스로를 책망한다는 의미다.

해설

끝장났다는 탄식은 세상에 더는 희망을 걸 수 없다는 뜻이다. 그 희망은 사람들이 반성하고 자책하며 잘못을 극복하고 좋은 세상을 만드는 데 모두 동참하는 적극적인 바람이다. 이해관계만 따지고 명리만 탐해 내면의 의리에 귀를 기울이지 못하는 세상은 희망이 없다. 개인적으로든 사회적으로든 잘못과 적폐를 끊임없이 나무라고 고쳐갈 때 미래가 있다.

  "이 사회는 끝장났구나! 나는 자기가 잘못하고 있는 것을 분명히 알면서 안으로 스스로를 책망해 고치려는 사람을 아직 보지 못했다."

5:28

子曰: "十室之邑, 必有忠信如丘者焉, 不如丘之好學也."

•

선생님이 말씀하셨다. "열 실 이상 있는 고을이면 반드시 나처럼 충성과 믿음을 가진 사람이 있을 테지만, 나처럼 공부를 좋아하지는 않을 것이다."

역주

* 읍邑은 네 개의 정井이 모인 것이다. 한 정은 세 가家가 모인 것이고, 한 읍은 열두 가가 모인 것이다.

해설

충忠은 내면의 성실성, 신信은 사회적 신뢰다. 성실하게 살고 신뢰가 가는 사람은 어디에도 존재하며, 공부를 좋아하는 사람도 더러 존재하지만 공자만큼 호학하는 사람은 없으리라는 뜻이다. 공부에 대한 공자의 열정은 대단했다. 유가사상가들은 개인적인 덕목이든 정치적인 덕목이든 모두 공부로 성취할 수 있다고 생각한다.

"열 집 이상을 갖춘 작은 고을이라도 반드시 나 공구처럼 충성과 믿음을 가진 사람은 있을 것이다. 공부하는 사람도 있을 테지만 나 공구처럼 공부를 좋아하지는 않을 것이다."

06편

옹야

雍也

모두 서른 장이다. 공자가 제자를 평가하거나, 제자가 다른 사람을 평가하거나, 공자가 다른 정치인들을 평가하는 내용이 주를 이룬다. 〈공야장〉이 보편적인 인간의 삶에 대한 평가가 많다면 〈옹야〉는 사회적 인간, 정치적 인간에 대한 평가가 많다. 뒷부분에는 지知 · 인仁 등에 대해 설명한다.

6:1

子曰: "雍也可使南面."

•

선생님이 말씀하셨다. "옹이는 남면南面을 시켜도 된다."

역주

* 남면이란 군주가 남쪽으로 얼굴을 둔다는 뜻이다. 군주가 북쪽 용상에 앉아 남쪽에 도열한 신하들을 대한다는 것으로, 남면은 군주가 되어 나라를 다스린다는 의미다.

해설

공자의 제자 가운데 덕행으로 가장 널리 알려진 인물이 중궁이다. 《대학》에 따르면 유가는 수신제가치국평천하修身齊家治國平天下 공부를 가르친다. 즉 수신이 잘된 위대한 정치가가 작게는 지방의 수령에서부터 크게는 천자가 되어 인의의 덕치를 실행하도록 가르친다. 《순자》〈비십이자〉에는 성인으로 세勢를 얻은 사람이 순임금과 우임금이고 성인이지만 세를 얻지 못한 사람이 공자와 자궁이라고 말한다. 순자는 공자에 버금가는 위대한 통치자 자격이 있는 사람으로 자궁을 다섯 차례나 언급한다. 그 자궁과 여기서의 중궁이 같은 인물인지 다른 인물인지에 대해서는 이설이 있다. 어찌되었든 공자는 중궁의 인물됨을 위대한 지도자로 될 만하다고 칭

찬한다. 문헌에 따르면 중궁은 너그럽고 대범했으며 중후하면서
도 소탈했다고 한다.

"중궁은 남면해 군주가 될 만한 인물이다."

6:2

仲弓問子桑伯子, 子曰: "可也簡." 仲弓曰: "居敬而行簡, 以臨其
民, 不亦可乎? 居簡而行簡, 無乃大簡乎?" 子曰: "雍之言然."

•

중궁이 자상백자子桑伯子에 대해 물으니 선생님이 말씀하셨다. "간
략하니 괜찮다." 중궁이 말했다. "공경에 머물며 간략함을 행함으
로써 백성들에게 임하면 역시 괜찮지 않습니까? 간략함에 머물며
간략함을 행함은 이에 크게 간략함 아니겠습니까?" 선생님이 말
씀하셨다. "옹의 말이 그렇구나."

역주

＊ 자상백자는 공자시대 노나라의 은자다. 《장자》〈산목山木〉에 나
오는 자상호子桑戶라는 설도 있다. 앞의 자子는 제자들이 스승을 부
를 때 앞에 붙이는 글자이고, 뒤의 자子는 남자 이름 뒤에 붙이는
미칭이다.

＊ 간簡은 간소함·간결함·간략함 등의 의미로, 번잡한 의례로 상세
히 꾸미지 않은 상태를 뜻한다.

해설

앞 장과 연결해 하나의 장으로 다룬 판본도 있다. 공자가 중궁에게 군주가 될 만하다고 칭찬하니 중궁이 스승에게 정치가들의 태도에 대해 물은 것일 수도 있다. 한자 가可는 최선은 아니지만 차선으로 쓸 만한 경우에 쓰인다. 정책이든 법령이든 너무 번거로우면 백성들이 힘들어한다. 그래서 가급적이면 간략하고 명료한 것이 좋다. 자상백자는 의관을 제대로 꾸미지 않아 정치적 위엄을 지니지 못했지만 간략함으로 백성들에게 임했으므로 공자는 괜찮다고 인정했다. 중궁은 스승의 말을 부연해 행간行簡, 즉 간략함의 정치적 실천에 중점을 두고 간략함으로 시작해 간략함으로 끝나는 것이 문제이지, 거경居敬, 즉 공경하는 자세를 기본 바탕으로 깔고 있다면 괜찮지 않느냐고 정치의 요체를 다시 질문했다.

자상백자는 "괜찮은 인물이다. 일처리가 간결하고 명확했다." 중궁이 "공경하는 태도를 바탕에 깔고 간명한 정치를 행하고 그것으로써 백성들을 다스린다면 괜찮지 않습니까? 간략함만을 추구해 예의가 없이 간명한 정치만 행하는 것이야말로 너무 지나친 간략함 아니겠습니까?"라고 말하자 공자는 "옹의 말이 맞다"라고 대답했다.

6:3

哀公問: "弟子孰爲好學?" 孔子對曰: "有顔回者好學, 不遷怒, 不貳過. 不幸短命死矣! 今也則亡, 未聞好學者也."

•

애공이 물었다. "제자들 가운데 누가 공부를 좋아합니까?" 공자가 대답했다. "공부를 좋아하는 안회라고 있었는데, 성냄을 옮기지 않았으며 잘못을 두 번 저지르지 않았습니다만 불행하게도 명이 짧아 죽었습니다! 지금은 없으니 공부를 좋아하는 사람을 아직 들어보지 못했습니다."

역주

* 천遷은 위치를 바꾸어 옮기는 것을 말한다. 여기서는 자신의 분노를 엉뚱한 남에게 옮겨 풀어낸다는 뜻이다.
* 이貳는 숫자 둘 또는 두 가지를 말한다. 여기서는 반복해 거듭한다는 의미다.

해설

안회는 공자의 제자 가운데 덕행이나 호학 어느 방면에서든 가장 뛰어난 사람이었다. 그가 죽은 해는 이설이 분분하다. 보통 쉰 이전에 죽으면 요절이라고 하는데,《공자가어》나《사기》〈공자세가〉 등에 따르면 공자보다 서른 살 어린 안회가 공자 예순에 죽었다는 설과 일흔에 죽었다는 설이 대립한다.《열자列子》같은 책에는 열여덟에 죽었다는 말도 있다. 이 구절 당시는 아마도 공자가 주유천하하고 돌아온 뒤인 노 애공 11년경으로 보인다. 그렇다면 안회는 마흔 살에 죽었고 공자는 그 애통함을 잊지 못하고 애공에게 안회의 뛰어남을 두 마디, 즉 "성냄을 옮기지 않았으며 잘못을 두 번 저지르지 않았다[不遷怒, 不貳過]"로 대답했을 것이다. 보통 사람은 희로애락 때문에 이치를 거스르기 십상인데 진정으로 배우기를 좋

202

아했던 안회는 배움의 실천이란 측면에서 자신의 분노를 남에게 돌려 상처를 입히는 행위를 하지 않았으며, 한 번 잘못한 일을 다시는 반복하지 않은 호학자로서 중용의 삶을 실천했던 듯하다.

"안회라는 학생이 있었는데 배우기를 참 좋아했다. 그는 화가 나도 그 분노를 다른 사람에게 옮겨 상처를 입히지 않았으며 한 번 잘못하면 진정으로 반성해 두 번 다시 잘못을 저지르지 않았다. 그런데 불행하게도 명이 짧아 죽고 말았다! 지금 안회가 죽고 없으니 공부를 좋아하는 안회만한 다른 학생이 있는지 나는 아직 파악하지 못했다."

6:4

子華使於齊, 冉子爲其母請粟. 子曰: "與之釜." 請益. 曰: "與之庾." 冉子與之粟五秉. 子曰: "赤之適齊也, 乘肥馬, 衣輕裘. 吾聞之也, 君子周急不繼富."

•

자화가 제나라에 심부름을 가자 염자가 그의 어머니를 위해 곡식을 청했다. 선생님이 말씀하셨다. "그에게 부釜를 주어라." 더해줄 것을 청하자 "유庾를 주어라"고 말씀하셨다. 염자가 그에게 곡식 다섯 병秉을 주었다. 선생님이 말씀하셨다. "적이 제나라로 나아갈 때 살찐 말을 타고 가벼운 갖옷을 입었다. 내가 듣기에 군자는 급함을 메워주는 것이지 부유함을 이어주지 않는다고 하더라."

역주

* 자화는 공자의 제자 공서적의 자다. 노나라 사람으로 공자보다 마흔두 살 어렸다.

* 시使는 군주의 명을 받고 가는 사자가 아니다. 공자의 심부름을 갔으므로 심부름 갈 시使로 읽는다.

* 부釜는 곡식 용량의 단위로, 여섯 말 네 되升를 말한다.

* 유庾는 곡식 용량의 단위로, 열여섯 말斗을 말한다.

* 병秉은 곡식 용량의 단위로, 열여섯 섬斛을 말한다.

* 주周는 두루, 골고루 등의 부사로 쓰이나, 여기서는 그에 연유해 부족함을 메워준다는 의미다.

해설

공자의 돈 씀씀이를 이해할 수 있는 문장이다. 공자가 어느 관직에 있을 때인지 정확히 알 수 없다. 공자는 재화 출납에 능력이 있는 염유에게 상당한 자율권을 준 듯하다. 염유는 스승의 취지를 제대로 이해하지 못하고 제멋대로 판단했다. 공자는 훌륭한 정치가라면 주급불계부周急不繼富, 즉 급한 부분이나 부족한 부분을 메우고 보충하는 지출을 해야지 남의 부를 늘려주거나 부자를 더 부자로 만들어주는 지출은 하지 말아야 한다고 주장한다. 자식이 먼 길을 가니 부모를 위해 곡식을 주는 것은 당연한 일이지만, 이미 부자인 사람에게 너무 많이 지급하는 것은 그렇지 않다. 가난하거나 급한 경우에 해야 할 지출을 제때 할 수 없는 문제가 생길까 걱정한 것이다. 곡식 여섯 말 네 되를 주라고 하니 염유가 더 주자고 한다. 열여섯 말을 올려주라고 했는데 염유는 아흔 섬을 주었다. 이에 공자는 "적이 제나라에 심부름 갈 때 살찐 말의 호화 차량을 타고 가벼운 명품 갖옷을 입고 가더라. 내가 듣기에 군자의 돈 씀씀이는 가난하고 부족한 사람의 급함을 메워주는 것이지 부자의 부를 늘려주지 않는다고 하더라"고 염유를 나무랐다.

6:5

原思爲之宰, 與之粟九百, 辭. 子曰: "毋! 以與爾鄰里鄉黨乎!"

•

원사原思를 읍재로 삼고 그에게 900심을 주자 그가 사양했다. 선생님이 말씀하셨다. "그러지 말아라! 네 이웃·마을·향당鄉黨에 주어라!"

역주

* 원사는 공자의 제자로, 이름은 헌憲이고 자는 사다. 공자가 노나라 사구가 되자 원헌을 가家의 읍재로 삼았다.
* 무毋는 금지사로 '없다', '~하지 말라' 등의 의미인데 무無와도 통한다.
* 향鄉은 1만 2,500가家가 모인 큰 행정단위이고, 당黨은 500가를 칭하는 작은 행정단위다.

해설

공자는 사구가 되었다. 장관급 대부는 독자 행정 자치단위인 가家를 경영했다. 공자는 총관격인 읍재로 원헌을 임명했다. 그런데 원헌은 급여가 많다고 사양했다. 공자가 사구 벼슬을 할 때가 쉰여섯 전이므로 원헌은 서른 살 전후였을 것이다. 공영달은 900을 900두斗라고 주석했는데 곡斛, 즉 섬으로 보는 것이 합리적이다. 《사기》〈공자세가〉에 따르면 하대부下大夫에 해당하는 공자는 6만 두, 즉 2,000석 정도의 연봉을 받았을 것이며 그의 읍재인 원헌은 상사上士 계급이었으므로 900섬을 받았다고 보는 것이 맞다. 그래도 서른 살 원헌에게 많은 연봉은 아니다. 900두라면 마을·향당에 나누어주라고 말하기에는 너무 적은 양이다. 정현의 주석에 따르면 5가를 인鄰, 5린을 리里, 500가를 당黨, 1만 2,500가를 향鄕이라 한다. 《주례》 규정도 비슷하다. 그렇다면 여기 인리향당鄰里鄕黨은 순서가 틀리다. 공자의 가읍도 향을 넘어서기 어려웠을 것이다. 아마도 거꾸로 해석해 향 내에 있는 당이나 마을, 이웃에 나누어주라는 일반적인 용법으로 사용했을 것이다.

"많다고 사양하지 말거라! 너의 이웃이나 마을 사람 또는 큰 고을에 함께 살아가는 가난한 사람들에게 나누어주면 될 것이다!"

6:6

子謂仲弓曰: "犁牛之子騂且角, 雖欲勿用, 山川其舍諸?"

•

선생님이 중궁을 평가해 말씀하셨다. "얼룩소의 아들이 붉고 또 뿔이 좋으면 비록 쓰지 말자고 해도 산천이 그를 버리겠는가?"

역주

* 이우_{犁牛}는 얼룩이 있는 소를 말한다. 중궁의 아버지가 행실이 악해 이렇게 비유했다.

* 성_騂은 붉은 말인데 여기서는 소의 색깔이 검붉고 튼튼한 모양을 말한다. 각_角은 뿔이 바르고 훌륭해서 아름다운 모양을 말한다.

해설

중궁은 출신이 한미했고 그의 아버지는 악행을 일삼았다. 그럼에도 중궁은 어질고 덕행이 뛰어나 군주가 될 만한 인물이었다. 산천의 신에게 제사를 지내는 것은 천자의 임무였으며 제사에 희생으로 사용하는 소의 모양도 예법에 잘 기재되어 있다. 소의 색깔은 검은빛이 날 정도로 붉어야 하고 뿔은 바르게 솟아나 한 자가 넘는 길이여야 하는 등 격에 맞아야 희생으로 사용했다. 미천한 집안에서 태어났지만 제왕이 될 만큼 자질이 뛰어난 중궁을 공자는 산천에 제사 지내는 희생에 비유해 칭찬한 것이다.

 "중궁은 미천한 얼룩소의 아들로 태어났으나 털빛이 검붉고 뿔이 바르고 훌륭하니 비록 제사에 쓰지 말자고 해도 산천의 신이 어찌 그를 버려두겠는가?"

6:7

子曰:"回也, 其心三月不違仁, 其餘則日月至焉而已矣."

•

선생님이 말씀하셨다. "회는 그 마음이 석 달을 어짊에서 떠나지 않으나, 그 나머지들은 하루나 한 달에 이를 수 있을 따름이다."

역주

*여餘는 남다, 여유가 있다는 의미인데 여기서는 안회를 제외한 제자들 모두를 나머지로 표현한 것이다.

해설

삼三은 많다는 뜻이며 석 달은 한 계절을 뜻하므로, 철이 바뀌도록 어짊을 유지했다는 말이다. 성인의 자질을 인을 실천하는 시간으로 평가했다는 주장도 있다. 안회 이외의 제자들은 인을 실천하더라도 고작해야 하루나 한 달에 한 번 정도였음을 대비시키고 있다. 어떤 측면에서 보면 한 달에 한 번은 부족할 수 있으나, 하루에한 번 인에 이르는 것은 훌륭한 성취다. 그럼에도 안회와 대비시킨 것은 안회는 불위不違, 즉 어짊에서 벗어난 적이 없음을 강조한 것이고, 나머지는 지至, 즉 어쩌다 거기에 이를 뿐 지속하지 못해서 의미가 덜하다는 뜻으로 보아야 한다. 사람은 누구나 인仁의 속성이 있다. 문제는 인을 얼마나 유지하고 실천하느냐에 달려 있다.

"안회는 그 마음이 석 달을 지나도 어진 상태에서 한 치도 벗어나지 않으나, 그 나머지 사람들은 하루나 한 달에 한 번 어진 상태에 이르기는 하지만 그것을 유지하지 못한다."

6:8

季康子問: "仲由可使從政也與?"子曰: "由也果, 於從政乎何有?"

曰: "賜也, 可使從政也與?" 曰: "賜也達, 於從政乎何有?" 曰: "求
也, 可使從政也與?" 曰: "求也藝, 於從政乎何有?"

•

계강자가 물었다. "중유를 정치에 종사시켜도 되겠습니까?" 선생
님이 말씀하셨다. "유는 과단성이 있으니 정치에 종사한들 무슨
문제가 있겠습니까?" "사를 정치에 종사시켜도 되겠습니까?"라
고 묻자 "사는 통달했으니 정치에 종사한들 무슨 문제가 있겠습니
까?"라고 말씀하셨다. "구를 정치에 종사시켜도 되겠습니까?"라고
묻자 "구는 기예를 갖추었으니 정치에 종사한들 무슨 문제가 있겠
습니까?"라고 말씀하셨다.

역주

* 과果는 다양한 뜻의 한자인데 여기서는 과감하다, 과단성이 있
다 등의 의미다.
* 달達은 어떤 장소나 시간에 도달하다는 뜻인데 여기서는 사물에
통달한다는 뜻이다.
* 예藝는 예술과 학문과 업무처리 등을 망라해 특정 분야에서 보
이는 재능이나 기예를 뜻한다.

해설

자로와 염구가 계씨 밑에서 벼슬을 한 시기는 공자가 주유천하를
하고 귀국한 이후다. 공자는 과果·달達·예藝를 정치에 나갈 수 있
는 자격으로 언급하고 있다. 자로는 용감하고 강하며 과감하게 결
단을 내리므로 세무행정 등을 맡겨도 된다는 뜻이다. 자공은 물리

에 통달했으니 외교 등 행정업무를 맡겨도 된다는 뜻이다. 염구는
육예에 두루 아는 것이 많으므로 정무를 맡겨도 된다는 뜻이다. 공
자는 제자들을 가르칠 때 예禮·악樂·사射·어御·서書·수數의 육예,
즉 사회과학·예체능·자연과학을 두루 가르쳤다.

"자로는 업무처리를 과감하게 할 것이므로 관련된 정치업무에
종사시키면 아무 문제가 없을 것이다." "자공은 사물의 이치에 정
통하고 있으니 관련 정치업무에 종사시키면 아무 문제가 없을 것이
다." "염구는 각종 기예에 특별한 재능이 있으니 관련 정치업무
에 종사시키면 아무 문제가 없을 것이다."

6:9

季氏使閔子騫爲費宰. 閔子騫曰: "善爲我辭焉. 如有復我者, 則吾
必在汶上矣."

●

계씨가 민자건閔子騫을 비費읍의 읍재로 부리고자 했다. 민자건이
말했다. "내 사양함을 잘 말해주시오. 만약 다시 나에게 오면 나는
반드시 문수 위에 있을 것이오."

역주

* 민자건의 이름은 손損이며 노나라 사람이다. 공자보다 열다섯
살 어린 제자다.
* 비費는 비鄪라고도 쓰며, 노나라 권력가문 계씨의 관할 지역이다.
* 문汶은 노나라의 북쪽으로 제나라와 경계에 있는 물 이름이다.

민자건은 효도와 덕행으로 유명한 사람이다. 오늘날 지난시濟南市
에 있는 그의 묘 주변은 효를 강조하는 석상으로 가득하다. 민자건
이 이 시기에 상을 치르고 있었는지는 알 수 없으나 그는 대부의
집안에 벼슬하지 않고 더러운 군주를 섬기지 않기로 유명했다. 공
자와 그의 몇몇 제자가 계씨 수하에서 벼슬을 했던 것으로 볼 때
민자건이 실제로 비읍의 읍재를 했을 것이라는 《공자가어》의 주
장도 있다. 하지만 다시 벼슬 시키려고 찾아오면 북쪽으로 국경을
넘어 제나라로 가버리겠노라고 이토록 강하게 거부한 것을 보면
민자건은 계씨 집안 벼슬을 하지 않았을 것이다.

  "사자께서 내가 사양한다는 말을 계씨에게 잘 말해주시오. 만약
벼슬을 시키려고 다시 나를 찾아온다면 그때 나는 반드시 북쪽 문
수를 건너 제나라로 망명해버릴 것이오."

6:10

伯牛有疾, 子問之, 自牖執其手, 曰: "亡之, 命矣夫! 斯人也而有
斯疾也! 斯人也而有斯疾也!"

•

백우에게 질병이 있자 선생님이 그를 문병하고 창으로부터 그의
손을 잡고 말씀하셨다. "죽음인가, 명이로다! 이런 사람에게 이런
질병이 있다니! 이런 사람에게 이런 질병이 있다니!"

* 백우는 공자의 제자로, 성은 염冉, 이름은 경耕이다. 노나라 사람
으로, 공자보다 일곱 살 어리다는 주장도 있다.
* 유牖는 남쪽 담 벽에 볕이 들어오도록 낸 나무 쪽창을 말한다. 집
의 방들에 크게 내는 것을 창窗이라 한다.

해설

공자의 제자 염백우는 안연과 민자건에 비견될 만큼 덕행이 뛰어
났다. 염백우가 걸린 악질에 대해서 여러 가지 설이 있으나 대대
로 나병이라고 주장한다. 공자가 창문을 통해 손을 잡은 행위에 대
해서도 두 가지 설이 있다. 하나는 염백우가 스승을 직접 대면하
기 민망한 병이라 일부러 피하자 공자가 할 수 없이 창문을 통해
손을 잡고 문병했다는 주장이다. 다른 하나는 보통 방의 어두운 북
쪽에 두는 나병 환자에게 임금이 문병을 온 경우 환자를 남쪽으로
옮겨 얼굴을 볼 수 있도록 하는데, 백우 집안사람들이 그러한 예를
보여 공자를 높이자 공자가 미안해 쪽창으로 손을 넣어 백우의 손
을 잡았다는 주장이다. 운명을 거론하며 거듭 애통해 하는 데서 제
자를 아끼는 스승의 사랑을 느낄 수 있다.

　"이대로 죽는 것인가, 운명이란 말인가! 이렇게 좋은 사람에게
어떻게 이런 병이 걸린단 말인가! 이렇게 좋은 사람에게 어떻게
이런 병이 걸린단 말인가!"

6:11

子曰: "賢哉回也! 一簞食, 一瓢飮, 在陋巷. 人不堪其憂, 回也不改
其樂. 賢哉回也!"

•

선생님이 말씀하셨다. "현명하다, 회는! 한 광주리 (밥을) 먹고 한 바
가지 (물을) 마시고 누추한 골목에 살았다. 사람들은 그 근심을 견디
지 못하는데 회는 그 즐거움을 고치지 않았다. 현명하다, 회는!"

역주

* 단簞은 대나무로 만든 광주리, 표瓢는 박으로 만든 바가지를 말
한다. 한 단이 닷 되라는 주장도 있으나 안회가 얼마 동안 한 단의
밥을 표주박의 맹물과 함께 먹고살았는지는 정설이 없다.
* 사食는 보통 음식·밥 등 명사로는 식으로 읽으나 먹여 기른다는
동사로 쓰일 때는 사로 읽는다.
* 항巷은 마을 골목길 가운데 난 작은 길을 뜻하기도 하고, 그 주변
에 다닥다닥 붙어 있는 집들을 뜻하기도 한다.

해설

안빈낙도의 대표적인 서사다. 당시 주식은 곡기가 거의 없는 기
장·수수·서속 등이었다. 안회는 얼마 되지 않는 곡식에 변변찮은
반찬도 없이 맹물을 바가지에 떠서 마시고, 누추한 한 칸짜리 집에
서도 즐거움을 지키고 살았다. 즐거운 삶은 필경 도를 추구하고 도
를 실천하는 삶일 것이다. 불편하고 가난한 생활환경이 도를 추구
하고 즐기는 삶에 전혀 방해되지 않았다. 안회는 도를 즐기며 살았

을 뿐 생활환경을 바꾸려고 노력조차 하지 않았다. 공자는 이러한 삶을 현賢이라고 칭송했다. 현은 착하고 선량하면서도 재능이 있는 현명함을 뜻한다. 안회의 인생살이가 복닥거리고 고뇌하는 그 어떤 삶보다 현명하다는 뜻일 것이다.

"참으로 현명하다, 안회의 삶은! 한 광주리 곡식으로 밥을 지어 먹고 한 바가지 맹물로 끼니를 때우며 허름한 달동네 누추한 집에서 살았다. 보통 사람들은 이런 가난하고 불편한 생활을 걱정하며 끝내 견뎌내지 못하는데 안회는 도를 추구하는 즐거움을 가난한 생활 때문에 바꾸지 않았다. 참으로 현명하다, 안회의 삶은!"

6:12

冉求曰: "非不說子之道, 力不足也." 子曰: "力不足者, 中道而廢. 今女畫."

·

염구가 "선생님의 도를 기뻐하지 않는 것이 아니라 힘이 부족합니다"라고 말하자 선생님이 말씀하셨다. "힘이 부족한 사람은 중도에 그만두는데 지금 너는 선을 긋는구나."

역주

* 획畫은 칼로 선을 긋는다는 의미에서 획劃으로도 쓴다. 그림을 그릴 때 한 획 한 획 긋는다는 의미이기도 하다. 여기서는 미리 금을 그어놓고 그 안에 자신을 가둔다는 뜻이다.

해설

안회는 가난하고 누추하게 살아도 개의치 않고 도를 좋아했다. 염구는 안회만한 덕이 없어서 어짊을 추구하고 실천하며 살 능력이 부족하다고 토로한 것이리라. 공자는 그에 대해 시도해보지도 않고 미리 예단한다고 나무라고 있다. 인의를 좋아한다면 일단 시도해보고 능력이 없으면 중도에 다른 길을 걸으면 될 것이다. 또는 평생에 도를 추구해 힘이 부쳐 죽어도 여한이 없을 것이다. 그런데도 자신은 힘이 부치니 그러지 못하겠노라고 미리 선을 그어놓고 시작도 하지 않는 것은 힘이 모자란 것이 아니라 힘이 부족하다는 핑계로 어짊을 실천하지 않으려는 이야기라는 비판이다.

"힘이 부족해 인의를 실천하지 못했다는 말은 열심히 하다가 중도에 그만두는 경우에 쓰는 말이다. 그런데 염구 너는 지금 시작도 해보지 않고 미리 선을 그어놓고 힘이 부족하다고 핑계를 대는구나."

6:13

子謂子夏曰: "女爲君子儒! 無爲小人儒!"

•

선생님이 자하를 평가하며 "너는 군자 유학자가 되어라! 소인 유학자가 되지 말거라!" 하고 말씀하셨다.

역주

* 유儒는 공부를 해 부드럽고 성품이 어진 학자를 뜻한다.

해설

유儒 자의 의미에 대해서는 아직 정확한 정설이 없다. 인人 자와 부드럽고 약하다는 나儒 자를 결합시킨 글자로 보는 견해가 많다. 소매가 넓은 도포를 입고 읍을 하며 예의를 차리는 사람을 그린 상형문자에서 비롯되었다는 설도 있으나 아직 갑골문자형은 찾지 못했다. 《설문해자》에서는 유를 부드러울 유柔 자로 해석하며 술사術士, 즉 공부기술에 능한 선비로 풀이한다. 공자 이래 유는 시서와 예악에 정통하고 부드러운 공부로써 어질고 성품이 돈후해진 학자를 부르는 용어로 쓰인다. 우리나라 선비의 모습에 해당한다. 또 유는 정치와 학문 사이를 왕래하는 사람이다. 백성들을 가르쳐 도와 기예를 익히도록 하는 사람도 유학자의 역할이다. 유학자인 체하며 이름과 폼만 지니면서 실상은 자기 이익을 챙기는 사람이 소인 유학자이고, 도와 기예를 익혀서 백성들을 이끌고 인의의 삶을 실천하는 사람이 군자 유학자다.

자하는 이미 문인들을 거느리고 교육을 실시하는 스승이었다. 공자는 그에 대해 "너는 세상을 도의로 이끄는 진정한 군자 유학자가 되어라! 이익을 앞세운 이름뿐인 소인 유학자가 되지 말거라!"라고 말했다.

6:14

子游爲武城宰. 子曰: "女得人焉爾乎?" 曰: "有澹臺滅明者, 行不由徑. 非公事, 未嘗至於偃之室也."

●

자유가 무성武城의 읍재가 되었다. 선생님이 "너는 거기에서 사람을 얻었느냐?"라고 말씀하시자 "담대멸명澹臺滅明이란 사람이 있는데 행동에 지름길을 거치지 않고 공적인 일이 아니면 언의 집에 이른 적이 아직 없었습니다"라고 말했다.

역주

* 무성은 노나라 하급 읍성이다.
* 이爾 자는 이耳 자로 된 판본도 많다.[1] 이爾는 이것·여기 등의 뜻이 있어 무성으로 해석이 가능하다. 이耳일 경우, 이爾와 연결이 어려워서 억지로 해석하면 그 사람과 귀를 대고 이야기할 정도의 현인을 얻었느냐는 의미가 된다.
* 담대澹臺가 성이고 멸명滅明은 이름이다. 자는 자우子羽다. 노나라 사람으로, 공자보다 서른아홉 어렸으며, 자유보다 나이가 많았다.
* 경徑은 보행 길로, 지름길을 뜻한다. 첩경의 용례처럼 빠르고 간편하게 처리할 수 있는 방편을 말한다.

해설

무성은 도읍이 아닌 지방 읍성이다. 증자의 고향인 남쪽 무성과는 다른 곳이다. 이 지역이 고향인 담대멸명은 원래 매우 못생겨서 공자도 꺼릴 정도였는데 공자의 가르침을 받고 수행을 거듭해 공명정대하고 방정한 사람이 되었다고 한다. 사람이 행동하면서 지름

---

1 유보남의 《논어정의》 229쪽에도 이耳 자로 쓰고 있다.

길을 찾지 않는 까닭은 빠르게 결과만을 취하거나 사적인 이익을 취하기를 꺼리기 때문이다. 또 사적인 일로 상관의 집을 방문하는 것은 공적인 일과 무관한 사익 관련 청탁일 가능성이 높다. 담대멸명은 오해를 부를 만한 일이나 견해를 드러내지 않은 사람이었던 것이다.

"담대멸명이란 사람이 있는데 무슨 행위를 하든지 지름길을 찾아 빠른 방편을 구하지 않고 공적인 일이 아니면 읍재인 나의 집에 와서 사적인 청탁을 한 적이 전혀 없다."

6:15

子曰: "孟之反不伐, 奔而殿. 將入門, 策其馬, 曰: '非敢後也, 馬不進也.'"

•

선생님이 말씀하셨다. "맹지반孟之反은 자랑하지 않았다. 패주하면서 후미에 섰으나 장차 성문에 들어서려 하자 자기 말에 채찍질을 하면서 '감히 뒤에 선 것이 아니라 말이 나아가지 않았음이다'라고 말했다."

역주

* 맹지반은 노나라 대부로, 이름은 지측之側이다. 고대인들의 이름이나 자에 쓰인 지之는 조사 역할을 한다. 《맹자》에 윤공지타尹公之他라고 쓴 것도 그 예다. 맹씨孟氏 성을 가진 반反이란 뜻이다.
* 분奔은 전쟁에 져서 패주하는 것을 말한다.

* 전殿은 큰 집을 뜻하는 글자인데, 여기서는 군대의 후미에 서는 것을 말한다. 군대 앞을 열어가는 것을 계啓라 한다.

해설

《좌전》〈애공 11년〉 전傳에 이 사건을 기록하고 있다. 맹지반은 제나라와 전쟁에서 대패했을 때 군대 후미에 서서 진중하게 방어해 후퇴하는 군을 도왔다. 성안에 들어와 무사 귀환을 환영할 때 그 공을 자랑할 법하지만, 이를 염려한 맹지반은 화살을 뽑아 말을 때리면서 앞서 들어갔다. 그러고는 자기가 용감하게 후미를 잘 지킨 덕분에 군대가 무사귀환할 수 있었음을 전혀 내세우지 않고 타고 있는 말이 부실해 앞장서지 못했다고 말한다. 공을 자랑하지 않는 자세를 공자는 칭찬한 것이다.

"맹지반은 스스로 공을 내세워 자랑하지 않는 사람이다. 제나라와 전투에 패주하면서 용감하게 후미에 서서 군대의 퇴각을 도왔다. 그럼에도 본국 성문에 들어설 때는 자기 말에 채찍을 가해 앞으로 나가면서 '내가 용감해 과감하게 뒤에 선 것이 아니라 내 말이 앞으로 나아가지 못했기 때문이다'라고 말했다."

6:16

子曰: "不有祝鮀之佞而有宋朝之美, 難乎免於今之世矣!"

•

선생님이 말씀하셨다. "축타祝鮀의 말재주가 있거나 송조宋朝의 아름다움이 있지 않으면 오늘날 세상에서 (화를) 면하기 어려우리라!"

* 축타에서 축祝은 제사를 지낼 때 축문을 주관하는 축사祝史라는 관직을 말한다. 타鮀는 위衛나라 대부로, 자는 자어子魚다.
* 송조는 송나라 공자 자조子朝로, 미모가 출중했으나 음란했다. 《좌전》〈소공 21년〉에 등장하는 송나라를 구한 위나라 공자 조朝와는 다른 인물이다.

해설

공자는 말재주를 싫어한 사람이다. 또한 송조의 음란함도 미워했다. 송조는 먼저 양공襄公의 부인 의강宜姜과 통정하고 나중에는 공자도 만난 적 있는 영공의 부인 남자南子와도 정을 통했다. 말재주가 뛰어난데다 미모까지 갖추면 생존하는 데 더 유리하며, 미모나 말재주 가운데 하나라도 지녀야 이 어려운 세상에서 재앙을 면할 수 있다는 뜻이다. 공자가 얼마나 당시 세상을 어둡게 보고 있었는지 알 수 있다. 오늘날도 정치세계에서 뛰어난 말재주나 정치적인 언술, 그리고 잔뜩 가꾼 외모로 권력을 다투는 경우가 허다하다.

"축사인 타처럼 말재주가 뛰어나거나 송나라 공자 자조처럼 미모가 빼어나지 않으면 이 어지러운 세상에서 재앙을 면하기 어려울 것이다!"

6:17

子曰: "誰能出不由戶? 何莫由斯道也?"

•

선생님이 말씀하셨다. "누가 지게문을 거치지 않고 나갈 수 있겠는가? 어찌해서 이 도를 거치지 않는 것일까?"

역주

* 호戶는 한 짝의 지게문을 말한다. 두 짝으로 된 것을 문門이라 한다.

해설

그 무엇도 문을 거치지 않고는 밖으로 나갈 수 없다. 그 누구도 도를 통하지 않고는 입신도 불가능하고 성공도 어렵다. 《예기》〈예기禮器〉에서는 방에 들어가면서 문을 거치지 않는 경우가 없듯이, 수만 가지 인간사회의 예절도 그 이치는 한가지라고 한다. 여기서 공자가 말하는 도는 예로 설명이 가능하다. 개인의 삶이든 정치적인 행위든 예를 통하지 않고는 결코 사람답게 살아갈 수 없다. 공자는 우리의 비근한 일거일동으로 정치적인 성취에 대한 비유를 삼곤 한다. 문을 열고 드나드는 일상생활을 빗대어 인간의 사회적인 삶은 결코 예법을 벗어날 수 없음을 설명하고 있는 것이다.

　"누가 문을 열지 않고 방 밖으로 나갈 수 있겠는가? 그런데도 사람들은 어찌해서 문에 해당하는 예법에 따라 도의 경지에 들어서려고 하지 않는가?"

6:18

子曰: "質勝文則野, 文勝質則史. 文質彬彬, 然後君子."

•

선생님이 말씀하셨다. "바탕이 꾸밈을 이기면 야만스럽고, 꾸밈이 바탕을 이기면 문약하다. 바탕과 꾸밈이 함께 빛난 연후에야 군자다."

역주

* 질質은 타고난 본래의 바탕을 뜻한다. 질박하다의 용례처럼 아직 꾸미기 전의 순수한 상태를 말한다.
* 야野는 도성 밖, 교외에 사는 사람인 야인, 즉 촌사람을 뜻한다. 비천하고 미개하다는 의미로 주로 쓰이며 아직 꾸미지 않은 순수하고 질박한 상태를 뜻하기도 한다.
* 문文은 몸을 꾸미는 문신에서 비롯된 글자로, 무늬 문紋과 통한다. 채색·꾸밈·외관의 화려함 따위를 의미한다. 의미가 확장되어 학문·예술·예법제도를 뜻하기도 한다.
* 사史는 하늘의 목소리를 대변하는 도구를 손에 잡고 있는 형상에서 출발했다. 기록을 하고 문서를 만드는 사람이다. 의미가 확장되어, 꾸밈이 있어 화려함을 뜻하기도 한다.
* 빈彬은 바탕과 형식이 적절히 겸비되고 빛나고 아름다운 상태를 말한다.

해설

앞 장에 이어서 이 구절도 예에 관한 이야기다. 군자는 군주의 자제이며 정치에 종사하는 계급이다. 군자라면 성질대로 정치를 해서는 안 되며 잘 꾸며진 예법제도에 기초해 도덕에 기초한 행위를 해야 한다. 그렇다고 인간의 본질을 어기고 과도하게 형식에 사로잡혀 문약하게 정책을 결정하거나 정치적인 판단을 내리면 이 또한 군자의 태도가 아니다. 정치는 수많은 사람의 삶과 직결되는 문제이기 때문이다. 군자는 문文도 갖추고 질質도 갖춘 사람이다. 다만 너무 거칠지도 너무 형식적이지도 않아야 한다. 문과 질의 어느 한쪽에 치우치지 않고 적절히 조화해 빛나는 빈빈彬彬의 상태를 견지하며 정치에 임하는 것이 군자의 길이라는 이야기다.

"거친 본바탕이 꾸밈의 형식을 눌러버리는 정치는 야만스럽다. 꾸밈의 형식이 거친 본바탕을 눌러버리는 정치는 문약하다. 거친 본바탕과 꾸밈의 형식을 두루 갖추고 빛나게 되는 것이 군자의 정치다."

6:19

子曰: "人之生也直, 罔之生也幸而免."

•

선생님이 말씀하셨다. "사람의 삶은 곧은 것인데, 속이면서 사는 것은 요행儌으로 면함이다."

역주

* 망罔은 본래 그물 망網 자와 같으나 없다, 속이다, 말다 등의 의미도 있다. 여기서는 무망誣罔의 용례처럼 정직의 반대어로 속인다는 뜻이다.

해설

직直이란 바르고 올곧음이며 참되고 순수한 마음인 성誠을 말한다. 안으로 자신을 속이지 않고 밖으로 다른 사람을 속이지 않는 것이 성이고 직이다. 천지는 지극한 참됨으로 만물을 만들어내므로 삶 자체는 정직하고 참된 것이라는 이야기다. 그런데 정직하지 않은 무망의 속임수로 살아가는데도 하늘로부터 재난을 당하지 않는 것은 요행일 뿐이다.

"사람은 정직하게 살아야 하늘이 내린 복을 누릴 수 있다. 정직하지 않고 남을 속이면서 살면서도 재난을 면하는 것은 요행일 뿐이다."

6:20

子曰: "知之者不如好之者, 好之者不如樂之者."

•

선생님이 말씀하셨다. "그것을 아는 사람은 좋아하는 사람만 못하고, 그것을 좋아하는 사람은 그것을 즐기는 사람만 못하다."

해설

여기서의 그것, 즉 지之는 도다. 모든 일의 궁극적인 원리이며 사회적으로는 예법이기도 하다. 앎은 공부로 이루어진다. 읽고 묻는 학문이 앎에 이르는 과정이다. 공부를 통해 도가 무엇인지 아는 것은 중요하다. 그러나 단순히 도를 아는 것은 도를 좋아하는 것만큼 돈독하지 못하다. 또한 도를 즐기는 사람은 그것을 몸으로 또는 정치적으로 실천하는 사람이니 좋아하는 사람보다 한 단계 위다. 《순자》〈유효〉에는 듣는 것은 아느니만 못하고, 아는 것은 실천하느니만 못하다는 말이 있다.

"공부해서 도가 무엇인지 아는 사람은 도를 좋아해 따라가는 사람만 못하고, 도를 좋아하는 사람은 도를 실천하며 즐기는 사람만 못하다."

6:21

子曰: "中人以上, 可以語上也; 中人以下, 不可以語上也."

•

선생님이 말씀하셨다. "중인 이상은 위의 것을 말할 수 있다. 중인 이하는 위의 것을 말할 수 없다."

역주

* 어語는 서로 말을 주고받는 의론·담화·토론 등을 말한다.

해설

공자가 중인이라고 이야기한 것은 사람을 상중하 세 등급으로 나누었다는 뜻이다. 구분의 기준은 지혜다. 중지中智, 즉 지혜가 중급인 사람은 상지上智, 즉 지혜가 상급인 사람이 아는 것을 알 수도 있고 모를 수도 있다. 이를 상중하에 각각 상중하를 두어 아홉 등급으로 나누어 생각할 수도 있다. 이 경우, 중중을 중간으로 보고 중상 이상은 상지에 대해 함께 연구할 수 있으나 중하 이하는 상지에 대해 토론할 수 없다고 본다. 학문이나 정치적인 견해로 볼 수도 있다. 이 경우, 중지 이상의 지식인들과는 고도의 정책이나 정치적인 결정에 대해 학문적인 논의를 할 수 있으나 지혜가 따라

가지 못하는 하급 사람들과는 상급의 정치적인 문제에 대해 학문적인 토론을 할 수 없다는 것이다. 물론 아무것도 토론할 수 없다는 것은 아니다. 상上에 대해 토론할 수 없다는 것이다.

　"중급 이상의 지혜가 있는 사람과는 상급의 일에 대해 논의할 수 있으나 중급 이하의 지혜가 있는 사람과는 상급의 일에 대해서는 토론할 수 없다."

6:22

樊遲問知. 子曰: "務民之義, 敬鬼神而遠之, 可謂知矣." 問仁. 曰:
"仁者先難而後獲, 可謂仁矣."

　•

번지가 앎에 대해 물었다. 선생님이 말씀하셨다. "백성들의 의로움에 힘쓰고 귀신을 공경하되 그것을 멀리하면 안다고 평가해도 된다." 어짊에 대해 묻자 이렇게 말씀하셨다. "어진 사람이 먼저 어려운 일을 하고 뒤에 얻으면 어질다고 평가해도 된다."

역주

* 귀신鬼神의 귀鬼는 무시무시한 머리 형상의 상형으로, 사람이 죽은 뒤의 넋을 말한다. 신神은 하늘로부터 계시가 강림한 불가사의한 절대 정신이나 혼을 뜻한다.

해설

정치가가 해야 할 일을 번지에게 깨우치고 있다. 번지는 지와 인에 대해 깊은 질문을 던질 정도로 배웠으면서도 개인적으로 농사일에 관심이 있는 등 지식인의 사회적 역할을 등한시했다. 공자는 그러한 번지를 깨우치려고 앎과 어짊의 구체적인 실천사항을 지적했다. 유보남은 백성들의 의로움에 대해 부모의 자애, 자식의 효도, 형의 우애, 동생의 공경, 남편의 정의, 아내의 받아들임, 어른의 베풂, 어린이의 순종, 군주의 어짊, 신하의 충성 등 열 가지를 이야기한다.[2] 앎에 대해 공자는 왜 귀신을 공경하되 멀리하라고 했을까? 당시 시대 분위기가 귀신을 지나치게 공경하거나 믿었다는 이야기다. 예에 합당한 수준에서 귀신을 믿는 백성들의 행위는 그대로 두되, 정치가 스스로 귀신을 섬기거나 공경해서는 안 된다는 이야기다. 어짊에 대해 공자는 선난후획先難後獲을 정치가의 올바른 태도로 이야기한다. 이는 일이 먼저이고 녹은 뒤라는 뜻이기도 하고, 민생이 먼저이고 교육은 다음이라는 뜻이기도 하고, 백성들을 다스리는 정치적인 업무가 우선이고 제 몸의 음식을 찾는 개인적인 업무는 나중이라는 뜻이기도 하다.

"백성들을 다스리는 데 필요한 예법에 따르는 일에 힘쓰는 것이 우선이다. 귀신을 믿는 백성들의 신앙은 공경하되 정치가로서 자신은 귀신을 섬기지 않고 멀리해야 한다. 이러면 안다고 말할 수 있다." "어진 정치를 추구하는 사람이라면 먼저 민생 등 어려운 일을 앞장서 해결하고 녹봉 등 개인적인 업무는 나중에 처리해야 한다. 이러면 어질다고 말할 수 있다."

---

2 유보남, 같은 책, 236쪽을 참조할 것.

6:23

子曰: "知者樂水, 仁者樂山; 知者動, 仁者靜; 知者樂, 仁者壽."

•

선생님이 말씀하셨다. "아는 사람은 물을 좋아하고 어진 사람은 산을 좋아하며, 아는 사람은 움직이고 어진 사람은 고요하며, 아는 사람은 즐기고 어진 사람은 오래 산다."

역주

* 요樂로 읽을 때는 좋아하다, 바라다 등의 뜻이다. 즐거워하다, 편안하다 등의 뜻일 때는 낙(락), 풍류나 음악, 연주 등을 뜻할 때는 악으로 읽는다.
* 수壽는 목숨·수명을 뜻하며 동사로 쓰일 때는 오래 산다는 의미다.

해설

앞 장에 이어 지자知者와 인자仁者가 다름을 이야기하고 있다. 지자는 물이 흐르듯 자연스럽게 역동하는 세상을 다스리는 사람이다. 인자는 움직이지 않고 고요하나 만물을 생장시키는 무심하고 무욕한 인물이다. 물은 위에서 아래로 흐르며 어느 곳 하나 스며들지 않는 데가 없다. 마치 인간의 삶 구석구석에 영향을 미치지 않는 것이 없는 예와 같다. 물이 만물에 영양을 공급하듯 예법은 사람들이 사람답게 살도록 한다. 지자는 그렇게 예법으로 다스려지는 동적인 사회가 질서를 잡아가도록 이끌고 그것을 즐긴다. 인자는 우뚝 솟은 산처럼 사람들이 우러러보는 존재다. 산은 수많은 동식물이 서식하고 바람과 산소를 공급한다. 물이 정치라면 산은 정치가 이루어지는 국가다. 인자는 가장 큰 공동체인 국가를 좋아하고 권력에 사적인 욕심을 내지 않는다. 인자는 공동체 그 자체로 우뚝 서서 고요히 도덕적 성취를 추구한다. 인자는 탐욕도 없고 중용을 지키며 국가의 수명만큼 오래오래 사는 존재를 말한다.

"지자는 만물을 생장시키는 물 같은 삶을 좋아하고 인자는 모든 사람들이 우러러보는 산 같은 삶을 좋아한다. 지자는 동적인 정치를 이끌고 인자는 정적인 도덕의 공동체를 만든다. 지자는 아름다운 사회질서를 즐기고 인자는 국가의 수명만큼 오래 산다."

6:24

子曰: "齊一變, 至於魯; 魯一變, 至於道."

•

선생님이 말씀하셨다. "제나라가 한 번 변하면 노나라에 이르고, 노나라가 한 번 변하면 도에 이를 것이다."

해설

《사기》〈노주공세가魯周公世家〉에는 다음 고사가 실려 있다. 주공의 아들 백금伯禽이 봉지 노나라를 다스린 지 3년이 지나서야 정무보고를 하자 주공이 "어찌 이리 늦었는가?"라고 물었다. 백금은 "풍속을 바꾸고 예법을 개혁하려니 3년을 보낸 뒤에야 제거되어 늦었습니다"라고 대답했다. 제나라에 봉해진 태공 망太公望이 다섯 달 만에 정무보고를 하자 주공은 "어찌 이리 빠르시오?"라고 물었다. 태공은 "저는 군주와 신하 간 예법을 간소화했으며 풍속을 그대로 좇아서 다스렸습니다"라고 대답했다. 그리고 나중에 백금의 정무보고가 늦었을 때 주공은 이렇게 탄식했다. "오호라, 노나라는 나중에 북면해 제나라를 섬기게 될 것이다! 정치가 간결하지도 쉽지도 않으면 백성들이 가까이하기 어려운 법이며, 평이하고 백성들을 가까이하면 반드시 백성들이 귀순해올 것이다."

이를 두고 역대 유학자들은 제나라는 패도를 숭상했고 노나라는 왕도를 숭상했다고 말한다. 현실 정치에서는 패도의 효과가 빨라서 실제로는 제나라가 노나라를 복속시켰다. 그럼에도 이 장에서 공자는 제나라가 바뀌면 노나라가 될 것이라고 한다. 그 이유는 끝의 도 때문이다. 주공의 가르침이 살아 있는 노나라의 정치가 결국은 역사의 진리인 도의에 합당하다는 것이다. 지금도 중국의 산둥성에 가보면 제의 천년 수도 임치臨淄(오늘날의 쯔보淄博)의 흔적은 사라진 지 오래지만 노나라의 수도 곡부曲阜는 예나 지금이나 풍성한 문화적 향취가 살아 있다.

"제나라 정치가 도의를 통해 한 번 변화하면 노나라 수준에 이를 테고, 노나라 정치가 도의를 향해 한 번 변화하면 왕도에 이를 것이다."

6:25

子曰: "觚不觚, 觚哉! 觚哉!"

•

선생님이 말씀하셨다. "모난 술잔이 모난 술잔이 아니니 모난 술잔인가! 모난 술잔인가!"

역주

* 고觚는 모가 난 뿔을 뜻하는 각角 자에서 뜻이 유래한 의례용 술잔을 말한다. 한 되 들이는 작爵, 두 되 들이는 고라 한다. 사각형인지 육각형인지 팔각형인지에 대해서는 여러 주장이 공존한다.

해설

제례를 올릴 때나 사회적으로 살 때나 정치적으로 운용할 때나 각자 제 역할과 형식과 제도가 있는 법이다. 각자에게 맞는 그릇과 모양을 갖추어야 하는 법인데 그렇지 않은 물건을 가지고 고觚, 즉 모난 술잔이라고 한다면 그것은 예가 없는 것이요, 정치가 정치답지 않은 것이다.

"모가 난 술잔이라면 모가 난 술잔으로 존재해야 하는데 그렇지 않다면 그것이 어디 모난 술잔이라 하겠는가! 모난 술잔이라 하겠는가!"

6:26

宰我問曰: "仁者, 雖告之曰: '井有仁焉.' 其從之也?" 子曰: "何爲其然也? 君子可逝也, 不可陷也; 可欺也, 不可罔也."

•

재아가 물었다. "어진 사람은 비록 누가 '우물에 어진 사람이 있다'라고 알리기만 하더라도 그를 따라갑니까?" 선생님이 말씀하셨다. "어찌 그렇기야 하겠느냐? 군자는 나아가지만 빠지지는 않을 것이며, 속을 수는 있지만 (거짓으로) 속일 수는 없다."

역주

* 서逝는 간다는 뜻이며 세상을 아주 떠날 때 주로 쓰인다. 여기서는 빨리 달려간다는 뜻이다.
* 함陷은 움푹 파인 곳에 빠지다, 떨어지다 등의 뜻이다.
* 기欺는 일반적으로 속인다는 뜻이고 망罔은 터무니없는 속임수를 쓰다라는 뜻이다.

해설

인자라면 남의 불행을 보고만 있지는 않을 것이다. 재아는 스승 공자가 강조한 어짊에 대해 회의적인 제자였다. 그는 어짊을 숭상하다 결국 생명이 위태로운 큰 손해를 입게 될까 두려워했다. 공자는 어진 정치가는 속일 수 없다고 말한다. 인자는 남이 속이려 들면 속아줄 것이다. 그러나 지혜롭기 때문에 거짓 속임수에 그대로 당하지는 않는다. 공자가 음란한 남자南子를 만난 것처럼 군자는 좋지 않은 곳에서 불러도 달려갈 것이다. 우물 속에 좋은 사람이 빠져 있음을 알리면 달려가지만 그를 구하려고 맹목적으로 뛰어내리지는 않을 것이다. 훌륭한 정치가는 고통스럽고 위험한 곳에도 간다. 그러나 이유 없이 충동적으로 도의를 잃는 행위는 하지 않는다.

"인자는 누가 '우물 안에 어진 사람이 있다'고 알려오기만 하더라도 대뜸 달려가 우물 안으로 뛰어내리는 것입니까?"라고 재아가 묻자 공자는 "어찌 그렇기야 하겠느냐? 군자는 위험한 상황에라도 달려가겠지만 이치에 맞지 않는 판단으로 빠지지는 않을 것이다. 속아서 거기로 갈 수는 있겠지만 거짓 속임수에 당해서 뛰어내리지는 않을 것이다"라고 대답했다.

6:27

子曰: "君子博學於文, 約之以禮, 亦可以弗畔矣夫!"

•

선생님이 말씀하셨다. "군자는 글에서 넓게 공부하고 예로써 그것을 단속하므로 역시 어긋나지 않게 되리라!"

역주

* 약約은 묶어 다발을 짓는다는 뜻이다. 의미가 확장되어 약속하다, 단속하다, 요약하다 등으로 쓰인다.
* 반畔은 원래 논밭의 경계인 두둑을 말하는데 여기서는 배반할 반叛의 의미다. 도에 어긋난다는 뜻이다.

해설

군자는 위대한 정치가의 표상이다. 군자의 정치는 왕도를 벗어나지 않는다. 왕도정치는 박문博文이란 말처럼 모든 사람이 공부하는 지식국가에서 출발하고, 구체적인 실천은 약례約禮, 즉 예를 통한 자신과 정치사회의 단속으로 이루어진다. 도는 글 속에 실려 있으며 예는 그것을 요약하고 밝혀준다. 공부는 글로 배우며 행동은 예로 단속한다. 군자 정치의 요체는 예치禮治다. 정치가는 많이 듣고 많이 보아 덕을 쌓고 예를 실천해 그것을 증명해야 한다. 격물치지格物致知·성의정심誠意正心·수신제가치국평천하라는 위대한 정치의 길에 들게 하는 《대학》의 덕목에 대입하면 격물치지 공부는 박학의 범위이며, 수신제가치국평천하는 약례의 범위에 포함된다.

"위대한 정치가인 군자는 문예를 통해 폭넓게 공부를 하고 예를 통해 자신과 사회를 단속하므로 무엇을 해도 왕도에 어긋나지 않는다!"

6:28

子見南子, 子路不說. 夫子矢之曰:"予所否者, 天厭之! 天厭之!"

•

선생님이 남자를 뵙자 자로가 기뻐하지 않았다. 스승님이 그것을 가리키며 말씀하셨다. "내가 (만나지) 아니한다면 하늘이 그것을 싫어하리라! 하늘이 그것을 싫어하리라!"

역주

* 남자는 위衛나라 영공의 부인이다. 미모가 뛰어났으나 음란했다고 한다.

* 시矢는 화살이다. 곧은 활대처럼 정직하다, 곧다는 뜻도 있으며 화살을 벌여놓고 맹세를 한다는 의미도 있다.[3] 뒤 인용문과의 문법구조상 시矢를 가리킨다는 뜻으로 보아 공자가 하늘을 가리키며 말했다고 해석할 수도 있다. 제자 앞에서 맹서하는 것이 과하다고 생각되어 여기서는 후자의 해석을 따랐다.

* 부否는 아니다, 부정하다 등의 의미가 있고, 비로 읽어서 비루하

---

3 주희의 《논어집주》 등은 모두 이렇게 해석한다. 성백효 역주, 앞의 책, 182쪽을 참조할 것.

다, 악하다는 뜻도 있다. 앞의 소所 자를 어떻게 해석하느냐에 따라 문법상 내용이 달라진다. 소所를 '~하는 바'로 해석하면 "내가 누구나 아니라고 하는 짓을 한 바가 있으면"이라고 해야 하고, 만일 약若 자로 해석하면 "내가 만일 남자를 만나지 않으면 그리하여 도를 행할 기회를 놓친다면"이라고 해야 한다.

해설

《사기》〈공자세가〉에 따르면 공자가 포蒲로부터 위나라로 돌아왔다. 쉰일곱 즈음이다. 이때 위령공의 부인인 남자가 사람을 시켜 사방의 군자들이 소군小君, 즉 군주의 부인과 교유를 하고 싶어 하는데, 자신은 당신을 만나고 싶다고 전갈했다. 공자는 휘장을 사이에 두고 남자를 만나 예를 차렸다. 당시 휘장 안의 패옥 소리가 요란했다고 한다. 《예기》〈방기坊記〉에 따르면 제사 지낼 때가 아니면 남녀 간에 잔을 교환하지 않는 것이 예라고 한다. 한편 그 나라에서 벼슬하면 소군을 만나는 것이 예이기도 했다.

공자가 남자를 만난 행위에 대해 대대로 논란이 많다. 음란했지만 사람을 보는 눈이 정확했던 남자는 공자가 군자라고 극찬한 거백옥蘧伯玉을 발탁하기도 했으며 공자를 쓸 의향이 있었다는 주장도 있다. 어쩌면 공자에 대한 여자로서의 관심이었을지도 모른다. 오늘날 우리가 그림이나 조각으로 보는 공자의 모습은 당나라 때 오도자吳道子가 그린 그림에서 연유하는데 실제 공자의 모습은 그와 달랐다는 주장이 많다. 키 크고 날씬하며 외모가 준수하고 언변에 품격이 있는 공자에게 남자가 관심을 두었을 수도 있다. 대부란 남의 부인을 따로 만나지 않는다는 예법에만 구속되어 있던 자로는 공자가 남자를 만나 치도를 설파하려는 깊은 뜻을 고려하지 않았다. 하지만 공자 또한 무언가 꺼림칙했을 것이다. 그래서 맹세까지 해가며 나쁜 의도는 추호도 없음을 토로한 것이다. 하늘을 가리키며 내가 도덕정치를 행하고자 사람을 만나는데 그 기회를 놓치면 하늘이 나를 싫어할 것이라고 해석해도 같은 맥락으로 이해할 수 있다.

"내가 도를 실천할 좋은 기회를 제공한 남자를 만나지 않는다면 하늘이 기회를 버린 내 행위를 싫어하리라! 하늘이 기회를 버린 내 행위를 싫어하리라!"

6:29

子曰: "中庸之爲德也, 其至矣乎! 民鮮久矣."

•

선생님이 말씀하셨다. "중용의 덕은 지극하도다! 백성들이 (감화를 받음이) 오랫동안 드물었다."

역주

* 용庸은 쓸 용用 자와 같은 뜻이다. 그 쓰임이 상常, 즉 사람으로서 항상 행해야 할 불변의 도나 예법을 말한다. 《순자》〈불구不苟〉에 용언庸言, 즉 불변의 도를 구현한 말은 반드시 그것을 믿고, 용행庸行, 즉 불변의 도를 구현한 행동은 반드시 그것을 삼간다는 내용이 있다.

해설

중화中和의 도를 실천하되 지나치지도 미치지 못하지도 않음이 중용이다. 《중용》에는 희로애락의 감정이 아직 발하지 않은 상태를 중中이라 하고, 이미 발했어도 모두 시의적절함을 가리켜 화和라고 설명한다. 중은 천하를 경영하는 위대한 근본이며 화는 천하를 두루 통하는 도다. 중화의 도로 인해 천지는 자리를 잡고 만물이 길러진다고 말한다. 그래서 중용은 시중時中이다. 공자는 여기서 유덕한 정치를 펼치는 데 가장 중요한 덕목으로 중용을 이야기한 것이다. 그런데 세상의 도가 쇠미해져서 중용의 도가 실천된 지 오래되었으며 백성들이 그 덕에 감화를 받는 경우가 매우 드물다는 한탄이다. 대부분의 해설서는 "백성 가운데 중용의 덕을 실천하고 사는 사람이 드문 지 오래되었다"라고 해석하는데, 고대 중국사상사에서 민民은 정치적 주체가 되지 못했다.[4] 따라서 여기서는 "감화를 받는 경우가 드물었다"라고 해석한다.

"중용은 덕치의 실천 덕목 가운데 가장 지극한 것이리라! 백성들 가운데 중용의 덕치에 감화를 받는 경우가 오랫동안 드물었다."

6:30

子貢曰: "如有博施於民而能濟衆, 何如? 可謂仁乎?" 子曰: "何事於仁, 必也聖乎! 堯舜其猶病諸! 夫仁者, 己欲立而立人, 己欲達而達人. 能近取譬, 可謂仁之方也已."

---

4 이에 대해서는 장현근, 앞의 책, 294~301쪽을 참조할 것.

•

자공이 말했다. "만약 백성들에게 넓게 시행해서 무리를 구제할 수 있다면 어떻습니까? 어질다고 평가해도 되겠습니까?" 선생님이 말씀하셨다. "어찌 어진 일이다뿐이랴, 반드시 성인이리라! 요임금과 순임금도 병과 같이 여겼거늘! 무릇 어진 사람은 자기가 서고자 하면 다른 사람을 서게 하고, 자기가 도달하고자 하는 곳에 다른 사람을 도달하게 한다. 가까이서 비유를 얻을 수 있음이 어짊의 방법이라 평가해도 된다."

역주

* 중衆은 여러 사람이 모여 있다는 뜻이다. 뭇 신하들과 관료집단을 지칭하기도 하며 백성들의 무리, 즉 민중이라는 의미다.
* 병病은 질병·근심을 말한다. 여기서는 어려워서 병적으로 걱정했다는 의미다.
* 비譬는 유喩 자와 같은 뜻이다. 비유로 붙여 써도 마찬가지다. 모두 깨우치다, 알아차리다 등의 의미가 있다.
* 방方은 네모·범위·법·모방 등 매우 다양한 의미가 있는 글자다. 여기서는 도道로서 방법과 수단을 의미한다.

해설

정치가의 역할은 널리 은혜를 베풀어 환난으로부터 민중을 구제하는 것이다. 위대한 성왕인 요임금과 순임금도 이러한 박시제중博施濟衆을 최고의 정치적 가치로 여기고 실천하기 위해 병적으로 고민했다. 박시제중은 《예기》〈예운〉에서 설명하는 대동大同사회를 말한다. 천하의 부모를 친애하고, 천하의 자제들을 아끼고, 모든 노인은 대접을 받고, 모든 청년은 일자리가 있으며, 모든 어린이는 보살핌을 받고, 모든 사회적 약자는 보호를 받는 보편 복지가 이루어진 세상을 말한다. 이러한 성왕의 어진 정치, 즉 인정仁政의 요체는 기립입인己立立人, 기달달인己達達人에서 시작한다. 자기를 미루어 남을 생각하는 충서의 덕목을 실천하라는 이야기다. 자신이 서려는 삶은 예법에 맞는 인간다운 삶이니 모든 백성이 예를 실천하게 만드는 것이 어진 정치가의 일이다. 또한 자신이 다다르고자 하는 것은 도이니 모든 백성이 도에 다다를 수 있도록 이끄는 것이 어진 정치가의 일이다. 비근한 일상의 일에서부터 자신이 이루고자 한 바가 있으면 다른 사람을 이루게 도와주고, 자기가 어떤 경지에 도달하고자 할 때 다른 사람을 거기에 도달하도록 도와주는 것이 바로 인정의 방법이다. 그리하여 모두 함께 도덕사회를 건설하는 것이다. 송대의 정치가 범중엄范仲淹은 천하 사람들이 걱정하기 전에 앞서 걱정하고, 천하 사람들이 다 즐긴 다음에 즐기는 것이 진정한 정치가라고 말한 적이 있다. 정치가는 자기가 싫은 일을 아랫사람에게 시키지 않는다.

"만약 모든 백성이 평안히 살도록 폭넓게 베풀어주고 가난한 사회적 약자의 무리가 모두 잘 잘 수 있도록 구제하는 사람이 있다면 어떻습니까? 어진 정치가라고 해도 되겠습니까?"라는 자공의 질문에 공자는 이렇게 대답했다.

"어찌 어진 정치가에 국한된 일이다뿐이겠느냐. 그런 성취를 이룬다면 반드시 성왕일 것이다! 요임금과 순임금도 그런 상태에 이르는 정치가 얼마나 어려운 것인지 걱정을 했다! 무릇 어진 정치가는 자신이 수립하려는 바른 세상을 모든 사람이 함께 수립하게 하고, 자기가 다다르고자 하는 도의 경지를 모든 사람이 다다르게 한다. 비근한 일상의 가까운 일부터 그러한 태도를 취해 깨쳐나가는 것이야말로 인정仁政을 행하는 방법이라 할 수 있겠다."

07편

술이
述而

모두 서른여덟 장이다. 주희의 《논어집주》는 서른일곱 장이고 어떤 판본은 서른아홉 장으로 된 것도 있으나 한 장을 붙이거나 나누는 문제이므로 내용은 같다. 주로 공자의 일상생활과 삶, 공부하는 태도와 자신의 장단점 등에 대해 기술한다. 공자의 생각이나 세세한 행동을 기록한 곳도 있고 유세를 다니던 고단한 경험을 이해할 수 있는 장도 있다. 비근한 일상 이야기이기 때문에 구어체 표현이 많이 등장한다.

7:1

子曰: "述而不作, 信而好古, 竊比於我老彭."

•

선생님이 말씀하셨다. "기술하되 창작하지 않고 믿으며 옛것을 좋아함에 대해 몰래 나의 노팽老彭에 비유한다."

역주

* 술述은 글로 표현해 서술하는 것을 말한다. 좇는다는 순循 자와 같은 의미로, 전해오는 것을 좇아 글로 기술한다는 말이다.
* 작作은 술述과 대비되는 개념으로, 시작始作한다는 용례처럼 처음으로 일으켜 세우는 것을 말한다. 창조한다는 의미다.
* 절비竊比의 절은 훔치다, 도둑질하다 등의 의미이고, 비는 비교한다는 뜻이다. 절비는 몰래 속으로 견주어본다는 뜻이다.
* 아我는 여기서 공자 자신을 말하기도 하지만, 노팽이 은나라 사람이고 공자 자신도 은나라 유민이어서 친근한 표현으로 쓴 것이다.
* 노팽은 은나라 때의 현명한 대부로, 옛일을 잘 기술한 사람이라고 전해진다. 《한서》〈고금인표〉에 따르면 노팽은 은나라 초 사람이라고 한다. 그런데 정현은 《논어》를 주석하면서 이를 노담老聃과 팽조彭祖 두 사람으로 보아 역사적 논란을 일으켰다. 노담이 《도덕경道德經》을 지은 주나라 초 태사 노자인지, 팽조가 요임금 때 현인인지 은나라 때 현인인지 모두 불분명하다. 문장이나 내용으로 볼

때 노팽을 한 사람으로 보는 것이 자연스럽다.

해설

공자는 정치사상가이지, 정치를 이끄는 제왕 지위에 있지 않았다. 공자는 예악을 회복해 세상을 구제하는 것을 공부의 목적으로 삼았다. 예악은 천자만이 창작할 수 있다. 공자는 주나라 문왕과 무왕, 그리고 주공이 재창조했다고 생각한 예악을 기술하는 것을 자신의 소명으로 여겼다. 공자는 《시》·《서》·《역》·《예》·《악》·《춘추》 등 이른바 육경六經을 정리·재편찬해 제자들을 가르치고 그 의미를 설명하는 전傳을 달기도 했다. 이 과정에서 공자는 과거의 모든 사유에 새로운 의미를 부여하기도 했다. 예컨대 군주의 자제라는 군자 개념에 훌륭한 정치가의 표상으로서 '군자다워야 한다'는 의미를 부여해 도덕의 완성자로서 의미를 창조했다. 공자의 술이부작述而不作은 경전을 창작한 성인의 작업에 자신은 따라가지 못한다는 겸손의 표현이지만, 어떤 부분에서 보면 새로운 해석을 창조한 사람이기도 하다. 또한 《춘추》의 일부는 공자가 직접 쓴 것으로 알려져 있다. 그가 믿은 옛것은 요순의 일과 문무文武의 법도였다. 그는 위대한 정치가 성왕들을 믿었을 뿐 아니라 그들이 창작해놓은 전적들을 좋아하고 슡한 제자들에게 전수했다.

"성현들이 만들어놓은 것을 기술했을 뿐 새로운 예악제도를 창작하지 않고, 성왕들의 일을 믿고 따르며 그들의 창작을 좋아한 점에서 나는 속으로 스스로를 은나라 때 현인 노팽에 견주어본다."

7:2

子曰: "默而識之, 學而不厭, 誨人不倦, 何有於我哉?"

•

선생님이 말씀하셨다. "묵묵히 그것을 기억하고, 공부하며 싫증 내지 않고, 다른 사람을 가르치며 게으르지 않음이 나에게 있어 무슨 (문제가) 있겠는가?"

역주

* 지識로 읽으면 기억하다, 판별하다 등의 의미이고, 식으로 읽으면 알다, 낯이 익다 등의 의미다.
* 권倦은 권태倦怠의 용례처럼 게으르다, 고달프다 등의 의미다.

해설

당시 책은 많지 않았으며 경전에 대한 학습이 필수 과정이었다. 모두가 선생님의 말씀을 기억하며 외웠을 것이다. 실제로 공자의 제자들은 가난한 경우가 많았으며 죽간竹簡·목독木牘·백서帛書로 된 책들을 다 가지고 있기도 어려웠을 것이다. 기억하고 암송하는 공부 방법은 제자백가의 오래된 습관이기도 했다. 진시황秦始皇이 분서갱유焚書坑儒를 단행하고도 경전과 그 해설서들이 잘 이어진 이유 또한 모두 암송 덕분이었다.

이 장은 공자가 자신의 공부에 대한 세 가지 접근을 잘 보여주고 있다. 묵묵히 암송하는 묵이지黙而識, 어떤 공부든 싫증내지 않는 학불염學不厭, 지식 전달에 게으르지 않는 교불권敎不倦이다. 《맹자》 〈공손추 상〉에 자공이 공자를 성인으로 추앙하는 대화에 바로 이 세 가지가 나온다. 그러면서 자공은 학불염은 지智요, 교불권은 인仁이니 스승님은 바로 성인이시라고 말한다. 공자 스스로는 공부와 교육에 관한 한 매우 자부심이 컸던 듯하다.

"묵묵히 기억하고 암송해 지식을 넓히고, 공부를 하면서 절대로 싫증을 내지 않고, 지식을 전달하고 다른 사람을 가르칠 때 게으름을 피우지 않는 이 세 가지를 하는 데 있어서 나는 아무런 문제도 없다."

7:3

子曰: "德之不脩, 學之不講, 聞義不能徙, 不善不能改, 是吾憂也."

•

선생님이 말씀하셨다. "덕이 닦이지 않고, 공부가 강론되지 않으며, 옳음을 듣고도 옮겨갈 수 없고, 선하지 않음을 고칠 수 없는 것, 이것이 내 근심이다."

역주

* 강講은 말을 통해 익히는 것이다. 배운 것을 외워서 들려주는 것, 즉 강습講習을 말한다.
* 사徙는 이사移徙하다는 용례처럼 옮겨가는 것을 말한다.

해설

앞 장은 공부하는 것에 대한 공자의 자부심을 이야기했고, 이 장에서는 공부의 결과를 행동으로 옮기지 못함에 대한 공자의 걱정을 밝히고 있다. 덕은 내면을 수양하면서 이루어진다. 공부는 외면을 학습하면서 이루어진다. 열심히 갈고닦아 덕성을 기르는 한편 선생이나 학우들 앞에서 자신이 배웠던 것, 외웠던 것, 들었던 것을 열심히 강론하는 것은 학자들이 잠시도 게을리해서는 안 되는 일이다. 실제로 강론을 하거나 타인을 가르쳐보면 뜻이 더 분명해지는 경우가 많다. 또한 이렇게 내적·외적으로 수학修學하는 것만 중요한 것이 아니다. 실천에 옮겨야 한다. 강론으로 정의로운 일에 접하면 자신의 옳지 못한 점을 반성하고 의로운 방향으로 행동해야 한다. 수학으로 자신의 선하지 못한 점을 발견했다면 바로 고치는 적극적인 실천이 필요하다. 공자는 공부와 실천을 늘 걱정했던 것이다.

"내적으로 덕을 수양하지 않고, 외적으로 공부한 것을 강론하거나 가르치지 않으며, 정의로운 일을 접하고도 옳지 못했던 자신의 생각을 바꾸지 못하거나, 공부를 통해 선하지 않은 행위가 발견되었는데도 고치지 못하는 것, 이것들이 나 공자의 걱정거리다."

7:4

子之燕居, 申申如也, 夭夭如也.

•

선생님이 한가로이 머무실 때는 편안한 듯하고 온화한 듯했다.

역주

* 연거燕居의 연을 여기서는 편안하다로 해석해 집에 한가하게 거

처함으로 해석한다. 연을 연宴 자로 쓴 판본도 있는데 편안하고 안정된다는 뜻으로 서로 통한다.

* 신신申申과 요요夭夭 모두 편안한 얼굴 모양을 나타내는 의태어다. 신신은 경건한 태도를 강조한 것이고 요요는 온화한 낯빛을 강조한 것이다.

해설

조정에서 물러나와 거처에 있는 것을 연거한다고 말한다. 한가롭게 있다는 뜻에서 한거閑居라고도 한다. 공자가 별 일 없이 집에 있을 때는 옷을 깨끗하게 입고 편안하되 경건한 태도로 지냈고 얼굴빛은 항상 온화했다는 것이다.

7:5

子曰: "甚矣吾衰也! 久矣吾不復夢見周公."

●

선생님이 말씀하셨다. "심하다, 나의 쇠약함이여! 오래되었다, 내가 다시 꿈에 주공을 뵙지 못함이."

역주

* 쇠衰는 늙고 여위어 쇠약해졌다는 의미다.

해설

공자는 이렇게 꿈에라도 주공을 보고자 했다. 주공은 주나라에 찬란한 문화를 일으킨 위대한 정치가다. 명덕보민^{明德保民}, 즉 덕을 밝혀 백성들을 다스렸으며, 제례작악^{制禮作樂}, 즉 예법제도를 만들고 문화를 일으켜 지식국가·문명국가를 수립한 사람이다. 공자의 꿈은 주공을 닮은 위대한 정치를 행해 혼란한 세상을 극복하고 예악문화가 다시 살아난 아름다운 세상을 만드는 것이었다. 그런데 왕성했던 기력은 쇠하고 늙어서 이제 다시는 그런 꿈을 꾸지 못하게 되었다는 뜻이다.

"심하다, 내가 이렇게 늙고 쇠약했다니! 찬란한 예악문명을 일으킨 주공의 꿈을 나는 다시 꾸지 못하게 되었다."

7:6

子曰: "志於道, 據於德, 依於仁, 游於藝."

•

선생님이 말씀하셨다. "도에 뜻을 두고, 덕에 의거하고, 어짊에 따르고, 기예에 노닐어야 한다."

역주

* 지^志는 마음이 어디를 향해 가는 것을 의미한다. 도는 형체가 없는 것이어서 잡을 수도 볼 수도 없다. 그래서 뜻을 두는 것이다.
* 거^據는 지팡이에 기댄다는 뜻이다. 믿고 기댈 만한 무엇에 의지하다, 의거하다, 근거하다 등의 의미다. 덕은 마음에 갖추어져 드러나므로 다른 사람이 그것을 알아볼 수 있다. 지킬 수^守 자처럼 해석하는 경우도 있다.

* 의依는 의지하다, 믿다, 순종하다, 따르다 등의 의미가 있다. 어짊은 모질지 않은 성품이므로 인에 의지해 사람들을 따르게 한다는 뜻이다. 친할 친親 자처럼 해석하는 경우도 있다.

* 유游는 즐겁게 지내다, 놀다, 벗 삼다, 여행하다, 공부하다 등의 유遊와 의미가 같다. 예는 교과공부다. 즐겁게 노니는 것처럼 공부하라는 뜻이다.

해설

공자는 육예로 제자들을 가르쳤다. 육예에 대해서는 두 가지 설이 있다. 하나는 《시》·《서》·《역》·《춘추》·《예》·《악》 등 육경을 말하며 주로 인문·사회과학 분야에서 문과교육을 했다는 측면에 치중한 해석이다. 다른 하나는 예·악·사射·어御·서書·수數를 말한다. 수 대신에 시詩를 포함시키는 의견도 소수 있다. 《논어》와 공자의 행적 및 관련 문헌으로 볼 때 공자가 제자를 가르친 육예는 후자일 가능성이 높다. 유보남의 《논어정의》에는 육예의 구체적인 항목까지 예시하고 있다.[1]

예컨대 예는 길례吉禮·군례軍禮 등 오례五禮를 말하고, 악은 순임금의 대소大韶악, 주나라의 대무大武악 등 육악六樂을 말한다. 사는 과녁을 뚫는 백시白矢, 네 발을 연속으로 쏘는 정의井儀 등 오사五射를 말하고, 어는 행차 때 방울 소리와 호응시키는 명화란鳴和鸞, 자유자재로 교차로를 통과하는 무교구舞交衢 등 오어五御를 말한다. 서는 상형·형성 등 육서六書를 말하고, 수는 농지측량의 방전方田,

....

1 유보남, 앞의 책, 257쪽을 참조할 것.

도량형 계산인 방정方程 등 구수九數를 말한다고 한다. 굉장히 많은 교과목을 가르친 것이다.

　오늘날로 말하면 예는 사회생활 전반에 걸친 리더십에 관한 학문이고, 악은 문화·예술 전반에 걸친 덕성 함양에 관한 학문이며, 사와 어는 체육 전반, 서는 문자 학습, 수는 자연과학 전반에 관한 공부였다. 공자의 제자들은 그중 특정 분야에 뛰어나게 교육되었다. 그러나 어떤 교육이든 원칙은 여기서 말한 네 가지, 즉 "궁극적인 도에 뜻을 두어야 하고, 덕을 기초로 굳세게 지키는 태도를 지녀야 하고, 어진 세상을 만들기 위해 어질게 베푼다는 원칙을 가지고 육예를 즐겁게 공부해야 한다."

7:7

子曰: "自行束脩以上, 吾未嘗無誨焉."

•

선생님이 말씀하셨다. "스스로 (한) 묶음 육포 이상을 행하면 내가 가르치지 않은 적이 아직 없다."

역주

* 속束은 나무껍질 등으로, 묶다, 결박하다 등의 의미다. 단위로는 쉰 개 또는 다섯 필을 뜻하기도 하지만 여기서는 육포 한 속, 즉 열 개를 뜻한다.
* 수脩는 수修와 같은 글자로, 고기를 저며서 말린 포脯를 말한다.

해설

제자가 스승을 처음 찾아갈 때나 신하가 군주를 배알할 때 예물을 들고 가는 것을 집지례執贄禮라고 한다. 당시 제자들은 스승의 집에 기숙하며 공부를 했기 때문에 일정한 사례가 필요했을 것이다. 그러나 일단 제자들을 거두어 가르치기 시작하면 스승은 제자들의 생계까지 책임을 져야 했다. 물론 부유한 사람들에게 많이 받았을 수도 있고, 일찍 취업을 한 제자에게 일정한 생활비를 내도록 했을 것이고, 그렇지 않으면 생업노동에 종사할 수도 있었을 것이다. 집지례는 그런 개념이 아니라 처음 선생을 찾아갈 때 들고 가는 예물을 말한다. 육포 열 개 정도면 얼마 되지 않지만 상당한 정성이 필요했을 것이다. 그런 기본 정성을 갖추고 예를 차려 배우고자 하면 모두 가르쳤다는 이야기다.

"제자들이 스스로 정성을 다해 열 개 한 묶음의 육포 이상을 들고 찾아와 집지례를 행하면 난 그 누구도 가르치지 않은 적이 없었다."

7:8

子曰: "不憤不啓, 不悱不發. 擧一隅不以三隅反, 則不復也."

•

선생님이 말씀하셨다. "분발하지 않으면 열어주지 않고, 표현하려 애쓰지 않으면 발현시켜주지 않는다. 한 모서리를 들었음에도 세 모서리를 되돌리지 않으면 다시 하지 않는다."

역주

* 분憤은 감정이 북받쳐 성을 내는 것을 말한다. 무언가가 분명하지 못하면 깊이 생각해 통하고자 하는 뜻이 생기는데, 이런 앎에 대한 분발심이 공부의 기초가 된다.
* 비悱는 입을 열려고 하나 말이 나오지 않음을 말한다. 표현하려고 애쓴다는 뜻이다.
* 계啓는 교육을 통해 그 뜻을 열어주는 것이고, 발發은 가르쳐서 그 말문이 트이게 발현시켜주는 것이다.

해설

공자는 사유하지 않고 책만 읽거나, 책을 읽지 않고 사유만 하는 공부 방법에 반대했다. 학이사學而思, 즉 책 읽기와 사색을 병행하는 공부를 강조했다. 공부는 알려는 마음의 치열한 고민, 즉 분발심에서 출발한다. 공자는 모르는 것에 분노하는 마음이 없는 사람에게 앎의 단서를 제공해 깨우쳐주지 않았다는 말이다. 또한 공부해 자신의 것으로 만든 뒤 이를 표현해 사회적인 실천을 해야 하는데, 애초에 표현하려고 애쓰지 않는 사람은 활짝 피어나도록 가르칠 수 없다는 말이다. 또한 무언가를 보면 그에 유추해 심사숙고할 수 있어야 하는데, 네모난 물건을 들고 그 한 모서리를 보여주는데도 다른 세 모서리가 있음을 고민조차 하지 않는 사람은 거듭해 가르쳐주지 않는다는 말이다. 공자는 발분망식發憤忘食, 즉 밥 먹는 것을 잊어버릴 정도로 발분해 공부하는 삶을 추구했다. 사람의 뜻과 입을 열어주는 인간의 계발啓發을 중시한 교육자였다.

"마음에 분발심이 없으면 뜻을 열어주지 않고, 입으로 표현하려 애쓰지 않으면 말문이 트이도록 도와주지 않는다. 사각형의 한 모서리를 예로 들어주었음에도 나머지 세 모서리가 있음을 반증하지 못하면 거듭해서 가르쳐주지 않는다."

7:9

子食於有喪者之側, 未嘗飽也.

•

선생님은 상이 있는 사람의 곁에서 밥을 먹을 때는 배부른 적이 아직 없으셨다.

역주

* 포飽는 즐겁게 식사해 만족스럽게 배를 가득 채운다는 뜻이다.

해설

세상에서 가장 슬픈 일 가운데 하나가 상을 당하는 것이다. 상주와 함께 있으면 측은한 마음으로 위로를 보내야 한다. 배가 부르도록 즐겁게 식사를 하는 것은 예의가 아니다.

7:10

子於是日哭, 則不歌.

•

선생님께서 이날 곡을 하셨으면 노래를 부르지 않으셨다.

역주

* 곡哭은 운다는 뜻인데 상장례를 행할 때 슬픔에 겨워 큰 소리로 우는 것을 말한다.
* 가歌는 노래하다라는 뜻인데 즐거울 때 흥에 겨워 큰 소리로 노래하는 것을 말한다.

해설

상가에서 곡하는 것도 큰 소리를 내는 것이고 흥겨워서 노래를 하는 것도 큰 소리를 내는 것이다. 그런데 하루 사이에 한 번 곡을 하고 한 번 노래를 하는 것은 예의 바른 모습이 아니다.

7:11

子謂顔淵曰: "用之則行, 舍之則藏, 唯我與爾有是夫!" 子路曰: "子行三軍, 則誰與?" 子曰: "暴虎馮河, 死而無悔者, 吾不與也. 必也臨事而懼, 好謀而成者也."

•

선생님이 안연을 평하며 말씀하셨다. "쓰이면 행하고 버려지면 감춤이 오직 나와 너만이 이러함이 있으리라!" 자로가 말했다. "선생님께서 삼군을 행한다면 누구와 더불어 하시겠습니까?" 선생님이 말씀하셨다. "맨손으로 호랑이를 잡거나 맨몸으로 황하를 건너며 죽어도 후회가 없다는 사람이라면 나는 더불어 하지 않겠다. 반드시 일에 임해 두려워하며 잘 도모해 성공하는 사람이어야 할 것이다."

역주

* 삼군三軍은 대국이 운용하는 군대로, 좌익·중군·우익을 말한다. 《주례》〈하관夏官·서관序官〉에 따르면 천자는 6군, 대국은 3군, 차국次國은 2군, 소국은 1군을 둔다고 한다. 1군은 1만 2,500명이다.

* 포호暴虎는 호랑이를 맨손으로 잡는 것을 말한다. 포暴는 사납다, 해치다는 뜻과 함께 도포徒搏, 즉 맨손으로 친다는 의미가 있다.

* 빙하馮河는 맨몸으로 강물을 건너는 것을 말한다. 빙馮은 뽐내다, 업신여기다 등의 뜻과 함께 도섭徒涉, 즉 맨몸으로 걸어서 강물을 건너는 것을 말한다.

해설

행行, 즉 사회적 실천에 대한 이야기다. 도의를 실천하고 예법을 실행하는 삶에 대한 공자와 안연의 접근과 자로의 접근이 다름을 말하고 있다. 실행할 조건이 되면 온 힘을 다해 행하지만 조건이 되지 않아 쓰이지 못하거나 멈추어야 한다면 그대로 숨어서 도의에 맞는 생활을 하면 되지, 억지로 만용을 부리고 죽음을 무릅쓰는 것은 도의를 실천하는 진정한 용기로 보기 어렵다는 말이다. 맹자는 〈진심 상〉에서 독선기신獨善其身과 겸선천하兼善天下, 즉 뜻을 얻으면 세상에 보탬을 주고 뜻을 얻지 못하면 수신에 매진하라고 한다. 〈양혜왕 하〉와 〈공손추 상〉 등에서는 죽음을 무릅쓰고 칼날을 겨누거나 삼군을 통솔해 나아가는 것은 작은 용기이며 도의를 지키는 부동심不動心으로 천하를 이롭게 하는 것이 진정한 용기라고 말한 적이 있다. 자로는 도의의 사회적 실천보다 용기 있는 과감한 행동이 필요하다고 주장했으나, 공자의 핀잔만 들었다.

공자가 안연을 "임용되어 쓰이면 최선을 다해 도의를 실천하고, 쓰이지 않거나 물러나면 조용히 재능을 감추고 자기 수양을 하는 일이라면 오직 나와 너만이 그렇게 할 수 있을 것이다"라고 평가했다. 옆에 있던 자로가 "선생님께서 대국의 삼군의 군권을 쥐고 전쟁을 수행한다면 누구와 더불어 하시겠습니까?"라고 물었다. 공자는 "나는 맨손으로 호랑이를 잡거나 맨몸으로 강물을 건너면서 죽어도 후회하지 않겠다는 만용을 부리는 사람과 함께 일하지 않겠다. 어떤 일에 임하든지 반드시 두려움을 가지고 철저히 준비해 잘 도모함으로써 마침내 성공에 이르는 사람과 함께할 것이다"라고 말했다.

7:12

子曰: "富而可求也, 雖執鞭之士, 吾亦爲之. 如不可求, 從吾所好."
·

선생님이 말씀하셨다. "부유함이 구해서 될 것이면 비록 (말)채찍을 잡는 선비라 하더라도 나는 역시 그것을 하겠다. 만약 구해서 될 것이 아니라면 내가 좋아하는 바를 따르겠다."

역주

* 이가구而可求의 이而는 만약 여如 또는 약若으로 해석해야 뒤의 여불가구如不可求와 대구가 맞는다. 구해서 얻을 수 있는 것과 구해서 얻을 수 없는 것이라는 말이다.
* 집편지사執鞭之士는 말채찍을 잡는 사람이란 뜻이다. 사士는 공

부해 관록을 받는 선비가 되는 것인데 억지로 구해서 얻어질 것이 아님을 비유하기 위해 천한 직무를 예로 든 것이다.

해설

앞 장에서 말했듯이, 공자가 좋아하는 바는 예를 따르고 도의를 실천하는 삶이었다. 벼슬을 해 세상에 도를 구현하는 일을 하면 좋지만 굳이 되지도 않을 일을 하며 부귀를 추구하지 않겠다는 의지의 표현이다. 군자라고 부귀를 싫어할 까닭은 없다. 다만 도의에 어긋나고 도에 위배되는데 억지로 구하는 행위를 해서는 안 된다는 이야기다. 공자도 어려서 위리委吏, 즉 곡식 출납회계 일이나 승전乘田, 즉 가축 사육을 한 적이 있다. 부귀는 구한다고 얻어지는 것이 아님에도 세상 사람들은 도의를 추구하는 삶을 버리고 오직 돈벌이에 치중한다. 심지어 세상을 구제하겠다며 정치에 종사하고 고위 관직에 있는 사람조차도 자기 수양보다는 부귀공명에 눈이 먼 경우가 많다.

"부귀공명이 구한다고 얻어지는 것이라면 내 비록 말채찍을 잡는 천한 직업이라 하더라도 그 일을 기꺼이 하겠다. 하지만 부귀공명이 구한다고 얻어지는 것이 아니라면 내가 좋아하는 도의를 실천하며 살겠다."

7:13

子之所愼: 齊, 戰, 疾.

-

선생님께서 신중하신 바는 재계·전쟁·질병이었다.

역주

* 제齊는 가지런하다는 뜻인데 제사를 지낼 때는 말과 행동을 일관되고 가지런히 해 귀신과 소통해야 한다는 측면에서 제齊 자를 쓴 듯하다. 목욕재계해 몸과 마음을 정갈히 한다는 재齋 자로 이해해도 의미는 같다. 아예 재齋 자로 쓴 판본도 여럿이다.

해설

공자는 일생을 조심스럽게 산 사람이다. 매사에 삼갔으며 11장에서 이야기했듯이 두려움을 가지고 일에 임했으며 최선의 결과를 얻기 위해 매우 신중하게 도모했다. 예법을 잘 지키기로 가장 널리 알려진 인물이었던 공자는 그 가운데서도 특히 생전에 생계 수단이기도 했던 제례를 위한 재계에 신중했다. 전쟁과 질병은 국가의 존망, 개인의 생존에 직결되는 문제이니 더욱 신중했을 것이다.

7:14

子在齊聞韶, 三月不知肉味. 曰: "不圖爲樂之至於斯也!"

•

선생님이 제나라에 계시면서 〈소韶〉를 듣고 석 달을 고기 맛을 모르고 "음악을 함이 이에 이르는 것을 그려보지 않았다"라고 말씀하셨다.

* 소韶는 순임금 때 음악이다.
* 도圖는 그림을 그리다, 꾀하다 등의 의미인데 여기서는 생각하다, 헤아리다라는 뜻이다.

해설

《사기》〈공자세가〉에 따르면 공자 나이 서른다섯(또는 서른여섯)에 노 소공昭公이 제나라에 망명하고, 노나라에 난이 일자 공자가 제나라에 갔다. 거기서 제나라 태사와 음악에 대해 대화하고 〈소〉 악곡을 들었으며, 이것을 석 달 동안 배웠다고 한다. 오늘날 전해지진 않으나 공자가 여러 곳에서 극찬하고 있음을 볼 때 우순虞舜의 선양과 평화에 대한 열망을 담고 있는 것으로 보인다. 순임금의 후예는 진陳나라에 봉해졌다. 이때 진나라 공자 완完이 제나라에 도망을 와 있어서 〈소〉 악곡이 전해진 덕에 공자에게도 듣고 배울 기회가 생긴 것이다. 고기를 좋아했던 공자가 음악이 너무 좋아서 고기 맛을 잃을 정도였다고 해석하기보다는 고기 맛을 모를 정도로 음악을 배우는 데 열중했다고 이해해야 할 것이다.

"음악을 하는 것이 이런 경지에 이를 수 있다고 예전에 미처 생각해본 적이 없다."

7:15

冉有曰: "夫子爲衛君乎?" 子貢曰: "諾. 吾將問之." 入, 曰: "伯夷叔齊何人也?" 曰: "古之賢人也." 曰: "怨乎?" 曰: "求仁而得仁, 又何怨." 出, 曰: "夫子不爲也."

•

염유가 말했다. "스승님께서 위나라 임금을 위해 일하실까요?" 자공이 말했다. "네, 내가 장차 물어보리다." 들어가서 말했다. "백이와 숙제는 어떤 사람입니까?" 선생님이 말씀하셨다. "옛 현인이시다." "원망했습니까?"라고 물었다. 선생님이 말씀하셨다. "어짊을 구해 어짊을 얻었는데 또 무엇을 원망했겠느냐?" 자공이 나와서 말했다. "스승님께서는 일하지 않으실 것이오."

역주

* 낙諾은 허락한다는 뜻으로, 대답을 할 때 쓰인다.
* 원怨은 원망하다, 한탄하다 등의 뜻이며 지난 일을 후회한다고 말할 때도 쓰인다.

해설

염구와 자공의 대화를 선문답으로 그리고 있다. 당시 위衛나라는 왕위 계승을 둘러싸고 복잡한 정치상황이 연출되었다. 태자 괴외蒯聵가 영공의 부인인 남자에게 죄를 얻어 송宋나라로 망명을 갔다. 영공이 죽자 괴외의 아들 첩輒이 즉위했다. 진晉의 조앙趙鞅이 위나라 세자 신분인 괴외를 위나라 땅인 척戚에 들이자 첩은 그를 막았다. 부자간에 권력다툼을 벌인 것이다. 염유는 이런 상황에서 공자가 첩을 도울 것인지 궁금했고 자공은 백이와 숙제를 인용해 공자에게 물었다. 《사기》〈백이열전伯夷列傳〉에 따르면 고죽국의 왕이 셋째인 숙제에게 왕위를 물려주라고 유언하고 죽었다. 숙제는 큰

형인 백이에게 양보하고자 했다. 백이는 유언을 따르라며 떠나버
렸고, 숙제 또한 형에게 양보한다며 떠나버렸다. 둘째가 왕위를 이
었다. 백이와 숙제는 서백西伯(훗날의 주 문왕)이 노인 공경을 잘한다
고 해 몸을 의탁했다. 그런데 문왕의 아들 무왕이 주군인 은나라
주왕을 치려 하자 하극상이라고 말렸다. 끝내 주나라 천하가 되자
백이와 숙제는 부끄럽다며 수양산首陽山에 들어가 고사리를 꺾어
먹으며 살다가 굶어 죽었다. 권력을 둘러싸고 형은 아우에게 양보
하고 아우는 형을 공경한 이 사건에 대해 공자는 인仁을 얻은 사람
으로 칭송을 했다. 이렇게 보면 부자간 권력다툼을 벌인 위나라 군
주 첩을 돕지 않을 것이 명확해진다.

  옛날 현인인 백이와 숙제는 "권력을 양보함으로써 어짊을 구해
어짊을 얻었는데 설령 굶어 죽는다고 한탄을 했겠느냐?"

7:16

子曰: "飯疏食飲水, 曲肱而枕之, 樂亦在其中矣. 不義而富且貴,
於我如浮雲."

•

선생님이 말씀하셨다. "거친 밥을 먹고 맹물을 마시며 팔뚝을 굽
혀 베게 삼아도 즐거움은 역시 그 가운데도 있다. 불의를 해 부유
해지고 귀해짐은 나에게 뜬구름과 같다."

역주

* 반飯은 밥이란 명사로 쓰이며 동사로는 밥으로 먹다, 밥을 먹다

등의 의미다.

* 소사疏食는 거친 음식이란 뜻으로, 소를 소疏로도 쓴 판본이 있다. 그럼 채식이 된다. 찰기장이 아닌 메기장을 먹었다는 뜻일 것이다.

해설

공자가 메기장의 거친 밥을 먹고 맹물을 마시고 베개도 없이 사는 것을 즐겼다는 뜻은 아니다. 즐거움만 있다면 가난한 환경은 전혀 문제가 없다는 말이다. 앞 편에서 한 광주리 밥과 맹물로 끼니를 때우며 누추한 달동네에 살아도 도의 즐거움을 추구하는 안회의 생활을 현명하다고 칭찬했던 맥락과 같다. 안빈낙도하면 되었지, 부귀공명이 무슨 소용이냐는 것이다. 특히 불의하게 얻은 부귀야말로 뜬구름 같은 것일지니.

"거칠고 조악한 음식을 먹고 맹물을 마시며 팔베개를 하고 불편하게 살아도 도의 즐거움만 그 가운데 있으면 아무 상관이 없다. 인의에 입각하지 않은 불의한 짓을 해 부귀공명을 얻는 따위는 나에게 뜬구름과 같다."

7:17

子曰: "加我數年, 五十以學易, 可以無大過矣."

•

선생님이 말씀하셨다. "나에게 몇 해가 더해져 오십에 《주역》을 공부하면 큰 잘못이 없게 될 것이다."

역주

* 가아수년加我數年을《사기》〈공자세가〉의 가아수년假我數年으로 해석해 더할 가加가 아니라 빌릴 가假로 보아야 한다는 주장이 있다.

해설

쉰 살은 지천명할 나이니, 그대로 해석해도 크게 왜곡되지는 않는다.《주역》은 우주·자연의 길흉소장吉凶消長을 다룬 명命과 관련된 책이기 때문이다. 하지만 문장의 뉘앙스가 맞지 않는다. 공자는 쉰 이전에 이미《주역》을 충분히 공부했다. 그리고《사기》〈공자세가〉에 따르면, 공자는 만년에 특히《주역》을 좋아해 〈단전象傳〉·〈계사전繫辭傳〉·〈상전象傳〉·〈설괘전說卦傳〉·〈문언전文言傳〉을 매겼으며 가죽끈이 끊어질 정도로 탐닉했다고 한다. 그러고는 가아수년假我數年, 즉 나에게 몇 년의 수명을 빌려준다면《주역》에 대해 빈빈彬彬, 즉 빛나는 성취를 할 것이라고 말했다고 한다. 그렇다면 굳이 나이 쉰에《주역》을 처음 공부하는 것처럼 이야기하는 이 말은 맞지 않는다. 그래서《논어집주》에는 유면지劉勉之의 설을 인용해 가加는 가假이고 오십五十은 졸卒 자의 오기라고 보고 죽음에 임박한 공자가 "하늘이 나에게 몇 년의 수명을 빌려주어 마침내《주역》을 배우게 한다면"이라고 해석하기도 한다.[2] 이 또한 사실관계와 맞지 않는다. 또 어떤 이는 써 이以 자에 주목해 오십五十은 숫자 50이 아니라 천과 지의 숫자인 "오五와 십十의 방법으로써《주역》

---

2 성백효 역주, 앞의 책, 202쪽을 참조할 것.

을 공부하면"이라고 해석해야 한다고 주장하기도 한다.[3] 정확한
답은 찾기 어렵다.

"나에게 몇 년의 수명이 더해져서 오십五十에 《주역》을 공부하면
모든 일에 큰 허물이 없이 살게 될 것이다."

7:18

子所雅言,《詩》《書》執禮, 皆雅言也.

•

선생님이 표준어를 하는 경우는, 《시경》과 《서경》을 (읽고) 예를 집
행할 때 모두 표준어를 하셨다.

역주

* 아언雅言은 아어雅語라고도 하며 우아할 아雅 자가 표상하듯 전국
의 모든 사람이 우아하게 여기는 똑바른 표준어를 말한다. 그래서
정언正言(또는 正語)이기도 하다.

해설

아雅를 항상 상常으로 보고 "평소 늘 말씀하신 것"으로 해석하는
건 무리가 있다.[4] 《시경》에 〈국풍〉이 있고 〈대아〉, 〈소아〉가 있는 까
닭은 언어와 관련이 있다. 풍은 지방 언어를, 아는 수도의 언어를

3   유보남 역주, 앞의 책, 268, 269쪽을 참조할 것.
4   예컨대 성백효 역주, 앞의 책, 203쪽.

말한다. 주공이 지었다는 최초의 언어학 책인《이아》의 이爾는 가깝다는 뜻이고, 아雅는 정언正言을 뜻한다. 공자는 노나라 사람이어서 보통 때는 노나라 언어를 사용했겠지만 주나라 수도에서 이루어졌던 경전인《시경》과《서경》을 가르칠 때와 국가행사인 각종 전례를 거행할 때는 수도의 표준어인 아언을 썼다고 보아야 한다.《순자》〈영욕榮辱〉에는 군자는 아언을 편안해 한다고 하고, 〈유효〉에는 생활습관 때문에 월나라에 살면 월나라 말을 쓰고 중원에 살면 중원 말을 쓴다고 한다. 교육자로서 공자와 공직자로서 공자가 사용한 말은 아언이었다.

7:19

葉公問孔子於子路, 子路不對. 子曰: "女奚不曰, 其爲人也, 發憤忘食, 樂以忘憂, 不知老之將至云爾."

•

섭공葉公이 자로에게 공자를 묻자 자로가 대답하지 않았다. 선생님이 말씀하셨다. "너는 어찌 말하지 않았느냐? 그 사람됨은 분발해 먹는 것도 잊고 (도가) 즐거워서 근심도 잊은 채 늙음이 장차 이르게 됨도 모른다고 말하지."

역주

* 섭공의 성은 침沈, 이름은 제량諸梁이고 자는 자고子高다. 초나라 섭葉현의 대부였는데 공公을 참칭했다. 현윤縣尹이었기 때문에 공이라 부른 것이 참칭은 아니라는 주장도 있다.

발분망식과 낙이망우樂以忘憂는 공자의 생활방식이자 교육이념을
대표하는 성어다. 발분망식은 호학好學을 표현한 말이고 낙이망우
는 낙도樂道를 표현한 말이다. 자로가 모르지 않았겠지만 섭공의
질문이 이상해서 대답을 하지 않았을 수도 있다.《사기》〈공자세
가〉에 따르면 공자가 채蔡나라에서 섭현을 지나며 섭공과 대화했
던 것으로 보인다. 대략 공자 예순셋에서 예순네 살 정도였을 것이
다. 그래서 늙는 것도 모른다는 말을 했다.

　"너는 어째서 이렇게 말하지 않았느냐? 선생님의 사람됨은 공
부를 좋아하셔서 알지 못하면 분발해 먹는 것을 잊을 정도이고 도
를 추구하는 삶이 즐거워서 근심도 잊은 채 장차 닥쳐올 늙는다는
사실도 모르고 사는 사람이라고 말하지 그리했느냐."

7:20

子曰:"我非生而知之者, 好古, 敏以求之者也."

•

선생님이 말씀하셨다. "나는 태어나면서 그것을 알았던 사람이 아
니라, 옛것을 좋아하고 영민하게 그것을 구하는 사람이다."

역주

* 민敏은 재빠르다, 민첩하다, 영민하다 등의 의미다. 공부에 관한
일이므로 여기서는 힘쓸 면勉 자로 해석한다.

해설

후대 유학자들은 공자를 나면서부터 아는 생지生知의 성인으로 추앙했다. 이 구절도 공자가 공부하는 사람들을 고무시키기 위해 한 말이라고 한다. 또 어떤 사람들은 공자가 나면서부터 도를 깨친 사람인데 도를 실천하는 세세한 예법 등은 나중에 열심히 공부해 얻은 것이라고 설명하기도 한다.

"나는 태어나면서부터 모든 것을 알았던 사람이 아니다. 예로부터 전해온 것들을 좋아하고 열심히 공부해 그것을 탐구하는 사람이다."

7:21

子不語怪, 力, 亂, 神.

•

선생님은 괴이함·폭력·변란·귀신에 대해 이야기하지 않으셨다.

역주

* 괴怪는 상식을 벗어난 괴이한 일이나 사물을 말한다.
* 역力은 일반적인 힘이 아니라 물리적인 힘, 벌거벗은 폭력을 말한다.
* 난亂은 부모를 살해하거나 군주를 시해하는 패륜적인 변란을 말한다.

해설

공자는 상식과 정도가 통하는 세상을 꿈꾸었다. 제자들에게도 혼란스러운 세상을 극복하고 예법이 지배하는 안정된 사회를 만들어가도록 가르쳤다. 자연의 이치에 어긋나는 괴이한 일이나 맨손으로 호랑이를 때려잡거나 물리적인 힘을 앞세우는 폭력적인 행위를 말하지 않았을 것이다. 자식이 부모를 죽이고 신하가 임금을 시해하는 무질서한 세상을 구제해보겠다는 열망이 있는 사람으로서 변란에 대해서도 말하지 않았을 것이다. 공자가 귀신을 이야기하지 않는 것은 좀 다른 차원이다. 공자는 은주 이래 인문주의적인 사유가 확장되는 연장선상에 있는 사상가다. 그는 항상 사람을 앞에 두었다. 신정神政 정치를 했던 은나라 이래 전래하는 많은 개념들도 인간 중심으로 재해석했다. 다른 편에서 공자는 "사람의 삶도 모르는데 귀신을 어찌 알겠느냐"라고 말한 적이 있다. 그래서 귀신 이야기를 하지 않은 것이다.

7:22

子曰: "三人行, 必有我師焉. 擇其善者而從之, 其不善者而改之."

•

선생님이 말씀하셨다. "세 사람이 가면 반드시 나의 스승이 있다. 그 잘한 점을 택해 그것을 따르고 그 잘하지 못한 점은 그것을 고친다."

역주

* 삼인三人의 삼三은 많다는 뜻이기도 하고 셋을 뜻하기도 한다. 셋

일 경우에는 나를 제외한 선과 악을 대비시킨 것이다. 많다는 뜻일 경우에는 세상 어디에든 배울 점과 고칠 점이 있다는 뜻일 것이다.

해설

도의를 실천하고 예의 바른 세상을 만드는 데 꼭 위대한 스승의 가르침이 있어야 하는 것은 아니다. 사람들이 어떤 태도로 사느냐에 따라 얼마든지 바른 세상을 열어갈 수 있다. 비근한 일상생활에서 도의와 예법에 어긋나는 것은 고치고, 잘하는 점을 추종하면 얼마든지 좋은 세상을 만들 수 있다.

"여러 사람이 함께 길을 가다보면 그 가운데 반드시 나의 스승을 삼을 만한 사람이 있다. 무언가를 잘하는 사람을 보면 그 장점을 선택해 내가 배울 수 있고, 잘못한 사람을 보면 나에게 있을 그 잘못됨을 스스로 고칠 수 있기 때문이다."

7:23

子曰: "天生德於予, 桓魋其如予何?"

•

선생님이 말씀하셨다. "하늘이 나에게 덕을 낳아주셨는데 환퇴가 나를 어떻게 하겠는가?"

역주

* 환퇴는 송나라에서 사마司馬 벼슬을 하던 향퇴向魋인데 환공의 후예여서 환퇴로 부른 것이다.

해설

《사기》〈공자세가〉에 따르면, 조曹를 떠나 송宋나라로 가는 길에 큰 나무 밑에서 제자들과 예를 연습하고 있는 공자를 죽이려고 환퇴가 나무를 넘어뜨렸다. 이 구절은 피하라는 제자들에게 공자가 한 말이다. 공자 나이 쉰여덟 무렵이다. 쉰아홉이나 예순이었다는 설도 있다. 나이 쉰에 지천명을 한 공자는 하늘이 자신에게 이 세상에 덕치를 구현하는 사명을 내려주었다고 여겼다. 덕치를 실현하기 위해 천하를 주유하는 자신을 환퇴 따위가 어떻게 할 수 있겠느냐는 자신감의 표현이기도 하다.

"하늘이 나에게 유덕한 세상을 만들라고 소명을 주셨는데 환퇴 따위가 나를 어떻게 죽일 수 있겠는가?"

7:24

子曰:"二三子以我爲隱乎? 吾無隱乎爾. 吾無行而不與二三子者,
是丘也."

•

선생님이 말씀하셨다. "너희들은 내가 숨긴다고 생각하느냐? 나는 너에게 숨김이 없다. 내가 행하면서 너희들과 더불어 하지 않는 경우는 없었다. 이것이 (나) 구다."

역주

* 이삼자二三子는 제자들을 직접 가리키며 말할 때 공자가 자주 쓰는 말이다. 모든 제자를 뜻한다기보다 두셋의 일부 제자를 거론할

때 쓴다.

* 은隱은 숨기다, 비밀로 하다 등의 의미로, 무언가를 감추고 드러내지 않음을 뜻한다.

해설

깨침에 더딘 사람들은 무언가 직접적인 비급을 얻어 일시에 깨우칠 수 있기를 바란다. 그러나 공자는 신교身教, 즉 몸으로 가르치지 언교言教, 즉 구체적인 설명으로 가르치지 않았다. 그래서 일부 제자들은 스승이 뭔가 핵심적인 사항을 감추고 알려주지 않는다고 의심했을 수 있다. 공자는 행行으로 대답한다. 학생들과 같이 살면서 실행하고 실천하는 모습 속에서 감추는 것 없이 다 보여주었다.

"너희 몇몇 학생은 내가 가르칠 때 무언가를 감추고 보여주지 않는다고 생각하느냐? 나는 너희들에게 감추는 것이 전혀 없다. 내가 무언가를 실행하면서 너희 학생들과 함께하지 않는 경우는 한 번도 없었다. 나 공구는 그런 사람이다."

7:25

子以四教: 文, 行, 忠, 信.

•

선생님은 네 가지로 가르쳤다. 글· 행동· 참됨· 믿음이다.

역주

* 충忠은 바르게 서서 치우치지 않음을 뜻하는 중中 자에다 마음

심心을 붙인 글자다. 내적으로 마음이 공정하고 사사로운 정에 치우치지 않음을 뜻한다.

해설

문文은 《시경》·《서경》 등 문에 관련 글을 말한다. 독서와 사색을 필요로 하는 오늘날 인문·사회과학의 기초학문이다. 행行은 예와 악 등 사회적 실천과 관련된 행동을 수반하는 가르침이다. 충忠은 내면의 진실성으로, 사적 감정에 치우치지 않은 참됨을 길러주는 가르침이다. 신信은 사람끼리의 말에 대한 믿음을 뜻하는 글자로, 인간관계의 근본을 가르친 것이다.

7:26

子曰: "聖人, 吾不得而見之矣; 得見君子者, 斯可矣." 子曰: "善人, 吾不得而見之矣; 得見有恒者, 斯可矣. 亡而爲有, 虛而爲盈, 約而爲泰, 難乎有恒矣."

•

선생님이 말씀하셨다. "성인은 내가 얻어서 볼 수가 없다. 군자를 얻어 볼 수 있으면 그것으로 된다." 선생님이 말씀하셨다. "선인은 내가 얻어서 볼 수가 없다. 항심恒心이 있는 사람을 얻어서 볼 수 있으면 그것으로 된다. 없으면서 있다고 하고, 비었으면서 찼다고 하고, 빈곤하면서 넉넉하다고 하면 항심이 있기가 어렵다."

* 항恒은 항상 변하지 않는 마음, 즉 항심이 있는 사람을 뜻한다.

해설

항恒, 즉 항심을 강조하기 위한 말이다. 〈술이〉는 주로 공자 자신의 삶과 제자들의 공부에 관한 이야기다. 성인은 대도를 깨친 사람이자 만물의 이치에 통달한 사람이다. 모든 일을 잘하는 선인善人 또한 세상에서 찾아보기가 쉽지 않다. 하지만 재덕이 출중하고 공부가 깊은 군자는 만나볼 수 있다. 바로 항심이 있는 사람이 군자다. 항심이야말로 공부의 중요한 기초다. 선인·성인이 되기 위해 끝없이 매진하는 사람이 군자다. 그런데 세상에는 위선으로 가장한 사람들뿐이어서 군자를 찾아보기 어렵다. 인내심도 사랑도 배려도 전혀 없는 사람이 있는 것처럼 하고, 머리가 텅 비었으면서도 가득 찬 것처럼 이야기하고, 공부한 것이라곤 극히 빈약한데 마치 화려한 지적 성취를 한 것처럼 행동한다. 그런 사람들 사이에서 항상 선을 지향하며 수양하는 항심이 있는 군자를 찾아보기 어렵다는 말이다. 정치세계도 마찬가지다. 사리사욕과 당파에 매몰되어 있으면서도 공적이고 정의롭고 국가를 위하는 것처럼 이야기하는 정치인들에게 진정한 정치가로서 군자를 기대하기는 어렵다.

"모든 일에 통달한 성인을 찾아보기는 어려우니 인격수양이 잘된 군자를 보는 것만으로도 충분하다. 모든 일을 잘하는 사람을 찾아보기는 어려우니 항상 선을 지향하는 항심이 있는 사람을 보는 것만으로도 충분하다. 도의가 없으면서도 있는 것처럼 가장하고, 머리가 비었으면서도 찼다고 가장하고, 지적으로 빈곤하면서도 성취가 충분하다고 하는 사람들에게서 항심이 있는 군자를 찾아보기는 어렵다."

7:27

子釣而不綱, 弋不射宿.

●

선생님은 낚시질을 하되 그물질하지 않았으며 주살질을 하되 잠자는 (새에게) 활을 쏘지 않으셨다.

역주

* 강綱은 그물을 버텨주는 큰 벼리 줄을 말한다. 여기서는 큰 그물로 물길을 막고 물고기를 몽땅 잡는 행위를 말한다.
* 익弋은 화살에 줄을 묶어서 활을 쏘는 주살질을 말한다.
* 숙宿은 잠자다, 머물다 등의 의미인데 여기서는 숙조宿鳥, 즉 새 집에서 잠자고 있는 새를 말한다.

해설

공자가 물고기를 낚기 위해 낚시를 하고 새를 잡기 위해 주살질을 했다는 이야기다. 아마도 나이 들어 제자들을 기르기 전, 어려운 환경에 살면서 했던 행위일 수 있다. 그때도 그물질을 해 물고기를 쓸어 담거나 새집에서 자는 새를 향해 활을 쏘지는 않았다는 이야기다. 필요에 따라 어쩔 수 없는 행위는 하지만 과도한 욕심을 내거나 비겁한 행위는 하지 않았다는 이야기다.

7:28

子曰: "蓋有不知而作之者, 我無是也. 多聞擇其善者而從之, 多見
而識之, 知之次也."

•

선생님이 말씀하셨다. "대개 모르는 것이 있으면서 창작하는 사람
이 있는데 나는 이런 일이 없다. 많이 듣고 그 잘한 점을 택해서 그
것을 따르고 많이 보고서 그것을 기억하는 것이 앎에 버금가는 것
이다."

역주

* 차次는 뒤를 잇는 그다음이라는 뜻이다. 원래 것만은 못하지만
그에 버금가는 다음이라는 의미다.

해설

모든 것을 알아야 창작을 할 수 있는 것은 아니다. 그런데 무언가
를 지어내려면 그 부분을 정확히 알고, 의심나는 부분은 여러 방면
의 이야기를 많이 듣고, 잘한 사람의 것을 잘 선택해 참조하고, 또
많이 보고 정확히 기억해서 한다면 애초에 알고 시작하는 것만 못
하지만 그다음 정도의 성취는 할 수 있을 것이다. 안다는 것은 도
의를 정확히 인지하는 것이다. 단순히 재능에 의존해서 함부로 창
작하고 그것을 성취인 양 과장하는 것은 좋은 공부 태도가 아니
다. 공자는 다문多聞과 다견多見을 선천적인 도의 체득 다음의 공부
방법으로 제시한 것이다.

동중서의 《춘추번로春秋繁露》〈초장왕楚莊王〉에는 이를 공자의

《춘추》 창작에 비유하고 있다. 《춘추》는 노나라 은공隱公부터의 기록이다. 직접 본 다견은 공자가 직접 목도한 애공·정공·소공의 시대를 말하고, 직접 들은 다문은 그 윗대인 양공·성공·선공宣公·문공의 시대를 말한다. 전해서 들은 전문傳聞은 희공·민공閔公·장공·환공·은공의 시대로, 96년의 기록이라고 한다. 《논어》의 몇 부분에 등장하는 《춘추》 관련 이야기와 연관이 있다.

"도를 정확히 모르는 부분이 있는데도 함부로 창작을 하는 사람들이 있는데 나는 그런 적이 없다. 선대 이야기를 많이 들어보고 그 가운데서 잘된 점을 잘 선택해서 그대로 따르고 현재 있는 일을 많이 보고 열심히 기억한다면 선천적인 앎에 버금가는 성취를 이룰 것이다."

7:29

互鄉難與言, 童子見, 門人惑. 子曰: "與其進也, 不與其退也, 唯何甚! 人潔己以進, 與其潔也, 不保其往也."

•

호향互鄉 사람과는 더불어 말하기가 어려운데 동자가 (공자를) 뵈니 문인들이 헷갈렸다. 선생님이 말씀하셨다. "그가 들어옴을 허여한 것이지 그가 물러남을 허여한 것이 아닌데 어찌 심하다고만 하겠는가! 사람이 자기를 깨끗이 해서 들어오면 그 깨끗함을 허여하는 것이지 그의 지난날을 지켜주려는 것이 아니다."

역주

* 호향이 어디인지는 설이 분분해 정확하지 않다. 그 동네 사람들은 예의를 모르고 말을 제멋대로 했던 듯하다.

* 여與 자를 어떻게 해석하느냐에 따라 전문 해석이 달라진다. 허여하다, 허용하다 등으로 해석하면 진퇴進退를 들어옴과 물러남으로 보아 위와 같은 해석이 가능하다. 더불어 하다, 함께하다 등으로 해석하면 진퇴를 진보와 퇴보로 해석할 수도 있다.

* 결潔은 깨끗하다는 뜻인데 몸을 정결하게 한다는 의미다.

* 왕往은 지나간 일, 과거의 행적을 말한다.

해설

이 구절을, "몸을 깨끗이 하고 찾아와 한 말씀을 듣고자 하니 그 깨끗함 때문에 만나주어야지, 과거를 따질 필요는 없다. 굳이 들어오고 나가는 문제까지 의심을 품지 말라"는 의미로 보는 경우가 있다. 그러면서 인결기人潔己부터 기왕야其往也까지가 여기진與其進 앞에 와야 한다고 주장한다.[5] 하지만 아무리 경우 없는 소년이어도 만나고자 하면 만나는 것이지 그가 물러가 무슨 일을 하는지 미리 예단하는 것은 너무 심한 일이며, 몸을 정갈히 해 나를 보고자 왔다면 과거의 잘못은 따지지 않고 만나주어도 되는 것 아니냐는 주장으로 보면 위의 해석이 된다. 〈팔일〉에서 공자는 이미 끝난 일은 따지지 않고 지난 일은 허물하지 말라고 말한 적이 있다. 과거의 잘못을 고쳐서 진보하면 그것으로 되었지 굳이 옛일을 따지지 말

---

5   성백효 역주, 앞의 책, 210, 211쪽을 참조할 것.

라는 뜻도 된다.

"그 아이가 들어오니 만나기를 허용한 것이지 그가 물러가 무슨 일을 하는 것까지 인정한 것이 아닌데 어찌 심한 일이라고 의심을 하는가! 사람이 자기 몸을 정갈하게 한 뒤 들어와 보고자 하니 내 그 깨끗함을 허용한 것일 뿐 그가 지난날 어떤 일을 했는지까지 다 보호해주려는 것은 아니다."

7:30

子曰: "仁遠乎哉? 我欲仁, 斯仁至矣."

•

선생님이 말씀하셨다. "어짊은 먼 데 있는가? 내가 어질고자 하면 그 어짊이 올 것이다."

해설

어짊의 길은 멀지 않다. 실행에 옮기기만 하면 바로 온다는 이야기다. 인仁은 구하면 얻어진다. 《맹자》〈진심 상〉에는 구하면 얻고 버리면 잃으니 모두 나에게 달려 있다고 말한다.

"어짊이 어디 먼 데 있는 것이던가? 내가 어짊을 실천하려고만 하면 그 어짊이 바로 다가올 것이다."

7:31

陳司敗問: "昭公知禮乎?" 孔子曰: "知禮." 孔子退, 揖巫馬期而進之, 曰: "吾聞君子不黨, 君子亦黨乎? 君取於吳爲同姓, 謂之吳孟子. 君而知禮, 孰不知禮?" 巫馬期以告. 子曰: "丘也幸, 苟有過, 人必知之."

●

진나라 사패司敗가 물었다. "소공이 예를 아셨습니까?" 공자가 말했다. "예를 아셨습니다." 공자가 물러나자 무마기에게 읍을 하고 들어오게 하며 말했다. "저는 군자는 무리를 짓지 않는다고 들었는데 군자 역시 무리를 짓는군요? 임금이 오나라에서 (아내를) 얻었으니 성이 같은데 오맹자吳孟子라 불렀습니다. 그 임금이 예를 안다면 누가 예를 모르겠습니까?" 무마기가 그대로 알리자 선생님이 말씀하셨다. "(나) 구는 다행이다. 진실로 잘못이 있으면 다른 사람이 반드시 그것을 아는구나."

역주

* 사패司敗는 대부, 즉 장관급 벼슬 이름이다. 사구司寇를 초나라와 진나라에서는 사패라 했다.
* 무마기는 공자의 제자로, 기期를 기旗라고도 쓰며 이름은 시施다. 《공자가어》〈제자해〉에 따르면 진陳나라 사람이라고 한다.
* 읍揖은 넓은 소매 속에 두 팔을 교차해 눈 위로 올려서 예를 표하는 것을 말한다.
* 당黨은 무리·동아리·친척 등을 뜻하는 말이다. 여기서는 자기에게 유리한 쪽으로 편당을 짓는다는 뜻으로 쓰였다.

해설

잘못된 행위를 솔직하게 인정하고 잘못을 지적한 사람에게 고마움을 표현한 공자의 대범한 대처를 보여주는 구절이다.

노나라 소공은 예의 바른 행동과 각종 의례를 숙지한 임금으로 알려져 있었다. 기원전 510년까지 재위한 임금이나, 공자가 그 밑에서 벼슬한 적은 없었다. 진나라 사패와 이 이야기를 나눌 때 소공은 이미 죽은 뒤였다. 진 사패는 소공이 부인을 오맹자라 부르는 것이 예법에 어긋났다고 지적한다. 오나라는 노나라와 같은 희씨姬氏였다. 동성결혼은 예법에 어긋남에도 소공은 결혼을 했다. 당시 결혼한 여자는 자신의 성을 남편의 성 뒤에 불렀으므로, 맹희孟姬라고 불러야 했다. 그런데 소공은 맹자라고 불러 동성결혼을 숨겼다. 자子는 송宋나라 성씨였기에 그 앞에 오를 붙여 오맹자라 부른 것은 왜곡의 실상을 보여준 것이다.

진 사패가 무마기에게 읍을 하고 들어오게 한 것은 자신이 예를 중시함을 보여준 것이다. 그리고 공자를 예에 능통한 군자라고 생각해 물었는데 공자가 소공은 예를 알았다고 대답하니 실망해 "저는 군자는 같은 편의 잘못을 비호하는 짓을 하지 않는다고 들었는데 군자도 편당을 짓는가 보죠? 노 소공은 예법에 어긋나게 오나라에서 아내를 취했는데 성이 같으니 맹희를 오맹자라 왜곡해 불렀습니다. 그런 군주가 예를 안다면 그 누가 예를 알지 못한다고 하겠습니까?"라고 비판했다. 무마기가 그대로 아뢰자 공자는 "나 공구는 운이 매우 좋다. 내가 진실로 무언가를 잘못하면 다른 사람이 반드시 그것을 알아차리고 알려주는구나"라고 대답했다.

7:32

子與人歌而善, 必使反之, 而後和之.

•

선생님은 다른 사람과 더불어 노래를 부르되, 잘하면 반드시 그것
을 반복하게 시킨 뒤 그에 화답했다.

역주

＊화和는 화합하다, 따르다 등의 뜻이며 여기서는 상대의 노래에
화답해 따라서 불렀다는 의미다.

해설

공자는 《시경》 300편에 모두 악기를 얹어 노래를 했다. 제자들이
나 다른 사람과 더불어 이 노래를 부를 때 잘하는 사람이 있으면
다시 반복해 부르게 한 뒤 따라 부르며 화답했다는 이야기다.

7:33

子曰: "文莫吾猶人也. 躬行君子, 則吾未之有得."

•

선생님이 말씀하셨다. "글은 내가 다른 사람과 같지 (않음이) 없다.
하지만 군자를 몸소 행함은 내가 아직 얻음이 있지 못하다."

역주

＊막莫은 없을 무無 자로 해석하는 것이 일반적이다. 그런데 당시

연나라와 제나라 방언에 문막 文莫이란 말이 있는데 면강 勉强, 즉 억지로 말하면, 굳이 따지면 등의 의미라는 주장도 있다. [6]

해설

군자는 훌륭한 정치가의 표상이기도 하고 도덕적으로 훌륭한 지도자를 뜻하기도 한다. 공자는 그런 군자의 덕을 충분히 갖추었고 다른 사람들로부터 군자라는 평가를 듣고 있었다. 그럼에도 그런 지도자의 모습을 직접 보여주는 부분에서는 많이 모자라다고 겸손하게 자신을 낮추고 있다. 글공부는 다른 군자들에 버금가지만 실천은 아직 따르지 못하고 있음을 말한 것이다.

"글공부는 내가 다른 사람 하는 만큼 한다. 하지만 군자의 일을 몸소 실천하는 데 나는 아직 깨달음을 얻지 못했다."

7:34

子曰: "若聖與仁, 則吾豈敢? 抑爲之不厭, 誨人不倦, 則可謂云爾 已矣." 公西華曰: "正唯弟子不能學也."

•

선생님이 말씀하셨다. "만약 성인과 인자라면 내 어찌 감당하겠느냐? 그러나 그것을 하는 데 싫증내지 않고 다른 사람들을 가르치는 데 게으르지 않는 것이라면 있다고 말할 수 있을 따름이다." 공서화가 말했다. "바로 제자들이 공부할 수 없는 점입니다."

....

6   유보남, 앞의 책, 281쪽의 예시를 참조할 것.

역주

* 억抑은 누르다, 물리치다 등의 뜻이지만 고대나 현대 중국어에서는 접속사로서 단지, 혹은, 그러나 등으로 쓰인다.

* 운이云爾는 접미사인데《광아廣雅》〈석고釋詁〉는 운을 유有로 새겼다. 또 고어에서 너라는 뜻의 이尒 자를 후인들이 이爾로 썼는데 여기서는 이를 참고해 운이이의云爾己矣를 합쳐 "있을 따름이다"로 해석한다.

해설

제자들 가운데 공자를 성인이자 인자仁者로 이야기한 사람이 더러 있었다. 예컨대《맹자》〈공손추 상〉에 보면 자공은 공자를 인仁하고 지智하므로 성인이라고 말했다고 한다. 공자는 그런 평가를 겸손하게 사양한다. 그러면서도 그런 사람이 되기 위해 열심히 노력하고 또 제자들을 그런 사람으로 만들기 위해 힘쓰는 사람임을 강조한다.

"만약 누군가 나를 성인이자 인자라고 한다면 내 어찌 감당하겠느냐? 그러나 성인과 인자가 되기 위해 열심히 수양하는 것을 싫증내지 않고 그렇게 되라고 다른 사람을 가르치는 데 게으르지 않는다는 측면에서 내게 그런 점이 있다고는 말할 수 있겠다."

7:35

子疾病, 子路請禱. 子曰: "有諸?" 子路對曰: "有之. 誄曰: '禱爾于上下神祇.'" 子曰: "丘之禱久矣."

●

선생님이 병이 심해지자 자로가 기도를 청했다. 선생님이 말씀하셨다. "(이런 일이) 있느냐?" 자로가 대답했다. "있습니다. 뇌문誄文에 '위아래로 하늘 귀신과 땅 귀신에게 너를 기도하노라'고 말합니다." 선생님이 말씀하셨다. "(나) 구의 기도는 오래되었다."

역주

* 도禱는 신에게 기도를 올린다는 뜻이다.
* 뇌誄는 살아 있을 때의 공덕을 정리해 제사 때 올리는 제문을 말한다. 뇌문은 중요한 문학 장르 가운데 하나이기도 하다.
* 신지神祇의 신神은 하늘의 신, 지祇는 땅의 신을 말한다.

해설

공자가 중병에 걸리자 자로가 신에게 기도를 올려 복을 빌어보자고 한다. 공자는 그런 짓을 하지 말라고 자로를 말리고 있다. 기도를 올린다는 것은 잘못을 뉘우치고 신에게 복을 빈다는 의미다. 그렇다면 공자가 기도한 지 오래되었다고 한 이야기는 그런 식의 복을 비는 기도를 한 지 오래되었다는 말인가? 그래서 새삼스레 기도를 올릴 필요가 없다는 것인가? 앞에 기도를 올릴 일이 있느냐는 공자의 질문과 뇌문을 예로 든 자로의 답을 볼 때 그렇지 않아 보인다. 큰 병이 무슨 잘못을 저질러 생긴 것도 아닌데 굳이 기도를 할 이유가 있는지 물은 것이고, 자로는 보통 죽은 뒤 공덕을 기릴 때 쓰는 뇌문을 예로 들었다. 이에 공자가 기도가 오래되었다고 대답한 것은 지금 중병에 걸려 기도하는 문제가 아니고, 세상의 잘못을 고쳐 복을 내려주길 오래전부터 기도해왔다고 말한 것이다.

"나 공자는 세상의 구제를 신에게 기도한 지 오래되었다."

7:36

子曰: "奢則不孫, 儉則固. 與其不孫也, 寧固."

●

선생님이 말씀하셨다. "사치하면 공손하지 않는 것이고 검소하면 고루한 것이다. 겸손하지 않는 것보다 차라리 고루함이 낫다."

역주

* 손孫은 몸을 낮추어 순종한다는 공손할 손遜 자로 해석해야 한다.
* 고固는 고루함, 즉 볼품없이 누추한 것을 말한다.

해설

예를 행할 때는 너무 사치해서도 안 되고 너무 누추하게 해도 안 된다는 이야기다. 예컨대 제사를 지내면서 너무 사치를 부리는 것은 겸손한 태도가 아니다. 그렇다고 아끼느라 볼품없이 제수를 차린다면 이 또한 너무 누추해 예를 차렸다고 할 수 없다. 양자택일 해야 한다면 후자가 더 낫다는 것이다. 공자는 사치를 경계했다.

"예를 차리면서 너무 사치하면 공순하지 않아 보이고 너무 검약하면 누추해 보인다. 하지만 어쩔 수 없다면 공순하지 않는 것보다 차라리 누추함이 더 낫다."

7:37

子曰: "君子坦蕩蕩, 小人長戚戚."

•

선생님이 말씀하셨다. "군자는 평탄하게 폭이 넓지만, 소인은 오래도록 근심스럽다."

역주

* 탕탕蕩蕩은 광대할 탕 자로 해석한다. 바다처럼 광활하게 물이 넘침을 뜻하는 의태어로, 너그럽고 넓은 모양을 말한다.
* 척척戚戚은 근심할 척 자로 해석하며 슬퍼함을 뜻하는 의태어다.

해설

군자는 평안하게 거처하며 항상 관대하고 폭넓은 마음으로 백성들을 대하지만 소인은 득실을 따지고 욕심이 많아 항상 자기 이익만을 보는 근심 걱정 때문에 슬픈 기색을 띠고 있다는 것이다.

"군자는 항상 편안하며 모든 일에 너그럽고 호탕하지만, 소인은 이해타산 때문에 늘 근심으로 수척하다."

7:38

子溫而厲, 威而不猛, 恭而安.

•

선생님은 온화하되 엄하시고, 위엄이 있되 사납지 않으시고, 공손하되 편안하셨다.

역주

* 여厲는 사납다, 위태롭다 등의 의미다. 여기서는 위의와 용모가 엄숙하다는 뜻이다.

* 맹猛은 사나운 개를 말한다. 날래다, 용감하다, 사납다, 강렬하다 등의 의미다.

해설

제자들이 본 스승 공자의 모습이다. 중용을 잃지 않고 덕성으로 충만해 장중함과 자상함을 동시에 갖춘 공자 중화中和의 모습을 이해할 수 있다. 온화하면서도 엄숙한 태도를 견지하고, 위엄을 갖추면서도 사납지 않았으며 삼가고 공손한 태도를 취하면서도 자연스러운 안정감을 보여주었다.

08편

태백
泰伯

모두 스물한 장이다. 전반부는 주로 증자 이야기다. 중간은 정치에 대한 공자의 간결한 지침들이고, 후반부는 정치에 종사하는 사람들이 갖추어야 할 몇 가지 태도와 위대한 정치가들에 대한 이야기다.

8:1

子曰: "泰伯, 其可謂至德也已矣! 三以天下讓, 民無得而稱焉."

●

선생님이 말씀하셨다. "태백泰伯은 지극한 덕이라고 평가할 수 있지 않은가! 세 번 천하를 양보했음에도 백성들이 얻어서 칭송할 만한 것이 없었다."

역주

* 태백은 주나라 창시자 고공단보古公亶父 태왕太王의 장남이다. 부친이 셋째 동생 계력季歷의 아들 창昌(나중의 문왕)에게 성덕이 있음을 좋게 여기니 태백은 약을 구한다는 구실로 둘째 동생 중옹仲雍과 형만荊蠻의 땅으로 피신해 계력이 왕위를 잇도록 양보했다. 태백과 중옹은 나중에 오吳나라의 시조가 되어 중원문화를 남방에 전파했다.

해설

세 번 천하를 양보했다는 일에 대해 후대 많은 논란이 있다. 《좌전》〈희공 5년〉, 《사기》〈주본기周本紀〉 등에 실려 있는데 주나라가 은나라를 정복하고 천하를 가지는 것은 문왕의 아들인 발發, 즉 무왕 대에 이르러서였다. 발의 큰할아버지인 태백이 천하를 양보했을 수는 없다는 점에서 주나라 성립을 후대가 미화한 것으로 보는 견해가 있다. 《논형》 〈사휘四諱〉 등이 대표적이다. 주나라는 철저한 적장자 계승 원칙을 표방했는데 성립 첫 번째부터 이를 위반한 것이다. 그래서 이 일을 고대 선양과 같은 권력의 양보에 연결시키고 있지 않나 생각된다. 세 번의 양보란 부친의 상에 가지 않아 자연스럽게 동생 계력이 상주가 되도록 한 것, 계력이 찾아갔음에도 극구 사양하며 양보한 것, 상이 끝나고도 단발문신으로 이미 야만 풍습에 젖어 제사를 주관할 수 없다면서 끝내 양보한 세 번의 일을 말한다. 백이와 숙제의 양보를 어질다고 칭찬한 공자는 태백은 지덕至德, 즉 지극한 덕이라고 칭송한다. 후임 권력자에게 아무런 스트레스도 주지 않은 채 화끈하게 양보하기를 기대했기 때문일까.

"태백은 지극한 덕을 지닌 사람이라고 평가해도 되지 않겠는가! 세 번씩이나 천하를 동생에게 양보했으면서도 백성들로 하여금 그를 칭송하게 할 만한 그 무엇도 남기지 않았다."

8:2

子曰: "恭而無禮則勞, 愼而無禮則葸, 勇而無禮則亂, 直而無禮則絞. 君子篤於親, 則民興於仁; 故舊不遺, 則民不偸."

•

선생님이 말씀하셨다. "공손하되 예가 없으면 힘들고, 신중하되 예가 없으면 두려워 보이고, 용감하되 예가 없으면 난을 일으키고, 곧되 예가 없으면 다급하다. 군자가 친속들에게 돈독하면 백성들에게 어짊이 일어나고, 오래된 옛사람을 버리지 않으면 백성들은 야박하지 않다."

역주

* 사懇는 눈이 휘둥그레지는 모양으로, 두려워 보인다는 뜻이다.
* 교絞는 두 개의 새끼줄을 꼰다는 의미로, 목매다, 목매어 죽이다 등의 뜻이 있다. 여기서는 매우 급하게 닥친다는 의미다.
* 투偸는 훔친다는 뜻도 있으나 여기서는 인정이 박하다, 야박하다는 의미다.

해설

공손함·삼감·용감함·곧음은 모두 유덕한 행위다. 그렇지만 예로 절제하지 않으면 그 작용을 제대로 발휘할 수 없다. 사회생활과 정치생활에서도 마찬가지다. 예라는 표준이 없이 그저 공손하기만 하면 쓸모없이 힘든 일만 맡을 것이며, 신중한 것은 좋으나 예에 맞지 않으면 남이 보기에 두려워 아무 일도 못 하는 사람으로 보일 것이다. 예로 절제되지 않은 무리한 용맹은 변란을 일으킬 수 있고, 정직하게 곧게만 나가고 예에 맞지 않는다면 중용과 융통성이 무너져 급하다는 비판을 받을 것이다. 예를 말한 이 구절과 군자의 효성을 강조한 뒤 구절이 서로 잘 어울리지 않는다. 또 어투로만 보아도 공자보다는 증자의 말에 가깝다. 그래서 어떤 사람은 장을 구분해 증자의 말로 써야 한다고 주장한다.[1] 부모에게 효도와 신의를 지키고 옛사람을 쓰는 것은 민풍을 순화시키는 정치효

---

1 예를 들면 오역吳棫의 주장이 그렇다. 성백효 역주, 앞의 책, 221쪽을 참조할 것.

과를 불러온다는 주장이다.

"공손하게 행동하지만 예에 맞지 않으면 쓸데없이 힘만 들고, 신중하게 행동하지만 예에 맞지 않으면 두려움에 차 보이고, 용감하게 행동하지만 예에 맞지 않으면 변란을 일으키게 되고, 정직하게 행동하지만 예에 맞지 않으면 너무 급하게 보인다. 정치지도자로서 군자가 여러 친속을 후하게 대우하면 백성들 사이에 어진 분위기가 형성될 것이며, 옛사람이나 오랜 친구들을 버리지 않고 쓰면 백성들은 야박하지 않고 인정이 넘칠 것이다."

8:3

曾子有疾, 召門弟子曰: "啓予足! 啓予手!《詩》云: '戰戰兢兢, 如臨深淵, 如履薄冰.' 而今而後, 吾知免夫! 小子!"

•

증자에게 질병이 있자 문하 제자들을 불러 말했다. "내 발을 열어보거라! 내 손을 열어보거라!《시경》에 '전전긍긍해 깊은 못에 임한 듯, 얇은 얼음을 밟듯 하라'고 한다. 오늘 이후로 난 면했음을 알겠구나! 어린아이들아!"

역주

* 계啓는 닫혀 있거나 덮혀 있는 것을 열어젖힌다는 뜻이다. 여기서는 덮고 있는 이불을 들추어 열어보라는 뜻이다.
* 전전긍긍戰戰兢兢은 두려워서 벌벌 떨며 조심한다는 뜻이다. 전전戰戰은 두려운 모양을 말하고 긍긍兢兢은 조심하는 모양을 말한다.

* 소자小子는 아들이 부모에게 자신을 낮추어 부르거나 스승이 제
자를 사랑스럽게 부를 때 쓰는 말이다.

해설

《효경》은 증자의 작품으로 알려져 있다.《효경》첫 장에 신체발부
는 부모에게서 받은 것이니 조금의 훼상도 없는 것이 효도의 시작
이라고 한다. 증자는 병이 걸리자 부모에게서 물려받은 몸이 상하
지 않았을까 걱정했고 이에 제자들을 불러 손발에 이상이 없음을
확인하고는 이제 부모에게 불효했다는 두려움을 조금 면했다는
뜻을 이야기한 것이다.

"이불을 걷고 내 발을 보거라! 이불을 걷고 내 손을 보거라!《시
경》에 '두렵고 조심해야 하느니라. 깊은 연못가에 서 있듯 미끄러
질까 조심하고, 얇은 얼음을 밟고 있듯 빠질까 조심하라'고 한다.
오늘 이후로 난 죽을 때까지 부모가 주신 몸을 상하지 않아야 함
을 알게 되었구나! 제자들아!"

8:4

曾子有疾, 孟敬子問之. 曾子言曰: "鳥之將死, 其鳴也哀; 人之將
死, 其言也善. 君子所貴乎道者三: 動容貌, 斯遠暴慢矣; 正顏色,
斯近信矣; 出辭氣, 斯遠鄙倍矣. 籩豆之事, 則有司存."

●

증자에게 질병이 있자 맹경자孟敬子가 문병했다. 증자가 이야기를
했다. "새가 장차 죽을 때는 그 울음이 슬퍼지고, 사람이 장차 죽을

때는 그 말이 선해집니다. 군자가 귀하게 여기는 도가 세 가지 있는데, 용모를 움직임은 난폭함과 거만함을 멀리함이고, 안색을 바르게 함은 믿음을 가까이함이고, 어기를 (주의해) 내뱉음은 비루함과 어긋남을 멀리함입니다. (제기) 변두邊豆의 일은 담당관이 있습니다."

역주

* 맹경자는 노나라 대부 중손仲孫 첩捷이다. 맹무백의 아들이다.
* 배倍는 여기서는 등질 배背 자와 같이 배반하다, 어긋나다 등의 의미다.
* 변두邊豆의 변邊은 대로 만든 제기를, 두豆는 나무로 만든 제기를 말한다.

해설

맹경자가 문병을 와서 변두, 즉 제기를 어떻게 할 것인지 증자에게 물은 듯하다. 증자는 질병을 핑계로 정치의 중요한 일을 이야기했다. 난 장차 죽을지도 모르니 내 말을 명심해 들으라고 하고는 정치가는 어떤 태도·용모·안색·말투를 지니고 있어야 하는지 충고를 했다. 지도자가 몸가짐을 위엄 있고 질서 정연하게 하면 사람들이 감히 포악하거나 거만하게 대들지 못할 것이고, 낯빛을 조심성 있고 엄숙하게 하면 사람들이 감히 속이려 들지 못할 것이고, 말을 할 때 말투를 도리에 맞고 똑바르게 하면 사람들이 비루하고 이치에 맞지 않는 말을 하지 못할 것이라는 이야기다. 무슨 제기를 쓰느냐 따위의 일은 중요하지 않으며 그건 전문 담당관에게 물으면 될 일이다.

"새는 죽을 때가 되면 그 울음소리가 슬퍼지고, 사람은 죽을 때가 되면 그 말이 선해진다고 한다. 군자가 소중히 여기는 것이 세 가지 있다. 정치지도자가 위에서 몸가짐을 질서 정연하게 하면 사람들이 난폭하거나 거만함을 멀리하게 되고, 안색을 엄숙하게 하면 사람들이 신임을 얻으려 노력하게 되고, 말을 도리에 맞게 하면 사람들이 비루하거나 배신하지 못할 것이다. 대나무 제기를 쓸 것인지 나무 제기를 쓸 것인지 따위의 세세한 일은 전문 담당관에게 맡기면 된다."

8:5

曾子曰: "以能問於不能, 以多問於寡; 有若無, 實若虛, 犯而不校, 昔者吾友嘗從事於斯矣."

•

증자가 말했다. "할 수 있으면서 할 수 없는 사람에게 묻고, 많으면서 적은 사람에게 물으며, 있어도 없는 것처럼 하고 가득 찼음에도 빈 것처럼 하고 해침을 (욕을) 당해도 보복하지 않음을 옛날 내 친구가 일찍이 여기에 종사했다."

역주

* 범犯은 침범하다는 뜻으로, 욕을 보이다, 해를 끼치다 등의 의미다.
* 교校는 교挍라고도 쓴다.[2] 견주다, 갚다, 보답하다 등의 의미다.

....

2 유보남, 앞의 책, 294쪽.

* 오우吾友, 즉 '내 벗'은 안연으로 추정한다. 후한 마융馬融의 견해
다.《대대예기》〈증자질병曾子疾病〉 등에 보면 안연을 향한 증자의
존경심을 읽을 수 있다. 이 말을 할 때 안연은 죽고 없어서 증자가
'옛날'이라고 한 것이다.

해설

능能은 특정 분야의 일을 잘하는 사람으로, 잘하지 못한 사람의 견
해를 묻는 것은 더 완벽을 기하기 위함이다. 무능無能한 사람에게
묻는 것이 아니다. 많음은 지식의 광범함을 말한다. 박학다식하면
서도 지식이 부족한 사람에게도 물어서 더 완전한 지식에 도달하
려는 것이다. 있어도 없는 것처럼 하고 실해도 허한 것처럼 하는
것은 그 능력과 지식을 두고 하는 말이다. 능력과 지식이 가득 차
있어도 잘난 체하지 않고 텅 비어 있는 듯이 처신함을 말한다. 남
이 손해를 끼치거나 욕을 보여도 계교를 부리거나 따져서 보복하
지 않는 삶은 인仁의 실천이다. 안연 같은 사람을 말한다.

　"특정 능력이 있으면서도 능하지 않는 사람에게 물어보고, 지식
이 많으면서도 적은 사람에게 물어보며, 능력과 지식이 있어도 없
는 것처럼 하고 가득 찼음에도 빈 것처럼 하고 누가 욕을 보여도
계교를 부려 보복하지 않았던 사람이 있다. 옛날 내 벗이 일찍이
이런 일을 하는 데 열심이었다."

8:6

曾子曰: "可以託六尺之孤, 可以寄百里之命, 臨大節而不可奪也.

君子人與? 君子人也."

•

증자가 말했다. "6척 고아를 맡겨도 되고, 100리의 명을 맡겨도 되며, 큰 절의로 임해 (종묘사직을) 빼앗기지 않는다면 군자다운 사람인가? 군자다운 사람이다."

역주

* 탁託은 부탁하다, 맡기다, 위탁하다 등의 뜻이 있으며, 맡길 기寄자와 통한다.
* 당시 육척六尺은 오늘날처럼 30센티미터를 1자尺로 삼지 않는다. 옛날에는 6촌寸을 1척으로 보았다고 한다.[3] 3척 6촌으로, 센티미터로 따지면 110센티미터가 되지 않는다.
* 고孤는 부모가 없는 고아를 뜻한다. 정현은 6척의 고아를 열다섯 살 이하라고 보았다.
* 백리百里는 주나라 때 봉건封建 규정에 따르면 공公과 후侯는 사방 100리, 백伯은 사방 70리, 자子와 남男은 사방 50리 땅을 분봉받아 통치했다.
* 여與는 여기서 의문사로 쓰였다.

해설

군자는 뛰어난 정치가를 말한다. 선군이 사망하고 열다섯이 안 된 어린 군주가 집권했을 때 그를 보좌해 섭정을 잘할 수 있는 사람

---

3 유보남, 같은 책, 295쪽.

은 군자의 자격이 있다. 사방 100리의 적지 않은 나라의 행정을 도맡아 백성들의 명을 잘 지켜낼 수 있는 사람은 군자의 자격이 있다. 하지만 이런 실체적인 자격보다 더 중요한 군자의 요건은 국가와 사직을 안정시키고 뒤집히지 않도록 절의를 지켜내는 것이다.

"6척 어린 고아 군주의 섭정을 맡길 수 있고, 사방 100리 땅 백성들의 운명을 책임지도록 맡길 수 있으며, 종묘사직의 큰일에 임해 위대한 절의를 지켜 나라가 뒤집혀 빼앗기지 않을 수 있다면 군자다운 사람이라 할 수 있는가? 군자다운 사람이다."

8:7

曾子曰: "士不可以不弘毅, 任重而道遠. 仁以爲己任, 不亦重乎? 死而後已, 不亦遠乎?"

•

증자가 말했다. "선비는 넓고 굳세지 않으면 안 되며, 임무는 무겁고 길은 멀다. 어짊을 자기 임무로 삼으니 역시 무거운 것 아닌가? 죽은 뒤에야 끝나니 역시 먼 것 아닌가?"

역주

* 홍弘은 크다, 높다, 넓히다 등의 의미다. 여기서는 도량이 넓다는 뜻으로 쓰였다.
* 의毅는 강한 것을 끊어낼 수 있는 굳셈을 뜻한다. 여기서는 견인불발의 의지가 굳세다는 의미다.

해설

선비가 공부를 해 벼슬에 나서면 자신의 정치적인 포부를 실천해 가야 한다. 한없이 넓은 도량과 강인한 의지로 굳건히 도의를 지키는 정치를 해야 한다는 말이다. 막중한 임무와 머나먼 갈 길은 요직을 차지하고 높은 지위에 오른다는 뜻이 아니다. 죽을 때까지 인정仁政과 덕치德治의 실현이라는 위대한 원칙을 지키고 이를 위한 막중한 책임이 자신에게 있음을 항상 생각하고 정치에 임해야 한다는 이야기다.

"선비가 일을 할 때는 뜻이 넓고 의지가 굳세지 않으면 안 된다. 정치적 임무는 막중하고 갈 길은 멀다. 어짊의 실천을 자신의 정치적 임무로 삼기 때문에 그 책임이 또한 막중한 것 아니겠는가? 도의 실천은 죽은 뒤에야 끝나니 또한 갈 길이 먼 것 아니겠는가?"

8:8

子曰: "興於《詩》, 立於禮, 成於樂."

●

선생님이 말씀하셨다. "《시경》에서 일으키고, 예에서 일어서고, 음악에서 이룬다."

역주

* 입立은 선다는 뜻인데, 여기서는 예를 통해 자신의 확고한 입장을 세운다는 의미다.
* 성成은 이루다, 성공하다 등의 뜻이다. 여기서는 음악으로 본성

을 완성시킨다는 의미로 볼 수 있다.

해설

수신은 인간의 희로애락을 다루고 있는《시경》을 배우는 데서 출발한다. 이를 통해 감정을 절제하고 무엇이 소중하고 무엇이 선인지 체득할 수 있다. 〈양화〉에서 이야기하듯 인간관계의 기본을 익히는 것이다. 이 기초 위에서 공경과 사양을 바탕으로 사회생활의 모든 관계를 정의하는 예를 익히고 실천해야 한다. 예를 통해 삶의 방식을 수립하고 정치적 태도를 확립하는 것 또한 수신의 연속이다. 그리하여 마침내 순화된 인간의 성정이 잘 녹아 있는 음악을 통해 화목한 인간적인 관계, 사회적인 관계, 정치적인 관계를 완성시킨다는 이야기다. 오성聲 십이율律의 음악을 익히는 것 또한 품성의 함양이란 측면에서 수신의 연장선으로 생각할 수 있다. 공자가 제자들을 가르치는 순서이기도 했다.

"《시경》을 배움으로써 바른 뜻을 일으키고, 예를 통해 사양과 공경의 행동 양식을 확립하고, 음악을 통해 품성을 완성시킨다."

8:9

子曰: "民可使由之, 不可使知之."

•

선생님이 말씀하셨다. "백성들은 따르게 할 수 있으나 알게 할 수는 없다."

* 유由는 말미암다, 따르다 등의 뜻도 있으며, 쓰다, 등용하다 등의 의미도 있다.

해설

해석에 따라 공자에 대한 오해를 불러일으킬 수 있다. 만약 "백성들을 사용할 수 있으나 알게 해서는 안 된다"로 해석하면 백성들을 어리석은 존재로 여기고 정책을 수행하는 이유를 이해시킬 필요 없이 그저 쓸모로만 여긴다는 이야기가 된다. 이는 공자의 기존 주장들과 배치된다. 그래서 대대로 두 가지 해석이 존재해왔다. 하나는 앞 장에 이어 공자가 제자를 가르치는 방법으로 이해하는 것이다. 즉 민民을 공자의 제자들로 보고 《시경》과 예와 악으로 그들을 따르게 만들 수는 있으나 그 내면의 의의까지 이해시킬 수는 없다고 해석한다. 또 하나는 민을 서인庶人으로 해석해 아무리 왕공사대부라도 예의에 귀속되지 않으면 서인으로 돌려세운다는 《순자》〈왕제〉 이야기대로 군주가 서인들을 예의로 교화해 따르게 만들 수는 있으나 예의 기본 원리를 서인들에게 이해시킬 수는 없다고 해석한다. 하지만 어떤 경우든 백성들을 우매하게 보는 시각이 내재되어 있다.

"백성들을 부려서 따르게 만들 수는 있으나 깊은 이치까지 깨치게 할 수는 없다."

8:10

子曰: "好勇疾貧, 亂也. 人而不仁, 疾之已甚, 亂也."

·

선생님이 말씀하셨다. "용감함을 좋아하고 가난을 미워하면 난을 일으킨다. 사람이면서 어질지 못한 데 대해 미움이 이미 심하면 난을 일으킨다.

역주

* 질疾은 질병·괴로움 등의 뜻도 있으나 여기서는 시기하다, 미워하다, 증오하다 등의 의미다.
* 이已는 부사로 이미, 벌써 등의 뜻도 있으나 여기서는 너무, 매우 등의 의미다.

해설

정치질서를 무너뜨리는 변란을 일으키는 세 종류의 사람을 말한다. 과도하게 용맹만 앞세우는 사람이 난을 일으키는 데 대해서는 공자도 여러 차례 이야기한 바 있다. 이 편의 2장에서 용맹을 좋아하고 예가 없으면 난을 일으킨다고 했고, 〈양화〉에도 용맹을 좋아하고 공부를 좋아하지 않으면 난을 일으킨다고 했다. 가난이 괴로워 난을 일으키는 경우는 역사상 숱하게 보아온 일이며 누구나 예상할 수 있기 때문에 정치가들은 민생을 무엇보다 중시해야 하는 것이다. 그 외에 공자는 여기서 불인不仁, 즉 어질지 못한 정치를 너무 심하게 증오하면 난을 일으킨다고 말한다. 《맹자》는 곳곳에서 불인을 포악한 정치로 해석한다. 폭정이 난을 부르는 경우도 역사상 숱하게 등장했다.

"용맹을 좋아하되 절제하지 못하거나 가난이 미워 괴로움이 심해지면 난을 일으킨다. 어질지 못한 폭정에 민중들의 괴로움이 심해지면 난이 일어난다."

8:11

子曰:"如有周公之才之美, 使驕且吝, 其餘不足觀也已."

•

선생님이 말씀하셨다. "만약 주공과 같은 아름다운 재능이 있더라도 교驕만하고 또 인색하다면 그 나머지는 살펴볼 것도 없다."

역주

* 교驕는 버릇없고 무례한 교만함을 말한다.
* 인吝은 욕심을 부리며 아끼는 인색함을 말한다.

해설

주공은 공자가 가장 존경하는 정치가다. 공자가 그를 예로 들어 교만과 인색이 정치가에게 얼마나 그릇된 길인지 알려주려는 것이다.《한시외전韓詩外傳》에 따르면 주공 또한 노나라에 가는 아들 백금에게 절대 교만하지 말라고 경고한 바 있다. 주공의 재능은 권력을 장악한 뒤에 발휘되었다. 그는 교만하지 않았고 덕과 예를 중시했으며 아랫사람들에게 인색하지 않았다. 아무리 권력을 차지했더라도 교만하거나 인색하다면 그 나머지 정치행위들은 거들떠

볼 가치도 없다는 것이다.

"만약 주나라를 반석 위에 올려놓은 주공과 같은 아름다운 재능이 있더라도 아랫사람과 백성들에게 교만하고 인색하다면 그 나머지 정치행위는 볼 만한 것이 없다."

8:12

子曰:"三年學, 不至於穀, 不易得也."

•

선생님이 말씀하셨다. "3년을 공부하고 녹봉에 이르지 않는 사람은 쉽게 얻지 못한다."

역주

* 지至는 이르다, 도달하다 등의 뜻인데 해석상 뜻을 둔다는 지志로 보아야 한다는 견해도 있다.[4]
* 곡穀은 곡식을 뜻하는데 당시에는 관직에 나가면 곡식으로 녹봉을 받았기 때문에 녹봉으로 해석할 수 있다. 곡을 녹祿으로 보기도 한다.[5]

해설

왜 3년인지는 정설이 없다. 당시 제후국에서는 3년에 한 번씩 선

4   성백효 역주, 앞의 책, 231쪽; 유보남, 같은 책, 302쪽 등을 참조할 것.
5   유보남, 같은 책, 302쪽.

비들을 선발해 관직에 임명했으며, 후일 과거시험에 적용되어 3년 대과로 이어졌다는 주장도 있다.[6] 어찌되었든 녹을 받는 관료가 되면 잡다한 행정업무에 종사해야 하고, 이를 위해서는 상당 수준의 문자를 습득하고 정무처리 능력 등이 있어야 했으니 3년은 소요되었을 것이다. 지_至를 이를 지 자로 해석하면, 3년을 공부하고도 "녹봉에 이르지 않는", 즉 관직에 진출하지 못한 사람을 찾아보기 어렵다는 뜻이 된다. 3년 정도 공부하면 누구나 관직에 나갈 수 있을 정도의 지식을 갖춘다는 말이다. 반면에 뜻 지_志로 풀면, 3년을 공부하고도 녹에 뜻을 두지 않는 사람을 쉽게 찾아보기 어렵다고 해석되어 관직보다 도의를 중시한 것처럼 해석된다.

"3년을 열심히 공부하고도 녹봉을 받는 관직에 나가려 하지 않는 사람은 찾아보기가 쉽지 않다."

8:13

子曰: "篤信好學, 守死善道. 危邦不入, 亂邦不居. 天下有道則見, 無道則隱. 邦有道, 貧且賤焉, 恥也; 邦無道, 富且貴焉, 恥也."

•

선생님이 말씀하셨다. "믿음을 돈독히 하고 공부를 좋아하며 훌륭한 도를 죽음으로 지킨다. 위태로운 나라에는 들어가지 않고, 변란이 있는 나라에서는 머물지 않는다. 천하에 도가 있으면 나타나고, 도가 없으면 숨는다. 나라에 도가 있는데도 가난하고 천하면 부끄

---

6 유보남, 같은 책, 302쪽.

러운 일이고, 나라에 도가 없는데도 부유하고 귀하면 부끄러운 일
이다."

역주

* 선도善道를 "도를 잘해야 한다"로 해석하는 경우도 있고,[7] 훌륭한
도의로 해석하는 경우도 있으며,[8] 선함과 도의로 해석할 수도 있다.
* 위방危邦은 위태로운 나라이니 곧 난이 일어나 혼란에 빠질 수
있는 나라를 말한다. 난방亂邦은 이미 변란이 일어나 도의를 상실
한 나라를 말한다.

해설

《맹자》〈진심 상〉에서는 "천하에 도가 있으면 도를 위해 몸을 바치
고, 도가 없으면 몸을 위해 도를 바친다"고 말한다. 정치에 종사할
것이냐의 결정은 천하에 도를 실현시키느냐의 여부에 달려 있다
는 말이다. 위태로운 나라란 자식이 부모를 죽이고, 신하가 군주를
시해하는 일이 생겨서 변란이 발생할 가능성이 높은 나라를 말한
다. 난이 이미 일어나서 도의와 예법이 무너진 나라에는 들어가지
말라는 말이다. 그런 세상에서 자신의 부귀공명이나 추구하는 것
은 부끄러운 일이다.

　"신뢰를 돈독히 기르고 예법 공부를 좋아해 훌륭한 도를 죽음으
로 지켜야 한다. 도의가 무너진 위태로운 나라에는 들어가지 않고,

7　성백효 역주, 앞의 책, 232쪽.
8　유보남, 앞의 책, 303쪽.

난이 일어나 예법이 무너진 나라에서는 살지 말아야 한다. 천하에 도가 있으면 자신의 재능을 드러내 보여줄 것이며, 도가 없으면 숨어 자기 수양에 집중해야 한다. 나라에 도가 있는데도 재능을 발휘하지 못하고 가난하고 천하면 부끄러운 일이고, 나라에 도가 없는데도 부귀공명을 이루었다면 부끄러운 일이다."

8:14

子曰: "不在其位, 不謀其政."

·

선생님이 말씀하셨다. "그 지위에 있지 않으면 그 정사를 도모하지 않는다."

역주

* 위位는 위치·지위를 의미한다. 직무가 분명한 관직의 지위를 말한다.
* 모謀는 꾀·지모 등을 뜻하는 글자다. 동사로는 도모하다, 정사를 의론하다 등을 의미한다.

해설

《맹자》〈만장萬章 하〉⁹에 지위가 낮은데도 높은 지위의 언행을 하는 것은 죄악이라고 말한다.

....

9 유보남의 《유보정의》 304쪽에서는 《맹자》 〈이루〉로 잘못 기재했다.

"해당 관직의 지위에 있지 않으면 해당 정사에 대해 왈가왈부 의론하지 말아야 한다."

8:15

子曰: "師摯之始, 關雎之亂, 洋洋乎盈耳哉."

　•

선생님이 말씀하셨다. "태사 지가 처음 시작하고 〈관저〉의 마무리 (연주가) 양양하게 귀를 가득 채웠다."

역주

* 사지師摯의 사는 음악을 관장하는 태사를 말한다. 지는 이름이다.
* 시始는 음악이 처음 시작하는 첫 장을 말한다. 그냥 "태사가 관직을 시작할 때"로 해석하는 것은[10] 음악과는 좀 먼 듯하다.
* 난亂은 음악이 끝나는 마지막 장을 말한다. 여기서는《시경》〈관저〉가 합주로 끝남을 말한다.
* 양양洋洋은 바다처럼 한없이 넓은 모양을 뜻하며 전도양양처럼 발전 가능성이 높은 사람의 앞길을 말할 때도 쓰인다. 여기서는 음악과 관련되므로 아름답다는 의미로 볼 수 있다.

해설

음악의 시작을 시始라 하고 음악의 끝을 난亂이라 한다. 대체로 독

....

10　성백효 역주, 앞의 책, 233쪽.

주로 시작했다가 마지막에 합주로 끝나기 때문에 시를 독주의 시작, 난을 합주의 끝으로 이해하기도 한다.《예기》〈악기〉에는 시작은 문文으로 연주하고 다시 무武로 마지막 장을 연주한다고 한다. 당시는 도가 쇠퇴해서 정鄭나라·위衛나라의 음란한 음악이 유행하고 정악正樂이 무너지고 있었다. 공자는 이를 걱정하며 태사가 제나라에서 배워 연주한 정악의 아름다움을 강조한 것이다.

"태사 지가 첫 장을 독주로 시작하고 〈관저〉의 마지막 장을 합주로 끝내니 정악이 내 귀를 아름답게 가득 채웠다."

8:16

子曰: "狂而不直, 侗而不愿, 悾悾而不信, 吾不知之矣."

-

선생님이 말씀하셨다. "뜻은 크나 곧지 못하고, 무지하면서 삼가지 않고, 정성스러우나 믿음을 주지 못하는 사람을 나는 모르겠다."

역주

* 광狂은 미치다, 거만하다 등을 뜻하지만, 여기서는 〈공야장〉 광간狂簡의 용례에 따라 뜻이 크고 말이 큰 사람으로 본다. 공영달은 광을 진취로 해석해 마땅히 곧아야 한다고 주석했다.
* 동侗은 무지하다, 미련하다 등을 뜻하는데, 공영달은 아직 쓸 만한 그릇이 되지 못한 사람으로 마땅히 삼가야 한다고 주석했다.
* 공공悾悾은 정성스럽게 무언가를 하는 모양을 말한다.

상식에 어긋나는 사람들과 정치인들을 이해하지 못하겠다는 말이다. 잘 다듬어지진 않았지만 뜻이 크고 말이 큰 사람은 정직함을 목표로 삼아야 하는 것이며, 무언가를 모르는 무지한 사람이라면 모든 일에 삼가고 조심해야 할 것이며, 무슨 일이든 정성을 들여 성실하게 일하는 사람은 믿음을 주어야 맞다. 정치에 종사한다는 사람들이 뜻만 크게 세우면서 정직하지 못하고, 제대로 국정을 이해하지도 못하면서 조심하지도 않고, 무언가 열심히 매달리기만 할 뿐 백성들에게 전혀 믿음을 주지 못하는 것을 공자는 도저히 이해할 수 없다는 말이다.

"뜻이 크고 말은 거창하나 정직하지 못하고, 일에 무지하면서도 조심해서 삼가지 않고, 무슨 일인가 열심히 하는 듯 보이지만 전혀 믿음을 주지 못하는 그런 사람을 나는 잘 이해할 수가 없다."

8:17

子曰: "學如不及, 猶恐失之."

•

선생님이 말씀하셨다. "공부는 미치지 못한 듯하고, 그것을 잃을까 두려워하듯 해야 한다."

해설

공부는 완성이 어려우며 항상 배우려는 일관된 태도가 중요하다는 이야기다. 공부는 배워서 아는 것이다. 정확한 앎에 이르지 못한 것처럼 꾸준히 예습해야 한다. 그리고 배운 것을 잊어버릴 수 있으니 항상 복습해야 한다. 이미 공부를 이룬 것처럼 구는 태도를 경계한다.

"공부는 항상 아직 경지에 도달하지 못한 것처럼 지속적으로 해야 하고, 이미 배운 것도 잊어버릴 수 있음을 항상 경계해 잊지 말아야 한다."

8:18

子曰: "巍巍乎! 舜禹之有天下也, 而不與焉."

•

선생님이 말씀하셨다. "높고 뛰어나다! 순임금과 우임금은 천하를 가지시고도 관여하지 않았다."

역주

* 외외巍巍의 외巍는 산이 뛰어나게 우뚝 솟아 있는 모양이다. 높고 큰 인격을 말한다.

해설

공자는 행정의 세세한 일에 관여하지 않아야 위대한 정치로 본다. 여기서 공자가 강조한 것은 천하를 물려줄 현인을 찾는 한 가지 일만 하고 나머지 세상일은 그에게 맡기고 일체 관여하지 않은 위대함을 칭찬하고자 한 것이다. 공자는 〈위령공〉에서도 순임금의 무위無爲 정치를 찬양한 바 있다.

"높고도 위대하도다! 순임금과 우임금은 천하를 가진 천자의 지위에 있었으면서도 현인을 찾는 일 외에 일체의 정사에 관여하지 않았다."

8:19

子曰: "大哉, 堯之爲君也! 巍巍乎! 唯天爲大, 唯堯則之. 蕩蕩乎! 民無能名焉. 巍巍乎! 其有成功也; 煥乎! 其有文章."

•

선생님이 말씀하셨다. "크다, 요의 임금 됨이여! 높고 뛰어나도다! 오직 하늘만이 크고 오직 요임금만이 본받을 만하다. 폭이 넓도다! 백성들이 이름을 붙일 수 없을 정도다. 높고 뛰어나도다! 그의 성공을 거둠이. 빛나다! 그의 문장을 갖춤이."

역주

* 측則은 여러 가지 의미가 있다. 같을 칙으로 읽으면 "오직 요임금만이 위대한 하늘과 같은 분이다"라고 해석되고, 본받을 측則으로 읽으면 "오직 요임금만이 위대한 하늘과 같은 분이다"라고 해석된다.
* 탕탕蕩蕩은 폭이 넓어 위대함을 말하고, 외외巍巍는 높이 솟아 위대함을 말한다.
* 환煥은 불꽃을 뜻하는 글자다. 불꽃처럼 아름다운 광채를 뜻하며 빛나다, 밝다 등을 의미한다.
* 문장文章의 문文은 원래 몸을 아름답게 보이기 위해 먹물을 주입한 문신에서 유래한 글자로, 무늬를 뜻하는 문紋 자와 통한다. 주

로 글이나 책으로 읽히지만 빛나는 아름다운 외관을 상형한 글자였다. 장章은 원래 옥이나 나무 등 물건을 아름답게 보이기 위해 글자나 그림을 새겨 넣음을 상형한 글자였다. 문文과 마찬가지로 글월·문장 등으로 쓰이지만 역시 빛나고 아름다운 문채를 뜻하는 글자였다.

해설

요임금에 대한 극찬은 《서경》 등에도 일부 보인다. 하지만 아무리 빨라도 전국시대 말기 이후 성립된 문헌이므로, 공자시대에 요임금의 유행을 설명해줄 수 없다. 순임금과 우임금은 고고학으로 추정이 가능한 인물이지만 요堯라는 글자는 갑골문에도 보이지 않는다. 전설이 있었는지는 모르지만 요임금을 위대한 정치가로 되살린 사람은 공자일 것이다. 이 장은 요임금을 찬양하는 역사상 가장 대표적인 구절이다. 요임금·순임금·우임금은 위대한 인물에게 왕위를 양보하는 선양의 모범이었다. 우임금도 익益에게 선양하고자 했으나 결과적으로 아들인 계啓를 따르는 사람이 많아 어쩔 수 없이 세습되었다고 한다.

　권력 세계에서 이해하기 힘든 이 선양설에 대해 역사적으로 논란이 아주 많았다. 공자와 맹자는 극찬하지만 순자는 도덕적으로 우월해 민심을 획득한 사람에게 권력이 자연스럽게 간 것으로 보았다(〈정론〉). 덕치와 인정의 우월성을 강조하기 위해 공자와 맹자가 특히 요-순-우 선양설을 강조했다.[11] 매우 추상적이지만 당시

11　요-순-우 선양설을 공자와 맹자가 기획했다는 주장에 대해서는 장현근, 〈방벌放伐과

에 찬양할 수 있는 가장 좋은 말들만 골라서 요임금의 정치적인 위대함을 강조하고 있다.

"위대하도다! 정치가 요의 임금다움이여! 높고도 뛰어나도다! 하늘만이 위대한데 오직 요임금만이 하늘과 같으며 오직 요임금만이 본받을 만하다. 넓고 위대하도다! 그 위대함에 대해 백성들이 무어라 표현할 말을 찾을 수 없을 정도다. 높고 뛰어나도다! 모든 분야에서 그의 성공이. 빛나도다! 그의 밝고 빛나는 정치사회적 성취를 담은 문장들이."

8:20

舜有臣五人而天下治. 武王曰: "予有亂臣十人." 孔子曰: "才難, 不其然乎? 唐虞之際, 於斯爲盛. 有婦人焉, 九人而已. 三分天下有其二, 以服事殷. 周之德, 其可謂至德也已矣."

•

순임금에게는 다섯 명의 신하가 있어 천하가 다스려졌다. 무왕은 "나에게는 난을 다스릴 충신이 열 사람 있다"라고 말했다. 공자가 말했다. "인재를 얻기 어려움이 그렇다는 것 아닌가? 요임금과 순임금 즈음이 이때보다 무성했는데도 부인이 있고 아홉 사람뿐이었다. 천하를 셋으로 나누어 그 둘을 가졌음에도 은나라에 복종해 섬겼다. 주나라의 덕이야말로 지극한 덕이라고 평가할 수 있다."

선양禪讓의 이중주: 초기 유가사상의 정권에 대한 정당화), 《한국정치학회보》 46집 1호, 2012. 3., 5~24쪽을 참조할 것.

역주

* 오인五人은 순임금 때 명신인 우禹·후직后稷·설契·고요皐陶·백익伯益을 말한다.

* 난신亂臣의 난亂 자를 어지러울 난으로 해석해 나라를 어지럽히는 신하라고 해석할 수도 있으나, 여기서는 다스릴 치治 자로 해석해 난시를 헤쳐나갈 정치력을 갖춘 신하라고 해석하는 것이 맞다.

* 당우唐虞는 요임금의 땅과 국호를 뜻하는 도당陶唐과 순임금의 땅과 국호를 뜻하는 유우有虞를 합해 부를 때 사용하며 요순이란 말과 같다. 왕충의《논형》〈정설正說〉에 따르면 요임금은 당에서 제위를 계승했고 순임금은 우 땅에서 현달했다고 한다. 그래서 성씨로 삼았고 아름다움을 뜻하는 국호로 삼았다고 한다. 그 이후 하夏·은殷·주周도 같은 맥락이라고 하는 데 일리가 있다.

* 제際를 사이나 중간이란 사전적인 의미로 해석하면 "요임금과 순임금 즈음"이라고 번역되지만 문맥상 맞지 않다. 제를 변경·끝자락·이후 등으로 해석해 "요임금과 순임금 이후"로 번역할 수도 있는데, 결과적으로 의미는 같다. 요순시대에 인재가 넘쳐났고 그 이후에는 없다가 무왕 시절에 인재가 많았음에도 건질 만한 인재는 아홉 명뿐이었다는 말이다.

* 부인婦人이란 내명부를 총괄했던 주 무왕의 처 읍강邑姜일 것이다. 무왕의 난신 열 명 가운데 하나로 문모文母, 즉 문왕의 비를 말하는 사람도 있으나 어머니를 신하로 부를 수는 없다. 그런데《좌전》이나《논어》몇 가지 판본에는 신臣 자가 없는 경우도 있어 문모가 옳다는 주장도 있다.

* 구인九人은 주공 단旦, 태공 망, 필공畢公, 영공榮公, 태전太顚, 굉요

굉요閎夭, 산의생散宜生, 남궁적을 말한다.

해설

여기에는 공자가 평생 정치적인 이상으로 숭배한 요임금·순임금·문왕·무왕·주공이 모두 등장한다. 자왈子曰이 아니라 공자왈孔子曰이라고 말한 이유가 이와 상관이 있는지는 알 수 없다. 그러나 《논어》가 공자의 제자들이 기록한 책임을 감안하면 공자의 이와 같은 역사 정치에 대한 평론을 객관화시키려는 의도가 있었을 수도 있다. 천하의 3분의 2를 차지하고 있었다는 이야기는 문왕의 이야기다. 서백이었던 문왕은 당시 천하 9주 가운데 옹주雍州·형주荊州·양주梁州·예주豫州·서주徐州·양주揚州 여섯 개를 차지하고 있었다. 천자인 은나라 걸왕은 북방인 청주青州·곤주袞州·기주冀州 세 개만 차지하고 있었다고 한다. 그럼에도 문왕은 허리를 굽혀 은 걸왕을 섬겼으니 그보다 더 큰 덕이 없다는 이야기다. 주군의 두 배가 되는 큰 세력을 지니고도 주군에 복종했음을 칭송하는 공자의 미묘한 정치적 입장을 드러내고 있다.

　"무왕의 말씀은 인재를 얻기가 얼마나 어려운 일인지 설명하려는 것 아니겠는가? 요임금과 순임금 때 인재가 넘쳤는데 그 후로는 주나라 무왕 때에 인재가 가장 무성했다. 그런데도 열 명에는 부인을 포함시킨 것이니 그것을 빼면 정치력을 갖춘 신하는 사실상 아홉 사람뿐이었다. 서백 문왕은 천하의 3분의 2를 차지하고서도 허리를 굽혀 은나라 걸왕을 섬기고 복종했다. 이러한 주나라 문왕의 덕이야말로 가장 지극한 덕이라고 부를 수 있겠다."

8:21

子曰: "禹, 吾無間然矣. 菲飮食, 而致孝乎鬼神; 惡衣服, 而致美乎
黻冕; 卑宮室, 而盡力乎溝洫. 禹, 吾無間然矣."

•

선생님이 말씀하셨다. "우임금은 내가 틈이라고 그럴 만한 것이
없다. (자신의) 음식은 보잘것없었는데 귀신에게는 효성을 바쳤다.
의복은 추했는데 무릎 장식과 면관은 아름답게 바쳤다. 궁실은 낮
았는데 봇도랑 물길에 온 힘을 다했다. 우임금은 내가 틈이라고 그
럴 만한 것이 없다."

역주

* 간間은 틈·사이라는 뜻이며 간閒으로도 쓴다. 틈이 보인다는 의
미로, 흠결로 해석할 수 있다.
* 불黻은 수를 놓는다는 뜻인데 제사 의복의 무릎을 가리는 헝겊
으로 궁弓 자 모양 두 개를 겹쳐 수놓았다.
* 면冕은 머리에 쓰는 모자다.《설문해자》에서는 면을 대부 이상이
쓰는 관冠이라 한다. 여기서는 제사 때 머리에 쓰는 면관을 가리
킨다.
* 궁실宮室의 궁宮은 원래 여러 건물이 널려 있는 집을 말했는데,
진한시대 이후 임금이 거주하는 대궐을 뜻하게 되었다. 실室은 벽
과 문으로 가로막힌 집, 특히 안채의 방을 말한다. 벽이 뚫린 바깥
채를 당堂이라 한다.
* 구혁溝洫은 밭 가운데를 가로지르는 봇도랑을 말한다.《주례》
〈고공기考工記〉에 따르면 구는 넓이 네 자, 깊이 네 자의 물길이고

혁은 넓이 여덟 자, 깊이 여덟 자의 물길이다.

해설

비범한 정치가인 우임금의 삶과 정치를 공자가 찬미한다. 의식주를 모두 예로 들며 사회적 성과에 무게를 두고 살았지, 개인의 행복과 즐거움은 중시하지 않고 사는 위대한 정치가의 인생을 흠잡을 데 없다고 평가한 것이다. 왕이었음에도 먹는 음식이나 입는 옷이나 사는 집 모두 보잘것없었지만 귀신, 즉 조상 섬김, 당시 사회 활동의 핵심이던 제사를 지내는 일, 국가사업의 핵심이던 치수 문제 등에 정성과 힘을 다해 백성들의 존경을 끌어낸 우임금을 극찬한 것이다.

 "우임금은 내가 흠결을 찾아보려 해도 아무것도 찾을 수 없는 위대한 정치가다. 자신이 먹는 음식은 아주 보잘것없었으나 조상 귀신을 받드는 제사에서는 효성을 다해 최선으로 음식을 장만했다. 자신이 입는 의복은 추하고 볼품이 없었는데 제사복의 무릎을 덧대는 헝겊의 장식과 머리에 쓰는 제사용 면관은 매우 아름답게 꾸미며 성대함을 보여주었다. 자신이 사는 집은 낮고 볼품이 없었는데 홍수와 한발에 대비한 전답의 물길에 축대를 쌓고 치수를 하는 데에는 온 힘을 다 바쳤다. 우임금은 내가 흠결을 찾아보려 해도 아무것도 찾을 수 없는 위대한 정치가다."

09편

자한
子罕

모두 서른한 장이다. 공자의 모습과 생각을 읽을 수 있다. 다른 사람의 평가와 독백, 제자들이 스승을 찬양하는 내용도 있다. 일찍 죽은 안연을 애석해하며 공자 자신과 비교하기도 한다. 인간 공자를 잘 이해할 수 있는 내용이 많다.

9:1

子罕言利, 與命, 與仁.

●

선생님은 이익을 운명이나 어짊과 더불어 이야기한 경우가 드물었다.

역주

* 여與를 대부분 단순 대칭으로 보아 "이익과 운명과 어짊"이라고 나열해 해석하는데, 이 경우 공자의 핵심사상으로《논어》에서 가장 많이 언급된 인仁을 드물게 말했다는 모순이 발생한다. 따라서 "이익을 운명이나 어짊과 더불어"라고 해석했다.

해설

〈이인〉에서 공자는 군자는 의義에 밝고 소인은 이利에 밝다고 말한 적이 있다. 특히 맹자는 의를 강조했고, 이후 유가는 선비라면 의를 앞세워야지 이익을 앞세워서는 안 된다고 가르쳤다. 공자가 인생에서 가장 많이 다룬 책인《주역》에는 이利와 명命이 아주 많이 출현한다.《논어》는 또 인仁 이야기가 상당 부분을 차지한다. 세 가지 모두 자주 들었을 제자들이 굳이 드물게 말씀하셨다고 말했다. 공자가 그들을 엮어서 함께 이야기한 경우가 드물다는 뜻으로 보아야 한다.

9:2

達巷黨人曰: "大哉孔子! 博學而無所成名." 子聞之, 謂門弟子曰:
"吾何執? 執御乎? 執射乎? 吾執御矣."

•

달항당達巷黨 사람이 말했다. "크다 공자는! 박학했으며 이름을 이
룬 바는 없구나." 선생님이 이를 듣고는 문하 제자들에게 이렇게
이야기하셨다. "내가 무엇을 (전문으로) 잡아야 하느냐? 말몰이를 잡
을까? 활쏘기를 잡을까? 나는 말몰이를 잡겠다."

역주

* 달항당이 어느 지역인지 알려지지 않았다. 자양滋陽현이란 설 등
이 있으나 믿기 어렵다. 당은 보통 500가家를 말한다.
* 집執은 잡다, 지키다 등의 의미다. 전문적으로 한 가지 일을 맡는
것을 뜻한다.
* 어御는 마부가 되어 말을 모는 것이고, 사射는 활쏘기를 전문으
로 하는 사람을 뜻한다. 둘 다 공자가 제자들을 가르치는 육예 가
운데 하나였다.

해설

달항당이 어디인지는 모르겠으나, 공자를 평가한 것을 보면 귀족
마을이었을 것이다. 그쪽 사람이 공자를 위대하고 박학하다고 칭
송했다. 공자의 박학함은 당시에도 이미 널리 알려져 있었다. 그런
데 굳이 어느 한 가지 기예에 이름을 날려야 하는가? 공자도 제자
들에게 직업을 가질 수 있도록 여러 가지 기예를 가르쳤으나 육예

의 기술보다는 학문을 수양해 도의를 넓히고 세상을 위한 정치적인 실천을 중시했다. 기왕 박학이라고 말했으면서 또한 전문 기술한 가지로 이름을 이루라는 타인의 평가에 "마부로라도 이름을 날려보아야 하는가"라고 반문한 까닭은 세상에서 진정으로 중요한일은 전문직으로 이름을 날리는 것이 아님을 우회적으로 제자들에게 깨우치려는 뜻일 것이다.

"내가 어떤 전문적인 직업을 가져야 하느냐? 전문적으로 마부가 되어 이름을 날릴까? 전문적인 활잡이가 되어 이름을 날릴까? 나는 전문 마부로 이름이 알려지는 편이 더 낫겠다."

9:3

子曰: "麻冕, 禮也; 今也純, 儉. 吾從衆. 拜下, 禮也; 今拜乎上, 泰也. 雖違衆, 吾從下."

•

선생님이 말씀하셨다. "삼베 면관이 예였으나 지금은 생사를 (쓰니) 검소하다. 나는 무리를 따르겠다. (전당) 아래서 절하는 것이 예였으나 지금은 위에서 절하니 교만하다. 비록 무리와 어긋난다 하더라도 나는 아래서 하는 것을 따르겠다."

역주

* 마麻는 삼베이고 순純은 생사다. 삼베로 제사용 면관을 만들려면 약 2,400가닥을 가공하는 수고를 해야 한다. 생사로 만들면 단순해서 수공이 거의 들지 않았다고 한다.

* 태泰는 여기서 교만하다는 뜻이다.

해설

생활과 정치에 대한 공자의 다른 태도를 읽을 수 있다. 예는 제사와 같은 일상적인 의례에서 실천되기도 하고 정치와 같은 중요한 국가행사의 기준이 되기도 한다. 일상적인 의례는 사람들 고생을 덜 시키는 시대 조류를 그대로 추종하겠으나 정치적 예법에서는 시대 조류가 바뀌었다 하더라도 교만해 보이는 짓은 하지 않고 공경을 중시한 예의 원칙을 고수하겠다는 뜻이다.

"예전에는 삼베로 만든 면관을 쓰는 것이 예에 맞았으나 요즘은 생사로 만든 면관을 주로 쓰는데 만들기가 훨씬 간편하다고 한다. 나는 시대 조류에 따라 검소함을 따르겠다. 전당 아래서 군주에게 절을 올리는 것이 예법에 맞는데 요즘은 전당 위로 올라가 절을 올리니 교만해 보인다. 시대 조류와 어긋나는 일이지만 나는 아래서 절을 하는 옛날 예법을 따르겠다."

9:4

子絶四. 毋意, 毋必, 毋固, 毋我.

•

선생님은 네 가지를 끊으셨다. 억측을 없앴으며, 반드시를 없앴으며, 완고함을 없앴으며, 아집을 없앴다.

역주

* 무毋는 없다, 아니다, 말다 등을 의미하는 금지사다. 끊을 절絶 자처럼 없앤다는 의미다.

* 의意는 뜻·생각 등을 말한다. 아직 닥치기 전에 미리 예단하는 억측을 뜻한다.

* 필必은 꼭, 반드시 등의 뜻이다. 기필期必, 즉 꼭 이루어질 것으로 기약하는 절대 긍정의 태도를 말한다.

* 고固는 굳다, 완고하다, 고루하다 등의 뜻으로, 변화를 부정하는 완고함을 말한다.

* 아我는 나의 의견만을 고집하는 유아독존의 아집을 말한다.

해설

의필고아意必固我 네 가지 다 자신의 내면과 관련 있는 관념이다. 진리의 무한한 변화 가능성을 부정하고, 남의 의견을 수용할 줄 모르는 자신만의 주장을 말한다. 멋대로 억측하고, 반드시 그렇다고 믿으며, 완고하게 밀어붙이고, 외고집을 부리는 네 가지를 공자는 끊어버렸다는 것이다.

9:5

子畏於匡. 曰:"文王旣沒, 文不在玆乎? 天之將喪斯文也, 後死者不得與於斯文也; 天之未喪斯文也, 匡人其如予何?"

•

선생님이 광匡에서 두려워하며 말씀하셨다. "문왕이 이미 돌아가셨으니 그 문장이 이 (몸에) 있는 것이 아니었던가? 하늘이 장차 이 문장을 없애려 했다면 뒤에 죽는 (나는) 이 문장에 참여할 수 없었을 것이다. 하늘이 아직 이 문장을 없애지 않으려 함인데 광 사람들이 나를 어떻게 하겠는가?"

역주

* 광匡은 지명이다. 정鄭나라의 읍, 위衛나라의 읍, 송宋나라의 읍이란 설 등 다양하다. 공자는 당시 폭정을 벌이던 양호陽虎와 매우 닮았다. 양호와 함께 다녔던 공자의 제자 안극顏尅이 공자가 탄 수레를 몰고 광 땅을 지나자, 광 사람들이 공자를 양호로 오인하고 죽이고자 포위한 사건을 말한다.

* 후사자後死者는 나중에 죽는 사람이란 뜻이다. 앞에 문왕을 이야기했으므로, 그보다 후에 죽을 공자 자신을 말한다.

해설

공자가 유세를 다니던 쉰여섯 살 무렵의 일이다. 광 지역 사람들의 포위로 죽임을 당할 위기에 처한 공자는 두려움에 떠는 제자들을 위로했다. 그는 문왕을 계승해 예악과 제도를 온몸으로 구현한다는 지천명을 문화적 소명의식으로 삼고 있었다. 하늘이 자신에게 사명을 내려주었는데 지금 자신을 죽이면 그 문화의 전달자가 사라지니 하늘이 가만히 있지 않을 것이라고 말하고 있다.

"문왕이 돌아가신 뒤 그 예악문물이 이 몸에 구현되어 있는 것이 아니었던가? 하늘이 장차 이 예악문물을 없애려 했다면 나는 이 예악문물에 참여하고 빛낼 기회를 애초에 얻지도 못했을 것이다. 하늘이 이 예악문물을 아직 없애지 않으려 하는데 광 사람들이 나를 어떻게 할 수 있겠는가?"

9:6

大宰問於子貢曰: "夫子聖者與? 何其多能也?" 子貢曰: "固天縱之將聖, 又多能也." 子聞之, 曰: "大宰知我乎! 吾少也賤, 故多能鄙事. 君子多乎哉? 不多也."

•

태재太宰가 자공에게 물었다. "스승님은 성자이십니까? 어찌 그리 능함이 많으시죠?" 자공이 말했다. "진실로 하늘이 그를 장차 성인으로 풀어놓으셨고 또한 능함이 많습니다." 선생님이 이를 듣고 말씀하셨다. "태재가 나를 아는가? 내가 젊어서 천했기 때문에 비천한 일에 능함이 많다. 군자는 (능함이) 많은 것인가? 많지 않다."

역주

* 대재大宰는 태재로, 대부의 관직인데 오나라인지 송나라인지 분간이 되지 않는다.
* 종縱은 세로로 늘어놓는 것을 말한다. 방종放縱의 용례처럼 풀어놓는다는 의미다.

해설

공자가 작은 기예에 능한 것은 《논어》의 여러 곳에서 확인할 수 있다. 이런 능력들을 공자는 천하게 보았다. 여기서 성인과 군자에 대한 해석은 중의적이다. 공자 당시 성인 관념은 특정한 분야에 능력이 뛰어난 사람을 부를 때 쓰였으며, 공자를 거치면서 인격의 완성자란 뜻이 생겼다.[1] 한편으로 군자는 정치하는 귀족 계급이기 때문에 소인들의 천한 일을 하지 않았다는 뜻일 수도 있다. 이 경우, 태재가 자신의 소싯적 일을 알기 때문에 그렇게 말했을 것이며 군자라면 그런 능력들이 없다는 해석이 가능하다. 다른 한편으로 공자는 스스로를 도덕 수양을 중시하는 군자로 정의하고 있으며, 따라서 군자는 작은 기예 등 미천한 일로 평가해서는 안 된다는 주장으로 이해할 수 있다.

"태재가 나를 안단 말인가? 나는 어려서 신분이 낮고 가난했기 때문에 여러 가지 비천한 일에 능력이 많다. 군자였으면 그렇게 비천한 능력이 많겠는가? 많지 않을 것이다."

9:7

牢曰: "子云, '吾不試, 故藝.'"

●

뇌牢가 말했다. "선생님은 '내가 임용되지 않았기 때문에 기예를 한다'라고 말씀하셨다."

---

1 성인 관념의 형성과 변천에 대해서는 장현근, 《성왕: 동양 리더십의 원형》, 민음사, 2012를 참조할 것.

* 뇌는 공자보다 마흔 살 정도 어린 제자로, 성은 금琴이고 자는 자개 또는 자장이라는 주장이 있다.

* 시試는 시험하다, 조사하다는 뜻 외에 쓸 용用 자의 용례로 임용하다, 사용하다로 쓰이기도 한다.

해설

이를 앞 장에 붙여서 한 장으로 다룬 판본도 많다. 위와 연결해 해석하면 군자 계급으로 국정에 등용되어 일찍부터 정치를 했다면 비천한 기예들은 익히지 않았을 텐데, 쓰이지 않아서 여러 가지 기예를 익혔다는 뜻이 된다.

"내가 국가에 중용되지 않았기 때문에 여러 가지 기예를 익혔다."

9:8

子曰: "吾有知乎哉? 無知也. 有鄙夫問於我, 空空如也, 我叩其兩端而竭焉."

•

선생님이 말씀하셨다. "내가 아는 것이 있는가? 아는 것이 없다. 비루한 사내가 있어 나에게 묻는데 (머리가) 텅 비어 있는 것 같았으나 나는 그 양단을 두드려 (열성을) 다했다."

역주

* 비부鄙夫는 비루하고 어리석은 사내를 말한다.

* 공공空空은 아무런 생각도 없이 텅 비어 있는 상태를 말한다.

* 고叩는 두드린다는 뜻인데, 두드려 물어본다는 의미가 강하다.

해설

이 장은 완전히 다른 두 가지 해석이 가능하다. 공자가 스스로를 무지하다고 선언하고 알아가는 과정을 설명하는 것이라는 입장을 취하면 자신의 머리가 텅 비어 양 끝단을 두들겨 서로 비교·대조해본 뒤 열심히 했다는 공자 스스로의 노력을 중시하는 해석이 된다. 반면에 무식한 사내가 있어 머리가 텅 비었음에도 내가 양 끝단을 두들겨 잘 가르쳐주었다는 공자의 교육을 강조한 이야기도 된다.[2] 여기서는 두드릴 고叩 자를 중시해 전자를 따른다.

"내가 뭘 아는 것이 얼마나 있겠는가? 별로 아는 것이 없다. 어떤 비루하고 어리석은 사내가 나에게 질문을 해왔는데 머리가 텅 빈 듯 알 수 없었으나 나는 일의 양 끝단을 서로 비교·대조하면서 열성을 다해 물어보고는 알 수 있었다."

9:9

子曰: "鳳鳥不至, 河不出圖, 吾已矣夫!"

•

선생님이 말씀하셨다. "봉황이 이르지 않고 황하에 그림이 나오지 않으니 나는 끝났구나!"

....

2 성백효 역주, 앞의 책, 246, 247쪽 외.

역주

* 봉황은 신령스러운 새다. 《서경》〈익직益稷〉에 순임금 때 소소簫韶라는 음악을 연주하자 봉황이 출현해 춤을 추었다고 한다. 《국어》〈주어周語〉에는 문왕 때 기산岐山 숲에서 난새가 운 적이 있다고 한다. 봉은 수컷, 황은 암컷이다.

* 하河는 황하의 고유명사이며 도圖는 거기서 나온 용마龍馬의 그림이다. 복희伏羲 때 출현했으며 복희는 이에 따라 팔괘八卦를 그렸다고 한다. 《주역》〈계사전〉에 따르면 하도와 더불어 낙洛수에서 서書가 나왔는데 모두 성인이 출현할 징조라고 한다.

해설

성인이 천명을 받으면 봉황이 날아오고 황하에 그림이 솟아오른다는 전설을 공자 때에는 상당히 신뢰했던 듯하다. 《사기》〈공자세가〉에 따르면 공자시대에도 상상의 동물인 기린을 잡았다는 기록이 있다. 하지만 공자가 굳이 상상의 동물을 들먹이며 끝장났다고 한 이유는 무엇일까? 이상적인 군주가 출현해 도덕정치를 완성하고 세상을 아름답게 만들 것을 기대해 천하를 주유했지만 끝내 그런 기미는 보이지 않고 자신의 꿈을 이제 닫을 때가 되었다는 이야기다.

"봉황이 나타날 조짐도 없고 황하에서 하도가 출현할 기미도 없으니 나의 꿈은 이제 끝났다!"

9:10

子見齊衰者冕衣裳者與瞽者, 見之, 雖少必作; 過之, 必趨.

•

선생님이 자최복齊衰服을 입은 사람, 면관과 의상을 갖춘 사람, 그리고 봉사를 보고 그들을 만나면 비록 젊더라도 반드시 일어났으며, 그들을 지나가게 되면 반드시 빨리 걸었다.

역주

* 자최齊衰는 상복의 일종으로, 보통 어머니 이상이 상을 당했을 때 입었다. 그 위로 부친상에 입는 참최복斬衰服이 있으므로 "자최복 이상"으로 번역함이 옳다.

* 의상衣裳의 의衣는 윗옷, 상裳은 아래옷을 말한다. 면관은 대부 계급의 복장이다. 면관을 쓰고 위아래 의상을 잘 갖추어 입은 사람은 공직을 수행하는 고위층 인사를 뜻한다.

* 고瞽는 눈이 보이지 않는 소경·봉사를 말한다.

해설

인간으로서 최소한의 배려에 대한 이야기다. 부모상을 당해 경황이 없고 슬픔에 찬 사람을 보거나 만나면 슬픔을 함께 나누는 태도가 필요하고 그들의 길을 방해하는 행동을 해서는 안 될 것이다. 공무로 바쁜 사람, 고위직인 높은 사람에게 역시 국가와 사회를 위해 노고하는 점을 인정하고 존중하는 깊은 배려가 필요하다. 장애인도 마찬가지다. 불편한 사람들이니 자리에 앉아서 만나면 안 되고, 길을 가는데 앞에서 얼쩡거리며 방해가 되어서는 안 될 것이다. 그런 사람은 나이가 어리더라도 공자는 반드시 배려했다.

9:11

顔淵喟然歎曰: "仰之彌高, 鑽之彌堅; 瞻之在前, 忽焉在後. 夫子循循然善誘人, 博我以文, 約我以禮. 欲罷不能, 旣竭吾才, 如有所立卓爾. 雖欲從之, 末由也已."

•

안연이 한숨 쉬고 탄식하며 말했다. "우러러볼수록 더욱 높고, 뚫을수록 더욱 단단하고, 쳐다보면 앞에 계시다가 홀연히 뒤에 계신다. 스승님은 질서 정연하게 사람들을 잘 이끌어주시며, 문장으로써 나를 넓혀주시고, 예로써 나를 단속하신다. 그만두려 해도 그럴 수 없고, 이미 내 재능을 다하니 마치 (앞에) 서 있는 것처럼 우뚝하다. 그것을 좇으려 하지만 말미암을 (길이) 없다."

역주

* 위연喟然은 한숨을 쉬며 장탄식을 하는 모양을 일컫는다.
* 미彌가 부사로 쓰일 때는 두루, 널리 등의 의미이며, 비교급으로 '~(하면) 할수록 더욱'으로 쓰이기도 한다.
* 순循은 '빙빙 돌다'라는 뜻이다. 차례가 있다, 질서가 정연하다 등으로도 써서, 순순연循循然은 질서 정연하게 단계적으로 하는 모양을 뜻한다.
* 탁이卓爾는 우뚝 솟아 있는 모습을 형용한 것으로, 탁은 높다, 뛰

어나다 등의 의미다.

해설

공자 자체를 도의 화신으로 보는 태도다. 도의 본체는 보거나 만질
수 있는 것이 아니다. 앞에 있다가도 홀연히 뒤에 있는 듯 황홀하다.
안연은 도에 거의 접근했다. 그만두지 않고 스승의 말을 잘 따라 최
선을 다하니 도가 눈앞에 보인 것이다. 그 방법은 박문약례博文約禮
다. 〈옹야〉에서 공자는 "문예를 통해 폭넓게 공부를 하고 예를 통해
자신과 사회를 단속하는" 박약博約의 길을 제시했다. 하지만 안연은
공자처럼 도와 일체가 된 성인의 경지에 이를 수 없었다. 도는 무언
가로 말미암아 스스로 체득하는 것인데 안연은 아무리 좇아도 공자
의 그것이 없었던 것이다. 《장자》〈전자방田子方〉은 스승이 걸으면 걷
고, 뛰면 뛰는데, 아무리 해도 뒤쳐졌다는 안연의 탄식을 싣고 있다.

"스승님의 도는 우러러볼수록 더욱 높아지고, 뚫을수록 더욱 단
단하고, 쳐다보면 바로 앞에 있는 것 같았는데 홀연히 저 뒤에 있
기도 한다. 스승님은 단계적으로 질서 정연하게 사람들을 잘 인도
해주셨으며, 문예로써 나를 넓혀주시고, 예로써 나를 잘 단속하도
록 가르치셨다. 내가 그만두려 해도 그럴 수 없었으며 내 재주를
이미 다해 노력하니 스승의 도가 눈앞에 우뚝 서 있는 듯 느껴졌
었다. 그래서 열심히 그것을 따라가려 하지만 끝내 무엇으로 따라
가야 할 것인지 방법이 없다."

9:12

子疾病, 子路使門人爲臣. 病閒, 曰: "久矣哉! 由之行詐也, 無臣
而爲有臣. 吾誰欺? 欺天乎? 且予與其死於臣之手也, 無寧死於
二三子之手乎? 且予縱不得大葬, 予死於道路乎?"

●

선생님의 병이 심해지자 자로가 문인들로 하여금 가신을 삼았다.
병에 차도가 있자 말씀하셨다. "오래되었다! 유가 거짓을 행함이.
가신이 없는데 가신이 있는 것처럼 했다. 내가 누구를 속이겠느
냐? 하늘을 속이리? 또한 나는 가신의 손에 죽는 것보다 차라리 너
희 손에 죽는 편이 낫지 않겠느냐? 또한 내가 큰 장례를 할 수 없을
지언정 내가 도로에서 죽겠느냐?"

역주

* 질疾과 병病은 다 같이 앓다, 병들다 등의 의미다. 병病은 질疾이
심해진 상태를 말한다.
* 간閒은 간間이라고도 쓰며, 틈·사이 등을 말한다. 여기서는 병에
차도가 있다는 뜻이다. 중국의 초나라 지방에서는 병이 호전되는
것을 차瘥라고 말하기도 한다.
* 무녕無寧은 '차라리 ~함보다 나음이 없다'는 뜻으로, 전자보다
후자가 낫다는 뜻이다.
* 대장大葬은 대부급 이상의 장례에 쓰이는 용어다. 공자가 노나라
로 돌아가 다시 대부로 기용될 가능성을 염두에 둔 말로 보인다.

해설

공자가 천하를 주유하다가 노나라로 돌아가는 길에 큰 병이 걸렸던 듯하다. 그래서 길거리에서 장례를 치른다는 말을 했을 것이다. 공자는 대부에 해당하는 사구 벼슬을 했다. 대부는 가신을 거느리고 독자적인 집안의 행정을 처리할 수 있었고, 가신들이 수발을 드는 성대한 장례식을 치를 수 있었다. 자로는 스승을 존경하는 순수한 마음에서 또는 과거에 대부 벼슬을 했기 때문에 잘 몰라서 제자들로 하여금 가신의 역할을 담당하게 하고 싶었던 것이다. 그런데 공자는 사기를 친다고 강력하게 힐난했다. 이런 사실을 공자가 병이 깊었을 때는 몰랐다가 차도가 있은 뒤에 알아차린 듯하다. 그래서 다음과 같이 말했다.

"자로가 나를 속인 지가 오래되었다. 나는 퇴직해서 가신이 없는데도 자로는 마치 내게 가신이 있는 것처럼 꾸몄다. 내가 누구를 속일 수 있다는 말이냐? 이는 하늘을 속이는 짓이 아니더냐? 그리고 나는 가신들의 손으로 장례를 치르는 것보다 차라리 너희 제자들의 손에 장례가 치러지는 편이 더 좋다고 생각해야 하는 것이 아니겠느냐? 그리고 내가 대부 계급에 맞는 큰 장례로 대접받지 못했다고 한들 설마 내 시체가 도로에 버려지겠느냐?"

9:13

子貢曰: "有美玉於斯, 韞匵而藏諸? 求善賈而沽諸?" 子曰: "沽之哉! 沽之哉! 我待賈者也."

•

자공이 "여기에 아름다운 옥이 있는데 함에 감추어 간직합니까? 좋은 장사를 구해 팝니까?"라고 말하자 선생님이 말씀하셨다. "그것을 팔겠다! 그것을 팔겠다! 나는 장사를 기다리는 사람이다."

역주

* 온韞은 덮어서 보이지 않게 하는 것, 즉 감춘다는 뜻이다.
* 궤匱는 나무로 네모나게 만든 상자·함을 말한다.
* 가賈는 값을 뜻하기도 하고 값을 받고 파는 상인을 말하기도 한다. 상商은 행상, 즉 멀리 돌아다니며 물건을 파는 사람을 말한다. 가賈는 제자리에 앉아서 물건을 파는 사람이다.
* 고沽는 사고팔 때 모두 쓰는 글자이지만, 주로 이문을 남기고 파는 것을 뜻한다.

해설

공자는 공부를 해 성취가 있으면 벼슬에 나가라고 제자들을 가르쳤다. 여기서 옥은 덕을 비유한 것이다. 자공은 스승에게 훌륭한 덕이 있음에도 공직에 나가지 않는 것을 에둘러 물었고 공자는 좋은 값을 받고 팔기를 기다린다고 대답했다. 좋은 값을 쳐주는 장사를 기다린다는 것은 많은 보수를 바란다는 뜻이 아니라 현명한 군주를 만나 왕도정치를 펼칠 기회를 기다린다는 의미다.

　그래서 "여기에 아름다운 옥이 있다면 상자에 잘 감추어 그것을 간직해야 합니까? 아니면 좋은 값을 쳐줄 장사를 구해 팔아야 합니까?"라는 자공의 물음에 공자는 "그것을 팔아야지! 그것을 팔아야지! 나는 좋은 값을 쳐줄 훌륭한 장사, 즉 나의 덕을 알아줄 현군을 기다리는 사람이다"라고 답했다.

9:14

子欲居九夷. 或曰: "陋, 如之何!" 子曰: "君子居之, 何陋之有?"

•

선생님이 구이에 살고자 하자 어떤 사람이 "누추한데 어쩌시려고
요!"라고 말했다. 선생님이 말씀하셨다. "군자가 거기에 사는데 어
떻게 누추함이 있겠소?"

역주

* 구이九夷는 주로 동방에 거주하는 아홉 이夷족을 말한다. 위로 조
선을 포함한 발해와 황해(동중국해) 일대에 거주하는 민족으로, 오
늘날 저장성浙江省 해안까지 폭넓게 분포되어 있었다.
* 누陋는 장소가 좁고 누추한 곳을 뜻한다. 여기서는 궁벽하다는
의미다.

해설

구이九夷에 대해서는 이설이 분분하다. 《이아》〈석지〉에 구이·팔
적·칠융·육만을 사해四海라고 일컫는다고 하니, 이夷가 동이임은
공통적이다. 그런데 《전국책》〈진책秦策〉과 〈위책魏策〉에는 초나라
가 구이를 포함한다고 그리고 있고, 《사기》〈이사열전李斯列傳〉에
도 비슷한 발언이 있다. 그렇다면 남만도 구이로 부르고 있어서 문
제가 된다. 황간의 《논어주소論語注疏》, 《후한서後漢書》〈동이열전東

夷列傳〉 등에는 모두 다른 아홉 종류의 구이를 설명하는데, 너무 광범해 공자가 도대체 어디에서 살고자 했는지 알 수 없다. 유보남의 《논어정의》에는 조선을 가리킨다고 한다.[3] 《후한서》〈동이열전〉에 은나라 말 기자箕子가 미개한 조선에 가서 팔조법금을 시행해 도의가 존재하는 나라로 만들었다는 주장이 있는데 이를 근거로 삼았다. 그런데 공자 때도 이런 설이 존재했는지는 알 수 없다. 《논어》〈공야장〉에서도 공자는 뗏목을 타고 바다로 나가고자 했다. 공자는 천하를 주유하면서 중국에 도를 실천하기 어렵다고 느꼈으며 이에 답답해 바다를 건너 도의를 실행할 수 있는 곳에 가고 싶었는지도 모른다. 여기서 군자는 공자 자신이 아니라 훌륭한 덕화를 펼쳤던 기자를 뜻한 것일 수도 있다. 그래서 공자는 구이 지역에 살고자 했던 것이다.

어떤 사람이 "그 누추하고 궁벽한 곳에서 어떻게 사시려고요!"라고 묻자 공자는 "위대한 도의를 실천했던 군자 정치가가 거기에 사는데 어떻게 궁벽할 수 있겠소?"라고 대답했다.

9:15

子曰: "吾自衛反魯, 然後樂正, 〈雅〉〈頌〉各得其所."

•

선생님이 말씀하셨다. "내가 위나라에서 노나라로 되돌아온 연후에야 음악이 바르게 되었으니, 〈아雅〉와 〈송頌〉이 각기 제자리를 얻었다."

....

3   유보남, 앞의 책, 344쪽을 참조할 것.

역주

* 아雅는 바르다는 뜻으로, 주나라 초기 음률을 바로잡아 바른 정치가 시작되었음을 의미한다.
* 송頌은 조상을 기리거나 제사를 지낼 때의 춤의 자태를 말한다.

해설

이때는 공자 예순아홉인 노나라 애공 11년 겨울이었다. 〈아雅〉와 〈송頌〉은 《시경》의 아·풍風·송을 지칭한 것이 아니라 음악의 내용과 형식을 말한 것으로 보인다. 주나라가 쇠퇴하고 각지의 악樂·가歌·무舞는 혼란에 빠져 좋은 정치를 표현하지 못했다. 특히 위衛와 정鄭의 음란한 노래가 유행해 질서를 흐트러뜨렸다. 이에 공자는 천하를 주유하며 얻은 심득으로 노나라 음악을 바로잡아 주나라 초기의 화평과 안녕을 기원했다. 그래서 "내가 위나라에서 노나라로 돌아온 연후에야 악·가·무가 바르게 되었다. 바른 정치를 표현하는 정악인 〈아雅〉와 각 제사에 올리는 춤인 〈송頌〉이 각기 바른 자리를 찾았다"라고 말한 것이다.

9:16

子曰: "出則事公卿, 入則事父兄, 喪事不敢不勉, 不爲酒困, 何有於我哉?"

•

선생님이 말씀하셨다. "나가면 공경을 섬기고 들어오면 부형을 섬기고 상사에 감히 힘쓰지 않음이 없고 술로 어지러워지지 않음이

나에게 무슨 (어려움이) 있겠느냐?"

역주

* 공경公卿의 공公은 제후국에는 없고 천자의 조정에만 있으나 제후국의 군주 또한 공과 대등하므로 여기서는 군주를 대칭하는 말이다. 《예기》〈왕제〉에 따르면 대국의 삼경三卿은 모두 천자가 임명하고, 그다음 나라의 삼경은 둘은 천자, 하나는 그 나라 군주가 임명하며, 소국의 이경二卿은 그 나라 군주가 임명한다고 한다.
* 곤困은 원래 괴롭다, 시달리다 등의 의미이나 여기서는 흐트러져 어지러워짐을 말한다.

해설

공자가 벼슬을 할 때 이야기일 것이다. 조정에 출근해 조국을 위해 일하고 집에 돌아오면 부모에게 효도하고 형을 공경했다. 그런데 뒤의 두 가지도 공자는 아무 문제가 없었다는 이야기다. 상례를 주관하거나 돕는 것은 예법에 따르는 삶이었다는 뜻도 있으나 공자와 제자들의 주요 생계수단이기도 했다. 공자는 열심히 일했으며 술도 좋아해 주량이 꽤 되었으나 술 때문에 자세가 흐트러지거나 위태로운 지경에 빠지지는 않았던 것이다.

"조정에 나가면 공경을 섬기며 국가에 충성을 다하고, 집에 들어오면 부모와 형을 열성으로 섬기고, 상례를 주관하거나 도울 때는 언제나 최선을 다하고, 술을 마시나 자세가 흐트러져 어지러워지는 지경에 이르지 않는 일 등은 나에게 하나도 어려운 일이 아니다."

9:17

子在川上, 曰: "逝者如斯夫! 不舍晝夜."

•

선생님이 시내 위에 계시면서 말씀하셨다. "나아감이 이와 같구나! 밤낮을 버리지 않는다."

역주

* 서逝는 가다, 떠나다 등의 뜻으로, 사람이 죽을 때도 쓰고 세월이 감을 말하기도 한다.
* 사舍는 동사로 버리다, 포기하다, 내버려두다는 의미이며, 여기서는 쉬다, 휴식하다는 뜻이다.

해설

공자의 고향인 니산尼山에 서면 저 아래로 시내가 보인다. 공자가 여기에서 제자들과 대화를 나눈 것인지, 아니면 그가 살던 곡부의 큰 강인 기수沂水 강에서 말한 것인지 정확하지 않다. 세월이 쉼 없이 흐른다는 인생무상을 표현한 것일 수도 있으나 성리학자들은 세월의 흐름을 도체道體에 비유하고 밤낮을 쉬지 않음을 도의 간단없는 수양이라고 해석하기도 한다. 굳이 말하면 "세월이 흐르는 것은 도의 흐름과 같으니! 밤낮을 쉬지 않고 도를 닦아야 한다"라는 뜻이다.

9:18

子曰: "吾未見好德如好色者也."

•

선생님이 말씀하셨다. "나는 덕을 좋아하기를 색을 좋아하듯 하는 사람을 아직 보지 못했다."

역주

* 색色은 미색·여색을 뜻한다.

해설

《사기》〈공자세가〉에 따르면 위衛나라 영공이 미모의 부인인 남자를 수레에 태우고 의기양양해 가는 것을 보고 공자가 부끄럽게 여기며 했던 말이라고 한다. 그리하여 공자는 위나라를 떠났다. 그렇다면 노 정공 14년에 한 말이다. 정치가들이 여색을 좋아하고 유덕한 정치를 펼치기 위한 자기 수양을 하지 않음을 질타한 것이다.

　"나는 여색을 좋아하듯 유덕한 정치를 좋아하는 사람을 아직 보지 못했다."

9:19

子曰: "譬如爲山, 未成一簣, 止, 吾止也; 譬如平地, 雖覆一簣, 進, 吾往也."

•

선생님이 말씀하셨다. "산을 만드는 일에 비유하자면 아직 한 삼태기를 성공하지 못하고 그쳤다면 내가 그친 것이요, 땅을 고르는 일에 비유하자면 비록 한 삼태기를 덮기 (시작했다) 하더라도 진행한다면 내가 가는 것이다."

역주

* 궤簣는 흙을 담아 나르는 삼태기를 말한다. 흙을 쌓는다는 뜻의 궤壝 자와 같다.

해설

학문을 닦거나 도덕을 수양하는 일을 일컫는다.《순자》〈유좌宥坐〉에서 학문을 이야기하면서 "작은 개밋둑이라도 진행하려 하면 내가 함께할 것이고, 높은 언덕을 쌓고도 그만두려 하면 내가 끝낼 것이다"라는 공자의 말을 인용하고 있다. 공부나 도덕 수양을 중간에 그만두면 모두 헛일이 되고 작은 시작이라도 중단 없이 진행하면 끝내 성공을 거둘 것이라는 이런 식의 비유가 당시 매우 유행했던 듯하다.

"흙을 쌓아 커다란 산을 만들다가 마지막 한 삼태기의 흙만 더하면 되는데 그만두는 것은 내가 결정하는 것이다. 산을 만들겠다고 평지에 한 삼태기 흙을 붓기 시작하며 쉼 없이 공부를 진행하는 것도 내가 결정하는 것이다."

9:20

子曰:"語之而不惰者, 其回也與!"

•

선생님이 말씀하셨다. "말을 하면 게을리하지 않는 사람은 회이
리라!"

역주

＊타惰는 게으르다는 뜻으로, 상대방의 말을 공경하지 않아 소홀
히 함을 말한다.

해설

안연은 항상 스승의 말을 공경해 따져 물은 적도 없고 실천을 게
을리한 적도 없었다. 다른 제자들에게서 볼 수 없는 이 점을 높이
사서 공자가 특히 칭찬을 한 것이다.

"내가 가르침을 주면 공경하며 조금도 게을리하지 않는 사람은
안회뿐이리라!"

9:21

子謂顔淵, 曰:"惜乎! 吾見其進也, 未見其止也."

•

선생님이 안연을 평가하며 말씀하셨다. "애석하다! 나는 그가 나
아감을 보았을 뿐 그가 그치는 것을 아직 보지 못했다."

역주

＊석惜은 슬플 애哀 자와 통해 애석하다는 뜻도 있고, 아플 통痛으

로 해석해 애통하다는 뜻도 있다.

해설

안연이 죽은 뒤에 한 말일 것이다. 앞 장의 이야기처럼 안연은 스승의 말을 충실하게 실천한 적극적인 제자였다. 항상 도를 향해 앞으로 나아갈 뿐 중도에 멈추는 법이 없었음을 회상하며 한 이야기다.

"안연의 죽음이 정말 애통하다! 나는 그가 도를 향해 나아감만 보았을 뿐 중간에 수양을 그치는 것을 아직 보지 못했다."

9:22

子曰: "苗而不秀者有矣夫! 秀而不實者有矣夫!"

•

선생님이 말씀하셨다. "싹이 나고 꽃을 피우지 못하는 경우도 있다! 꽃을 피우고도 열매를 맺지 못하는 경우도 있다!"

역주

* 묘苗는 밭에서 초목의 싹이 나는 것을 말하고, 수秀는 꽃이 피는 것을 말하며, 실實은 열매를 맺음이다. 벼에 비유하면 모내기 상태를 묘라 하고, 줄기가 자라 벼꽃이 핀 것을 화禾라 하고 낟알이 달려 익은 것을 결실이라 한다.

해설

이 장을 대부분 주석가들은 공자가 안연의 죽음을 슬퍼하며 한 말이라고 한다. 요절한 안연은 공자의 제자 가운데 덕성이 으뜸이었으므로 묘이불수苗而不秀, 즉 싹이 나고 피지 못한 사람으로 이야기하기도 하고, 수이부실秀而不實, 즉 꽃을 피웠으나 열매를 맺지 못한 사람으로 비유하기도 한다.

"덕의 싹을 틔웠으나 성취의 꽃을 피우지 못한 사람이 있다! 꽃을 피우고도 도의 열매를 맺지 못한 사람이 있다!"

9:23

子曰: "後生可畏, 焉知來者之不如今也? 四十五十而無聞焉, 斯亦不足畏也已."

　•

선생님이 말씀하셨다. "후생은 두려워할 만하다. 다가올 사람이 지금만 못하다는 것을 어찌 알겠는가? 마흔, 쉰이 되어도 들리는 말이 없다면 이 역시 두려워할 만하지 못하다."

역주

* 후생後生은 나중에 태어날 사람, 즉 후배를 가리키기도 하고, 젊은이를 가리키기도 한다.

해설

《예기》〈왕제〉에는 쉰 살부터 쇠약하기 시작한다고 말한다. 학문의 꽃을 피우는 것은 마흔 이전이고, 쉰이 넘으면 노년의 시작으로 보았다. 젊은 후학들이 열심히 해 성취를 보일 수 있으므로 두려워할 만하다. 그런데 지속적으로 정진해 끝내 성취를 못 한 채 그대로 늙어버린다면 전혀 두려워할 바가 못 된다. 젊은이들의 미래에 숨은 가능성을 긍정하면서도 학문적인 성취를 향해 지속적으로 노력할 것을 강조했다.

"젊은 후학들은 두려워할 만한 존재다. 그들의 미래가 지금의 나보다 나을 것인지 못할 것인지 어떻게 알 수 있겠는가? 그럼에도 나이 마흔, 쉰이 되어도 세상에 알려질 성취를 하지 못했다면 그는 두려워할 만한 존재가 아니다."

9:24

子曰: "法語之言, 能無從乎? 改之爲貴. 巽與之言, 能無說乎? 繹之爲貴. 說而不繹, 從而不改, 吾末如之何也已矣."

•

선생님이 말씀하셨다. "법으로 타이르는 말을 따르지 않을 수 있겠는가? 그것을 고치는 것이 소중하다. 공손하게 건네는 말을 기뻐하지 않을 수 있겠는가? 그것을 이어가는 것이 소중하다. 기뻐하면서 이어가지 못하고 따르면서 고치지 못한다면 나는 그를 어떻게 할 수가 없다."

역주

* 법어法語는 오늘날은 불교 용어로 쓰이지만, 여기서는 법으로 타이르는 모범이 되는 말로 해석된다.
* 손여巽與의 손巽은 공손하다, 삼가 공경하다 등의 뜻이며 여與는

그러한 태도로 준다, 건네다 등의 의미이므로 손여는 공손하게 건네는 말로 해석된다.

* 역繹은 실을 뽑는다는 의미로 풀어내다, 실마리를 찾는다는 뜻이기도 하고, 기뻐하다, 고친다는 뜻을 지닌 역懌 자로 보아 기쁘게 고친다로 해석할 수도 있다.

해설

모두의 동의를 거쳐 법으로 만들어진 규정들은 따라야 하며 잘못이 있으면 그에 맞추어 고쳐야 한다. 공손하게 타이르는 말도 잘못을 고치라는 건강한 충고다. 이를 듣고 기쁜 마음으로 자신의 잘못을 풀어내어 바른길을 찾아야 한다. 잘못을 고치지 않고 잘못된 행동을 고칠 실마리를 찾아내지 못하는 사람은 어떻게 타이를 방법이 없다.

"합리적인 법 규정으로 정해진 말을 어떻게 따르지 않을 수 있겠는가? 잘못이 있으면 그에 맞추어 고치도록 하는 것이 중요하다. 잘못을 공손하게 지적하는 말을 들으면 어떻게 기뻐하지 않을 수 있겠는가? 문제의 실마리를 찾아 잘 풀어내는 것이 중요하다. 기뻐만 하고 실마리를 풀어내지 못하거나 따르기만 하고 잘못을 고치지 못하는 사람을 나는 어떻게 할 방법이 없다."

9:25

子曰: "主忠信, 毋友不如己者, 過則勿憚改."

•

선생님이 말씀하셨다. "참됨과 믿음을 앞세우고 자기만 못한 사람을 친구로 삼지 말고, 잘못하면 고치는 것을 꺼리지 말라."

해설

〈학이〉 8장 "정치가로서 군자가 태도를 중후하게 취하지 않으면 권위가 서지 않고, 그런 상태에서 관료가 되는 공부를 하더라도 견고한 기초를 다지기 힘들다. 자신에 대한 성실과 말에 대한 신뢰를 주요 가치로 삼고 자기만 못한 사람은 벗으로 삼지 말고, 정책에 잘못이 생기면 고치는 것을 꺼리지 말라"에서 앞 구절이 빠진 중복이다.

9:26

子曰: "三軍可奪帥也, 匹夫不可奪志也."

•

선생님이 말씀하셨다. "삼군의 장수를 빼앗을 수는 있으나 필부의 뜻을 빼앗을 수는 없다."

역주

* 필부匹夫의 필匹은 《이아》〈석고釋詁〉에는 합할 합合이라 한다. 《서경》〈요전堯典〉의 주소에 사대부 이상은 잉첩을 거느릴 수 있으나 그 이하 서인은 잉첩이 없이 부부만 서로 짝[匹]을 이룬다고 한다. 이런 이유로 벼슬하지 않은 일반 사람들을 필부라 부른다.

해설

외적인 힘이 최고인 사람은 삼군을 거느린 총사령관일 것이다. 그는 더 강한 외부의 힘으로 장수의 목숨을 거둘 수도 있다. 하지만 아무리 필부라도 자신의 내부에 죽음을 무릅쓴 굳건한 뜻이 있으면 아무리 강한 외부의 힘으로 압박해도 그의 뜻을 꺾을 수 없다는 말이다. 모두 자신의 의지에 달려 있다는 뜻이다.

"힘으로 삼군을 거느린 장수의 목숨을 빼앗을 수는 있으나 한낱 필부라도 그 자신의 강한 의지를 힘으로 빼앗을 수는 없다."

9:27

子曰: "衣敝縕袍, 與衣狐貉者立, 而不恥者, 其由也與? '不忮不求, 何用不臧?'" 子路終身誦之. 子曰: "是道也, 何足以臧?"

•

선생님이 말씀하셨다. "해진 솜 외투를 입고 여우나 담비 가죽의 옷을 입은 사람과 더불어 서서 부끄러워하지 않는 사람은 유이겠지? '해치지도 않고 탐하지도 않으니 어찌 착하지 아니한가?'" 자로가 종신토록 이를 외우려 하자 선생님이 말씀하셨다. "이 도가 어찌 충분하게 착함이겠는가?"

역주

* 폐敝는 옷이 낡다, 부서지다 등의 의미다. 뜻이 같은 해질 폐弊 자로 쓰기도 한다.
* 온포縕袍는 거친 헌 솜을 안에 넣어서 만든 외투를 말한다.

* 장贓은 중국어로 발음이 여럿이며, 사내종·뇌물·곳간을 뜻하기도 하고, 동사로 감춘다는 뜻도 있다. 여기서는 착하다, 훌륭하다는 의미다.

해설

불기불구不忮不求, 하용부장何用不臧부터를 따로 한 장으로 보는 판본도 있다.[4] 그러나 내용으로 볼 때 맥락이 같은 이야기여서 전체를 한 장으로 보는 경우가 더 많다. 자로는 용감하며 성취가 상당한 공자의 제자였다. 귀공자들은 여우나 담비 가죽으로 만든 갖옷을 입는데, 자로는 허름한 솜옷에 신분이 낮아도 오직 스승의 말을 실천하는 것을 중시할 뿐 부귀공명을 중시하지 않아 공자가 칭찬했다. 자로는 남을 해치지도 않고 남의 물건을 탐하지도 않는 선한 행위를 하라는 《시경》〈위풍·웅치雄雉〉의 말을 평생 소중한 잠언으로 기억하려 했다. 그런데 공자는 그 정도의 행동양식은 당연한 일이니 거기서 그치지 말고 진정한 도를 향해 더 전진하라고 일깨웠다.

"남을 해치지 않고 남의 것을 탐하지 않는 정도의 방법만으로 어떻게 충분히 선을 구현했다고 하겠는가?"

9:28

子曰: "歲寒, 然後知松柏之後彫也."

•

4   유보남, 같은 책, 356쪽.

선생님이 말씀하셨다. "한 해의 추위를 (본) 연후에야 송백이 나중에 시듦을 안다."

역주

* 세한歲寒은 해 세歲, 차가울 한寒의 결합으로, 날씨가 추워졌다, 겨울이 되었다 등의 의미다.

* 조彫는 새기다, 조각하다 등의 의미다. 시들 조凋 자와 통용했다.

해설

세한歲寒의 세는 1년을 뜻하고 한寒을 24절기 가운데 소한·대한을 말하는 것으로 보아 설 전후의 혹독한 추위로 해석할 수 있다. 하지만 고문헌에 한은 보통 겨울을 뜻하는 대표명사로 쓰였다. 《순자》〈대략〉에 "겨울이 되지 않으면 송백의 존재를 모르고, 고난을 당하지 않으면 군자의 존재를 모른다"라고 말해 한寒을 겨울로 해석하는데, 이 장의 취지와 잘 맞는다. 국가적으로 혼란을 겪고 나서야 훌륭한 정치가의 진면을 이해할 수 있다는 뜻이다.

  "혹독한 겨울의 시련을 보고 나서야 소나무와 잣나무의 청청한 존재의미를 이해할 수 있다."

9:29

子曰: "知者不惑, 仁者不憂, 勇者不懼."

•

선생님이 말씀하셨다. "지혜로운 사람은 헷갈리지 않고, 어진 사람은 근심하지 않으며, 용감한 사람은 두려워하지 않는다."

역주

* 지知는 단순한 지식이 아닌 지혜를 뜻하는 지智 자로 해석된다.

해설

공자의 정치사상은 한마디로 인정仁政이다. 넓은 의미의 인은 공자의 모든 사상을 포괄한다. 그 안에 작은 실천덕목으로서 지智·인仁·용勇이 있다. 지혜와 어짊과 용기는 어진 정치를 실천하는 정치가의 중요한 덕목이다. 지혜롭기에 정치적 사건을 당해 혼란에 빠지지 않으며, 어질기에 민심의 이반을 근심하지 않으며, 용감하기에 어떤 위험을 당해도 두려워하지 않는다.

"지혜로운 정치가는 혼란에 빠지지 않고, 어진 정치가는 민심을 근심하지 않으며, 용감한 정치가는 어떤 사건에도 두려워하지 않는다."

9:30

子曰: "可與共學, 未可與適道; 可與適道, 未可與立; 可與立, 未可與權."

•

선생님이 말씀하셨다. "더불어 함께 공부할 수는 있으나 더불어 도로 나아가는 것은 아니며, 더불어 도로 나아갈 수는 있으나 더불어 일어서는 것은 아니며, 더불어 일어설 수는 있으나 더불어 권력을 가질 수는 없다."

역주

* 적適은 가다, 도달하다, 만나다 등의 의미다.
* 권權은 경중이나 대소를 구분하는 저울추를 말한다. 권도權度의 발휘 또는 권력 행사로 해석할 수 있다.

해설

《회남자》〈범론훈氾論訓〉에도 같은 구절이 나오는데 여與 자 대신 이以 자를 쓰고 있다. 이 장의 핵심은 권權에 있다. 정치로 해석해 권을 권력으로 해석할 수 있다. 예컨대 함께 요순의 도를 공부한 다고 해서 같은 길, 즉 정치적 지향이 같아지는 것은 아니다. 정치 적 지향이 같더라도 같이 성공을 거두거나 세력을 확립하는 것도 아니다. 같이 성공을 거두었더라도 권력을 나누어 가질 수는 없다. 권을 권도權度로 해석할 수 있다.[5] 《맹자》〈이루 상〉에 남녀 사이에 손을 잡는 것은 예에 어긋나는데 형수가 물에 빠지면 손을 잡아주 지 않을 거냐는 물음에 맹자는 사람이 먼저라며 구해주는 것이 권 權이라고 말한다. 일종의 융통성을 발휘하는 것이다. 여기서의 권 또한 권도, 즉 융통성 발휘로 해석할 수 있다. 정치가 바로 인간사 회의 복잡한 갈등을 해결하고 질서를 잡는 일이란 점에서 융통성 을 구하는 권도 또한 권력행위의 정치와 통한다고 할 수 있다.

  "함께 공부를 할 수는 있으나 같은 정치적 지향을 지니는 것은

---

5 성백효 역주, 앞의 책, 265, 266쪽.

아니며, 같은 정치적 지향을 지녔더라도 같은 지위로 조정에 서는 것은 아니며, 함께 조정에 섰다고 하더라도 권력을 나누어 가질 수는 없다."

9:31

"唐棣之華, 偏其反而. 豈不爾思? 室是遠而." 子曰: "未之思也, 夫何遠之有?"

•

"당체나무 꽃이 나부껴 뒤집히는구나. 어찌 너를 생각하지 않을까? 집이 멀 따름이다." 선생님이 말씀하셨다. "아직 생각하지 아니함이지 어찌 멂이 있겠는가?"

역주

* 당체唐棣는 당체棠棣라고도 쓴다. 아가위나 산앵두나무를 말한다.
* 편偏은 나부끼는 모양을 뜻하는 편편翩翩의 의미다.
* 번反은 뒤집는다는 뜻으로, 바람에 꽃잎이 뒤집히는 모양을 의미한다.

해설

유보남의 《논어정의》에는 이 구절을 앞장에 붙여서 같은 맥락으로 이해했다.[6] 《시경》에 없는 일시逸詩의 인용이 처음에 갑자기 나

6 유보남, 앞의 책, 358, 362쪽.

온다는 점에서 앞장과 연결해 해석하는 방식이다. 꽃이 뒤집혔다가 다시 합치는 모양을 빗대어 권도가 뒤집혔다가 다시 정치적 안정을 가져온다고 해석하고 권도에 대해 깊이 사유하지 않아서 멀리 느끼는 것이라고 한다. 일리가 있는 접근이다. 하지만 장을 따로 떼어서 해석해도 크게 어긋나지는 않는다.

"산앵두나무 꽃이 피어 나부껴 뒤집히니 내가 어찌 그대를 생각하지 않을 수 있는가? 다만 너무 멀리 떨어져 있을 따름이다"라는 시에 대해 공자는 "진짜로 깊이 생각하지 않아서이지, 아무리 멀다고 무슨 상관이 있겠는가?"라고 말했다.

10편

향당
鄕黨

공자의 일거일동을 매우 세세하게 기록하고 있다. 제자들이 본 스승의 얼굴과 일상생활을 첫 장으로 구성했는데, 후대 주석가들이 독해의 편의를 위해 따로 절을 나누었다. 유보남의 《논어정의》는 스물다섯 절, 성백효의 역주는 열일곱 절로 나뉘어 있다. 여기서는 《무영전십삼경주소武英殿十三經注疏》본 《논어주소論語注疏》의 구분에 따라 모두 열여덟 절로 나눈다.

10:1

孔子於鄕黨, 恂恂如也, 似不能言者. 其在宗廟朝廷, 便便言, 唯謹爾.

•

공자가 시골마을에 있을 때는 신실한 태도로 마치 말을 못 하는 사람처럼 했으나 종묘조정에 있을 때는 정확하게 말하되 오직 삼갔다.

역주

* 향당의 인적 구성은 〈옹야〉를 참조하자. 공자는 수도에 거주했으니 여기서 향당은 부모와 종족이 사는 고향마을인 궐당闕黨을 나타낸 것이다.

* 순순恂恂은 공손하고 믿음이 가는 신실한 태도를 말한다.

* 종묘宗廟는 제사를 모시는 곳이다. 《백호통의》 〈종묘宗廟〉에 따르면 종은 존중의 의미이고 묘는 모양이어서 선조의 모습을 존경한다는 뜻이다. 동쪽에 있는 집을 실室이라 하고 서쪽에 있는 집을 묘라고 했는데 동당東堂·서당西堂이라 부르기도 했다.

* 조정朝廷의 조朝는 《백호통의》 〈조빙朝聘〉에 따르면 배알한다는 의미다. 군주를 배알하는 곳은 고문庫門·치문雉門 등 세 곳에서 이루어진다. 이를 외조外朝·내조內朝 등으로 구분하기도 하는데 정廷은 평지의 마당을 뜻한다. 계단이 없는 평지에서 임금을 배알하는 것을 조정이라 부른 것이다.

* 편편便便은 말을 정확하게 잘하는 것을 말한다. 《사기》〈공자세가〉에는 변변辯辯이라 한다.

해설

공자는 부모 형제와 친족이 사는 동네에서는 애써 말을 꾸밀 필요가 없이 항상 공손하고 온화하고 신실함을 기본으로 해 마치 말을 하지 못하는 사람처럼 행동으로 보여주었다. 하지만 정책과 나라의 안위를 다투는 조정에서는 정치적 반대자를 설득하는 논리 정연함과 변론이 필요했다. 공자는 세력으로 누르는 태도가 아니라, 경계하고 삼가는 태도로 관직생활을 했던 것이다.

10:2

朝, 與下大夫言, 侃侃如也; 與上大夫言, 誾誾如也. 君在, 踧踖如也. 與與如也.

•

조정에서 하대부와 말할 때는 화락한 모습이었고, 상대부上大夫와 말할 때는 중정을 지키는 모습이었다. 임금이 있을 때는 평탄하고 민첩하게 걸으며 (공경하고) 위의를 갖춘 모습이었다.

역주

* 간간侃侃의 간侃은 강직하다는 뜻이다. 화락和樂, 즉 화합하며 즐겁되 강직함을 유지하는 모양이다.
* 은은誾誾의 은誾은 온화하다는 뜻이다. 화합하되 공경을 유지하

면서 중정中正을 지키는 모양이다.

* 축적踧踖의 축踧은 평탄한 걸음걸이, 적踖은 민첩한 걸음걸이를 말한다. 모두 공경을 다하는 모습을 의미한다.

* 여여與與는 서서히 움직이는 것을 말하는데 위엄과 엄숙함을 갖춘 모양을 뜻한다.

해설

조정에 있을 때 공자의 모습이다. 시조視朝, 즉 군주가 현장에 나타나기 전에 하대부들과 담화를 나눌 때는 강직하면서도 화합하고 즐거운 태도를 유지했다. 하대부에는 상사·중사中士 등 다섯 급이 있었다. 상대부들과 담화를 나눌 때는 공경하는 태도를 유지하면서도 화합하고 중정을 지키는 모습이었다. 상대부는 주로 경卿이었다. 군주가 출근하면 걸음걸이를 빠르게 했으나 급하지 않게 공경을 다했으며 여유롭게 움직이며 위의를 잘 갖춘 모습이었다.

10:3

君召使擯, 色勃如也, 足躩如也. 揖所與立, 左右手, 衣前後, 襜如也. 趨進, 翼如也. 賓退, 必復命曰: "賓不顧矣."

•

임금이 불러서 (손님을) 인도하게 하면 낯빛을 바꾸고 발걸음을 빠르게 갔다. 더불어 서 있는 사람과 읍을 함에 손을 왼쪽으로 하거나 오른쪽으로 했으며 옷의 앞뒤 끝을 가지런히 했다. 빨리 걸어 나아갈 때는 (새의) 날갯짓 같았다. 손님이 물러나면 반드시 복명해

"손님이 돌아보지 않았습니다"라고 말씀하셨다.

역주

* 빈擯은 손님 빈賓이 원뜻으로, 손짓으로 손님을 인도한다는 의미다.
* 발勃은 노해 갑자기 일어난다는 뜻이다. 발여勃如는 놀라서 낯빛이 변하는 모양을 말한다.
* 곽躩은 발길을 돌리지 않고 내쳐 바쁘게 뛰어간다는 뜻이다.
* 첨襜은 치마나 소매 등의 옷 끝을 가지런히 함을 말한다.

해설

공자는 상국相國의 담당관은 아니었으나 예에 밝아서 외빈을 접대하는 임무를 많이 수행했다. 군주가 소환할 때마다 공자는 표정을 장중하게 하고 걸음걸이를 신속하게 하되 항상 조심했다. 군주의 명을 열심히 따르고 있음을 손님에게 보여준 것이다. 여러 외빈을 대하면서 왼쪽에 있는 사람에게 읍할 때는 왼손을 앞세우고 오른쪽에 읍할 때는 오른손을 앞에 두는데 긴 옷소매가 항상 일정하고 가지런해 흔들림이 없었다. 허둥대지도 않았고 지나치지도 않게 항상 일정한 표정과 태도를 유지했다. 손을 펴고 빨리 걸을 때도 새가 날갯짓을 하는 것처럼 우아하고 경쾌해 국가의 품위와 자존심을 지켰다. 손님이 돌아갈 때 군주가 배웅을 하고 서 있는 곳으로 돌아와 아무 탈 없이 잘 갔다고 복명함으로써 군주로 하여금 안심하고 처소에 들게 만들었다. 처음부터 끝까지 군주를 공경하는 마음을 잃지 않은 것이 핵심이다.

10:4

入公門, 鞠躬如也, 如不容. 立不中門, 行不履閾. 過位, 色勃如也,

足躩如也, 其言似不足者. 攝齊升堂, 鞠躬如也, 屛氣似不息者. 出,

降一等, 逞顔色, 怡怡如也. 沒階趨進, 翼如也. 復其位, 踧踖如也.

•

공문에 들어서면 몸을 굽혀 받아들이지 못한 듯했다. 문 가운데 서지 않았으며 다닐 때 문지방을 밟지 않았다. (군주의) 자리를 지나갈 때 낯빛을 바꾸고 발걸음을 빠르게 갔으며 마치 말이 부족한 것처럼 했다. 옷자락을 끌어당겨 당에 오르고 몸을 굽혔으며 기운을 막아 마치 숨을 쉬지 않는 것처럼 했다. 나오며 한 계단을 내려오면 안색을 펴고 화평하듯 했다. 층계가 없으면 빨리 걸어 나아감이 (새의) 날갯짓 같았다. 제자리로 돌아옴에 평탄하고 민첩하게 걸으며 (공경했다).

역주

* 공문公門은 공실의 문이다. 제후국의 바깥문인 고문庫門과 치문雉門을 말한다.
* 국궁鞠躬의 국鞠은 가죽으로 만든 공이고 궁躬은 몸이다. 몸을 공처럼 구부리려 절하는 것을 말한다.
* 역閾은 문의 바깥과 안을 가르는 장치, 즉 문지방을 말한다.
* 이이怡怡에서 이怡는 기쁨의 빛을 띤 온화하고 화평한 모습을 말한다.

해설

공문公門의 공公은 군주다. 군주가 있는 곳은 정무를 보는 곳이다.
공자가 조정에 출근해 보내는 모습을 그린 것이다. 기본은 항상 군
주를 공경하는 자세를 잃지 않음이다. 군주가 없더라도 그의 자리
를 지날 때는 있는 듯이 조심하고 숨도 크게 쉬지 않았다. 계단을
오르내릴 때 옷자락이 걸리지 않도록 주의하고 공경하는 자세를
끝까지 흐트러뜨리지 않았다.

10:5

執圭, 鞠躬如也, 如不勝. 上如揖, 下如授. 勃如戰色, 足蹜蹜,
如有循. 享禮, 有容色. 私覿, 愉愉如也.

•

홀을 잡으면 몸을 굽혀 이기지 못하는 듯했다. 위로 (들면) 읍하듯
이 했고 아래로 (내리면) 주듯이 했다. 전전긍긍하듯 낯빛을 바꾸고
발걸음은 종종걸음을 쳐 (무엇을) 좇는 것이 있는 듯했다. 예를 바칠
때는 받아들이는 낯빛이었다. 사적으로 만날 때는 유쾌한 듯했다.

역주

* 규圭는 옥으로 만든 홀로, 위가 둥글고 아래는 네모인 제후의 신
물이다. 명규命圭라고 한다. 천자가 제후를 봉할 때도 주었으며, 제
후들이 천자를 배알하거나 다른 나라에 사신을 보낼 때 대부에게
들려 보내기도 했다.
* 전색戰色은 전전긍긍, 즉 두려워하는 낯빛을 말한다.

* 축蹜은 다리를 오그리고 종종걸음을 친다는 뜻이다.

* 유유愉愉는 낯빛이 부드럽게 누그러져 유쾌한 모습이다.

해설

공자는 정공을 모시고 제나라 경공을 만난 일은 있으나 사신으로 명규를 들고 다른 나라에 간 적은 없다. 그렇다면 이 절은 무엇일까? 조설지晁說之의 주장처럼 공자가 빙문聘問의 예를 예로 들어 설명한 것일 수 있다.[1] 어쩌면 제자들이 국빈의 예를 수행하는 스승의 모습을 연상하고 그린 것일 수도 있다. 아무튼 군주에 대한 공경이라는 취지를 벗어나지 않으며 예법에도 어긋남이 없다.

10:6

君子不以紺緅飾. 紅紫不以爲褻服. 當暑, 袗絺綌, 必表而出之. 緇衣羔裘, 素衣麑裘, 黃衣狐裘. 褻裘長, 短右袂. 必有寢衣, 長一身有半. 狐貉之厚以居. 去喪, 無所不佩. 非帷裳, 必殺之. 羔裘玄冠不以弔. 吉月, 必朝服而朝.

•

군자는 감색과 검붉은 색으로 꾸미지 않았다. 붉은색과 자주색을 평상복으로 입지 않았다. 더위를 당하면 갈포 홑옷을 입어 반드시 겉으로 내놓았다. 검은 옷은 염소 갖옷, 흰옷은 고라니 갖옷, 노란옷은 여우 갖옷을 입었다. 평상복 갖옷은 길었으며 오른쪽 소매는

---

1 성백효 역주, 앞의 책, 276쪽을 참조할 것.

짧았다. 반드시 잠옷이 있었으며, 길이는 몸 하나에 반이 (더) 있었다. 여우와 담비 가죽으로 두텁게 살았다. 상례를 마치면 노리개를 차지 않은 적이 없었다. 휘장치마가 아니면 반드시 줄여서 (꿰맸다). 염소 갖옷이나 검은 관모로 조문하지 않았다. 초하루에는 반드시 조복을 입고 조회했다.

역주

* 감紺은 검은색으로 보일 정도로 푸른 빛깔, 즉 감색을 말한다.
* 추緅는 검은색으로 보일 정도로 검붉은 색을 말한다.
* 설복褻服은 평상시에 입는 옷을 말한다.
* 치격絺綌은 갈포로 만든 옷을 말한다. 치絺는 가는 갈포, 격綌은 굵은 갈포를 말한다.
* 유상帷裳은 제사를 지내거나 조회를 들 때 휘장처럼 위에 걸치는 폭이 넓은 치마다.
* 길월吉月은 그달이 시작하는 길함을 뜻한다. 초하루를 말한다.

해설

군자는 공자를 말한다. 공자가 일상생활에서 입는 옷을 상세히 설명했다. 모든 집안에서 그렇게 해야 한다는 주장이라기보다 공씨 가문에서 입었던 일상 규정이었을 것이다. 공자를 신성시하면서 역사적으로 예법과 경전의 근거를 끌어다가 이를 입증하려는 설명이 무수히 많았다.[2] 여름에도 반드시 외투를 걸쳤다. 검은색 속

---

2 이에 대해서는 유보남, 앞의 책, 387~405쪽의 설명을 참조할 것.

옷에는 검은색 외투를, 흰색 속옷에는 노란색 외투를, 노란색 속옷에는 노란색 외투를 입었다. 여자들이 입는 색깔로 취급하던 다홍색·자주색 평상복을 입지 않았고 검은 옷을 입고 조문하지 않았다. 반드시 발을 덮을 정도의 긴 잠옷을 입었고 평상시에 패물을 항상 차고 다녔다는 점 등이 주목할 만하다.

10:7

齊, 必有明衣, 布. 齊, 必變食, 居必遷坐.

•

재계할 때는 반드시 명의를 입는데 베로 만들었다. 재계할 때는 반드시 식사를 바꾸었으며 반드시 거소를 옮겨서 앉았다.

역주

* 명의明衣는 시신을 염습할 때 처음 입히는 옷을 말한다. 여기서는 생전에 목욕재계하고 입는 의상을 말한다.

해설

의衣는 위아래 옷을 모두 포함하는 말이다. 목욕의 목沐은 머리때를 벗기는 것이요, 욕浴은 몸의 때를 벗기는 일이다. 목욕재계해 땀이 스미는 것을 방지하기 위해 베로 만든 목욕가운을 입었는데 맑고 깨끗하다는 의미에서 명의明衣라 불렀다. 또 제사를 지내기 위해 목욕재계를 한 뒤에는 술이나 마늘 등 일상음식을 피했고 거처를 다른 곳으로 옮겨서 경건함을 유지했다.

10:8

食不厭精, 膾不厭細. 食饐而餲, 魚餒而肉敗, 不食. 色惡, 不食. 臭
惡, 不食. 失飪, 不食. 不時, 不食. 割不正, 不食. 不得其醬, 不食.
肉雖多, 不使勝食氣. 惟酒無量, 不及亂. 沽酒市脯, 不食. 不撤薑
食. 不多食. 祭於公, 不宿肉. 祭肉不出三日. 出三日, 不食之矣.
食不語, 寢不言. 雖疏食菜羹, 瓜祭, 必齊如也.

　•

밥은 정精함을 싫어하지 않았고 회는 가는 것을 싫어하지 않았다.
밥이 부패해 상했거나 생선이 썩고 고기가 부패한 것은 먹지 않
았다. 색깔이 나쁘면 먹지 않았다. 냄새가 나쁘면 먹지 않았다. 조
리를 잘못한 것은 먹지 않았다. 때가 맞지 않은 것은 먹지 않았다.
바르게 자르지 않은 것은 먹지 않았다. 그 장을 얻지 않으면 먹지
않았다. 고기가 비록 많더라도 밥 기운을 이기지 않도록 했다. 오
직 술은 양이 없었으나 어지러운데 미치지 않았다. 파는 술과 저
자의 육포는 먹지 않았다. 생강과 밥을 거두지 않았다. 많이 먹지
않았다. 공실에 제사 지냈으면 고기를 잠을 재우지 않았다. (집안)
제사고기는 사흘을 내놓지 않았다. 사흘을 내놓으면 그것을 먹지
않았다. 밥을 먹을 때는 말하지 않았고 잠잘 때는 말하지 않았다.
비록 거친 음식과 채소 국이라도 반드시 제를 올렸으며 반드시 엄
숙했다.

역주

* 정精은 쌀을 곱게 찧어서 정성을 다해 깨끗이 씻은 것을 말한다.
* 의饐는 음식이 부패해 곰팡이가 핀 것이다. 애餲는 음식 맛이 변

해 상한 것이다.

* 임<small>飪</small>은 음식을 끓이는 것, 즉 요리하는 일을 말한다. 실임<small>失飪</small>은 잘못 익힌 음식, 즉 잘못 조리한 음식을 말한다.

* 과제<small>瓜祭</small>는 이해하기 어렵다. 오이 과<small>瓜</small> 자가 과일을 깎는다는 뜻이고, 제<small>祭</small>는 제사를 지낸다기보다는 음식을 먹기 전에 산천이나 신에게 고수레하는 행위를 말한다. 과일을 깎아 고수레를 했다는 해석이 이상하다. 대부분 주석가들은 과<small>瓜</small> 자를 한대 《노논어<small>魯論語</small>》에 나오는 반드시 필<small>必</small> 자의 오기로 본다.

해설

공자의 음식생활에 대한 설명이다. 곡식은 깨끗하고 정밀한 것을 찾았고 육회는 가늘게 썬 것을 좋아했다. 변질되고 상한 음식을 먹지 않았고 제대로 조리하지 않거나 맞는 소스가 없으면 먹지 않았다. 시기에 맞지 않은 음식을 찾지 않았고 아무 때나 먹지 않았다. 공자는 고기를 좋아했으나 밥보다 많이 먹지는 않았다. 다만 술을 무제한으로 먹었으나, 그렇다고 몸과 정신이 혼란할 정도로 마시지는 않았다. 시장에서 파는 음식은 먹지 않았다. 공실에서 제사를 지내고 받은 고기는 그날로 나누어주어 공실의 은혜를 알도록 했으며, 집안에서 제사 지낸 음식은 사흘을 넘기기 전에 나누어 먹어 상함을 방지했다. 아무리 거친 음식이라도 항상 감사하는 태도를 지녔다. 오늘날 음식을 대하는 우리의 태도를 되새겨볼 만한 대목이 많다.

10:9

席不正, 不坐.

- •

자리가 바르지 않으면 앉지 않았다.

해설

좌석이 바르게 배치되어 있지 않으면 앉지 않았다는 이야기다.

10:10

鄕人飮酒, 杖者出, 斯出矣. 鄕人儺, 朝服而立於阼階.

- •

시골 사람들과 술을 마실 때 지팡이를 짚은 사람이 나가면 이에
나갔다. 시골 사람들이 굿을 하면 조복을 입고 동쪽 층계에 섰다.

역주

* 장자杖者는 지팡이를 짚은 사람이다.
* 나儺는 역귀를 쫓는 굿을 말한다.
* 조계阼階는 동쪽의 층계를 말하며, 주인이 오르는 곳이다.

해설

공자가 시골마을에 있을 때 일이다. 음주의례를 마쳤을 때 노인들이
먼저 나간 뒤에 젊은 사람들이 따라 나갔다. 고을의 음주례는 3년에
한차례 있었다.《예기》〈왕제〉에 따르면 쉰 살이면 집에서 지팡이

를 짚고, 예순 살이면 시골마을에서 지팡이를 짚고, 일흔 살이면 나라에서 지팡를 짚고, 여든 살이면 조정에서 지팡이를 짚는다고 말한다. 여기서는 향인鄕人이므로, 예순 살 넘은 노인이 먼저 나간 뒤에 나갔다는 말이다. 또한 겨울에 거행하는 역귀를 쫓는 굿을 할 때는 조상신에 대한 자세를 신중히 유지했고, 빈객을 대접한다는 의미에서 동쪽 계단에 조복을 입고 서 있었던 것이다.

10:11

問人於他邦, 再拜而送之. 康子饋藥, 拜而受之. 曰: "丘未達, 不敢嘗."

•

사람을 (보내) 다른 나라에 문안할 때는 두 번 절하고 보냈다. 강자가 약을 보내오자 절하고 그것을 받으며 "구가 통달하지 못해 감히 맛보지 못합니다"라고 말씀하셨다.

역주

* 문問은 안부를 묻는다는 뜻이다.
* 궤饋는 먹인다는 뜻이다. 먹을 것을 권한다, 보낸다는 의미도 있다.

해설

다른 나라의 대부 이상 고관에게 문안을 간다는 것은 선물을 들려 예를 차린다는 뜻이다. 그 사람을 공경을 다해 대한다는 의미에서 두 번 절한 것이다. 계강자는 권력자 가운데 하나였다. 대부가 물건을 보내면 절을 하고 받으며, 그것이 음식이면 맛을 보는 것이 예였다. 다만 계강자가 보낸 연유나 용도를 알 수가 없던 공자는 절을 하되 맛보지 않았기에 솔직하게 맛보지 않았다고 말한 것이다.

10:12

廐焚. 子退朝, 曰: "傷人乎?" 不問馬.

•

마구간에 불이 났다. 선생님이 조정에서 물러 나와 "사람이 다쳤느냐?"라고 말씀하시고 말에 대해서는 묻지 않았다.

역주

* 구廐는 마구간이다. 마소를 관리하는 국가기관이기도 하지만 여기서는 공자 집안의 마구간을 말한다.

해설

공자가 퇴근해 집에 돌아오니 마구간에 불이 났다고 한다. 공자는 말에 대해 묻지 않고 사람이 다쳤느냐고 물었다. 인명을 중시한 그의 마음을 읽을 수 있다.

10:13

君賜食, 必正席先嘗之; 君賜腥, 必熟而薦之; 君賜生, 必畜之. 侍食於君, 君祭, 先飯. 疾, 君視之, 東首, 加朝服, 拖紳. 君命召, 不俟駕行矣.

•

임금이 식사를 내리면 반드시 자리를 바로잡고 먼저 그것을 맛보았다. 임금이 날고기를 내리면 반드시 익혀서 그것을 (사당에) 올렸다. 임금이 살아 있는 것을 내리면 반드시 그것을 길렀다. 임금을 모시고 밥을 먹을 때 임금이 (고수레) 제를 하면 먼저 먹었다. 병이 들어 임금이 보러 오면 동쪽에 머리를 두고 조복을 더하고 허리띠를 끌어당겼다. 군주가 소환을 명하면 말 멍에를 (걸기) 기다리지 않고 걸어갔다.

역주

* 천薦은 조상에게 음식을 바쳐 올린다는 뜻이다.
* 동수東首는 머리를 동쪽에 둔다는 뜻이다. 동쪽은 생기를 뜻하므로 걱정을 덜어준다는 의미다.
* 타拖는 잡아끌어 걸쳐둔다는 의미다.

해설

공자가 군주를 섬기는 태도를 설명하고 있다. 군주를 존중해 그가 내려준 음식은 정중한 자세로 먼저 맛을 보고, 날고기를 하사하면 잘 익혀서 할아버지와 아버지 사당에 올려 조상에게 그 영광을 전한다. 생물을 하사하면 이유 없이 죽이지 않고 군주의 뜻을 받들어 잘 길렀다. 군주와 같이 밥을 먹을 때 군주가 고수레를 했으면 자신은 군주의 행위를 높이 사서 따로 고수레를 하지 않고 바로 밥을 먹었다. 군주가 병문안을 오면 동쪽에 머리를 두어 생기 있게 보이고 조복을 입을 수는 없으나 몸 위에 덮고 허리띠를 그 위에 얹어서 공경을 표했다. 소환하면 말에 멍에를 올려 준비될 때를 기다리지 않고 바로 보행으로 출발해 빠르게 응대함을 표현한 것이다. 핵심은 군주를 공경하는 마음이다.

10:14

入太廟, 每事問.

•

태묘에 들어가 매사를 물었다.

해설

〈팔일〉 15장 앞부분의 중복이다.

10:15

朋友死, 無所歸. 曰: "於我殯." 朋友之饋, 雖車馬, 非祭肉, 不拜.

•

친구가 죽어 돌아갈 곳이 없자 "나의 집에 빈소를 차리라"고 말씀하셨다. 친구가 보내온 것은 비록 수레와 말이라 하더라도 제사 지낸 고기가 아니면 절하지 않았다.

역주

* 귀歸는 돌아간다는 뜻인데, 귀소가 없다는 말은 곧 친지가 없다

는 뜻이다.

* 빈殯은 죽은 사람에 대한 염습을 말하기도 하고 관에 시신을 안치해 잠시 두는 빈소를 뜻하기도 한다. 여기서는 빈소를 차린다는 동사로 사용했다.

해설

친구를 대하는 공자의 태도를 이야기한다. 친족이 없어 장례를 치르지 못하는 친구를 위해 흔쾌히 자기 집에 빈소를 차리라고 말했다. 또 친구끼리는 물건을 주고받는 것이 당연한 일이어서 아무리 값비싼 수레나 말을 선물했더라도 절을 하지 않는다. 다만 제사 지낸 고기를 보내올 경우에는 친구의 조상도 같이 공경해야 하므로 절을 하고 받았다.

10:16

寢不尸, 居不容. 見齊衰者, 雖狎, 必變. 見冕者與瞽者, 雖褻, 必以貌. 凶服者式之. 式負版者. 有盛饌, 必變色而作. 迅雷風烈, 必變.

•

잠잘 때는 시체처럼 (널브러지지) 않았고, 거소에서는 얼굴을 (꾸미지) 않았다. 자최복을 입은 사람을 보면 친하더라도 반드시 (낯빛을) 바꾸었다. 면관을 쓴 사람이나 봉사를 보면 비록 무람한 사이라도 반드시 용모를 (바로잡았다). 흉복을 입은 사람에게 몸을 굽혔으며 도판을 진 사람에게 몸을 굽혔다. 성찬을 (차림이) 있으면 반드시 낯빛을 바꾸어 일어섰다. 빠르게 우레가 치고 바람이 세차면 반드시

(낯빛을) 바꾸었다.

역주

＊설褻은 업신여기다, 깔보다라는 뜻도 있으나, 여기서는 서로 무람할 정도로 지나치게 친하다는 의미다. 가볍게 여길 정도로 친한 사이란 의미의 압狎보다 더 가까운 사이다.

＊모貌는 얼굴이며, 공경을 나타내는 용모를 말한다.

＊식式은 식軾으로, 수레의 앞턱에 걸친 나무를 말한다. 또는 그 나무를 잡고 몸을 굽혀 경의를 표하는 자세를 말한다.

＊판版은 나라의 토지·인민·호구·거복車服·예기禮器 등을 기록한 도판을 말한다.

해설

잠잘 때는 침대에 뒹굴며 시체처럼 널브러져 있지 않았으며 집에서 편히 쉴 때는 용모를 꾸미지 않았다. 상을 치른 사람, 고위 공직자, 장애인 등을 만나면 아무리 친한 사이더라도 엄숙한 태도로 조심했다. 수레를 타고 가다가도 상복을 입은 사람이나 나랏일에 관련된 문서를 나르는 사람들을 보면 허리를 숙여 경의를 표했다. 훌륭한 연회에 초청을 받아 성찬을 보면 주최자를 공경했고 맹렬한 자연현상을 만나면 낯빛을 바꾸어가며 하늘을 경외했다. 공자의 삶은 엄숙함의 연속이었던 셈이다.

10:17

升車, 必正立執綏. 車中, 不內顧, 不疾言, 不親指.

•

수레에 올라갈 때는 반드시 바르게 서서 손잡이 줄을 잡았다. 수레 가운데서는 안을 돌아보지 않았고 말을 빠르게 하지 않았고 친히 가리키지 않았다.

역주

* 수綏는 잡고 수레에 오를 수 있도록 연결해놓은 수레 손잡이 줄이다.

해설

공자는 수레를 잘 몰았다고 한다. 스스로 재능이 있다고 말할 정도였다. 그럼에도 항상 조심하고 장중한 태도를 유지하며 수레에 올랐고, 일단 수레에 오르면 고개를 이리저리 돌리거나 급하게 말을 건네거나 여기저기 손가락질을 하는 채신머리없는 행동을 하지 않았다는 말이다.

10:18

色斯擧矣, 翔而後集. 曰: "山梁雌雉, 時哉! 時哉!" 子路共之, 三嗅而作.

•

낯빛이 들리니 (새가) 빙빙 돌며 난 뒤에 모여들었다. "산 다리에 암

꿩이구나. 때에 맞다! 때에 맞다!"라고 말씀하셨다. 자로가 그것을 바치니 세 번 냄새를 맡고 일어났다.

역주

* 거舉는 들어 올림을 말한다. 낯빛이 찌푸려지는 것, 즉 안색이 좋지 않다는 뜻이다.
* 공共은 같다는 뜻보다는 바칠 공供으로 해석하거나 잡을 공拱 자로 해석한다.

해설

이 구절은 빠진 내용이 많은 듯하다. 의미도 별로 없고 이 편의 전체 맥락과도 잘 맞지 않는다. 내용대로라면 교외에 나갔다가 나무에 모여든 새들을 보고 시운이 좋다고 한 공자의 말을 계절음식으로 잘못 알아들은 자로가 꿩을 잡아다 대접했다. 이에 공자는 먹지 않고 냄새만 맡고 일어섰다는 내용이다. 억지로 해석하면 위와 같으나 역대 주석가들마다 다르게 해석한 경우도 많다. 예컨대 징검다리 량梁 자를 기장 량粱 자로 해석해 꿩이 기장을 쪼아 먹으니 때에 맞다고 해석한 경우도 있고, 냄새 맡을 후嗅 자를 새소리 알嗢 자로 보고 공共을 공拱으로 보아 자로가 때에 맞게 나는 새를 향해 두 손을 맞잡고 손짓하니 꿩이 몇 번 울며 날아갔다고 해석하기도 한다.

11편

선진
先進

모두 스물여섯 장이다. 주석서에 따라 일부 내용을 합해 스물세 장, 스물네 장, 스물다섯 장 등 편 구분이 다양하다. 공자가 제자들의 성품과 능력을 평가한다. 공자가 가장 아끼던 안연과 그의 죽음에 관한 이야기가 많다. 민자건의 효행을 언급하거나, 자로의 행동들을 여러 장에 걸쳐 말하고 있다. 제자들의 정치적인 지향을 길게 토론하며 마무리한다.

11:1

子曰: "先進於禮樂, 野人也; 後進於禮樂, 君子也. 如用之, 則吾從先進."

●

선생님이 말씀하셨다. "예와 악보다 먼저 나아감이 야인이고 예와 악보다 나중에 나아감이 군자다. 만약 그들을 쓴다면 먼저 나아간 이들을 따르겠다."

역주

* 선진先進은 관직·기량·학문 등이 앞서 나아간다는 의미다. 여기서는 관직에 먼저 진출한 선배라는 뜻이다. 후진後進은 그 반대의 뜻이다.
* 야인野人은 성의 밖에 사는 관직이 없는 시골 사람을 말한다.
* 군자君子는 군주의 자제다. 세습으로 관직을 가진 귀족 계급을 말한다.

해설

논쟁도 많고 해석도 다양한 구절이다. 대다수 주석가들은 선진을 옛 선배로 보고, 후진을 오늘날 후배로 본다. 한편 어於를 비교격으로 해석해서 예악보다 앞서 나간 사람이 야인이고, 예악보다 나중에 나간 사람이 군자라고 해석하기도 한다. 하지만 이 장의 핵심인 용지_{用之}가 관직을 맡긴다는 뜻이다. 야인은 공부를 열심히 해 예악을 익힌 뒤 관직에 나간 주나라 초의 옛 선배에 가깝고, 군자는 귀족 계급을 세습해 자연스럽게 직위를 얻은 뒤 나중에 예악을 익혀 관직을 수행하므로 오늘날의 후배에 속한다. 그래서 공자는 "옛 선배들은 예악을 먼저 익히고 관직을 맡은 평민들이었으나, 오늘날 후배들은 일을 맡고서야 예악을 익힌 군자의 신분들이다. 만약 사람을 쓴다면 나는 옛 선배들을 따르겠다"라고 말한 것이다.

11:2

子曰: "從我於陳蔡者, 皆不及門也."

•

선생님이 말씀하셨다. "진나라와 채나라에서 나를 따르던 이들 모두가 (벼슬) 문에 미치지 않았다."

역주

* 문^門을 문하로 보는 견해가 많다.[1] 여기서는 국문^{國門}, 즉 벼슬을 해 조정이나 귀족의 문에 드나들었다는 뜻으로 본다.

해설

공자가 진나라와 채나라 사이에서 횡액을 당하고 굶어 죽을 지경

---

1 성백효 역주, 앞의 책, 297쪽을 참조할 것.

에 이르렀을 때를 회상한 것이다. 그때 함께 고생한 제자들을 공자가 그리워했다고 해석하는 견해도 있다. 하지만 《맹자》〈진심 하〉에 군자, 즉 공자가 진나라와 채나라 사이에서 횡액을 당할 때 그 나라 위아래와 교류가 없었다고 말하고 있는데 이 장에 대한 적절한 해석으로 보인다. 공자가 초나라·위나라 등에서 고생했을 때도 제자 또는 제자에 준하는 사람들의 도움으로 난을 벗어난 적이 있다. 노 애공 2년에서 6년 사이에 당했던 이 횡액에 수행했던 제자로는 안연·자공·자로·자장·재아 등이 있었으며 염유가 있었는지는 이설이 존재한다.

"진나라와 채나라 사이에서 횡액을 당했을 때 나를 따르던 제자들 가운데 어떤 사람도 벼슬을 해 높은 자리에 있던 사람이 없었다."

11:3

德行: 顔淵, 閔子騫, 冉伯牛, 仲弓. 言語: 宰我, 子貢. 政事: 冉有, 季路. 文學: 子游, 子夏.

•

덕행은 안연·민자건·염백우·중궁이다. 언어는 재아·자공이다. 정사는 염유와 계로다. 문학은 자유와 자하다.

역주

* 덕행德行은 안에서 길러지는 덕성과 밖으로 드러나는 실천을 함께 말한 것이다.
* 언어言語는 임금의 명을 논리적인 언변으로 잘 풀어내어 외교적

인 성과를 거두는 능력을 말한다. 국제관계가 중요했던 당시에 중요한 학문 분과로 여겼을 것이다.

* 정사政事는 일종의 정무처리 능력을 말한다.

* 문학文學은 글로 표현하는 능력과 학문적인 탐구 능력을 말한다.

해설

네 개의 분과로 나누어 제자들을 배속시키는 이 분석이 공자가 생전에 했던 것인지는 알려지지 않았으나《논어》내의 여러 내용들을 볼 때 매우 일리가 있다. 이 구절로 인해 역사적으로 이 열 사람은 공문십철孔門十哲로 칭송되며 오랫동안 영향을 끼쳤다. 하지만《사기》〈공자세가〉에는 육예에 통달한 제자를 일흔두 명이라고 언급하고 있으며 공자사상을 전수하는 데 큰 역할을 한 증자나 자사 등이 빠져 있다는 점에서 이것으로 공자 제자를 전부 평가할 수는 없다. 안연의 호학과 민자건의 효행은 특별했으며 중궁은 군주가 될 만하다고 했고 염백우의 병에 공자가 안타까워한 정도를 보건데 이들은 덕행이 뛰어난 사람들이었으나 모두 큰 벼슬을 하지 않았다.《맹자》〈공손추 상〉에 재아와 자공은 대화와 토론을 잘했다고 한 점으로 볼 때 이들은 외교를 수행하는 데 언변이 뛰어났던 듯하다. 공자는 염구가 기예에 능하고 자로가 과단성이 있어 정치에 종사할 만하다고 평가한 적이 있다. 당시 가장 중요했던 예에 대해 궁금하면 자유의 글을 참고했다고 한다. 자하는 스승이 확정한 육경에 장구를 달고 해설을 붙여서 수많은 제자백가의 스승이 되었다는 점에서 학문적인 탐구능력이 가장 뛰어났던 듯하다.

11:4

子曰: "回也非助我者也, 於吾言無所不說."

•

선생님이 말씀하셨다. "회는 나를 돕는 사람이 아니다. 내 말에 대해 기뻐하지 않는 바가 없었다."

역주

* 조助는 돕는다는 뜻이다. 여기서는 학문을 진전시키기 위한 도움, 즉 상호 권장을 의미한다.

해설

안연은 스승의 말에 이견을 달거나 깊은 질문을 한 사람이 아니다. 공자는 자신의 공부에 도움이 되려면 뛰어난 제자의 날카로운 지적과 신선한 아이디어가 필요했을 것이다. 안연은 스승의 말을 되새기고 조용히 물러나 스스로 깨쳐서 경지에 오른 사람이었다. 비판이라기보다 제자의 성취에 대한 다른 종류의 칭찬일 수 있다.

"안회는 내 공부에 유익한 도움을 주는 사람은 아니다. 내가 가르친 말을 기뻐하며 스스로 깨치는 것을 즐거워한 사람이었다."

11:5

子曰: "孝哉閔子騫! 人不間於其父母昆弟之言."

•

선생님이 말씀하셨다. "효성스럽다, 민자건은! 사람들이 그 부모와 형제의 말에 틈을 타지 못했다.”

역주

* 간閒은 동사로 틈을 타다, 헐뜯어 이간질하다 등의 의미다.
* 곤昆은 맏이·형이란 뜻이다.《이아》〈석친釋親〉에는 곤晜이라 쓰는데 곤昆은 음을 가차한 글자다.

해설

유향의 《설원》〈일문佚文〉《예문유취藝文類聚》권20)에 이런 고사가 실려 있다. 민자건 두 형제를 낳은 어머니가 돌아가시자 아버지는 재가해 다시 두 아들을 두었다. 어느 날 민자건이 아버지를 모시고 수레를 몰다 고삐를 놓쳤다. 그때 아버지가 민자건의 홑겹 옷을 보았다. 계모와 아이들은 모두 따뜻한 겹옷을 입고 있었다. 화가 난 아버지는 계모가 자신을 속였다며 쫓아내려고 했다. 이에 민자건이 아버지 말을 따르지 않고 “어머니가 계셔서 한 사람만 홑겹 옷을 입었는데 어머니가 떠나시면 네 사람이 추위에 떨어야 합니다”라고 간언했다. 공자는 민자건의 한마디로 어머니가 되돌아오게 했고 두 마디로 세 아들을 따뜻하게 했다면서 효자라고 칭찬한다. 공자는 아버지를 감동시키고 형제들의 사랑을 받은 민자건의 이런 행동을 효성스럽다고 칭찬했을 것이다.

“효성스럽다, 민자건은! 어떤 사람도 그의 부모와 형제가 하는 칭찬에 이의를 달거나 이간질을 할 수 없었다.”

11:6

南容三復白圭, 孔子以其兄之子妻之.

●

남용이 《시경》의 백규白圭 구절을 세 번 반복하니 공자가 그의 형의 자식을 그에게 시집보냈다.

역주

* 백규는 백옥으로 만든 홀을 말한다. 여기서는《시경》의 구절을 뜻한다.

* 처妻는 동사로, 아내로 만들다, 즉 시집을 보낸다는 뜻이다.

해설

《시경》〈대아大雅·억抑〉에 신중한 말을 주문하는 "백규의 흠은 갈 아버릴 수 있으나 말의 흠은 어찌할 수가 없다[白圭之玷, 尚可磨也. 斯言之玷, 不可爲也]"라는 구절이 있다. 정치세계에서 말이야말로 재앙을 부르는 근원이다. 삼三은 많음을 뜻하므로 남용이 이 구절을 매일 매일 자주 외운 것은 말을 조심하겠다는 경계심을 보인 것이다. 그렇다면 정치혼란기에도 재앙을 피할 수 있을 것이다. 그래서 조카딸을 그에게 시집보냈다. 당시 조카의 결혼을 주재할 권리는 숙부인 공자에게 있었다. 남용에게 조카딸을 시집보낸 일은 〈공야장〉 2장에 상세히 나온다.

11:7

季康子問: "弟子孰爲好學?" 孔子對曰: "有顏回者好學, 不幸短命
死矣! 今也則亡."

•

계강자가 물었다. "제자들 가운데 누가 공부를 좋아합니까?" 공자
가 대답했다. "공부를 좋아하는 안회라고 있었는데, 불행하게도
명이 짧아 죽었습니다! 지금이라면 없습니다."

해설

〈옹야〉 3장에 노 애공이 같은 질문을 했을 때 공자는 조금 더 상세
하게 대답했다. 안회가 "화가 나도 그 분노를 다른 사람에게 옮겨
상처를 입히지 않았으며 한 번 잘못하면 진정으로 반성해 두 번
다시 잘못을 저지르지 않았다"라는 말과 "안회가 죽고 없으니 공
부를 좋아하는 안회만한 다른 학생이 있는지 저는 아직 파악하지
못했다"라고 덧붙였다. 군주의 질문에는 상세하게 대답하고 대부
의 질문에는 간결하게 대답한 것이다.

"안회라고 공부를 좋아하는 제자가 있었는데, 불행하게도 명이
짧아 죽고 말았습니다! 지금은 없습니다."

11:8

顏淵死, 顏路請子之車以爲之椁. 子曰: "才不才, 亦各言其子也.
鯉也死, 有棺而無椁. 吾不徒行以爲之椁. 以吾從大夫之後, 不可
徒行也."

•

안연이 죽자 안로顔路가 선생님의 수레로 덧널을 만들기를 청했다. 선생님이 말씀하셨다. "재능이 있든 재능이 없든 역시 각자 제 아들을 말한다네. 리鯉가 죽었을 때도 널만 있고 덧널은 없었네. 내가 걸어서 다님으로써 덧널을 만들어주지 않음은 내가 대부의 뒤를 좇으니 걸어서 다닐 수 없어서이네."

역주

* 안로는 안연의 아버지로, 이름은 무유無繇이며 공자보다 여섯 살 적다. 처음에 공자에게 수학했다고 한다.
* 곽椁은 곽槨으로도 쓴다. 관을 담는 덮개가 있는 외관外棺, 즉 덧널을 말한다.
* 리는 공자의 아들 백어伯魚로,《사기》〈공자세가〉에 따르면 쉰 살에 아버지 공자보다 먼저 죽었다. 공자는 열아홉에 송宋나라 기관씨亓官氏와 결혼해 스물두세 살에 백어를 낳았다.

해설

가난해 덧널을 살 형편이 못 되는 안연 아버지가 스승인 공자에게 수레를 팔아 아끼던 제자의 덧널을 해주면 어떻겠냐고 부탁한다. 공자는 이 부탁을 거절하고 아들 공리孔鯉의 죽음에도 덧널을 하지 않았다고 말했다. 안연은 재주가 있고 공리는 재주가 없었으나 다 같은 아들이다. 신분을 저버리고 임금이 내린 수레를 팔아 덧널을 사는 행위는 온당치 못하다는 말이다. 공자 일흔 살 전후의 일일 텐데 현직에 있지 않았으나 대부의 신분이었기 때문에 대부의 뒤를 좇는다고 말한 것이다. 정치적 관심과 활동이 누구보다 많았던 고령의 공자에게 걸어서 다니더라도 수레를 팔아 아들의 덧널을 마련하는 것이 어떠냐는 안로의 요청은 예에 어긋나 보인다. 공자는 거절할 명분을 찾기가 참 난감했을 것이다.

"안회처럼 재주가 있는 사람이든 내 아들 공리처럼 재주가 없는 사람이든 다 자신의 아들을 애틋하게 생각하는 것은 같은 일일세. 내 아들 공리가 죽었을 때도 속널만 했고 덧널은 하지 않았네. 내가 걸어서 다닐 각오를 하고 덧널을 만들어줄 수도 있었겠으나 그렇게 하지 않은 것은 내가 대부를 지냈던 사람으로서 정치활동을 하려면 걸어서 다닐 수 없기 때문이네."

11:9

顏淵死. 子曰: "噫! 天喪予! 天喪予!"

•

안연이 죽었다. 선생님이 말씀하셨다. "아! 하늘이 나를 망치는구나! 하늘이 나를 망치는구나!"

역주

* 희噫는 슬픔이 크거나 애통해 마지않을 때 내는 소리를 말한다.
* 상喪은 죽다, 잃다, 망하다 등의 의미인데 여기서는 도를 잃는 것을 한탄해 쓰였다.

해설

안연은 공자가 가중 중요시하는 인의예지의 덕목을 두루 갖춘 수제자였다. 안빈낙도하고 학문과 도의 수양 및 실천을 게을리하지 않은 공자의 동반자였다. 그가 젊은 나이에 죽자 공자는 자신이 물려받은 도를 제대로 전승할 후사를 상실했음에 안타까워했다. 그래서 망친다는 표현을 쓴 것이다.

"아이고! 하늘이 내 도의 전승을 망하게 만드는구나! 하늘이 내 도의 전승을 망하게 만드는구나!"

11:10

顔淵死, 子哭之慟. 從者曰: "子慟矣." 曰: "有慟乎? 非夫人之爲慟而誰爲!"

●

안연이 죽자 선생님이 곡하시며 서럽게 울었다. 따르는 사람이 "선생님께서 서럽게 우십니다"라고 말하자 선생님이 말씀하셨다. "서럽게 울었느냐? 이 사람을 위해 서럽게 울지 않으면 누구를 위해 그러겠느냐?"

역주

* 통慟은 소리 높여 우는 통곡을 뜻하며, 슬픔이 지나침을 말한다.

해설

공자는 자신의 아들이 죽었을 때는 울지 않았다고 한다. 그런데 안연의 죽음에 자신도 모르게 통곡할 정도로 지나친 슬픔을 보였다. 제자들이 걱정하자 "이 사람을 위해 통곡하지 않으면 누구를 위해 통곡한단 말인가?"라고 말한 것으로 보아 그의 안연에 대한 사랑의 깊이를 짐작할 만하다. 직접 안씨 집으로 문상을 갔을 때의 일이다.

11:11

顔淵死, 門人欲厚葬之, 子曰: "不可." 門人厚葬之. 子曰: "回也視予猶父也, 予不得視猶子也. 非我也, 夫二三子也."

•

안연이 죽자 문인들이 그를 후하게 장사지내고자 하니 선생님이 "안 된다"라고 말씀하셨다. 문인들이 그를 후하게 장사지냈다. 선생님이 말씀하셨다. "회는 나를 아버지와 같이 보았는데 나는 아들과 같이 보지 못했구나. 나 때문이 아니라 너희들 때문이다."

역주

* 후장厚葬은 후하게 장례를 치른다는 이야기다. 신분이나 가세에 맞지 않게 도를 넘어서 장사를 지낸다는 뜻이다.

해설

위 8장의 내용처럼 안연의 아버지 안로는 아들의 장례를 후하게 치러주고 싶어 했다. 공자가 덧널을 사주지 않는 등 신분에 맞는 장례를 추천했으나 제자들은 안연과의 친분 때문인지 안로의 부탁 때문인지 스승의 말을 듣지 않고 후하게 장사를 지냈다. 이에 공자는 한 번 더 제자들을 질책한다. 죽음을 꾸미는 형식으로 친함을 표현하는 방식이 사자를 영광스럽게 하는 것이 아님을 일깨운 것이다. 안연을 자식처럼 여긴 자신의 사랑법이 더 군자답다는 이야기이기도 하다.

"안회는 생전에 나를 아버지처럼 따르고 섬겼는데 나는 그를 내 아들처럼 신분에 맞는 장사를 치러주지 못했다. 내가 그리하려고 해서가 아니라 너희 제자들이 내 말을 듣지 않았기 때문이다."

11:12

季路問事鬼神. 子曰: "未能事人, 焉能事鬼?" "敢問死." 曰: "未知生, 焉知死?"

•

계로가 귀신을 섬김에 대해 물었다. 선생님이 말씀하셨다. "아직 (산) 사람도 섬길 수 없으면서 어떻게 귀신을 섬길 수 있느냐?" "감히 죽음을 묻습니다"라고 하자 "삶도 아직 모르면서 어찌 죽음을 알려느냐?"라고 말씀하셨다.

역주

* 귀신鬼神의 귀鬼는 죽은 뒤의 넋, 신神은 절대적인 정신이나 혼을 뜻한다.[2]

....

2　귀신에 대해서는 〈옹야〉 22장 역주를 참조할 것.

공자는 자로를 정치에 종사할 만한 사람이라고 평가한 적이 있다. 또 〈옹야〉에서 공자는 번지에게 예법에 힘쓸 뿐 귀신을 공경하되 섬기지 말고 멀리하라고 말한 바 있다. 귀신을 섬기는 일은 제례 등을 중요한 정치임무로 여겨야 하느냐는 질문이고, 죽음을 묻는 것은 상례 등을 중요한 정치임무로 여겨야 하느냐는 질문이다. 공자는 오늘을 살아가는 사람들의 일을 중요시하는 휴머니스트였으며 산 사람을 위한 정책을 주장하는 군자 정치가였다. 그는 임금과 부모를 충효로서 섬기고 현실에서의 예를 지키는 일이 훨씬 중요하다는 것을 자로에게 일깨운 것이다.

"현실을 살아가는 임금이나 부모도 잘 섬기지 못하면서 어떻게 귀신을 섬기는 일에 신경을 쓴다는 말이냐?" "오늘을 살아가는 백성들의 삶이 어떤지도 아직 모르면서 어떻게 죽은 뒤의 일을 궁금해 한다는 말이냐?"

11:13

閔子侍側, 誾誾如也; 子路, 行行如也; 冉有子貢, 侃侃如也. 子樂. "若由也, 不得其死然."

•

민자건이 곁에서 모시는데 중정을 지켰으며, 자로는 굳세게 나갔으며, 염유와 자공은 화락했다. 선생님이 기뻐하셨다. "유처럼 하면 그 죽음이 자연스러울 수 없다."

역주

* 행행行行은 나가고 나간다는 의미로, 굳세고 강하게 앞만 보고 강행한다는 뜻이다.

해설

민자건은 유덕한 제자로, 항상 온화하게 중정을 지키면서 스승을 잘 모셨다. 이를 공자는 기뻐했다. 용감하게 밀어붙이는 자로의 행위와, 화목하고 즐거운 인간관계를 유지하는 염유와 자공에 대해서도 기뻐했을까? 물론 네 명의 제자에 대한 스승의 만족을 표한 것이라는 주장도 가능하다. 하지만 이 장은 자로의 행위에 대한 공자의 평가와, 정치적인 미래에 대한 전망을 담고 있다. 그런데 자로가 곱게 죽지 못할 것이라고 말하면서 기뻐했다는 것은 모순이다. 그래서 자락子樂의 락樂을 음악 악 자로 읽으면 발음이 웨yue가 되니, 발음이 같은 말씀 왈曰 자의 잘못된 표기라는 주장이 있다.《한서》에도 같은 문구가 있는데 자락子樂 대신에 자왈子曰로 되어 있다.[3] 따라서 선생님이 "자로와 같은 태도로 정치에 임하면 제대로 죽지 못할 수 있다"라고 걱정한 것일 수 있다. 실제로 자로는 위衛나라 공리와 괴외의 난 때 굴강하게 밀어붙이다가 죽임을 당했다.

11:14

魯人爲長府. 閔子騫曰: "仍舊貫, 如之何? 何必改作?" 子曰: "夫

3 유보남, 앞의 책, 450, 451쪽; 성백효 역주, 앞의 책, 305쪽 등을 참조할 것.

人不言, 言必有中."

•

노나라 사람이 장부를 (고쳐) 짓자 민자건이 말했다. "옛것으로 여전히 관통하면 어떤가? 하필 고쳐서 지을까?" 선생님이 말씀하셨다. "저 사람은 말하지 않는데 말하면 반드시 적중함이 있다."

역주

* 장부長府의 부를 문서·재화·무기 등을 보관하는 창고로 보는 견해와 거주가 가능한 별관으로 보는 견해가 있다. 노나라 군주가 계씨를 토벌하기 위해 장부에 머물곤 했다고 한다.
* 잉仍은 여전하다, 인하다 등의 의미다.
* 관貫은 꿰뚫는다는 뜻인데 일을 말하기도 한다. 여기서는 일관된 행위에 대한 이야기다.
* 중中은 치우치지 않고 도리에 맞다, 적중하다 등의 의미다.

해설

겉으로 보면 재화를 낭비하는 행위를 비판한 민자건을 공자가 칭찬한 내용으로 보인다. 하지만 당시 정치상황으로 보건데 단순히 건물을 개축하는 행위를 비판한다기보다는 도덕정치를 펼쳐 민심을 얻을 생각을 하지 않는 노나라 군주를 비판한 것일 수 있다. 노 소공은 어진 정치를 하지 못했고 계씨는 은혜를 베풀어 백성들의 지지를 받고 있었다. 소공이 장부를 개축해 무기와 군량을 쌓아 계씨를 치려는 행위를 지적했고 공자도 동의한 것이다. 민자건이 "옛날부터 전해지는 덕과 예로 일관된 정치를 펴면 될 것을 군이 장부까지 개축해가며 힘을 쓸 필요가 있는가?"라고 하자 공자는 "저 사람 민자건은 좀처럼 말을 잘하지 않는데 일단 말을 했다 하면 반드시 도리에 들어맞는 말을 한다"라고 말했다.

11:15

子曰: "由之瑟奚爲於丘之門?" 門人不敬子路. 子曰: "由也升堂矣, 未入於室也."

•

선생님이 말씀하셨다. "유는 어찌해서 (나) 구의 문에서 슬瑟을 두드리는가?" 문인들이 자로를 공경하지 않자 선생님이 말씀하셨다. "유는 당에 올라갔다. 아직 방에 들어서지 아니했을 뿐이다."

역주

* 슬은 큰 거문고를 닮은 악기로 문헌에 따라 설명이 조금씩 다르다. 길이가 여덟 자 한 촌, 넓이가 한 자 여덟 촌의 스물일곱 현이라는 설부터, 길이 다섯 자 다섯 촌의 스물세 현이라는 설까지 여럿이다. 《백호통의》〈예악〉에 따르면 슬은 분노를 가라앉히고 욕망을 억제하는 정인의 덕을 상징하는데, 두드릴 고鼓 자를 쓴다.
* 당堂은 앞 처마와 뒤 처마 사이에 있는 열린 공간이며 뒤 처마의 뒤로 실室과 방房이 있으니 들어가려면 반드시 먼저 당을 거쳐야 한다. 그래서 승당升堂은 공부를 어느 정도 이루어 방에 들어갈 자격이 되었다는 것이며, 입실入室은 도를 얻어 일가를 이룬 단계가 되었다는 뜻으로 쓰인다.

해설

자로의 걸맞지 않은 악기 연주를 공자가 평가했다. 슬은 큰 악기로, 《시경》의 아雅·송頌을 연주하며 온화하고 안락한 마음을 표현해야 한다. 그런데 《설원》〈수문修文〉에 따르면 중용을 지키는 태도가 아닌 살벌한 기운을 담은 자로의 잘못된 연주를 공자가 질책했다. 이 말을 들은 자로는 일주일 동안 먹지 않고 반성했으며 공자는 그가 잘못을 고쳤다고 인정했다.

"자로는 어째서 제대로 맞지도 않은 슬 연주를 우리 집 문 앞에서 하는 것이냐?"라고 공자가 나무라자 제자들이 자로를 무시하고 공경하지 않았다. 이에 공자는 "자로의 실력은 이미 승당의 경지에 올랐다. 아직 도를 통하지 못했을 뿐이니 너희들은 자로를 무시해서는 안 된다"라고 자로를 감쌌다.

11:16

子貢問: "師與商也孰賢?" 子曰: "師也過, 商也不及." 曰: "然則師愈與?" 子曰: "過猶不及."

•

자공이 물었다. "사와 상 (중에) 누가 현명합니까?" 선생님이 말씀하셨다. "사는 지나치고 상은 미치지 못한다." "그렇다면 사가 낫습니까?"라고 말하자 선생님이 말씀하셨다. "지나침은 미치지 못함과 같다."

역주

* 사師는 전손사, 즉 자장이며, 상商은 복상, 즉 자하다.

해설

과유불급過猶不及의 출처다.《예기》〈중니연거仲尼燕居〉에도 비슷한 이야기가 실려 있다. 공자가 자장에게 너는 좀 지나치고 자하는 못 미친다고 말했다. 이를 들은 자공이 자리를 옮겨 공자에게 어떻게 해야 그 중도를 지킬 수 있느냐고 물어보았다. 공자는 모든 것을 예에 입각해 처리하는 것만이 제중制中, 즉 중용을 만들어갈 수 있다고 대답했다고 한다. 지나침은 미치지 못함과 다를 바 없으니 어떤 일에서든 중용을 지키는 태도가 필요하다. 유가사상에서 중용은 곧 예의를 실천하는 것이다.

11:17

季氏富於周公, 而求也爲之聚斂而附益之. 子曰: "非吾徒也. 小子鳴鼓而攻之, 可也."

•

계씨는 주공보다 부유한데 구는 그를 위해 모으고 거두어 그에게 붙여 더해주었다. 선생님이 말씀하셨다. "내 무리가 아니다. 너희들은 북을 울리며 그를 공격해도 된다."

역주

* 취聚는 모으는 것을 말하고 염斂은 거두는 것을 말한다. 모두 백

성들의 재화를 세금으로 긁어모은다는 뜻이다.

* 부附는 무엇을 덧붙여서 보탠다는 뜻이다.

* 소자小子는 여기서 공자의 문인들을 뜻한다.

해설

주공은 천자의 재상이었으며, 노나라에 봉지를 받아 세금으로 10분의 1을 거두었다. 계씨는 제후국인 노나라의 대부였을 뿐인데 공실의 재산을 넷으로 나누고 또 10분의 2를 거두었다. 계강자는 천승을 낼 수 있는 재산을 누린 듯하다.《맹자》〈이루 상〉에 계씨의 읍재가 된 염구가 그 덕을 고치기는커녕 세금을 다른 때보다 배로 거두었다는 말이 있다. 정치에 재능이 있다고 칭찬했던 염구가 계씨의 재산을 늘리려고 백성들에게 토지세를 더하는 정책을 펴는 것을 본 공자는 제자도 아니라고 신랄하게 비난하고 있다.

"염구는 더는 나의 제자도 아니다. 너희 동문들은 북을 울리며 그의 잘못된 정책을 공격해도 된다."

11:18

柴也愚, 參也魯, 師也辟, 由也喭.

•

시柴는 우직하고, 삼은 노둔하며, 사는 치우치고, 유는 거칠다.

역주

* 시는 공자의 제자 고시高柴로, 자는 자고다. 위衛나라 사람이라고

하며 공자보다 서른 살 어리고 키가 다섯 척도 되지 않았다고 한다.

* 우愚는 어리석다는 뜻이다. 여기서는 고지식한 어리석음, 즉 우직하다는 의미다.

* 노魯는 미련하다는 뜻이다. 여기서는 재빠르지 못하고 둔함, 즉 노둔하다는 의미다.

* 벽辟은 한쪽으로 치우친다는 뜻이다. 여기서는 편벽되다는 의미의 벽僻과 같다.

* 안唁은 예의가 바르지 않고 조잡하고 거칠다는 뜻이다. 조문을 한다는 뜻일 때는 언으로 읽는다.

해설

공자의 제자에 대한 평가이니, 앞에 자왈子曰이 빠진 듯하다. 《공자가어》에는 자고가 남의 그림자도 밟지 않고 벌레도 죽이지 않았으며 피눈물로 부모의 삼년상을 치렀다고 한다. 공자는 그의 행동을 우직하다고 표현했다. 증삼은 약삭빠르지 않고 느릿느릿 도에 접근해 공자의 진전을 계승했다. 공자는 그를 노둔하다고 표현했다. 그들에 비해 자장은 성실성을 드러내기보다 용모를 꾸미는 데 치우친 듯하다. 《순자》〈비십이자〉에는 자장을 천유賤儒라 한다. 자로는 예를 어기는 경우가 많아서 공자가 거칠다고 그를 평가한 듯하다.

11:19

子曰: "回也其庶乎, 屢空. 賜不受命, 而貨殖焉, 億則屢中."

•

선생님이 말씀하셨다. "회는 (도에) 가까웠는데 자주 (뱃속이) 비었다. 사는 명을 받지 않고 재화를 번식했는데 생각하면 자주 적중했다."

역주

* 누屢는 여러·자주·누차 등의 의미다.

* 명命을 천명으로 해석하면 천명이 아니라 생각한 것마다 적중해 우연히 부자가 되었다는 뜻이며, 운명으로 해석하면 부자가 될 운명이 아니었으나 판단을 잘해 부자가 되었다는 뜻이다. 한편 춘추 시대는 사민四民, 즉 사농공상이 있었고 각자 관이 부여하는 명령에 따라 자신의 직무에 종사했다. 자공은 공자에게 배운 사士 계급이었는데도 관명官名을 받아들이지 않고 장사라는 직업을 선택해 부자가 되었다는 뜻으로 해석하기도 한다.

* 화식貨殖은 물품을 번식시키다, 재화를 늘리다, 재물을 쌓다 등의 의미다. 이에 따라 사마천은《사기》〈화식열전〉에 자공을 첫 번째로 다루었다.

* 억億은 헤아릴 탁度의 뜻이다. 억憶으로도 쓰며, 생각하다, 판단하다 등의 의미다.

해설

《사기》〈화식열전〉에 따르면 자공은 위衛나라에서 벼슬도 했으나 조曹와 노魯 사이에서 장사를 해 공자의 제자 가운데 가장 풍요롭게 살았다고 한다. 공자의 제자 가운데 가장 가난하면서도 안빈낙도했던 안연과 자공을 선명하게 비교함으로써 공자가 무엇을 지향했는지 알게 한다. 그렇다고 공자가 자공을 비판한 것 같지는 않다. 자공은 평소 공자의 말을 충실히 수행한 제자이기도 했다. 천명인지 운명인지 모르겠지만 그는 생각한 대로 잘 맞아떨어져 재화를 축적할 수 있었다고 한다.

"안회는 도를 닦아 경지에 가까워졌으나 자주 끼니를 굶어서 뱃속이 허하게 살았다. 자공은 정해진 운명대로 정치로 나가 벼슬살이를 하지 않고 장사를 해서 재물을 크게 늘렸는데 그가 무엇을 생각하고 투자하면 모두 제대로 맞아떨어졌다."

11:20

子張問善人之道. 子曰:"不踐跡, 亦不入於室."

•

자장이 선인의 도에 대해 물었다. 선생님이 말씀하셨다. "발자취를 밟지 않아 역시 방에 들어가지는 못한다."

역주

* 천踐은 밟다, 따르다 등의 의미다.
* 적跡은 발자취·흔적을 뜻하며 밟다는 의미도 있다. 좇는다는 의미에서 자취 적迹 자와 통하며 적迹으로 된 판본도 많다.

해설

자장은 선인善人이 되는 방법과 더불어 선인이란 개념의 한계선을 물은 것이다. 공자는 두 가지 대답을 모두 했다. 선인은 자질이 선한 사람이고, 성품이 선한 사람이다. 그러나 위대한 정치가가 되기 위해서는 예악을 익혀야 한다. 그래야 성인이 될 수 있다. 선인은 예와 악을 아직 익히지 못해 성인의 방에 들어서지 못한 단계다. 따라서 열심히 예악을 익히라는 주문이다.

선인은 "성인의 발자취인 예악을 익히지 못해 역시 위대한 정치가인 성인의 경지에는 아직 이르지 못한 사람이다."

11:21

子曰: "論篤是與, 君子者乎? 色莊者乎?"

•

선생님이 말씀하셨다. "언론이 돈독한 사람은 군자인가? 낯빛이 장엄한 자인가?"

역주

* 논독論篤의 논論은 논의·서술·토론 등을 의미하며 독篤은 진심이 깃들어 두텁고 견실함을 말한다. 논독은 언론이 독실함을 뜻한다.
* 색장色莊의 색色은 낯빛을 의미하며, 장莊은 장엄함·엄숙함 등의 의미다. 색장은 낯빛이 장중하고 엄숙하다는 뜻이다.

해설

《논어정의》 460, 461쪽에는 이 구절을 선인善人에 대한 자장의 물음에 공자가 한 또 하나의 대답으로 본다. 때를 달리해서 공자가 대답한 것이므로 앞에 자왈子曰을 따로 붙였다고도 한다. 그래서 하나의 장으로 취급했다. 허여할 여與 자를 의문조사 호乎의 오기라고 주장하기도 한다. 논독자는 듣기 좋은 말만 가려서 하지 않는 사람을, 군자는 그 어떤 비루한 행동도 하지 않는 사람을, 색장자는 엄숙한 낯빛으로 소인을 멀리하는 사람을 말한다고 한다. 선인은 논독·군자·색장의 세 가지가 있다는 뜻이다. 억지로 꿰맞추면 가능한 해석이지만, 장을 분리해 따로 생각하면 말을 잘하는 언론인에 대한 공자의 의심을 담은 내용으로 해석할 수도 있다. 색장色莊 또한 의문사를 썼다는 점에서 낯빛이 엄숙하다는 가치중립적인 언어라기보다는 낯빛을 장엄하게 가장하는 사람으로 이해할 수도 있다. 특히 정치에 대한 평가를 주도하는 사람들의 행태를 공자가 논평한 것일 수 있다.

"독실한 언론인이라는 그 사람들은 훌륭한 정치가인 군자인가? 아니면 낯빛만 장중하게 위장한 자들인가?"

11:22

子路問: "聞斯行諸?" 子曰: "有父兄在, 如之何其聞斯行之?" 冉有問: "聞斯行諸?" 子曰: "聞斯行之." 公西華曰: "由也問聞斯行諸, 子曰'有父兄在'; 求也問聞斯行諸, 子曰: '聞斯行之'. 赤也惑, 敢問." 子曰: "求也退, 故進之; 由也兼人, 故退之."

•

자로가 "들으면 실행합니까?"라고 묻자 선생님이 말씀하셨다. "부형이 계시는데 어찌 들었다고 그것을 행하겠느냐?" 염유가 "들으면 실행합니까?"라고 묻자 선생님이 말씀하셨다. "들었으면 그것을 실행해라." 공서화가 말했다. "유가 들으면 실행하느냐고 묻자 선생님께서 부형이 계시다고 말씀하셨는데, 구가 들으면 실행하느냐고 묻자 선생님께서 들으면 그것을 실행하라고 말씀하셨습니다. 적은 헷갈려서 감히 묻습니다." 선생님이 말씀하셨다. "구는 물러나므로 나아가게 한 것이고, 유는 여러 사람을 겸하므로 물러나게 한 것이다."

역주

* 혹惑은 의심으로 미혹되어 헷갈린다는 뜻이다.
* 겸인兼人의 겸兼은 두루, 겸하다 등의 의미다. 여러 사람을 겸할 정도의 힘을 겸인지력兼人之力, 여러 사람을 겸할 정도의 용기를 겸인지용兼人之勇이라 부른다.

해설

《예기》〈곡례〉에는 부모가 계시는데 친구와 죽음을 맹약하거나 사적으로 재물을 공유해서는 안 된다고 한다. 자로는 여러 사람을 겸할 정도의 이른바 겸인지용이 있는 사람이다. 〈공야장〉 13장에 따르면 자로는 좋은 말을 듣고 아직 실행하지 못했는데 또 새로운 말을 듣는 것을 두려워했다고 한다. 좋은 말을 들으면 바로 실행에 옮기는 사람이었던 것이다. 그래서 좋은 말을 들으면 바로 실행에 옮겨야 하느냐는 자로의 물음에 공자는 의가 상하지 않도록 부형의 의사를 들어본 뒤에 실행하라고 충고했다. 염구는 항상 겸손하고 물러서는 성품인 제자였다. 당연히 부형의 말에 깊은 주의를 기울이는 사람이었을 것이다. 그래서 좋은 말을 들으면 실행에 옮겨야 하느냐는 물음에 물러서지 말고 바로 실행에 옮기라고 충고한 것이다. 같은 질문에 다른 대답을 하는 스승에게 의문을 제기하는 공서적에게 공자는 그 까닭을 일러주었다.

"염구는 뒤로 물러서는 성격이기 때문에 앞으로 나아가라는 취지에서 바로 실행하라고 말한 것이고, 유는 겸인의 용기가 있는 과감한 사람이어서 부모를 먼저 염두에 두며 좀 뒤로 물러나 생각해 보라고 말한 것이다."

11:23

子畏於匡, 顔淵後. 子曰: "吾以女爲死矣." 曰: "子在, 回何敢死?"

•

선생님이 광에서 두려워하실 때 안연이 나중에 (나타났다). 선생님이 "나는 네가 죽었다고 생각했다"라고 말씀하시자 안연이 말했다. "선생님이 계신데 회가 어찌 감히 죽겠습니까?"

역주

* 후後는 뒤·나중의 의미다. 여기서는 동사로 쓰여, 뒤에 처져 있다가 나중에 나타난 사실을 말한다.
* '이以 A 위爲 B'는 'A를 B라고 생각한다'는 뜻이다.

해설

〈자한〉 5장의 역주에서 언급했듯이 광匡 땅 사람들이 공자를 폭정했던 양호로 오인해 죽이려 한 사건을 말한다. 부모님보다 앞서 죽는 것은 큰 불효다. 《예기》에는 부모가 계실 때는 죽는다는 말을 해서도 안 된다고 강조한다. 스승은 부모와 같은 사람이다. 스승보다 먼저 죽는 것은 옳지 못한 짓이다. 안연이 스승을 어버이처럼 받들고 있음을 드러낸 구절이다. 공자와 제자들이 광 사람들에게 포위당해 죽을 뻔한 곤경에 처했다가 오해가 풀려 해결되었는데 안연은 뒤쳐졌다가 나중에야 나타났다. 공자는 안연이 광 사람들에게 맞아 죽은 줄 알고 근심해 마지않았다. 이에 안연은 "선생님께서 살아 계시는데 제자인 제가 어떻게 감히 먼저 죽겠습니까?"라고 대답했다.

11:24

季子然問: "仲由冉求可謂大臣與?" 子曰: "吾以子爲異之問, 曾由與求之問. 所謂大臣者: 以道事君, 不可則止. 今由與求也, 可謂具臣矣." 曰: "然則從之者與?" 子曰: "弑父與君, 亦不從也."

•

계자연季子然이 물었다. "중유와 염구는 큰 신하라 평가할 만합니까?" 선생님이 말씀하셨다. "나는 그대가 다른 사람을 물을 줄 알았는데, 이에 유와 구를 묻는구려. 이른바 큰 신하란 도로써 임금을 섬기고 안 되면 그만둔다네. 지금 유와 구는 숫자나 채우는 신하라 부를 수 있지." "그렇다면 (그제) 따르는 사람들입니까?"라고 묻자 선생님이 말씀하셨다. "부모나 군주를 죽인다면 그들 역시 따르지 않을 것이네."

역주

* 대신은 공경대부로, 제후 이상을 보좌하는 상급 신하를 말한다. 여기서는 대부 집안인 계자연이 가신으로 거느린 자로와 염구를 지칭하는 말이므로 큰 신하로 해석한다.

* 이異는 다르다, 특이하다 등의 의미다. 이지문異之問을 두 사람에 초점을 맞추면 "다른 사람에 대한 질문"으로 해석되지만, 도를 강조한 데 초점을 맞추면 "다른 (또는 특이한) 질문"[4]으로 해석된다.

* 증曾은 이미 이루어진 일의 앞에 쓰며 '일찍이'란 부사로 쓰이기도 하고, 내乃 자처럼 지금 이루어진 일로 '이에'란 부사로 쓰이기도 한다.

* 구신具臣은 명목상 갖추어진 신하란 말이다. 즉 하는 일 없이 숫자만 채우는 신하란 뜻이다.

해설

계자연은 노나라 권력을 좌지우지했던 계씨의 자제다. 공자에게 배웠을 가능성이 높다. 계씨는 팔일무를 추고, 태산에 제사 지내고, 옹雍 음악으로 마치는 등 천자를 참칭하는 행위를 한 사람이다. 계자연은 공자의 뛰어난 두 제자가 자기 집안의 가신으로 있다고 공자에게 자랑했다. 공자는 이 제자들이 주군인 계씨의 악행을 저지하는 정치행위를 하지 못함을 비판했다.《예기》〈곡례〉에는 훌륭한 신하라면 군주의 악행에 대해 세 번 간하고 그래도 듣지

4　대표적으로 성백효가 역주한《논어집주》316쪽에서는 "특이한 질문을 하리라고 생각했다"라고 해석한다.

않으면 벼슬을 버리고 떠난다고 한다. 자로와 염구가 큰 신하가 아니냐는 계자연의 말에 공자는 덕이 뛰어난 안연이나 중궁 등 다른 사람을 언급할 줄 알았는데 겨우 자로와 염구냐고 대답했다. 큰 신하는 예법을 지키며 도의에 입각해 군주를 섬기고 간해도 듣지 않으면 벼슬을 그만두는 신하라고 에둘러 말한 뒤, 그런 행위를 못 하는 자로와 염구는 그저 숫자나 채우는 구신具臣일 뿐이라고 비판한다. 하지만 그들은 공자의 제자로서 계씨가 시키는 일을 하지만 무조건 따르는 사람은 아니고 "부모나 군주를 죽이는 하극상을 일으킨다면 자로와 염구는 계씨를 따르지 않을 것이다"라고 말한다.

11:25

子路使子羔爲費宰. 子曰:"賊夫人之子." 子路曰:"有民人焉, 有社稷焉. 何必讀書, 然後爲學?" 子曰:"是故惡夫佞者."

•

자로가 자고를 비의 읍재로 삼았다. 선생님이 말씀하셨다. "다른 사람의 자식을 해치는구나." 자로가 말했다. "인민이 있고 사직이 있습니다. 하필 책을 읽은 연후에야 공부했다고 하겠습니까?" 선생님이 말씀하셨다. "그래서 말 잘하는 사람을 미워하는 것이다."

역주

* 자고의 성은 고高, 이름은 시柴다. 공자보다 서른(또는 마흔) 살 어리며 위衛(혹은 제齊)나라 사람이다. 자고子高·계고季皐 등으로도 불리었다.

* 적賊은 명사로는 도둑이지만 동사로는 해치다, 상하게 하다 등의 의미다.

* 영佞은 말로 아첨하는 것을 말한다. 이로부터 말재주가 있다, 비위 맞추는 말을 잘하다 등의 뜻이 파생되었다.

* 민인民人은 보통의 인민이라기보다 정치하는 계층을 말한다. 민民은 서인으로 관직에 있는 사람을, 인人은 여러 직종의 관리들을 말한다.

* 서書는 당시의 정치학 교과서인 《서경》을 뜻하는 것일 수도 있으나 여기서는 사회와 정치 전반을 다룬 다양한 책을 말한다.

* 학學은 책을 읽고 하는 공부를 말하는데, 여기서는 독서와 학學을 일치시키지 않는다는 점에서 현장공부, 정치현실에 관한 현장에서의 학습, 즉 정치학을 말한다.

해설

자로가 계씨 가문에서 큰 벼슬을 하면서 아끼는 후배 자고를 비후費邸의 읍재로 삼고자 했다. 자고는 자질은 있었으나 아직 예악을 제대로 공부하지 못해 한 고을의 수장을 맡기에는 부족했다. 그래서 공자는 어린 후배의 앞날을 해치는 행위라고 비판한 것이다. 자로는 꼭 책을 읽는 것만이 공부는 아니라고 이의를 제기한다. 정치현장에서 정치를 깨치고 이해하는 것도 정치학 공부의 중요한 부분이라는 이야기다.

자로는 "각종 관직에 있는 관리들이 있고 사직의 토지신에게 제사를 지내는 정치행위들이 있습니다. 하필 꼭 시·서·예·악의 책을 읽은 연후에야 정치학 공부를 했다고 하겠습니까?" 라고 말했다.

이에 대해 공자는 다른 반박을 하지 않고 "그래서 말을 잘하는 사람을 미워하는 것이다"라고 비판한다. 도를 따지지 않고 말을 앞세운 제자에 대한 질타이지만 자로의 말이 틀린 것은 아니었으리라.

11:26

子路·曾晳·冉有·公西華侍坐. 子曰: "以吾一日長乎爾, 毋吾以也. 居則曰: '不吾知也!' 如或知爾, 則何以哉?" 子路率爾而對曰: "千乘之國, 攝乎大國之間, 加之以師旅, 因之以饑饉; 由也爲之, 比及三年, 可使有勇, 且知方也." 夫子哂之. "求! 爾何如?" 對曰: "方六七十, 如五六十, 求也爲之, 比及三年, 可使足民. 如其禮樂, 以俟君子." "赤! 爾何如?" 對曰: "非曰能之, 願學焉. 宗廟之事, 如會同, 端章甫, 願爲小相焉." "點! 爾何如?" 鼓瑟希, 鏗爾, 舍瑟而作. 對曰: "異乎三子者之撰." 子曰: "何傷乎? 亦各言其志也." 曰: "莫春者, 春服旣成, 冠者五六人, 童子六七人, 浴乎沂, 風乎舞雩, 詠而歸." 夫子喟然歎曰: "吾與點也!" 三子者出, 曾晳後. 曾晳曰: "夫三子者之言何如?" 子曰: "亦各言其志也已矣." 曰: "夫子何哂由也?" 曰: "爲國以禮, 其言不讓, 是故哂之." "唯求則非邦也與?" "安見方六七十如五六十而非邦也者?" "唯赤則非邦也與?" "宗廟會同, 非諸侯而何? 赤也爲之小, 孰能爲之大?"

●

자로·증석曾晳·염유·공서화가 모시고 앉았다. 선생님이 말씀하셨다. "나는 너희들보다 하룻별 더 오래 산 사람이고 이제 나를 써줄 사람은 없다. 살면서 '나를 알아주지 않는다!'고 말하는데, 만약 어떤 사람이 너희를 알아준다면 어떻게 하겠느냐?" 자로가 갑작스럽게 대답했다. "천승의 나라가 강대국 사이에서 압박을 받고 더해 전쟁까지 벌어져서 그로 인해 기근에 시달릴 때, 유가 그곳을 다스린다면 가까운 3년 정도에 용기 있고 방정함을 아는 사람으로 만들어놓을 수 있습니다." 스승님이 쓴웃음을 지었다. "구야! 너는 어떻게 하겠느냐?" 대답했다. "사방 60~70리 아니면 50~60리 정도의 땅을 제가 다스린다면 가까운 3년 정도에 백성들을 충분하게 살도록 만들 수 있습니다. 예와 악 같은 일은 군자를 기다리겠습니다." "적아! 너는 어떻게 하겠느냐?" 공서적이 대답했다. "할수 있다는 말은 아니고요, 공부하고 싶습니다. 종묘의 일이나 회동이 있을 때 예복과 장보관을 갖춘 작은 보좌역을 맡고 싶습니다." "점아! 너는 어떻게 하겠는고?" 슬(瑟)을 두드림이 성기어지더니 깡하고 슬을 버리고 일어나서 대답했다. "저는 세 사람이 가진 것과 다릅니다." 선생님이 말씀하셨다. "무엇이 다치겠는가? 역시 각기 제 뜻을 말하는 것인데." "늦봄에 봄옷이 이미 이루어지면 갓 쓴 대여섯 사람 및 동자 예닐곱 사람과 더불어 기수에서 목욕하고 기우제를 지낸 (언덕에서) 바람을 쐬고는 (시를) 읊조리며 돌아오겠습니다"라고 말하자 스승님이 한숨 쉬고 탄식하며 "나도 점과 함께하겠다!"라고 말씀하셨다. 세 사람이 나가고 증석이 뒤에 (남았다). 증석이 "세 사람의 말이 어떠했습니까?"라고 묻자 선생님이 말씀하셨다. "역시 각기 제 뜻을 말했을 따름이다." "스승님께서는 어찌해서 유에게 쓴웃음을 지으셨습니까?"라고 묻자 말씀하셨다. "나라는 예로 다스리는 것인데 그의 말이 사양하지 않으니, 그래서 쓴웃음을 지었다.""그럼 구가 한 이야기는 나랏일이 아닙니까?""사방 60~70리나 50~70리를 나타냈다고 해서 어떻게 나라가 아니겠느냐?""그럼 적이 한 것은 나랏일이 아닙니까?""종묘와 회동이 제후의 일이 아니고 무엇이겠는가? 적이 작다고 하는데 누가 크다고 할 수 있겠느냐?"

역주

* 증석의 이름은 점點이고 자는 자석子晳이다. 증자의 아버지로, 공자보다 조금 어린 초기 제자였다. 이름 순서가 나이 순서인지는 모르겠으나 자로는 공자보다 아홉 살 어리고, 염구는 스물아홉 살 어리고, 공서화는 마흔두 살 어린 점으로 볼 때 증석은 자로와 비슷했던 듯하다.

* 솔이率爾는 저들을 거느린다는 뜻으로 세 사람에 앞서서 선뜻 나서는 것을 말한다. 이로부터 조심성 없이 소홀하다, 급작스럽다 등의 의미로 쓰인다. 솔率은 졸卒 자와 통하기도 한다.

* 섭攝은 끌어당기다, 거느리다 등의 의미다. 여기서는 강대국 사이에서 압박을 받는다는 의미다.

* 사려師旅는 군대 단위다. 사師는 2,500명으로 구성되고, 여旅는 500명으로 구성된다.

* 기근饑饉은 전쟁으로 농사가 황폐해진 결과를 말한다. 《이아》〈석천釋天〉에는 "곡식이 익지 않음을 기饑라 하고, 채소가 여물지 않음을 근饉이라 한다"라고 한다. 《묵자墨子》〈칠환七患〉에는 오곡을 거두지 못해 생긴 굶주림을 말하면서 "한 곡식을 거두지 못한 것을 근饉이라 하고, 두 곡식을 거두지 못한 것을 기饑라 한다"라

고 한다.

* 비比는 견주다, 좇다는 의미인데 여기서는 가까울 근近 자로 해석된다. 가까운 초기 3년에 이룰 정치적 성과를 말하려는 것이다.

* 신哂은 미소를 띠는 것인데, 약간 어이가 없어서 짓는 쓴웃음을 말한다.

* 회동會同의 회會는 때맞추어 모인다는 뜻이고 동同은 모여서 입, 즉 말을 맞춘다는 뜻이다. 회동은 천자의 조회에 드는 경우에도 쓰일 수 있으나 주로 두 명 이상의 군주가 서로 만난다는 의미로 쓰인다.

* 단端은 검은 띠가 둘러진 조회복이나 제례복을 말한다. 군주와 신하의 구분이 불명확한데 모두 검은색 장식을 두었다는 점에서 현단복玄端服이라 한다.

* 장보章甫는 은나라 때 썼던 모자다. 하나라는 무추毋追관을, 주나라는 위모委貌관을 썼다고 한다. 장章은 밝힌다는 뜻이고 보甫는 사내의 상징인데, 질박했던 은나라 풍토에 따라 공자는 장보관을 즐겨 썼다.

* 소상小相의 상相은 돕는다는 뜻이다. 군주의 곁에서 의례를 돕는 집례의 작은 역할을 하겠다는 뜻이다.

* 갱이鏗爾는 슬瑟이란 악기가 꽤 크다보니 내려놓을 때 나는 소리를 지칭한 의성어다.

* 선撰은 갖출 구具와 같은 의미로, 마음속에 감추고 있는 뜻을 말한다. 여기서는 세 사람이 말한 정치가의 꿈을 지칭한 것이다.

* 막춘莫春은 늦은 봄을 말하는 모춘暮春이다. 계춘季春이라고도 한다. 책력에 따라 다소 차이가 있으나 음력 3, 4월을 가리킨다고 볼

수 있다.

* 무우舞雩는 기우제를 지낸 언덕을 말한다. 기수沂水는 노나라 도성의 남쪽에 있고 무우단은 그 위에 있다. 우雩는 기우제를 지낼 때 내는 소리에서 유래했다고 한다.

해설

《논어》에서 가장 긴 구절 가운데 하나인 이 장은, 정치에 대한 다양한 견해를 개진하고 있다. 공자의 질문부터 예사롭지 않다. 자신은 나이가 많아서 더는 불러줄 곳이 없으니 선생을 신경 쓰지 말고 각자의 정치적 포부를 이야기해보라고 한다. 자로는 나이도 있거니와 성격대로 앞장서서 천승의 대국을 다스릴 꿈을 이야기한다. 강대국 사이에서 핍박을 받거나 전쟁이 벌어져 피폐하고 곤경에 처한 나라를 3년 만에 국제적으로 강한 나라로 성장시키는 한편 국내적으로도 정의롭고 방정한 국민들이 되도록 만들어내겠다는 자신감을 표현한다.

염구는 늘 겸손했다. 《예기》〈왕제〉 등에 공公과 후侯는 사방 100리, 백伯은 사방 70리, 자子와 남男은 사방 50리의 봉지를 받는다고 언급된 점에서 볼 때 염구가 말한 50~70리는 작은 나라를 뜻한다. 염구는 작은 나라의 행정을 맡아 먹을 것과 입을 것이 풍족한 나라를 만들겠다고 한다. 민생을 앞세우는 정책을 펼치고 예악의 교화와 같은 큰 정치적 행위는 더 훌륭한 정치가인 군자를 기다린다고 말했다. 그 또한 3년 만에 정치적 성취를 이룰 수 있다고 한다. 《한서》〈식화지食貨志〉에 "3년을 경작해 1년의 축적을 쌓으면 의식이 풍족해 영욕을 알고 겸손과 양보의 분위기가 일어 소송이 없어질 것이다. 그래서 3년으로 정치적 업적을 헤아린다"라고 한다. 성실하게 참된 정치에 임한다면 3년 정도면 충분히 정치적 성공을 거둘 수 있을 것이다.

공서적은 예악에 뜻이 있었다. 제복을 단정히 입고 장보관을 쓰고 종묘제례와 같은 각종 국내정치 행사를 무리 없이 수행하고, 동시에 회동과 같은 군주끼리의 만남에 한 치의 오차도 없이 외교적인 의례를 수행하겠다고 한다. 〈공야장〉 8장에서 공자는 "공서적이 관대를 두르고 조정에 서서 빈객과 말을 나눌 수 있는" 대상大相, 즉 큰 보좌역을 할 수 있다고 말한 적이 있다.

이렇게 자로·염구·공서적은 국방·경제·외교와 관련된 정치가로서의 포부를 언급하는데, 증점은 달랐다. 악기를 연주하고, 소풍을 가고, 노래를 부르는 등을 말한다. 내용만 보면 유유자적하고 홀가분한 안빈낙도를 이야기하는 듯 보이지만 전체 문장의 취지는 그렇지 않다. 치자의 입장이 아닌 피치자의 입장을 고려하라는 주문이다. 증점은 자신의 안락을 표현한 것이 아니라 백성의 즐거움과 태평성대에 대한 그리움을 말한 것이다.

이 구절에서 난해한 부분도 있다. 스무 살이 약관이고 열다섯 살이상을 성동成童이라 이르니 성인과 청소년들이 어울려 목욕을 갔다고 볼 수도 있다. 그런데 봄에 목욕을 하고 높은 데 올라 바람을 쐰다는 것은 좀 이상하다. 《춘추번로》 〈구우求雨〉에 춘우春雩란 말이 나온다. 모춘暮春 늦봄에 창의를 입고 동자 여덟 명을 데리고 기우제를 지낸다는 이야기가 있다. 증점이 말한 성인 대여섯 명과 동자 여섯 일곱 명은 기우제를 상징하는 것일 수도 있다. 기우제는 풍년과 태평성대를 기원함이다. 증점이 슬을 연주하다 멈추었고 이어서 영이귀詠而歸, 즉 시를 읊조리고 집으로 돌아오겠다는 것인데, 그 시는 곧 태평성대와 백성들의 화락和樂을 표현하는 성왕의 정치를 말한다. 앞서 세 사람의 정치적 꿈이 위정자가 되는 것임에 비해 증점은 백성의 편안함에 귀를 기울이겠다는 뜻이다. 공자 자신도 증점과 함께하겠다고 해 증점의 입장에 동조했다. 제자들은 이 구절을 쓰면서 이해가 안 될 것을 염려해 뒤에 증점과 공자의 친절한 설명을 덧붙이고 있다.

　세 사람이 나가고 뒤에 남은 증석이 "앞 세 사람의 말이 어떠했습니까?"라고 묻자 공자는 "모두 역시나 각자 자기의 뜻을 말했을 따름이다"라고 대답했다. 증점이 "스승님께서는 어찌해서 자로의 말에 쓴웃음을 지으셨습니까?"라고 묻자 공자는 "큰 나라는 예법 제도로 다스리는 것이다. 그러려면 양보의 덕이 앞서야 하는데 자로의 말에 겸양이 보이지 않으니, 그래서 쓴웃음을 지었다"라고 대답했다. "그럼 염구가 한 이야기는 나라의 일이 아니란 말입니까?"라고 묻자 "사방 60~70리 아니면 50~60리 정도도 나라다. 그렇게 표현했다고 해서 어떻게 나라가 아니겠느냐?"라고 대답했다. "그럼 공서적이 한 이야기는 나라 단위의 일이 아닌 것입니까?"라고 묻자 "종묘제례나 군주들의 회동이 제후국의 일이 아니고 무엇이란 말이냐? 공서적이 작은 의전 담당을 맡는다고 했는데 능력 있는 그가 그렇게 이야기하면 누가 큰 의전 담당이 될 수 있겠느냐?"라고 대답했다.

12편

안연
顔淵

모두 스물네 장이다. 앞부분은 덕에 뛰어난 제자들이 공자에게 인仁에 대해 묻는다. 전반적으로는 제자나 당시 정치인이 공자에게 정치가 무엇인지 묻고 공자가 답하는 내용이다. 공자사상의 핵심은 인仁이다. 인仁은 어진 성품, 어진 사람, 어진 정치, 어진 정치가, 어진 삶을 총괄하는 개념이다.

12:1

顔淵問仁. 子曰: "克己復禮爲仁. 一日克己復禮, 天下歸仁焉. 爲
仁由己, 而由人乎哉?" 顔淵曰: "請問其目." 子曰: "非禮勿視, 非
禮勿聽, 非禮勿言, 非禮勿動." 顔淵曰: "回雖不敏, 請事斯語矣."

•

안연이 어짊에 대해 물었다. 선생님이 말씀하셨다. "자기를 이기
고 예로 돌아가는 것이 어짊의 실천이다. 하루 동안 자기를 이기
고 예로 돌아가면 천하가 어짊으로 돌아올 것이다. 어짊의 실천은
자기에서 말미암는 것이지 다른 사람에서 말미암겠느냐?" 안연이
말했다. "그 조목을 청해 묻습니다." 선생님이 말씀하셨다. "예가
아니면 보지 말고, 예가 아니면 듣지 말고, 예가 아니면 말하지 말
고, 예가 아니면 움직이지 마라." 안연이 말했다. "회가 비록 불민
하나 이 말씀을 청해 섬기겠습니다."

역주

* 극기克己는 자신을 이긴다는 뜻으로, 몸의 욕망을 단속하는 수신
의 의미다. 주희의 《논어집주》에는 기己를 사사로울 사私로 해석
한다. 개인의 사적인 욕구를 이겨낸다는 의미로 본 것이다.
* 복례復禮의 복復은 회복한다는 뜻도 있으나 여기서는 앞의 극기
에 이어져 욕망을 극복하고 예로 되돌아간다는 의미다.
* 목目은 세밀한 조목이나 그것들의 총체적인 핵심을 뜻한다.

해설

극기복례는 순차적인 실천의 과정이다. 먼저 극기를 통해 심신의 욕망을 극복하고 예의로 되돌아간다는 것이다. 공자는 이를 인仁이라 했다. 정치학으로 해석하면 온갖 사회갈등을 극복하고 불변의 예법질서로 되돌아가는 것이 어진 정치의 핵심이란 이야기다. 맹자는 욕망 이전에 인간 본성에 내재하는 순수한 선 상태로 돌아감으로써 왕도의 어진 정치가 실현될 수 있다고 보았다. 순자는 역사를 관통하는 예의 헌법, 즉 예헌禮憲을 지침으로 삼아 왕도의 어진 세상을 만들 수 있다고 보았다.《좌전》〈소공 12년〉 전에 공자의 같은 말이 인용되어 있다. 여기서 공자는 "극기복례가 인의 실천이다"는 말이 옛날부터 있던 이야기라고 한다. 극기복례의 구체적인 조목인 보고, 듣고, 말하고, 행동하는 것은 모두 자신의 일이지, 남의 일이 아니다. 그래서 공자는 "자기 자신의 사적인 욕망을 이겨내고 예법이 지배하는 사회질서를 회복하는 것이 어진 정치다. 위정자가 단 하루라도 자신의 욕망을 이겨내고 예의에 입각한 사회질서로 되돌아간다면 천하의 백성들이 어진 정치에 귀의할 것이다. 어진 정치의 실현은 자기로부터 비롯하는 것이지, 다른 사람으로부터 비롯하는 것이 아니다"라고 말했다. 구체적으로 실천할 핵심 조목이 무엇이냐는 물음에 공자는 역사적인 명구가 된 네 가지를 주문했다.

"예에 맞지 않으면 쳐다보지도 말고, 예에 맞지 않으면 듣지도 말고, 예에 맞지 않으면 말하지도 말고, 예에 맞지 않으면 행동하지도 말라." 안연이 말했다. "제가 비록 불민하지만 이 말을 섬기고 살겠습니다."

426

12:2

仲弓問仁. 子曰: "出門如見大賓, 使民如承大祭. 己所不欲, 勿施
於人. 在邦無怨, 在家無怨." 仲弓曰: "雍雖不敏, 請事斯語矣."

●

중궁이 어짊에 대해 물었다. 선생님이 말씀하셨다. "문을 나가면
큰 손님을 만나듯이 하고, 백성을 부릴 때는 큰 제사를 받들듯이
해라. 자기가 하고 싶지 않은 바는 다른 사람에게 시행하지 마라.
(그러면) 나라 안에 원망이 없고, 집안에 원망이 없다." 중궁이 말했
다. "옹이 비록 불민하나 이 말씀을 청해 섬기겠습니다."

역주

* 대빈大賓의 빈賓은 외부로부터 온 손님인데 자신보다 지위가 높
아서 대大 자를 앞에 썼다.
* 승承은 계승하다는 뜻도 있으나, 여기서는 공경해 높이 받들어
모신다는 뜻이다.
* 방邦은 나라라는 뜻인데 성곽을 갖춘 제후의 나라를 말하고, 가家는
제후 아래 계급인 대부의 집안을 말한다. 모두 정치행정단위다.

해설

공자는 중궁을 제왕이 될 만한 덕을 갖춘 사람이라고 평가한 적이
있다. 그에게 설명하는 인仁은 어진 정치를 펼칠 덕목이었을 것이
다. 방邦이 상징하는 다른 제후나 가家가 상징하는 다른 대부를 상
대하며 큰 손님을 맞듯이 하고, 성대한 제사를 거행할 때 일거수일
투족을 조심하고 넉넉한 태도로 하듯 백성들을 부리라고 말한 것

이다. '기소불욕己所不欲, 물시어인勿施於人'은 사회생활 전반에 대한 행동의 지침이기도 하지만 정치행위에서 지녀야 할 기본 태도로 볼 수도 있다. 그래서 중궁이 어짊에 대해 묻자 공자는 "조정의 밖이나 외국에 가서 모든 행동을 큰 손님을 뵙듯이 하고, 백성을 부리는 정책을 시행할 때는 큰 제사를 모시듯이 신중해야 한다. 자기가 하고 싶지 않은 바는 다른 사람에게 시키지 마라. 그렇게 하면 제후국 안에 원망이 없어질 것이고, 대부 집안 식읍에 원망이 없어질 것이다"라고 말했다. 그리고 중궁은 스승이 이야기하는 어진 정치의 핵심을 바로 이해해 그 말씀을 섬기고 살겠다고 말했다.

12:3

司馬牛問仁. 子曰: "仁者其言也訒." 曰: "其言也訒, 斯謂之仁已乎?" 子曰: "爲之難, 言之得無訒乎?"

•

사마우司馬牛가 어짊에 대해 물었다. 선생님이 말씀하셨다. "어진 사람은 그 말을 참는다." "말을 참으면 이것이 어질다는 말씀입니까?"라고 물었다. 선생님이 말씀하셨다. "그것을 실천하기 어려우니, 말에 참음이 없을 수 있겠느냐?"

역주

* 사마우는 공자의 제자로, 이름은 경耕 또는 리犂라고 한다. 그의 형 환퇴(또는 향퇴向魋)는 송나라 대부로, 공자가 앉아 있는 나무를 뽑아 죽이려 한 적이 있다. 환퇴의 동생 사마우와 공자의 제자 사마

우는 다른 사람이란 주장도 있다.

* 인訒은 말을 더듬는다는 뜻인데 인訒으로 쓰인 판본도 있다. 여기서는 차마 말하지 못한다는 의미의 참을 인忍 자로 본다.

해설

어짊은 실천뿐 아니라 말도 어렵다는 충고다. 사마우가 말을 신중하게 하지 않은 것을 충고했다는 주장도 있으나,[1] 정치적 사건과 관련이 있을 수 있다. 형 환퇴가 송宋 경공景公의 총애를 등에 업고 경공을 해치자 동생 사마우는 집안이 멸족할까봐 심히 불안했을 것이며 어떻게 말을 해서 형을 설득할지 고민했을 것이다. 그래서 공자는 의를 상하지 않는 선에서 말에 신중을 기하고 또 기하라고 충고한 것이다. 말만 참고 신중하게 잘하면 어질다고 평가받을 수 있느냐는 제자의 질문에 공자는 "어질다는 평가를 받는 행동을 한다는 것은 대단히 어려운 일이다. 그 출발인 말을 참고 신중하게 하지 않는다면 어떻게 어질다고 하겠느냐?"고 거듭 강조했다.

12:4

司馬牛問君子. 子曰: "君子不憂不懼." 曰: "不憂不懼, 斯謂之君子已乎?" 子曰: "內省不疚, 夫何憂何懼?"

----

1 《사기》〈중니제자열전〉에는 사마우가 말이 많고 조급했다고 말한다. 주희의 《논어집주》도 그렇게 본다. 성백효 역주, 앞의 책, 334쪽을 참조할 것.

•

사마우가 군자에 대해 물었다. 선생님이 말씀하셨다. "군자는 근심하지 않고 두려워하지 않는다." "근심하지 않고 두려워하지 않기만 하면 이를 군자라고 말합니까?" 선생님이 말씀하셨다. "안으로 살펴 오랜 병이 없는데 무엇을 근심하고 무엇을 두려워하겠느냐?"

역주

* 구疚는 오래된 병을 말한다.

해설

앞 장에 이어서 사마우는 여전히 형 환퇴 때문에 근심하고 두려워한다. 공자는 그에게 뛰어난 정치가인 군자에 대해 이야기해주었다. 스스로 열심히 수양하고 도덕을 실천해 내면에 아무런 부끄러움이 없으면 군자답다는 것이다. "근심하지 않고 두려워하지 않기만 하면 군자라고 말하느냐"는 사마우의 거듭된 질문에 공자는 "군자 정치가는 평소에 떳떳한 행동과 깊은 수양을 통해 내면적으로 그 어떤 문제점도 없는 사람이니 무엇을 근심하고 무엇을 두려워하겠느냐?"라고 말했다.

12:5

司馬牛憂曰: "人皆有兄弟, 我獨亡." 子夏曰: "商聞之矣: 死生有命, 富貴在天. 君子敬而無失, 與人恭而有禮, 四海之內, 皆兄弟也. 君子何患乎無兄弟也?"

•

사마우가 근심하며 말했다. "사람들은 모두 형제가 있는데 나 홀로 없습니다." 자하가 말했다. "상이 듣기에 '생사는 운명이 있고, 부귀는 하늘에 달려 있다'고 합니다. 군자가 공경해 잘못이 없고, 사람들과 더불어 있으면서 공손하게 예를 갖추면 사해의 안이 모두 형제입니다. 군자가 어찌 형제가 없음을 걱정하겠습니까?"

역주

* 무_亡는 여기서 없을 무_無와 같다.

해설

환퇴의 아우 사마우와 공자의 제자 사마우가 다른 사람이라는 주장도 있다. 같은 사람이라면 사마우에게는 형제가 있는 셈이다. 그럼에도 여기서 "사람들은 모두 형제가 있는데 나만 홀로 없습니다"라고 걱정한 까닭은 환퇴가 난을 일으켜 죽게 될까봐였을 것이다. 동문인 자하는 스승으로부터 들었을 법한 이야기로 사마우를 위로했다.

사마우는 "저는 선생님으로부터 '삶과 죽음은 운명에 달려 있고, 부귀는 하늘에 메어 있다'는 말을 들은 적이 있습니다. 정치가로서 군자가 항상 경건한 태도를 유지해 실수하지 않고, 다른 사람과 더불어 일을 하면서 항상 상대를 공경해 예를 갖추면 온 세상이 모두 형제처럼 될 것입니다. 군자가 어찌 혈육의 형제가 없음을 걱정하겠습니까?"라고 말했다.

12:6

子張問明. 子曰: "浸潤之譖, 膚受之愬, 不行焉, 可謂明也已矣. 浸
潤之譖, 膚受之愬, 不行焉, 可謂遠也已矣."

•

자장이 밝음에 대해 물었다. 선생님이 말씀하셨다. "차츰 젖어드
는 참소와 피부가 받는 하소연이 행해지지 않으면 밝다고 말할 수
있을 것이다. 차츰 젖어드는 참소와 피부가 받는 하소연이 행해지
지 않으면 멀다고 말할 수 있을 것이다."

역주

* 명明은 밝다는 뜻이다. 총명·현명·분명 등이 모두 명을 포함한
다. 《순자》〈해폐解蔽〉에는 전하는 말이라면서 "현명함을 아는 것
을 명明"이라고 말한다. 사람을 쓸 때 현명한지 어리석은지 아는
것이 명이란 이야기다.

* 침윤浸潤 두 글자 다 젖는다는 뜻이다. 물이 차츰차츰 스며들어
젖어간다는 의미다.

* 참譖은 무고하다, 헐뜯다, 참소하다 등의 의미다.

* 소愬는 일러바치다, 하소연하다 등의 의미다.

* 원遠은 멀다, 아득하다 등의 의미다. 여기서는 참소나 하소연에
서 멀어졌다고 해석할 수도 있으나 명明과 대구로 이야기되므로
밝음이 지극해 원견遠見을 지닌 것을 말한다. 《서경》〈태갑太甲〉에
"멀리 봄은 오직 밝음 때문이다"라는 말이 있다.

〈위정〉에서 벼슬을 구하는 자장에게 공자는 많이 듣고 의심나면 빼고 신중한 태도를 견지하라고 충고한 적이 있다. 자장은 아마도 정치를 할 때 어떻게 하면 현명·분명·총명·영명 등 명^明한 사람이란 이야기를 들을 수 있는지 물었을 것이다. 공자는 영명하고 원견이 있다는 평가를 듣는 방법으로 "차츰차츰 정치의 내면을 파고드는 참소와 직접 피부로 느낄 만큼 가까이서 하소연하는 소리가 들리지 않게 한다면 영명한 정치인이라고 말할 수 있을 것이다. 차츰차츰 정치의 내면을 파고드는 참소와 직접 피부로 느낄 만큼 가까이에서 하소연하는 소리가 들리지 않게 한다면 원견을 지닌 정치인이라고 말할 수 있을 것이다"라고 말한다.

12:7

子貢問政. 子曰: "足食, 足兵, 民信之矣." 子貢曰: "必不得已而去, 於斯三者何先?"曰: "去兵." 子貢曰: "必不得已而去, 於斯二者何先?"曰: "去食. 自古皆有死, 民無信不立."

•

자공이 정치에 대해 물었다. 선생님이 말씀하셨다. "곡식을 충분하게 하고, 군대를 충분하게 하고, 백성들이 그것을 믿게 하는 것이다." 자공이 "부득이해 반드시 버려야 한다면 셋 가운데 무엇이 먼저입니까?"라고 묻자 선생님이 말씀하셨다. "군대를 버린다." 자공이 "부득이해 반드시 버려야 한다면 둘 가운데 무엇이 먼저입니까?"라고 묻자 선생님이 말씀하셨다. "곡식을 버린다. 예로부터 모두 죽음이 있었지만 백성들의 믿음이 없다면 서지 못한다."

역주

* 식食은 밥이나 먹을거리를 뜻하지만 여기서는 음식으로 대표되는 의식주를 충족하고 양곡을 저축하는 등 경제력을 말한다.
* 병兵은 창칼이나 활 등 전쟁에 쓰이는 무기를 뜻하지만 그것을 들고 있는 병사를 지칭하기도 한다. 군사력을 대표한다.
* 신信은 믿음인데 여기서는 두 가지 뜻으로 해석이 가능하다. 하나는 백성들이 군주를 신뢰한다는 의미이고, 다른 하나는 군주가 백성들에게 정치적 신뢰를 준다는 의미다. 모두 민심 획득을 뜻한다.

해설

정치의 요체는 경제력·군사력을 충족시키고 민심을 획득하는 것인데 가장 중요한 것은 민신民信, 즉 국민의 신뢰임을 강조하는 말이다. 정치가 무엇이냐는 자공의 물음에 공자는 부강한 나라의 조건을 제시했다.

"의식주 등 민생을 풍족하게 하고, 군대를 충실히 양성하고, 백성들이 정치를 신뢰하게 해야 한다."

국방은 국가 존립의 핵심 요건이다. 민생 또한 중요하다. 특히 양곡에 대해《예기》〈왕제〉에는 "9년의 축적이 없으면 부족하고, 6년의 축적이 없으면 급하고, 3년의 축적이 없으면 나라가 아니다"라고 말한다.《순자》〈부국富國〉에는 "나라를 충족시키는 길은 재정 운용을 절약해 백성들을 유족하게 하고 나머지를 잘 저장하는 것이다"라고 말한다. 족식足食·족병足兵·민신民信이 모두 중요하지만 부득이한 상황에서 하나를 포기한다면 군사력 추구를 먼저 배제할 수 있고 또 하나를 포기한다면 경제력 추구라는 것이 공자의 생각이었다. 부득이한 상황은 무엇일까? 예컨대 흉년일 경우다. 세금과 군역을 강요할 수 없지 않는가. 이 모두 신뢰와 관련이 있다. 군주를 정치의 주체로 보아 백성에게 신뢰를 잃으면 정치가 성립될 수 없다는 해석도 가능하며, 백성을 주어로 보아 경제나 군사보다 백성들의 신뢰가 정치가 존재하는 근거라고 보는 해석도 가능하다. "자고로 모든 사람은 죽게 마련인데, 백성들의 신뢰가 없다면 정치가 성립되지 않는다"라는 공자의 말은 민심을 획득하는 것이 정치의 본질임을 주장한다고 볼 수 있다.

12:8

棘子成曰: "君子質而已矣, 何以文爲?" 子貢曰: "惜乎! 夫子之說君子也, 駟不及舌. 文猶質也, 質猶文也. 虎豹之鞹, 猶犬羊之鞹."

•

극자성棘子成이 말했다. "군자는 바탕일 따름이지 어찌해서 꾸밉니까?" 자공이 말했다. "애석하네요! 어르신께서 말씀하신 군자라면 네 마리 말로 (달려도) 혀에 미치지 못할 것입니다. 꾸밈은 바탕과 같고, 바탕은 꾸밈과 같습니다. 호랑이와 표범의 털을 제거한 가죽은 개나 양의 털을 제거한 가죽과 같은 것입니다."

역주

* 극자성棘子成의 성成은 성城으로도 쓴다. 위衛나라 대부다.

* 질質은 외부의 힘이 가해지지 않은 상태의 내면의 본바탕을 말하고, 문文은 외적으로 잘 꾸며서 형식을 갖춘 것을 말한다.

* 사駟는 수레를 끄는 네 마리 말을 말한다.

* 곽鞹은 털을 제거한 가죽을 말한다. 털 제거 여부와 무관하게 무두질한 가죽을 뜻하기도 한다.

해설

〈옹야〉에서 공자는 문질빈빈 文質彬彬, 즉 외적인 형식과 내면의 바탕이 잘 어울려야 군자라고 했다. 극자성은 훌륭한 정치가로서 군자라면 바탕만 갖추었으면 되지, 굳이 꾸밈이란 형식이 필요하냐고 물었다. 자공은 군자에 대한 그의 몰이해를 신랄하게 비판한다. 그는 호랑이가죽과 개가죽이 같을 수 없는데, 털 없이 무두질을 해 놓으면 구별할 수 없다는 말로 꾸밈의 중요성을 덧붙여 강조했다. 호랑이나 표범에 해당하는 군자는 본바탕 외에 외재적인 형식도 중요하다는 이야기다.

극자성은 "안타깝습니다! 대부 어른이 말씀하신 그런 식의 군자라면 네 마리 말로 치달아도 그 혀끝에도 미치지 못할 것입니다. 진정한 군자에게는 꾸밈의 형식도 내면의 본바탕처럼 중요하고, 본바탕도 형식만큼 중요합니다. 털을 제거한 호랑이나 표범의 가죽이 털을 제거한 개나 양의 가죽과 같은 이치지요."라고 말했다.

12:9

哀公問於有若曰: "年饑, 用不足, 如之何?" 有若對曰: "盍徹乎?"

曰:"二, 吾猶不足, 如之何其徹也?"對曰:"百姓足, 君孰與不足?
百姓不足, 君孰與足?"

•

애공이 유약에게 물었다. "해가 흉년이어서 쓸 것이 부족한데 어
떻게 합니까?" 유약이 대답했다. "어찌해서 철徹법을 행하지 않습
니까?" "(10분의) 2라 해도 나는 부족한 것 같은데 어떻게 철법을 행
합니까?"라고 묻자 대답했다. "백성이 충분하면 임금이 누구와 더
불어 부족하겠습니까? 백성이 부족하면 임금이 누구와 더불어 충
분하겠습니까?"

역주

* 연年은 해를 말하지만 원래 벼[禾]와 많다[千]는 뜻이 결합된 글자
로, 가을에 곡식이 풍성해진 것을 나타내어 1년을 뜻하는 글자가
되었다. 기饑는 흉년이 들어 생긴 기근과 굶주림을 말한다.
* 합盍은 '하불何不~', 즉 '어찌 ~하지 않느냐'는 합반어법 의문문
을 만드는 글자다.
* 철徹은 통한다는 뜻의 고유명사로, 주나라에서 10분의 1을 세금
으로 걷는 제도를 말한다.
* 이二는 철법이 10분의 1임을 감안해 자신은 10분의 2를 거둔다
는 의미다.

해설

《맹자》〈등문공 상〉에는 "하나라는 50묘 땅에 공貢법을 쓰고, 은나
라는 70묘 땅에 조助법을 쓰고, 주나라는 100묘 땅에 철법을 썼는

데 기실 모두 10분의 1이 세금이었다"라고 말한다. 그래서 천하의 통법이었던 것이다. 고대의 이상적인 토지제도였다는 정전井田제도 또한 여기에 기초한다. 노 애공 12년경 병충해와 전쟁 등으로 세수가 부족해 10분의 2를 거두었다는 주장도 있으나 노나라에서 10분의 2를 세금으로 걷는 전통은 기원전 591년에 죽은 노 선공 때부터 시작되었다고 한다. 애공이 흉년으로 작황이 좋지 않아 재정운용이 부족하다고 유약에게 해결방법을 물으니 유약은 오히려 통법인 철徹에 따르라고 주장한다. 유약은 민부가 곧 국부라고 생각한 것이다.《순자》〈부국〉에도 "아래가 가난하면 위가 가난하고, 아래가 부유하면 위가 부유하다"라고 한다. 10분의 2를 받아도 국가재정이 궁핍한데 어떻게 10분의 1인 철법을 유지하느냐는 애공의 불만에 유약은 원칙으로 "적은 세금으로 백성의 생활이 넉넉해지면 그 풍족함은 군주에게 줄 것이니 군주가 어찌 부족함을 느끼고 살겠습니까? 많은 세금으로 백성이 부족한 생활을 하면 군주에게 세금을 바칠 수 없을 테니 군주가 누구와 더불어 풍족하게 살겠습니까?"라고 대답한다.

12:10

子張問崇德辨惑. 子曰: "主忠信, 徙義, 崇德也. 愛之欲其生, 惡之欲其死. 旣欲其生, 又欲其死, 是惑也. '誠不以富, 亦祇以異.'"

•

자장이 덕을 숭상하고 미혹을 변별함에 대해 물었다. 선생님이 말씀하셨다. "진심과 믿음을 앞세우고 의로움으로 옮김이 덕을 숭상함이다. 그를 사랑하면 살기를 바라고 그를 미워하면 죽기를 바란다. 기왕 그가 살기를 바라면서 또한 그가 죽기를 바라는 것이 미혹이다. '참으로 부유해서가 아니라 역시 (마음이) 그저 달라졌을 뿐이라네.'"

역주

* 변辨은 나누다, 분별하다 등의 의미인데 여기서는 마음속 의혹을 판별한다는 뜻이다.
* 혹惑은 미혹·의심을 뜻하는데 앞의 덕과 연계해서 덕치를 파괴하는 난亂을 의미한다.
* 성誠은 삼가다, 참되다 등의 의미인데《시경》원문에는 성成으로 되어 있으나 원뜻은 성誠이 맞다.

해설

유덕한 정치를 펼치고 혹란을 판별하는 방법에 대한 질문이다. 공자는 숭덕崇德의 방법으로 충忠·신信·의義를 제시하는 한편 변혹辨惑의 방법으로 사랑과 증오, 삶과 죽음의 문제를 가지고 대답했다. 정치가의 진심·신뢰·정의는 덕치로 가는 중요한 길이 맞는데 난을 판별하는 방법은 그 뒤《시경》인용문과 더불어 해석이 난해하다. 《시경》〈소아小雅·아행기야我行其野〉는 시집와서 열심히 살던 부인을 저버리고 다른 여자에게 가버린 남편 때문에 들판을 헤매다가 [我行其野] 고향으로 돌아간 부인의 아픈 심정을 읊조린 시를 끝 구절에 인용했다. 새로 만난 그 여자가 "참으로 부유해서가 아니라 마음이 이미 바뀌었다"는 원망이다. 주희의《논어집주》에는 〈계씨

季氏〉12장에 들어가야 할 것이 잘못 인용되었다고 말한다.[2] 하지만 사랑과 증오, 죽음과 삶으로 혹란을 판별하라는 공자의 말과 연결이 되지 않는 것도 아니다. 억지로 해석하면 "미혹된 상태로 계속 있으면 너에게도 도움이 되지 않고 다른 사람도 이상하게 생각할 것이다" 정도가 된다.

"충성과 신의를 종지로 삼고 도의를 향해 생각을 옮기는 것이 덕을 숭상함이다. 사랑하는 사람은 살아 있기를 바라고 미운 사람은 죽기를 바라는 법이다. 살아 있기를 바라면서 동시에 죽기를 바라는 것이 미혹이다. '참으로 부유함이 좋아서가 아니라면 이미 변심을 했다는 뜻일지니.'"

12:11

齊景公問政於孔子. 孔子對曰: "君君, 臣臣, 父父, 子子." 公曰: "善哉! 信如君不君, 臣不臣, 父不父, 子不子, 雖有粟, 吾得而食諸?"

•

제 경공이 공자에게 정치에 대해 물었다. 공자가 대답했다. "임금은 임금답고, 신하는 신하답고, 부모는 부모답고, 자식은 자식다워지는 것입니다." 경공이 말했다. "훌륭합니다! 정말로 임금이 임금답지 못하고, 신하가 신하답지 못하고, 부모가 부모답지 못하고, 자식이 자식답지 못하면 비록 곡식이 있은들 내가 얻어서 먹겠습니까?"

---

2 성백효 역주, 같은 책, 345쪽을 참조할 것.

역주

* 신여信如의 신信은 '진실로'라는 부사로 쓰였다. '신여~'는 '진실로 ~한다면'으로 해석된다.

* 속粟은 조를 뜻하지만 당시 주식 가운데 하나였으므로 오곡의 총칭으로도 쓰였다.

* 저諸는 관형사가 아니라 의문문을 만드는 어기조사로 '~하겠는가?'라는 뜻의 지호之乎와 같다.

해설

제나라 경공은 대신 진항陳恒(또는 전상田常)의 세력이 날로 강해지면서 정치적으로 위기를 맞고 있었다. 이때 노나라의 난리를 피해 제나라에 있었던 공자에게 정치에 대해 물은 것이다. 정치위기를 타개할 방법을 찾고 싶었던 것이다. 전상이 큰되로 곡식을 빌려주고 작은되로 돌려받는 방법으로 제나라 민심을 수렴해가는 것을 목도한 공자는 경공에게 정명正名의 요령을 알려주었다.

"군주는 군주의 명분을 생각해야 하고, 신하는 신하의 명분을 생각해야 하며, 부모는 부모의 명분에 맞는 일을 하고, 자식은 자식의 명분에 맞는 일을 해야 합니다."

같음과 다름의 명분, 귀함과 천함의 구별, 어른과 젊은이의 차이를 깊게 고민해 일을 처리하는 것이 난을 막는 방법이라는 것이다. 경공은 이를 잘 이해해 "좋은 말이오! 진실로 군주가 군주다운 행동을 하지 못하고, 신하가 신하다운 행동을 하지 못하고, 부모가 부모다운 행동을 하지 못하고, 자식이 자식다운 행동을 하지 못하는 정치를 하면 곡식이 아무리 많다고 한들 결국 나라를 잃을 것이니 내가 어떻게 생존이 가능하겠습니까?"라고 대답했다. 결국 나중에 제나라는 전씨의 수중에 떨어졌다.

12:12

子曰: "片言可以折獄者, 其由也與?" 子路無宿諾.

•

선생님이 말씀하셨다. "한쪽 편의 말로써 옥사를 결단할 수 있는 사람은 유인가?" 자로는 응낙한 일을 (하루) 잠재움이 없었다.

역주

＊편언片言은 두 가지 해석이 가능하다. 편片을 한쪽이란 뜻의 편偏 자로 해석하면 소송 양측 가운데 한쪽 편의 말을 믿는다는 뜻이다. 편片을 조각으로 보면 반 마디의 말이란 뜻이다. 반 마디 말로 소송사건을 결판낸다는 것은 있을 수 없는 일이므로 전자의 해석을 따른다.

＊절옥折獄의 절折은 여기서는 결단하다, 판결하다 등의 뜻이고 옥獄은 소송사건을 말한다.

＊숙宿은 잠자다, 그치다 등의 의미이며 여기서는 오래 남겨두다, 유예하다 등으로 해석된다.

해설

앞 구절만 보면 자로의 결단력을 칭찬하는 말인지 깊이 숙고하지 않음을 지적하는 말인지 알 수 없다. 하지만 뒤 구절을 보면 자로

의 빠른 결정과 판단을 높이는 말임을 알 수 있다. 자로는 자신이
한 번 승낙한 일은 뒷날로 미루지 않고 바로 처리를 하는 결단력
이 있었다고 한다. 뒤 구절을 따로 한 장으로 독립시켜야 한다는
주장도 있다.

  "소송을 제기한 양편 가운데 어느 한쪽 편의 말이 옳은지 잘 판
단을 내릴 수 있는 사람은 자로일 것이다."

12:13

子曰: "聽訟, 吾猶人也, 必也使無訟乎!"

●

선생님이 말씀하셨다. "소송에 관해 들으면 나는 다른 사람과 같
이하지만 반드시 소송이 없도록 할 것이다!"

역주

* 청송聽訟은 재판을 하기 위해 소송사건을 듣는다는 말이다.

해설

《사기》〈공자세가〉에 따르면 공자는 소송사건을 듣고 판단할 때
진술 등을 다른 사람과 함께 공유했으며 독자적으로 처리하지 않
았다고 한다. 하지만 공자의 지향은 〈위정〉의 이야기처럼 "덕으로
이끌고 예로 가지런히 하는" 사회질서였다. 공자는 법은 범죄가
이미 발생한 뒤에 적용하는 것이어서 사회문제를 근본적으로 해
결하는 방법은 아니라고 생각했다. 정치가들이 앞에서 덕으로 이

끌고 예를 통해 미연에 방지하는 것이야말로 모든 구성원이 염치를 알고 죄를 짓지 않는 궁극적인 해결방법이라고 생각한 것이다.

"소송사건을 맡아 시비곡직에 관해 들으면 나 또한 다른 사람과 마찬가지로 처리할 것이다. 하지만 궁극적으로 나는 세상에 모든 소송사건이 없어지기를 희망한다!"

12:14

子張問政. 子曰: "居之無倦, 行之以忠."

•

자장이 정치에 대해 물었다. 선생님이 말씀하셨다. "(자리에) 머물 땐 게으름이 없어야 하고, 실행은 진심으로 해야 한다."

역주

* 권倦은 게으르다는 뜻이다. 여기서는 공직에 있으면서 나태하고 기강이 해이해진 상태를 말한다.

해설

자장이 정치에 대해 물었는데 공자는 공직자의 자세를 이야기하고 있다. 여기서 정政은 오늘날의 정치the political가 아니라 행정이나 정사政事, 정책 등으로 보아야 한다. 공직에 있으면 항상 자기 몸을 바르고 엄격하게 관리하고, 백성들에게는 진심을 다해 신뢰를 얻어야 한다는 주문이다.

"제 몸을 바르게 위치시키고 조금이라도 기강이 해이해져 게으름을 피우지 말아야 하며, 백성들에게 정책을 실천할 때는 진심과 믿음을 가지고 임해야 한다."

12:15

子曰: "君子博學於文, 約之以禮, 亦可以弗畔矣夫!"

•

선생님이 말씀하셨다. "군자는 글에서 넓게 공부하고 예로써 그것을 단속하므로 역시 어긋나지 않게 되리라!"

해설

〈옹야〉 27장의 중복이다.

12:16

子曰: "君子成人之美, 不成人之惡. 小人反是."

•

선생님이 말씀하셨다. "군자는 사람들의 아름다움을 이루어주고 사람들의 나쁨을 이루어주지 않는다. 소인은 이를 뒤집는다."

역주

* 성成은 이루다, 성취하다 등의 의미다. 성취시켜 잘하게 만든다는 뜻이다.

훌륭한 지도자는 구성원들의 장점을 성취시켜 아름다운 사회를
만드는 데 앞장서게 하고, 단점을 틀어막아 나타나지 못하도록 만
든다는 의미다. 반대로 소인 정치가는 잘난 사람을 짓밟고 악을 저
지르게 부추긴다는 것이다. 《춘추곡량전》은공 원년에는 공자의
말이 아니라 《춘추》가 "사람들의 아름다움을 성취시키고 사람들
의 악함을 이루어지지 못하게 한다"고 말한다. 공자는 이를 군자
의 덕으로 삼았다.

"훌륭한 지도자인 군자는 사람들의 훌륭한 점을 성취하게 만들
어주고 사람들의 나쁜 점을 드러나 성공하지 못하게 한다. 소인은
그와 반대로 행동한다."

12:17

季康子問政於孔子. 孔子對曰: "政者, 正也. 子帥以正, 孰敢不正?"

•

계강자가 공자에게 정치에 대해 물었다. 공자가 대답했다. "정치
란 바르게 함입니다. 당신이 바르게 해 이끌면 누가 감히 바르게
하지 않겠습니까?"

역주

* 솔帥은 통솔자·장수 등 명사로 쓸 때는 수로 읽는다. 거느리다,
인도하다, 앞장서다 등으로 쓸 때는 솔로 읽는다. 같은 뜻의 솔率
로 된 판본도 있다.

해설

노나라 권력의 실세였던 삼환三桓 가운데 계손씨는 상경上卿인 사도司徒로서 뭇 신하들을 이끄는 통솔자였다. 공자는 그에게 윗사람으로서 표본이 되어야 하며 지도자로서 바른 모범을 보이면 다른 신하들이 모두 정직할 것이라고 말한다.

"정치란 올바름의 실천이다. 당신이 올바름의 가치로 뭇 신하들을 통솔한다면 누가 감히 바르게 되지 않겠는가?"

12:18

季康子患盜, 問於孔子. 孔子對曰: "苟子之不欲, 雖賞之不竊."

•

계강자가 도둑을 걱정해 공자에게 물었다. 공자가 대답했다. "진실로 당신이 욕심내지 않으면 비록 상을 주어도 훔치지 않을 것입니다."

역주

* 구苟는 진실로, 적어도 등을 의미하는 접속사다.
* 욕欲은 욕망·욕구를 뜻하는 욕慾이다. 고대에는 바라다는 뜻의 욕欲이 욕慾을 대신했다.
* 절竊은 도둑질하다, 훔치다, 남몰래 절취하다 등의 의미다. 도盜 또한 같은 의미다. 절은 훔치는 행위를 말하고, 도는 훔치는 사람을 말하는 데 쓰이곤 한다.

해설

당시 노나라에 도둑이 많았다. 《순자》〈군자君子〉에는 "성왕이 위에 있으면 서민 백성들이 태만하거나 간음하거나 도둑질하는 일이 없을 것"이라고 한다. 《설원》〈귀덕貴德〉에 군주가 위에서 재물에 탐욕을 부리면 신하들이 야비해지고 서민들은 도적질을 많이 한다는 말이 있다. 공자는 도둑이 많은 원인을 정치지도자들에게 돌린다. 위에서 재물에 욕심을 많이 내니까 백성들이 그것을 배워 절도를 많이 저지른다는 것이다.

"정치지도자인 당신이 진실로 많은 욕심을 내지만 않는다면 비록 상을 준다고 해도 도둑질하는 서민들은 없을 것이다."

12:19

季康子問政於孔子曰: "如殺無道, 以就有道, 何如?" 孔子對曰: "子爲政, 焉用殺? 子欲善, 而民善矣. 君子之德風, 小人之德草. 草上之風, 必偃."

•

계강자가 공자에게 정치에 대해 물었다. "도가 없는 사람을 죽여서 도가 있음으로 나아가면 어떻습니까?" 공자가 대답했다. "당신은 정치를 한다면서 어떻게 죽임을 쓰십니까? 당신이 선하고자 하면 백성들도 선해질 것입니다. 군자의 덕은 바람이고, 소인의 덕은 풀입니다. 풀 위에 바람이 불면 반드시 (바람을 따라) 쓰러질 것입니다."

역주

* 취就는 가까이 다가가다, 나아가다 등의 뜻이다. 이룰 성成 자로 보아 도를 이룬다는 뜻으로 해석할 수도 있다.

* 덕德은 덕성스럽다는 의미로 본래 성향을 빗댄 말이다. 행위·능력·작용으로 해석할 수 있다.

* 언偃은 쓰러지다, 넘어지다, 쏠리다 등의 의미다. 여기서는 바람이 부는 방향으로 풀이 쓰러진다는 뜻이다.

해설

계강자는 무도한 사람을 많이 죽이면 간악한 풍토를 없앨 수 있다고 생각해서 공자에게 그런 정책은 어떠냐고 물은 것이다. 공자는 형벌로 사회질서를 수립하는 데 반대한다.《염철론鹽鐵論》〈질탐疾貪〉에는 백성이 다스려지지 않는 것은 정치인들의 죄라고 하면서 군자는 교화에 노력하고 형벌을 완화시켜야 한다고 말한다. 가의賈誼의《신서》〈대정大政 하〉에는 "군주가 선을 행하면 관리들이 선을 행하고, 관리들이 선을 행하면 백성들이 반드시 선을 행한다"고 말한다. 정치지도자들이 선을 행하면 백성들이 교화되어 선에 이르고 자연스럽게 무도한 백성이 없어진다는 주장이다. 그리고 풀 위에 이는 바람을 운운하며 군주를 바람, 백성들을 풀로 비유한다.《맹자》〈등문공 상〉에도 공자의 이 말이 인용되어 있다. 다만 초상草上이 초상草尚으로 되어 있다. 계강자가 "무도한 백성을 죽여서 유도한 사회질서를 성취하는 것은 어떻습니까?"라며 법의 정치에 대해 질문하자 공자는 반대했다.

"당신은 정치를 한다는 사람이 어떻게 백성들에게 죽임의 형벌을 가해서 질서를 바로잡으려 하는가? 당신이 도덕적 선을 가지고 백성을 교화하면 백성들도 따라서 도덕적 선을 실천할 것이다. 훌륭한 정치가인 군자의 작용은 바람과 같고, 소인인 백성들의 작용은 풀과 같다. 풀 위에 바람이 불면 풀은 반드시 바람을 따라 넘어지듯, 선으로 교화하는 정치를 하면 백성들은 바람에 따라 풀이 쏠리듯 도가 있는 상태로 나아갈 것이다."

12:20

子張問: "士何如斯可謂之達矣?" 子曰: "何哉, 爾所謂達者?" 子張對曰: "在邦必聞, 在家必聞." 子曰: "是聞也, 非達也. 夫達也者, 質直而好義, 察言而觀色, 慮以下人. 在邦必達, 在家必達. 夫聞也者, 色取仁而行違, 居之不疑. 在邦必聞, 在家必聞."

•

자장이 물었다. "선비는 어떻게 하면 이것이 통달했다고 말할 수 있습니까?" 선생님이 말씀하셨다. "뭐냐, 네가 통달했다고 말하는 것은?" 자장이 대답했다. "나라에서 반드시 (소문이) 들리고 (대부의) 집안에서 반드시 (소문이) 들리는 것입니다." 선생님이 말씀하셨다. "그것은 (소문이) 들림이지 통달이 아니다. 통달이란 바탕이 곧고 의를 좋아하며, 말을 헤아리고 낯빛을 살피며, 사람들 아래에 있음을 생각하는 것이다. 그러면 나라에서 반드시 통달하고 (대부의) 집안에서 반드시 통달한다. (소문이) 들림이란 낯빛으로는 어짊을 취하나 (실제로) 행함은 어긋나며 살면서 그것을 의심조차 하지 않는 것이다. 그럼 나라에서 반드시 (소문이) 들리고 (대부의) 집안에서 반드시 (소문이) 들린다."

역주

* 달達은 통달하다, 꿰뚫다, 현달하다 등의 의미다. 타인과 자신에 대한 도리, 즉 인간관계에 통달함을 말한다.
* 문聞은 듣다, 알려지다 등의 의미다. 소문으로 명성이 자자해지는 것을 말한다.

해설

공자는 자장에게 선비의 모범적인 사회생활에 대해 이야기하고 있다. 정직하고 정의로운 행동을 하며 항상 자신을 낮추는 자세로 타인의 언행과 안색을 살피는 인간관계를 유지하는 것을 달達이라고 한다. 자장이 바랐던 문聞은 겉으로 어진 체하면서 행동이 그릇되고 그것을 고치려고도 하지 않음을 말한다. 《순자》〈유좌〉에 공자가 노나라 재상을 섭정하면서 소정묘少正卯를 죽인 일을 언급할 때 "소정묘는 노나라의 문인聞人이다"라는 말이 등장한다. 공자는 마음이 음험하고 행동은 괴벽하며 말이 거짓된 부류의 사람들을 미워했다. 제후의 국國과 대부의 가家에서 소문이 자자한 사람이 되지 말고 진정으로 통달한 사람이 되라는 충고다. 소문이 자자한 헛된 명예만 추구하지 말라는 이야기다. 자장이 "제후의 국에서도 유명해지고 대부의 집안에서도 유명해지는 것"을 통달이라고 착각하자 공자는 이렇게 지적했다.

"그것은 헛된 명성이지 진정한 통달이 아니다. 선비가 통달했다고 함은 그 정신적 바탕이 정직하고 도의를 좋아하며, 다른 사람이 하는 말과 그 안색을 잘 살피고 관찰하며, 언제나 자신을 낮추는 자세를 취해 다른 사람의 입장을 고려해주는 것을 말한다. 그렇게 하면 제후국에서도 현달하고 대부의 집안에서도 현달한다. 헛된 명성이란 표면적으로 어진 체해 알려진 사람이지만 잘못된 행동을 서슴없이 하고 살아가면서 그 자신이 잘못되었다는 사실조차 의심하지 않는 것을 말한다. 그런 짓을 해 제후국에서 유명해지고 대부의 집에서 유명해진 것이다."

12:21

樊遲從遊於舞雩之下, 曰: "敢問崇德脩慝辨惑." 子曰: "善哉問! 先事後得, 非崇德與? 攻其惡, 無攻人之惡, 非脩慝與? 一朝之忿, 忘其身, 以及其親, 非惑與?"

•

번지가 (스승을) 좇아 (기우제 언덕인) 무우 아래서 놀다가 말했다. "덕을 숭상하고, 사특함을 고치고, 미혹을 변별하는 것에 대해 감히 묻사옵니다." 선생님이 말씀하셨다. "좋은 질문이로다! 먼저 일을 하고 나중에 얻으니 덕을 숭상함 아니겠느냐? 제 악함은 공격하고 사람들의 악함은 공격하지 않음이 사특함을 고치는 것 아니겠느냐? 하루아침의 분노로 제 몸을 잊고 부모에게까지 (영향을) 미치게 하는 것이 미혹 아니겠느냐?"

역주

*수특脩慝의 수脩는 다스리다, 수정하다 등의 의미다. 특慝은 잘

못·악·사특함 등을 말한다. 수특은 악을 다스리다, 잘못을 고치다 등으로 해석할 수 있다.

* 친親은 가장 사랑하는 관계, 즉 부모를 말한다.

해설

앞의 10장에서 자장이 숭덕崇德과 변혹辨惑에 대해 물으니 공자는 "충성과 신의를 종지로 삼고 도의를 향해 생각을 옮기는 것이 덕을 숭상함"이고 "살아 있기를 바라면서 동시에 죽기를 바라는 것이 미혹이다"라고 말한 적이 있다. 번지는 여기에 추가해 수특脩慝, 즉 착오를 수정하고 사특함을 다스리는 일에 대해 물었다. 공자는 앞의 10장과는 다른 대답을 한다. 기우제를 지내던 무우의 언덕 아래서 소공의 정치를 생각한 번지가 문득 질문한 것이다. 소공은 실정을 거듭해 망명했으니 숭덕하지 못했고, 소공은 자기 잘못을 공격할 줄 몰라 제나라로 달아났으니 수특하지 못했고, 하루아침의 분노가 종묘사직까지 위태롭게 만들었으니 변혹하지 못했다. 이러한 정치적 사건을 염두에 두고 공자는 말했다.

"좋은 질문이다! 힘든 일에는 앞장을 서고 소득은 나중에 생각하는 것이 덕을 숭상하는 길 아니겠느냐? 자신의 잘못은 공격하고 다른 사람의 잘못은 공격하지 않는 것이 잘못을 고치는 길 아니겠느냐? 하루아침의 분노 때문에 스스로를 망각하고 부모에게까지 나쁜 영향을 미치게 하는 것이 미혹 아니겠느냐?"

12:22

樊遲問仁. 子曰: "愛人." 問知. 子曰: "知人." 樊遲未達. 子曰: "舉直錯諸枉, 能使枉者直." 樊遲退, 見子夏. 曰: "鄉也吾見於夫子而問知, 子曰: '舉直錯諸枉, 能使枉者直', 何謂也?" 子夏曰: "富哉言乎! 舜有天下, 選於衆, 舉皋陶, 不仁者遠矣. 湯有天下, 選於衆, 舉伊尹, 不仁者遠矣."

•

번지가 어짊에 대해 물었다. 선생님이 말씀하셨다. "사람을 사랑하는 것이다." 앎에 대해 물었다. 선생님이 말씀하셨다. "사람을 아는 것이다." 번지가 아직 통달하지 못했다. 선생님이 말씀하셨다. "곧은 것을 들어 굽은 데 두면 굽은 것을 곧게 만들 수 있다." 번지가 물러나 자하를 만나고 말했다. "조금 전에 제가 스승님을 뵙고 앎에 대해 물었더니 선생님께서 '곧은 것을 들어 굽은 데 두면 굽은 것을 곧게 만들 수 있다'고 말씀하셨는데 무슨 말씀이지요?" 자하가 말했다. "풍성한 말씀이로다! 순임금이 천하를 가짐에 무리 가운데서 뽑아서 고요를 천거하자 어질지 못한 자들이 멀어졌소. 탕임금이 천하를 가짐에 무리 가운데서 뽑아서 이윤伊尹을 천거하자 어질지 못한 자들이 멀리 멀어졌소."

역주

* 조錯는 어긋나다, 섞이다, 잘못하다 등의 의미일 때는 착이라 읽으나 여기서는 두다, 처리하다 등의 의미여서 조라고 읽는다. 둘 조措 자로 된 판본도 있다.
* 저諸는 앞의 착錯 자가 둔다는 의미이므로 '~에(서)'라는 뜻의 어

454

조사로 보아 저로 읽는다. 모두 제諸 자로 읽어 제왕諸枉을 '모든 부정한 사람'으로 해석하는 경우도 있다.[3]

* 왕枉은 굽을 곡曲 자와 같은 의미로, 곧을 직直 자의 반대말이다. 마음이 바르지 못한 사람, 부정한 사람이란 뜻이다.

* 향鄕은 접때라는 뜻의 향曏으로 쓴 판본도 있으며《경전석문經典釋文》에는 "향鄕은 향曏으로도 쓴다"라고 한다. 향曏은 앞서, 접때, 조금 전 등의 의미다.《설문해자》등을 종합하면 향曏이 본자이고, 향鄕은 속자이며, 향嚮은 가차자다.

* 이윤은 은나라 창업주인 탕湯이 노예 가운데 발탁한 인물로, 역사상 가장 위대한 명신으로 칭송받아왔다. 그는 탕왕의 방탕한 손자 태갑太甲을 연금軟禁의 방식으로 교화시켜 좋은 군주로 만들었다.

해설

공자가 항상 강조하는 인仁과 지知는 인생철학을 담은 말이기도 하지만 궁극적으로는 정치철학 용어임을 설명하는 구절이다. 자하는 공자의 말을 가장 잘 이해한 제자 가운데 하나로, 역사적으로 위대한 정치가의 예를 들어 스승이 말한 어짊과 지혜의 의미를 설명하고 있다.《순자》〈자도子道〉에는 자공이 스승에게 묻는 말로 "지자知者는 사람을 아는 것이고, 인자仁者는 사람을 사랑하는 것이다"라고 말한다. 어짊과 지혜는 공자와 그의 제자들이 나눈 가장 중요한 화두였다. 문장 전체의 취지로 보면 번지가 물은 인仁에 대해 공자가 애인愛人, 즉 사람을 사랑하는 것이라 풀어준 인人은 일

---

3 성백효 역주, 같은 책, 357쪽을 참조할 것.

반명사로서 사람이라기보다 피통치자 인민을 말하는 것이다. 지知
에 대해 묻자 지인知人, 즉 사람을 아는 것이라 풀어줄 때의 인人은
일반명사로서 사람이라기보다 백성들 가운데 어질고 능력 있는
사람을 가리킨다. 번지는 사람을 사랑하라는 말은 알아들었지만
사람을 아는 것이란 말은 알아듣지 못했다. 이에 공자는 "곧은 것
을 들어 굽은 것 위에 놓으면 굽은 것을 곧게 만들 수 있다"라는 선
문답을 했다. 올곧은 사람을 뽑아서 부정한 사람들 윗자리에 앉히
면 부정한 사람들이 곧게 바뀐다는 말이다. 그래도 이해하지 못한
번지가 자하를 보고 "방금 제가 스승님을 뵙고 앎에 대해 물었더
니 선생님께서 '곧은 것을 들어 굽은 것 위에 놓으면 굽은 것을 곧
게 만들 수 있다'라고 말씀하셨는데 무슨 말씀일까요?"라고 물었
다. 자하는 스승의 말을 정확하게 설명했다. 직直은 도의를 실천하
는 올곧은 인물이요, 왕枉은 부정한 사람이고, 자하의 해석에 따르
면 어질지 못한 사람이다.

　자하는 "풍성한 정치 의미를 담은 말씀입니다! 순임금이 천하를
소유해 다스리자 백성들 가운데 올곧은 사람을 선발했고, 고요가
천거되어 정사에 임하자 어질지 못한 자들이 멀리 사라졌습니다.
탕임금이 천하를 소유해 다스리자 백성들 가운데 올곧은 사람을
선발했고, 이윤이 천거되자 어질지 못한 자들이 멀리 사라졌습니
다"라고 말했다.

12:23

子貢問友. 子曰: "忠告而善道之, 不可則止, 無自辱焉."

●

자공이 친구에 대해 물었다. 선생님이 말씀하셨다. "진심으로 알려서 그를 잘 이끌되, 되지 않으면 그치고 스스로 욕되지 말아야 한다."

역주

* 충고忠告는 진심을 담아 알린다는 말이다. 상대의 결함이나 약점, 잘못을 지적해줄 때 사용한다. 여기서는 정성을 다해 자신의 정치 입장을 설득한다는 뜻이기도 하다.
* 도道는 이끈다는 의미의 도導 자로, 충고와 맥을 같이하는 말이다.

해설

진정한 친구에 대한 이야기일 수도 있으나 정치성향이 강한 자공의 질문임을 감안하면 여기서 친구란 정치적 동지를 말한 것일 수 있다. 친구를 사귄다는 것은 올바른 도의를 실천하기 위해 의기를 투합함을 말한다. 그런데 사람마다 정치적인 입장이 다르다. 강제로 자신의 입장만 내세운다면 자칫 정치동반자가 아니라 적을 만들어 자신이 욕을 당할 수도 있다.

"온 정성을 다해 충고함으로써 친구를 자신의 견해에 동조하도록 잘 이끌되 친구가 들어주지 않는다면 그만두어야 한다. 반드시 설득하겠다고 충고를 거듭한다면 적이 되어 자신이 욕을 당할 수 있으니 그러지 말아야 한다."

12:24

曾子曰: "君子以文會友, 以友輔仁."

•

증자가 말했다. "군자는 글로 친구를 모으고, 친구를 통해 어짊을 돕는다."

역주

* 회會는 공동의 목적을 위해 여럿이 모이는 것을 말한다.
* 보輔는 수레의 바큇살 힘이 잘 모아지도록 가장자리를 두르는 나무를 말한다. 돕다, 보좌하다 등의 의미다.

해설

군자는 훌륭한 정치가라는 뜻이다. 리더는 공부를 통해 동지들과 소통한다. 그 목적은 인仁의 실천이다. 문文은 "훌륭한 리더인 군자는 친구들을 모아 글공부를 통해 사귀며, 친구들을 통해 어짊의 실천을 격려하고 돕는다."

모두 서른 장이다. 정치·정책 등에 대한 제자들 또는 정치인들과의 대화와 정치가로서 군자는 어떤 모습인지 이야기하는 대화가 많다. 선인善人·군자·사士 등의 정치적 역할과 기대를 담은 장절이 많다. 앞부분은 위나라에서 공자의 행적과 말씀을 많이 다루었고 뒷부분에는 군자 이야기와 더불어 정치교화의 중요성을 언급한다.

13:1

子路問政. 子曰: "先之, 勞之." 請益. 曰: "無倦."

•

자로가 정치에 대해 물었다. 선생님이 말씀하셨다. "먼저 하고 힘써라." (이야기를) 더해주기를 청하자 "게으름이 없어야 한다"라고 말씀하셨다.

역주

* 노_勞는 힘들이다, 애쓰다, 노력하다 등의 의미다.
* 익_益은 더하다는 뜻인데, 여기서는 위의 말에 더해 좀더 이야기해달라는 부탁이다.

해설

먼저 하라는 말은 덕으로 앞장서서 이끎으로써 백성들의 신뢰를 얻으라는 의미다. 〈안연〉 14장에서 정치에 대해 묻는 자장의 질문에 공자가 권_倦, 즉 게으름을 피우지 말라고 말한 적이 있다. 공직에 종사하며 기강이 해이해져서는 안 된다는 충고다. 항상 백성들 앞에서 솔선수범하고 열심히 일하는 것이 공직자의 기본 자세일 것이다.

"항상 솔선수범하고 조금도 수고를 아끼지 마라.""절대로 게으름이 없어야 한다."

13:2

仲弓爲季氏宰, 問政. 子曰: "先有司, 赦小過, 擧賢才." 曰: "焉知
賢才而擧之?" 曰: "擧爾所知. 爾所不知, 人其舍諸?"

•

중궁이 계씨의 읍재가 되어 정치에 대해 물었다. 선생님이 말씀하
셨다. "담당관을 앞세우고, 작은 잘못은 용서해주며, 현명한 인재
를 천거해라." "현명한 인재인 줄 어찌 알아서 천거를 하지요?"라
고 묻자 말씀하셨다. "네가 아는 바를 천거해라. 네가 알지 못하는
바라면 사람들이 그를 버려두겠느냐?"

역주

* 재宰는 읍재를 말한다. 대부의 식읍을 총괄하는 행정장관이면서
가신으로서 나랏일도 자문했다.
* 유사有司는 기관이나 단체의 행정사무를 맡아보는 직책 또는 그
담당자다. 여기서는 읍재의 하급 관속을 말한다.
* 사赦는 잘못이나 허물을 용서해주는 것을 말한다.

해설

계씨는 노나라에서 가장 권세가 높은 대부 가문이었다. 계씨의 식
읍인 비읍의 총관으로 가는 중궁이 스승에게 정치를 물었다. 공자
는 유덕한 제자 중궁에게 행정에 대해 충고했다. 세세한 모든 일까
지 직접 나서지 말고 담당 유사를 잘 정해 맡기고 그들의 작은 잘
못은 덮어주어 유덕함을 보이라고 한다. 가장 중요한 일은 현명한
인재를 추천하는 일이다.

"먼저 각자 능력에 맞는 직무를 맡게 하고, 작은 잘못은 용서해 유덕함을 보여주며, 현명한 인재를 적극적으로 천거해라."

재능 있는 인물을 알아보는 일에 공자는 제자의 눈과 귀를 신뢰했다.

"네가 현명하고 유능한 사람이라고 판단한 인물은 있는 그대로 천거해라. 네 눈에 드러나지 않는 인물이 있더라도 다른 사람들이 버려두지 않고 천거할 것이니 잘 받아들이기만 하면 될 것이다."

13:3

子路曰: "衛君待子而爲政, 子將奚先?" 子曰: "必也正名乎!" 子路曰: "有是哉, 子之迂也! 奚其正?" 子曰: "野哉由也! 君子於其所不知, 蓋闕如也. 名不正, 則言不順; 言不順, 則事不成; 事不成, 則禮樂不興; 禮樂不興, 則刑罰不中; 刑罰不中, 則民無所措手足. 故君子名之必可言也, 言之必可行也. 君子於其言, 無所苟而已矣."

•

자로가 말했다. "위나라 임금이 선생님을 기다려 정치를 하라고 하는데 선생님께서는 장차 무엇을 먼저 하시겠습니까?" 선생님이 말씀하셨다. "반드시 명분을 바로잡겠다!" 자로가 "그것이 있군요. 선생님께서는 우회하시는 것입니다! 어떻게 그것을 바로잡겠습니까?"라고 묻자 선생님이 말씀하셨다. "야만스럽구나, 유야! 군자는 자기가 모르는 바에 대해서는 대개 빼놓듯이 한다. 명분이 바로서지 않으면 말이 순조롭지 않고, 말이 순조롭지 않으면 일이 이루어지지 않고, 일이 이루어지지 않으면 예와 악이 일어나지 않고,

예와 악이 일어나지 않으면 형벌이 적중하지 않고, 형벌이 적중하지 않으면 백성들이 손발을 놓을 곳이 없다. 그래서 군자는 반드시 명분을 말하며, 말을 하면 반드시 실행한다. 군자는 그 말에 대해 구차하게 (구는) 바가 없을 따름이다."

역주

* 정명正名은 이름을 바로잡는다는 뜻이다. 특히 명분을 바로 세워 정치적 입장을 정리한다는 뜻이다. 여기서는 위衛나라 세자 이름을 둘러싼 불명확한 명분을 바로잡는다는 구체적인 사건과 관련이 있다.
* 우迂는 길이 멀다, 물정에 어둡다 등의 의미다. 우회하다의 용례처럼 멀리 돌아간다는 뜻이다.
* 야野는 동사로 쓰일 때는 촌스럽다, 서투르다, 거칠다, 미개하다 등의 의미다.
* 개蓋는 부사로 대개와 대략, 아마도 등의 의미다.
* 궐闕은 해야 할 일을 빠뜨린 것이나 빼놓는 것을 말한다.
* 구苟는 행동이 당당하지 못할 때 쓰며, 구차苟且하다, 구차하게 굴다 등의 의미다.

해설

여기서 위나라 임금은 출공出公 첩輒이다. 첩이 열일곱에서 열여덟 살쯤 되었을 때 공자는 초나라에서 위나라로 건너와 6, 7년을 머물렀다. 첩은 위 영공의 손자다. 영공의 세자 괴외는 어머니인 남자의 음란함을 미워해 살해하려다가 쫓겨나 타국을 떠돌았다. 영공은 공자 영郢을 세자로 삼고자 했으나 극구 사양하는 바람에 후사를 정하지 못하고 죽었다. 첩은 괴외를 막으려는 할머니 남자에 의해 왕위를 계승했다. 명분상 괴외는 여전히 세자였다. 이런 아버지를 물리치고 첩은 왕이 된 것이다. 국경 근처에 아버지가 있음에도 그를 막고 등극한 것 또한 명분 없는 정치행위였다. 공자는 이렇게 정치질서가 혼란에 빠진 위나라의 정치적 명분을 바로 세우는 일이 급선무라고 여겼다.

"반드시 권력승계를 둘러싼 정치적 명분을 바로 세우겠다!"

예악을 바로잡거나 공정한 형벌을 시행함으로써 사회질서를 잡아갈 것이라 예상했던 자로는 "그런 일을 하시려고요? 선생님께서는 너무 멀리 돌아가는 것이 아니십니까? 오랜 세월이 지났고 복잡해서 해결하기도 어려운 그 일을 선생님께서 어떻게 바로잡을 수 있겠습니까?"라고 물었다. 이에 공자는 자로를 군자답지 않다고 비판했다. 공자는 정치적 명분이 바로 서지 않으면 예악의 제도나 행정 처분, 형벌의 시행 등이 모두 제자리를 잡지 못하고 백성들이 수긍하지도 않아 더 큰 사회혼란이 온다고 생각했다.

"야만스럽구나, 유야! 훌륭한 지도자인 군자는 자기가 모르는 일에는 의견을 보류할 줄 알아야 한다. 정치적 명분이 바로 서지 않으면 정치적 언어들이 순조롭게 먹혀들지 않고, 정치적 언어들이 순조롭게 먹혀들지 않으면 모든 행정 사무를 성취할 수 없고, 행정 사무를 성취하지 않으면 예악 등 제도를 수립할 수 없으며, 예악 등 제도를 수립할 수 없으면 백성들은 형벌이 공정하지 않다고 생각하고, 형벌이 공정하지 않다고 생각하면 백성들은 어떻게 손발을 놀려 행동해야 할지 모른다. 그래서 훌륭한 정치가인 군자는 반드시 먼저 명분을 정치적 언어로 내세우는 것이며, 정치적 언어를 내세웠으면 반드시 그것을 실행에 옮긴다. 군자가 정치적 언어를 구사하는 데 구차하게 굴 하등의 이유가 없다."

13:4

樊遲請學稼, 子曰: "吾不如老農." 請學爲圃, 曰: "吾不如老圃." 樊遲出. 子曰: "小人哉, 樊須也! 上好禮, 則民莫敢不敬; 上好義, 則民莫敢不服; 上好信, 則民莫敢不用情. 夫如是, 則四方之民襁負其子而至矣, 焉用稼?"

•

번지가 농사에 대해 공부하기를 청하자 선생님이 말씀하셨다. "나는 늙은 농부만 못하다." 채소 가꾸는 일을 공부하기를 청하자 선생님이 말씀하셨다. "나는 늙은 채마밭지기만 못하다." 번지가 나가자 선생님이 말씀하셨다. "소인이구나, 번수는! 위에서 예를 좋아하면 백성들이 감히 공경하지 않음이 없고, 위에서 의를 좋아하면 백성들이 감히 복종하지 않음이 없으며, 위에서 믿음을 좋아하면 백성들이 감히 진정을 쓰지 않음이 없을 것이다. 이렇게 하면 사방의 백성들이 제 자식을 포대기에 지고 이를 텐데 어찌 농사 (짓는 법을) 쓸 필요가 있겠는가?"

역주

* 가稼는 오곡 등 곡식을 심는 것을 말한다. 포圃는 채소를 심는 것을 말한다.

* 농農은 《설문해자》에는 밭을 가는 사람이라 하고, 《한서》〈식화지〉에는 "땅을 개간해 곡식을 심는 사람을 농이라 말한다"고 한다.
* 용정用情의 정情은 뜻·감정·진정 등의 의미다. 성性이 내면의 바탕이라면 정은 거기서 일어나는 마음의 작용을 말한다.
* 강襁은 자식을 업을 때 쓰는 포대기로, 대나무로 만든 것도 있고 새끼줄로 엮은 것도 있다. 끈으로 만든 것은 강繦이고 베와 실로 만든 것이 강襁이다.

해설

공자는 제자들을 정치와 행정에 종사하도록 공부시켰다. 번지에게도 마찬가지였다. 〈위정〉에서는 그에게 효의 작용을 이야기해주었고, 〈옹야〉에서는 앎과 어짊에 대해 알려주었다. 〈안연〉에서는 칭찬하면서 덕을 숭상하고, 잘못을 고치고, 미혹을 변별하는 정치의 기술을 가르쳐주기도 했다. 그런데도 번지는 깨우치지 못하고 곡식을 심고 채소를 기르는 법을 가르쳐달라고 했을까? 은거를 꿈꾸거나 벼슬길이 막혀 시골로 가겠다고 생각한 것일까?

　그동안 이런 해석이 주를 이룬 것은 군자와 소인에 대한 맹자식 구별을 앞세우고 노심勞心과 노력勞力에 대한 맹자의 주장으로 해석했기 때문이라고 생각한다. 《맹자》〈등문공 상〉에서 맹자는 마음을 쓰는 정치가의 일이 대인의 일이고 힘을 쓰는 노동자의 일을 소인의 일이라고 한다. 번지는 단순히 농사를 물은 것이라기보다, 농림수산업을 진흥시켜 정치적 성취를 이루어보려는 의도로 물어본 것은 아닐까. 공자는 도의의 덕치로 세상을 이끌면 자연스럽게 큰 정치적 성취를 이룰 수 있는데 굳이 농정의 성공이라는 작은 성취를 기도하느냐고 비판한 것이 아닐까. 공자도 그를 소인이라 대답하지만 뒤에는 상上, 즉 군주의 이야기를 대비시키고 있지, 군자와 대비시키지 않았다.

농업경제를 성공시킨다고 정치적 성취를 이루기는 어려울 것이다. 공자는 이웃 나라 사람들이 자식을 등에 업고 이민을 올 것이라고 대답했다. 이민은 실제 경제생활의 여유를 찾아서라기보다 정치적 이슈가 작용한다는 점에서 일리 있는 말이다. 공자의 말대로 예禮와 의義와 신信을 앞세운 위대한 정치가의 길을 걷는 것이 소인에 대비되는 대인의 뜻일 수도 있다. 정치가 도덕적이고 사회가 정의로우며 신뢰할 수 있는 나라로 사람들이 이민을 간다.

"소인의 기획을 하는구나, 번수는! 통치자가 위에서 예의를 좋아해 도덕정치를 하면 백성들이 감히 정치가를 공경할 수밖에 없을 것이고, 통치자가 위에서 정의를 좋아해 질서를 잡으면 백성들이 감히 정치가에게 복종할 수밖에 없으며, 통치자가 위에서 신의를 좋아해 믿음을 주면 백성들이 감히 온 마음을 다해 진정으로 접근할 수밖에 없을 것이다. 이렇게 하면 사방의 백성이 제 자식을 포대기로 싸서 들쳐 업고 이 나라로 몰려들 텐데 어찌 농업경제의 성취 따위를 쓸 필요가 있겠느냐?"

13:5

子曰: "誦《詩》三百, 授之以政, 不達; 使於四方, 不能專對; 雖多, 亦奚以爲?"

•

선생님이 말씀하셨다. "《시경》300편을 외워서 그에게 정치적 (권한을) 주었으나 통달하지 못하고, 사방에 사신으로 나갔으나 단독으로 응대할 수 없다면 비록 많이 (읽은들) 역시 무엇을 하는 데 쓰겠는가?"

역주

* 시使는 여기서 사신을 나간다는 뜻이며 시로 읽는다.
* 전대專對의 전專은 부사로 오로지, 단독으로, 전적으로 등의 의미다. 대對는 대응하다, 응답하다 등의 의미다. 명을 받고 사자로 나가 홀로 자신의 지혜와 언어로 상대국 지도자와 응대하는 것을 말한다.

해설

《시경》은 남녀 간 애정을 다룬 낭만적인 내용도 있으나 사물의 이치, 정치적 성과, 풍속의 성쇠 등을 다루는 내용이 위주다. 또한 아름다운 언어구사와 사물과 사건에 대한 정확한 명칭을 익힐 수 있어서 군자의 품격을 높여준다. 그런데 《시경》을 다 외웠음에도 《시경》이 추구하는 화해와 도덕의 정치적 이상을 이해하지 못하고 외국에 사신으로 나가서도 독자적으로 응대하지 못한다면 의미 없이 공부한 것이라는 지적이다.

"《시경》300편을 모두 암송한 사람에게 정치적 권한을 주었으나 아무 일도 해결해내지 못하고, 사방 다른 나라에 사신으로 보냈으나 상대 군주를 독자적으로 응대할 언어도 구사하지 못한다면 아무리 《시경》을 많이 읽었다고 한들 무엇에 쓰겠는가?"

13:6

子曰: "其身正, 不令而行; 其身不正, 雖令不從."

•

선생님이 말씀하셨다. "제 몸이 바르면 명령하지 않아도 행해지며, 제 몸이 바르지 못하면 비록 명령하더라도 따르지 않을 것이다."

역주

* 신身은 몸·신체이며, 여기서는 백성들에게 명령을 내리는 군주 자신을 말한다.

* 영令은 명령을 내린다는 뜻이다. 《염철론》〈조성詔聖〉에는 교령教令, 즉 백성들을 선도하는 교화명령이라고 말한다.

해설

군주의 솔선수범을 가리킨 말이다. 바른 몸가짐으로 백성들의 본보기가 되면 교화하기 위해 명령을 내리지 않아도 저절로 교화된다는 이야기다.

"군주 자신이 정직한 몸가짐을 하면 명령을 내리지 않아도 백성들 스스로 교화가 되어 예를 실천하며 살 것이나, 군주 자신이 몸가짐을 정직하게 하지 못하면 명령을 내리더라도 백성들이 따르지 않을 것이다."

13:7

子曰: "魯衛之政, 兄弟也."

선생님이 말씀하셨다. "노나라와 위나라의 정치는 형제다."

해설

노나라는 주공 단의 봉지였고, 위나라는 주공과 같은 어머니의 동생 강숙康叔 봉封의 영지였다. 두 형제는 매우 화목했으며 전통을 공유했다.

"노나라와 위나라는 형제가 세운 나라여서 그곳에서 행하는 정치 또한 형제간처럼 비슷하다."

13:8

子謂衛公子荊, "善居室. 始有, 曰: '苟合矣.' 少有, 曰: '苟完矣.' 富有, 曰: '苟美矣.'"

선생님께서 위나라 공자 형荊을 평가하셨다. "사는 집 (살림을) 잘했다. 처음 가지니 '겨우 모았다'라고 말하고, 조금 가지니 '겨우 온전해졌다'라고 말하고, 부유하게 가지니 '겨우 아름다워졌다'라고 말했다."

역주

* 거실居室은 오늘날의 거실이 아니다. 실室은 둘러친 담 안쪽 집이나 방을 뜻하며, 거실은 집에 거처함, 즉 집안 살림을 뜻한다.
* 유有는 소유를 뜻하며 재화를 가진다는 뜻이다.

* 구_苟는 진실로, 구차하게 등의 의미다. 여기서는 문맥상 간신히, 겨우, 그런대로 등 겸양의 어투로 보아야 한다.

해설

위나라 공자 형_荊은 위나라에서 벼슬해 그 녹으로 끝내 부를 이룬 사람이었는데 사치와 교만에 이르지 않았던 듯하다. 항상 간신히 이루었다는 태도를 취했다. 집안을 잘 다스리고 재물을 축적하는 과정에서 예를 차릴 수 있을 만큼 갖추고는 합_合이라 하고, 각종 의례를 행사할 기물을 완전히 갖추고는 완_完이라 하고, 꾸며도 될 만큼 부를 이루고서는 미_美라 했다.

"공자 형은 집안 살림을 참 잘하는 사람이었다. 처음 살림을 갖추니 '겨우 모아졌다'라고 말했다. 모든 의례를 수행할 만큼 조금 더 갖추니 '겨우 온전해졌다'라고 말했다. 약간 꾸며도 될 정도로 부유해지니 '겨우 아름다워졌다'라고 말했다."

13:9

子適衛, 冉有僕. 子曰: "庶矣哉!" 冉有曰: "旣庶矣. 又何加焉?"
曰: "富之." 曰: "旣富矣, 又何加焉?" 曰: "敎之."

•

선생님이 위나라로 나아갈 때 염유는 마부였다. 선생님이 말씀하셨다. "많구나!" 염유가 "이미 많다면 또 무엇을 더할까요?"라고 묻자 말씀하셨다. "그들을 부유하게 해야지." "이미 부유하다면 또 무엇을 더할까요?"라고 묻자 말씀하셨다. "그들을 가르쳐야지."

역주

* 복僕은 사내종을 뜻하기도 하고, 말이나 수레를 모는 마부를 뜻하기도 한다.

* 서庶는 여럿이란 뜻이다. 수가 많고 넉넉하다는 의미다.

해설

선부후교先富後敎, 즉 먼저 민생문제를 해결해 부유하게 해준 뒤에 교육과 교화로 도덕정치를 완성한다는 유가 정치사상의 핵심이 잘 녹아 있는 구절이다.《관자》〈치국治國〉에도 백성들이 부유하면 쉽게 다스려지나 가난하면 다스리기 어렵다고 말한다.《맹자》〈양혜왕 상〉에도 현명한 군주는 백성들의 생산에 힘을 쏟아 부모와 처자식을 잘 먹여야 선을 지향하는 사회를 만들 수 있다고 말한다.《순자》〈대략〉에도 먹고사는 문제를 해결한 다음에 가르쳐야 한다고 주장한다.

위나라로 향하는 스승의 수레를 모는 염유와 공자의 대화는 인구증가 → 경제적인 풍요 → 교육의 3단계 정치를 잘 설명해준다. 기왕 인구증가에 성공한다면 백성들을 부유하게 만들어주어야 하고, 부유해졌으면 잘 가르쳐서 예의 바른 국가를 만들어가야 한다는 뜻이다.

13:10

子曰:"苟有用我者, 期月而已可也, 三年有成."

•

선생님이 말씀하셨다. "진실로 나를 써주는 사람이 있으면 1년 (열 두) 달만으로도 될 것이고 3년이면 이룸이 있을 것이다."

역주

* 기期는 기朞라고도 쓴다. 만 1주년을 말한다.

해설

공자가 위나라에 있을 때의 이야기일 것이다. 좋은 정치를 펼칠 만한 전통과 인구와 규모를 갖춘 위나라가 공자 자신을 써주기만 하면 1년 만에 가시적인 업적을 낼 수 있으며 3년이면 큰 성공을 거둘 수 있다는 자신감을 보인다.

"진실로 나를 발탁해 정치에 참여하게 해주는 사람이 있으면 나는 딱 1년 만에 효과를 드러낼 수 있고, 3년이면 큰 성공을 거두게 만들 수 있다."

13:11

子曰: "善人爲邦百年, 亦可以勝殘去殺矣. 誠哉是言也!"

·

선생님이 말씀하셨다. "선인이 100년 동안 나라를 다스리면 역시 잔학함을 이기고 죽임을 없앨 수 있다. 참되다, 이 말이!"

역주

* 잔殘은 잔인하고 흉악하며 포악한 사회범죄를 말한다.

* 거살去殺은 죽임을 없앤다는 뜻이다. 사형, 즉 죽음의 형벌을 없앤다는 뜻이다.

해설

〈술이〉에 모든 일을 잘하는 성인 다음 차원의 사람을 선인善人이라고 말한 적이 있다. 〈선진〉 20장에는 예악에 통달하지 못해 성인의 방에 들어서지 못한 사람을 선인이라 했다. 당시 선인의 정치에 대한 이야기들이 있었던 듯하다. 공자는 잔혹한 사회범죄가 사라지고 사형이 없어지는 세상을 바랐다. 《맹자》 〈양혜왕 하〉에 "인仁을 해친 자를 적賊이라 하고 의義를 해친 자를 잔殘이라 한다"라고 말한다. 잔적殘賊이 없어야 인의의 도덕사회가 된다는 이야기다.

"선인이 100년 동안 나라를 다스리면 잔학과 포악한 범죄를 이겨낼 것이고 그에 따른 사형도 없어질 것이다. 이 말은 정말 맞는 말이다."

13:12

子曰: "如有王者, 必世而後仁."

•

선생님이 말씀하셨다. "만약 왕이 된 사람이 있더라도 반드시 한 세대 뒤에야 어질게 될 것이다."

역주

* 왕王은 천명을 받아 왕이 된 사람을 말한다. 이 시대의 왕은 보통

명사가 아니라 천자만이 사용하던 용어였다.

* 세世는 한 세대를 말한다. 아버지와 자식 간의 차이로, 보통 30년을 일컫는다.

해설

여러 가지 해석이 가능한 구절이다. 공자사상은 종주從周, 즉 주나라 초기 질서를 추종했다. 주 무왕이 천명을 받아 새로운 왕자로 등극했으나 곧 죽고, 어린 성왕을 대신해 주공이 섭정을 했으며, 반란 등을 다 토벌하고 안정을 취해 어진 정치를 이야기하기까지 30년이 걸린다는 해석이 가능하다. 경제적으로 해석하면 좀 다르다. '의식이 족해야 영욕과 예절을 아는' 어진 나라가 된다는 점에서 3년에 1년을 저축하고 10년의 저축이 있는 정치를 성공한 정치라고 한다는 점에서 30년을 일컬은 것일 수도 있다. 왕자王者를 왕도를 실천하는 군주로 보아, 아버지 대에 예악제도를 만들고 도덕적으로 화합해 훌륭한 정치를 실행하면 30년 지난 아들 대에 어진 정치가 자리를 잡을 것이라고 해석할 수도 있다.

"만약 왕도를 실천하는 군주가 나타나더라도 반드시 한 세대인 30년을 지난 뒤 어진 정치가 제대로 이루어질 것이다."

13:13

子曰: "苟正其身矣, 於從政乎何有? 不能正其身, 如正人何?"

•

선생님이 말씀하셨다. "진실로 제 몸을 바르게 하면 정치에 종사하는 데 무슨 (문제가) 있겠는가? 제 몸을 바르게 할 수 없다면 어떻게 사람들을 바르게 하겠는가?"

해설

위 6장에서 군주 자신이 바르게 하면 백성들이 바르게 될 것이라는 이야기와 같은 맥락이다. 더 구체적으로 종정從政, 즉 정치에 종사하는 태도를 지적하고 정치란 사람들을 바르게 이끄는 일임을 적시한 것이다.

"자기 자신이 진실로 정직하다면 정치에 종사하는 데 무슨 문제가 있겠는가? 자기 자신이 정직하지 못하다면 어떻게 다른 사람을 바르게 만들 수 있겠는가?"

13:14

冉子退朝. 子曰: "何晏也?" 對曰: "有政." 子曰: "其事也. 如有政, 雖不吾以, 吾其與聞之."

•

염자가 조정에서 물러나왔다. 선생님이 말씀하셨다. "어째서 늦었느냐?" 염유가 "정무가 있었습니다"라고 대답하자 선생님이 말씀하셨다. "(계씨의) 일이었겠지. 만약 정무가 있었다면 내 비록 쓰이진 않고 있지만 나는 참예해 그것을 들었을 것이다."

역주

* 조朝는 조정이다. 여기서는 외조外朝인 군주의 공적 조정이 아니

라 내조內朝로서 계씨의 가조家朝, 즉 사적 조정을 말한다.

* 안晏은 원래 '하늘이 맑다'는 뜻인데 여기서는 '해가 저물 때'로 읽힌다. 늦다는 뜻이다.

* 정政은 국가의 일을 말하며 정무· 정사로 해석할 수 있고, 사事는 그 아래 단위의 일로 대부 집안의 사적인 사무를 뜻한다.《좌전》〈소공 11년〉의 정사政事에 대해 정현은 "군주의 교화명령을 정이라 하고, 신하의 교화명령을 사라고 한다"라고 주석했다.

해설

공자는 정치에 관심이 많았다. 군주가 중심이 되어 어질고 예의 바른 정치가 이루어져야 하는데 노나라는 대부 특히 계씨가 정치를 쥐락펴락했다. 계씨는 군주의 조정에서 논의해야 할 중요한 국사를 집안의 가신들과 사적인 조정에서 처리하곤 했다. 공자는 명분을 바로잡아 잘못된 관행을 없애고 싶었다. 그래서 염유가 조정에서 퇴정하자 "왜 늦었느냐?"고 묻고 "공적인 정무가 있어서 늦었다"는 염유의 대답에 명분을 가지고 지적한 것이다.

"계씨 집안의 사적인 일이었겠지. 만약 공적인 정무였다면 내 비록 현직에 있지는 않으나 나 또한 대부를 지낸 적이 있으니 중요한 국사에 참예할 수 있고 누군가 나에게 그것을 들려주었을 것이다."

13:15

定公問: "一言而可以興邦, 有諸?" 孔子對曰: "言不可以若是, 其幾也. 人之言曰: '爲君難, 爲臣不易.' 如知爲君之難也, 不幾乎一言而興邦乎?"曰: "一言而喪邦, 有諸?"孔子對曰: "言不可以若是, 其幾也. 人之言曰: '予無樂乎爲君, 唯其言而莫予違也.' 如其善而莫之違也, 不亦善乎? 如不善而莫之違也, 不幾乎一言而喪邦乎?"

●

정공이 물었다. "한마디 말로 나라를 일으키게 할 수 있다는데 (그런 말이) 있습니까?" 공자가 대답했다. "말로 그와 같이 될 수는 없지만 거의 그럴 수는 있습니다. 어떤 사람이 '임금 하기 어렵고 신하하기도 쉽지 않다'라는 말을 합니다. 임금 하기가 어려운 줄 안다면 거의 한마디 말로 나라를 흥하게 하는 것이 아니겠습니까?" "한마디 말로 나라를 망칠 수 있다는데 (그런 말이) 있습니까?"라고 묻자 공자가 대답했다. "말로 그와 같이 될 수는 없지만 거의 그럴 수는 있습니다. 어떤 사람이 '나는 임금이 된 것이 즐거운 게 아니라 다만 말을 했을 뿐인데 나를 어기는 사람이 없다'라는 말을 합니다. 만약 그것이 좋은 것이어서 (아무도) 그것을 어기지 않는다면 역시 좋지 않습니까? 만약 좋지 않은 것인데도 아무도 그것을 어기지 않는다면 거의 한마디 말로 나라를 망치는 것이 아니겠습니까?"

역주

* 기幾를《논어집주》에서는 기약하다는 뜻으로 해석해 앞으로 붙여서 해석한다.[1] 하지만 기기其幾를 구분해 기幾를 가까울 근近 자로 보아 '거의 ~하다'로 해석하는 편이 더 부드럽다.

....
1   성백효 역주, 같은 책, 375쪽을 참조할 것.

해설

한마디 말로 나라를 흥하게 할 수도 있고 망하게 할 수도 있다니 얼마나 엄중한 이야기인가. 공자는 "군주 노릇 하기가 참 어렵다" 는 한마디 말을 군주가 계속 염두에 두고 산다면 나라를 흥하게 할 수 있다고 말한다. 반대로 "말을 뱉으면 아무도 나를 어기지 않는다"는 권력의 단맛에 빠지면 문제다. 선하지 못한 것임에도 군주를 어기는 사람이 없는 나라라면 망할 수 있다는 것이다. 군주에게 초점을 맞추어 항상 힘들여 일하고 옳은 가치를 선양하고 옳지 않은 가치를 없애라는 주장이다.

노 정공이 물었다. "한마디 말로 나라를 흥성하게 만들 수 있다는 그런 말이 있다는데 사실입니까?" 공자가 대답했다. "한마디 말만으로 그렇게 될 수는 없지만 거의 가까이 접근하는 말은 있습니다. 어떤 군주가 '군주 노릇 하기가 어렵고 신하 노릇 하기도 쉽지 않다'라는 말을 했다고 합시다. 군주 노릇 하기가 어려운 줄 안다면 거의 한마디 말로 나라를 흥성하게 만드는 것이 아니겠습니까?" 정공이 "한마디 말로 나라를 망하게 만들 수 있다는 말이 있다는데 사실입니까?"라고 묻자 공자가 대답했다. "한마디 말만으로 그렇게 될 수는 없는 일이지만 거의 근접한 말이 있습니다. 어떤 군주가 '나는 군주가 된 것이 즐거운 게 아니라 내가 한 번 말하면 아무도 내 말을 어기지 않는다'라는 말을 했다고 합시다. 그것이 좋은 말이어서 아무도 그것을 어기지 않는다면 또한 그보다 좋은 일이 어디 있겠습니까? 하지만 만약 좋지 않은 잘못된 말인데도 아무도 그것을 어기지 않고 따라한다면 거의 한마디 말로 나라를 망하게 만드는 것이 아니겠습니까?"

13:16

葉公問政. 子曰: "近者說, 遠者來."

　•

섭공이 정치에 대해 물었다. 선생님이 말씀하셨다. "가까운 자가 기뻐하면 먼 자들이 다가올 것입니다."

역주

* 래來는 오다, 부르다 등의 의미다. 여기서는 타국 또는 먼 지역 사람들이 이민을 오는 래徠 자의 의미가 강하다.

해설

《한비자韓非子》〈난難〉에 섭공 자고가 중니仲尼에게 정치를 물으니 공자가 "가까운 백성들이 즐거워하면 먼 데 사람들이 온다"고 답했다고 한다. 《묵자》〈경주耕柱〉, 《관자》〈판법해版法解〉 등에도 비슷한 내용이 등장하는 것을 보면 제자백가의 중요한 정치주장 가운데 하나는 이민을 많이 오게 해 인구를 증가시키는 것이었다고 할 수 있다. 중앙집권을 꿈꾸는 군주는 인구증가로 세수를 확대하고 병력을 확충하고 싶어 했다. 유가·묵가·도가·법가 모두 군주를 설득하는 기본 방법은 어떻게 인구를 늘릴 것인가와 관련이 깊다. 공자가 섭공에게 제시한 정책 아이디어도 마찬가지다.

"좋은 정책으로 국도 근처 사람들이 기뻐한다면 먼 곳 사람들이 기꺼이 이민을 올 것이다."

13:17

子夏爲莒父宰, 問政. 子曰: "無欲速, 無見小利. 欲速, 則不達; 見
小利, 則大事不成."

    ●

자하가 거보_{莒父}의 읍재가 되어 정치에 대해 물었다. 선생님이 말
씀하셨다. "빠르게 하려고 하지 말고, 작은 이익을 보지 마라. 빠르
게 하려고 하면 도달하지 못하고, 작은 이익을 보면 큰일을 이루지
못한다."

역주

* 거보는 노나라의 하급 읍으로, 오늘날 산둥성 가오미_{高密}현 동남
쪽이다.
* 속_速은 빠르다, 빨리하다, 급하다 등의 의미다.

해설

정치든 정책이든 속성으로 이룰 수 없다. 공적인 행정은 큰 틀에서
이루어져야지, 작은 이익을 따지고 들면 중요한 일을 놓칠 수 있
다. 성과가 빨리 나기를 바라는 자하의 마음을 읽은 공자는 큰 이
익과 큰일을 생각하며 천천히 하라고 충고했다. 《순자》〈치사_{致士}〉
에는 관대하고 공경함이 정치의 시작이고 진퇴와 상벌은 정치의
끝이라면서 시작이 1년 걸리고 끝은 3년 걸린다고 말한다.

    "정책을 시행하면서 급하게 속도를 내지 말고, 정무를 처리하
면서 작은 이익만 쳐다보지 마라. 급하게 속도를 내려고 하면 목
적을 달성하지 못하고, 작은 이익만 쳐다보면 큰일을 성공시키지

못한다."

13:18

葉公語孔子曰："吾黨有直躬者, 其父攘羊, 而子證之."孔子曰：
"吾黨之直者異於是. 父爲子隱, 子爲父隱, 直在其中矣."

•

섭공이 공자에게 말했다. "우리 고을에 몸소 곧음을 갖춘 사람이
있는데, 그 아버지가 양을 가로채자 아들이 그것을 고했습니다."
공자가 말했다. "우리 고을에 곧은 사람은 이와 다릅니다. 부모는
자식을 위해 숨겨주고, 자식은 부모를 위해 숨겨줍니다. 곧음은 그
가운데 있는 것입니다."

역주

* 직궁直躬의 궁躬을 몸으로 보아 '몸소 정직을 실천한 사람'이라고
해석해도 무방하나 해석하는 사람에 따라 이름으로 읽기도 한다.
초나라 섭葉현 사람으로 이름이 궁弓인데 궁躬 자와 통용해서 그
렇게 불렀다는 것이다.
* 양攘은 물리치다, 내쫓다 등의 뜻인데 여기서는 훔치다, 가로채
다 등의 의미다. 일설에는 남의 영역에 침범해 훔치는 것이 절竊이
라면 내 집에 들어온 것을 그냥 가로채는 것이 양攘이라고 한다.
* 증證은 증명하다는 뜻인데 여기서는 고하다, 고발하다의 의미다.
* 은隱은 가린다는 뜻이다. 감추다, 숨기다, 비밀로 하다 등의 의미다.

해설

사회윤리와 가족윤리의 충돌 문제는 언제나 사상계의 뜨거운 화두다. 《한비자》〈오두五蠹〉와 《여씨춘추》〈당무當務〉 등에도 양을 훔친 아버지를 고발한 초나라의 직궁에 대해 다루고 있다. 신信과 효孝의 강조점을 두고 고발자를 죽였다고도 하고 용서했다고 하기도 한다. 《춘추공양전春秋公羊傳》 문공 15년에는 자식이 죄가 있더라도 벌을 받게 하고 싶지 않은 것이 부모라고 말한다. 《염철론》〈주진周秦〉에는 부모는 자식에게 죄가 있으면 숨겨주는 것이라고 말한다. 《백호통의》〈간쟁諫諍〉에는 "군주는 신하의 잘못을 감추어주지 않는데 오직 부모는 자식의 잘못을 감추어주는 것은 무엇 때문인가? 부모 자식은 한 몸이고 영광과 치욕이 서로 미치기 때문이다"라고 한다. 그리하여 역사적으로 부모 자식 간에 숨겨주는 사건은 범인 은닉죄로 다루지 않았다. 공과 사를 다투는 군신 간 문제가 아니라 사회구성의 기본을 다루는 부자 간 천륜의 문제이기 때문이다. 오늘날도 논쟁 중이다.

부모를 포함한 누구에게나 보편적으로 적용이 가능해야 도덕적 정당성이 있으니 평등 차원에서 고발하는 것이 옳다는 주장이 있다. 그러나 도덕이 내면적 정감의 자연스러운 발현이라는 점에서 인간사회를 구성하는 기본을 어기고 도덕·윤리·범죄·신의 등을 따지는 것은 의미가 없다는 주장도 많다.

섭공은 "우리 고을에 올곧음을 몸으로 실천한 사람이 있는데, 그 아버지가 양을 가로채자 아들이 아버지를 고발했습니다"라며 사회적 신의를 강조하는 발언을 한다. 그런데 공자는 "우리 고을에 곧은 사람은 그와 다릅니다. 자식이 잘못하면 부모는 그 자식을 감추어주고, 부모가 잘못하면 자식은 그 부모를 감추어줍니다. 올 곧음은 그 가운데 있는 것입니다"라며 천리에 순응하는 것이 바른 이치라고 주장했다.

13:19

樊遲問仁. 子曰:"居處恭, 執事敬, 與人忠. 雖之夷狄, 不可棄也."

•

번지가 어짊에 대해 물었다. 선생님이 말씀하셨다. "사는 곳에서 는 공손하고, 일을 집행할 때는 공경하고, 사람들과 더불어 할 때 는 충성해라. 비록 이적의 (땅에) 가더라도 버려서는 안 된다."

역주

* 공경恭敬은 같은 마음의 두 가지 태도다. 사는 곳인 거처居處에서 는 누가 간섭하지 않아도 지키는 내면의 공손함이 필요하니 공恭 이다. 바깥에서 일을 집행하는 집사執事는 남의 눈치를 보는 경건 함이 필요하니 경敬이다.

해설

어진 정치를 수행하는 태도에 대한 이야기다. 공손하면서 위의를 갖춘 공경하는 태도로 정사에 임하고, 항상 진심을 다해 다른 사람 을 대하는 자세를 유지하라는 충고다. 보통 이적의 땅이란 예의가 없는 곳을 가리킨다. 공경과 정성을 다하는 예의 기본 자세를 유지 하는 것을 어진 정치라고 본 것이다.

"거처하는 곳에서도 공손한 태도를 잃지 말고, 나가서 행정 일을 집행할 때는 항상 경건한 태도를 유지하고, 다른 사람을 상대해 일을 할 때는 온 정성을 다해야 한다. 비록 예의가 없는 이적의 땅에 가더라도 이러한 태도를 버리지 않아야 한다."

13:20

子貢問曰: "何如斯可謂之士矣?" 子曰: "行己有恥, 使於四方, 不辱君命, 可謂士矣." 曰: "敢問其次." 曰: "宗族稱孝焉, 鄕黨稱弟焉." 曰: "敢問其次." 曰: "言必信, 行必果, 硜硜然小人哉! 抑亦可以爲次矣." 曰: "今之從政者何如?" 子曰: "噫! 斗筲之人, 何足算也."

　•

　자공이 물었다. "어떻게 하면 이를 선비라고 부를 수 있습니까?" 선생님이 말씀하셨다. "자기를 행하는 데 부끄러움을 (알고) 있으며, 사방에 사신으로 나가 임금의 명령을 욕되게 하지 않으면 선비라 부를 수 있다." "감히 그다음을 묻습니다"라고 하자 말씀하셨다. "종족 (내에서) 효를 칭송하고, 향당에서 공순함을 칭송하는 (사람이다.)" "감히 그다음을 묻습니다"라고 하자 말씀하셨다. "말을 하면 반드시 믿음을 (강조하고) 실행하면 반드시 과단성을 (강조하면) 완고한 소인이지! 그러나 역시 다음이 될 수 있다." "오늘날 정치를 좇는 사람들은 어떻습니까?"라고 묻자 선생님이 말씀하셨다. "하! (변변치 못한) 두소지인 斗筲之人을 어찌 족히 계산에 (넣을) 수 있겠는가."

역주

* 《백호통의》〈종족宗族〉에서 종족宗族의 종宗은 선조를 중심으로 종인宗人들이 존중하는 바를 말하고, 족族은 고조에서 현손까지 친애해 모이는 바를 말한다고 한다. 같은 조상을 받드는 일족의 의미다.

* 제弟는 부모에 대한 효도와 짝을 이루는 형제간의 우애를 말한다. 특히 효가 부모에 대한 자식의 효도이듯 제弟(悌)는 형에 대한 동생의 공경이다.

* 과果는 굳세다, 용감하다 등의 의미다. 여기서는 정책을 실행하는 과정에서의 과단성을 뜻한다.

* 갱갱연硜硜然의 갱硜은 딱딱한 돌 부딪히는 소리의 의태어로, 갱갱연은 주변머리가 없는 고집불통의 완고함을 표현하는 말이다.

* 억抑은 접속사로 '그렇지 않으면'으로 해석이 가능하지만, 여기서는 그러나, 다만 등의 의미다.

* 희噫는 마음이 불편해 탄식할 때 내는 의성어다.

* 두소지인斗筲之人의 두斗는 한 말의 단위이고, 소筲는 한 말 두 되가 담기는 대그릇을 말한다. 두소지인은 도량이 적은 변변치 못한 사람을 뜻하는 비유다.

해설

사士는 대부의 아래 계급으로, 대부 집안이나 군주 조정에서 직무에 종사했다. 농사나 상업 등 독자적인 생산수단은 소유하지 못했으며 지식이나 무예 등 일신의 능력에 의지해 살아가는 계급이었다. 춘추시대의 신흥 계급으로, 정치에 종사하는 경우가 많았으며 대부를 도와 사신 업무를 수행하기도 했다. 초기에는 독자적인 정책을 수립하거나 정치적인 결정에 참여하는 귀족 신분은 아니었지만 행정 관료로 진출해 크게 출세하는 경우도 많았다. 그들은 지식인으로 큰 가문의 종족 내에서, 또는 고을 안에서 구성원들의 모범이 되기도 했다. 공자가 효제의 모범을 이야기한 것은 그와 관련이 있다. 또한 관직에 나가 말에 신용이 있고 행동에 과단성이 있으면서 국가의 중요한 축을 담당했으므로 공자가 최소한의 선비로 인정했던 것이다.

진정한 선비로서 정치에 나가 성공할 수 있는 길을 물은 자공의 질문에 공자는 우선 "정치에 종사하며 자신을 실천하되 도의에 어긋나는 것을 부끄러워할 줄 아는 사람이 선비이고, 사방에 사신으로 나가 업무를 수행하면서 군주의 명을 욕되게 하지 않는 언변의 소유자를 선비라 부를 수 있다"라고 말한다. 아마도 사土 계급이었을 자공의 언변이 뛰어나 외교 업무를 수행할 것을 알았기 때문에 도의를 우선하라고 강조한 것이리라.

그다음 단계의 선비에 대해 묻자 공자는 "자신이 속한 큰 가문의 종족 내에서 부모에게 효도를 잘한다는 칭송을 듣고, 자신이 살아온 향당 고을에서 형제 간 우애가 뛰어나다고 칭찬을 듣는 사람이면 선비라 할 수 있다"라고 말한다. 모범적인 사회생활을 하는 사람이란 뜻이다.

그다음 단계의 선비는 "도의를 따르는 큰 이치는 모르면서 일단 말을 뱉으면 반드시 신임을 얻어야 한다고 강조하고, 일단 실행에 옮기면 반드시 과단성 있게 추진할 것을 강조하니 완고한 소인이라고 할 수는 있다만! 그러나 이런 사람 역시 그다음 단계의 선비라고 할 수는 있다." 그런데 현실에서 정치에 종사하고 있는 사람들은 그런 기본적인 선비도 못 되는 "도량이 적고 변변치 못한 두 소지인일 뿐이니 선비 축에 끼어 넣을 수조차 없다"라고 한다.

13:21

子曰: "不得中行而與之, 必也狂狷乎! 狂者進取, 狷者有所不爲也."

•

선생님이 말씀하셨다. "중용을 행하는 사람을 얻어서 그와 더불어 할 수 없다면 반드시 광狂과 견狷과 (함께할) 것이다. 광자는 진취적이고 견자는 (불의한 짓을) 하지 않는 바가 있다."

역주

* 중항中行은 행해 그 가운데를 얻을 수 있는 사람을 말한다. 중용·중도를 실천할 수 있는 사람이다.

* 광狂은 뜻이 크고 말이 큰 사람이고,[2] 견狷은 성급하다는 의미로 견獧 자와 통하며 고집이 세고 지조가 굳다는 뜻이다. 둘 다 하나의 절의를 가졌으나 광이 지知에 가깝다면 견은 우愚에 가깝다.

해설

어진 정치를 추구하는 데 가장 좋은 동지는 중용과 중도를 지키는 사람일 것이다. 《맹자》〈진심 하〉에도 같은 공자의 말이 인용되어 있는데 중항中行 대신에 중도中道라 하고 견狷 자 대신에 견獧 자

---

2 〈공야장〉 22장, 〈태백〉 16장에도 보인다.

를 쓰고 있다.《후한서》〈독행전獨行傳〉에는 중용中庸이라 한다. 그런데 이런 사람은 만나기가 쉽지 않다. 도의를 실현시키는 정치를 하려면 적어도 그다음 단계의 사람이라도 만나 함께해야 한다. 광狂은 말이 앞서지만 도의로 나아갈 뜻을 지닌 사람이니 함께하면 좋고, 견狷은 고집이 세도 행동에 지조가 있는 사람이니 함께할 수 있다.

"중용을 지키는 사람과 함께 정치를 한다면 가장 좋을 것이다. 그러나 그런 사람을 얻지 못한다면 말은 앞서지만 도의를 향한 큰 뜻이 있는 광자狂者와 좀 어리석은 듯해도 절개를 지키는 견자狷者와 함께하면 좋을 것이다. 광자는 진취적이어서 좋고 견자는 옳지 않은 일을 하지 않아서 좋다."

13:22

子曰: "南人有言曰: '人而無恆, 不可以作巫醫.' 善夫!" "不恆其德, 或承之羞." 子曰: "不占而已矣."

•

선생님이 말씀하셨다. "남방 사람들에게 '사람인데 항심이 없으면 무당이나 의사로서 일어나게 할 수가 없다'라는 말이 있는데 좋은 (말이다)!" "그 덕을 항상 (유지하지) 못하면 혹 부끄러움으로 이어진다." 선생님이 말씀하셨다. "점을 치지 않았을 뿐이다."

역주

* 남인南人은 남국南國의 사람이란 뜻이다. 춘추시대에 남국이란

오늘날 후난湖南성 이남을 말하며 중원 국가와 문화가 다른 이역으로 취급되었다.

* 항恒은 변하지 않고 언제나 유지되는 마음, 즉 항심을 말한다. 공자와 맹자는 이를 사士의 덕으로 보았고, 맹자는 항심으로 해석했다.[3]

* 무의巫醫의 무巫는 춤으로 신의 강림을 부르는 사람인데, 여자 무당을 무巫, 남자 무당을 격覡이라 불렀다.《주례》에 남무男巫·여무女巫라 하는 등 남자든 여자든 무巫로 통칭하기도 했다. 의醫는 의사다. 무당을 뜻하는 말로도 쓰지만 고대에 무당이 의사를 겸했다는 점에서 무당 의사로 해석할 수도 있다.《주례》에 의사醫師는 상사 두 명과 하사下士 두 명, 식의食醫에 중사 두 명 등의 표현이 있다. 무巫와 의醫 모두 사士 계급이 담당했다.

해설

항恒은 언제나 변하지 않는 항상 그러함을 말한다. 공자의 항恒을 선비의 떳떳한 마음에서 찾아내 항심이라 해석한 사람은 맹자다. 중간 인용은《주역》〈항괘恒卦〉 구삼九三의 효사爻辭인데 연결하면 '그 덕'은 항심이 될 것이다. 남방은 중원과 다른 이민족으로 취급되어 야만시했다. 그들의 격언에도 항심이 없으면 무당이든 의사든 구제해줄 수 없다는 말이 있는데 중원의 선비나 정치인들이 항심이 없이 살아가는 것은 부끄러운 일이라는 지적일 것이다.《주역》은 점을 치는 책이다. 점을 쳐 자신의 행실을 조심하고 인간과 사회관계를 깊이 고민해 행동하라는 잠언으로 가득하다. 항심 없

<hr>

3 《맹자》〈양혜왕 상〉과 〈등문공 상〉을 참조할 것.

이 부끄러운 행위를 하는 것은 점을 쳐 자신을 단속하지 않았다는 지적일 것이다. 실제로 전통시대 유교 지식인들은 청명한 아침에 맑은 심신으로 산가지를 이용한 주역점을 치고 하루의 일과를 조심스레 수행하곤 했다. 그들은 정치와 학문을 왕래하며 살았다.

"남국 사람들에게 '사람이면서 항심이 없으면 무당이나 의사도 그를 치료할 수가 없다'라는 격언이 있다. 참 좋은 말이다!"《주역》에 "그 덕을 변함없이 유지하지 못하면 모욕을 당할 수 있다"라는 말이 있는데 이는 "날마다 점을 쳐가며 조신하게 처신하지 않았기 때문이다."

13:23

子曰:"君子和而不同, 小人同而不和."

•

선생님이 말씀하셨다. "군자는 화합하되 같음을 (구하지) 않으며, 소인은 같음만 (구하고) 화합하지 못한다."

역주

* 화和는 의義에 기초한 합合을 추구하며, 이견을 조절해 상대에게 심리적인 상처를 입히지 않는 조화를 뜻한다.
* 동同은 이利에 기초한 합合을 추구하며, 이견을 무시하고 상대에게 맹목적으로 동조하는 같음을 뜻한다.

해설

훌륭한 정치가로서 군자는 부화뇌동하는 동조자와 더불어 정책을 수행하지 않는다. 심화心和, 즉 마음의 조화를 추구하며 정치적 반대자의 이견과 이의를 적절히 조절해 화합을 이끌어낼 뿐 무조건적으로 동조하지는 않는다. 화이부동和而不同은 유교 정치철학의 핵심 주제다.[4] 오미五味가 조화하고 육률六律이 조화하듯 다양한 정치의견을 하나의 용광로에 녹여 그 어떤 정치적 반대자도 마음의 상처를 입지 않는 상생을 이끌어낸다. 반대로 소인은 이익이 있으면 무조건 동조해 당을 짓고 이견을 적으로 간주해 화합을 깨뜨린다. 이를 당동벌이黨同伐異라 한다.

"군자 정치가는 조화의 정치를 추구하며 맹목적인 동조를 요구하지 않는데, 소인은 이익의 정치를 구해 맹목적인 동조를 원할 뿐 조화와 상생에 힘쓰지 않는다."

13:24

子貢問曰: "鄕人皆好之, 何如?" 子曰: "未可也." "鄕人皆惡之, 何如?" 子曰: "未可也. 不如鄕人之善者好之, 其不善者惡之."

•

자공이 물었다. "고을 사람이 모두 좋아하는 (사람은) 어떻습니까?" 선생님이 말씀하셨다. "아직 안 된다." "고을 사람이 모두 싫어하

---

4 화이부동의 정치철학적 의미에 대해서는 장현근, 〈초기 유가 '화동和同' 논의의 정치철학적 의미〉,《동양정치사상사》제11권 1호, 한국·동양정치사상사학회, 2012. 3., 7~29쪽을 참조할 것.

는 (사람은) 어떻습니까?" 선생님이 말씀하셨다. "아직 안 된다. 고을 사람 가운데 선한 사람이 좋아하는 사람과 그 선하지 못한 사람이 싫어하는 사람을 (선택)하는 것만 못하다."

해설

공자는 공론을 믿었다. 이 장은 위의 장과 연결해서 생각할 수 있다. 고을 사람들이 무조건 좋아하거나 싫어함은 동同에 해당한다. 선한 사람이 추구하는 바는 의義이므로 의에 입각해 싫어하고 좋아함을 평가하는 것이 화이부동한 군자의 자세다. 선한 사람이 좋아하고 악한 사람이 미워하는 사람이면 진짜 좋은 사람일 것이다. 선한 사람이 미워하고 악한 사람이 좋아하는 사람은 진짜 악한 사람일 것이다.

　사람을 쓰려면 고을 사람이 모두 좋아하는 사람 또는 고을 사람이 모두 싫어하는 사람이 아니라 "고을 사람 가운데 정의롭고 선한 사람이 좋아하는 사람과 정의롭지 못한 악한 사람이 싫어하는 사람을 선택해 쓰는 것만 못 하다."

13:25

子曰: "君子易事而難說也: 說之不以道, 不說也; 及其使人也, 器之. 小人難事而易說也: 說之雖不以道, 說也; 及其使人也, 求備焉."
•

선생님이 말씀하셨다. "군자는 섬기기는 쉬우나 기쁘게 하기는 어려운데, 기쁨이 도에 의거한 것이 아니면 기뻐하지 않고, 사람을 부림에 이르러서는 그릇을 (헤아린다). 소인은 섬기기는 어려우나 기쁘게 하기는 쉬운데, 기쁨이 도에 입각한 것이 아니라도 기뻐하고, 사람을 부림에 이르러서는 갖추기를 구한다."

역주

* 기器는 그릇·도구 등을 의미하는데, 여기서는 기량器量의 용례처럼 능력이나 덕의 그릇을 뜻한다.

해설

계속해서 정치가로서 군자와 소인에 대해 말하고 있다. 《설원》〈잡언雜言〉에 증자의 말을 인용하며 공자는 한 가지 선함을 보면 그의 100가지 죄를 잊었다고 한다. 군자 정치가는 도에 입각해서 일을 처리하기만 하면 누구도 책망하지 않으므로 섬기기가 쉽다. 하지만 도의를 따르지 않는 소인들이 그를 기쁘게 만들기는 매우 어려울 것이다. 반면 소인 정치가는 반드시 윗사람의 이익을 챙겨야 하므로 섬기기가 어려우나 일단 이익만 주면 기뻐하므로 기쁘게 만들기는 매우 쉽다. 군자 정치가는 아랫사람의 일처리 능력보다 그의 도덕적인 기량을 중시하지만 소인 정치가는 당장의 효과를 노리기 때문에 능력을 갖춘 사람을 찾는다. 《순자》〈대략〉에는 "군자는 기쁘게 만들기 어려운데 기쁨이 도에 입각한 것이 아니면 기뻐하지 않기 때문이다"란 말을 인용하며 아는 사람은 일에 밝고 수에 통달했다고 말한다.

"군자 정치가는 책망하지 않으므로 모시기는 쉽지만 도의에 입각해야 하므로 기쁘게 하기는 어렵다. 도에 입각해서 일처리를 하지 않으면 군자는 조금도 기뻐하지 않으며, 사람을 부리는 데도 도덕적인 기량을 헤아려서 쓴다. 소인의 정치는 이익을 따지므로 모시기는 어렵지만 이익만 내면 되므로 기쁘게 하기는 쉽다. 소인은 도의에 입각한 것이 아니라도 성과만 있으면 기뻐하고, 사람을 부리는 데는 효율을 내는 능력을 요구한다."

13:26
子曰: "君子泰而不驕, 小人驕而不泰."

  •

선생님이 말씀하셨다. "군자는 느긋하고 교만하지 않으나, 소인은 교만하고 느긋하지 못하다."

역주
* 태泰는 크다, 편안하다, 태연하다, 느긋하다 등을 의미하며, 여기서는 예의를 중심에 놓고 세상의 이치나 관계에 통달한다는 뜻으로 해석한다.
* 교驕는 교만하다, 잘난 체하다 등으로 해석되며, 여기서는 예의를 벗어난 행동을 한다는 의미에서 무례로 풀이한다.

해설
군자와 소인의 구별을 여기서는 태泰와 교驕의 차이로 설명한다. 훌륭한 정치가인 군자는 자기를 자랑하지 않고 예의에 입각해 편안한 중용의 태도를 취하지만 소인은 예법도 모르고 자기 자랑을 늘어놓아 교만해 보인다.

"군자 정치가는 예의에 통달해 편안하며 무례하게 잘난 체하지 않는다. 소인 정치인은 무례하게 잘난 체를 해 관계를 악화시키며 예에 통하지 못한 사람이다."

13:27

子曰:"剛毅木訥, 近仁."

•

선생님이 말씀하셨다. "굳세고 과감하고 투박하고 과묵하면 어짊에 가깝다."

역주

* 강剛은 외면의 굳셈을 말하며 욕심을 드러내지 않는 강직함을 뜻한다.
* 의毅는 내면의 강함을 말하며 과감하게 나아가는 굳센 의지를 말한다.
* 목木은 아직 가공하지 않은 나무의 원 상태를 뜻한다. 투박하다, 질박하다 등의 의미다.
* 눌訥은 말이 어눌하다고 할 때의 눌訥이며 입이 무겁고 경솔하지 않은 과묵함을 뜻한다.

해설

어진 정치를 수행하는 데 필수적인 성품을 말한다. 욕심 없는 강직한 태도, 과감하고 굳센 의지, 꾸밈없이 질박한 성품, 경솔하지 않은 과묵한 자세가 따라준다면 사리사욕에 기울지 않은 도의의 실천이 가능할 것이다.

"강직한 태도, 굳센 의지, 질박한 성향, 과묵한 자세라면 어진 정치에 가깝게 갈 수 있다."

13:28

子路問曰: "何如斯可謂之士矣?" 子曰: "切切偲偲怡怡如也, 可謂士矣. 朋友切切偲偲, 兄弟怡怡."

•

자로가 물었다. "어떻게 하면 이를 선비라고 평가할 수 있습니까?" 선생님이 말씀하셨다. "갈고닦으며 (권면하고) 기쁘고 즐거우면 선비라 평가할 수 있다. 친구 사이에는 갈고닦으며, 형제 사이에는 기쁘고 즐겁다."

역주

* 절절시시切切偲偲는 갈고 문지르기를 반복한다는 뜻으로, 꾸짖고 권면한다는 의미다.
* 이이怡怡는 기쁨이 이어진다는 뜻으로, 서로를 감싸주어 화목하고 즐겁게 지낸다는 의미다.

해설

친구 간에는 도의로 권면하고, 형제간에는 따뜻한 은혜로 화합할 수 있는 사람이면 선비라 평가할 수 있다는 말이다. 진정한 선비라면 공부와 덕성을 함양하기 위해 밖에 나가 친구끼리 절차탁마하며 정의를 실천하는 데 힘쓰고, 집안에 들어오면 형제끼리 서로 감싸주고 화합과 복락을 함께 누리는 사람이어야 한다.

"밖에서 열심히 갈고닦아 선을 실천하면서 또 안으로 기쁘고 즐겁게 살면 선비라 평가할 수 있다. 친구 간에는 열심히 갈고닦아 서로를 권면하고, 형제간에는 친근함으로 감싸 서로 기쁘고 즐겁게 지내야 한다."

13:29

子曰: "善人教民七年, 亦可以卽戎矣."

　•

선생님이 말씀하셨다. "선인이 백성을 7년 가르치면 역시 전투에 나아가게 할 수 있다."

역주

* 즉卽은 여기서 나아간다는 의미다.
* 융戎은 원래 병장기를 뜻하는 글자로, 전투·군대 등을 말한다.

해설

선인은 자질이 선하고 무엇이든지 잘하지만 아직 예의에 통달하지 못해 성인이 되지는 못한 사람이다. 훌륭한 지도자로서 충분하며 그가 백성에게 전쟁만을 가르친 것은 아닐 것이다. 주희는 《논어집주》에서 가르침의 주제를 효제와 충신, 농사에 힘쓰고 무예를 익히는 법 등이라고 말한다.[5] 고대의 인사고과는 세 번 실시한다. 3년의 성적을 보고 5년에 다시 한 번, 7년에 최종 시험을 치른다. 7년이 이와 관련이 있는지 모르겠으나 충분히 교육해 사람됨이 완성된 뒤에 공격전에 내보낼 수 있다는 뜻이다.

"능력 있는 선인이 백성들에게 인간의 도리와 농사짓는 법, 무예 등을 7년 동안 가르치고 나면 백성들을 전투에 나가 잘 싸울 수 있다."

13:30

子曰: "以不敎民戰, 是謂棄之."

•

선생님이 말씀하셨다. "백성을 가르치지 않고 전쟁에 (보내면) 이는 그들을 버렸다는 말이다."

역주

* 기棄는 버리다, 폐하다 등의 의미다. 여기서는 목숨을 버리게 한다는 뜻이다.

해설

앞서 7년을 가르치고 전투에 내보내라고 했다. 가르치지도 않고

5　성백효 역주, 앞의 책, 388쪽을 참조할 것.

내보내는 것은 백성을 버리는 행위다. 전쟁하는 방법을 가르쳐서 전투에 내보낸다는 뜻이 아니라, 인간의 도리와 살아가는 방법 등을 가르친 뒤 전장에 보내야 한다는 말이다. 교화해 인간됨과 충성심을 가르치는 것이 선결과제라는 뜻이다.《맹자》〈고자告子 하〉도 "백성을 가르치지 않고 쓰는 것은 백성을 재앙에 빠뜨리는 행위다"라고 비판한 적이 있다.

"백성을 아무것도 가르치지 않은 채 전쟁터에 내보내는 행위는 필경 장수를 잃고 패할 것이니 이는 백성의 목숨을 그냥 버리는 일이다."

14편 | 헌문
憲問

모두 마흔네 장이다. 원헌이 묻는 말로 출발하는 까닭에 원헌이 기록한 편이라고 말하는 사람도 있다.[1] 세상을 바로잡기 위한 공자의 말과 행동을 드러내는 부분이 많고, 이를 비판적인 시각으로 바라보는 현자들의 말도 함께 등장한다. 관중과 자산 등의 개혁정치를 칭송하는 구절도 있고, 정치의 핵심은 수기안인修己安人이라는 공자 정치철학의 핵심 개념이 등장하기도 한다. 패자 이야기도 많으며 정치와 행정에 실제로 종사한 인물들에 대한 평가도 보인다.

....

1 원헌이 본명을 직접 쓴 1장에 근거한다. 유보남, 앞의 책, 553쪽; 성백효 역주, 앞의 책, 390쪽을 참조할 것.

14:1

憲問恥. 子曰: "邦有道, 穀; 邦無道, 穀, 恥也." "克伐怨欲不行焉,
可以爲仁矣?" 子曰: "可以爲難矣, 仁則吾不知也."

●

원헌이 부끄러움에 대해 묻자 선생님이 말씀하셨다. "나라에 도
가 있으면 녹봉을 받지만, 나라에 도가 없을 때 녹봉은 부끄러움이
다." "이기려 들거나 자랑하거나 원망하거나 욕심내는 행위를 하
지 않으면 어질어질 수 있습니까?" 선생님이 말씀하셨다. "어렵게
(실천을) 할 수는 있지만, 어짊이라면 내가 잘 모르겠다."

역주

* 곡穀은 곡식·양식을 의미하는데, 당시는 양식을 관료의 급여로
받았으므로 여기서 곡穀은 관록·녹봉을 뜻한다.
* 극克은 이긴다는 뜻으로, 다른 사람을 이기는 것을 좋아하는 호
승심好勝心을 말한다.
* 벌伐은 친다는 뜻이 아니라 자랑한다는 의미로, 자신의 공로를
떠벌이는 것을 말한다.
* 원怨은 시기·질투·원망으로, 타인에 대해 꺼리는 것을 말한다.

해설

원헌은 〈옹야〉 5장에서 공자 가家의 읍재를 하면서 녹이 많다고

사양한 인물이다. 〈태백〉에서 공자는 천하에 도가 있으면 자신을 드러내라고 했고, "나라에 도가 있으면 가난하고 천한 것이 부끄러운 일이다"라고 말한 적이 있다. 도의를 실천하는 나라에서는 적극적으로 국가 일에 종사해야 하지만 무도한 나라에서 국록을 먹는 것은 부끄러운 일이란 이야기다. 그것을 극벌원욕克伐怨欲, 즉 호승심·자기자랑·원망·욕심과 연결시켜 인仁, 즉 어진 정치로 연결시킨 원헌의 사람됨을 알 수 있고, 동시에 정치인들의 문제를 이해할 수 있는 대목이다.

"정의가 실현되는 나라라면 관록을 받아도 되지만, 도의가 없는 나라에서 공직에 종사하는 것은 부끄러운 일이다." "무조건 상대를 이기려 들고, 자기자랑을 늘어놓으며, 원망하며 남 탓을 하고, 자기와 당파의 욕심만 챙기는 행위를 하지 않으면 어진 정치를 실현했다고 볼 수 있습니까?"라고 원헌이 묻자 공자는 "정치를 하면서 그것을 다 실천하기는 매우 어려운 일이다. 하지만 그것을 실천했다고 한들 그것이 어진 정치가 되는지는 내가 잘 모르겠다"라고 대답했다.

14:2

子曰: "士而懷居, 不足以爲士矣."

•

선생님이 말씀하셨다. "선비이면서 (편하게) 살기를 생각하면 선비가 되기에 부족하다."

* 회懷는 품다, 생각하다 등의 뜻인데 여기서는 편안함에 뜻을 둔다는 의미다.

해설

선비라면 사방의 경영이란 대인의 뜻을 품어야지, 자기가 머무는 집안의 편안함과 즐거움 등이나 추구해서는 안 된다는 이야기다. 선비라면 자신의 안일과 쾌락에만 젖어 살지 않고, 세상의 아픔을 이해하고, 보다 나은 세상을 만들겠다는 큰 뜻이 있어야 한다는 말이다.

"선비로 살아가면서 정치라는 큰 뜻을 버리고 자기 집안이나 생각하고 산다면 진정한 선비라고 할 수 없다."

14:3

子曰:"邦有道, 危言危行; 邦無道, 危行言孫."

•

선생님이 말씀하셨다. "나라에 도가 있을 때는 높은 말과 높은 행동을 해도 (되지만), 나라에 도가 없을 때는 행동은 높게 하되 말은 겸손해야 한다."

역주

* 위危는 위태롭다는 뜻이다. 저 위 높은 곳에 위치해 위태롭다는 뜻으로, 여기서는 높다는 의미로 해석된다.

*손孫은 여기서는 몸을 낮추다, 순종하다, 겸손하다 등을 의미하는 손遜 자로 본다.

해설

지극히 높으면 위험하다. 나라에 도가 있다면 사회정의를 위해 위험수위가 높은 발언과 행동을 해도 괜찮다는 말이다. 하지만 나라에 도가 없다면 정의감이 높은 행동은 해도 상관없지만 말은 공손하게 해야 한다. 특히 정치적 언술은 깊은 고민과 함께 항상 자신을 낮추어 겸손하게 내뱉어야 한다. 그래야 위험을 면하고 후일을 기약할 수 있다.

"나라에 도가 있을 때는 정의감이 넘치는 정치적인 언어와 행동을 해도 된다. 하지만 나라에 도가 없을 때는 드높은 행동은 해도 되지만 정치적인 언어는 항상 겸손하게 해야 한다."

14:4

子曰: "有德者, 必有言; 有言者, 不必有德. 仁者, 必有勇; 勇者, 不必有仁."

•

선생님이 말씀하셨다. "덕이 있는 사람은 반드시 말하는 (능력이) 있으나, 말하는 (능력이) 있는 사람이 반드시 덕이 있는 것은 아니다. 어진 사람은 반드시 용기가 있으나, 용기 있는 사람이 반드시 어짊이 있는 것은 아니다."

역주

* 용勇은 과감하고 결단력이 있는 용감함·용기를 말한다.

해설

정치는 언어의 예술이다. 그런데 공자는 언어에 앞선 덕의 중요성을 말한다. 덕은 정치지도자가 갖추어야 할 품격으로, 수양으로 이루어진다. 유덕한 정치가의 입에서 나온 언어는 반드시 정치적인 효과를 얻지만, 언어 구사능력이 뛰어난 정치인이 꼭 덕이 있는 것은 아니어서 언어의 작용은 덕의 작용보다 못하다는 이야기다. 용기 있는 행동도 마찬가지다. 어진 정치가는 과감한 결단력으로 높은 정치효과를 내지만, 결단력을 갖춘 사람이 모두 어진 정치를 하는 것은 아니다.

  "덕을 갖춘 정치가는 반드시 그에 상응하는 언어능력이 있으나, 언어능력을 갖춘 사람이라고 해서 반드시 덕을 갖춘 정치가는 아니다. 어진 정치를 하는 사람은 반드시 용기 있게 결단을 내리지만, 용감하게 결단을 내리는 사람이라고 해서 어진 정치를 하는 것은 아니다."

14:5

南宮适問於孔子曰:"羿善射, 奡盪舟, 俱不得其死然; 禹稷躬稼, 而有天下." 夫子不答, 南宮适出. 子曰:"君子哉, 若人! 尙德哉, 若人!"

●

남궁괄이 공자에게 물었다. "예羿는 활쏘기를 잘했고 오奡는 (육지에서) 배를 끌었으나 모두 그 죽음이 자연스럽지 못했습니다. 우와 직은 몸소 농사를 지었으나 천하를 가졌습니다." 스승님이 대답하지 않았다. 남궁괄이 나가자 선생님이 말씀하셨다. "군자로다, 이 사람은! 덕을 숭상한다, 이 사람은!"

역주

* 남궁괄을 《논어정의》에서는 노나라 대부 남궁경숙이라고 하고 (556쪽), 《논어집주》에서는 공자의 제자 남용이라고 한다(394쪽).[2] 뒤에 부자夫子와 자왈子曰을 쓴 것을 보면 남용을 말한 듯하다.

* 예羿는 신화와 역사에 다양하게 등장하는 명사수다. 여기서는 하나라 때 동이족의 일파인 유궁有窮의 군주로 하후夏后인 상相을 죽이고 중원을 지배한 적이 있는 예를 말한다.

* 오奡는 위의 예羿를 죽인 한착寒浞의 아들로, 힘이 장사였으나 나중에 하후 소강少康에게 죽임을 당했다.

* 탕盪은 흔들리다, 넘어지다 등의 의미인데 여기서는 거기서 유추해 물 없는 곳에서 배를 끌고 다녔다는 《서경》의 망수행주罔水行舟 또는 육지행주陸地行舟로 해석하기도 한다.

해설

남궁괄을 공자의 제자인 남용으로 보는 사람은 공자를 우임금에 비유한 말에 공자가 멋쩍어서 대답하지 않았다고 말한다. 그렇다면 남궁괄이 나간 뒤에 훌륭한 정치가인 군자와 유덕자로 극찬한

---

2 상세한 내용은 〈공야장〉 2장의 해설을 참조할 것.

공자의 말은 또 무엇인가. 직접 칭찬하지 못하고 시차를 두고 남궁괄의 높은 정치적 식견을 예찬한 것이다. 내용으로 볼 때 〈공야장〉에서 정치에 종사해도 감옥에는 가지 않을 것이라며 공자가 형의 딸을 시집보냈던 제자 남용일 확률이 높다. 남궁괄은 역사적 사실을 들며 힘과 기술만으로는 천하를 소유할 수 없다고 말하고 있으며, 공자는 군자와 덕이란 개념으로 하나라를 일으킨 우임금과 주나라의 조상인 후직의 정치행위를 칭송하고 있다.

"하후를 죽인 예는 활쏘기를 잘했고, 그 예를 죽인 한착의 아들 오는 물이 없는 데서도 배를 끌 수 있는 힘을 소유했으나 모두 그 죽음이 자연스럽지 못했다. 하나라를 일으킨 우임금과 그의 신하로 주나라의 조상이 된 직은 몸소 농사를 지었으나 끝내는 천하를 소유했다."

14:6

子曰: "君子而不仁者有矣夫, 未有小人而仁者也."

•

선생님이 말씀하셨다. "군자이면서 어질지 못한 사람은 있으나 소인이면서 어진 사람은 아직 없었다."

해설

공자의 정치적 지향은 어진 정치를 실현하는 것이었다. 그 방법은 극기복례였으며, 군자라는 훌륭한 정치가를 수단으로 해서 이루려 했다. 따라서 군자는 어진 정치를 출발하는 기본이다. 하지만 군자라도 기회를 얻지 못하거나 시기가 맞지 않으면 어진 정치를 실현시킬 수 없다. 소인은 군자의 반대편에 서 있는 인물이다. 사적인 욕망에 갇혀서 정치를 개인의 영달로 생각하는 사람이다. 이들이 어진 정치를 실현시킨다는 것은 근본적으로 불가능하다.

"군자 정치가이면서 어진 정치를 실현시키지 못한 사람은 있으나 소인 정치인으로 어진 정치를 실현시킨 사람은 없다."

14:7

子曰: "愛之, 能勿勞乎? 忠焉, 能勿誨乎?"

•

선생님이 말씀하셨다. "그를 아끼면 힘쓰지 않을 수 있겠는가? 충성한다면 가르치지 않을 수 있겠는가?"

역주

* 노勞는 힘들여 애쓰는 것이고, 회誨는 가르쳐 깨우치는 것이다.

해설

《염철론》〈수시授時〉에는 이 말 앞에 부모가 자식을 대하듯이 지방관리가 백성들을 대해야 한다고 말한다. 백성들을 위해 온 힘을 다하는 것이 백성들을 사랑하는 것이고, 백성들을 가르쳐 깨우치는 것이 백성들에게 충성하는 것이라는 이야기다. 《염철론》은 천하가 통일된 한나라 때 국가경영 방침을 논쟁한 책이다. 그래서 지방관을 운운했을 것이다. 공자의 시대에는 지방관 문제를 거의 다루

지 않았다. 여기서도 최고지도자로서 정치가 자체를 언급한 것이
리라.

"백성들을 사랑한다면 그들을 위해 온 힘을 다하지 않을 수 있
겠는가? 군주에게 충성한다면 그를 위해 권고하고 깨우쳐주지 않
을 수 있겠는가?"

14:8

子曰: "爲命: 裨諶草創之, 世叔討論之, 行人子羽脩飾之, 東里子
産潤色之."

•

선생님이 말씀하셨다. "(외교) 명령을 만들 때 비침裨諶이 초고를 만
들고, 세숙世叔이 토론하고, 행인인 자우가 수식하고, 동리東里의
자산이 윤색했다."

역주

* 명命은 사명辭命을 말한다. 사명이란 사신이 임금의 명을 받아 외
교무대에서 하는 말이다. 대부는 명命을 받지 사辭를 받지 않았으
며, 국빈방문이나 회맹會盟 등을 거행하며 주도하는 국가로부터
받은 명을 말한다.
* 비침은 정鄭나라 대부로《한서》〈고금인표〉에는 비담裨湛이라 쓰
여 있다. 사방 국가들의 사정에 매우 밝았다고 한다.
* 초창草創의 초草는 처음 만든다, 초고를 쓰다 등의 의미이고, 창創
은 시작하다, 만들다 등의 의미다. 초창은 사업을 처음으로 만들어

간다는 뜻이며 여기서는 초고를 만드는 일로 해석한다.

* 세숙은 정나라 대부 유길游吉을 말한다.

* 토론討論의 토討는 다스린다는 의미이고, 논論은 왈가왈부해 사리를 밝힌다는 뜻이다.

* 자우의 성은 공손公孫이고 이름은 휘揮다. 행인行人은 사신 업무를 담당하는 관직이다.

* 수식修飾의 수修는 덜어냄을, 식飾은 보탬을 말한다. 수식은 겉모양을 그럴듯하게 잘 꾸민다는 뜻이다.

* 동리는 자산이 거주하던 지역의 이름이다.

* 윤색潤色의 윤潤은 꾸민다는 뜻이다. 여기서는 글을 윤이 나게 매만진다는 의미다.

해설

우리가 현재 많이 사용하고 있는 단어들인 초창草創·토론討論·수식修飾·윤색潤色의 출처다. 정鄭나라의 정치와 외교는 자산이 주도했다. 비침·세숙·공손휘는 모두 자산 사람이었다. 《좌전》〈양공 31년〉 전에 당시 정나라의 주도면밀한 외교업무 수행을 상세히 다루는데, 실패가 거의 없었다고 한다. 외교는 정치의 중요한 부분이며 예를 실천하는 무대다. 공자는 정나라의 사례를 들며 외교업무에 한 치의 오차도 있어서는 안 된다는 점을 강조했다.

"정나라에서 외교 사령장을 만들 때 주변국 사정에 밝은 비침이 초고를 쓰고, 세숙이 이를 열람하고 사리를 밝혀 토론하고 행인인 자우가 모양을 잘 꾸미고, 동리의 자산이 매끄럽게 윤색했다."

14:9

或問子産. 子曰: "惠人也." 問子西. 曰: "彼哉! 彼哉!" 問管仲. 曰:
"人也. 奪伯氏騈邑三百, 飯疏食, 沒齒無怨言."

•

어떤 사람이 자산에 대해 묻자 선생님이 말씀하셨다. "은혜로
운 사람이다." 자서에 대해 묻자 "그는! 그는!"이라 말씀하셨다.
관중에 대해 묻자 말씀하셨다. _(어진) 사람이다. 백씨伯氏의 병읍
300_(호)를 빼앗았는데 거친 밥을 먹고 _(삶의) 나이가 끝날 때까지
원망하는 말이 없었다."

역주

* 혜惠는 은혜를 베풀다, 사랑하다 등의 의미다.

* 자서子西는 정나라 공자 사騈의 아들인 공손하公孫夏라는 설과 초
楚나라 영윤이던 공자 신申이라는 설이 있다. 정나라 자사는 정치
업적이 없으므로 여기서는 초나라 자서를 말한다. 신申은 정치개
혁에 성공했으나 공자의 등용을 저지했으며, 나중에는 난을 일으
키기도 했다.

* 몰치沒齒의 몰沒은 없어진다, 끝나다 등의 의미이고, 치齒는 나
이·연령을 말한다. 몰치는 나이가 다해서 죽는다는 뜻이다.

해설

여기에 등장하는 자산·자서·관중은 모두 행정가로 업적을 이룬
사람들이다.《순자》〈대략〉에는 공자의 말을 인용하며 자산은 은
혜로운 사람인데 관중만 못하다고 평가한다. 그러면서도 관중의

위인은 공로와 지식에 힘썼을 뿐 인의에 힘쓰지 않는 야인野人으로 천자의 대부가 될 수는 없는 사람이라고 평가한다. 그런데 공자는 관중을 어질다고 말한 적이 있다. 그래서 원문의 사람 인人을 어질 인仁으로 해석해야 한다는 주장도 있다. 자산·자서·관중 모두 재상으로서 큰 성취를 이루었지만 공자를 섭섭하게 했던 자서는 평가하지 않으면서 자산은 은혜를, 관중은 어짊을 이야기하며 호평했다. 제나라 대부 백씨가 제 환공에게 식읍 300호를 빼앗기고 험하게 살면서도 늙어 죽도록 그 식읍을 차지한 관중을 원망하지 않은 것이 관중의 어짊 때문인지 공로를 인정해서인지는 알 수가 없다.

관중은 "어질고 능력 있는 사람이다. 제 환공이 대부 백씨의 병읍 300호를 빼앗아 관중에게 주니 백씨 본인은 늙도록 가난하게 거친 밥을 먹고 살았으나 죽을 때까지 관중을 원망하는 말을 한 적이 없다."

14:10

子曰: "貧而無怨, 難; 富而無驕, 易."

•

선생님이 말씀하셨다. "가난하면서 원망이 없기는 어렵고, 부유하면서 교만이 없기는 쉽다."

해설

공자의 깊은 정치철학이 담긴 말이다. 가난하더라도 원망하지 말고 부유하더라도 교만하지 말라는 도덕적 잠언으로만 읽으면 공자의 말뜻을 제대로 알아차릴 수 없다. 정치를 잘해 원망이 없는 세상을 만들고, 교만이 없는 사회를 만들어야 한다는 것이 공자의 본뜻이다. 앞 장에서 제나라 백씨가 식읍 300호를 빼앗겨도 평생 원망하지 않고 살았다는 말이 그 방증이다. 《맹자》〈양혜왕 상〉에 "백성들의 생업을 돌보아 위로 부모를 모시고 아래로 처자식을 먹여살리게 한 뒤 선善으로 이끌어야 백성들이 가볍게 따른다"는 말이 가장 좋은 해석이다. 정치의 요체는 민생을 먼저 챙기고 그다음 교육과 교화를 통해 도덕사회를 만들어가는 것이란 이야기다.

"백성들을 가난한 상태로 만들어놓고 그들이 원망 없이 따라줄 것을 바랄 수는 없다. 그들을 부유하게 만들어 교만해지지 않도록 잘 가르쳐야 한다."

14:11

子曰: "孟公綽, 爲趙魏老則優, 不可以爲滕薛大夫."

•

선생님이 말씀하셨다. "맹공작孟公綽은 (진晉나라) 조씨와 위씨의 원로 (가신이) 된다면 넉넉하겠으나 등滕나라나 설薛나라의 대부가 될 수는 없다."

역주

* 맹공작은 노나라 대부였다. 욕심이 적은 인물이었다고 하며 《사기》〈중니제자열전〉에 한 번 언급되었다.

* 노老는 여기서 가신들의 우두머리를 뜻한다. 《춘추》등에 대부인 자신을 노老라고 부른 사례가 많다.
* 우優는 동등한 비교대상 가운데 등급이 뛰어난 사람을 부르는 말이다. 넉넉하다, 충분하다 등의 의미다.

해설

같은 노나라 대부를 지냈던 공자는 맹공작을 잘 알고 있었을 것이다. 욕심이 적은 사람이라 평가도 좋았던 듯하다. 공자가 굳이 그를 평가한 것은 국가업무와 정치의 중요성을 강조하기 위함이었다. 당시 중원의 강국이던 진晉나라는 여섯 개 성씨의 대부가 권력을 나누어 가지고 있었다. 그중 큰 가문인 조씨趙氏와 위씨魏氏는 가신을 많이 거느렸으나 공적으로 국정을 수행할 수는 없었다. 반면 등나라와 설나라는 강역이 사방 50리가 되지 않는 작은 나라였으나 공적으로 국정을 수행하는 제후국이었다. 청렴하거나 욕심이 적은 사람은 사적인 가문의 총관역할은 잘할 수 있을지 몰라도 복잡다단한 국가정치를 하기는 어렵다는 말이다. 정치를 하려면 보다 많은 능력이 필요하다는 이야기다.

"맹공작이란 사람은 진晉나라의 큰 대부 계급인 조씨와 위씨의 원로 가신이 되어 공적 정치와 무관한 총관역할을 잘 소화할 수는 있겠다. 그러나 등나라나 설나라 같은 작은 나라라도 복잡다단한 공적 정치업무를 수행해야 하는 대부의 역할을 맡길 수는 없을 것이다."

14:12

子路問成人. 子曰: "若臧武仲之知, 公綽之不欲, 卞莊子之勇, 冉求之藝, 文之以禮樂, 亦可以爲成人矣." 曰: "今之成人者何必然? 見利思義, 見危授命, 久要不忘平生之言, 亦可以爲成人矣."

●

자로가 완성된 사람에 대해 물었다. 선생님이 말씀하셨다. "장무중臧武仲의 지혜로움, 공작의 욕심내지 않음, 변장자卞莊子의 용기, 염구의 기예에다가 예와 악으로 그것을 꾸며준다면 역시 완성된 사람이 될 수 있을 것이다." 말씀하셨다. "오늘날 완성된 사람은 어찌 반드시 그래야 하겠느냐? 이익을 보면 도의를 생각하고, 위태로움을 보면 목숨을 내주고, 오래된 약속인 평생의 말을 잊지 않는다면 역시 완성된 사람이 될 수 있을 것이다."

역주

* 성인成人은 완성된 사람이란 뜻으로, 유가에서는 인의예악의 덕을 갖춘 사람으로 성인聖人과 비슷한 의미로 쓰인다.
* 장무중은 장문중의 아들로, 노나라 대부 장손흘臧孫紇이다. 공작公綽은 앞서 언급한 맹공작이다.
* 변장자는 제나라와 접경에 있는 노나라 변읍卞邑의 대부다. 《순자》〈대략〉에 제나라가 노나라를 치려다가 변장자를 꺼려서 변읍을 지나치지 못했다는 이야기가 있다. 변장자의 용기는 《한시외전》 등 고서에 자주 등장한다.
* 구요久要는 구약久約, 즉 오래전에 한 약속을 뜻한다.

해설

《순자》〈권학〉에는 순수하고 완전한 덕을 갖춘 사람을 성인成人이라고 한다. 성인成人은 곧 성인聖人인 것이다. 성인은 예악을 충분히 이해하고 꾸며서 실천하는 사람이다. 공자가 여기서 나름대로 훌륭한 정치가인 네 사람을 예로 든 것은 투박한 자로에게 예악을 제대로 갖추어야만 성인이 될 수 있음을 말하기 위함이다. 정치가는 무수한 사회갈등을 조화하고 보다 나은 세상을 이야기해야 하므로 공부를 열심히 한 지혜로운 사람이어야 한다. 사리사욕이 많은 사람이어서는 안 되며 정책적으로 과감하게 결단을 내리는 용기가 필요하다. 그것만으로 부족하다. 역사를 관통하는 법칙이자 세상의 가장 합리적인 준칙인 예악으로 지혜와 무욕과 용기를 잘 수식해 백성들을 이끌어야 한다.

그런데 이런 정치가를 현실에서는 찾기가 어렵다. 특히 춘추시대와 같은 대 혼란기에는 도의를 강조하고 말을 신뢰할 만한 사람이면 성인成人 정치가가 될 수 있다. 안중근 의사가 일필휘지로 내려 쓴 '견리사의見利思義, 견위사명見危授命'은 정치적 행위를 깊이 생각하게 만든다.

"장무중의 도의를 지키는 지혜, 맹공작의 사리사욕 없음, 변장자의 용기 있는 결단, 염구의 정치적 기예에다가 예와 음악으로 그것을 잘 꾸며준다면 성인成人, 즉 완전한 사람이 될 수도 있을 것이다. 그런데 오늘날 상황에서 성인은 어찌 꼭 그런 사람일 필요가 있겠느냐? 이익을 보면 도의를 먼저 생각하고, 세상의 위기를 보면 목숨을 내걸고, 어려서 맺은 오래된 약속을 평생 잊지 않는다면 완전한 사람이 될 수도 있을 것이다."

14:13

子問公叔文子於公明賈曰: "信乎夫子不言不笑不取乎?" 公明賈
對曰: "以告者過也. 夫子時然後言, 人不厭其言; 樂然後笑, 人不
厭其笑; 義然後取, 人不厭其取." 子曰: "其然, 豈其然乎?"

•

선생님이 공명가公明賈에게 공숙문자公叔文子에 대해 물으셨다. "정
말로 (그대) 어르신이 말씀도 안 하시고 웃지도 않으시고 취하지도
않으신가?" 공명가가 대답했다. "아뢴 사람이 지나친 것입니다. 어
르신은 때맞춘 연후에 말씀하시니 사람들이 그 말을 싫어하지 않
고, 즐거운 연후에 웃으시니 사람들이 그 웃음을 싫어하지 않고,
의로운 연후에 취하시니 사람들이 그 취함을 싫어하지 않습니다."
선생님이 말씀하셨다. "그렇던가, 어떻게 그렇겠는가?"

역주

* 신信은 믿는다는 뜻인데, 여기서는 들은 말이 정말인지 묻는 부
사로 쓰였다.

* 공숙문자는 위衛나라 대부이자 헌공獻公의 손자로, 이름은 공손
발公孫拔이며 문文은 시호다.

* 공명가의 성은 공명이고 이름은 가다. 문장 내용으로 볼 때 위나
라 사람으로 추정된다.

해설

어떤 사람으로부터 공자가 위나라의 정치가인 공숙문자의 말과
웃음, 취함에 대해 듣더니 놀랐다. 자신이 생각한 정치가의 표준이

었고 쉽지 않은 행위이기 때문에 믿을 수가 없었다. 맹자는 공자를 시時, 즉 때를 아는 성인이라 했다. 이 장에서 공숙문자의 정치행위는 모두 '때'에 맞춘 것이었다. 시의적절하게 말하고 웃고 취했다.

"공숙문자는 말해야 할 때가 된 뒤에 말하니 사람들이 그가 한 말을 싫어하지 않고, 마음에 진정한 즐거움을 느낀 뒤에야 웃으니 사람들이 그가 웃는 것을 싫어하지 않고, 도의에 어긋나지 않고 취한 뒤에 물건만 취하므로 사람들은 그가 취하는 것을 싫어하지 않습니다."

정치인이 시의적절하게 언어를 구사하고, 거짓되지 않은 웃음을 보이고, 정의로운 물건만 취하는 것은 정말 어려운 일이다. 특히 공숙문자는 그것들을 '때'에 맞을 때만 했다. 그래서 공자는 "그렇던가? 설마 진짜로 그렇단 말인가?"라고 의문 겸 부러움을 표시했다.

14:14

子曰: "臧武仲以防求爲後於魯, 雖曰不要君, 吾不信也."

•

선생님이 말씀하셨다. "장무중은 방읍을 가지고 노나라에 (자신의 지명자를) 후계자로 삼아줄 것을 요구했다. 비록 임금에게 강요하지 않았다고 말하지만 나는 믿지 않는다."

역주

* 방防은 장무중이 살았던 옛 봉읍이다. 노나라에는 동쪽과 서쪽

에 두 개의 방읍이 있었는데 장씨臧氏의 식읍은 동쪽 방이었다.

* 위후爲後는 뒤를 삼는다는 뜻으로, 후계자를 세운다는 의미다.
* 요要는 자기가 바라는 대로 말로 약속하는 것으로, 일종의 강요를 말한다.

해설

장무중은 영리한 사람이었으나 노나라 양공 23년 맹손씨孟孫氏의 참소로 계손씨의 공격을 받고 주邾나라로 망명을 갔다. 거기서 같은 장씨인 장위臧爲를 후계로 세우면 반란을 일으키지 않을 것이라고 노나라 군주를 설득해 관철시켰다. 공자의 정치사상은 군주의 존엄을 지키며 예악제도를 통해 사회질서를 바로잡는 것이다. 장무중은 신하이므로 예법으로 볼 때 방읍의 후계는 군주의 권한에 맡겼어야 한다. 비록 강요하지는 않았지만 자신이 원하는 후계자를 세워달라고 군주를 설득했으니 이는 군주의 존엄을 해치는 무례한 행위다.

"장무중은 자신의 옛 식읍인 방의 후계자를 자신이 원하는 사람으로 세워달라고 노나라 군주에게 요구했다. 장무중이 비록 표면적으로는 임금에게 강요하지 않았다고 말하지만 실질적으로는 위협이기 때문에 나는 그 말을 믿지 않는다."

14:15

子曰: "晉文公譎而不正, 齊桓公正而不譎."

•

선생님이 말씀하셨다. "진 문공은 (권모술수로) 속이고 바르지 못했지만 제 환공은 바르고 (권모술수로) 속이지 않았다."

역주

* 휼譎은 속인다는 뜻인데, 정당한 방법에 반대되는 권모술수를 말한다.

* 정正을 법法 자의 고어인 법佱 자와 같이 보아 정당한 방법으로 보는 견해도 있다.

해설

진晉 문공은 헌공의 아들 중이重耳로, 계모 여희麗姬의 모함을 받아 유랑생활을 오래하다가 마침내 군주가 되어 춘추시대 두 번째 패자가 된 인물이다. 제 환공의 이름은 소백小白이며 형과의 권력투쟁에 승리해 군주가 되었고 적의 참모였던 관중을 등용해 춘추시대 첫 번째 회맹會盟을 성사시켜 패자정치의 문을 연 인물이다. 둘 다 패도정치의 핵심 인물이다.

제 환공은 회맹에 참여하지 않은 초楚나라를 치면서 주周 왕실을 수호한다는 대의명분을 내세우고 권모술수를 부리지 않았다. 그런데 진 문공은 위衛나라를 공격해 그 동맹국인 초나라를 끌어들이는 권모술수를 부렸으며, 천자를 억지로 불러들여 제후들의 회맹을 성사시키는 속임수를 부렸다.

공자는 국제정치의 현실성을 긍정했고 패도정치를 철저히 부정하지도 않았다. 또한 역사적 사실로 볼 때 진 문공이 제 환공보다 큰 업적을 내기도 했다. 공자의 이야기는 진 문공을 깎아내리고 제 환공을 높이려는 의도가 아니다. 다만 힘의 정치를 추구하더라도 도의에 입각하고 대의명분을 지켜야 한다고 주장하는 것이다.

"진 문공은 권모술수로 타국을 속이며 회맹정치를 했으니 바르지 못하다. 반면에 제 환공은 같은 패도정치를 추구했으나 올바른 대의명분을 내세웠지 권모술수로 속이지 않았다."

14:16

子路曰: "桓公殺公子糾, 召忽死之, 管仲不死. 曰未仁乎?" 子曰: "桓公九合諸侯, 不以兵車, 管仲之力也. 如其仁! 如其仁!"

•

자로가 말했다. "환공이 공자 규糾를 죽일 때 소홀召忽은 거기서 죽었으나 관중은 죽지 않았습니다. 아직 어질지 못했다는 이야기이지요?" 선생님이 말씀하셨다. "환공이 아홉 차례 제후들을 모으면서 군대와 전차로써 하지 않은 것은 관중의 힘이었다. 그처럼 어질었느니! 그처럼 어질었느니!"

역주

* "왈미인호曰未仁乎?" 앞 문장에 자로왈子路曰이 있다. 다시 어질지 못하다고 묻는 형태라면 "왈曰: 미인호未仁乎?"라고 해야 하지만, 《논어》의 일반 편제가 왈曰 자를 하나의 질문과 대답에 한정한다는 점에서 "왈미인호?"로 붙여서 자로의 말로 번역했다.

* 구합九合을 《논어집주》에서는 구九 자를 규합하다는 용례의 규糾 자로 쓰고 있으나 제 환공 패업에 대한 역사기록은 천하질서를 바

로잡는 아홉 차례의 회합[九合諸侯, 一匡天下]으로 본다.

* 병거兵車는 군대용 수레를 말하기보다, 병兵은 병장기를 뜻하고 차車는 전차를 뜻한다.

해설

공자가 강조한 인仁이 어진 정치를 뜻함을 잘 드러낸 장이다. 자로는 관중이 자신이 모시는 주군 규糾를 위해 목숨을 버리지 않고 규의 이복동생이면서 형을 죽이고[3] 환공이 된 소백을 섬겨 정치를 한 것은 인이 아니라고 이의제기를 했다. 자로는 소홀처럼 자진해 목숨을 내놓아야 도의에 맞다고 생각한 것이다. 관중은 죄수를 자청해 감옥에 있다가 친구 포숙鮑叔의 추천으로 환공의 재상이 되어 천하의 질서를 바로잡고 중국문화를 지켜내는 등 위대한 정치적 업적을 남겼다. 공자는 이 점을 높이 평가했다. 왕실의 동천東遷 이래 주나라 왕실은 크게 약화되어 지방권력이 중앙권력을 압도하며 천하에 혼란이 지속되었다. 천자로부터 대부에 이르는 계급의 예법질서가 무너지고 힘을 추구하며 주변국을 병합하는 전쟁의 시대가 되었다. 제 환공은 관중을 앞세워 처음으로 주변국을 불러들여 회합을 주선함으로써 적장자 계승, 왕실 존중, 예법 수호, 약속 존중, 약자 보호 등 정치질서를 바로잡는 맹약을 맺었다. 짐승의 피를 함께 마시는 삽혈歃血의식도 거행했다. 특히 채구蔡丘의 회

....

3 《논어집주》407쪽에는 정이程頤의 해설을 인용해 규를 동생, 소백을 형으로 보았다. 형이 동생을 죽이고 군주가 된 것이 순리라는 이야기다. 그러나 한 대 회남왕淮南王의 문서에서만 한차례 그러한 왜곡이 있었을 뿐 거의 모든 역사기록과 경전은 규를 형, 소백을 동생으로 본다.

맹 이전까지 아홉 차례를 관중은 유능한 외교관을 동원해 갑옷을 입고 전차를 모는 '병거兵車의 회합'이 아니라 관복을 입는 '의상衣裳의 회합'을 주선했다. 공자는 관중의 이러한 노력을 어진 정치의 표상으로 본 것이다.

"제나라 환공이 아홉 차례나 제후들을 회합시켜 천하의 정치질서를 바로잡았는데 유능한 외교관을 부리며 의상의 회합을 했을 뿐 군대와 전차를 동원하지 않은 것은 관중의 힘이었다. 그처럼 어진 정치를 보여주었다! 그처럼 어진 정치를 보여주었다!"

14:17

子貢曰: "管仲非仁者與? 桓公殺公子糾, 不能死, 又相之." 子曰: "管仲相桓公, 霸諸侯, 一匡天下, 民到于今受其賜. 微管仲, 吾其被髮左衽矣. 豈若匹夫匹婦之爲諒也, 自經於溝瀆, 而莫之知也."

•

자공이 말했다. "관중은 어진 사람이 아니지요? 환공이 공자 규를 죽였으나 (함께) 죽지 못한데다가 또 그의 재상을 했습니다." 선생님이 말씀하셨다. "관중은 환공의 재상이 되어 제후들의 패자가 되어 천하를 하나로 바로잡았다. 백성들이 오늘날에 이르기까지 그 은덕을 받는다. 관중이 없었다면 우리는 머리를 풀어헤치고 왼쪽으로 옷깃을 여몄을 것이다. 어찌 마치 필부필부가 믿게 만든답시고 스스로 목을 매 도랑에 (처박혀) 아무도 모르는 것처럼 하겠는가."

역주

* 상相은 장님의 지팡이를 뜻하는 글자로, 돕는다는 의미다. 군주 앞에 쓰이면 군주를 돕는 재상 역할을 한다는 뜻이다.

* 패霸는 우두머리를 뜻하는 백伯 자와 같은 음이어서 빌려 쓴 글자다. 천자의 정교政敎를 좌지우지하는 제후를 백伯이라고 한다. 형식적으로 천자의 명을 받아 제후들의 우두머리가 됨을 주백州伯 또는 방백方伯이라 한다.

* 광匡은 틀에 맞추어 바로잡는다는 의미인데 여기서는 환공이 제후들을 거느리고 주 왕실을 받들어 천하의 질서를 바로잡았다는 뜻이다.

* 미微는 작다는 의미이지만 여기서는 없다는 뜻으로 해석한다.

* 피발좌임被髮左衽은 머리를 풀어헤치고 왼쪽으로 옷깃을 여민다는 뜻이다. 당시 중원 귀족은 모자를 쓰고 옷깃을 오른쪽으로 여몄다. 피발좌임을 오랑캐 풍습이라고 멸시했다.

* 양諒은 말을 공손히 해 믿음을 준다는 뜻인데 여기서는 작은 일에 구애받는다는 의미다.

* 경經은 세로로 뻗은 새끼줄이란 뜻으로, 목을 맨다는 의미로도 쓰인다.

* 구독의 구溝와 독瀆 모두 좁은 개울을 뜻한다. 구멍이 파인 도랑을 말한다.

해설

자공 역시 관중의 행위를 어진 정치로 보지 않지만 공자는 앞 장의 내용에 이어서 관중을 변호하고 있다. 춘추시대 패자는 제후들을 회합시켜 천자에게 조회하며 신하의 도의를 잃지 않았다. 공자는 이 점 때문에 패자를 긍정했다. 공자는 또 전통문화를 지키고 중화문화의 우월성을 견지하는 것을 어진 정치로 보았다. 피발좌임은 융적의 풍습이다. 관중이 환공의 패업을 도와 천하의 질서를 바로잡지 않았다면 오랑캐에게 침략을 당해 중원의 문화가 어지럽혀졌을 것이다. 관중이 중원의 문화를 수호한 공로가 크다는 칭찬이다. 처음 섬긴 주군과 함께 죽지 못한 작은 신뢰성에 구애되어 문화수호라는 위대한 정치행위를 폄훼하지 말라는 충고다. 정치가는 세간의 필부필부와 다른 존재다.

"관중은 환공을 도와 재상 역할을 수행했다. 환공으로 하여금 제후들의 패자가 되어 천하의 질서를 하나로 바로잡았다. 중원의 백성들이 오늘날에 이르기까지 그 은덕을 받고 있다. 관중이 없었다면 우리는 융적에게 침략당해 머리를 풀어헤치고 왼쪽으로 옷깃을 여미는 오랑캐 문화에 먹혔을 것이다. 위대한 정치를 수행하는데 어찌 필부필부처럼 작은 신뢰에 구애를 받을 수 있겠는가. 필부필부는 작은 믿음을 지킨다고 스스로 목을 매 도랑에 처박혀 있어도 아무도 그것을 몰라준다."

14:18

公叔文子之臣大夫僎, 與文子同升諸公. 子聞之曰: "可以爲文矣."
•

공숙문자의 가신인 대부 선이 문자와 더불어 공실 (조정)에 같이 올라갔다. 선생님께서 이를 들으시고 말씀하셨다. "문이라 해도 되겠다."

역주

* 승升은 오를 승陞과 같은 뜻이며, 여기서는 벼슬을 올리다, 높은 자리에 올라가다 등의 의미다.

해설

《예기》〈단궁〉에 따르면 공숙문자가 죽자 그 아들이 시호를 청하니 위衛나라 군주가 국정을 수습하고 이웃나라와 교류를 잘했으므로 문文으로 했다고 한다. 공숙문자가 그렇게 할 수 있었던 것은 가신 가운데 대부급이던 선僎 때문이었다. 공숙문자는 그를 군주의 조정에 추천해 자신과 같은 지위의 대부로 추천했다. 훌륭한 사람을 추천한 것은 정치적 공적이다. 그래서 공자는 그에게 문이란 시호를 내린 것이 적절했다고 본 것이다.

14:19

子言衛靈公之無道也, 康子曰: "夫如是, 奚而不喪?" 孔子曰: "仲叔圉治賓客, 祝鮀治宗廟, 王孫賈治軍旅. 夫如是, 奚其喪?"

•

선생님이 위 영공의 무도함을 이야기하자 강자가 말했다. "이와 같다면 어째서 (지위를) 잃지 않았지요?" 공자가 말했다. "중숙어仲叔圉가 빈객을 다스렸고, 축타가 종묘를 다스렸고, 왕손가가 군대를 다스렸습니다. 이와 같은데 어찌 (지위를) 잃었겠습니까?"

* 상喪은 죽는다, 망한다는 뜻이지만 여기서는 지위를 상실한다, 권력을 잃는다는 의미로 쓰였다.

해설

주군이 무도하더라도 유능한 신하를 쓰기만 하면 정권을 잃지 않는다는 말이다. 《일주서逸周書》〈시법해諡法解〉에 따르면 영靈 자는 귀신에게 제사 지내기를 좋아했던 군주에게 붙인 시호라고 한다. 아마도 위나라 영공의 무도함은 미신과 관련이 있었을 것이다. 공자는 군주가 예의로 대하면 신하는 최선을 다해 능력을 발휘한다는 상대적인 군신관계론을 주장한 사람이다. 위 영공은 무도했으나 신하를 예로 대했으며, 그래서 공자도 위나라에서 오랫동안 정치적인 기회를 엿볼 수 있었고 이런 평가도 가능했다.

"중숙어가 외국 손님을 잘 접대해 국제관계를 책임지고, 축타가 종묘를 잘 관리해 국내정치를 책임지고, 왕손가가 군대를 잘 통솔해 혼란을 잠재우고 있는데, 위나라 영공이 아무리 무도한들 어떻게 정권까지 잃을 수 있겠는가?"

14:20

子曰: "其言之不怍, 則爲之也難."

•

선생님이 말씀하셨다. "그 말을 부끄러워하지 않으면 그것을 행하기 어렵다."

* 작作은 부끄러워하다, 마음속으로 부끄럽게 여기다 등의 의미다.

해설

실천하기 어려운 말을 내뱉지 말라는 충고이기도 하고, 내놓은 말은 실천하라는 주문이기도 하다. 특히 정치인이 말을 적게 하거나 조심스레 한다면 부끄럽지 않을 것이다. 반면 큰소리를 치고 실천하기 어려운 공약들을 남발하는 것은 부끄러운 일이다. 정치적 언어는 부끄러움을 아는 염치로부터 나와야 한다.

"부끄러워하지 않고 함부로 하는 정치인의 말은 정책적인 실천이 따르기 어렵다."

14:21

陳成子弒簡公. 孔子沐浴而朝, 告於哀公曰: "陳恆弒其君, 請討之." 公曰: "告夫三子!" 孔子曰: "以吾從大夫之後, 不敢不告也. 君曰: '告夫三子'者." 之三子告, 不可. 孔子曰: "以吾從大夫之後, 不敢不告也."

•

진성자陳成子가 간공簡公을 죽였다. 공자는 목욕을 하고 조회에 들어 애공에게 아뢰며 말했다. "진항이 그 군주를 죽였으니 토벌을 청하옵니다." 공이 말했다. "세 대부에게 알리시오!" 공자가 말했다. "나는 대부의 뒤를 좇는 사람이라 감히 아뢰지 않을 수가 없다. 임금이 '세 대부에게 아뢰라'고 말씀하신다." 세 대부에게 가서 아뢰니 안 된다고 했다. 공자가 말했다. "나는 대부의 뒤를 좇는 사람이라 감히 알리지 않을 수가 없었다."

역주

* 진성자는 제나라 대부 전상田常이며 상常의 시호가 성자成子다.[4] 성자가 곧 진항陳恒이다.
* 목욕沐浴의 목沐은 머리를 감는다는 말이고 욕浴은 몸을 씻는다는 말이다. 군주를 뵙고 아뢸 때는 목욕재계하는 것이 예였다.
* 삼자三子는 당시 노나라 군대를 장악하고 권력을 좌지우지했던 계손·맹손·숙손을 말한다.

해설

벼슬을 그만두었더라도 국정에 참여하는 대부를 했으므로 공자는 정치적인 도리를 다했다. 〈선진〉 8장에서도 종대부지후從大夫之後라는 말을 한 적이 있다. 《좌전》〈애공 14년〉 전에 사건을 상세히 기록하고 있다. 제나라 진항陳恒이 서주舒州에서 군주 임壬을 시해했다. 임의 시호가 간공이다. 공자는 사흘간 목욕재계하고 토벌을 주장했다. 당시 제나라는 노나라보다 군대가 월등했으나 제나라 사람 절반이 군주 시해를 반대하고 있었다. 노나라가 그 반대세력과 연합하면 이길 수 있다고 보았던 것이다. 신하가 군주를 시해하면 토벌하는 것이 주나라 예법에 맞는 일이었다. 그런데 노나라에서 군주를 압박하던 세 대부가 그 청을 들어주지 않았다. 공자

---

4 《사기》〈전경중완세가田敬仲完世家〉를 참조할 것.

는 예법에 맞추어 노 애공에게 보고한 것이다. 이때 노 애공이 세 대부와 상의하라고 명령을 내리니 공자는 할 수 없이 세 대부에게 보고했다. 비록 벼슬에서 물러나 있지만 국정에 몸담았던 사람으로서 예법에 따라 정치가로서 도리를 다한 것이다.

"나는 대부 벼슬을 역임했던 사람으로서 군주의 명을 거역할 수 없어 세 대부에게 아뢸 수밖에 없었다."

14:22

子路問事君. 子曰: "勿欺也, 而犯之."

•

자로가 임금을 섬김에 대해 물었다. 선생님이 말씀하셨다. "속이지 말고 (차라리) 범해라."

역주

* 범犯은 아랫사람이 윗사람을 해친다는 의미지만 여기서는 군주와 낯빛을 붉히면서라도 간언하라는 뜻이다.

해설

〈학이〉 2장에서 범犯은 난을 일으킬 소지가 있다는 좋지 않은 의미로 이야기했으나 여기서는 자로에게 강력한 간언을 주문하는 말로 쓰였다. 군주를 어떻게 섬겨야 하느냐는 물음에 공자는 "범하라"고 말한다. 군주가 나쁜 정치를 해도 순종하거나 참아 넘기는 것은 속이는 행위다. 차라리 군주의 심기를 불편하게 해 낯빛을 붉히는 일이 있더라도 "속이지 말고 군주의 체면에 저촉하더라도 간언을 해야 한다"라고 한다.

14:23

子曰: "君子上達, 小人下達."

•

선생님이 말씀하셨다. "군자는 위에 통달하고, 소인은 아래에 통달한다."

해설

역대 주석서들은 상하를 본말本末로 본다. 《예기》〈대학〉에는 "덕이 본이고, 재財는 말이다"라고 말한다. 군자는 덕을 추구해 위로 나아가니 인의에 통달한다는 뜻이고, 소인은 재물을 추구해 아래로 나아가니 이재에 통달한다는 뜻이다. 공자가 덕만 중시하고 재화를 경시했다고 단정할 수는 없다. 군자는 위대한 정치가를 말하고 소인은 그 반대를 말한다. 군자가 위에 통달했다 함은 인의의 도덕정치를 목표로 삼아 전진한다는 뜻이고, 소인의 정치는 이해타산에만 밝다는 뜻일 것이다.

"군자 정치가는 위로 인의의 도덕정치에 통달하지만, 소인 정치인은 아래로 이해타산의 이재에만 통달한다."

14:24

子曰: "古之學者爲己, 今之學者爲人."

•

선생님이 말씀하셨다. "옛날에 공부하는 사람은 자기를 위했는데, 오늘날 공부하는 사람은 (다른) 사람을 위한다."

해설

남이 알아주는 것만 추구하는 공부는 진짜 공부가 아니라는 말이다.《순자》〈권학〉에도 같은 말이 있다. 그러면서 군자의 공부는 마음에 쌓여 그 자신을 아름답게 만드는 것이나 소인의 공부는 입으로만 해 금독禽犢, 즉 돈벌이 수단에 불과하다고 덧붙인다. 자신의 도덕 수양을 위해 공부하는 위기지학爲己之學을 해야지, 타인의 눈에 드러나는 업적과 출세를 위해 공부하는 위인지학爲人之學을 해서는 안 된다는 이야기다.

"옛날에 진정한 공부는 자기 수양을 위한 군자의 위기지학을 했는데, 오늘날 공부한다고 떠들고 다니는 사람들은 출세를 지향하는 소인의 위인지학을 한다."

14:25

蘧伯玉使人於孔子. 孔子與之坐而問焉, 曰: "夫子何爲?" 對曰: "夫子欲寡其過而未能也." 使者出. 子曰: "使乎! 使乎!"

•

거백옥이 공자에게 사람을 심부름 보냈다. 공자가 그와 더불어 앉아서 물었다. "(댁의) 어르신은 무엇을 하시오?" 대답했다. "어르신은 잘못을 적게 하려고 하나 아직 그럴 수 없으십니다." 사자가 나가자 선생님이 말씀하셨다. "(좋은) 사자로다! (좋은) 사자로다!"

역주

* 거백옥은 거장자蘧莊子 무구無咎의 아들로, 위衛나라 대부 거원蘧瑗이다. 시호는 성자成子다.

해설

공자는 위나라에 있을 때 거백옥과 교유했다. 공자가 위나라를 떠난 뒤 거백옥은 사람을 보내 문안을 했다. 어쩌면 그에게 무슨 잘못은 없었는지 알아보고 싶었는지도 모른다. 《장자》〈칙양則陽〉은 거백옥이 나이 예순에도 쉰아홉 살까지 한 잘못을 고치려 했다 하고, 《회남자》〈원도훈原道訓〉은 거백옥이 나이 쉰 살에 마흔아홉 살까지의 그릇됨을 알려고 했다고 한다. 거백옥의 사자는 주인의 그러한 태도를 짚어 공자에게 말했다.

"우리 댁 대부 어르신은 잘못을 적게 하려고 끝없이 노력하지만 아직까지 잘못을 완전히 고칠 수는 없나 봅니다."

아랫사람들이 이와 같은 태도의 정치가로 인정한다면 칭송할 만한 일이다.

14:26

子曰: "不在其位, 不謀其政." 曾子曰: "君子思不出其位."

●

선생님이 말씀하셨다. "그 자리에 있지 않으면 그 정사를 도모하지 않는다." 증자가 말했다. "군자는 (행동이) 그 자리를 벗어나지 않았나를 생각한다."

역주

＊모謀는 꾀하다, 헤아리다 등의 의미인데 여기서는 정사를 의논한다는 뜻이다.

해설

직무를 벗어난 행위를 하지 말라는 스승의 말에 증자는 훌륭한 정치가인 군자의 행위로 해석을 붙이고 있다. 《주역》〈간괘艮卦〉의 상전象傳에 사불출위思不出位란 말이 있는 것으로 보아 제 지위를 벗어나지 말라는 말은 당시 널리 퍼진 격언이었던 듯하다. 《예기》〈중용中庸〉에는 군자라면 제 지위와 상황과 분수를 벗어나서는 안 된다고 말하며 윗사람이 아랫사람을 능욕해서는 안 되고, 아랫사람이 윗사람을 붙들어서는 안 된다고 말한다.

"그 직위에 있지 않으면 해당 정무를 논의하지 말아야 한다."

군자 정치가는 업무가 제 지위를 벗어나지 않았는지 늘 깊이 생각해야 한다.

14:27

子曰: "君子恥其言而過其行."

선생님이 말씀하셨다. "군자는 말이 행동을 넘어서는 것을 부끄러워한다."

해설

〈이인〉 4장에서 함부로 말하지 않음은 행동이 따르지 못할까 부끄러워하기 때문이라고 말한다. 《예기》〈잡기雜記〉에는 말만 하고 행동이 따르지 않는 것을 군자는 부끄러워한다고 한다. 정치가는 말만 앞세워서는 안 된다. 말과 행동이 일치해야 하고 정책으로 실천할 수 있는 것만 말해야 한다.

"군자 정치가는 실천할 수 없는 말을 함부로 하는 것을 부끄러워한다."

14:28

子曰: "君子道者三, 我無能焉: 仁者不憂, 知者不惑, 勇者不懼."
子貢曰: "夫子自道也."

•

선생님이 말씀하셨다. "군자가 도로 삼는 것이 세 가지인데 나는 할 수 있는 게 없구나. 어진 사람은 근심하지 않고, 지혜로운 사람은 헷갈리지 않고, 용감한 사람은 두려워하지 않는다." 자공이 말했다. "스승님께서는 스스로 (겸손하게) 말씀하신 것이다."

* 우憂는 마음을 짓누른다는 뜻으로, 내면에서 고통을 받고 근심하는 것을 말한다.
* 혹惑은 외부 환경에 현혹되어 마음이 흔들림을 말한다.
* 구懼는 외부 위협으로 걱정하고 두려워하는 것을 말한다.

해설

공자의 사상을 한 마디로 정의하면 인仁이다. 넓은 의미의 인仁을 도로 삼는다. 광의의 인仁은 협의의 인仁·지知·용勇의 덕목을 포함한다. 훌륭한 정치가인 군자는 세 가지 정치덕목이 있어야 하는데 공자는 스스로 무능하다고 했으나 자공은 스승이 겸손하게 한 말씀이라고 말한다.

"군자 정치가가 지키는 세 가지 도가 있는데, 나는 무능해 그 어느 것 하나도 할 수 없다. 세 가지란 어진 정치, 지혜로운 판단, 용감한 결단력이다. 어진 정치가라면 내면의 흔들림이 없으므로 근심하지 않고, 지혜로운 정치가라면 외부 환경에 현혹되어 입장이 흔들리지 않고, 용감한 정치가는 그 어떤 위협에도 두려워하지 않는다."

14:29

子貢方人. 子曰:"賜也賢乎哉? 夫我則不暇."

•

자공이 사람을 비방했다. 선생님이 말씀하셨다. "사는 현명한가? 나는 (그럴) 겨를이 없다."

* 방_方은 여기서는 헐뜯다, 비방하다는 의미의 방_謗 자와 같은 뜻
이다.
* 가_暇는 겨를·틈·여유 등을 뜻한다.

해설

자공은 말을 잘하고 직설적이어서 곧잘 남의 잘못을 비방하곤 했
다. 공자는 자신은 남을 비방할 겨를이 없다고 에둘러 말하면서 자
공에게 남을 비방하지 말고 자신을 돌아보고 수양하는 데 더 많은
시간을 들이라고 충고한 것이다. 공자는 남의 잘못을 보면 자신의
잘못을 고치라고 주장한 사람이다.

  "자공아, 너는 그렇게 현명하니? 나는 남을 비방할 겨를이 없더라."

14:30

子曰: "不患人之不己知, 患其不能也."

•

선생님이 말씀하셨다. "사람들이 나를 알아주지 않음을 걱정하지
않고 제가 할 수 없음을 걱정한다."

해설

자기 수양과 개발이 중요하지 다른 사람의 시선을 신경 쓸 필요가
없다는 공자의 일관된 주장이 잘 반영된 말이다. 공부도 자신의 수
양을 위해 하는 것이며 남을 비방할 것이 아니라 자신에게 잘못이

없나 걱정하는 것이 옳은 삶의 태도라는 이야기다. 정치에서도 마찬가지다. 자신의 무능을 걱정해야지 백성들이 자신의 행위를 이해해주지 않음을 걱정하지 말라는 것이다.

"나는 나라를 위해 최선을 다하고 있는데 사람들이 나를 알아주지 않는다고 걱정하지 말고 그렇게 할 수 없는 너 자신의 문제를 걱정해야 한다."

14:31

子曰: "不逆詐, 不億不信. 抑亦先覺者, 是賢乎!"

•

선생님이 말씀하셨다. "거짓으로 (사람을) 맞이하지 않고, 불신으로 (사람을) 헤아리지 않는다. 그러나 역시 먼저 깨닫는 것이 현명함이리라!"

역주

* 역사逆詐의 역逆은 마중하다, 맞이하다 등으로 해석된다. 역사란 거짓된 뜻으로 다른 사람을 의심해 대한다는 뜻이다.
* 억億은 생각하다, 헤아리다 등의 뜻인데, 여기서는 미리 예단해 억측한다는 의미다.

해설

대부분의 주석서는《논어집주》의 해석[5]에 따라 뒤 문장을 "먼저

---

5 성백효 역주, 앞의 책, 418, 419쪽을 참조할 것.

알아차리면 현명한 사람이다"라고 한다. 그러나 사람을 대할 때 상대가 속일 것이라고 미리 예단하거나 믿을 수 없는 사람이라고 억측하면 안 된다는 점을 강조해 "선각자라고 현명하겠는가?"라고 되묻는 말로 해석할 수도 있다. 맨 뒤의 호乎 자를 의문사로 보아 사람을 의심하는 것은 현명한 행위가 아니라고 해석할 수도 있다는 것이다. 《순자》〈비상非相〉에 위대한 정치가인 성인은 속일 수 없는데 수양이 잘된 자신만의 기준으로 헤아리기 때문이라고 한다. 모든 것을 유추할 수 있어 미혹에 빠지는 일이 없다고 한다.

"정치가라면 상대방이 자신을 속일 것이라고 예단해서는 안 되며, 상대가 믿지 않고 있다고 억측해서도 안 된다. 그러나 상대방의 속임이나 불신을 미리 알아차린 정치가라면 현명하다고 할 수 있겠다!"

14:32

微生畝謂孔子曰: "丘何爲是栖栖者與? 無乃爲佞乎?" 孔子曰: "非敢爲佞也, 疾固也."

•

미생묘微生畝가 공자를 평가하며 말했다. "구는 어찌해서 떠돌아다니는가? 이에 말재주를 부리기 위함이 아닌가?" 공자가 말했다. "감히 말재주를 부리기 위함이 아니라 고루한 (세상을) 미워하기 때문이오."

역주

* 서서栖栖의 서栖는 깃들다, 휴식하다는 의미의 서棲 자와 같이 쓰인다. 서서를《논어집주》에서는 의의依依로 해석해[6] 세상일에 연연하는 모습으로 보지만 대부분 주석은 황황遑遑으로 해석해[7] 정처 없이 떠돌아다니는 모습으로 본다.

* 녕佞은 말재주를 동원해 아첨한다는 뜻이다.

* 고固는 억지로 제 의견만을 고집하는 완고함, 고루함 등을 뜻한다.

해설

공자가 질고疾固, 즉 완고한 세상을 미워해서 천하에 유세를 다닌다고 말한 것은 질문자인 미생묘에 대한 견제도 들어 있다. 미생묘는 아마도 자기 생각이 확고한 은둔 선비일 가능성이 크다. 그는 공자의 본명을 거론하고, 아첨한다는 의미의 녕佞 자까지 써가며 공자의 유세활동을 비난하고 있다. 공자는 정치질서가 무너지고 각자 자기 방식만 고집하는 어지러운 세상을 고치기 위함이라고 애써 밝힌다.

내가 유세를 다니는 까닭은 "감히 말재주를 부려 군주를 설득하기 위함이 아니라 추악해진 세상이 안타까워 조금이라도 고쳐보고 싶기 때문이오."

6 성백효 역주, 같은 책, 418쪽.
7 예를 들면 유보남《논어정의》590쪽에 언급된 형병의《논어주소》를 참조할 것.

14:33

子曰: "驥不稱其力, 稱其德也."

‧

선생님이 말씀하셨다. "기驥는 그 힘을 칭송하는 것이 아니라 그 덕을 칭송하는 것이다."

역주

* 기驥는 하루에 천리를 달린다는 전설 속의 좋은 말이다. 뛰어난 인물을 표현할 때 사용한다.

해설

힘은 본래부터 타고난 것이며 덕은 수양으로 길러지는 것이다. 준마가 준마인 까닭은 잘 조련되어 내면의 역량을 최고로 발휘하도록 길러졌기 때문이다. 천재성을 타고났다고 해서 모두 뛰어난 인물이 되지는 않는다. 훌륭한 정치가로 칭송받는 이유는 그의 타고난 능력 때문이 아니라 그가 쌓아온 덕성 때문이다.

"천리마인 기가 칭송을 받는 것은 그의 힘 때문이 아니다. 그가 갖춘 견인불발의 덕성을 칭송하는 것이다."

14:34

或曰: "以德報怨, 何如?" 子曰: "何以報德? 以直報怨, 以德報德."

‧

어떤 사람이 말했다. "덕으로 원망을 갚으면 어떻습니까?" 선생님이 말씀하셨다. "무엇으로 덕을 갚을 것인가? 곧음으로 원망을 갚고, 덕으로 덕을 갚아야지."

역주

* 직直은 곧음·정직함 등을 의미한다. 여기서는 솔직한 대응을 말한다.

해설

덕으로 갚는다는 것은 은혜를 베풀어 보답한다는 말이다. 《예기》〈표기表記〉에는 공자의 말을 인용해 덕으로 원망을 갚는 것은 인仁이고 원망으로 덕을 갚는 것은 형刑이라 한다. 정치적인 문제를 말한다. 어진 정치의 본질은 관후한 은혜로서 정적들의 원한에 답하는 것이고, 형법의 정치는 징벌로서 정적들의 원망을 갚는 것이다. 원한을 갚는 방식도 직直, 즉 올곧음으로 해야 한다. 거짓으로 어짊을 가장해도 안 될 것이고 거짓으로 덕을 포장해도 안 될 것이다. 마음은 원한을 잊어버릴 수 없다. 원한을 원한으로 갚았다고 해서 잊히는 것도 아니다. 은혜를 베풀거나 망각하는 것이 원한을 잊는 상책이다.

　"덕으로 원한에 보답하면 어떻습니까?"라는 질문에 공자는 이렇게 대답했다. "그럼 무엇으로 덕에 보답하겠는가? 거짓 없는 솔직함으로 상대의 원망에 답하고, 상대의 덕에 대해서는 은혜를 베푸는 덕으로 보답을 하는 것이지."

14:35

子曰: "莫我知也夫!" 子貢曰: "何爲其莫知子也?" 子曰: "不怨天,
不尤人. 下學而上達. 知我者, 其天乎!"

•

선생님이 말씀하셨다. "나를 알아주는 이가 없구나!" 자공이 "어찌
해서 선생님을 알아주는 이가 없다고 하십니까?"라고 묻자 선생
님이 말씀하셨다. "하늘을 원망하지 않으며, 사람들을 탓하지 않
는다. 아래에서 공부해 위에 통달했다. 나를 알아주는 것은 하늘이
겠지!"

역주

* 우尤는 탓하다, 책망하다, 원망하다 등의 의미다.

해설

세상에 쓰이지 못해도 하늘을 원망하지 않고 사람들이 알아주지
않아도 탓하지 않는 것은 도의를 수양하는 군자의 삶이기 때문일
것이다. 하학下學은 인간사를 말한다. 인문주의자인 공자는 인간
의 일, 특히 정치에 관심이 많았다. 공자는 이 공부를 통해 위로 하
늘의 이치에 통달했다. 공자는 아무도 자신을 알아주지 않는 것을
한탄한 것이 아니라 인간사회의 정치에 천리가 구현되지 못함을
안타까워한 것이다.

"내가 정치에 참여하지 못한다고 하늘을 원망하지 않으며, 나를
알아주지 않는다고 사람들을 탓하지 않는다. 아래로 인간의 정치
를 공부해 높은 하늘의 이치에 통달했으니 나를 알아주는 것은 하

늘일 것이다!"

14:36

公伯寮愬子路於季孫. 子服景伯以告, 曰: "夫子固有惑志於公伯
寮, 吾力猶能肆諸市朝." 子曰: "道之將行也與? 命也. 道之將廢也
與? 命也. 公伯寮其如命何!"

•

공백료公伯寮가 계손에게 자로를 참소했다. 자복경백子服景伯이 아
뢰며 말했다. "어르신께서 공백료에게 뜻을 굳게 미혹함이 있는
데, 내 힘으로 장터에 (목을) 늘어놓을 수 있을 듯합니다." 선생님이
말씀하셨다. "도가 장차 행해질 것인가? 운명이다. 도가 장차 버려
질 것인가? 운명이다. 공백료가 운명을 어찌하겠는가!"

역주

*소愬는 하소연하다, 참소하다 등의 의미다. 두려워한다는 뜻일
때는 색으로 읽는다.
*자복경백子服景伯의 자복子服은 성, 경景은 시호, 백伯은 집안에서
대대로 이름 뒤에 붙여온 자다. 노나라 대부로 본명은 하何다.
*사肆는 방자하다, 늘어놓다 등의 뜻인데 여기서는 시신을 늘어
놓는다는 의미다.
*시조市朝는 원래 시장과 조정이란 뜻으로,《예기》〈단궁 하〉의 정
현 주석에 따르면 죽을죄를 지은 신하들 가운데 대부 이상은 조정
에 목을 늘여놓고, 사士 이하는 장터에 목을 걸어둔다고 했다. 하

지만 가공언賈公彦의 주석에 따르면 공백료가 사 신분이었으므로 시조는 시市만을 뜻하며 조는 그냥 붙은 말이라고 한다. 자로 또한 사 신분으로 보아야 하므로 여기서는 장터로만 번역했다.

해설

계손씨는 대부 신분으로 노나라 권력을 좌지우지했으며, 공자와 자로는 계손씨의 사적인 권력을 약화시키고 중앙 공실을 강화시키는 정치적인 주장을 개진하고 있었다. 공자는 그것이 예법에 맞고 하늘의 이치라고 생각했다. 노나라 사람 공백료가 이 때문에 계손씨 밑에서 일하는 자로를 참소했을 것이고, 계손씨는 자로에게 의혹을 품었다. 공자와 친한 대부 자복경백은 맹손씨 집안으로, 세력이 있었다. 그래서 계손씨 앞에 자로의 무죄를 증명하고 공백료를 죽여 시장에 목을 걸어놓겠다고 공자에게 의논했다. 이때 공자는 운명을 이야기한다. 공자는 명命이란 다툴 수 없는 하늘의 도이므로 어쩔 수 없으며, 어길 수 없는 인간의 도리인 의義를 수양하는 것이 중요하다는 입장이었다.

"공실을 강화시키려는 정치적 도의가 장차 실행될 것인가? 그건 운명이다. 그런 정치적 도의가 장차 폐지될 것인가? 그것도 운명이다. 공백료 따위가 하늘의 명을 어쩔 수 있는 것이 아니다!"

14:37

子曰: "賢者辟世, 其次辟地, 其次辟色, 其次辟言." 子曰: "作者七人矣."

•

선생님이 말씀하셨다. "현명한 사람은 세상을 피하고, 그다음은 땅을 피하고, 그다음은 낯빛을 피하고, 그다음은 말을 피한다." 선생님이 말씀하셨다. "일어난 자가 일곱 사람이다."

역주

* 피辟는 여기서 피하다, 숨는다는 뜻의 피避 자와 같다.

해설

뒤 구절 작자칠인의作者七人矣를 따로 떼어 한 장으로 삼은 판본도 많다.[8] 그럴 경우 작作을 일어서다로 해석해 "은둔하기 위해 일어선 사람이 일곱 명이다"라고 한다. 한 장으로 취급하면 작作은 앞의 내용을 실천하려 일어난 사람으로 해석된다. 《맹자》〈고자 하〉에 군자는 군주가 예의를 차리지 않고 말을 실천하지 않으면 떠난다고 말한다. 혼탁한 세상, 어지러운 지역, 군주의 희망 없는 낯빛, 각종 구설 등이 피하는 대상이다.

"현명한 사람은 혼탁한 세상을 피하고, 그다음으로 정치적으로 혼란이 들끓는 지역을 피하고, 그다음으로 희망 없는 군주의 낯빛을 피하고, 그다음으로 정치적 막말을 피한다."

이를 실천에 옮긴 사람이 일곱 명이었다는데 누구인지는 설이 분분하다.[9] 《논어》에 등장하는 장저長沮·걸닉桀溺·장인丈人·석문石門·하

---

8 대표적으로 성백효 역주, 앞의 책, 425쪽을 참조할 것.
9 유보남, 앞의 책, 597쪽을 참조할 것.

궤荷蕢·의봉인儀封人·초광접여楚狂接輿와 관련된 인물이라고도 한다.

14:38

子路宿於石門. 晨門曰: "奚自?" 子路曰: "自孔氏." 曰: "是知其不可而爲之者與?"

●

자로가 석문石門에서 잠을 잤다. 문지기가 말했다. "어디로부터 (왔는가)?" 자로가 "공씨로부터 왔소"라고 대답하자 말했다. "불가함을 알면서도 하는 그 사람이오?"

역주

* 신문晨門은 새벽과 밤에 성문을 열고 닫는 일을 맡은 문지기다.
* 자自는 어조사로 '~로부터'라는 의미다.

해설

석문은 노나라 성 밖의 문이다. 자로는 노나라 도성을 떠나 밤에 이곳에서 유숙했다. 은둔자인 문지기는 공자를 풍자했다. 더는 어떻게 해볼 수 없는 혼탁한 세상을 떠돌며 정치를 바꾸어보겠다는 주장이 쓸데없는 짓이라고 일갈한 것이다.

　"정치로 세상을 바꾸는 것이 불가능한 일임을 잘 알면서도 바꿔보려고 애쓰고 다니는 그 사람 공자 말이오?"

14:39

子擊磬於衛. 有荷蕢而過孔氏之門者, 曰: "有心哉! 擊磬乎!"既而
曰: "鄙哉! 硜硜乎! 莫己知也, 斯已而已矣. 深則厲, 淺則揭." 子
曰: "果哉! 末之難矣."

•

선생님이 위나라에서 편경을 쳤다. 삼태기를 메고 공씨의 문을 지
나는 사람이 있었는데 "마음이 있구나! 편경을 치네!"라고 하더니
조금 뒤 말했다. "비루하다! 갱갱거림이여! 자기를 알아주는 사람
이 없으면 그에 그만두면 그뿐이다. 깊으면 옷을 벗고 (건너고), 얕
으면 걷고 (건너야지)." 선생님이 말씀하셨다. "과단성이 있구나! 꾸
짖을 (일이) 없다."

역주

* 경磬은 돌판을 깎아 그 크기에 따라 다른 음을 내는 악기의 일종
이다. 우리나라에서는 편경編磬이라 한다.
* 궤蕢는 풀로 엮어 흙 등을 나르는 삼태기를 말한다.
* 기이既而는 '이미 끝나고 나서', '이윽고 지나서' 등의 의미인데
관용구로 잠시 후, 조금 뒤 등으로 쓰인다.
* 갱갱硜硜은 고집불통의 완고함을 말한다.[10]
* 려厲는 갈다, 사납다 등의 뜻이다. 옷을 걷어 올린다는 뜻의 게揭
자와 대구로 쓰였음을 감안하면 여기서는 깊은 물에 옷을 벗고 건
넌다는 의미일 것이다.

....

10 〈자로〉20장 역주를 참조할 것.

* 게揭는 들다, 추어올리다 등의 의미다. 여기서는 얕은 물을 건널 때 옷을 걷어 올린다는 뜻이다.
* 난難은 책망하다, 힐난하다 등의 의미다. 여기서는 태도를 고쳐 주기 위해 꾸짖는다는 뜻이다.

해설

공자는 위나라에서 정치에 참여하고자 백방으로 노력했다. 편경은 정치적 행사에 쓰이는 아악 연주에 사용한다. 삼태기를 메고 공자가 편경을 치는 소리를 듣고 은둔 선비가 일종의 조롱을 했다.

"정치에 마음이 있는 사람이구나. 정치행사에 쓰는 편경을 치는 걸 보니!"라고 말하더니 조금 있다가 다시 "정치를 하고 싶은 그 심정이 묻어나 참 비루해 보인다! 갱갱거리는 편경 소리를 들어보니 그런 마음이 너무 완고하다! 자기를 알아보고 써주는 사람이 없으면 당장 그만두면 그뿐일 텐데. 물이 깊으면 옷을 벗고 건너가야 하는 법이고, 물이 얕으면 바지를 걷고 건너가면 그뿐이니, 자연스럽게 이치에 맞게 살아야지 너무 억지를 부려서야 되겠는가"라고 비꼬았다. 공자는 "그 말씀 참 과단성이 있구나! 내가 무어라고 힐난해 바로잡아줄 건더기가 전혀 없구나"라고 했다.

14:40

子張曰: "《書》云: '高宗諒陰, 三年不言.' 何謂也?"子曰: "何必高宗, 古之人皆然. 君薨, 百官總己以聽於冢宰三年."

•

자장이 말했다. "《서경》에 '고종이 양암에서 3년을 말하지 않았다'라고 하는데 무슨 말인지요?" 선생님이 말씀하셨다. "어찌 꼭 고종 뿐이겠느냐, 옛사람들은 모두 그러했다. 임금이 죽으면 백관이 자기 (직무를) 통괄해 총재에게 (지침을) 듣기를 3년간 했다."

역주

* 고종高宗은 쇠약해진 은나라를 중흥시키고 예법을 회복한 무정武丁이다.

* 양암諒陰은 양암諒闇이라고도 쓴다. 양諒은 믿는다는 뜻이고 암陰은 어둡다, 침묵하다 등의 의미인데 천자가 지키는 초상집 초막을 말한다.

* 훙薨은 하늘이 무너지는 소리를 빗댄 제후의 죽음을 뜻한다. 《예기》〈곡례〉에 천자의 죽음을 붕崩, 제후의 죽음을 훙薨이라 말한다고 한다.

* 총總은 모아서 엮는다는 뜻인데 여기서는 각종 집무를 통괄한다는 의미다.

* 총재冢宰의 총冢은 크다는 뜻이고 재宰는 관직을 말한다. 직무는 《주례》 천관총재天官冢宰에 잘 드러나 있다. 부속 관료를 거느리고 나라의 정치를 관장하고 왕을 돕는 역할을 한다.

해설

《서경》〈열명說命〉에 고종이 친상을 당해 여막에 거처하면서 3년간 말하지 않았다고 한다. 아무 말도 하지 않고 살았다는 이야기가 아니라, 초막에 거처하며 3년 동안 정사를 논의하지 않았다는 이야기다. 서인으로부터 천자에 이르기까지 상례를 치르는 예는 같았다. 《예기》〈잡기〉에 친상으로 삼년상을 치를 때는 말을 하되 대답은 하지 않고 만나긴 하되 묻지 않는다고 한다. 은 고종 무정은 뛰어난 총재에게 일반 행정업무를 총괄시키고 자신은 초막에 살며 3년간 아버지의 정치 스타일을 유지했다. 자신의 효성을 드러내 마침내 천하의 제후들을 복종시키고 은나라 중흥을 이끌었다.

"꼭 고종만 그렇게 한 것이 아니다. 옛날 정치가들은 모두 그러했다. 선대 임금이 죽으면 모든 관료가 자신의 직무를 통괄해 재상인 총재의 지침을 듣고 집행하기를 3년간 했다."

14:41

子曰: "上好禮, 則民易使也."

●

선생님이 말씀하셨다. "위가 예를 좋아하면 백성을 쉽게 부릴 수 있다."

해설

예는 질서이자 제도다. 자기 분수를 알아 지나치거나 과도한 일을 하지 않고 상하의 질서가 잡히므로 백성들을 쉽게 따르게 만들 수 있다는 것이다. 군주가 예를 좋아하면 지배와 복종의 상관관계가 잘 이루어진다는 의미다.

"위에서 군주가 예법에 맞추어 모든 것을 행해 사회질서가 잡히면 쉽게 백성들의 복종을 끌어낼 수 있다."

14:42

子路問君子. 子曰:"脩己以敬." 曰:"如斯而已乎?" 曰:"脩己以安
人." 曰:"如斯而已乎?" 曰:"脩己以安百姓. 脩己以安百姓, 堯舜
其猶病諸!"

•

자로가 군자에 대해 물었다. 선생님이 말씀하셨다. "공경으로 자기
를 닦는다." "이와 같을 뿐입니까?"라고 묻자 말씀하셨다. "자기를
닦아서 사람들을 편안하게 한다." "이와 같을 뿐입니까?"라고 묻자
말씀하셨다. "자기를 닦아서 백성들을 편안하게 한다. 자기를 닦
아서 백성들을 편안하게 함은 요임금과 순임금도 어려워했다!"

역주

* 병病은 여기서는 어려워하다, 근심하다 등의 의미다.

해설

수기안인修己安人은 공자 정치사상의 중요한 키워드다. 이 문장의
순서에 따르면 수기, 즉 자신을 수양하는 것이 먼저이고, 수기안인
이 다음이다. 《대학》의 해석처럼 여기서의 인人을 가족으로 볼 수
있다. 친구와 9족까지를 포함한 제가齊家를 말한다. 그다음이 안백
성安百姓이다. 백성은 정치에 참여하는 귀족들의 전체를 뜻하는 말
이며 그 의미를 확장해 국민 전체를 포함한다고 할 수도 있다. 치
국평천하를 말하는 것이다. 수기의 방법은 경敬이다. 경敬은 자기
를 예에 맞추어 경건하게 위치시키는 것으로 예법에 통달함을 뜻
한다. 예로 천하의 질서를 잡는 것은 매우 어려운 일이다.

"훌륭한 정치가인 군자는 예법에 맞추어 경건하게 자기를 수양하고 그것을 통해 천하의 백성들을 편안하게 만든다. 자기를 수양해 백성들을 편안하게 만드는 수신제가치국평천하는 성군이었던 요임금과 순임금도 그러지 못할까 걱정을 많이 했던 일이다!"

14:43

原壤夷俟. 子曰:"幼而不孫弟, 長而無述焉, 老而不死, 是爲賊!"
以杖叩其脛.

•

원양原壤이 쪼그려 앉아 기다렸다. 선생님이 말씀하셨다. "어려서는 공손하지 않았고, 어른이 되어서는 기술할〈업적이〉 없고, 늙어서는 죽지도 않으니 이것이 도적이다." 지팡이로 그 정강이를 두드렸다.

역주

* 이夷는 웅크리고 쪼그려 앉거나 걸터앉는다는 뜻이다. 당시 이적의 풍습으로 보았으며 버릇없는 모습으로 인식되었다.
* 손제孫弟는 어른을 섬기는 데 공순하지 않음을 말한다. 손孫은 공손할 손遜과 같고 제弟는 공손할 제悌와 같다.
* 술述은 기술하다, 글로 표현하다 등의 뜻인데 여기서는 칭송해 기술해줄 만함을 말한다.
* 경脛은 종아리·정강이를 말한다.

원양은 공자의 고향친구였다고 한다. 예법을 무시하고 잘난 체하며 살아간 사람이었다. 하루는 어머니가 죽자 나무에 올라가 노래를 불렀다고 한다. 처음에 공자는 모른 체하고 지나쳤다가 늙어서도 오만방자하고 무례하게 구는 것을 보고 책망을 넘어 때리기까지 한 것이다.

"어려서부터 어른들에게 전혀 공손하지 않고 어른이 되어서도 칭찬을 받을 만한 그 어떤 짓도 하지 않았다. 이제 늙어서도 죽지 않고 오만방자하구나. 원양은 도적과 같은 자다."

14:44

闕黨童子將命. 或問之曰: "益者與?" 子曰: "吾見其居於位也, 見其與先生竝行也. 非求益者也, 欲速成者也."

•

궐당의 동자가 명령을 전달했다. 어떤 사람이 그에 대해 물으며 말했다. "(공부가)는 사람입니까?" 선생님이 말씀하셨다. "나는 그가 자리에 머묾을 보았고, 그가 선생과 더불어 나란히 가는 것을 보았다. (공부가)는 느는 것을 구하는 자가 아니라 빠르게 이루고자 하는 자였다."

역주

* 궐당闕黨은 공자의 고향인 궐리闕里 마을을 말한다.
* 장將은 여기서는 전달한다는 의미다. 주인과 손님 간에 오가는

말을 전달한다는 뜻이다.

* 병행並行은 나란히 걷는다는 뜻으로, 동년배나 어른들이 어깨를 나란히 하고 걷는다는 의미다.
* 익益은 더하다, 늘다 등의 의미인데 여기서는 공부가 늘어 진전됨을 뜻한다.

해설

진지하게 공부하고 학문에 진전을 구하는 자만이 가르칠 가치가 있다는 의미에서 고향 동네의 동자를 굳이 언급했을 것이다. 성인에게만 정해진 자리가 있고 동자는 서 있어야 함에도 자리를 차지하고 앉았다. 선생은 먼저 태어난 어른을 말하는데 열여섯 살 이상이면 성인이다. 《예기》〈곡례〉에 따르면 5년 이상 차이가 나면 뒤를 따르는 수행隨行을 하고 그 이하 차이의 성인은 견수肩隨, 즉 어깨를 나란히 할 수 있다고 한다. 이 동자는 성인의 행동을 모방하기에 급급했으니 속성速成을 원하는 사람이었다는 평가다.

"나는 그 아이가 어른처럼 자리에 앉는 것을 보았고, 그가 앞서 태어난 어른들과 어깨를 나란히 하고 걷는 것을 보았다. 그 아이는 공부가 조금씩 진전되는 것을 구하는 것이 아니라 하루빨리 이루고자 하는 자였다."

모두 마흔두 장이다.[1] 집정자의 자세와 관직에 종사하며 행정업무를 수행할 때 어떻게 할 것인가에 대해 이야기한다. 다른 편들과 달리, 대부분 공자의 가르침으로 구성되어 있다. 공자가 진陳나라와 채蔡나라 사이에서 큰 고역을 치를 때 제자들에게 했던 말이 많이 등장한다. 고난 속에서도 훌륭한 정치가로서 군자는 어떤 생각과 자세를 지녀야 하며 어떤 행위를 하지 말아야 하는지 이야기한다. 사람을 중시하는 공자의 인문주의가 잘 드러나는 편이기도 하다.

....

1 유보남의 《논어정의》는 마흔세 장, 성백효가 역주한 《논어집주》는 마흔한 장으로 구성되어 있다.

15:1

衛靈公問陳於孔子. 孔子對曰: "俎豆之事, 則嘗聞之矣; 軍旅之事, 未之學也." 明日遂行.

●

위 영공이 공자에게 진법에 대해 물었다. 공자가 대답했다. "제기의 일이라면 일찍이 들은 적이 있습니다만 군대 일은 아직 공부하지 않았습니다." 다음 날 떠나갔다.

역주

＊진陳은 진陣으로 진법, 즉 군대 행렬에 대한 법을 말한다.

＊조두俎豆의 조俎는 고기를 담는 위가 편편한 제기이며, 두豆는 국이나 젓갈 등을 담는 굽이 높은 제기를 말한다. 조두는 곧 제기의 별칭이다.

＊군려軍旅는 모두 군대란 뜻이다. 1만 2,500명을 군軍이라 하고 500명을 여旅라 한다.

＊명일明日은 그로부터 밝아지는 다음 날, 즉 내일을 말한다.

＊수행遂行의 행行은 간다는 의미이고, 수遂는 부사로 마침내, 드디어 등을 뜻하며 동사로는 떠나간다는 뜻이 있다.

해설

조두俎豆는 제기, 즉 예법을 대표하는 용어이고, 군려軍旅는 군대,

즉 전쟁을 대표하는 용어다. 공자는 전쟁에 반대하고 예법 준수를 강조했다. 그런데 무도했던 위나라 영공은 공자에게 국내정치가 아닌 전쟁에 관해 물었다. 《사기》〈공자세가〉에 따르면 공자가 거백옥 집에 머물며 영공을 배알했는데 영공이 공자를 임용할 뜻이 없음을 확인하고 바로 진陳나라를 향해 떠났다고 한다. 노나라 애공 2년의 일로 그해 여름에 영공이 죽었다.

"중요한 정치적 행사인 제사 의례에 관한 일이라면 일찍이 들은 바가 있다. 그러나 군대와 전쟁에 관한 일은 아직 공부한 적도 없고 관심도 없다."

15:2

在陳絶糧, 從者病, 莫能興. 子路慍見曰: "君子亦有窮乎?" 子曰: "君子固窮, 小人窮斯濫矣."

•

진나라에 있을 때 양식이 끊기고 따르는 자들이 병이 들어 일어날 수도 없었다. 자로가 성냄을 드러내며 말했다. "군자 역시 궁함이 있습니까?" 선생님이 말씀하셨다. "군자는 궁함을 단단히 (지키지만) 소인은 궁하면 넘치는 (행동을) 한다."

역주

* 종자從者는 따르는 사람, 시중을 드는 사람이란 뜻인데, 여기서는 공자를 따르고 있던 제자들을 말한다.
* 흥興은 여기서 일어나다, 몸을 일으키다 등의 의미다.

* 온慍은 성내다, 원망하다 등의 의미다.

* 남濫은 넘치다, 함부로 하다 등의 의미다. 곤궁하면 절도 등을 저지른다는 말이다.

해설

《순자》〈유좌〉에 따르면 공자가 남으로 초楚나라에 가면서 진陳과 채蔡 사이에서 횡액을 당해 일주일 동안 불에 익힌 음식을 먹지 못했으며 제자들 모두 굶주렸다고 한다. 의협심 강한 자로는 그 상황에 분노를 드러내며 무슨 짓이든 벌일 태세였다. 공자는 그를 타이르며 군자다운 지도자로서 품격을 지켜야지, 소인다운 행동을 하지 말라고 충고했다.

"지도자로서 군자는 궁핍해도 견디며 도의를 굳건히 지키지만 소인은 궁핍하면 도둑질을 하는 등 행동을 함부로 한다."

15:3

子曰: "賜也, 女以予爲多學而識之者與?" 對曰: "然, 非與?" 曰: "非也, 予一以貫之."

•

선생님이 말씀하셨다. "사야, 너는 내가 많이 공부해서 그것을 기억하는 사람이라고 생각하느냐?" 대답했다. "그렇습니다, 아닙니까?" 말씀하셨다. "아니다. 나는 하나로 그것을 꿰뚫었느니라."

역주

* 지識는 알다, 명확해진다 등의 의미일 때는 식으로 읽고, 지적인 작업으로 어떤 사물이나 원리 등을 인식해 기억한다는 의미일 때는 지로 읽는다.

* 관貫은 조개[貝]를 꿰뚫어[毌] 꾸러미로 만들어 화폐로 사용한 데서 유래한다. 꿰뚫다, 관통하다 등의 의미다.

해설

《사기》〈공자세가〉에 따르면 이 말은 공자가 진陳과 채蔡 사이에서 횡액을 당했을 때 자공에게 한 말이다. 많이 배워서 안 것이든 한 가지로 관통해서 안 것이든 그것은 곧 도일 것이다. 도는 여러 가지 함의가 있다. 정치적 견해일 수도 있고, 삶의 원칙일 수도 있고, 자연 규율일 수도 있다. 도에 대해 공자는 공부를 많이 해 인식하고 기억하는[識] 것이 아니라 시종일관 지켜가는 실천을 강조하고 있다. 물론 《논어》의 다른 편에서 보듯 공자 또한 많이 공부하는 것을 중시했다. 다만 학문적인 인식보다 깨침의 실천을 더 강조했다. 《순자》〈권학〉에 공부의 목적은 실천에 있고, 위대한 정치가인 성인이 되는 것이라는 해석이 적절해 보인다.

일이관지 一以貫之는 〈이인〉 15장에도 나온다. 증자는 일一을 충忠과 서恕로 해석했다. 공부를 많이 해 세상 문제를 아는 것보다 일관된 태도로 도의를 지키는 것이 진정한 정치의 실현이라는 강조일 것이다.

"자공아, 너는 내가 공부를 많이 해서 기억을 통해 정치적인 식견이 생긴 사람으로 생각하느냐? 아니다. 나는 오직 도의를 시종

일관 견지하며 실천하는 사람이다."

15:4

子曰: "由! 知德者鮮矣."

•

선생님이 말씀하셨다. "유야! 덕을 아는 사람이 드물구나."

해설

《논어정의》(614쪽)에는 중용의 덕을 이야기한 것이라고 한다. 또 《순자》〈유좌〉를 인용하며 공자가 진과 채 사이에서 곤욕을 치를 때 자로가 화를 내자 불러다 앉혀놓고 패자들이 모두 곤욕을 치른 장소에서 패심霸心이 생겼다고 비판했다면서 힘들 때도 원대하고 넓은 뜻을 가지라고 주문했다고 한다. 그렇게 꿰맞추면 덕德은 덕치일 것이다. "자로야, 패자의 마음이 없는 유덕한 정치를 아는 사람이 참 드물구나"라고 해석해야 할 것이다. 조금 무리한 해석이다. 어떤 상황에서 공자가 이런 말을 했는지 알 수 있어야 정확한 해설이 가능하다.

15:5

子曰: "無爲而治者, 其舜也與? 夫何爲哉, 恭己正南面而已矣."

•

선생님이 말씀하셨다. "(일을) 함이 없이 다스린 사람은 순임금이었겠지? 어떻게 했느냐면, 자기를 공손하게 (수양하며) 바르게 남면을 하고 있었을 따름이다."

역주

* 공기恭己는 공경함으로 자기 자신을 수양한다는 뜻이다.
* 남면은 군주가 남쪽으로 얼굴을 향한다는 뜻으로, 바르게 자기 자리를 지키고 있다는 뜻이다.

해설

무위無爲는《노자》정치사상의 핵심 주지이기도 하다. 위대한 정치가는 인위적인 통치행위를 하지 않아도 안 되는 일이 없다[無爲而無不爲]는 뜻이다. 지배와 복종을 전제한 통치나 정책은 자연스러운 인간의 행복을 담보하지 않는다는 의미일 것이다. 공자도 여기서 무위를 이야기한다. 공자의 무위는 노자의 무위와 다르다. 순임금이라는 위대한 정치가를 등장시키며 그가 한 정치행위를 무위라고 말한 것이다. 요임금에게 선양을 받은 순임금은 요임금의 조정에서부터 현인이었던 우禹와 고요를 임용했다. 그로써 순임금은 자리에서 내려오지 않았음에도 천하가 잘 다스려졌다는 이야기다. 다시 말해 공자의 무위는 현명한 신하에게 정치와 정책을 맡기고 자신은 경건하게 수양하면서 지켜보기만 한다는 뜻이다. 인사가 정치의 핵심이고 순임금은 그 모범이었다는 이야기다.
　"직접 나서서 힘써 정치에 임하지 않고도 천하의 질서를 잡은 사람은 순임금이었겠지? 무슨 행위를 했느냐면, 뛰어난 신하에게 모든 정무를 맡기고 그 자신은 공경하는 태도로 수양을 하며 천자의 자리를 지키며 똑바로 앉아만 있었을 뿐이다."

15:6

子張問行. 子曰:"言忠信, 行篤敬, 雖蠻貊之邦行矣; 言不忠信, 行
不篤敬, 雖州里行乎哉? 立則見其參於前也; 在輿則見其倚於衡
也. 夫然後行."子張書諸紳.

•

자장이 (도의의) 실행에 대해 묻자 선생님이 말씀하셨다. "말이 참되
고 믿음을 주며, 행동이 돈독하고 공경하면 비록 만이나 맥의 (땅에
서도) 행해지겠지만, 말이 참되지도 믿음을 주지도 않으며, 행함이
돈독하지도 공경하지도 않으면 비록 큰 고을이나 (작은) 마을에선
들 행해지겠느냐? 서 있으면 그것이 앞에서 (함께) 참여하고 있음
을 보고, 수레에 있으면 그것이 멍에에 의지하고 있음을 보아야 한
다. 그런 뒤에야 행해진다." 자장은 이를 큰 띠에 써두었다.

역주

* 만맥蠻貊의 만蠻은 오늘날 장강 이남의 남방 민족을 중원 사람들
이 낮추어 부르는 용어이고, 맥貊은 요하遼河 주변에 산 북방 사람
들을 낮추어 부르는 용어다.
* 주리州里는 중원 지방의 행정단위로, 주州는 2,500가家를 말한
다. 다섯 가가 한 린鄰이고, 다섯 린이 한 리里다.
* 참參은 간여하다, 참여하다 등의 의미다. 곧을 직直으로 해석하
는 사람도 있다.

* 형衡은 수레의 액軛, 즉 수레에 탄 사람의 눈앞에 어른거리는 멍에를 말한다.

* 신紳은 예복 앞에 매는 큰 띠를 말한다.

해설

〈위정〉 18장에서 자장은 녹을 받는 관리가 되는 길을 물은 적이 있다. 여기서 자장이 물은 행行은 도덕정치가 행해지려면 관리는 어떻게 해야 하는가를 말한다. 공자는 말은 충신忠信, 즉 진실과 믿음을 주어야 하고, 행동은 독경篤敬, 즉 도타움과 공경함이 있어야 한다고 말했다. 이 말도 공자가 진과 채 사이에서 곡식이 끊겨 고난을 당했을 때 한 말이라고 한다. 관료의 자세에서 어떻게 하면 도의의 정치를 성공시킬 수 있는가라는 물음에 공자는 이렇게 대답했다.

"말이 진실하고 믿음을 주어야 하며, 행동을 돈독하고 경건하게 하면 남쪽 만족이나 북쪽 맥족의 땅에서도 도덕정치를 행할 수 있겠지만, 말이 진실하지도 않고 믿음을 주지도 못하며, 행동이 돈독하지도 경건하지도 않으면 중원의 큰 고을이나 작은 마을에선들 도덕정치를 행할 수 있겠느냐? 서 있을 때는 진실과 믿음, 도타움, 공경함이 항상 바로 눈앞에 보이는 듯 언행을 해야 하고, 수레에 타고 있을 때는 그것이 수레 앞판에 보이는 멍에를 보듯이 언행을 해야 한다. 그렇게 된 뒤라야 도덕정치를 행할 수 있다."

15:7

子曰: "直哉史魚! 邦有道, 如矢; 邦無道, 如矢. 君子哉蘧伯玉! 邦有道, 則仕; 邦無道, 則可卷而懷之."

●

선생님이 말씀하셨다. "곧다, 사어는! 나라에 도가 있어도 화살 같았고, 나라에 도가 없어도 화살 같았다. 군자다, 거백옥은! 나라에 도가 있으면 벼슬했고, 나라에 도가 없으면 거두어 그것을 품을 수 있었다."

역주

* 사어史魚의 사史는 관직이다. 어魚는 위衛나라 대부로, 이름은 추鰌다. 생전에 행동이 화살처럼 곧고 왜곡된 말을 한 적이 없었다고 한다.

* 권卷은 여기서는 벌였던 일들을 거두어들인다는 뜻이다.

* 회懷는 여기서는 품다, 감추다는 뜻의 회褱로 본다.

해설

《한시외전》에서 이 일을 상세히 다루고 있다. 사어는 생전에 현인 거백옥을 발탁하고 불초한 미자하彌子瑕를 물러나게 하고 싶었으나 위衛 군주가 들어주지 않았다. 사어는 죽으면서 아들에게 유언했다. 신하 된 사람으로서 현인을 들이지 못하고 불초한 사람을 물리치지 못했으니 죽어서 대청에서 치상을 치를 수 없다면서 빈소를 방 안에 두라고 했다. 위 군주가 연유를 물으니 아들이 그대로 대답했다. 군주는 크게 뉘우치고 거백옥을 불러들여 우대하고 미자하를 물리쳤으며 빈소를 대청으로 옮기게 한 뒤 예를 마쳤다고 한다. 이를 두고 주검으로써 간언한다는 의미의 시간尸諫이라 한다.

공자는 정직할 직直 자를 사용해 사어의 정치행위를 찬양하고 있다. 공자는 위나라에 있으면서 거백옥의 집에 머물렀다. 거백옥은 손림보孫林父가 군주를 축출하고 영희甯喜가 군주를 시해하는 일을 당함에도 대응하지 않고 조용히 뜻을 거두고 물러나 "나라에 도가 없으면 숨는"도를 실천했다. 공자는 그를 군자라고 칭송했다.

"정직한 정치인이다, 사관 추는! 나라에 도가 있어 관직에 있을 때도 화살처럼 곧은 언행을 했고, 나라에 도가 없어 현인 발탁과 간인 축출을 하지 못하자 주검으로 간언을 했으니 역시 화살처럼 곧았다. 군자 정치가다, 위나라 거백옥은! 나라에 도가 있어 그를 발탁하니 벼슬에 나가 훌륭한 행정을 했으며, 나라에 도가 없어 군주를 축출하고 시해하는 일이 벌어지니 대답하지 않고 조용히 뜻을 거두어 속에 감추며 도의를 지켰다."

15:8

子曰: "可與言而不與之言, 失人; 不可與言而與之言, 失言. 知者不失人, 亦不失言."

•

선생님이 말씀하셨다. "더불어 말할 수 있으나 그와 더불어 말하지 않음은 사람을 잃음이다. 더불어 말할 수 없음에도 그와 더불어 말함은 말을 잃음이다. 지자는 사람을 잃지 않고 말 역시 잃지 않는다."

더불어 속 이야기를 할 수 있는 사람은 정치동지다. 자신과 뜻이 같은 사람을 보고도 함께 정치를 논의하지 않으면 중요한 동지를 잃는 것이다. 함께 말해서는 안 되는 사람은 정적이다. 그런 사람에게 정치적 견해를 이야기한다는 것은 중요한 정치적 견해를 잃는 행위다.

"도의의 정치를 함께 논할 수 있는 사람을 만나고도 그와 정치적 견해를 나누지 않는 것은 중요한 정치동지를 잃는 행위다. 함께 도의를 논할 수 없는 상대를 만나 정치적 견해를 나누면 이는 중요한 정치적 도의를 잃는 행위다. 지혜로운 정치가는 동지를 잃지도 않고 정치적 견해를 잃지도 않는다."

15:9

子曰: "志士仁人, 無求生以害仁, 有殺身以成仁."

•

선생님이 말씀하셨다. "뜻있는 선비나 어진 사람은 삶을 구하려고 어짊을 해치는 (경우가) 없고, 몸을 죽여서 어짊을 이루는 (경우는) 있다."

역주

*《맹자》〈등문공 하〉와 〈만장 하〉에 지사志士는 "뜻있는 선비는 구렁텅이에서도 의를 잊지 않는다"라고 말한다. 여기서 '뜻'은 국가와 사회를 위한 정의이며, 우국지사憂國志士가 본뜻이다.

해설

살신성인殺身成仁은 정의를 위해 목숨을 바침을 말한다. 뜻있는 선비와 어진 사람은 의로운 일에 제 몸을 아끼지 않는다는 것이다. 그렇다고 어진 정치와 어진 세상을 위해 앞장서서 목숨을 내놓으라는 주장은 아니다. 구차하게 제 목숨을 부지하고 자기 이익이나 챙기려고 유덕한 정치를 해치지 않는 것이 더 중요하다. 공자는 관중에 대해 작은 의리로 섬기던 주군을 위해 죽는 것보다 나중에 더 큰 정치를 해 중화문명을 지켜낸 것이 인仁하다고 평가한 적이 있다. 살신성인은 의리를 위해 죽으라는 뜻이 아니라 문명과 정의를 지키기 위해 위대한 정치를 하라는 뜻이다.

"우국지사나 어진 세상에 뜻이 있는 사람은 제 목숨이나 이익 때문에 어진 정치를 해치는 경우가 없다. 다만 어쩔 수 없는 경우라면 제 몸을 죽여서라도 어진 세상을 만들려는 경우는 있다."

15:10

子貢問爲仁. 子曰: "工欲善其事, 必先利其器. 居是邦也, 事其大夫之賢者, 友其士之仁者."

•

자공이 어짊의 실천에 대해 물었다. 선생님이 말씀하셨다. "장인이 제 일을 잘하고 싶으면 반드시 먼저 제 연장을 날카롭게 한다. 이 나라에 머문다면 대부 (가운데) 현명한 사람을 섬기고, 선비 (가운데) 어진 사람을 벗해야 한다."

역주

* 기器는 기물로, 여기서는 기술자가 사용하는 연장을 말한다.

해설

위인爲仁은 어진 정치의 실천을 말한다. 좋은 물건을 만들기 위해 기술자가 연장을 잘 갈듯이 좋은 정치를 위해서는 현명하고 어진 사람을 써야 한다. 이 나라에 머무는[居是邦] 주체는 천자일 수도 있고 정치를 지향하는 사람일 수도 있다. 어진 정치의 실천은 사람에게 달려 있다는 말이다.

"기술자가 자기 일에서 잘 성공하고 싶으면 반드시 먼저 제 연장을 날카롭게 가는 일부터 한다. 천자가 어떤 나라에 머물면 그 나라 대부들 가운데 현명한 사람을 섬기고, 선비 가운데 어진 사람을 벗 삼아 정치를 해야 한다."

15:11

顏淵問爲邦. 子曰: "行夏之時, 乘殷之輅, 服周之冕, 樂則韶舞. 放鄭聲, 遠佞人. 鄭聲淫, 佞人殆."

•

안연이 나라를 다스림에 대해 물었다. 선생님이 말씀하셨다. "하나라의 시(책력)를 실행하고, 은나라의 수레를 타고, 주나라의 면관을 쓰고, 음악은 (순임금의) 소무韶舞로 한다. 정나라 소리를 추방하고 말재주를 부리는 사람을 멀리한다. 정나라 소리는 어긋나고 말재주를 부리는 사람은 위태롭다."

역주

* 시時는 시간을 정하는 기준을 말한다. 북두칠성을 기준점으로 삼아 첫 달을 정했는데 하나라는 인정人正으로 인시寅時인 1월을 정월로 삼았고, 은나라는 지정地正으로 축시丑時인 12월을 정월로 삼았고, 주나라는 천정天正으로 자시子時인 11월을 정월로 삼았다. 이를 삼정三正이라 한다.

* 노輅는 나무로 만들어 허술한 덮개로 가린 수레다. 은나라 때 천자와 관료들이 탔다.

* 면冕은 면류관이다. 주나라 관모는 신분을 분명히 구분하는 형식을 잘 갖추고 있었기 때문에 정치적 질서를 중시한 공자는 주나라의 면冕을 선택했다.

해설

국가경영에 필요한 아주 구체적인 문화정책을 언급하고 있다. 우선 인간의 삶에 가장 큰 영향을 미치는 시간 책정, 즉 책력에 대한 문제다. 삼정 가운데 하나라가 1월을 정월로 삼은 것은 인간의 삶을 가장 잘 반영한 것이다. 자시는 하늘, 축시는 땅, 인시는 사람을 대표하기 때문이다. 공자는 정치를 사람의 일로 보았고, 인간의 삶을 중시했으므로 하나라 시時를 사용하라고 한 것이다.

　또 공자는 정치인들의 삶이 화려해서는 안 된다고 생각했다. 당시 주나라 수레에 화려한 쇠장식이 많았다. 공자는 검소함을 지향해 은나라 때 수수했던 목제 차량을 선택한 것이다. 또 인간사회의 질서를 잘 반영하고 있는 주나라 면류관을 선택했다. 음악은 〈팔일〉에서 미美와 선善을 다한 것으로 평가한 소악韶樂을 주창했다.

역대 왕조의 훌륭한 정책을 골고루 선택해 적용하라는 권고다. 정나라 노래는 남녀상열지사가 많아 음란하다고 평가해 멀리했다.

"사람의 때를 중시했던 하나라 역법을 실행하고, 검소함이 바탕인 은나라 수레를 타고, 등급이 잘 구분된 주나라 관모를 쓰고, 음악은 지극히 평화로운 순임금 때의 소무를 연주해라. 사람들의 마음을 흔드는 정나라 노랫소리를 추방하고 말 잘하는 아첨꾼들을 멀리해라. 정나라 노랫소리는 음란해 사회질서를 어지럽히고 아첨하는 사람은 조정을 위태롭게 한다."

15:12

子曰: "人無遠慮, 必有近憂."

•

선생님이 말씀하셨다. "사람에게 먼 생각이 없으면 반드시 가까운 근심이 있다."

역주

* 원려遠慮는 생각을 먼 곳에 둔다는 뜻으로, 장차 발생할 일을 미리 깊이 생각한다는 의미다.
* 근우近憂는 비근한 일상에서, 그리고 아주 가까운 시기에 생겨날 수 있는 우환을 말한다.

해설

정치가라면 미리 재앙을 예상하고 예방해야 한다는 주문이다. 《순자》〈대략〉에 먼저 환난을 대비해 예방하면 재앙이 생기지 않는다고 한다. 특히 정치가는 원려遠慮를 염두에 두어 장차 닥칠 재난을 미리 생각하고 있어야 한다. 그렇지 않으면 막을 수 없는 곤경에 처할 것이다.

"사람들이 장차 생길 일을 깊이 고민하고 대비책을 마련하지 않으면 반드시 가까운 시기에 큰 우환을 맞는다."

15:13

子曰: "已矣乎! 吾未見好德如好色者也."

•

선생님이 말씀하셨다. "끝났구나! 나는 덕을 좋아하기를 색을 좋아하듯 하는 사람을 아직 보지 못했다."

역주

* 이已는 이미 버려진 일을 말한다. 끝났다는 의미다.

해설

덕德은 훌륭한 정치가인 군자가 지녀야 할 품성이다. 어진 정치로 너그럽고 정의로운 세상을 만드는 정치가가 지녀야 할 행위의 원천이다. 덕은 수양으로 길러진다. 그런데 공자 당시는 관대함보다 투쟁을 앞세우고, 어짊보다 이익을 추구하는 경향이 너무 강했다. 예의를 회복해 다시 정의로운 사회를 만들려 노력했던 공자는 크게 실망했다.

"이 세상을 구제할 가능성이 없어졌다. 요즘 정치인 가운데 미색을 좋아하듯 덕성 수양을 좋아해 마침내 도덕정치를 구현하겠다는 사람은 찾아볼 수가 없다."

15:14

子曰: "臧文仲其竊位者與? 知柳下惠之賢, 而不與立也."

•

선생님이 말씀하셨다. "장문중은 자리를 훔친 자인가? 유하혜柳下惠가 현명함을 알면서도 (조정에 천거해) 더불어 서지 않았다."

역주

* 장문중은 노魯나라 사구 벼슬을 세습하던 집안의 대부다.
* 유하혜는 노나라 대부로, 본명은 전획展獲이고 자는 금禽이다. 사구의 속관으로 법령과 형벌을 담당했던 사사士師를 지냈다. 유하柳下는 식읍을 말하고, 혜惠는 시호다.
* 여립與立은 더불어 선다는 뜻인데 여기서는 천거를 해 함께 조정에서 일하게 됨을 말한다.

해설

장문중이 자기 휘하에서 근무했던 유하혜를 몰랐을 리 없다. 은혜와 덕을 상징하는 혜惠 자를 시호로 받은 것만 보아도 유하혜가 얼마나 유덕한 정치가였는지 알 수 있다. 그럼에도 장문중은 자기가 장관급 벼슬에 있으면서 유하혜를 추천해 정사를 맡기지 않았다.

공자는 이를 자리도둑질이라고 비판한 것이다.

"장문중은 다른 사람이 맡아야 할 장관 벼슬을 도둑질한 사람인가? 유하혜가 유덕한 정치가임을 잘 알면서도 그를 조정에 추천해 함께 정사에 임하지 않았다."

15:15

子曰: "躬自厚而薄責於人, 則遠怨矣."

•

선생님이 말씀하셨다. "몸소 스스로에게는 두텁게 (꾸짖고) 다른 사람에게는 엷게 꾸짖으면 원망에서 멀어질 것이다."

해설

군자 정치가는 항상 도의를 앞에 두고 그 표준에 맞추어 자신을 닦달하지만, 소인 정치가는 항상 이익을 앞에 두고 그 표준에 따라 남을 탓한다. 그래서 사람들의 원망을 사고 급기야 나라를 잃는다.

"몸소 도의를 실천하며 자신을 두텁게 책망하되 다른 사람에 대해서는 가급적 책망을 적게 하는 것이 백성들의 원망을 피할 수 있는 길이다."

15:16

子曰: "不曰如之何如之何者, 吾末如之何也已矣."

•

선생님이 말씀하셨다. "어떻게 할까 어떻게 할까라고 말하지 않는 사람은 내가 어떻게 해볼 (방법이) 없다."

역주

* 여지하如之何를 《논어집주》에서는 "깊이 생각하고 헤아려서 대처할 때 하는 말"이라고 한다.[2]

해설

어떤 사건이 벌어졌을 때 대처하는 방법에 대한 이야기다. 어떤 사건이 벌어지더라도 적극적으로 나서서 해결방법을 찾지 않는 사람이 책임지는 자리에 있어서는 안 된다. 문제 처리능력이야말로 정치가의 기본이다. 대안을 찾으려 노력하지 않고 피하기만 하거나 무조건적으로 비판만 일삼는 사람은 어떻게 해볼 수가 없다. 정치를 할 기본 자격이 되지 않는 것이다.

"사건이 생겼을 때 어떻게 할까 어떻게 할까라고 대안을 찾지 않고 비판을 위한 비판만 하는 사람을 나는 어떻게 해볼 수가 없다."

15:17

子曰: "群居終日, 言不及義, 好行小慧, 難矣哉!"

•

선생님이 말씀하셨다. "무리 지어 살면서 종일토록 말이 의로운 데

2 성백효 역주, 앞의 책, 449쪽.

미치지 못하고 잔재주를 행하는 것을 좋아하면 (성공하기) 어렵다."

역주

* 군거群居는 무리 지어 함께 산다는 뜻이다. 《논어정의》는 공부하러 와서 함께 사는 제자들이라고 해석한다.[3]
* 소혜小慧는 작은 총명이란 뜻으로, 사사로운 이익을 위해 잔재주를 부림을 말한다.
* 난難은 어렵다, 재난 등 복합적인 의미가 있다. 《논어집주》에서는 환해患害, 즉 재앙의 의미로 해석했고,[4] 《논어정의》에서는 성공하기 어렵다는 의미로 해석했다.[5]

해설

제자들이 무리 지어 잔재주나 부리는 것을 경계한 공자가 도의로서 절차탁마하라고 훈계한 것일 수 있다. 또한 정치에 종사하는 사람들이 몰려다니며 온종일 한담이나 나누고 잔머리 굴리며 사적인 이익을 도모하는 행위를 질타한 것일 수도 있다. 군거群居 자체가 훌륭한 정치가인 군자의 삶이 아니라 소인들이 모여 있음을 말하기 때문이다.

"소인 정치인들이 온종일 모여 앉아서 정의로운 정치에 대해 이야기하지 않고 잔재주를 부리며 사적인 이익이나 도모한다면 정

3   유보남, 앞의 책, 628쪽.
4   성백효 역주, 앞의 책, 449쪽.
5   유보남, 앞의 책, 628쪽.

치적 환난이 닥칠 것이다."

15:18

子曰:"君子義以爲質, 禮以行之, 孫以出之, 信以成之. 君子哉!"

•

선생님이 말씀하셨다. "군자는 의로움으로 바탕을 삼고, 예로 그것을 행하고, 공손함으로 그것을 내놓고, 믿음으로 그것을 이룬다. 군자로다!"

역주

* 손孫은 여기서 겸손할 손遜으로 읽는다.

해설

의義가 주제다. 훌륭한 정치가인 군자는 정의로움의 구현, 즉 도의 정치를 근본 바탕으로 삼는다. 예는 그 도의를 실천하는 수단이며, 정치적인 언행은 겸손하게 하며, 신뢰로써 동의를 얻는다는 말이다.

"군자 정치가는 도의를 바탕으로 삼고, 예로 도의를 실천하고, 도의에 입각한 겸손한 언행을 하고, 신의로 정치적 동의를 끌어낸다. 이것이 군자 지도자다!"

15:19

子曰:"君子病無能焉, 不病人之不己知也."

•

선생님이 말씀하셨다. "군자는 능력이 없음을 괴로워하지, 사람들이 자기를 알아주지 않음을 괴로워하지 않는다."

역주

＊병病은 여기서 괴로워하다, 책망하다 등의 의미다.

해설

〈헌문〉 30장에는 "사람들이 나를 알아주지 않음을 걱정하지 않고 제가 할 수 없음을 걱정한다"라고 말한다. 병病 자 대신에 환患 자를 쓰고 문장을 도치시켰을 뿐이다. 그리고 군자, 즉 훌륭한 정치가와 연결시키고 있다.

"군자 정치가는 자신의 능력이 없음을 걱정하지, 다른 사람들이 자기를 알아주지 않음을 걱정하지 않는다."

15:20

子曰: "君子疾沒世而名不稱焉."

•

선생님이 말씀하셨다. "군자는 세상을 다하고 이름이 칭송되지 않음을 걱정한다."

역주

＊몰세沒世는 세상을 다한다는 뜻으로, 한평생을 다 마치고 세상을

떠난다는 의미다.

해설

《사기》〈공자세가〉에 질疾 자만 병病 자로 표현했을 뿐, 같은 말이
있다. 그리고 이어서 공자 스스로 자신의 도가 행해지지 않아 그
자신이 후세에 어떤 모습으로 비쳐질지 고민하고 있음을 밝혔다.
공자의 도는 예의가 회복된 어진 정치의 실현이었다. 인정仁政을
실현하기 위해 행했던 정치적인 업적을 사후에 칭송받기를 원한
것이다.

　"군자 정치가는 어진 정치를 실현하지 못해 죽어서 그 이름이
칭송되지 못함을 걱정한다."

15:21

子曰: "君子求諸己, 小人求諸人."

•

선생님이 말씀하셨다. "군자는 자기에게서 (원인을) 구하고, 소인은
다른 사람에게서 구한다."

해설

《예기》〈중용〉에는 훌륭한 정치가인 군자는 자기 자신의 지위에
맞는 정치적 역할을 바르게 수행할 뿐, 일이 생겼을 때 다른 사람
을 책망하지 않기 때문에 원망을 듣지 않는다고 말한다. 위로 하
늘을 원망할 필요도 없고 아래로 타인을 탓할 필요도 없다는 말이

다.《예기》〈대학〉에는 군자 정치가는 문제의 원인을 자기 자신에게서 찾고 나중에 타인에게서 구한다고 한다. 시기적으로도 문제의 원인을 자기에게서 먼저 찾는 것이 훌륭한 정치가의 태도라는 이야기다.

"군자 정치가는 정치적 문제의 원인을 자기에게서 찾으나, 소인은 그 원인을 모두 다른 사람에게 돌린다."

15:22

子曰: "君子矜而不爭, 群而不黨."

•

선생님이 말씀하셨다. "군자는 긍지를 가지되 다투지 않으며, 무리를 짓되 파당을 짓지 않는다."

역주

* 긍矜은 하안의《논어집해論語集解》에 긍장矜莊, 즉 "조심성 있고 엄숙하다"로 번역한다.

해설

긍지에 가득 차서 정치를 하면 다투기 십상이고 여럿이 무리를 지어서 살면 파당이 만들어지기 십상이다. 훌륭한 정치가로서 군자는 그렇지 않다.

"군자 정치가는 긍지와 엄숙함을 지니고 다투지 않으며 수많은 정치 집단과 어울리더라도 파당을 만들지 않는다."

15:23

子曰: "君子不以言擧人, 不以人廢言."

●

선생님이 말씀하셨다. "군자는 말만 (듣고) 그 사람을 천거하지 않으며, 사람만 (보고) 말을 버리지 않는다."

역주

* 폐廢는 여기서 좋은 말을 폐기하다, 버리다 등의 의미다.

해설

도의 정치를 실현하는 데 도움이 되는 사람이 있고, 도움이 되는 말이 있다. 훌륭한 정치가인 군자는 덕이 있는지 여부를 가려서 사람을 쓰고, 유덕한 사람이 아닐지라도 덕치나 인정을 실시하는 데 도움이 되는 훌륭한 주장이 있으면 써야 한다는 이야기다. 《관자》〈명법해明法解〉에는 현명한 군주라면 용감한 사람과 지혜로운 사람을 다 써야 한다는 말이 있다. 용자勇者는 군사에 유용하고 지자智者는 관직에 유용하다고 한다. 말을 통해 어리석은 자인지 지혜로운 사람인지 결정하므로 현명한 선택을 해야 한다는 뜻이다.

"군자 정치가는 말만 들어보고 그 사람을 천거해 쓰지 않으며, 덕이 없는 사람이라 하더라도 훌륭한 말이면 버리지 않고 쓴다."

15:24

子貢問曰: "有一言而可以終身行之者乎?" 子曰: "其恕乎! 己所

不欲, 勿施於人."

•

자공이 물었다. "한(마디) 말로 종신토록 그것을 행할 수 있는 것이 있습니까?" 선생님이 말씀하셨다. "너그러움일 것이다! 자기가 하고 싶지 않은 바는 다른 사람에게 시행하지 말아야 한다."

역주

＊서恕는 너그럽고 관대하게 용서함을 말한다. 자기를 미루어 남을 동정하는 마음이다.

해설

〈안연〉에서 중궁이 인仁에 대해 물었을 때 공자는 같은 말을 한 적이 있다. '기소불욕己所不欲, 물시어인勿施於人' 하면 나라 안이고 집 안이고 원망이 없을 것이라고 한다. 여기서는 정치지망생 자공이 평생 실천해야 할 정치가의 태도에 묻자 공자는 같은 대답을 하면서 서恕라는 한 글자로 정리했다.

　"관대한 태도를 뜻하는 서恕 한 글자를 평생 실천해라. 자기가 하고 싶지 않은 일을 억지로 다른 사람에게 시키면 안 된다."

15:25

子曰: "吾之於人也, 誰毀誰譽? 如有所譽者, 其有所試矣. 斯民也, 三代之所以直道而行也."

•

선생님이 말씀하셨다. "내가 다른 사람에 대해 누구를 헐뜯고 누구를 (과도히) 기렸는가? 만약 기린 바가 있었다면 시험할 바가 있어서였다. 이 백성들은 삼대의 곧은 도를 행해왔기 때문이다."

역주

* 훼毁는 남의 잘못을 들추어 진실을 가리는 헐뜯음을 말한다.
* 예譽는 남의 장점을 지나치게 찬양해 진실을 가리는 과도한 칭찬을 말한다.
* 시試는 시험하다, 떠보다 등의 의미이나, 여기서는 삼대 백성들의 정직함을 말하는 것이므로 검증하다로 해석한다.

해설

공자는 하·은·주 삼대의 초기 이상적인 정치가 시행되었던 예의 바르고 정직한 세상을 꿈꾸었다. 그건 성왕, 즉 도덕적이고 정직한 정치가들에 의해 만들어지고 모든 백성이 그에 따라 평안한 삶을 누리면 이루어진다고 생각했다. 여기서 공자가 훼예포폄毀譽褒貶을 말하며 사람들의 평가를 이야기한 것은 유덕한 정치가 백성들을 선하게 만든다는 점을 강조하기 위함이었다.

"나는 사람들을 대할 때 일부러 누구를 헐뜯은 적이 없고, 일부러 누군가를 과도하게 칭송하는 경우도 없었다. 만약 내가 칭송하는 경우가 있었다면 그것은 유덕한 정치가 시행되었는지 검증하기 위해서였다. 지금의 이 백성들은 삼대시대 때부터 정직한 도를 시행해왔던 바로 그 백성들이기 때문이다."

15:26

子曰: "吾猶及史之闕文也, 有馬者借人乘之. 今亡矣夫!"

•

선생님이 말씀하셨다. "나는 오히려 사관이 글을 빠뜨림과 말을 가진 자가 다른 사람에게 빌려주어 그것을 타게 하는 (그런 경우에) 이른 적이 있다. 지금은 없어졌도다!"

역주

* 궐闕은 궐실闕失의 용례처럼 마땅히 해야 할 일을 빠뜨리고 하지 않는 것을 말한다.

해설

이 장의 뜻을 쉽게 단정하기 어렵다. 사관이 애매하게 생각되는 일은 일부러 빠뜨리고 기록하지 않았음을 정직성으로 풀어서 설명하는 경우도 있고[6], 말을 빌려주어 타게 했음을 인정이 많은 세상으로 해석하는 경우도 많다.[7] 《논어집주》는 이 장이 의심스러운 부분이 많아 억지로 해석하기 어렵다는 호인胡寅의 주장을 싣고 있기도 하다(454쪽).

공자는 제자들에게 예禮·악樂·사射·어御·서書·수數, 즉 육예를 가르쳤다. 서書, 즉 글을 쓰는 일은 정직해야 하므로 사관도 의심

....

6   예컨대 류종목, 앞의 책; https://terms.naver.com/entry.nhn?docId=2427362&cid=41893&categoryId=51342

7   예컨대 성백효 역주의 《논어집주》 454쪽이 이와 비슷하다.

스러우면 일부러 기록을 빠뜨렸듯이 섣불리 단정하고 글을 써서는 안 된다. 또 말 타기, 말 몰기 등을 가르칠 때 훈련이 되지 않은 말은 경험자에게 빌려주어 순화를 시킬 필요가 있다. 그런데 지금은 그런 풍토가 없어졌다고 공자는 한탄한다. 그렇다면 공자 당시에는 자기 마음대로 글을 써대는 사람이 많고, 말을 다루는 어御 교육도 하지 않게 되었다는 말이다.

"나는 역사를 판단하고 역사를 기록하는 사관이 애매모호한 정치사건은 일부러 빠뜨렸음을 안다. 그리고 처음 말이 생긴 사람은 능숙한 조련사에게 말을 빌려주어 훈련을 시킨 뒤 타게 했다는 것을 안다. 그런데 오늘날은 그렇게 조심스럽게 글을 쓰는 사람과 말을 빌려주는 경우가 없어졌다!"

15:27

子曰: "巧言亂德, 小不忍則亂大謀."

•

선생님이 말씀하셨다. "교묘한 말은 덕을 어지럽히고, 작은 것을 참지 못하는 것은 큰 모의를 어지럽힌다."

역주

* 대모大謀는 큰 기획, 큰 계책 등 크게 도모하는 공적인 사업을 말한다.

해설

〈학이〉 3장, 〈공야장〉 25장에서 공자는 말을 교묘하게 꾸며대는 교언巧言을 질타했다. 꾸며대는 말은 자신의 덕성을 깎아먹을 뿐 아니라 사회도덕을 어지럽힌다. 교언巧言은 어진 정치를 만들어가는 데 걸림돌이다. 소불인小不忍도 마찬가지다. 작은 은혜에 갇히거나 헛된 용맹을 드러내는 것이 소불인이다. 작은 일을 참지 못해 결국 어진 정치라는 큰일을 그르칠 수 있다.

"교묘하게 꾸며대는 정치언어들은 사회도덕과 인의를 어지럽히고, 작은 일을 참지 못하고 조그만 은혜나 베풀고 하찮은 용맹이나 부린다면 크게 도모해야 할 어진 정치를 어지럽히게 된다."

15:28

子曰: "衆惡之, 必察焉; 衆好之, 必察焉."

•

선생님이 말씀하셨다. "무리가 그를 미워해도 반드시 헤아려보아야 하고, 무리가 그를 좋아해도 반드시 헤아려보아야 한다."

역주

* 중衆은 무리, 많은 사람을 뜻한다.

해설

정치에서는 반드시 당파의 이익이 결부되게 마련이고, 여론은 왜곡되기 십상이다. 위대한 지도자는 사람을 쓰고 버릴 때 대중의 평가에 맡기지 않고 세밀한 관찰과 검증을 거쳐야 한다. 공자는 엘리트 정치를 선호했으며, 심원한 도의를 실천하는지 여부로 사람의 능력을 평가했다. 대중의 평가는 흔히 눈앞의 이익과 관련이 있으므로 그대로 따를 수 없다고 생각한 것이다.

"많은 사람이 미워한다고 해서 그 사람을 무조건 버리지 말고 어진 정치를 실현할 수 없는 사람인지 여부를 세밀하게 관찰해야 한다. 많은 사람이 좋아한다고 해서 그 사람을 무조건 임용하지 말고 어진 정치를 실현할 수 있는 사람인지 여부를 세밀하게 관찰해야 한다."

15:29

子曰: "人能弘道, 非道弘人."

•

선생님이 말씀하셨다. "사람이 도를 넓힐 수 있지, 도가 사람을 넓히지 않는다."

역주

* 홍弘은 동사로는 넓다, 넓히다 등의 의미다. 넓힌 결과가 큰 것을 뜻한다.

해설

도의를 실천하라고 강조한 말이다. 성인의 도가 사라진 것은 아닌데 현실에서 정치지도자들이 그 도를 지켜내지 못한 경우가 있다.

반대로 도의가 쇠퇴한 어진 세상에도 훌륭한 정치가가 출현하면 다시 도덕을 회복하기도 한다. 결국 "사람이 도의 정치를 실천하고 도덕을 넓힐 수 있는 것이지, 도의 자체가 사람을 키워내는 것은 아니다."

15:30

子曰: "過而不改, 是謂過矣."

•

선생님이 말씀하셨다. "잘못하고도 고치지 않는 그것을 잘못이라고 말한다."

해설

《한시외전》 3권에는 "잘못하고 그것을 고치면 이는 잘못이 아니다"라고 반대로 말하고 있다. 잘못을 저지르고도 고치지 않는다면 다시 잘못을 범할 것이다. 특히 구성원 전체의 이해관계가 걸린 정책을 잘못 판단하고도 반성하거나 고치지 않는다면 정말 큰 재앙일 것이다.

"잘못을 저지르고도 반성하거나 고치지 않는 것이야말로 진짜 잘못일 것이다."

15:31

子曰: "吾嘗終日不食, 終夜不寢, 以思, 無益, 不如學也."

-

선생님이 말씀하셨다. "내 일찍이 종일 먹지도 않고 온밤을 잠자지도 않고서 생각만 해보았는데 무익했다. 공부하느니만 못했다."

역주

* 종終은 끝나다, 완료되다라는 의미이므로 종일終日은 해가 끝날 때까지의 온종일을 말하고, 종야終夜는 밤이 끝날 때까지 온밤을 말한다.

해설

〈위정〉 15장에서 공자는 "공부만 하고 생각을 하지 않으면 얻는 게 없고, 생각만 하고 공부를 하지 않으면 위태롭다"라고 말한 적이 있다. 공자는 책을 읽는 공부와 깊은 사색을 겸하는 학문 방법론을 제시했다. 그런데 이 장에서는 생각만 해서는 얻는 것이 없고, 공부하는 편이 더 낫다고 말하고 있다. 앞뒤 장이 모두 정치에 대한 이야기임을 감안하면 여기서 공부는 정치를 말한 것일 수 있다. 정치는 현실이다. 사색만 한다고 해법이 나오지 않으며 연구와 분석을 거쳐 문제의 본질을 이해하는 편이 더 낫다는 이야기일 것이다.

"나는 언젠가 종일 먹지도 않고 생각해보았고, 온밤을 잠자지도 않고 생각만 해본 적이 있다. 그런데 문제를 해결할 아무런 소득도 없었다. 차라리 문제의 근본을 이해하려고 철저히 공부하느니만 못하더라."

15:32

子曰: "君子謀道不謀食. 耕也, 餒在其中矣; 學也, 祿在其中矣. 君子憂道不憂貧."

•

선생님이 말씀하셨다. "군자는 도를 도모하지 식록을 도모하지 않는다. 밭을 갈아도 굶주림이 그 가운데 있고, 공부를 하면 녹이 그 가운데 있다. 군자는 도를 근심하지 가난을 근심하지 않는다."

역주

* 경耕은 밭을 간다는 뜻으로, 농사에 힘쓴다는 의미다. 쟁기[耒]를 이용한 농경은 매우 힘든 일이다.
* 뇌餒는 굶주린다는 뜻으로, 흉년으로 인한 굶주림을 뜻하는 기饑와 같은 의미다.

해설

단순히 먹기 위해 살지 말라는 이야기다. 도의에 매진하지 않고 열심히 농사를 지어보았자 흉년이 들면 굶주린다. 정치에 관한 공부를 열심히 하면 공직에 나가 녹을 받아 살 테니 굶주리지는 않을 것이다. 그렇다고 녹을 받아 먹고살기 위해 공부해서는 안 된다. 군자 정치가라면 특히 도의의 실천에 뜻을 두어야지, 밥벌이에 뜻을 두어서는 안 된다는 말이다.

"군자 정치가는 치국의 도를 도모하지 밥벌이를 도모하지 않는다. 힘들게 농사일을 해도 흉년이 들면 굶주림이 그 가운데 있을 수 있다. 공부를 하면 녹이 그 가운데 있어 굶주리지는 않는다. 군자 정치가는 도의를 어떻게 실천할 것인지 근심하지 생활의 가난 따위는 근심하지 않는다."

15:33

子曰: "知及之, 仁不能守之, 雖得之, 必失之. 知及之, 仁能守之, 不莊以涖之, 則民不敬. 知及之, 仁能守之, 莊以涖之, 動之不以 禮, 未善也."

•

선생님이 말씀하셨다. "앎으로 그것에 이르렀으나 어짊으로 그것을 지킬 수 없으면 비록 그것을 얻더라도 반드시 잃을 것이다. 앎으로 그것에 다다르고 어짊으로 그것을 지킬 수 있어도 장엄하게 거기에 임하지 않으면 백성들이 공경하지 않는다. 앎으로 그것에 이르고 어짊으로 그것을 지킬 수 있고 장중하게 거기에 임해도 (백성들을) 예로써 움직이게 (만들지) 못한다면 아직 잘한 것이 아니다."

역주

* 장莊은 풀이 왕성하게 함께 자란 모양을 뜻한다. 장엄하다, 엄숙하다, 장중하다 등을 의미한다.
* 이涖는 어떤 지위에 다다름을 뜻하는 이位 자의 속자다. 고위관직에 임한다는 뜻도 있다.
* 동動은 여기서는 타동사로 쓰였다. 움직이게 만들다, 변화시키다 등의 의미다. 뒤의 대명사 지之는 지위나 권력을 뜻하는 앞의 지之와 달리, 동動의 주체로서 백성들을 말한다.

해설

권력은 지혜로 얻을 수 있다. 그러나 권력을 유지하고 잃는 관건은 민심의 획득 여부에 달려 있다. 《맹자》〈이루 상〉에 보면 걸왕과 주왕이 천하를 잃은 것은 그 백성을 잃었기 때문이고, 백성을 잃었다는 것은 민심을 잃었다는 뜻이라고 말한다. 민심은 어진 정책으로 얻을 수 있을 것이다. 인정을 장중하고 엄숙하게 시행하면 백성들이 공경할 것이고, 그리하여 온 사회를 예의로 추동시킬 수 있으면 완벽한 세상을 만들 수 있을 것이다. 《순자》〈왕패王霸〉에는 군주가 사랑에 기초하고 예에 입각한 제도로써 아랫사람을 대하면 사회 부조리와 약자가 없어지고 백성들은 군주를 사랑할 것이라고 말한다.

"지혜로 권력이나 지위에 다다를 수는 있다. 그러나 어진 정책으로 그것을 지킬 수 없으면 비록 지위를 얻었다 하더라도 반드시 잃을 것이다. 지혜로 지위를 얻고 어진 정책으로 그것을 지켜낼 수 있다 하더라도 장엄하게 정치에 임하지 않으면 백성들이 공경하지 않을 것이다. 지혜로 지위에 다다르고 인정으로 그것을 지킬 수 있고 장엄하게 정치에 임한다 하더라도 예로 백성들의 행동을 절제시켜 바른 세상을 만들지 못한다면 아직 완전하지 못하다."

15:34

子曰: "君子不可小知, 而可大受也; 小人不可大受, 而可小知也."

•

선생님이 말씀하셨다. "군자는 작은 (일들은) 알 수 없지만 큰 (임무는)

598

받을 수 있고, 소인은 큰 (임무는) 받을 수 없지만 작은 (일들은) 알 수 있다."

역주

* 소지 小知는 작은 일에 대해 아는 것을 말한다. 무기나 형벌, 돈 등을 다루는 일이라고 말하는 사람도 있고 이해타산이 가능한 자잘한 일을 잘 안다고 해석하기도 한다.
* 대수 大受는 큰일을 받아들인다는 뜻이다. 국가를 경영하는 큰 임무를 말한다는 사람도 있고 도의와 인정 仁政 등 이념적으로 천명을 받는 것으로 해석하기도 한다.

해설

군자와 소인의 정치능력이 다름을 말하고 있다. 이런저런 자잘한 능력은 있으나 위대한 도덕을 실현시킬 능력이 없는 사람이 소인이고, 위대한 어진 정치를 실현시킬 수는 있으나 소소한 일처리 능력은 없는 사람이 군자라는 말이다. 좀더 적극적으로 해석하면 군자는 국가운영의 원리원칙을 다루는 큰 임무를 맡아야 하고, 소인은 말단 행정업무를 처리하는 일을 맡겨야 한다는 이야기다.

"군자 정치가는 소소한 행정업무는 잘 모르지만 국가경영의 큰 원칙은 잘 소화해낸다. 소인 정치인은 국가운영의 큰 원칙은 받아들이지 못하지만 자잘한 행정업무는 잘 알고 있다."

15:35

子曰: "民之於仁也, 甚於水火. 水火, 吾見蹈而死者矣, 未見蹈仁
而死者也."

•

선생님이 말씀하셨다. "백성들은 어짊에 대해서 물이나 불보다 심
하게 (바란다). 나는 물이나 불을 (잘못) 밟아 죽는 사람은 보았지만,
어짊을 밟고서 죽는 사람은 아직 보지 못했다."

역주

* 도蹈는 밟다, 지키다, 실천하다 등의 의미다.

해설

물과 불은 일상에서 가장 가까이하는 물질이다. 《맹자》〈진심 상〉
에 백성들은 물과 불이 없으면 살아가지 못한다고 말한다. 공자는
여기서 백성들이 그 물불보다 더 심하게 그리워하는 것이 어진 정
치라고 말한다. 폭정은 죽음보다 더한 공포와 불안을 가져온다. 맹
자는 포악한 정치가 호랑이나 승냥이보다 무섭다고 했다.

"백성들은 일상에서 쓰는 물과 불보다 더 심하게 어진 정치를
그리워한다. 나는 물과 불을 잘못 밟아서 죽은 사람을 본 적이 있
다. 그러나 어진 정치를 하는데도 죽음에 이르는 사람은 아직 보지
못했다."

15:36

子曰: "當仁不讓於師."

•

선생님이 말씀하셨다. "어짊을 만나면 스승에게도 사양하지 않는다."

역주

* 당當은 맡다, 당하다, 만나다 등의 의미다.

해설

어짊은 내면의 덕이다. 어진 정치를 자신의 임무로 삼아 실천에 옮길 때는 스승에게도 사양하지 않고 적극적으로 먼저 나서라는 주문이다.

"어진 정치를 실천할 때는 스승에게도 양보할 필요가 없이 적극적으로 앞장서야 한다."

15:37

子曰: "君子貞而不諒."

•

선생님이 말씀하셨다. "군자는 올곧되 (작은) 믿음에 (얽매이지) 않는다."

역주

* 정貞은 올곧은 정조를 말하며 정正과 통한다.

* 양諒은 뱉어낸 말을 지키는 믿음을 말하며 신信과 통한다.

해설

양諒은 하찮고 작은 일에 약속을 지키는 믿음이다. 작은 약속에 구애되어서 정의를 실천하는 큰일을 놓치지 말라는 충고다. 〈자로〉 20장에서 공자는 "말을 하면 반드시 믿음을 강조하고 실행하면 반드시 과단성을 강조하면 완고한 소인"이라고 말한 적이 있다. 《맹자》 〈이루 하〉에는 이를 대인이라고 말한다.

"군자 정치가는 큰 절의를 돌아보고 작은 신용에 얽매이지 않는다."

15:38

子曰: "事君, 敬其事而後其食."

•

선생님이 말씀하셨다. "임금을 섬김에 그 일을 공경하고 난 뒤 그 식록을 생각하라."

해설

먼저 일에 온 힘을 다 기울이고, 녹은 나중에 받으라는 이야기다. 〈옹야〉 22장에서도 어진 정치를 추구하는 사람이라면 먼저 민생 등 어려운 일을 앞장서 해결하고 녹봉 등 개인적인 업무는 나중에 처리해야 한다고 말한다.

"군주를 모시고 정치에 임할 때는 공경을 다해 맡은 바 임무를 수

행해야 한다. 그러고 난 뒤에 그 보수로서 녹봉을 생각해야 한다."

15:39

子曰: "有敎無類."

·

선생님이 말씀하셨다. "가르침을 (줄 수) 있으며 종류를 (따짐은) 없다."

역주

* 류類 자에 대해 《설문해자》는 종류種類가 서로 닮았으며 특히 개가 가장 비슷해서 개 견犬을 받침으로 했다고 한다.

해설

귀천·경중·존비를 따지지 않고 누구나 교육받을 권리가 있어야 한다는 말이다. 공자는 실제로 천민의 자식부터 대부 계급까지 가리지 않고 가르쳤다.

　"사람이면 모두 존비귀천에 상관없이 교육받을 권리가 있다."

15:40

子曰: "道不同, 不相爲謀."

·

선생님이 말씀하셨다. "도가 같지 않으면 서로 도모하지 않는다."

사람은 각자의 뜻을 안고 산다. 뜻이 다르면 길도 다르다. 길이 다른 사람끼리는 같은 일을 도모할 수 없다. 《사기》〈노장신한열전老莊申韓列傳〉은 이 말을 인용하며 노자의 길과 유학의 길이 다름을 예시한다. 그 후로도 이른바 이단을 공격하는 데 공자의 이 말이 매우 자주 이용되었다. 하지만 공자의 본뜻은 그것이 아닌 듯하다. 이 편의 8장에서 공자는 "더불어 말할 수 있으나 그와 더불어 말하지 않음은 사람을 잃음이다. 더불어 말할 수 없음에도 그와 더불어 말함은 말을 잃음이다. 지자는 사람을 잃지 않고 말 역시 잃지 않는다"라고 한 적이 있다. 《맹자》〈만장 상〉에는 성인들이라도 행동에 차이가 있으며 제 몸을 깨끗이 하는 일로 귀결된다고 말한다. 정치의견이 다른 사람끼리 원칙을 버리고 억지로 같은 정책을 도모하지 말고, 깨끗하게 도의의 길을 걷는 편이 낫다는 충고로 읽어야 한다.

"정치적으로 다른 길을 걷는 사람끼리는 함께 같은 정책을 도모하지 말아야 한다."

15:41

子曰: "辭, 達而已矣."

●

선생님이 말씀하셨다. "(생각을) 말함은 (뜻이) 도달하면 그뿐이다."

역주

* 사辭는 자신의 생각을 드러낸 말이다. 일반적인 사람들의 말이나 정리된 문법의 품사를 말할 때 쓰는 사詞와 다르다.

해설

정치는 언어 예술이다. 정치적인 언어는 정교한 문법을 요구하지도, 번잡한 문장이 필요하지도 않다. 자기 생각을 담은 짧은 몇 마디로 국민들이나 상대에게 정확히 그 뜻을 전달시키면 정치적 언사의 기능은 끝난다.

"자신의 생각을 말해 그 뜻이 상대에게 도달하면 그뿐이다."

15:42

師冕見, 及階, 子曰: "階也." 及席, 子曰: "席也." 皆坐, 子告之曰: "某在斯, 某在斯." 師冕出. 子張問曰: "與師言之道與?" 子曰: "然, 固相師之道也."

•

악사인 면冕이 배알하며 층계에 이르자 선생님께서 "층계요"라고 말씀하셨다. 자리에 이르자 선생님께서 "자리요"라고 말씀하셨다. 모두 앉자 선생님께서 그에게 "아무개는 여기에 있고, 아무개는 여기에 있다"라고 알려주었다. 악사 면이 나가자 자공이 물었다. "악사와 더불어 말하는 방법입니까?" 선생님이 말씀하셨다. "그렇다. 진실로 악사를 도와주는 방법이다."

* 사師는 여기서 음악 전문가인 악사를 말한다. 당시에 악사는 주로 귀가 민감한 맹인이었다.

* 고固는 동사로 굳다, 단단하다 등을 뜻하지만 여기서는 문장 앞에 부사로 쓰여 진실로, 한결같이, 굳이 등으로 쓰인다.

* 상相은 여기서는 도와주다, 이끌어주다 등의 의미다.

해설

면冕은 노나라 음악을 담당하는 악관樂官이었다. 보통 악관은 맹인이기 때문에 길을 인도하는 도우미를 앞세우고 다닌다. 공자는 자신을 만나러 온 맹인에게 도우미를 자청하며 세세하게 일러주었다. 상대가 행동하는 데 불편하지 않게 하고 다른 사람들에게도 불편을 주지 않게 하는 예의 바른 처신이다. 자공은 스승의 이런 세세한 말과 행동에서 예의 길을 물은 것이다.

16편

계씨
季氏

모두 열네 장이다. 제자가 선생님의 말씀을 언급할 때는 자왈子曰이라 하고, 대부나 제후들과 대화할 때만 공자왈孔子曰이라 하는데, 이 편은 대부분 공자왈로 시작한다. 이 편은 《제논어齊論語》라는 주장이 있다.[1] 다른 편들에 비해 긴 장절이 여럿 있다. 특히 1장은 《논어》 전체에서 가장 긴 대화 가운데 하나다. 정치 이야기와 인생 잠언이 뒤섞여 있고, 공자의 이야기인지 불분명한 장절도 보인다.

1 성백효가 역주한 《논어집주》 464쪽에는 홍흥조洪興祖의 주장이라 한다. 현존하는 《논어》는 전한 시기에 장우張禹가 《노논어》를 근간으로 삼고 《제논어》를 참고해 만든 것이다.

16:1

季氏將伐顓臾. 冉有季路見於孔子曰: "季氏將有事於顓臾." 孔子曰: "求! 無乃爾是過與? 夫顓臾, 昔者先王以爲東蒙主, 且在邦域之中矣, 是社稷之臣也. 何以伐爲?" 冉有曰: "夫子欲之, 吾二臣者皆不欲也." 孔子曰: "求! 周任有言曰: '陳力就列, 不能者止.' 危而不持, 顚而不扶, 則將焉用彼相矣? 且爾言過矣. 虎兕出於柙, 龜玉毀於櫝中, 是誰之過與?" 冉有曰: "今夫顓臾, 固而近於費. 今不取, 後世必爲子孫憂." 孔子曰: "求! 君子疾夫舍曰欲之而必爲之辭. 丘也聞有國有家者, 不患寡而患不均, 不患貧而患不安. 蓋均無貧, 和無寡, 安無傾. 夫如是, 故遠人不服, 則修文德以來之. 旣來之, 則安之. 今由與求也, 相夫子, 遠人不服而不能來也; 邦分崩離析而不能守也. 而謀動干戈於邦內. 吾恐季孫之憂, 不在顓臾, 而在蕭牆之內也."

•

계씨가 장차 전유顓臾를 치려고 했다. 염유와 계로가 공자[2]를 뵙고 말했다. "계씨가 장차 전유에서 (전쟁) 일을 가지려고 합니다." 공자가 말했다. "구야! 이건 너의 잘못이 아니겠느냐? 전유는 옛날 선왕께서 동쪽 몽산蒙山의 (제사를) 주재하도록 한 곳이고, 나라 강역

---

2 다른 편에서는 제자들과의 대화이므로 부자夫子라고 썼으며 '스승님'이라고 번역했다. 여기서도 마땅히 '공 선생님' 정도로 번역해야 하지만 다른 편에서 '공자' 운운할 때와 통일성을 위해 공자로 번역했다.

의 가운데 있으며, 사직의 신하다. 어째서 친단 말이냐?" 염유가 말했다. "(대부) 어르신이 그렇게 하고자 한 것이며 우리 두 신하는 모두 바라지 않습니다." 공자가 말했다. "구야! 주임周任이 '힘을 펼쳐 자리에 나아가되 할 수 없으면 그치라'고 말한 적이 있다. 위태로워도 지키지 못하고, 엎어져도 도울 수 없다면 장차 그대 (같은) 보좌역이 무엇에 쓰이겠느냐? 그리고 네 말이 잘못되었다. 호랑이나 무소가 우리에서 나오고, 귀갑과 옥이 궤 속에서 깨졌다면 이건 누구의 잘못이겠느냐?" 염유가 말했다. "오늘날 전유는 단단한데다 비 땅에 가깝습니다. 지금 취하지 않으면 후세에 반드시 자손들의 근심이 될 것입니다." 공자가 말했다. "구야! 군자는 바란다는 말을 (감추고) 버리면서 꼭 그렇게 하는 (자신을) 변명하는 것을 미워한다. 나는 나라를 가지고 집안을 가진 사람은 적음을 걱정하지 않고 고르지 않음을 걱정하며, 가난을 걱정하지 않고 편안치 않음을 걱정한다고 들었다. 고르면 가난이 없을 것이고, 화합하면 적음이 없을 것이고, 편안하면 기욺이 없을 것이다. 이와 같은데도 먼 곳 사람들이 복종하지 않으면 문덕을 닦아 그들을 (귀의해) 오도록 할 일이다. 이미 왔으면 그들을 편안히 해주어야 한다. 지금 유와 구는 어르신을 보좌하면서 먼 곳 사람들이 복종하지 않고 (귀의해) 오도록 하지 못했으며, 나라가 나뉘고 무너지고 (민심이) 떠나는데도 지키지 못하고 있다. 그런데도 나라 안에서 방패와 창을 움직일 것을 모의하고 있다. 나는 계손씨의 걱정이 전유에 있는 것이 아니라 (조정의) 병풍 안에 있을까 두렵구나."

역주

* 전유는 복희씨의 후예로, 성이 풍風이었다. 사방 50리가 안 되는 작은 나라였으며 노魯에 붙어 있는 부용국으로, 노나라 공신으로 복속했다.

* 동몽주東蒙主는 동쪽 몽산(오늘날 산둥성 멍인蒙陰 현)의 제사를 주관하는 주체란 뜻이다.

* 방역邦域의 방邦은 원래 풀과 나무의 자연경계를 바탕으로 한 나라country의 의미다. 여기서는 봉지의 경계를 뜻하는 봉封과 통하는 글자로, 사방 700리 노나라 강역을 말한다.

* 주임은 사심이 없던 주나라의 어진 관료다.《좌전》〈소공 5년〉, 〈은공 6년〉 등에 악함을 보면 농부가 잡초를 제거하듯 해야 한다는 그의 주장이 실려 있다.

* 열列은 여기서는 반열에 들었다는 의미로, 자리·지위를 뜻한다.

* 시兕는 뿔이 하나 달린 푸른색 들소를 뜻한 글자였으며 오늘날은 코뿔소를 말한다.

* 합柙은 짐승을 가두어두는 우리를 말하고, 독櫝은 나무로 짠 궤짝이나 함을 말한다.

* 분붕이석分崩離析에 대해 공영달은 "백성들에게 다른 마음이 생기는 것을 분分이라 하고, 떠나고 싶어 함을 붕崩이라 하고, 모여들 수 없게 된 것을 이석離析이라 한다"라고 주석했다.[3] 나라가 사분오열되어 갈리고 무너지고 민심이 떠남을 말한다.

* 간과干戈의 간干은 방패이고 과戈는 창이다. 간과는 병장기의 총

---

3 유보남, 앞의 책, 650쪽을 참조할 것.

칭으로 쓰이며 전쟁을 뜻한다.

* 소장蕭牆의 소蕭는 삼가다는 뜻으로, 여기서는 엄숙할 숙肅 자와 같다. 장牆은 낮은 담을 말하는데 여기서는 군주를 배알할 때 앞에 쳐둔 낮은 병풍을 뜻한다. 신하가 군주 앞의 병풍에 이르면 엄숙해지므로 소장이라 한다.

해설

당시 노나라는 땅이 넷으로 나뉘어 있었다. 이 가운데 둘은 계손이 실질적으로 차지하고 있었고, 나머지는 맹손과 숙손이 하나씩 차지하고 각자 사적인 이익을 추구하고 있었다. 이로 인해 민심이 이반된 것을 공자는 분붕이석分崩離析이라고 표현했다. 그것도 모자라 계씨는 전유까지 가지려 했다. 정계를 떠난 공자는 계씨의 가신이던 제자들을 나무랄 수밖에 없었다. 자로와 염구가 같은 시기에 계씨의 신하였던 적은 없다. 그래도 공자가 싸잡아 두 제자를 비판한 것은 그들이 모두 계씨를 섬기면서 그의 욕심을 덜어주지 못한 데 대한 질타였을 것이다. 역사서에 노나라가 전유를 정벌한 기사가 없어 실제로 벌어진 일인지는 알 수 없다. 어쩌면 공자의 충고를 들은 염구가 열심히 계씨에게 간언해 중지시켰는지도 모르겠다. 난이 일어날 것이라는 공자의 예측은 빗나가지 않아 나중에 애공이 월越나라의 힘을 빌려 계씨를 치려던 것을 보면 전쟁이 있었을 수도 있다.

공자는 이 구절에서 정치철학의 요체를 제기한다. 역사상 수없이 회자된 이 명문은 유가 정치사상의 핵심을 담고 있다. 토지나 인민이 과소함을 걱정하지 않고 정사가 공평하지 못함을 걱정하는 것이 훌륭한 정치이며, 백성들의 안정된 생활과 정치안정이 국부보다 더 중요하다[不患寡而患不均, 不患貧而患不安]는 이야기다. 보다 많은 사람들이 이민을 와서 편안하게 사는 나라를 만드는 것이 좋은 정치다. 이를 위해서는 정치지도자들이 덕을 수양해야 한다. 특히 문덕文德, 즉 문치文治의 덕을 수양해야 한다. 전쟁 등 무력으로는 좋은 나라를 만들 수 없다. 부유한 나라라도 교만해서는 안 되고 가난한 나라라도 최소한의 민생을 돌보아 백성들이 먹고사는 것을 근심하지 않는 나라를 만들어야 한다. 주군의 보좌역은 열심히 간언해 주군이 그러한 바른 정치를 하도록 유도해야 한다.

"염구야! 옛날 주나라 대부였던 주임은 '온 힘을 다해 직무에 임하되 감당할 수 없으면 그만두라'고 말한 적이 있다. 지금 나라가 위태로워도 지켜내지 못하고, 곧 뒤집히려 하는데도 붙들어 지킬 수 없다면 너 같은 보좌관이 무슨 역할을 했다고 하겠느냐? 그리고 네 말이 잘못되었다. 잘 가두어두었던 호랑이나 무소가 우리에서 뛰쳐나오고, 잘 감추어두었던 귀갑과 보옥이 궤 속에서 깨졌다면 이건 누구의 잘못이겠느냐? 다 보좌관들의 잘못이지."

염유가 "지금 전유의 땅은 견고한데다 계씨의 요충지인 비 땅에 가깝습니다. 지금 취하지 않으면 후세에 반드시 자손들의 걱정거리가 될 것입니다"라고 말하자 공자는 다음과 같이 나무랐다.

"염구야! 군자는 내심으로 욕심을 내면서도 차마 그 말은 내뱉지 못하고 억지로 다른 말을 꾸며대는 사람을 미워한다. 나는 나라나 집안을 다스리는 제후나 대부가 제대로 된 정치가라면 인구가 적고 땅이 작음 따위는 걱정하지 않고 정치적으로 공평하지 못함을 걱정하며, 국가가 부유해지지 않을까를 걱정하지 않고 정치가 안정되지 못해 백성들이 편안하지 않음을 걱정한다고 들었다. 공평하면 상대적으로 가난을 느끼는 사람이 없을 것이고, 화목하면 상대적으로 적다고 느끼는 사람이 없을 것이고, 정치가 안정되고 백성들이 편안하다면 정부가 뒤집힐 혼란이 없을 것이다. 이와 같은데도 먼 이웃나라 사람들이 복종해서 이민을 오지 않는다면 정치지도자는 더욱더 문예와 덕을 수양해 그들을 귀의하도록 만들어야 한다. 또 기왕 귀의해 이민을 오면 그들을 편안히 살도록 해주어야 한다. 지금 자로와 염구는 대부인 계씨를 주군으로 삼아 보좌하면서 먼 이웃나라 사람들이 복종하지도 않고 귀순해오지도 않으며, 나라가 사분오열되어 정치가 분열되고 민심이 떠나고 있는데도 전혀 지켜내지 못하고 있다. 그런데 오히려 나라 안에서 창칼을 동원해 전유를 정벌하는 전쟁을 획책하고 있다. 나는 계손씨의 걱정이 전유를 차지하지 못하는 데 있는 것이 아니라 그가 쳐둔 병풍 앞에서 신하 노릇을 하고 있는 보좌관들에게 있을까가 더 두렵다."

16:2

孔子曰: "天下有道, 則禮樂征伐自天子出; 天下無道, 則禮樂征伐自諸侯出. 自諸侯出, 蓋十世希不失矣; 自大夫出, 五世希不失矣; 陪臣執國命, 三世希不失矣. 天下有道, 則政不在大夫. 天下有道, 則庶人不議."

•

공자가 말했다. "천하에 도가 있으면 예악과 정벌이 천자로부터 나오고, 천하에 도가 없으면 예악과 정벌이 제후로부터 나온다. 제후로부터 나오면 대개 열 세대에 (권력을) 잃지 않는 경우가 드물고, 대부로부터 나오면 다섯 세대에 잃지 않는 경우가 드물고, (제후의) 가신이 나라의 명을 잡고 있으면 세 세대에 잃지 않는 경우가 드물다. 천하에 도가 있으면 정치가 대부에게 있지 않고, 천하에 도가 있으면 평민들이 (정사를) 논의하지 않는다."

역주

* 정벌征伐의 정征은 천자의 명령으로 군대를 동원해 어떤 제후를 치는 것을 말하고, 벌伐은 정의의 이름하에 제후들이 동원되어 다른 제후를 치는 것을 말한다. 《맹자》 〈진심 하〉에 따르면 정征은 위에서 아래를 치는 것으로, 적국끼리는 하지 않는다고 한다.
* 희希는 적다, 드물다 등의 의미다.
* 배신陪臣은 제후가 천자를 모시는 경우에도 쓰이나 여기서는 제후를 모시는 가신을 뜻한다.
* 국명國命은 국가의 명령이란 뜻으로, 여기서는 제후가 해야 할 예악정벌을 배신인 대부가 맡아 국가운명을 좌지우지함을 뜻한다.
* 의議는 왈가왈부하며 평론하거나 비난함을 말한다.

해설

《예기》 〈중용〉에 따르면 천자가 아니면 예와 제도를 의론하지 않는다고 한다. 비록 덕이 있는 사람이라도 합당한 자리에 있지 않으면 예악을 만들지 않는 법이다. 예법에 따르면 적대하는 국가라도 천자의 명령이 없다면 서로 정벌[征]하는 일을 해서는 안 된다. 다만 천하의 공분을 산 제후가 있을 경우, 정의의 이름으로 천자의 비준을 얻어 제후들이 연합해 토벌[伐]이 가능하다. 예법이 무너져 권력이 아래 계급에 장악되면 문제가 발생하고 오래지 않아 정권이 무너진다는 무서운 경고다. 공자는 역사를 예로 들어 말했다.

주나라 평왕平王이 견융犬戎에 쫓겨서 동쪽 낙읍洛邑으로 수도를 옮긴 뒤부터 제후들이 멋대로 정벌을 일삼았다. 노나라 은공 때다. 이로부터 열 세대가 지난 소공 때 권력을 잃었다. 대부인 계문자가 권력을 얻은 지 다섯 세대가 지난 환자桓子 때 가신인 양호가 그를 가두었다. 양호는 권력을 좌지우지한 지 세 세대가 지나 제나라로 망명했다. 제나라도 희공 때 강해졌는데 열 세대 후 경공景公 때 진 씨陳氏에게 권력을 잃었다.

이렇게 신하들이 주군의 권력을 좌지우지할 때 백성들이 그 권력을 비판하고 왈가왈부 의론을 하게 된다. 그러니 권력을 잃지 않도록 열심히 도덕 수양을 하라는 말이다.

"천하에 도가 있으면 예악과 정벌 등 국가의 주요 제도와 핵심 정책은 천자에 의해 결정되고, 천하에 도가 없으면 예악과 정벌 등 국가의 주요 제도와 핵심 정책이 제후에 의해 결정된다. 국정이 제후에 의해 좌지우지되면 열 세대가 흐른 뒤 권력을 잃지 않는 경우가 드물고, 국정이 대부에 의해 좌지우지되면 다섯 세대가 흐른 뒤 권력을 잃지 않는 경우가 드물고, 제후의 가신이 국가의 명령을 장악하고 흔들면 세 세대가 흐른 뒤 권력을 잃지 않는 경우가 드물다. 천하에 도가 있으면 정권이 대부의 손에 있을 수 없다. 천하에 도가 있으면 평민들이 군주를 비방하며 정치에 대해 왈가왈부 하지 않는다."

16:3

孔子曰: "祿之去公室, 五世矣; 政逮於大夫, 四世矣; 故夫三桓之
子孫, 微矣."

●

공자가 말했다. "녹이 공실을 떠난 지 다섯 세대가 지났고, 정치가
대부에게 이른 지 네 세대가 지났다. 그래서 삼환의 자손이 미약한
것이다."

역주

* 체逮는 붙잡다, 이르다, 미치다 등의 의미다.
* 삼환三桓이란 공자 당시 노나라 권력을 좌지우지하던 중손仲孫(나
중에 계씨로 성을 바꿈)·숙손·계손 세 대부를 말한다. 환공의 후손이었
는데 애공 때 모두 쇠락했다.
* 미微는 여기서는 쇠하다, 쇠미하다, 미약하다 등의 의미다.

해설

위의 장과 비슷하게 공자가 노나라 역사를 예로 들며 잘못된 정
치변동을 우려하는 내용이다. 공실은 중앙정부를 뜻한다. 노나라
는 문공이 죽은 뒤 동문양중東門襄仲이 문공의 아들 적赤을 살해하
고 선공을 세운 뒤부터 성공·양공·소공·정공으로 군주가 바뀌는
동안 작록을 수여하는 정치와 행정을 하는 등 대권을 대부들이 좌
지우지했다. 녹봉을 주고 신료들을 장악하던 공실의 권력이 무너
진 지 오래되었다는 말이다. 그렇게 정치행정 권력이 대부의 손에
떨어지고 이후 문자文子·무자武子·도자悼子·평자平子 네 대가 지났

는데, 마찬가지 하극상 현상이 대부의 집안에서도 벌어져 가신인 양호陽虎가 삼환의 권력을 차지하려고 일종의 쿠데타를 일으켰다. 실패로 끝났지만 이로 인해 삼환의 세력이 크게 미약해졌다는 뜻이다.

"녹봉을 결정하는 공실의 권력이 사라진 지 벌써 다섯 세대가 지났고, 정치행정 권력이 몇몇 대부의 손에 떨어져 농단을 당한 지도 네 세대가 지났다. 그렇게 되니 마침내 정변 등으로 삼환의 자손도 쇠잔하고 미약하게 되었다."

16:4

孔子曰: "益者三友, 損者三友. 友直, 友諒, 友多聞, 益矣. 友便辟, 友善柔, 友便佞, 損矣."

●

공자가 말했다. "유익한 세 가지 친구가 있고 손해나는 세 가지 친구가 있다. 곧은 사람을 친구로 삼고, 믿을 만한 사람을 친구로 삼고, 많이 들은 사람을 친구로 삼으면 유익하다. 한쪽으로 피하기만 하는 사람을 벗하고, 부드럽게 (영합을) 잘하는 사람을 벗하고, 아첨하는 말을 잘하는 사람을 벗하면 손해다."

역주

* 다문多聞은 보고 들은 것이 많은 사람, 즉 견문이 넓은 사람을 말한다.
* 편벽便辟의 편便을 잘한다, 벽辟을 편벽되다로 해석해, 편벽을 한

쪽만 잘하는 사람으로 해석하는 경우도 있고[4], 남의 비위를 잘 맞추어 아첨하는 사람으로 해석하는 경우도 있다.[5] 여기서는 벽僻을 회피할 피避 자로 보아 군주에게 직언을 피하는 사람으로 해석한다.

* 선유善柔의 선善은 잘한다는 뜻이고 유柔는 부드럽다는 의미다. 선유는 상대가 무슨 짓을 하든 부드럽게 영합하기만 잘하는 사람을 말한다.

* 편녕便佞의 편便은 말 잘할 변辯 자의 의미이고, 영佞은 아첨을 말한다. 편녕은 아첨하는 말을 잘한다는 뜻이다.

해설

앞 구와 뒤 구를 대조해서 해석하면 더 선명해진다. 모두 정치적 견해를 가지고 사람을 만날 때 도움이 되는 사람과 손해가 되는 사람을 구분하라는 주문일 것이다. 더 나아가 군주가 사귀어야 할 사람을 가리킨 말이기도 하다. 직直, 즉 곧다는 것은 그릇된 행위를 원칙에 따라 직언하고 쓴소리하는 사람을 말한다. 양諒은 성실하고 믿음을 주어 속임이 없는 사람을 말한다. 다문多聞은 과거 정치의 득실과 현재 정치의 요체를 많이 듣고 아는 사람을 뜻한다. 그 반대로 군주가 싫어하는 직언을 피하고 한쪽으로 치우쳐 아첨하는 경우가 편벽便辟이다. 마음으로부터 비롯한 진실함과 신뢰가 없이 낯빛과 행동을 부드럽게 짓는 데만 능숙한 사람이 선유善柔다. 뚜렷한 정치견해나 지적 성취가 없으면서 아첨하는 말만 번지

---

4 성백효 역주, 앞의 책, 472, 473쪽. 잘하는 한쪽을 위의威儀라고 하고 외모로 해석한다.
5 예를 들면 유보남의《논어정의》657쪽에 수록된 마융의 주장이 이와 같다.

르르하게 잘하는 사람이 편녕便佞이다.

"군주가 정치를 하면서 사귀면 도움이 되는 세 가지 종류의 동지가 있고 사귈수록 손해를 보는 세 가지 종류의 동지가 있다. 직언을 간하는 바른 사람을 벗으로 사귀고, 양심에 입각한 성실한 사람을 벗으로 사귀고, 정치적인 견문이 넓은 참된 지식인을 벗으로 사귀면 유익하다. 군주가 꺼리는 것을 한쪽으로 피하기만 하는 사람을 벗으로 사귀거나, 진실성 없이 부드럽게 표정관리만 잘하는 사람을 벗으로 사귀거나, 지적 성취도 없으면서 아첨하는 말만 잘하는 사람을 벗으로 사귀면 손해다."

16:5

孔子曰: "益者三樂, 損者三樂. 樂節禮樂, 樂道人之善, 樂多賢友, 益矣. 樂驕樂, 樂佚遊, 樂宴樂, 損矣."

•

공자가 말했다. "유익한 세 가지 좋아함과 손해나는 세 가지 좋아함이 있다. 예와 악으로 조절함을 좋아하고, 다른 사람의 좋은 점을 말하기를 좋아하고, 현명한 친구를 많이 (사귐을) 좋아하면 유익하다. 교만한 쾌락을 좋아하고, 안일한 놀이를 좋아하고, 잔치의 쾌락을 좋아하면 손해다."

역주

* 요樂는 여기서는 일반 사람의 즐김이 아니라 군주가 좋아해야 할 덕목을 이야기하는 것이므로 좋아할 요로 읽는다. 예악禮樂의

악樂은 음악이요, 교락驕樂과 연락宴樂의 낙樂은 즐거움 또는 쾌락을 말한다.

* 도道는 여기서 말하다, 칭찬하다 등의 의미다.
* 일유佚遊는 출입에 절제 없이 방탕하고 편안하게 여행하고 놀러다니는 것을 말한다.

해설

위의 장과 마찬가지로 군주가 즐겨야 할 사항, 즉 정치적으로 도움이 되는 덕목들과 정치적으로 손해가 되는 행위들을 말한다. 군주가 예와 악으로 자신의 행위와 마음을 절제하고, 사람들의 장점을 말하기를 좋아하고 위에서 언급한 정치에 도움이 되는 사람들을 벗으로 사귀면 유익하다. 반대로 존귀함을 핑계로 제멋대로 굴거나 절도가 없이 놀이에 빠지거나 황음무도한 연회에만 빠져 살면 정치적으로 큰 손실이다.

"군주에겐 정치에 도움이 되는 세 가지 좋아함과 정치적으로 손해가 되는 세 가지 좋아함이 있다. 예와 악으로 심신을 조절하기를 좋아하고, 다른 사람의 좋은 점을 칭찬하기를 좋아하고, 정치에 견문이 넓은 현명한 친구를 많이 사귀기를 좋아하면 정치에 도움이 된다. 지위를 빙자한 방종의 쾌락을 좋아하고, 절도 없는 편안한 놀이를 좋아하고, 음란한 연회의 쾌락에 빠져서 사는 것을 좋아하면 정치적으로 손해다."

16:6

孔子曰: "侍於君子有三愆: 言未及之而言謂之躁, 言及之而不言謂之隱, 未見顏色而言謂之瞽."

•

공자가 말했다. "군자를 모시는 데 세 가지 허물이 있다. 말씀이 아직 미치지 못했는데도 (먼저) 말하는 것을 조급하다고 하고, 말씀이 그에 미쳤음에도 (끝내) 말하지 않음을 숨긴다고 하고, 낯빛을 보지 않은 채 (그냥) 말하는 것을 봉사라 한다."

역주

* 건愆은 허물·과실·잘못을 뜻한다.
* 조躁는 성급하고 조급하다는 뜻이다.
* 은隱은 가리고 숨긴다는 의미다.
* 고瞽는 소경·맹인이란 뜻인데 마음이 어두운 경우에도 쓰인다.

해설

군자는 훌륭한 덕이 있는 정치가다. 유덕한 정치가와 정사를 의논할 때는 신중한 태도가 필요하다. 《순자》〈권학〉은 이 구절에 적절한 해석을 내놓고 있다. "함께 논의할 주제가 아닌데 말하는 것을 건방지다고 하고, 당연히 논의해야 할 사항인데도 말하지 않고 있는 것은 감추는 것이며, 안색을 살펴보지 않고 막무가내로 말하는 것은 봉사와 같은 행위다"라고 한다. 군자라면 항상 말을 삼가고 행동을 조심해야 한다는 뜻이다.

  "훌륭한 정치가인 군자와 더불어 정사를 논의할 때 해서는 안 되는 세 가지 잘못이 있다. 군자가 아직 말을 꺼내지도 않은 주제를 앞장서서 말하는 것을 조급하다고 하고, 군자가 이미 말을 꺼낸 주제임에도 끝까지 자기 생각을 하지 않는 것을 감춘다고 하고, 군자의 낯빛을 주의 깊게 살펴보지 않고 아무렇게나 말하는 것을 맹인이라 한다."

16:7

孔子曰: "君子有三戒: 少之時, 血氣未定, 戒之在色; 及其壯也, 血氣方剛, 戒之在鬪; 及其老也, 血氣旣衰, 戒之在得."

•

공자가 말했다. "군자에겐 세 가지 경계함이 있는데, 젊을 때에는 혈기가 아직 정해지지 않았으니 경계함이 여색에 있고, 장년에 이르면 혈기가 이제 굳세졌으니 경계함이 싸움에 있고, 늙으면 혈기가 이미 쇠약하니 경계함이 얻음에 있다."

역주

* 계戒는 삼갈 경儆 자와 같은 뜻으로, 조심하고 주의를 기울인다는 의미다.
* 장壯은 기상이 굳세고 씩씩하다는 뜻인데《예기》〈곡례〉에 따르면 "서른 살을 장壯이라 부른다"라고 한다.
* 투鬪는《설문해자》에 따르면 두 병사가 만나 병장기를 들고 상대하는 형상으로, 싸우다, 다투다 등의 의미다.
* 득得은 탐득貪得, 즉 탐해서 얻는 탐욕을 말한다.

해설

혈기血氣는 피와 기운인데, 혈血은 속에서 흐르는 것으로 음陰에 해당하고, 기氣는 겉으로 드러난 것으로 양陽에 해당한다. 사람의 몸은 혈기에 의해 부림을 당한다. 훌륭한 정치가인 군자도 마찬가지다. 지위가 있는 군자이지만 젊어서는 사리분별을 하지 못하고 혈기에 지배당해 여색에 빠지기 십상이니 몸을 해칠까 경계할 일이다. 서른 살이 넘어 장년이 되면 혈기가 안정되어 강철처럼 굳센 의지가 생기는데, 이때 각종 사건을 싸움으로 해결하면 덕을 잃으므로 경계해야 한다. 늙으면 이익을 좋아하고 욕심이 많아지는데 도덕 수양이 부족해 탐욕에 빠지면 그간의 모든 성취를 잃으므로 경계해야 한다.

"훌륭한 정치가인 군자는 일생 동안 세 가지를 경계해야 한다. 젊었을 때는 왕성한 혈기가 아직 안정되지 못했으므로 여색을 경계하고 몸을 지켜야 한다. 장년이 되면 혈기가 한창 굳세어져 일을 성취하려고 싸움을 하는 것을 경계하고 덕을 지켜야 한다. 노년에 이르면 혈기가 이미 쇠했으니 이익과 탐욕을 경계하고 도의를 지켜야 한다."

16:8

孔子曰: "君子有三畏: 畏天命, 畏大人, 畏聖人之言. 小人不知天命而不畏也, 狎大人, 侮聖人之言."

•

공자가 말했다. "군자에겐 세 가지 두려워함이 있는데 천명을 두려워하고, 대인을 두려워하고, 성인의 말씀을 두려워한다. 소인은 천명을 모르므로 두려워하지 않고, 대인을 얕보고, 성인의 말씀을 업신여긴다."

역주

* 외畏는 꺼려져서 조심하고 두려워한다는 뜻이다.
* 대인大人은 실제 정치가인 천자와 제후를 뜻한다는 주장도 있고, 경대부 계급을 뜻한다는 주장도 있으며, 뜻이 큰 추상적인 어른을 뜻한다는 주장도 있다.
* 압狎은 가벼이 보고 업신여기다, 친압親狎하다 등의 의미다.

해설

군자는 훌륭한 정치가다. 공자 당시에는 실제 정치에 참여하던 군주의 자제들이기도 했다. 그들이 두려워하는 것은 천명·대인·성인의 말씀이다. 셋을 일관되게 해석하는 것도 가능하다. 예컨대 당시에 관념적으로 인격이 부여된 천은 피통치자들에게 두려움의 대상이기도 했으며, 천명의 변환은 정치권력의 교체를 뜻하는 것이어서 정치에 참여하고 있는 군자도 두려워할 대상이었다. 대인은 그 천명에 의해 천자와 제후라는 정치적 지위를 얻은 사람이고, 성인은 하늘의 말씀을 전하는 사람이니 성인의 말씀은 곧 천명인 셈이다. 군자 정치와 소인 정치의 대비라는 측면에서 보면 정치권력 교체를 부르는 천명을 군자 정치가는 알고서 두려워하나 소인은 모르므로 두려워하지 않는다. 그래서 소인은 천명으로 지위를 얻은 대인을 두려워하지 않으며, 성인의 말씀도 업신여긴다.

"군자 정치가에겐 세 가지 두려워하는 일이 있다. 정권의 교체를 부르는 천명을 두려워하고, 천자나 제후 등 천명을 구현하는 대인을 두려워하고, 천명을 전하는 성인의 말씀을 두려워한다. 소인은 천명을 모르므로 하늘을 두려워하지 않고, 대인 정치가를 얕보고, 천명을 전하는 성인의 말씀을 업신여긴다."

16:9

孔子曰: "生而知之者, 上也; 學而知之者, 次也; 困而學之, 又其次也; 困而不學, 民斯爲下矣."

•

공자가 말했다. "태어나면서 아는 사람이 위이고, 공부해서 아는 사람이 다음이며, 어지러워지면 공부하는 사람이 또 그다음이며, 어지러워져도 공부하지 않는 사람은 백성들이 아래 (등급으로) 삼는다."

역주

* 곤困은 《광아》〈석고〉에 따르면 어려움을 겪는다는 의미의 궁窮이다. 공영달은 불통不通한 바가 있음으로 해석한다. 어지러운 상태를 말한다.

해설

피통치자 민民이 하등으로 여긴다는 마지막 구절로 볼 때 통치자 정치가의 자질인 네 가지 등급을 말한 것으로 보인다. 정치하는 계급으로 태어나서 선천적으로 도의를 이해하는 성인이 최상 등급이고, 정치학 공부를 열심히 해 이해하게 되는 사람이 그다음 등급이고, 정치문제에 부딪혀 잘 이겨내지 못하면 열심히 공부라도 하는 사람이 그다음 등급이고, 그런 공부마저 하지 않는 사람은 최하 등급이다. 공부를 통한 앎의 중요성을 강조한 것이다. 생지生知·학지學知·곤학困學이 있으나 모두 기질 차이이며, 앎知 자체에 등급이 있는 것은 아니다.《예기》〈중용〉에는 생이지지生而知之, 학이지지學而知之, 곤이지지困而知之가 있는데 지知는 한가지라고 말한다. 생각이 꽉 막혀 공부하지 않은 사람이 정치인이 된다면 백성들에게 큰 불행이다.

"태어나면서부터 도의를 이해하는 정치가가 최고 등급이고, 공부해서 정치의 이치를 아는 사람이 그다음 등급이며, 곤란한 문제를 뚫지 못하면 열심히 공부하는 사람이 또 그다음 등급이며, 곤란한 문제에 부딪히고도 공부하지 않는 사람은 백성들이 아주 하등한 사람으로 취급한다."

16:10

孔子曰: "君子有九思: 視思明, 聽思聰, 色思溫, 貌思恭, 言思忠, 事思敬, 疑思問, 忿思難, 見得思義."

•

공자가 말했다. "군자에게는 아홉 가지 생각함이 있는데, 볼 때는 밝음을 생각하고, 들을 때는 귀 밝음을 생각하고, 낯빛은 온화함을 생각하고, 용모는 공손함을 생각하고, 말할 때는 진실함을 생각하고, 섬길 때는 공경함을 생각하고, 의심날 때는 질문을 생각하고,

분노할 때는 환난을 생각하고, 얻음을 보고는 의로움을 생각한다."

역주

* 모鉍는 예의를 갖춘 얼굴 모습, 태도를 말한다.
* 분忿은 성내다, 원망하다, 분노하다 등의 의미다.
* 난難은 여기서는 일시적인 분노를 조절하지 못해 자신의 일생과 주변에까지 어려움을 겪게 하는 환난을 뜻한다.

해설

훌륭한 정치가인 군자는 도의의 정치를 구현하기 위해 깊이 생각하고 언행을 해야 한다. 온 마음을 다해 정치에 임하라는 이야기다. 《맹자》〈고자 상〉에 따르면 눈이나 귀는 생각하지 못하지만 마음이란 기관은 생각을 하고, 생각하면 얻을 수 있으나 생각하지 않으면 얻을 수 없다고 한다. 생각이 따르지 않는 정치적인 언행은 결코 민심을 얻을 수 없다. 어떤 문제를 접하든, 어떤 사람을 상대하든 밝게 보고, 총기 있게 듣고, 낯빛은 온화하고, 태도는 공손하고, 말은 진실하고, 공경을 다해 섬기고, 조금이라도 의심나면 묻고, 잘못된 분노를 표출하지 않고, 의롭지 못한 소득을 피한다면 도의를 구현하는 참된 정치가가 될 수 있을 것이다.

"군자 정치가는 아홉 가지를 항상 생각하며 행동한다. 눈으로 볼 때는 밝게 관찰하고 있는가를 생각하고, 귀로 들을 때는 총기 있게 관찰하고 있는가를 생각하고, 낯빛을 지을 때는 온화하게 보이는가를 생각하고, 예의 바른 얼굴 표정으로 공손함을 실천하고 있는가를 생각하고, 자신의 언어가 진실을 담고 있는가를 생각하

고, 일을 처리하고 윗사람을 섬길 때는 공경을 다하고 있는가를 생
각하고, 의심이 생기면 제대로 묻고 있는가를 생각하고, 화가 날
때는 나중에 환난이 생기지 않을까를 생각하고, 이득이 생겼음을
알면 의롭게 얻었는가를 생각한다."

16:11

孔子曰: "見善如不及, 見不善如探湯. 吾見其人矣, 吾聞其語矣.
隱居以求其志, 行義以達其道. 吾聞其語矣, 未見其人也."

•

공자가 말했다. "선을 보면 미치지 못한 듯하고, 선하지 않음을 보
면 뜨거운 물을 더듬듯이 한다. 나는 그런 사람을 보았고, 나는 그
런 말을 들었다. 숨어서 살면서 뜻을 구하고 의로움을 행해 도에
도달한다. 나는 그런 말은 들었으나, 아직 그런 사람을 보지는 못
했다."

역주

* 탐탕探湯의 탐探은 손으로 더듬어 취한다는 뜻이다. 탕湯은 끓인
물이다. 탐탕은 손으로 뜨거운 물을 더듬는다는 말이다.
* 은거隱居는 혼란스러운 세상을 피해 숨어서 지낸다는 말이다.

해설

《맹자》〈이루 하〉에는 문왕이 도를 보면 아직 보지 못한 듯이 했다
는 말이 있다. 좋음을 백성들과 함께할 수 없을까 걱정해서라고 한

다. 공자의 시대에도 그렇게 좋음의 정치를 실천할 태도를 보이는 사람이 있었고 그런 말도 있었다. 하지만 도의를 실천할 만한 인물이 실제 정치에 참여하는 경우가 거의 없었다. 공자는 이를 한탄한 것이다. 공자의 시대에는 정치혼란기에 은거하는 선비들이 많았다. 은나라 이윤은 숨어 지냈으나 뜻을 잃지 않았고[隱居求志] 마침내 좋은 군주인 탕湯을 만나 도를 펼칠 수 있었다[行義達道]. 그런데 당시에는 좋은 군주가 나타나지 않고 도의 정치를 펼칠 기회가 오지 않았다. 공자 자신의 처지도 마찬가지였다. 백성들의 실망도 컸다.《맹자》〈진심 상〉에 "선비는 곤궁해도 의를 잃지 않고 현달해도 도를 벗어나지 않는다. 궁해도 의를 잃지 않으므로 선비는 자기 자신을 얻고, 현달해도 도를 벗어나지 않으므로 백성들이 실망하지 않는다"라고 말한다. 뜻을 얻으면 천하에 이익이 되므로 겸선천하兼善天下이고, 궁해도 수신을 하므로 독선기신獨善其身함이 선비의 도리라는 것이다.

"옛날 정치가는 훌륭한 점을 보면 자신은 거기에 미치지 못한 듯이 더 열심히 했고, 훌륭하지 못한 점을 보면 그것이 자신을 망가뜨릴까 뜨거운 물에 덴 듯이 조심했다. 나 공자는 그런 사람을 보았고, 그런 말을 들은 적도 있다. 훌륭한 정치가는 은거해도 수신하며 참뜻을 구하고 세상에 나오면 정의를 실천해 도의의 정치를 펼친다. 나 공자는 그런 말을 들은 적이 있으나, 아직 그런 사람을 보지는 못했다."

16:12

齊景公有馬千駟, 死之日, 民無德而稱焉. 伯夷叔齊餓于首陽之下, 民到于今稱之. 其斯之謂與?

●

제나라 경공은 말 4,000필이 있었으나 죽는 날 백성들이 덕으로 칭송함이 없었다. 백이와 숙제는 수양산 아래서 굶주렸으나 백성들이 오늘날에 이르기까지 칭송을 한다. 이것을 말한 것인가?

역주

* 사駟는 말 네 필을 말한다. 한 대의 수레를 끄는 네 필의 말을 뜻하는 글자다.

* 수양首陽은 화산華山의 북쪽, 황하 동쪽에 위치한 포반蒲坂현에 있는 산이다.

해설

이 구절의 위에 공자왈이 없어 누구의 말인지 알 수 없다. 맨 뒤 기사지위여其斯之謂與 또한 앞과 의미가 연결되지 않아 잘못 들어간 것으로 보인다.《주례》〈교인校人〉에 따르면 천자는 양마良馬와 노마駑馬를 합해 3,456필이고 제후는 1,296필이다. 제 경공은 땅도 왕기王畿보다 넓었고 공용 말이 많았으니 예법에 어긋나고 사치한 것이다.《사기》〈백이열전〉에 따르면 백이와 숙제는 문왕이 노인 대접을 잘한다고 해 귀의했다. 문왕 사후 아들 무왕이 주紂왕 정벌에 나서자 백이와 숙제는 "아버지가 죽고 장례도 끝나기 전에 창칼을 동원한 것이 효인가? 신하가 군주를 시해하는 것이 인仁인가?"라며 반대했다. 그래도 무왕이 정벌해 주왕을 죽이자 백이와 숙제는 주周나라 녹을 먹지 않겠다면서 수양산에 은거해 고사리를 꺾어 먹다 굶어 죽었다고 한다.

공자는 주나라 정치를 추종한 사람이다. 또한 백이와 숙제가 칭송받은 이유도 알고 있었을 것이다. 덕의 유무를 두고 제 경공과 백이·숙제를 비교했다는 점에서 이 장 또한 공자의 말이라고 추정할 수 있다. 부강을 이루었더라도 후세에 칭송받을 만한 유덕한 정치를 하지 않는 것은 문제이며 굶어 죽더라도 옳음의 가치를 지키는 것이 더 훌륭하다는 뜻일 것이다.

16:13

陳亢問於伯魚曰: "子亦有異聞乎?" 對曰: "未也. 嘗獨立, 鯉趨而過庭. 曰: '學詩乎?' 對曰: '未也.' '不學詩, 無以言.' 鯉退而學詩. 他日又獨立, 鯉趨而過庭. 曰: '學禮乎?' 對曰: '未也.' '不學禮, 無以立.' 鯉退而學禮. 聞斯二者." 陳亢退而喜曰: "問一得三, 聞詩, 聞禮, 又聞君子之遠其子也."

•

진강陳亢이 백어에게 물었다. "당신은 역시 다르게 들은 바가 있겠지요?" 대답했다. "아직 아닙니다. 일찍이 홀로 서 계셨는데 제가 빨리 걸어 뜰을 지나갔습니다. '시를 공부했느냐?'고 말씀하셔서 '아직 아닙니다'라고 대답했더니, '시를 공부하지 않으면 (남과) 이야기할 것이 없다'고 하셨습니다. 저는 물러 나와 시를 공부했습니다. 다른 날 또 홀로 서 계셨는데 제가 빠른 걸음으로 뜰을 지나갔습니다. '예를 공부했느냐?'고 물어서 '아직 아닙니다'라고 대답했더니, '예를 공부하지 않으면 설 수 없다'고 하셨습니다. 저는 물러 나와 예를 공부했습니다. 이 두 마디를 들었습니다." 진강이 물러 나와 기뻐서 말했다. "한 가지를 물어서 세 가지를 얻었으니 시에 관해 들었고, 예에 관해 들었으며, 또 군자는 자기 자식을 멀리함을 알았다."

역주

* 이문異聞의 이異는 다른 사람과 다르게 특별함을 말하며, 문聞은 가르침을 받는다는 뜻이다. 이문은 보통 사람과 다른 특이한 가르침이란 의미다.
* 추趨는 종종걸음으로 달려간다는 뜻이다. 군주 앞이나 아버지 앞에서는 조용히, 그리고 빠른 걸음으로 지나가는 것이 공경을 표시하는 예다.
* 원遠은 멀다는 뜻인데, 여기서는 관계가 소원하다는 뜻이라기보다 일정한 거리를 두고 멀리서 지켜본다는 의미다.

해설

진강이 누구인지는 모르며 백어는 공자의 아들 리鯉의 자다. 진강과 대화하면서 백어가 군주나 부모 앞에서만 칭하는 본명을 언급한 것은 아버지와의 대화이기 때문일 것이다.

공자가 아들을 사랑했는지는 여러 가지 설이 존재한다. 아들 공리가 죽었을 때 장례를 후하게 지내지도 않고 크게 통곡하지도 않았다고 한다. 제자 안연이 죽었을 때와 비교하며 공자의 제자 사랑을 크게 언급하기도 한다. 이 장의 내용으로만 볼 때도 공자의 태도는 중립적이다. 하지만 시와 예의 정수를 이야기해주고 관심을 표명한 것, 아버지 공자에 대해 아들 공리가 대답하는 태도 등으로 볼 때 공자 또한 아들을 지극히 사랑했음을 알 수 있다. 다만 그의 제자들과 다른 특별대우를 하지 않았을 뿐이다. 특별하게 가르친 적이 없으며 시를 익혀 자신의 의사를 전달하는 대화능력을 기르게 하고, 예를 익혀 사람들과의 관계를 확실히 하도록 지도했다는 점에서 비근한 삶의 문제를 일깨워준 듯하다.

공리는 "언젠가 아버지께서 홀로 뜰에 서 계셨을 때 제가 빠른 걸음으로 뜰을 지나갔습니다. 이때 아버지께서 '시를 공부하고 있느냐?'라고 말씀하셔서 '아직 아닙니다'라고 대답했더니, '시를 공부하지 않으면 다른 사람과 적절한 대화를 할 수 없다'고 하셨습니다. 저는 그 자리에서 물러 나와 바로 시를 공부했습니다. 다른 날 또 홀로 서 계셨을 때 제가 빠른 걸음으로 뜰을 지나갔습니다. 이번에는 '예를 공부하고 있느냐?'라고 물어서 '아직 아닙니다'라고 대답했더니, '예를 공부하지 않으면 자기 입장을 세울 수가 없다'고 하셨습니다. 저는 그 자리에서 물러 나와 바로 예를 공부했습니다. 저는 아버지에게 이 두 마디를 들었습니다"라고 말했다.

〈양화〉 10장에서 공자가 아들에게 《시경》의 이치를 깨우쳐주는 대목이 있다. 그러나 자식과 일정한 거리를 두고 엄한 아버지로 살았던 듯하다. 이는 손자인 공급孔伋을 대하는 태도와 사뭇 다르다. 그래서 《백호통의》〈오행五行〉에는 "군자는 자식을 멀리하고 손자를 가까이한다"라고 말했는가.

16:14

邦君之妻, 君稱之曰夫人, 夫人自稱曰小童; 邦人稱之曰君夫人,
稱諸異邦曰寡小君; 異邦人稱之亦曰君夫人.

· ●

나라 임금의 아내를 임금이 부를 때는 부인이라 하고, 부인이 스
스로를 부를 때는 소동이라 한다. 나라 사람들이 그녀를 부를 때
는 군부인이라 하고, 다른 나라에게 (자신을) 칭할 때는 과소군寡小君
이라 하고, 다른 나라 사람들이 그녀를 부를 때는 역시 군부인이라
한다.

역주

＊부인夫人은 나라 안에서 임금이 자신의 부인을 부를 때 사용한
다.《예기》〈곡례 하〉에 따르면 "천자의 비를 후后라 하고, 제후는
부인이라 하고, 대부는 유인孺人이라 하고, 사는 부인婦人이라 하
고, 서인은 처妻라 한다"라고 한다.

＊소동小童은 심부름하는 어린아이를 말한다. 군주의 부인이 자신
의 지능을 미성년자에 비유하며 겸양해 부른 것이다.

＊과寡는 자신을 낮추어 부르는 겸칭이다. 군주 부인을 소군小君이
라 하는데, 겸양해 과소군이라 말한 것이다.

해설

이 또한 공자의 말인지 알 수 없으며《논어》에 왜 이런 구절이 들
어가 있는지 이유를 알기 어렵다. 당시 예법이 무너지고 호칭이 바
르지 못한 상황을 염려해 공자가 이런 말을 했을 것이라는 주장도

있다.[6]

　어떤 경우에 과소군이라 부르는지에 대한 논란이 있다.《예기》
〈곡례 하〉에 "제후의 부인이 천자 앞에서 자칭 노부老婦라 하고, 제
후들 앞에서 자칭 과소군이라 하고, 자기 임금 앞에서 자칭 소동
小童이라 한다"라고 한다. 한편《예기》〈잡기〉에 "부인이 죽었을 때
다른 나라에 부고를 보내며 과소군이라 한다"라는 구절이 있다.
그렇다면 다른 나라 군주 앞에서 부른 것이 아니라 자기 나라 사
람들이 그렇게 불렀다는 의미다. 대체로 국내에서 다른 나라 군주
들과 회합할 때 군주의 부인이 스스로를 그렇게 불렀다는 것이 정
설이다.《논어》의 이 구절이 틀리지 않았다는 말이다.

6　예컨대 공영달의 주장이다. 유보남, 앞의 책, 669쪽을 참조할 것.

모두 스물여섯 장이다. 3장을 2장에 포함시키고, 10장을 9장에 포함시켜 스물네 장으로 구성한 판본도 있다.[1] 17장이 없는 판본도 있다. 현실 정치에 참여해 세상을 바꾸고 싶어 하는 공자의 열망이 드러난 장절이 여럿이다. 《시경》을 읽고 정교한 언어를 구사할 것을 주문하는가 하면 현란한 말재주를 경계하기도 한다. 정치사상과 비교적 관련이 적은 인간의 기본에 대한 이야기도 있고, 제자들에게 공부를 권하고 삶의 태도를 일깨워주는 말을 모아놓은 장절도 많다.

---

1 유보남의 《논어정의》가 대표적이다.

17:1

陽貨欲見孔子, 孔子不見, 歸孔子豚. 孔子時其亡也, 而往拜之,
遇諸塗. 謂孔子曰:"來! 予與爾言." 曰:"懷其寶而迷其邦, 可謂仁
乎?" 曰:"不可." "好從事而亟失時, 可謂知乎?" 曰:"不可." "日月
逝矣, 歲不我與." 孔子曰:"諾. 吾將仕矣."

•

양화陽貨가 공자를 보고자 했으나 공자가 보러 오지 않자, 공자에
게 (삶은) 새끼 돼지를 보냈다. 공자는 그가 없는 (틈을) 엿보아 가서
절하려고 했는데 길에서 우연히 만나게 되었다. (양화가) 공자에게
말했다. "(이리) 오시오! 내 그대와 더불어 이야기하리다." (공자가 오
자) 말했다. "보배로운 (도를) 품고서 나라를 미혹하게 (둔다면) 어질
다고 할 수 있습니까?" (공자가) "안 되지요"라고 대답했다. "(정치에)
종사하기를 좋아하면서 자주 때를 잃는다면 지혜롭다고 할 수 있
습니까?"라고 하자 "안 되지요"라고 대답했다. "날과 달이 가니 세
월이 나와 더불어 (기다리지) 않습니다." 공자가 말했다. "네. 나는 장
차 벼슬할 것입니다."

역주

* 양화의 이름은 호虎다. 노 정공 8년에 계환자를 가두고 반란을
일으켜 국정을 전횡했다. 공자 쉰아홉 살 즈음의 일인데, 여기 대
화는 그 이전인 듯하다.

* 귀歸는《광아》〈석고〉에 따르면 남길 유遺 자와 같은 뜻이다.《맹자》〈등문공 상〉에는 음식이나 물건을 보낸다는 의미인 궤餽 자를 사용했다.

* 돈豚은 작은 돼지라는 뜻인데, 여기서는 익힌 새끼 돼지를 말한다.《맹자》〈등문공 상〉에는 증돈烝豚, 즉 삶은 돼지라고 풀었다.

* 시時는 여기서 보다는 뜻의 도覩 자와 같다.《광아》〈석고〉에는 시覘를 볼 시視 자와 같다고 했다.《맹자》〈등문공 상〉에는 엿볼 감瞰 자로 쓰여 있다.

* 도塗는《이아》〈석궁釋宮〉에 길 로路 자로 해석한다. 길을 뜻하는 글자로, 도涂·도로道路 등을 구별 없이 쓴다.

* 우遇는 약속 없이 우연히 만나는 것을 말한다.

* 보寶는 몸에 지닌 능력이란 의미에서 몸 신身 자로 해석한다. 여기서는 보배와 같은 몸에 지닌 도道를 뜻한다.

* 기亟는 빠르다, 삼가다 등의 의미로는 극으로 읽으나, 여기서는 자주라는 뜻의 부사로 쓰이므로 기로 읽는다.

* 낙諾은 응낙·허락의 뜻이다. 우리말 '네'에 해당하는 당시의 구어체다.

해설

공자 당시 계씨는 사도의 관직을 맡은 상대부였다. 아래 하대부 둘을 두고 있었는데, 양호는 그중 하나다. 이때 공자는 나이가 쉰 살에 가까웠으나 아직 벼슬을 하지 못해 사士 계급이었다.《맹자》〈등문공 하〉에 이 이야기가 실려 있다. 대부로부터 선물을 받으면 사가 그를 찾아가 감사인사를 드리는 것이 당시 예법이었다. 공자는 양호를 좋아하지 않아 보고 싶지 않았으나 예법을 어길 수도 없었다. 그래서 양호가 먼저 했던 대로 없는 틈을 이용해 놓고 가려던 것이었다. 그런데 그를 길거리에서 우연히 마주쳤다.

양호는 공자가 중시하는 인仁과 지知를 들먹이며 국정에 참여하기를 권했다. 공자는 장차 난을 일으킬 그의 야심을 알아차렸는가! 도의와 예에 어긋나지 않게 거절했다.

"몸에 지극한 도의의 정치를 실현하겠다는 뜻을 품고 있으면서 혼란한 나라를 구하려고 나서지 않고 은둔해 나라를 어지러운 지경에 방치한다면 어진 정치가라고 평가할 수 있습니까?"

"정치에 참여하고 세상을 위해 일하기를 좋아하면서도 자주 요청을 거절해 때를 잃는다면 지혜로운 사람이라고 평가할 수 있습니까?"라는 양호의 거듭된 질문에 공자는 "그렇게 평가할 수 없다"라고 예의 바르게 대답했다. "해가 가고 달이 가며 세월은 흐르고 사람을 기다려주지 않으니 어서 정치에 참여하라"는 양호의 채근에 대해 공자는 "네. 나는 장차 세상을 구하기 위해 벼슬을 할 것입니다"라고 대답하며 양호와 더불어 하지는 않을 것을 완곡히 천명했다.

17:2

子曰: "性相近也, 習相遠也."

•

선생님이 말씀하셨다. "본성은 서로 가까우나 익힘 때문에 서로 멀어진다."

역주

* 성性은 사람의 문제이므로 인성人性으로 번역하지만 예컨대 인성교육처럼 '선을 지향하는 도덕적인 판단'이 개입되어서 중립적이지 않다. 제자백가 이래 성性에 대한 논쟁은 성을 마침내 기질지성氣質之性과 본연지성本然之性으로 나누었고, 특히 성리학에서 치열하게 다루었다. 성질이라 번역하면 기질지성에 가까우며, 본성이라 번역하면 본연지성에 가깝다.

* 습習은 몸으로 익히는 실천적인 노력을 말한다.[2]

해설

성性 개념은 학자마다 인식하는 폭과 내용이 다르고, 시대에 따라 강조점이 다르다. 성에 대한 관념이 변천하면서 사람의 본성에 대한 담론은 중국사상을 구성하는 핵심 요소가 되었다. 중국철학사는 곧 중국인성론사라고 불러도 될 정도다.

《논어》에서 공자는 성에 대해 두 번 말했다. 공자가 성과 천도에 대해 말하지 않았다는 〈공야장〉 13장과 이 장뿐이다. 두 곳 다 본성이라 번역했지만, 성 개념에 대한 공자의 정의는 중립적이라 할 수 있다. 그런데 그의 제자들이 인간의 내면에 깊은 관심을 가지면서 심心과 성性을 연결시키기 시작했고,[3] 《맹자》〈고자 상〉은 인간 본성에 대해 치열한 논쟁을 벌이고 순자는 특별히 〈성악〉을 지었다.

---

2 〈학이〉 1장 역주를 참조할 것.

3 심성心性 관념의 변천에 대해서는 장현근, 앞의 책, 2016, 101~156쪽을 참조할 것.

논란이 있을 수 있으나 억지로 정의하면 고자가 말한 성은 기질지성에 가깝고, 맹자가 말한 성은 도덕이성으로 본연지성에 가깝고, 순자가 말한 성은 욕망을 지닌 인간의 사회성을 말한다. 맹자는 사람의 내면으로 들어가 인간만의 특성을 깨달은 것이고, 순자는 사람의 외부에서 관찰자가 되어 인간의 잘못된 습성을 예의로 다스려야 함을 깨친 것이다. 맹자가 공자의 성상근_{性相近}에 천착했다면 순자는 공자의 습상원_{習相遠}에 천착했다.

"사람의 본성은 선으로 서로 가깝지만, 후천적인 습성 때문에 악으로 멀어진다."

17:3

子曰: "唯上知與下愚不移."

•

선생님이 말씀하셨다. "오직 최고의 지혜로움과 최하의 어리석음은 (학습으로) 옮겨가지 못한다."

역주

* 상지_{上知}는 상지_{上智}로, 지혜의 등급을 나눌 때 최상위에 있는 사람을 말한다.
* 하우_{下愚}는 어리석음의 등급을 나눌 때 최하위에 있는 사람을 말한다.

해설

사람을 등급으로 나누고 있다. 사람의 기질이나 본성이 다름을 강조한 것이라면 위 2장과 연결해 말하는 것이 옳다. 그렇게 연결한 판본도 여럿이다. 《논형》〈본성本性〉에서 왕충은 공자의 '성상근, 습상원'을 인용하며 선을 익히면 선이 되고, 악을 익히면 악이 되는 중인中人의 본성을 상정한다. 그리고 극선極善과 극악極惡은 더는 학습으로 어떻게 할 수 없다고 한다. 상지를 선으로 보고, 하우를 악으로 본 것이다. 한 대부터 사람의 기질을 상중하 3품으로 나누는 주장이 많았다. 공자는 〈계씨〉 9장에서 정치가를 네 등급으로 나누고 최상을 나면서부터 아는 생이지지生而知之, 최하를 곤란에 부딪쳐도 학습하지 않는 곤이불학困而不學이라 했다. 그리고 〈술이〉 20장에서 공자 자신은 나면서부터 아는 생이지지生而知之가 아니라고 한다. 상지는 성인이고 하우는 곤이불학의 최악의 인물을 말한다고 할 수 있다. 그런데 위 2장 해설의 맹자처럼 인간 존재 자체의 본성을 선하게 본다면 상지든 하우든 선악으로 구분할 수 없다. 하우도 본성은 선한 사람이기 때문이다.

이 장에서 공자가 '오직 바뀌지 않는' 사람이 있음을 말한 의도는 학습을 통한 변화에 중점을 둔 것이지, 본성의 선악에 관심을 둔 것은 아니다. 학습의 핵심은 예악禮樂이다. 성인은 예악을 만들어낸 사람이니 학습으로 바꿀 수 없는 존재이고, 세상에는 예악으로 가르쳐도 바뀌지 않은 최악의 사람이 있다고 보았다.

"최상의 지혜로운 성인과 최하의 어리석은 사람은 예악으로 공부 시켜도 기질이 바뀌지 않는다."

17:4

子之武城, 聞弦歌之聲. 夫子莞爾而笑, 曰: "割雞焉用牛刀?" 子游
對曰: "昔者偃也聞諸夫子曰: '君子學道則愛人, 小人學道則易使
也.'" 子曰: "二三子! 偃之言是也. 前言戲之耳."

•

선생님이 무성에 가서 현악기를 (타며) 노래를 부르는 소리를 들었
다. 스승님께서 빙그레 웃으시며 말했다. "닭을 자르는데 어찌 소
잡는 칼을 쓸까?" 자유가 대답했다. "옛날 언은 스승님으로부터
'군자는 도를 공부하면 사람을 아끼고, 소인은 도를 공부하면 부
리기 쉽다'라는 말을 들었습니다." 선생님이 말씀하셨다. "제군들!
언의 말이 옳다. 앞 말은 농담이었다."

역주

* 현弦은 활시위란 뜻이다. 여기서는 거문고나 비파처럼 팽팽하게
당긴 줄로 소리를 내는 현악기를 말한다.
* 완이莞爾는 소리 내지 않는 작은 웃음, 즉 빙그레 웃는 모양을 말
한다.
* 할割은 칼을 사용해 대상을 나누다, 쪼개다, 가르다 등의 의미다.
* 희戲는 희롱戲弄하다의 용례처럼 놀다, 농담하다 등의 의미다.

해설

〈옹야〉 14장에 자유가 무성의 읍재가 된 소식이 있다. 거기서 공
자는 자유에게 사람을 얻었느냐고 묻는다. 자유는 담대멸명이란
곧은 사람을 얻었다고 말한다. 자유가 무성을 다스린다 하니 공자

는 무척 기뻐한 듯하다. 이 장에서도 공자는 자유가 무성에서 예악을 가르친다는 사실에 매우 기뻐서 그런 농담을 한 듯하다. 자유는 정색하며 정치에 참여하는 왕공 대부의 자제인 군자君子는 도의를 공부해서 애민정치를 하는 데 최선을 다하는 것이 아니냐고 말했다. 또 노동에 종사하는 일반 서민들인 소인小人들에게 예악을 잘 가르쳐두면 교화가 잘되어 부리기 쉽다고 말한다. 자유는 스승이 가르쳐준 정치의 요체인 도道를 예악으로 잘 이해하고 있었던 것이다. 다만 작은 지역을 다스리면서 큰 도의를 적용하는 듯해서 공자가 "닭 잡는 데 소 잡는 칼을 쓴다"라고 염려했다. 사실 정치는 크든 작든 같은 이치일 것이다. 그래서 자유는 "예전에 저는 스승님께서 '정치적 지배층인 군자는 도의를 공부해 백성들을 사랑하는 데 쓰고, 정치적 피지배층인 소인에게 도의에 입각해 예와 악을 가르치면 화목하게 되어 부리기가 쉬워진다'라는 말을 들었습니다"라고 대답했고 공자는 긍정하며 "제군들아! 자유의 말이 옳다. 조금 전 내가 한 말은 농담이었다"라고 정정했다.

17:5

公山弗擾以費畔, 召, 子欲往. 子路不說, 曰: "末之也已, 何必公山氏之之也." 子曰: "夫召我者而豈徒哉? 如有用我者, 吾其爲東周乎?"
·

공산불요公山弗擾가 비를 (기반으로) 반란을 일으키면서 부르자 선생님이 가고자 했다. 자로가 기뻐하지 않으며 말했다. "(갈 곳이) 없으면 그만이지 하필 공산씨에게 가시다니요." 선생님이 말씀하셨다.

"나를 부르는 사람으로 어찌 헛되이 그러했겠는가? 만약 나를 써주는 사람이 있으면 나는 그곳을 동쪽의 주나라로 만들 텐데!"

역주

* 공산불요는 노나라 공족으로 계씨의 읍재였으며 성이 희姬였다. 양호와 함께 계환자를 가두고 국정을 전횡하는 반란을 일으켰다. 불요佛擾는 불유不狃라고도 쓴다.
* 반畔은 배반하다는 뜻으로, 반란의 반叛과 같은 말이다.
* 지之는 간다는 뜻이다.
* 도徒는 여기서 헛된 수고라는 뜻의 도로徒勞의 용례처럼 헛되다, 보람 없다 등의 의미다.
* 동주東周는 주 평왕이 동천東遷한 후를 역사가들이 부르는 동주가 아니라, 주 무왕 시절처럼 위대한 성주成周 같은 나라를 동방 노나라에 건설하겠다는 비유다.

해설

공산불요는 다음 7장에 등장하는 필힐佛肸과 마찬가지로 대부의 가신으로서 자신이 다스리던 지역을 기반으로 대부에게 반란을 일으킨 사람이다. 공산불요는 계씨의 이름으로 공자를 불렀을 테니까 공자가 부름에 응해도 명분에 어긋나지는 않는다. 이때 공자는 학문이 무르익고 정치욕구가 강렬했던 쉰 살이었다. 물론 자로의 반대 때문은 아니지만 공자는 끝내 그 반란에 참여하지 않았다. 그럼에도 부름에 가고자 한 것은 자식이 아비를 배반하고 신하가 군주를 죽이는 엉망진창인 세상을 구제하겠다는 메시아적인 의식으로 도의와 예법이 지배했던 위대한 주나라와 같은 상태를 만들고자 한 열망 때문이었을 것이다. 문왕과 무왕은 공자가 성인 정치가로 떠받드는 인물이다. 공자 스스로는 성인이 아니라고 했다. 그럼에도 문무의 정치를 구현할 수 있다고 말한 것은 자신감 외에 제자들에게 도덕국가 건설이라는 정치참여의 최종 목표를 잊지 말라고 깨우치려는 것인지도 모른다.

"나처럼 정치욕구가 왕성한 사람을 부른 것이 어찌 그냥 빈말이었겠느냐? 실제로 국정을 맡겨보려는 의도였겠지. 만약 그토록 진정으로 나를 써주는 사람이 있으면 나는 동쪽 노나라를 주나라와 같은 위대한 나라로 만들 자신이 있다."

17:6

子張問仁於孔子. 孔子曰:"能行五者於天下, 爲仁矣." 請問之. 曰:"恭寬信敏惠. 恭則不侮, 寬則得衆, 信則人任焉, 敏則有功, 惠則足以使人."

•

자장이 공자에게 어짊에 대해 물었다. 공자가 말했다. "천하에 다섯 가지를 행할 수 있다면 어짊을 실천하는 것이다." 그에 대해 물음을 청하자 말씀하셨다. "공손함, 너그러움, 믿음, 영민함, 은혜로움이다. 공손하면 업신여김을 당하지 않고, 너그러우면 무리의 (지지를) 얻고, 믿음을 (주면) 사람들이 임무를 주고, 영민하면 공을 세우게 되고, 은혜로우면 족히 사람을 부릴 수 있다."

역주

* 민敏은 재빠르다, 총명하다, 영민하다 등의 의미인데 여기서는 행정사무를 영민하게 처리한다는 뜻이다.

해설

《논어》다른 편과 같은 형식을 따르려면 '자장문인子張問仁, 자왈子曰'로 써야 한다. 여기서 '다섯 가지', 이 편 8장에서 '육언六言, 육폐六蔽', 〈요왈〉 2장에서 '오미五美, 사악四惡' 등 숫자를 말하며 몇 가지 덕목 운운하는 방식도 《논어》의 일반적인 문체와 다르다. 하지만 어진 정치 또는 어진 정치가의 덕목을 말하고 있다는 점에서 일관된 공자의 생각을 읽을 수 있다. 자장이 "공손함·너그러움·믿음·영민함·은혜로움[恭寬信敏惠]"이라는 정치덕목이 없어서 지적한 것인지 알 수는 없으나 동지를 규합하고, 민심을 얻고, 안정적으로 권력을 유지하는 데 이 다섯 덕목은 매우 유용해 보인다. 자장은 정치적인 성향이 강한 제자이긴 했으나 공자의 인仁을 어진 정치로 해석할 수 있는 좋은 실례다.

"천하를 대상으로 공손·관용·신뢰·민첩·은혜라는 다섯 가지 덕목을 실천한다면 어진 정치를 실행하는 것이다. 사람을 대하면서 공손하면 윗사람이나 동료들로부터 업신여김을 당하지 않을 것이고, 항상 관용하는 태도를 취하면 많은 동지의 정치적 지지를 얻어낼 수 있고, 대중의 신뢰를 얻으면 정치적으로 중용될 것이고, 매사에 민첩하게 대처하면 정책실행에 성공을 거둘 것이고, 은혜를 베풀면 백성들이 윗사람을 좋아하게 되므로 충분히 사람을 부릴 수 있다."

17:7

佛肸召, 子欲往. 子路曰: "昔者由也聞諸夫子曰: '親於其身爲不善者, 君子不入也.' 佛肸以中牟畔, 子之往也, 如之何!" 子曰: "然. 有是言也. 不曰堅乎, 磨而不磷; 不曰白乎, 涅而不緇. 吾豈匏瓜也哉? 焉能繫而不食?"

•

필힐이 부르자 선생님이 가고자 했다. 자로가 말했다. "예전에 유는 스승님으로부터 '친히 제 몸으로 불선을 행하는 자에게 군자는 (합류해) 들어가지 않는다'라고 들었습니다. 필힐은 중모中牟 땅을 (기반으로) 반란을 일으켰습니다. 선생님이 가심은 어째서입니까!" 선생님이 말씀하셨다. "그렇다. 이런 말이 있다. 단단하다고 말하지 않는가! 갈아도 엷은 돌이 안 되니, 희다고 말하지 않는가! 검은 물을 들여도 검은 옷이 안 되니, 내 어찌 뒤웅박이어야 하는가? 어찌 매달려 있으면서 먹지도 못한 것일 수 있는가?"

역주

* 필힐佛肸은 필힐胇肹이라고도 쓴다. 《사기》〈공자세가〉에 따르면 진晉나라 대부로, 범씨范氏와 중행씨中行氏 소유였다가 조간자趙簡子에 의해 정벌당한 중모 땅의 읍재였다.

* 린磷은 여기서 갈거나 오래 물이 흘러서 엷어진 돌을 말한다.

* 날涅은 갯바닥이나 늪에 있는 검은 앙금흙으로, 검은 물을 들일 때 사용한다.

* 포과匏瓜는 뒤웅박으로, 박속은 먹지 못해 그대로 매달아두었다가 나중에 쪼개서 바가지를 만든다.

해설

자로는 계씨의 가신이었다. 앞 5장에서 그는 스승인 공자가 계씨를 배반한 공산불요에게 가는 것에 반대했다. 공산씨가 주군을 배반한 신하이기 때문이다. 여기 필힐 또한 주군을 배반한 신하다. 그런 무리 속에 들어가려 하는 스승에게 자로가 따진 것이다. 하지만 공자는 어떤 사람의 선하지 못함도 자신을 더럽히지 못한다는 자신감이 있었다. 어진 정치를 구현해 세상을 구할 수만 있다면 어디든 갈 생각이었다. 초가지붕에 매달린 뒤웅박처럼 아무에게도 먹히지 않고 그저 쓸쓸히 늙어가고 싶지 않았던 것이다. 유시언야 有是言也를 "(불선한 사람과 어울리지 않는다는) 그 말을 한 적이 있다"고 해석할 수도 있고, 그다음에 오는 단단함과 힘을 강조하는 말이 있다는 구절을 예시해 "이런 말이 있다"로 해석할 수도 있다.

　"'군자 정치가는 몸으로 도덕을 직접 실천하지 않는 사람과 어울리지 않는다'라는 말을 한 적이 있다. 하지만 자로 너는 이런 말을 들어본 적이 있느냐? 아무리 갈아도 돌이 얇아지지 않는다면 그보다 단단한 것은 없다고 말해야 하지 않겠느냐! 아무리 검은 물을 들여도 옷감이 검어지지 않는다면 그보다 흰 것은 없다고 말해야 하지 않겠느냐! 내가 어찌 아무도 먹지 못하는 뒤웅박처럼 매달려 어디에도 쓰이지 않고 살아갈 수 있겠느냐?"

17:8

子曰: "由也, 女聞六言六蔽矣乎?" 對曰: "未也." "居! 吾語女. 好仁不好學, 其蔽也愚; 好知不好學, 其蔽也蕩; 好信不好學, 其蔽

也賊; 好直不好學, 其蔽也絞; 好勇不好學, 其蔽也亂; 好剛不好
學, 其蔽也狂."

●

선생님이 말씀하셨다. "유야, 너는 육언과 육폐에 대해 들어보았
느냐?" 자로가 대답했다. "아직 못 들었습니다." "앉아라! 내 너에
게 말해주마. 어짊을 좋아하되 공부를 좋아하지 않으면 그 폐단은
어리석음이고, 지혜를 좋아하되 공부를 좋아하지 않으면 그 폐단
은 방탕이고, 믿음을 좋아하되 공부를 좋아하지 않으면 그 폐단은
해침이고, 곧음을 좋아하되 공부를 좋아하지 않으면 그 폐단은 조
급함이고, 용기를 좋아하되 공부를 좋아하지 않으면 그 폐단은 변
란이고, 굳셈을 좋아하되 공부를 좋아하지 않으면 그 폐단은 경솔
함이다."

역주

* 폐蔽는 폐단이다. 뭔가에 가로막혀 생기는 장애를 뜻한다.
* 탕蕩은 여기서는 방탕하다, 방종하다, 방자하다 등의 의미다.
* 교絞는 조급하다, 다급하다 등의 의미다.[4]
* 광狂은 경솔하다, 교만하다 등의 의미다.[5]

해설

〈태백〉 2장에서 공자는 훌륭한 정치가의 덕목으로 공손함[恭]과

---

4 〈태백〉 2장 역주를 참조할 것.
5 〈태백〉 16장, 〈자로〉 21장 역주를 참조할 것.

신중함[愼], 용감함[勇], 곧음[直]을 예로 든다. 예의가 따라주지 않으면 힘들고[勞], 두려워 보이고[葸], 난을 일으키고[亂], 다급하다[絞]라고 말한 적이 있다. 여기서는 '육언육폐六言六蔽'란 공자답지 않은 용어를 썼다. 호인好仁·호지好知·호신好信·호직好直·호용好勇·호강好剛을 육언이라 하고, 우愚·탕蕩·적賊·교絞·난亂·광狂을 육폐라 한다. 폐蔽는 어딘가에 가로막혀 돌파가 되지 않는 경우에 쓰인다. 해결방법으로는 학學, 즉 공부를 제시하고 있다. 순자의 주장과 유사한 부분이 많다. 막힘을 해소한다는《순자》〈해폐〉는 순자 정치사상의 중요한 기초를 이루는데, 순자 또한 해결방법으로 공부를 제시했다.《순자》〈권학〉에서는 널리 공부해 자신을 되돌아보면 밝게 알고 행동하게 되어 모든 잘못이 없어질 것이라고 한다. 공부를 통해 가로막힌 폐단을 제거할 수 있다는 생각은 유학의 중요한 흐름 가운데 하나다.

"앉아라! 내 너에게 여섯 가지 좋아함과 여섯 가지 폐단에 대해 알려주겠다. 어질게 행동하기만 좋아하고 공부를 좋아하지 않아 그 이치를 모르면 그 병폐는 어리석음에 빠지는 것이고, 지혜롭게 되기만 좋아하고 공부를 좋아하지 않아 그 이치를 모르면 그 병폐는 방종에 빠지는 것이고, 믿음만 좋아하고 공부를 좋아하지 않아 그 이치를 모르면 그 병폐는 자기와 남의 삶을 해치게 되고, 솔직함만 좋아하고 공부를 좋아하지 않아 그 이치를 모르면 그 병폐는 다급해지는 것이고, 용기만 좋아하고 공부를 좋아하지 않아 그 이치를 모르면 그 병폐는 난을 일으키는 것이고, 강직함만 좋아하고 공부를 좋아하지 않아 그 이치를 모르면 그 병폐는 교만함에 빠지는 것이다."

17:9

子曰: "小子! 何莫學夫詩? 詩, 可以興, 可以觀, 可以群, 可以怨.
邇之事父, 遠之事君. 多識於鳥獸草木之名."

 •

선생님이 말씀하셨다. "어린아이들아! 어째서 시를 공부하지 않
느냐? 시는 그로써 (뜻을) 일으킬 수 있고, 그로써 (흥망성쇠를) 살펴볼
수 있고, 그로써 (화합으로) 무리를 지을 수 있고, 그로써 (성내지 않고)
원망할 수 있다. 가까이는 부모를 섬기고 멀리는 임금을 섬긴다.
새와 짐승과 풀과 나무의 이름을 많이 기억하게 된다."

역주

* 소자小子는 제자를 사랑스럽게 부르는 말이다.[6]
* 군群은 무리를 말한다. 여기서는 갈등 없이 무리를 이루어 산다
는 뜻이다.
* 조수鳥獸는 새와 짐승을 말한다.《이아》〈석조釋鳥〉에는 "두 개의
다리에 날개가 있는 것을 금禽이라 부르고, 네 개의 다리에 털이
있는 것을 수獸라 부른다"라고 한다.

해설

《시경》을 어떻게 이해하고 읽을 것인가에 대한 구체적이고 명징
한 해설이다. 시를 통해 흥興, 즉 마음속 열정을 격발시킬 수 있고,
관觀, 즉 풍속이 성쇠나 정치적인 득실을 관찰할 수 있고, 군群, 즉

---

6 〈태백〉 3장 역주를 참조할 것.

사회갈등 없이 화합으로 무리 지어 살 수 있고, 원怨, 즉 성내지 않고 원망을 풀어낼 수 있다. 또한《시경》은 인륜을 두터이 하고 아름다운 풍속을 노래해 사회를 교화시키는 작용을 한다. 그래서 마음으로 부모와 군주를 섬기게 된다. 또한《시경》은 각종 동식물과 삼라만상을 모두 시제로 삼기 때문에 비근한 일상의 세세한 이름들을 알 수도 있다. 시는 노래다. 평화로운 시기의 안락한 시는 정치적 화해를 노래하고, 혼란한 시기의 분노의 시는 정치적 분규를 노래하고, 망국 시기의 애절한 시는 백성들의 곤고함을 노래한다.

"어린 제자들아! 너희들은 어째서 시를 공부하지 않느냐? 시는 공부하면 구세의 열정을 일으키게 되고, 정치적 흥망성쇠를 살펴볼 수 있고, 민중 대화합을 이루도록 단결시킬 수 있고, 불만을 해소하고 수준 높은 원망을 할 수 있게 된다. 시를 공부하면 가까이는 부모를 섬기기 좋고 멀게는 군주를 섬기는 데 유용하다. 시를 공부하면 새와 짐승과 풀과 나무의 이름도 많이 알게 된다."

17:10

子謂伯魚曰："女爲〈周南〉〈召南〉矣乎？人而不爲〈周南〉〈召南〉，其猶正牆面而立也與?"

•

선생님이 백어에게 일러 말씀하셨다. "너는 (《시경》의) 〈주남〉과 〈소남召南〉을 (공부)했느냐? 사람이면서 〈주남〉과 〈소남〉을 (공부)하지 않으면 마치 담장에 얼굴을 바로 (마주하고) 서 있는 것과 같은 것이겠지?"

* 〈주남〉과 〈소남〉은 《시경》의 첫 편인 〈국풍〉을 시작하는 편들을 말한다.
* 장면牆面은 얼굴이 담장을 마주하고 있다는 뜻이다.

해설

앞의 9장과 연결된 내용일 수 있다. 〈계씨〉 13장에서 공자는 아들 백어에게 시를 읽지 않으면 사람들과 적절히 대화할 수 없다고 가르친 적이 있다. 이 장에서는 보다 구체적으로 《시경》의 중요한 의미를 가르치고 있다. 사랑과 연민을 다룬 민간의 노래도 많이 들어가 있지만 《시경》의 상당 부분 내용은 주로 자기 몸을 닦고 수양하는 일 또는 정치적인 찬양과 관련이 있다. 〈주남〉과 〈소남〉을 〈이남二南〉이라 부른다. 주공과 소공召公이 남국을 얻음을 칭송하는 시다. '요조숙녀窈窕淑女, 군자호구君子好逑'로 시작하는 문장은 부부의 인연으로 부자간에 가족이 생기고, 이어 군신 간에 윤리가 이루어진다는 논리로 수신에서 제가, 치국으로 연결되는 유가 정치사상의 기초를 담고 있다. 숙녀는 무왕과 주공의 어머니인 태사太姒를 말하고, 군자는 문왕을 유비한 것이라는 주장도 있다. 주나라의 성립과 주나라 사회지배의 윤리를 정당화하는 문화사업이 《시경》을 성립시켰다는 것이다.

"너는 주나라 초 사회윤리를 표현한 《시경》의 〈주남〉과 〈소남〉을 공부했느냐? 사람이면서 〈주남〉과 〈소남〉을 공부하지 않으면 마치 담장에 얼굴을 바로 마주하고 있는 것처럼 그 자리에서 더는 앞으로 나아갈 수가 없을 것이다."

17:11

子曰: "禮云禮云, 玉帛云乎哉? 樂云樂云, 鐘鼓云乎哉?"

•

선생님이 말씀하셨다. "예라, 예라, 옥과 비단을 말하는 것이겠는가? 음악이라, 음악이라, 종이나 북을 말하는 것이겠는가?"

역주

* 옥백玉帛은 옥과 비단 묶음으로, 가례나 빈례 등에 챙겨야 하는 가장 중요한 예물을 말한다.

* 종고鐘鼓는 종고鍾鼓라고도 쓴다. 쇠로 만든 종과 가죽으로 만든 북을 말한다. 음악을 연주하는 가장 중요한 악기였다.

해설

예와 악의 근본에 대한 이야기다. 형식보다 내용이 중요하다는 뜻이다. 《순자》〈대략〉에 이 구절이 인용되어 있는데, 예와 악은 정신이 중요하지 물건이 중요하지 않다고 한다. 《한서》〈예악지禮樂志〉에는 악은 내면을 다스리며, 동同을 구하므로 화친하며, 예는 외면을 수양하며, 이異를 구하므로 외경한다고 한다. 예는 서로를 공경하는 정치사회를 만드는 데 정신이 있고, 악은 서로 화합하는 정치사회를 만드는 데 정신이 있다. 예물을 잘 갖춘다고 예의 정신을 아는 것이 아니고, 악기 연주를 잘한다고 악의 정신을 아는 것이 아니다. 옥백이나 종고는 형식일 뿐 본체일 수 없다.

"우리가 예를 운운하는 것은 옥과 비단 따위의 예물을 이야기하는 것이 아니라 공경의 정신을 말하는 것이다. 우리가 음악을 운운하는 것은 종이나 북 따위의 악기를 이야기하는 것이 아니라 화합의 정신을 말하는 것이다."

17:12

子曰: "色厲而內荏, 譬諸小人, 其猶穿窬之盜也與?"

•

선생님이 말씀하셨다. "낯빛은 엄하나 내면이 나약함을 소인에 비유하면 (벽에) 구멍을 뚫거나 (담을) 넘는 도둑과 같겠지?"

역주

* 려厲는 세차다, 엄숙하다 등의 의미다.
* 임荏은 들깨를 뜻하는데, 나약하고 연약한 부드러움을 말할 때 쓰인다.
* 천유지도穿窬之盜에서 천穿은 벽에 구멍을 뚫는 것이고, 유窬는 대문 옆의 작은 협문을 말하며 담을 넘는다는 동사로도 쓰인다. 천유지도는 남의 집 벼락에 구멍을 뚫거나 담을 넘는 좀도둑을 뜻한다.

해설

소인은 일반 평민을 지칭하는 말이기도 하고 정치적으로 도덕군자의 반대편에 선 인물이기도 하다. 겉으로 엄숙한 체하지만 속은 나약한 사람이 정치를 하면 소인의 정치가 된다. 군자 정치가는 도의에 뜻을 두고 용감하게 정책을 수행하지만, 소인 정치인은 재물이나 탐하고 남의 것을 빼앗는다.

"낯빛은 엄숙하게 하지만 내면은 나약한 사람은 소인의 정치를 한다. 그저 남의 담벼락에 구멍을 뚫거나 남의 담장을 넘는 좀도둑과 같은 인물이다."

17:13

子曰: "鄕原, 德之賊也."

•

선생님이 말씀하셨다. "시골의 위선자야말로 덕을 해치는 자들이다."

역주

* 향원鄕原의 향鄕은 약간 비하하는 뜻으로 시골을 말하며, 원原은 삼갈 원愿 자와 같다. 향원은 행동을 삼가며 그럴듯하게 꾸미는 시골의 위선자를 말한다.

해설

〈자로〉 21장에서 공자는 훌륭한 정치가를 만나지 못하면 광狂·견狷과 함께하겠다고 말한다. 광자狂者는 뜻이 크고 진취적인 사람이고, 견자狷者는 지조가 굳어 그릇된 행동을 하지 않는 사람이다. 이에 대비되는 존재가 향원鄕愿이다. 《맹자》〈진심 하〉에는 광자·견자와 비교하며 향원에 대해 아주 길게 설명하고 있다. 향원은 숨기며 세상에 아양을 떠는 사람이라고 비판한다. 언행이 불일치하고 충성·믿음·청렴·순결을 내세우지만 사실은 더러운 것에 영합하는 사람을 향원이라고 한다. 공자는 향원을 극도로 미워했다. 위선자야말로 대놓고 반대하거나 나쁜 짓을 하는 사람보다 훨씬 위험한 사람이다.

"고을의 위선자야말로 유덕한 세상을 망치는 가장 나쁜 자들이다."

17:14

子曰: "道聽而塗說, 德之棄也."

•

선생님이 말씀하셨다. "길에서 (소문을) 듣고 길에서 (전달해) 말하는 것은 덕을 버리는 짓이다."

역주

* 도塗는 길이다. 길 도途 자로 쓰인 판본이 많다.

해설

《순자》〈대략〉에 따르면 군자는 의혹이 생긴다고 해서 아무렇게나 말하지 않는다. 깊이 탐문해 자신의 주장이 세워지지 않으면 말하지 않아야 한다. 도로에서 바로 전달하지 않아야 하니 길이 멀수록 덕을 생각할 기회가 많을 것이다.

"길거리에서 왈가왈부하는 이야기들을 듣고 생각 없이 전달해 옮기는 것은 덕을 쌓기를 포기하는 행위다."

17:15

子曰: "鄙夫! 可與事君也與哉? 其未得之也, 患得之; 既得之, 患失之. 苟患失之, 無所不至矣."

•

선생님이 말씀하셨다. "비루하다! 더불어 군주를 섬길 수 있겠는가? 아직 얻지 못했을 때는 그것을 (어떻게) 얻을까를 걱정하고, 이미 얻었으면 그것을 잃을까 걱정하고, 진실로 잃게 될 것을 걱정하면 (행동이) 닿지 않는 바가 없다."

역주

* 비鄙는 도시에서 멀리 떨어진 시골마을을 뜻하는 말이기도 하며 인색하다, 비루하다, 더럽다, 천하다 등의 의미로 쓰인다.

해설

앞 비부鄙夫를 뒤 구절과 연결해 "비루한 사내(사람)"로 번역할 수도 있다. 뜻은 같다. 정치적 동지가 될 수 없는 사람에 대한 이야기다. 함께 군주를 섬길 수 없는 사람을 공자는 욕설에 가까운 비鄙 자를 사용해 비난하고 있다. 《논어》에서 공자는 여러 차례 비鄙 자를 사용한 적이 있다. 함께 군주를 섬긴다는 것은 정치에 종사한다는 말이다. 그렇다면 여기서 얻는다는 말은 녹위祿位, 즉 녹봉과 지위다. 우리는 수많은 사람이 돈과 명예를 얻기 위해 안 하는 짓이 없고, 그것을 잃지 않기 위해 못 하는 짓이 없음을 잘 알고 있다. 공자의 시대에도 마찬가지였을 것이다.

"천박한 소인과 함께 정치에 종사할 수 있겠는가? 그들은 녹봉과 지위를 얻지 못하면 그것을 어떻게 얻을까 걱정해 온갖 짓을 다하고, 녹봉과 지위를 이미 얻으면 어떻게 하면 그것을 잃지 않을까 걱정해 온갖 짓을 다하고, 정말 잃을지도 모른다는 걱정을 하면 그 어떤 사악한 짓도 가리지 않는다."

17:16

子曰: "古者民有三疾, 今也或是之亡也. 古之狂也肆, 今之狂也蕩; 古之矜也廉, 今之矜也忿戾; 古之愚也直, 今之愚也詐而已矣."

•

선생님이 말씀하셨다. "옛 백성들에게는 세 가지 질병이 있었는데 오늘날은 혹 이것마저 없구나. 옛날에 뜻이 큰 사람은 거리낌 없이 (간언을) 했는데, 오늘날에 뜻이 큰 사람은 방탕하기만 하다. 옛날에 긍지가 있는 사람은 모나 나게 (엄격) 했는데, 오늘날에 긍지가 있는 사람은 사납게 성을 낸다. 옛날에 우직한 사람은 곧게 (행동) 했는데, 오늘날에 우직한 사람은 거짓말을 한다."

역주

* 사肆는 방자하다는 뜻이나 여기서는 작은 예절에 구애받지 않고 거리낌 없이 행동함을 말한다.
* 긍矜은 불쌍히 여긴다는 뜻도 있으나 여기서는 과도하게 긍지矜持가 높은 사람을 말한다.
* 염廉은 모가 난다는 뜻이다. 모날 정도로 엄격하게 각을 세운다는 말이다.

* 분려忿戾는 사납게 성을 낸다는 뜻으로, 싸움에 이른다는 말이다.
* 사詐는 간사하게 사람을 속인다는 뜻이다.

해설

《논어》에는 광狂 자가 여러 차례 등장한다. 뜻이 크고 말이 높아 무례하게 보이는 사람이다. 긍矜은 과도할 정도로 긍지가 높아 타협이 어려운 사람이다. 우愚는 고지식하고 어리석은 사람이다. 셋 모두 한쪽에 치우친 사람들로, 옛날부터 병폐로 여겼다. 그러나 작은 예절에 구애받지 않고 간언을 해 높은 뜻을 드러내고, 엄격하게 자기를 관리하면서 긍지를 내세우고, 언행이 올곧은 고지식함이라면 치우침을 보완할 수 있을 것이다. 옛날 사람들은 그렇게 했다. 그런데 오늘날은 그 본질을 다 잃고 방탕하거나 성을 내거나 사기를 친다.

"옛날 정치에 참여한 백성은 세 가지 편향된 병폐를 안고 있었는데 오늘날은 그런 경향마저 없어졌구나. 옛날에 뜻이 너무 큰 병을 지닌 사람은 거리낌 없이 간언을 했는데, 오늘날에 뜻이 큰 사람은 간언은커녕 제멋대로 방종하기만 하다. 옛날에 긍지가 너무 높은 병을 지닌 사람은 모나 날 정도로 엄격하게 자기관리를 했는데, 오늘날에 긍지 높은 사람은 사납게 성을 내며 분란을 일으킨다. 옛날에 고지식한 사람은 어리석을 정도로 언행을 곧게 했는데, 오늘날에 고지식한 사람은 남을 속이는 언행을 쉽게 한다."

17:17

子曰: "巧言令色, 鮮矣仁!"

•

선생님이 말씀하셨다. "말을 교묘하게 하고 낯빛을 잘 지으면서 어진 경우는 드물다."

해설

〈학이〉3장의 중복이다.

17:18

子曰: "惡紫之奪朱也, 惡鄭聲之亂雅樂也, 惡利口之覆邦家者."

•

선생님이 말씀하셨다. "자주색이 붉은색을 빼앗음을 미워하고, 정 나라 소리가 아악을 어지럽힘을 미워하고, 말 잘하는 사람이 나라 와 집안을 뒤집음을 미워한다."

역주

* 아악雅樂은 즐거워도 방탕함에 이르지 않고 슬퍼도 비애에 빠지 지 않는 바르고 단정한 정악을 말한다.
* 이구利口는 실체가 없는 말을 날카롭게 잘한다는 뜻이다.
* 복覆은 뒤집다, 무너뜨리다, 전복시키다 등의 의미다.

해설

《맹자》〈진심 하〉에 공자의 이 구절을 인용하며 더 상세하게 해설하고 있다. 말 잘하는 입을 미워함은 그것이 믿음을 어지럽힐까 두려워서이고, 정나라 음악을 미워함은 그것이 아악을 어지럽힐까 두려워서이고, 자주색을 미워함은 그것이 붉은색을 어지럽힐까 두려워서라고 한다. 청적흑백靑赤黑白이 정색正色이고 흑색과 적색의 중간인 자紫색은 간색間色이다. 정나라 음악은 애조가 깊어서 사람의 마음을 흔들어놓는다. 실력은 없으면서 말만 번지르르하게 잘해 아첨으로 시류에 편승하는 사람은 나라를 무너뜨린다.

"간색인 자주색이 정색인 붉은색의 바름을 빼앗음이 나는 싫다. 애절한 정나라 음악이 단정한 아악을 어지럽힘이 나는 싫다. 실력도 없으면서 말만 잘해 아첨하는 사람이 나라를 뒤집어엎는 것이 나는 싫다."

17:19

子曰: "予欲無言." 子貢曰: "子如不言, 則小子何述焉?" 子曰: "天何言哉? 四時行焉, 百物生焉, 天何言哉?"

•

선생님이 말씀하셨다. "나는 말을 하지 않으려고 한다." 자공이 말했다. "선생님이 말하지 않으시면 (저희) 어린아이들은 무엇으로 (도를) 기술합니까?" 선생님이 말씀하셨다. "하늘이 무슨 말을 하더냐? 사계절이 지나고 온갖 사물이 살아가는데 하늘이 무슨 말을 하더냐?"

* 술述은 글로 기술함을 말하는데, 여기서는 도의 전승을 뜻한다.

해설

도를 전달하는 데 언어는 무용하다고 말하는 듯하다. 하나를 들으면 열을 아는 안회가 일찍 죽고 그만한 제자들이 없음에 안타까워서 한 말일 수도 있다. 자공은 매우 똑똑한 제자였음에도 스승의 말씀이 없으면 도를 깨칠 수도 전할 수도 없다고 말한다. 공자가 이를 경계해 한 말일 수 있다. 천天에 대해 공자는 순수한 자연물 이상의 의미를 부여하고 두려워했다. 《순자》〈천론〉에는 천을 만물이 그에 의지해 생장하는 자연물이므로 알려고 할 필요가 없다고 말한다.

　"하늘이 무슨 말을 하는 존재이더냐? 그럼에도 이치에 따라 사계절이 운행되고 온갖 삼라만상이 천에 의지해 살아가는데 하늘이 무슨 말을 해서 그렇게 되는 것이더냐?"

17:20

孺悲欲見孔子, 孔子辭以疾. 將命者出戶, 取瑟而歌, 使之聞之.

•

유비孺悲가 공자를 보고자 했다. 공자가 질병을 (평계로) 사양했다. 명을 (전달한) 자가 장차 지게문을 나서려고 하자 거문고를 취해 (연주하면서) 노래를 불러 그로 하여금 듣게 했다.

* 유비에 대한 역사기록은 거의 없다. 노나라 사람으로,《예기》〈잡기〉에 따르면 노 애공이 그를 공자에게 보내 사상례土喪禮를 배우게 했다고 한다.

해설

유비가 예법에 맞지 않는 잘못을 저질렀기 때문에 공자가 그를 만나주지 않은 것이다. 그리고 거문고 가락에 얹어 큰 소리로 노래를 불러 유비에게 듣게 한 것은 암암리에 깨우쳐주기 위해서일 것이다. 아마도 노 애공은 공자에게 예를 배우라고 유비를 보냈는데, 유비가 제대로 예를 갖추지 않고 불쑥 찾아온 듯하다.《의례》〈사상견례土相見禮〉의 소疏에는 유비가 중간에서 자기소개를 제대로 하지 않았기 때문이라고 한다. 병을 핑계로 만나주지 않으면서 실제로 아프지 않음을 동시에 들려주어 예를 제대로 갖추라고 깨우쳐주는 특별한 교육방법이다. 유비는 곧 반성하고 제대로 예를 갖추어 공자에게 직접 예를 배웠을 것이다.

17:21

宰我問: "三年之喪, 期已久矣. 君子三年不爲禮, 禮必壞; 三年不爲樂, 樂必崩. 舊穀旣沒, 新穀旣升, 鑽燧改火, 期可已矣." 子曰: "食夫稻, 衣夫錦, 於女安乎?" 曰: "安." "女安則爲之! 夫君子之居喪, 食旨不甘, 聞樂不樂, 居處不安, 故不爲也. 今女安, 則爲之!" 宰我出. 子曰: "予之不仁也! 子生三年, 然後免於父母之懷. 夫三年之喪, 天下之通喪也. 予也, 有三年之愛於其父母乎?"

•

재아가 물었다. "삼년상은 1년으로도 이미 오래입니다. 군자가 3년
동안 예를 실천하지 않으면 예는 반드시 무너질 것이며, 3년 동안
음악을 하지 않으면 음악이 반드시 붕괴할 것입니다. 옛 곡식이 이
미 없어지고 새 곡식이 이미 올라오고, 부싯돌 불씨도 바뀌므로 1년
이면 (상을) 끝내도 될 것입니다." 선생님이 "쌀밥을 먹고 비단을 입
으면 너에게 편안하냐?"고 말씀하시자 "편안합니다"라고 말했다.
"네가 편안하다면 그렇게 해라! 군자는 상중에 있으면 맛있는 음
식을 먹어도 달지가 않고, 음악을 들어도 즐겁지 않으며, 사는 곳
도 편안치 않으니 그래서 하지 않는 것이다. 지금 네가 편안하다면
그렇게 해라!" 재아가 나가자 선생님이 말씀하셨다. "여는 어질지
못하구나! 자식은 태어나 3년이 지난 뒤에야 부모 품을 면한다. 삼
년상은 천하에 통용되는 상례다. 여도 제 부모로부터 3년의 사랑
은 있었겠지?"

역주

* 기期는 1년을 말한다.
* 찬수鑽燧의 찬鑽은 구멍을 뚫어 나무로 불을 일으키는 도구이며,
수燧는 부싯돌이다. 찬수는 불씨를 취하는 나무를 말한다. 월령月
令에 따르면 봄에는 청색인 유楡(느릅나무)와 류柳(버드나무), 여름에는
적색인 조棗(대추나무)와 행杏(살구나무), 가을에는 백색인 작柞(떡갈나
무)과 유楢(졸참나무), 겨울에는 흑색인 괴槐(느티나무)와 단檀(박달나무)
을 사용했다고 한다.

* 도稻는《설문해자》에 따르면 찰벼 도秫라고 한다. 당시 북방의 주식은 서직黍稷, 즉 기장이었으며 벼를 귀한 음식으로 여겼으나 주식은 아니었다.

* 거상居喪은 상을 치르다, 상중에 있다 등의 의미다.

* 지旨는 숟갈로 떠서 입으로 핥는다는 의미로, 맛있는 음식이란 뜻이다.

해설

재아가 삼년상이라는 예법을 바꾸고 싶어서 따진 것은 아닐 것이다. 삼년상은 돌아가신 지 3년이 되는 달인 스물다섯 달 되는 때에 마친다(스물일곱 달이라는 설도 있다). 만 2년을 말한다. 재아는 스승에게 기년期年, 즉 1년이면 된다는 의견을 나름대로의 이유를 들어 개진했다. 이에 공자는 혹독한 비판을 한다. 재아는 《논어》에 여러 차례 등장하며 공자로부터 말을 잘하고 게으르다는 비판을 듣는 제자였다. 여기서도 재아는 예악의 실천을 예로 들며 삼년상 동안 예악이 멈추어서는 안 됨을 설파하고, 자연의 이치와 인간 삶의 중요성 측면에서 해가 바뀌면 상도 끝내는 게 옳지 않느냐는 과학적인 질문을 제기한다. 공자는 재아의 논리와 근거가 아닌 정신을 비판했다. 삼년상은 기한의 문제가 아니라 정신의 문제라는 것이다. 태어나 부모 품에서 얻은 사랑을 기억하는 정신의 문제이며, 부모가 돌아가심에 좋은 음식도, 예쁜 옷도, 아름다운 음악도, 좋은 거처도 다 불편하게 느껴지는 마음의 문제라는 것이다. 몸이 편하고 싶어 삼년상이 길다고 말하면서 굳이 예악과 자연의 이치를 운운하는 재아를 질타하면서 천자에서 서인까지 모두 받아들인 통상通喪

으로서 삼년상을 옹호한다.

"단 음식과 비단 옷이 네게 편안하다면 그렇게 해라! 군자는 부모상을 당하면 아무리 맛있는 음식을 먹어도 달지 않고, 아무리 아름다운 음악을 들어도 즐겁지 않으며, 아무리 편안한 집에 살아도 마음이 편안하지 않다. 그래서 하지 않는 것이다. 지금 네가 의식주를 편안하게 하고 싶어서 삼년상을 치르지 않겠다면 그렇게 해라!"공자는 재아의 인격을 비난했다. "재아는 참 어질지 못한 사람이구나! 부모는 자식이 태어나면 3년을 품에 안고 있다가 간신히 내려놓는다. 삼년상은 그런 부모에 대한 정신적인 그리움이어서 천자로부터 서인에까지 통용되는 상례다. 재아도 자기 부모가 3년을 품에 안고 놓지 않은 사랑을 받았을 텐데!"

17:22

子曰: "飽食終日, 無所用心, 難矣哉! 不有博弈者乎, 爲之猶賢乎已."

•

선생님이 말씀하셨다. "종일 배불리 먹고 마음을 쓰는 바가 없으면 (수신하기) 어렵다. 장기와 바둑이 있지 않은가! 그것을 하는 것이 그만두는 것보다 현명하다."

역주

* 포飽는 많이 먹어서 배가 가득 참을 말한다.
* 박博은 판 위의 말을 움직이는 놀이, 즉 장기를 말한다.

* 혁奕은 위기圍碁(또는 圍棋), 즉 작은 돌들을 에워싸는 놀이인 바둑을 말한다.

해설

용심用心, 즉 마음을 쓴다는 것은 정신활동을 말한다. 배부르게 먹고 온종일 어떤 정신활동도 하지 않는 것이야말로 덕을 기르고, 뜻을 키우고, 수신을 하는 데 방해가 된다. 정성스럽게 무언가에 집중하라는 가르침이다.《맹자》〈고자 상〉에는 전심전력 뜻을 기울인 바둑의 고수를 높이고 있으며,《순자》〈수신修身〉은 배불리 먹기만 하는 것은 수신에 방해가 된다고 한다. 공자가 장기와 바둑을 권한 것이 아니라 아무것도 하는 일 없이 멍하게 먹고만 지내는 삶을 질타한 것이다.

"온종일 배불리 먹기만 하고 정신활동을 전혀 하지 않으면 덕을 쌓거나 뜻을 기르기 어렵다. 차라리 장기와 바둑이라도 두는 것이 아무것도 하지 않는 것보다 낫다."

17:23

子路曰: "君子尙勇乎?" 子曰: "君子義以爲上. 君子有勇而無義爲亂, 小人有勇而無義爲盜."

•

자로가 말했다. "군자는 용기를 숭상합니까?" 선생님이 말씀하셨다. "군자는 의로움을 최고로 여긴다. 군자에게 용기가 있으면서 의로움이 없으면 변란을 일으키고, 소인에게 용기가 있으면서 의로움이 없으면 도둑이 된다."

역주

* 상尙은 높이다, 숭상하다 등의 의미다. 여기서는 다음 구절의 최고로 여긴다는 뜻의 상上 자와 같은 의미다.

해설

진정한 용기는 정의실현에 있다는 말이다.《맹자》〈양혜왕 하〉에는 눈을 부릅뜨고 칼을 빼드는 따위의 용기는 필부의 용기이며, 위대한 정치를 펼쳐 한번 노하면 천하의 백성들이 편안해지는 것이 진정한 용기라고 한다.《순자》〈영욕〉에는 재물이나 이익 때문에 화를 내는 것은 도적의 용기라고 한다. 이 장에서 공자가 말하는 의義는 정의이기도 하고 예의이기도 하다. 다음 장에 '용이무례勇而無禮' 용례가 있다. 훌륭한 정치가인 군자는 용감하되 예의가 받쳐주기 때문에 도의의 정치를 실현할 수 있다.

"군자 정치가는 예의의 실현을 최고의 가치로 여긴다. 정치인인 군자가 용기만 있고 예의가 받쳐주지 않으면 난을 일으키고, 소인에게 용기만 있고 예의가 없으면 도적질을 한다."

17:24

子貢曰:"君子亦有惡乎?"子曰:"有惡: 惡稱人之惡者, 惡居下流而訕上者, 惡勇而無禮者, 惡果敢而窒者." 曰:"賜也亦有惡乎?" "惡徼以爲知者, 惡不孫以爲勇者, 惡訐以爲直者."

•

자공이 말했다. "군자 역시 미워하는 것이 있습니까?" 선생님이 말씀하셨다. "미워하는 것이 있다. 다른 사람의 나쁜 점을 외쳐대는 사람을 미워하고, 하류 (계층으로) 살면서 윗사람을 헐뜯는 사람을 미워하고, 용기가 있으나 예의가 없는 사람을 미워하고, 과감하지만 꽉 막힌 사람을 미워한다." "사 역시 미워함이 있느냐?"라고 말씀하시자 "(뒤로) 조사를 해놓고는 안다고 하는 사람을 미워하고, 불손하면서 용기 있다고 하는 사람을 미워하고, (남의 잘못을) 들추어내고는 곧다고 하는 사람을 미워합니다"라고 말했다.

역주

* 하류下流는 물 아래란 뜻인데, 《논어》 성립 당시의 문법과 맞지 않는다. 한나라 이전 주소나 다른 용례에서는 '아래 자리의 사람'이란 뜻으로 거하居下 또는 거하위居下位 정도로 썼을 뿐, 유流 자가 붙은 사례는 없다. 후대 편집자가 잘못 써넣은 듯하다.[7]

* 산訕은 손윗사람을 헐뜯고 비방한다는 뜻이다.

* 질窒은 통하지 못하고 꽉 막혀 있음을 뜻한다.

* 요徼는 돌아다니며 살피는 것, 즉 남의 뒷조사를 하고 다니는 것을 말한다.

* 불손不係은 불손不遜으로, 겸손하지 않다는 뜻이다.

* 알訐은 남의 단점을 지적하고 들추어내는 것을 말한다.

....

7 유보남, 앞의 책, 708쪽을 참조할 것.

자공은 훌륭한 정치가인 군자는 모든 백성들에게 인仁을 실천하므로 미워하는 사람이 없을 것이라고 생각했다. 그런데 공자는 정치 일선에 있는 군자는 도의의 정치를 실현하는 데 방해가 되는 정치적 반대자들을 미워한다고 말한다.

"군자 정치가도 싫어하는 사람이 있다. 다른 사람의 결점을 들추어대 정치의 도의를 어지럽히는 사람을 미워하고, 아랫사람이면서 윗사람을 헐뜯어 윤리관계를 무너뜨리는 사람을 미워하고, 용기를 앞세워 무례한 행동으로 사회질서를 어지럽히는 사람을 미워하고, 과감하게 행동하지만 꽉 막혀서 생각 없이 난동을 부리는 사람을 미워한다."

정치세계의 파당싸움을 보면 쉽게 이해할 수 있는 대목이다. 당시에도 정쟁이 치열했던 듯하다. 그다음 구절은 주어가 불분명하다. "자공도 미워하는 사람이 있느냐?"는 물음 앞에 주어가 없어서 오해를 불러일으키기도 한다. 글의 순서로 보면 공자의 말에 이어서 자공이 "제가 또 미워해야 할 사람이 있습니까?"라고 묻고, 마지막 구절은 공자가 답한 말로 해석된다. 그러나 왈曰 자를 사賜 앞에 붙이면 공자가 자공에게 묻는 말이 되고, 뒤는 자공의 대답이 된다. 정치에 일가견이 있다고 칭찬을 받은 바 있는 자공 또한 정치적 반대자들의 부도덕한 행위를 미워하며 스승이 한 말을 비슷하게 받아서 대답했다.

"남의 뒷조사를 해서 안 것이면서 지혜롭다고 떠드는 사람을 미워하고, 무례하고 불손하게 행동하면서 용기 있다고 떠드는 사람을 미워하고, 남의 단점을 들추어 비방을 하면서 솔직하다고 떠드는 사람을 미워한다."

17:25

子曰: "唯女子與小人爲難養也, 近之則不孫, 遠之則怨."

•

선생님이 말씀하셨다. "오직 여자와 소인은 기르기가 어려우니 가까이하면 불손하고 멀리하면 원망한다."

역주

* 양養은 기른다는 의미인데 여기서는 마주하다는 뜻의 대待 자와 같다.

해설

불손과 원망 같은 사회병폐를 경계하라는 주문이다. 《주역》〈가인 괘家人卦〉, 《좌전》〈희공 24년〉 등에 부녀자는 만족을 잘 모르고 원망이 잦다는 평가를 달고 있다. 도덕군자의 반대로서 소인도 그러한 존재다.

"오직 군주의 여자와 소인 정치인은 응대하기가 어렵다. 그들을 가까이하면 불손해지고, 그들을 멀리하면 원망을 받는다."

17:26

子曰: "年四十而見惡焉, 其終也已."

•

선생님이 말씀하셨다. "나이가 마흔인데 (사람들의) 미움을 만나면 그건 끝이다."

해설

마흔은 불혹不惑이다. 도덕 수양을 완성해 그 어떠한 외부의 유혹에도 미혹되지 말아야 할 나이다. 그 나이에 미움을 산다는 것은 더 수양할 기회가 없다는 뜻이다.

"마흔 살이 넘었는데도 덕이 없어서 남의 미움을 산다면 그 인생은 끝장이다."

공자의 말로 보기에는 뭔가 석연치 않은 구석이 있다. 누구에게 하는 말인지도 알 수 없다.

18편	미자 微子

모두 열한 장이다. 공자가 듣거나 만난 사람들에 대해 이야기하고 있다. 역사상 훌륭한 인물로 칭송받는 사람들의 뛰어난 점을 말하는 대목도 있고, 은자들의 행위를 가감 없이 보여주는 장절도 있다. 정치유세를 다니는 중에 공자가 겪은 고단한 모습을 이해할 수 있다. 수많은 인물이 등장하지만 구체적인 모습은 정확히 드러나지 않는다.

18:1

微子去之, 箕子爲之奴, 比干諫而死. 孔子曰: "殷有三仁焉."

•

미자는 떠났고, 기자는 노예가 되었으며, 비간比干은 간언하다가 죽었다. 선생님이 말씀하셨다. "은나라에는 세 분의 어진 사람이 있었다."

역주

* 미자의 이름은 계啓(이후 한 경제景帝의 이름을 피해 계開로 씀)다. 미微는 국명이고 자子가 작위다. 제을帝乙의 큰아들로, 폭군 주왕의 서출 형이다. 간언을 했으나 주왕이 듣지 않자 은나라를 떠났다. 주공 섭정 기간에 송宋에 봉해져 은의 제사를 잇도록 했다.

* 기자는 은나라 29대 왕 제을의 동생으로, 마지막 왕 주왕의 숙부 다. 본명은 서여胥餘라 하며 기箕는 봉지, 자子는 작위다. 주왕이 간 언을 듣지 않자, 도망가는 대신에 머리를 풀어 헤치고 미친 척하다 가 잡혀 노예가 되었다. 주 무왕 때 석방되어 조선에 봉해졌다고 한다. 《서경》〈홍범洪範〉은 그의 언어라고 하는데, 사실 여부는 아 직 논쟁 중이다.

* 비간은 주왕의 숙부이며 성은 자子, 씨는 비比, 이름은 간干이다. 은 주왕의 태사였으나 주왕의 폭정을 간언하다가 주살당했다. 주 왕은 "성인의 심장에는 일곱 개의 구멍이 있다는데 확인해보자"라

면서 비간을 죽여 심장을 갈랐다. 주나라 무왕이 그의 아들을 봉해 임씨林氏의 시조가 되었다.

* 삼인三仁은 미자·기자·비간 등 세 분의 어진 사람을 말한다. 떠남, 노예가 됨, 간언하다 죽음 등 세 가지 정치행위로 해석해도 통한다.

해설

은나라 마지막 왕 주왕 제신帝辛은 폭정의 대명사로 불린다. 본디 걸출한 정치가였던 제신은 사방을 토벌해 업적을 이루는가 싶더니 달기妲己를 들인 뒤에 주색에 빠져 민심을 크게 이반했다. 그를 가르쳤던 숙부 비간은 충심으로 간언하다 죽임을 당해 심장이 꺼내졌다. 또 한 명의 숙부인 태사 기자는 주왕이 상아를 젓가락으로 사용하는 등 사치가 극에 이르자 간언을 거듭했다. 간언이 받아들여지지 않으니 떠나라는 주변의 권유를 받고도 차마 떠나지 못하고 미치광이 행세를 하다 잡혀서 노예가 되었다. 주왕의 배다른 형인 미자는 주왕이 간언을 들어주지 않자 삼정의 기물을 안고 은나라를 떠나 주나라로 망명해버렸다. 공자는 이들을 가리켜 "은나라에 세 분의 어진 정치가가 있었다"라고 칭송했고 이들은 은의 삼인三仁으로 역사에 회자되고 있다. 공자가 주장하는 어진 정치, 즉 인정仁政은 폭정의 반대라는 의미이기도 하고, 정치가 잘못되면 충심으로 간언하는 것이 어진 정치가의 모범이라는 의미이기도 할 것이다. 망명·감옥살이·죽음 등 세 가지 다른 상황을 모두 인仁으로 뭉뚱그려 그들의 정치행위를 평가한 공자의 의도는 국가적인 혼란과 백성의 안녕에 대한 걱정을 유덕한 행위로 보았기 때문이 아닐까.

18:2

柳下惠爲士師, 三黜. 人曰: "子未可以去乎?" 曰: "直道而事人, 焉
往而不三黜? 枉道而事人, 何必去父母之邦."

•

유하혜가 사사가 되었는데 세 번 쫓겨났다. 어떤 사람이 "당신은
아직도 떠나지 못하는 것이오?"라고 물었다. 유하혜가 말했다. "곧
은 도로 사람을 섬긴다면 어찌 지난들 세 번은 쫓겨나지 않겠는
가? 도를 굽혀서 사람을 섬긴다면 하필 부모의 나라를 떠나야만
하겠는가?"

역주

* 사士는 조사한다는 의미로, 사사士師는 소송과 옥사를 담당하는
하사급의 하급 관료다.
* 출黜은 내쫓기다, 물러나다, 물리치다 등의 의미다.

해설

〈위령공〉 14장에서 공자는 장문중이 자기 휘하의 현명한 신하 유
하혜를 천거해 조정에 쓰지 않았다고 비판한 적이 있다. 이 장에서
공자의 평가는 없지만 공자의 제자들 사이에서 유하혜의 인기가
많았던 듯하다. 유하혜는 《맹자》에 여러 차례 등장하는데 작은 관
직도 천하게 여기지 않고 군주를 부끄럽게 만들지도 않은 대 화합
의 성인으로 추앙받는다. 중간급 관료를 하면서 거듭 쫓겨나는 것
은 굴욕적인 일이지만 유하혜는 조금도 개의치 않았고 그런 나라
를 떠날 생각도 없었다.

"윗사람을 섬기면서 정직한 도에 입각해 간언을 자주 한다면 어디를 간들 세 번은 관직에서 쫓겨나지 않겠는가? 윗사람을 섬기면서 도에 입각해 간언을 할 수 없다고 해 굳이 부모의 나라를 꼭 떠나야만 하겠는가?"

사적인 이익을 감춘 채 온갖 구실로 조국을 떠나는 사람들이 역사든 현실이든 얼마나 많은가.

18:3

齊景公待孔子, 曰: "若季氏則吾不能, 以季孟之間待之." 曰: "吾老矣, 不能用也." 孔子行.

•

제 경공이 공자를 대우하고자 말했다. "계씨처럼 (대우하기는) 나는 할 수 없으니 계씨와 맹씨孟氏 사이로 그대를 대우하리다." (나중에) 말했다. "나는 늙어서 쓸 수가 없다." 공자가 떠났다.

역주

* 대待는 여기서 대우待遇·우대優待의 용례로 쓰였다.
* 행行은 여기서 가다, 떠나다, 달아나다 등의 의미로 쓰였다.

해설

계씨는 상대부로, 당시 노나라 땅의 반을 차지할 정도의 실력이 있었다. 맹씨는 하대부로, 노나라 땅의 4분의 1을 차지하고 있었다. 제 경공이 처음 공자를 면담하고는 "노나라 군주가 계씨를 대우한 것처럼 당신을 대우할 수는 없으나 계씨와 맹씨의 중간 정도는 우대할 수 있을 것이오"라고 말했다. 그러나 나중에 다른 자리에서 "내가 늙어서 공자를 임용할 수가 없다"라고 말했다. 공자는 이 말을 전해 듣고 제나라를 떠나 노나라로 돌아갔다. 이 일화는 《사기》〈공자세가〉에도 보인다. 노나라에 난이 일어 소공이 제나라로 망명했을 때 공자가 따라갔다. 제 경공은 그에게 정치에 대해 물었고, 공자는 "군주는 군주답고, 신하는 신하답고, 아버지는 아버지답고, 아들은 아들다워야 한다"라고 응대하면서 재화의 절약에 대해 충고했다고 한다. 공자 나이 마흔 살 전후였고 제 경공은 예순 살 정도였다. 공자는 자신을 적절하게 대우하지 않아서 떠난 것이 아니라, 그의 말이 쓰이지 않아 떠난 것이다.

18:4

齊人歸女樂, 季桓子受之. 三日不朝, 孔子行.

•

제나라 사람이 여악사를 보내자 계환자가 그들을 받아들였다. (노정공이) 사흘 동안 조회에 들지 않자 공자가 떠났다.

역주

* 귀歸는 음식이나 선물을 보낸다는 뜻이다.
* 여악女樂의 악樂은 춤·노래·악기를 통칭하는 말이며, 여악은 춤을 추고 악기를 다루는 여자 악사를 뜻한다.

해설

《사기》〈공자세가〉에 따르면 공자가 대사구大司寇가 되어 정치를 어지럽히는 소정묘를 죽이고 국정을 바로잡는 등 석 달 만에 사회 질서가 안정되었다. 이에 제나라 사람들은 공자를 그대로 두면 장차 노나라가 패업을 이루어 제나라가 병합될 것이라며 이간질했다. 이에 제나라는 미녀 여든 명을 선발해 화려한 옷과 춤으로 무장해 노나라로 보냈다. 국정의 최고책임자인 계환자 사斯는 이들을 받아들이고 즐거워했으며, 노 정공은 공자가 만류했음에도 여자 악사들을 구경하느라 사흘이나 조회에 참여하지 않았다. 공자가 노나라를 떠나 위衛나라로 갔다는 설과 초楚나라로 갔다는 설이 병존한다. 다음 장들에 나오는 인물들이 초나라 사람임을 감안하면 초나라로 갔을 가능성이 크다.

18:5

楚狂接輿歌而過孔子曰: "鳳兮! 鳳兮! 何德之衰? 往者不可諫, 來者猶可追. 已而! 已而! 今之從政者殆而!" 孔子下, 欲與之言. 趨而辟之, 不得與之言.

•

초나라 광인 접여接輿가 노래를 부르며 공자를 지나치면서 말했다. "봉이로다! 봉이로다! 어찌 덕이 쇠약해졌는가? 지난 것은 따져서는 안 되며 오는 것은 좇을 만하다. 그만두라! 그만두라! 오늘날 정치에 종사하는 자는 위태로우니!" 공자가 (수레에서) 내려와 그와 더불어 말을 하려고 했으나 (접여가) 빨리 걸어 그를 피해 그와 더불어 말을 할 수 없었다.

역주

* 접여는 초나라에 은둔하던 선비다. 오늘날 후난성 타오장桃江현
사람으로, 성은 육陸, 이름은 통通, 자는 접여라고 한다. 평소에 미
친 척하면서 벼슬하지 않고 친히 경작하며 먹고살았다고 한다.
《순자》등 선진 문헌에 여러 차례 등장하는 인물이다.

* 간諫은 따져서 간언한다는 뜻이고, 추追는 목적을 두고 좇는다는
뜻이다. 도연명陶淵明의 〈귀거래사歸去來辭〉에 나오는 명구 "이미 지
난 일은 따져 묻지 않아야 함을 깨달았으며, 앞으로 올 일이 좇을 만
한 것임을 안다悟已往之不諫, 知來者之可追"라는 말은 여기서 유래했다.

* 하下는 여기서 하차下車, 즉 수레에서 내린다는 뜻이다.

* 이已는 그치다, 그만두다, 끝내다 등의 의미다. 이而는 여기서 어
조사다.

해설

접여가봉接輿歌鳳은 정치가 부패해 희망이 없으니 세상을 피해 은
둔한다는 뜻이다. 거짓으로 미친 체하며 세상을 피해 살던 접여가
정치적인 뜻을 좇아 초나라로 가는 공자의 수레를 만나 충고했다.

"봉새로다! 봉새로다! 당신은 어찌하다가 그렇게 쇠잔해졌소?
지난 시절의 예의를 되살려 세상을 바꾸려고 간언해서 무엇에
쓰겠는가. 차라리 앞으로 다가올 미래의 일이 더 따를 만하지 않
는가. 그만두시오, 세상을 바꾸려는 쓸데없는 행위를 이제 그치
시오. 오늘날 정치에 종사하는 사람들은 모두가 다 위험에 빠져

있소이다."

《장자》〈인간세人間世〉에는 접여의 노랫말을 보다 상세하게 다룬다. 네 자로 된 선진시대의 악장이며 유용有用의 쓰임만 알았지, 무용無用의 쓰임새를 모르는 것을 비판한다. 대화하기 위해 차에서 내리는 것은 예의를 차리는 행위다. 공자는 혼탁한 세상의 구제가 왜 중요한 일인지 일장 토론할 생각이었을 것이다. 그런데 접여는 예의를 차린 공자의 행동에도 아랑곳하지 않고 빠르게 피해 떠나버렸다. 공자를 봉황에 비유한 것을 보면 접여도 공자를 매우 높게 평가한 것이 분명하다.

18:6

長沮桀溺耦而耕, 孔子過之, 使子路問津焉. 長沮曰: "夫執輿者爲誰?" 子路曰: "爲孔丘." 曰: "是魯孔丘與?" 曰: "是也." 曰: "是知津矣." 問於桀溺, 桀溺曰: "子爲誰?" 曰: "爲仲由." 曰: "是魯孔丘之徒與?" 對曰: "然." 曰: "滔滔者天下皆是也, 而誰以易之? 且而與其從辟人之士也, 豈若從辟世之士哉?" 耰而不輟. 子路行以告. 夫子憮然曰: "鳥獸不可與同群, 吾非斯人之徒與而誰與? 天下有道, 丘不與易也."

•

장저와 걸닉이 짝을 이루어 (밭을) 갈고 있었다. 공자가 그들을 지나치며 자로를 시켜 나루를 묻도록 했다. 장저가 말했다. "수레 (고삐를) 잡고 있는 사람이 누구인가?" 자로가 "공구이십니다"라고 말했다. "그 노나라 공구인가?"라고 말하자 "그렇습니다"라고 말했다. (장저가) "그는 나루를 알 것이다"라고 말했다. 걸닉에게 묻자 걸닉이 말했다. "그대는 누구인가?" "중유입니다"라고 말하자 "그 노나라 공구의 무리인가?"라고 말했다. "그렇습니다"라고 대답하자 "도도하게 (흐름이) 천하가 모두 그럴진대 누구와 더불어 바꾼단 말인가? 또 그대는 (부덕한) 사람을 피하는 선비를 따름이 어찌 세상을 피하는 선비를 따름만 같겠는가?"라고 말하고는 흙 덮는 일을 그치지 않았다. 자로가 가서 아뢰었다. 스승님께서는 멍하니 있다가 말씀하셨다. "새나 짐승과는 더불어 같은 무리를 지을 수 없다. 나는 사람들 무리가 아니면 누구와 더불어 (살겠는가)? 천하에 도가 있으면 (나) 구는 더불어 바꾸려고 하지 않을 것이다."

역주

* 장저와 걸닉은 초나라의 은자들이다. 저沮는 물을 막는다는 뜻이고 닉溺은 물에 빠진다는 뜻이다. 나루터 진津도 물과 연관이 있다. 둘 다 본명은 아니다. 장저는 키가 큰 사람이고, 걸닉은 걸임금처럼 몸집이 큰 사람을 말한 듯하다.

* 우耦는 다섯 치짜리 쟁기 보습 두 벌을 뜻한다. 나란히 연결해 밭을 갈 때 쓰므로 나란히 가다, 짝을 이루다, 마주 서다 등의 의미로 쓰인다.

* 진津은 나루터를 말하는데 배를 정박시킨다는 뜻에서 진리가 귀속되는 곳이란 추상적인 의미로도 쓰인다.

* 도도滔滔의 도滔는 물이 넘치는 모양이다. 도도는 물이 가득 넘쳐 흐른다는 뜻으로, 말을 거침없이 잘하거나 생각이나 유행이 넓고 왕성함을 말할 때 쓰인다.

* 차이且而의 차且는 그리고, 이而는 그대라는 뜻으로, 차이는 자로를 가리킨다.

* 피인지사辟人之士, 피세지사辟世之士의 피辟는 피할 피避 자와 같은 뜻이다. 피인지사는 폭군이나 무도한 사람을 피하는 선비를 말하고, 피세지사는 혼탁한 세상을 피하는 선비를 말한다.

* 무연憮然은 멍하니 실의에 빠진 모양을 말한다.

* 우耰는 흙덩이를 깨는 곰방메를 말한다. 쟁기로 갈아엎은 흙덩이를 깨서 씨앗을 덮는 일을 뜻하기도 한다.

* 철輟은 부서진 수레를 꿰맨다는 뜻으로, 그치다, 그만둔다 등의 의미다.

해설

공자가 섭葉 땅에서 채蔡나라로 가는 길목에 두 개의 보습을 단 쌍쟁기로 나란히 밭을 갈고 있는 장저와 걸닉이란 두 명의 은자를 만났다. 공자 나이 예순네 살 때의 일이다. 천하를 구제하려는 열망에 가득 찬 유세에서 성공을 거두지 못해 공자가 고향으로 돌아가고 싶었을 때다. 이 장은 실의에 찬 공자의 모습과 그래도 살기 좋은 사회를 만들고 싶은 공자의 생각이 아프게 드러난다. 공자 자신이 수레의 말고삐를 대신 잡고 자로를 보내 나루터를 물었다. 세상을 구하러 다니는 노나라 공자를 잘 알던 장저는 공자가 나루를 알 것이라고 말한다. 오랜 유세가 쓸모없음을 알았을 테니 어떤 것이 진리의 길인지 알 것이라는 이야기다. 걸닉은 한술 더 떠서 자로에게 공자의 제자를 그만두고 세상을 피해서 사는 자신들을 따르라고 노골적으로 말한다.

"세상은 도도한 물결처럼 흐르는 것이어서 사람의 힘으로 어떻게 할 수 있는 것이 아니다. 온 천하가 다 그러한데 도대체 누구와 더불어 세상을 바꾼다고 유세를 하고 다닌다는 말인가? 그러니 그대는 폭군이나 무도한 사람을 피해 세상을 구제하겠다고 허망하게 다니는 공자 같은 선비를 따르지 말고 차라리 세상을 피해 고고하게 살아가는 우리와 같은 은자의 길을 걷는 것이 어떠한가?"

걸닉은 스스로 사土를 칭하면서 나루터를 알려주지도 않았다. 이 말을 들은 공자는 실의에 가득 차서 힘들었던 유세 과정을 회상하고는 끝내 꿈을 포기하지 않았다.

"새나 짐승처럼 산속에 은거하는 사람들과 함께 무리를 이루어 살아갈 수는 없지 않은가? 나는 짐 지고 갈등하며 더불어 살아가는 이 세상 사람들과 함께 살겠다. 천하에 도가 있어 태평성대라면 나 공구는 이토록 세상을 바꾸려고 애써 돌아다니지 않았을 것이다."

18:7

子路從而後, 遇丈人, 以杖荷蓧. 子路問曰: "子見夫子乎?" 丈人曰: "四體不勤, 五穀不分, 孰爲夫子?" 植其杖而芸. 子路拱而立. 止子路宿, 殺雞爲黍而食之, 見其二子焉. 明日, 子路行以告. 子曰: "隱者也." 使子路反見之. 至則行矣. 子路曰: "不仕無義. 長幼之節, 不可廢也; 君臣之義, 如之何其廢之? 欲潔其身, 而亂大倫. 君子之仕也, 行其義也. 道之不行, 已知之矣."

•

자로가 따라가다 뒤처져 노인을 우연히 만났는데 (그는) 지팡이로 삼태기를 걸머지고 있었다. 자로가 물었다. "선생께서는 스승님을 보셨소?" 노인이 "사지를 부지런히 (놀리지) 않고 오곡을 구분하지 못하면서 누구를 스승이라 하는가?"라고 말하고는 지팡이를 땅에 꽂고 김을 맸다. 자로는 (예의 바르게) 두 손을 맞잡고 서 있었다. (노인은) 자로를 머물러 잠을 자게 하고는 닭을 죽이고 기장밥을 지어 먹게 했으며 그의 두 아들을 (자로에게) 보였다. 다음 날 자로가 가서 아뢰었다. 선생님께서 "은자로구나"라고 말씀하시고는 자로로 하여금 되돌아가 (다시) 만나보라고 했다. (집에) 이르니 떠나고 (없었다). 자로가 말했다. "벼슬하지 않음은 의로움이 없어서다. 어른과 아이 간의 예절을 버려서는 안 된다. 군주와 신하 간의 의로움을 어떻게 버린다는 말인가? 제 몸만 깨끗이 하고자 큰 인륜을 어지럽히는 짓이다. 군자가 벼슬하는 것은 의로움을 행하는 것이다. 도가 행해지지 않으리란 것을 이미 알고 있었다."

역주

* 장인丈人의 장丈은 사람의 키를 뜻하는 글자인데, 자기보다 나이가 많은 어른을 지칭할 때 쓴다.
* 하조荷蓧의 하荷는 메다, 짊어지다 등의 의미이고 조蓧는 대나무로 엮은 삼태기다. 하조장인荷蓧丈人은 삼태기를 멘 노인이란 뜻이다.
* 오곡五穀은 우리나라에서는 쌀·보리·콩·조·기장을 말하며,《예기》에서는 쌀 대신에 마를 말하고, 중국 고대에는 벼·메기장·찰기장·보리·조를 말한다.
* 식植은 나무를 심다, 땅에 묻다 등의 의미다.
* 운芸은 여기서는 논밭의 잡초를 뽑는다, 김매다 등의 의미다.

* 대륜大倫은 큰 인륜이란 뜻인데, 여기서는 문맥상 오륜 전체를 말한다기보다는 군신지의君臣之義를 말한 것으로 보인다.

해설

이 장의 몇 군데는 해석상 논란이 있다. 첫째, 하조장인이 오곡을 구분할 줄 모른다고 비난한 대상이 공자인지 자로인지 알 수 없다. 송상봉宋翔鳳의 《논어발미論語發微》나 유월의 《군경평의》에서는 자로를 책망하는 것으로 해석하면 뜻에 맞지 않는다며 불不 자를 의미 없는 것으로 보아 "사지를 부지런히 놀리고 오곡을 구분해 심느라 누가 그대의 스승인지 몰랐다"고 해석했다. 하지만 공자만을 높이는 지나친 억측으로 생각된다. 여기서는 자로로 보았다.

둘째, "벼슬하지 않음"부터 마지막 문장까지는 자로 스스로 한 말인지 공자의 말을 전한 것인지 알 수 없다. 맨 끝마디인 "이미 알고 있었다"의 주체가 공자로 보이기 때문이다. 여기서는 원문 그대로 자로로 보았다.

셋째, 자로의 말은 자로가 하조장인의 아들들에게 한 말인지, 자로 스스로 한 말인지 알 수 없다. 하조장인은 닭을 잡고 기장밥을 지어 예의와 공경을 다해 자로를 대했고 또 두 아들을 소개시켰다. 자로가 다시 찾아갔을 때는 하조장인만 떠나고 없었다. 공자는 자로로 하여금 다시 돌아가 하조장인에게 군신 간의 윤리를 말하고 이해를 구하라고 시켰을 것이다. 자로는 하조장인의 두 아들에게 이렇게 말했다.

"벼슬길에 나가지 않는 것은 군신 간의 윤리인 의義가 없기 때문이다. 하조장인이 나를 예의로 대한 것은 장유유서, 즉 어른과 아이 간의 예절을 폐지할 수 없어서일 텐데, 그렇다면 군신지의는 또 어떻게 폐지할 수 있다는 말인가? 제 몸만 깨끗이 지키고자 하면 자칫 큰 인륜인 군신지의를 어지럽힌다. 군자가 벼슬길에 나가는 것은 사회정의를 실천하기 위함이다. 나는 이 세상에 스승님의 도가 행해지지 않으리란 것을 이미 알고 있었다."

18:8

逸民: 伯夷, 叔齊, 虞仲, 夷逸, 朱張, 柳下惠, 少連. 子曰: "不降其志, 不辱其身, 伯夷叔齊與!" 謂: "柳下惠, 少連, 降志辱身矣. 言中倫, 行中慮, 其斯而已矣." 謂: "虞仲, 夷逸, 隱居放言. 身中淸, 廢中權." "我則異於是, 無可無不可."

•

일민逸民 (은자로는) 백이·숙제·우중·이일夷逸·주장朱張·유하혜·소련少連이 있다. 선생님이 말씀하셨다. "그 뜻을 굽히지 않고 제 몸을 욕되게 하지 않은 사람은 백이와 숙제이리라!" "유하혜와 소련은 뜻을 굽히고 몸을 욕되게 했으나 말이 도리에 맞고 행동이 사려에 맞았는데 그뿐이다"라고 평가하셨다. "우중과 이일은 은거하며 말을 멋대로 했으나 몸이 깨끗함에 맞았고 (벼슬을) 그만둠은 권도에 맞았다"라고 평가하셨다. (그리고) "나는 이들과 다르며 가한 것도 없고 불가한 것도 없다"라고 하셨다.

역주

* 일민은 학문이 깊고 도덕성이 높으면서도 세상에 나오지 않고

자신을 지키며 사는 은일자를 말한다.

* 우중虞仲에 대해서는 두 가지 설이 있다. 대부분은 주 태왕의 둘째 아들 중옹을 가리키며 태백의 아우로 오나라 두 번째 군주라고 생각하나, 일부는 중옹의 증손자로 우虞나라를 봉지로 받은 둘째여서 우중虞仲이라 부른다고 한다.

* 이일과 주장이 누구인지는 잘 알려지지 않았다. 왕필王弼의 주석에는 《순자》에 공자와 비견되는 현인으로 등장하는 자궁이 바로 주장이라고 한다. 소련은 동이 사람으로 거상居喪에 능했다고 한다.

* 윤倫은 차례와 질서를 뜻하며, 여기서는 윤리·인륜·도리 등을 의미한다.

* 방언放言은 조심하지 않고 말을 제멋대로 한다는 뜻이다.

* 권權은 대소를 분별해 저울질하는 융통성의 방편, 즉 권도權道를 말한다.

해설

그 시대 은자들에 대한 공자의 평가를 종합하고 있다. 정치의사가 분명했는지 여부, 청렴결백했는지 여부, 언행과 진퇴가 합당했는지 여부를 판단 기준으로 삼았다.

"자신의 이상을 굽히지 않고 자기 신분에 굴욕을 당하지 않았던 은자가 백이와 숙제였다."

《맹자》는 여러 곳에서 백이를 칭찬하고 있다. 못난 군주를 섬기지 않고 악인의 조정에서 벼슬하지 않았으며 악인과는 대화도 하지 않았다고 한다. 공자의 평가를 부연한 셈이다.

공자는 또 "유하혜와 소련은 작은 벼슬도 마다하지 않는 등 뜻을 굽혔고 수모를 당해도 참아내는 등 몸을 욕되게 했으나 그들의 언행은 항상 이치에 맞고 깊은 사려에서 나온 것이었다"라고 평가하면서도 그뿐이었다며 높은 점수를 주지는 않는다. 또한 "우중과 이일은 관직을 그만두고 은거했으며 꺼리지 않고 말을 함부로 했으나 굽히지도 굴욕당하지도 않아 맑은 신분을 유지했고 벼슬을 그만둘 때도 융통성이 있어서 권도에 맞았다"라고 평가했다.

공자는 백이와 숙제를 가장 높게 평가했다. 그리고 자신은 "나는 그들과 다르다. 도의에 맞으면 나아가고 도의에 맞지 않으면 물러나니 꼭 해야 되는 것도 없고 해서는 안 되는 것도 없다"라고 했다. 무가무불가無可無不可에 대해서는《맹자》〈공손추 상〉의 해석이 적절하다. 위의 여러 일민을 평가하면서 맹자는 공자에 대해 "벼슬을 할 만하면 벼슬했고 그만둘 만하면 그만두었으며, 오래 할 만하면 오래 했고 빠르게 접어야 하면 빠르게 접었다"라면서 시대를 읽을 줄 아는 최고의 성인이라 평가했다.

18:9

大師摯適齊, 亞飯干適楚, 三飯繚適蔡, 四飯缺適秦. 鼓方叔入於河, 播鼗武入於漢, 少師陽, 擊磬襄, 入於海.

•

태사 지摯는 제나라로 갔고, 아반亞飯 간干은 초나라로 갔고, 삼반三飯 요繚는 채나라로 갔고, 사반四飯 결缺은 진나라로 갔다. 북을 두드렸던 방숙方叔은 황하로 들어갔고, 소고를 흔드는 무武는 한중漢中으로 들어갔고, 소사 양陽과 편경을 치던 양襄은 바다로 들어갔다.

역주

* 아반·삼반·사반은 악장 이름이다. 《예기》 〈왕제〉에 따르면 식사할 때 연주하는 음악으로 천자는 하루 네 차례, 제후는 새벽 식사를 빼고 세 차례 했다. 때마다 악사가 달랐다. 간干·요繚·결缺은 담당 악사 이름이다.
* 파도播鼗의 파播는 흔들 요搖 자를 말하며, 도鼗는 북의 양측에 귀가 달린 소고를 말한다.
* 하河는 하내河內 지역, 한漢은 한중 땅, 해海는 바다 가운데 섬을 말한다.

해설

음악은 국가 안정을 상징한다. 음악을 다룬 관료들이 각지로 흩어져 떠났다는 것은 정치혼란이 극에 이르렀다는 말이다. 공자가 노나라에 있을 때는 예악을 바로잡아 국정이 안정되었다. 노 애공 때 예악이 붕괴되고 악사들은 모두 떠났다. 천자의 음악을 담당했던 악관의 우두머리 지는 제나라로 떠났고, 노나라 군주의 식사 때마다 음악을 담당했던 악사들도 모두 뿔뿔이 흩어졌다. 부책임자 소사도 떠나고 공자에게 거문고를 가르쳤던 양襄도 떠났다. 그들이 모두 은둔을 했는지는 알 수 없으나 노나라가 멸망할 지경까지 정치적으로 혼란을 겪었다는 이야기다.

18:10

周公謂魯公曰: "君子不施其親, 不使大臣怨乎不以. 故舊無大故,
則不棄也. 無求備於一人."

•

주공이 노나라 백공에게 말했다. "군자는 친속을 버리지 않으며
대신으로 하여금 써주지 않는다고 원망하지 않도록 한다. 옛 동지
들은 큰 이유가 없으면 버리지 않으며 한 사람에게 (모두) 갖춤을
구함이 없다."

역주

* 노공魯公은 주공의 큰아들 백금이다. 주공이 중앙정치를 책임지
면서 그의 봉지인 노나라는 백금에게 다스리도록 했다.

* 시施는 버리다, 없애다, 제거하다 등의 의미인 이弛 자다.

* 이以는 여기서 쓰다, 임용하다 등의 의미다.

* 고구故舊는 아버지 대부터 보좌한 오래된 정치동지를 말한다.

해설

《서경》에도 주공의 말씀으로 곳곳에 비슷한 이야기들이 보인다.
형 무왕을 도와 주나라를 건국하고 조카 성왕成王을 보좌하며 예
악제도를 마련함으로써 주나라 500년 기틀을 다진 주공이 자신
의 봉지인 노나라로 아들 백금을 보내면서 한 말이다. 주공의 정치
사상을 숭앙했던 공자였으니 이 말을 제자들에게 전달했을 가능
성이 있다.

"훌륭한 정치가인 군자는 정치를 하면서 친척을 멀리하지 않는

다. 대신들이 자신이 중용되지 않는다고 원망하는 일이 없도록 해야 한다. 옛 동지들이나 훈구대신들은 패륜이나 반역 등 큰 이유가 없으면 버리지 말아야 하고 사람을 쓰면서 한 사람이 모든 것을 갖추기를 바라지 말아야 한다."

18:11

周有八士: 伯達, 伯适, 仲突, 仲忽, 叔夜, 叔夏, 季隨, 季騧.

•

주나라에 여덟 명의 선비가 있었는데 백달伯達·백적伯适·중돌仲突·중홀仲忽·숙야叔夜·숙하叔夏·계수季隨·계와季騧다.

역주

＊백달·백적·중돌·중홀·숙야·숙하·계수·계와의 앞 글자인 백伯·중仲·숙叔·계季는 형제 선후 순서를 의미한다. 또 이름의 뒤 글자인 달達, 적适, 돌突, 홀忽 등은 모두 운율에 맞추었다. 그래서 한 어머니가 네 번에 걸쳐 낳은 쌍둥이 이름이라는 전설이 있다.

해설

《논어》에 언급될 정도로 유명했던 주나라의 현인들임에도 역사적으로 규명되지 않았다.《한서》〈고금인표〉에 중홀이 언급되고, 공자 때의 남궁괄이 백괄이라는 억측이 있으나 여덟 선비가 언제 때 인물이며, 어떠한 정치업적을 이룬 사람들인지 정확히 알려지지 않았다.

19편

자장
子張

모두 스물다섯 장이다. 공자의 말은 없고 모두 제자의 말을 기록하고 있다. 앞부분에는 자장의 말을 싣고 있으며, 중간에는 자하의 말이 여러 장절을 이루고, 자유의 말도 일부 있다. 뒷부분은 증자와 자공의 말로 마무리했다. 정치적인 언어보다는 수신과 사회에 대한 시각을 담고 있다. 스승의 말에 대한 제자들 사이의 해석 차이를 드러내기도 하고, 공자 사후 이름을 떨친 자공에 대한 동문들의 평가도 있다. 《순자》〈비십이자〉와 《한비자》〈현학顯學〉 등에 따르면 공자 사후에 유학은 자장의 유, 자하의 유, 안씨顔氏의 유 등 많은 분파로 나뉘었다고 하는데, 이 장에서 그 초기 흔적을 읽을 수 있다.

19:1

子張曰:"士見危致命, 見得思義, 祭思敬, 喪思哀, 其可已矣."

●

자장이 말했다. "선비는 위태로움을 보면 목숨을 바치고, 이득을 보면 옳음을 생각하고, 제사를 지낼 때는 공경함을 생각하고, 상을 치를 때는 슬픔을 생각한다. 그러면 된다."

역주

＊치致는 보내다, 도달하다 등의 뜻도 있으나 여기서는 바치다, 내던지다, 맡기다 등의 의미다.

해설

《논어》에서 선비는 공부만 하는 사람이 아니다. 〈이인〉 9장에서는 '도에 뜻을 둔 사람'을 말하고, 〈태백〉 7장에서는 '뜻이 넓고 의지가 굳세고 정치적인 임무는 막중하고 갈 길은 먼 사람'이라 한다. 〈자로〉 20장에는 '정치에 종사해 도의에 어긋나는 일을 부끄러워할 줄 아는 사람'이라 한다. 위危는 정치사회의 위기를 말한다. 선비는 국난을 만나거나 사회적으로 위기가 닥치면 목숨을 내걸고 참여해야 한다는 뜻이다. 자신과 가족만을 위한 이해타산보다 의義를 생각하라는 말이다. 물론 삶의 과정에서 가장 중요한 제사와 상례에서도 최선을 다하는 사람이어야 한다.

"선비는 정치사회적 위기를 만나면 목숨을 내걸고 참여하고, 경제적인 이득을 보면 사회적인 도의를 먼저 생각하고, 제사를 지낼 때는 경건함에 대해 깊이 생각하고, 상을 치를 때는 슬픔에 대해 깊이 생각해야 한다. 그렇게만 하면 선비라 할 수 있다."

19:2

子張曰: "執德不弘, 信道不篤, 焉能爲有? 焉能爲亡?"

•

자장이 말했다. "덕을 잡고 넓히지 않으며, 도를 믿으며 돈독하게 하지 않으면 어찌 있다고 할 수 있는가? 어찌 없다고 할 수 있는가?"

역주

* 홍弘은 넓다, 넓힌다는 의미다.
* 독篤은 도탑다, 도탑게 만들다, 독실하다 등의 의미다.

해설

공자가 죽고 제자들 사이에서는 다른 경향들이 나타난 듯하다. 혹자는 덕의 내면 수양에만 만족했을 수 있고, 혹자는 그저 도의만 믿으면 된다고 주장한 듯하다. 자장은 그들을 비판하며 덕과 도의를 더욱 두텁게 하는 보다 적극적인 실천을 강조했다.

"덕을 붙들고 있기만 하고 적극적으로 넓히지 않으며, 도의를 믿기만 하고 적극적으로 도탑게 만들어가는 실천을 하지 않으면 덕과 도가 있으나 없으나 마찬가지 아니겠는가?"

19:3

子夏之門人問交於子張. 子張曰: "子夏云何?" 對曰: "子夏曰: '可者與之, 其不可者拒之.'" 子張曰: "異乎吾所聞: 君子尊賢而容衆, 嘉善而矜不能. 我之大賢與, 於人何所不容? 我之不賢與, 人將拒我, 如之何其拒人也?"

•

자하의 학생이 자장에게 사귐에 대해 물었다. 자장이 말했다. "자하가 뭐라고 말하던가?" 대답했다. "자하께서 '옳은 사람과 더불어 (사귀고) 안 되는 사람은 거부하라'고 말씀하셨습니다." 자장이 말했다. "내가 들은 바와 다르구나. 군자는 현인을 높이고 뭇 사람을 받아들이며, 선을 기리고 불능을 불쌍히 여긴다. 내가 큰 현인이라면 다른 사람에 대해 어떻게 받아들이지 않겠는가? 내가 현인이 아니라면 사람들이 장차 나를 거부할 텐데 어떻게 (내가) 다른 사람을 거절하겠는가?"

역주

* 거拒는 거距 자로 된 판본도 있으나[1] 거拒의 본뜻은 거절하다, 막다, 거부하다 등의 의미다.

* 용容은 용납의 용례처럼 그릇 안에 넣다, 받아들이다 등의 의미다.

* 가嘉는 아름답다는 뜻인데 여기서는 능동태로 기리다, 아름답게 여기다 등의 의미다.

* 긍矜은 긍휼의 용례처럼 불쌍히 여긴다는 의미다.

....

1 예컨대 유보남, 같은 책, 738쪽을 참조할 것.

해설

자하와 자장의 교제 방법 가운데 어떤 것이 좋은가는 논란이 있다. 자하가 말한 가한 사람이란 추구하는 길이 같아 사귈 수 있는 사람을 말하고, 불가한 사람이란 추구하는 도의가 달라 사귈 수 없는 사람을 말한다. 교우交友, 즉 벗을 사귈 때는 그럴 수 있다. 자장이 말한 사귐은 자하와 달리 폭넓은 인간 교류를 말한 듯하다.

"내가 선생님으로부터 들은 바와 다르구나. 군자 정치가는 현인을 존중하고 대중들의 의견을 폭넓게 받아들이며, 잘한 일을 아름답게 표창하고 능력이 없는 사람들을 불쌍히 여긴다. 내가 크게 어진 현인이라면 다른 사람을 어떻게 받아들이지 않을 수 있겠는가? 내가 어진 현인이 아니라면 사람들이 장차 나와 사귀는 것을 거부할 텐데 어떻게 다른 사람을 거절할 기회나 있겠는가?"

자하는 너무 박절하고 좁으며, 자장은 지나치게 고원하다는 주희의 비판도 일리가 있으나[2] 교交, 즉 사귐에 대해 자장은 정치적인 교유를 말하고, 자하는 사상적인 교유를 말한 것으로 이해할 수도 있다. 공자는 〈학이〉 6장에서 "널리 민중을 사랑하고, 어진 사람을 가까이"하라고 말한 적이 있으며, 〈학이〉 8장과 〈자한〉 25장에서 "자기만 못한 사람을 친구로 삼지 말라"고 했다.

19:4

子夏曰: "雖小道, 必有可觀者焉; 致遠恐泥, 是以君子不爲也."

---

2 성백효 역주, 앞의 책, 528, 529쪽.

•

자하가 말했다. "비록 작은 도라 하더라도 반드시 살펴볼 만한 것이 있으나 먼 곳에 이르려면 장애가 될까 두려우니, 그래서 군자는 하지 않는다."

역주

* 소도小道는 작은 도 또는 조그만 기예로 해석할 수 있다.
* 니泥는 진흙을 말하는데 여기서 의미가 확장되어 막히다, 장애가 되다, 구애를 받다 등으로 해석할 수 있다.

해설

작은 도가 무엇을 지칭하는지 이견이 있다. 유보남의 《논어정의》에는 이단異端으로 주석했으며,[3] 주희의 《논어집주》에는 "농사와 원예, 의술과 복술卜術 같은 등속"이라고 풀이했다.[4] 뒤에 훌륭한 정치가인 군자를 언급해 비유한 것을 보면 아마도 소인의 도로 보아야 마땅하다. 먼 미래를 내다보는 것을 대도大道로 생각하고, 반대로 가까운 앞만 보는 것을 소도小道로 여긴 것이니 밥벌이나 눈앞의 이익을 추구하는 것이 소도이고, 국가와 민족의 미래를 생각하는 먼 정치적 성취를 추구하는 것이 대도가 아닌가.

"비록 경제적인 성과를 위한 작은 기예들도 전혀 의미 없는 것은 아니지만 국가사회의 원대한 미래를 생각하는 데 오히려 장애

3 유보남, 앞의 책, 738쪽.
4 성백효 역주, 앞의 책, 529쪽.

가 될 수 있어서 군자 정치가는 그런 일을 하지 않는다."

19:5

子夏曰:"日知其所亡, 月無忘其所能, 可謂好學也已矣."

•

자하가 말했다. "날마다 없는 것을 알고, 달마다 할 수 있는 것을 잊지 않으면 공부를 좋아하는 사람이라고 부를 만하다."

역주

* 무亡는 없다는 뜻인데, 여기서는 배우지 않아서 모른다는 의미다.

해설

〈위정〉11장에서 공자는 온고지신을 이야기한 바가 있다. 없는 것이란 자신이 가지고 있지 못하거나 배우지 못한 것을 말한다. 날마다 없는 것을 안다고 함은 새것을 안다는 말이다. 《대학》의 "일신우일신日新又日新"이 좋은 해석이다. 달마다 할 수 있는 일을 잊지 않는다는 말은 이미 배웠던 공부를 복습한다는 말이다. 온고溫故를 말한다.

"날마다 자기가 아직 배우지 못했던 것을 새롭게 알려 하고, 달마다 자기가 이미 배워서 할 줄 아는 것을 복습해 잊지 않으려 한다면 진정으로 공부를 좋아하는 사람이라 부를 만하다."

19:6

子夏曰: "博學而篤志, 切問而近思, 仁在其中矣."

•

자하가 말했다. "넓게 공부하고, 뜻을 돈독하게 하고, 절실히 질문
하고, 가까이 생각하면 어짊은 그 가운데 있다."

역주

* 독지篤志는 도탑고 진실한 마음이라 해석해도 되고, 뜻을 도탑고
진실하게 세우라는 의미로 해석할 수도 있다.
* 절문切問은 간절한 물음이란 뜻인데, 배워 깨치지 못한 것을 절
실하게 질문한다는 말이다.
* 근사近思는 자신이 할 수 있는 비근한 일을 가까운 곳부터 생각
해가는 것을 말한다.

해설

어짊을 실천하는 방법에 대한 자하의 해석이다. 《논어》 전체로 볼
때 대체로 스승 공자의 주장을 충분히 수용했다고 할 수 있다. 공
자의 인仁은 어진 정치 혹은 어진 정치가에 뜻이 있었는데, 공부를
좋아했던 자하는 박학博學·독지篤志·절문切問·근사近思를 그에 이
르는 학문 방법으로 제시하고 있다. 《중용》에서는 택선고집擇善固
執의 참된 공부에 이르는 길로 박학·심문審問·신사愼思·명변明辯·
독행篤行을 말하는데 이 구절과 유사하다.

"폭넓게 공부해 뜻을 진실하고 도탑게 세울 것이며, 간절하게 질문
해 가까운 곳부터 추스르면 어진 정치는 그 가운데서 실천된다."

19:7

子夏曰: "百工居肆以成其事, 君子學以致其道."

•

자하가 말했다. "온갖 기술자들은 점포에 머묾으로써 일을 이루고, 군자는 공부를 함으로써 도를 지극히 한다."

역주

* 사肆는 방자하다는 뜻으로도 쓰이지만 여기서는 가게·점포라는 의미다.

* 치致를 다다르다, 이르다 등으로 해석해도 뜻이 통하지만 여기서는 공부라는 수단을 통해 도를 지극하게 실천한다는 의미다.

해설

옛날에 수공업은 관청에서 이루어졌다. 기술자들은 관청 내 공장에서 물건을 만들기 때문에 거사居肆를 공장에 거주하는 것으로 해석하는 경우도 있으나[5] 사肆는 거리낌 없이 벌여놓는 시장 가게에 가깝다. 기술자가 물건을 만들어 시장에 내놓아 가치를 증명함으로써 일을 완성한다고 볼 수 있다.[6]

"수많은 기술자들은 물건을 만들어 시장 점포에 내놓음으로써 자신의 작품을 완성하고, 군자는 공부를 함으로써 자신의 도를 지극하게 실천한다."

5 예컨대 성백효 역주, 앞의 책, 530, 531쪽.
6 예컨대 유보남, 앞의 책, 740쪽.

19:8

子夏曰: "小人之過也必文."

•

자하가 말했다. "소인은 잘못하면 반드시 꾸민다."

역주

* 문文은 꾸미다, 문식하다는 의미의 문紋과 같은 뜻이다.

해설

《맹자》〈공손추 하〉에 "옛날 군자는 잘못하면 고치는데 오늘날 군
자는 입바른 소리로 꾸민다"라고 말한 적이 있다.

"소인은 잘못을 고치지 않고 스스로를 속이며 거짓으로 잘못이
없는 것처럼 꾸민다."

19:9

子夏曰: "君子有三變: 望之儼然, 卽之也溫, 聽其言也厲."

•

자하가 말했다. "군자에게는 세 가지 변함이 있다. 바라보면 엄숙
하고, 다가가면 온화하고, 그 말을 들어보면 엄하다."

역주

* 즉卽은 나아가다, 가깝게 다가가다 등의 의미다.
* 엄연儼然은 겉모양이 장엄하고 엄숙한 모양을 말한다. 부인할 수

없는 현상을 말할 때도 쓰인다.

해설

군자의 말이 여厲하다는 데 대해 주희는 말이 명확한 것이라고 해석했다.[7] 그러나 〈술이〉 38장에 공자는 온화하면서도 여厲, 즉 엄숙했다고 한 용례가 있다. 훌륭한 정치가인 군자의 말은 위의를 갖추고 엄정하다는 의미다.

"군자는 보는 각도에 따라 세 가지 다른 모습을 보인다. 멀리서 바라보면 겉모습이 엄숙하고, 가까이 다가가면 낯빛이 온화하고, 그 말을 들어보면 위엄이 있다."

19:10

子夏曰: "君子信而後勞其民, 未信則以爲厲己也; 信而後諫, 未信則以爲謗己也."

•

자하가 말했다. "군자는 믿음이 있고 난 뒤 백성들을 힘쓰게 한다. 아직 믿음이 없다면 자기를 괴롭힌다고 여긴다. 믿음이 있고 난 뒤 간언을 해야 한다. 아직 믿음이 없다면 자기를 비방한다고 여긴다."

역주

* 여厲는 여기서는 괴롭히다, 해치다 등의 의미다.

....

7 성백효 역주, 앞의 책, 532쪽을 참조할 것.

* 방訪은 헐뜯다, 비방하다 등의 의미다.

해설

아랫사람을 부릴 때든 윗사람을 섬길 때든 신뢰를 얻는 것이 가장 중요하다는 말이다. 믿음이 바탕에 깔리지 않은 상태면 역효과가 난다.

"군자 정치가는 백성들의 신뢰를 얻은 뒤에 백성들을 힘든 일에 동원해야 한다. 백성들의 신뢰를 얻지 못한 상태에서 백성들을 부리면 자기들을 괴롭힌다고 여길 것이다. 또한 윗사람의 신뢰를 얻었다는 확신이 생긴 뒤에 간언해야 한다. 윗사람의 신뢰를 얻지 못한 상태에서 함부로 간언하면 자신을 비방한다고 여길 것이다."

19:11

子夏曰: "大德不踰閑, 小德出入可也."

•

자하가 말했다. "큰 덕이 울타리를 넘지 않으면 작은 덕은 (조금) 드나들어도 된다."

역주

* 유踰는 넘다, 지나가다 등의 의미다.
* 한閑은 여기서 목책·울타리 등을 뜻한다. 외부에서 제멋대로 드나드는 것을 막는다는 뜻에서 법도·예법 등의 의미로도 쓰인다.

해설

큰 덕은 정치원칙이나 국가 운영의 대도를 말하고 작은 덕은 그 원칙을 어기지 않는 범위 내에서의 행정이나 권도權道를 말한다. 《순자》〈왕제〉에는 공자의 말이라면서 "대절大節이 옳고 소절小節도 옳으면 최고의 군주이고, 대절은 옳으나 소절에 출입이 있으면 중간 군주이고, 대절이 그릇되면 소절이 아무리 옳더라도 나머지는 볼 것이 없다"라고 말한다.

"큰 정치원칙이 예법을 벗어나지 않는다면 작은 권도를 행하는 데는 약간의 출입이 있어도 괜찮다."

19:12

子游曰: "子夏之門人小子, 當灑掃應對進退, 則可矣, 抑末也. 本之則無. 如之何?" 子夏聞之曰: "噫! 言游過矣! 君子之道, 孰先傳焉? 孰後倦焉? 譬諸草木, 區以別矣. 君子之道, 焉可誣也? 有始有卒者, 其惟聖人乎!"

•

자유가 말했다. "자하의 문인 어린아이들은 물 뿌리고 청소하는 일, 응대와 진퇴에 관한 일을 만나면 괜찮다. 그러나 지엽적인 일이다. 근본적인 것이 없으니 어찌하겠는가!" 자하가 이를 듣고 말했다. "아! 언유가 지나치다! 군자의 도를 무엇이 먼저라 하고 전하겠는가? 무엇이 나중이라 하고 게으르겠는가? 풀과 나무에 비유하면 종류에 따라 구별된다. 군자의 도를 어찌 속일 수 있겠는가? 처음도 있고 끝도 있는 사람은 오직 성인이리라!"

역주

* 쇄소洒掃는 쇄소灑掃라고도 쓴다. 쇄洒는 물을 뿌린다는 뜻이고, 소掃는 청소한다는 뜻이다.
* 응대應對의 응應은 말할 필요가 없이 순응한다는 뜻이고, 대對는 말을 해 전적으로 상대한다는 뜻이다.
* 억抑은 여기서는 접속사로 다만·단지·그러나 등의 의미다.
* 구區는 구별區別의 용례처럼 성질이나 종류에 따라 구분함을 말한다.
* 무誣는 무憮로 된 판본도 있는데, 속이다, 무고하다 등의 의미다.

해설

물을 뿌려 바닥을 청소하고 손님을 맞는 일을 잘한다는 자유의 비판은 도의를 앞세운 내면의 수양보다 외적인 용모나 사소한 예절에만 신경을 쓴다는 이야기다.

"자하의 어린 학생들은 바닥에 물을 뿌리고 청소하는 일이나, 손님을 맞아 응대하고 나아가고 물러나는 예절에 관한 일을 맡으면 썩 괜찮게 해낸다. 그런데 이런 일은 그저 지엽적인 일에 불과하다. 도의의 수양이라는 근본적인 것이 바탕에 깔려 있지 않으면 그런 형식적인 예절이 무슨 소용이 있겠는가!"

반드시 그런 것은 아닐 것이다. 손님을 잘 접대하고 나아가고 물러나는 것이 예법에 맞는다면 이 또한 중요한 교육이다. 훌륭한 지도자가 걷는 길에 무엇이 중요하지 않고 무엇이 중요하단 말인가. 각자 깊이에 따라 배우고 실천할 따름이다. 자하는 큰 도의와 작은 예절을 콕 찍어서 구분하고 어린 학생들에게 큰 도의만을 요구하는 자유의 태도에 반박했다.

 "아아! 언유의 말이 지나치다! 군자가 걷는 길은 여러 가지인데 무엇을 우선 사항이라고 먼저 가르치고, 무엇을 중요하지 않다고 해 가르치는 데 게을리한다는 말인가? 초목도 크고 작은 종류에 따라 다르게 설명해야 하는데 오직 드높은 것만을 군자의 도라고 강요하는 것은 오히려 속이는 일이다. 시종일관 위대한 도로 시작해 위대한 도로 끝나는 것은 오직 성인만이 가능하다!"

19:13

子夏曰: "仕而優則學, 學而優則仕."

•

자하가 말했다. "벼슬을 하면서 넉넉하면 공부를 하고, 공부해 넉넉하면 벼슬한다."

역주

* 우優는 넉넉하다, 여유가 있다 등의 의미다.

해설

〈학이〉 6장에서 공자는 '민중을 사랑하고 어진 정치에 참여하면서 여력이 있으면 글을 공부하라'고 말한다. 한국과 중국의 전통 사회에서 공부와 정치는 같은 길이었다. 좋은 세상을 만들기 위해 공부를 하며, 공부를 한 사람은 어진 정치를 만들어가는 데 적극적으로 참여해야 한다. 직장을 다니면서도 공부를 열심히 해야 하며,

은퇴해서도 공부를 이어가야 한다. 또한 공부를 위한 공부가 아니라, 공부를 했으면 좋은 세상을 만들어가는 데 도움이 되어야 한다.

"벼슬을 하면서 시간적·경제적으로 여유가 있으면 언제든 공부를 할 것이며, 공부를 열심히 해 성취가 있거나 힘이 넉넉해지면 벼슬을 해야 한다."

19:14

子游曰: "喪致乎哀而止."

●

자유가 말했다. "상은 (지극한) 슬픔에 이르러 그쳐야 한다."

해설

두 가지 해석이 가능하다. 하나는 지나치게 슬퍼해 몸을 해칠 정도가 되어서는 안 된다는 뜻이고, 또 하나는 지극한 슬픔을 지니는 것이 중요하지 상례의 여러 가지 형식이 중요하지 않다는 뜻이다.

"상을 치를 때는 슬픈 감정을 극진히 드러내는 정도면 된다."

19:15

子游曰: "吾友張也, 爲難能也. 然而未仁."

●

자유가 말했다. "내 친구 자장은 어려운 일을 하는 데 능하다. 그렇지만 아직 어질지는 못하다."

〈선진〉 16장에서 공자는 자장을 과하다고 평가했고, 18장에서는 치우친다고 평가했다. 자장은 용모를 꾸미는 데 지나치게 치우쳐 있었던 듯하다. 다음 장의 증자의 비판과 함께 해석하면 자장은 자신을 드러내는 일에만 능숙하지, 세상 사람들을 위하는 일은 잘 못했던 듯하다.

"내 친구 자장은 남이 하기 어려운 자기 꾸미는 일을 잘한다. 하지만 모두에게 이로운 어진 정치를 실천하기에는 아직 부족하다."

19:16

曾子曰: "堂堂乎張也, 難與竝爲仁矣."

•

증자가 말했다. "당당하다, 자장은. (그러나) 더불어 나란히 어짊을 실천하기는 어렵다."

역주

* 당당堂堂은 의젓하고 거리낌 없는 모습이나 태도를 뜻한다.

해설

자장은 자신을 잘 꾸미면서 외모는 당당하기 그지없었으나 함께 어진 세상을 만들어가는 리더의 자세는 아니었던 듯하다.

"자장은 외모를 잘 꾸며 위풍당당하다. 그러나 그와 더불어 어진 세상을 만들어가는 일을 하기는 어렵다."

19:17

曾子曰: "吾聞諸夫子: 人未有自致者也, 必也親喪乎!"

•

증자가 말했다. "나는 스승님으로부터 '사람이 스스로 (정성을) 지극히 하지 않는 경우는 있으나 부모의 상에는 반드시 (정성을) 다한다'라고 들었다."

역주

* 친상親喪은 부모의 상을 말한다.

해설

《맹자》〈등문공 상〉은 "사람은 친상을 당하면 반드시 온 정성을 다한다"라고 말한다. 다른 일이면 몰라도 부모가 돌아가시면 인간으로서 자연스러운 감정이 발로되어 지극한 슬픔을 드러낸다는 말이다.

"평소에 사람들은 자신의 감정을 다 드러내지 않는 경우가 있으나 일단 부모상을 당하면 반드시 진한 슬픔의 감정을 드러내게 된다."

19:18

曾子曰: "吾聞諸夫子: 孟莊子之孝也, 其他可能也; 其不改父之臣與父之政, 是難能也."

•

증자가 말했다. "나는 스승님으로부터 '맹장자孟莊子의 효성 가운데 다른 부분은 (따라서) 할 수 있으나, 그가 아버지 (때의) 신하와 아버지 (때의) 정책을 바꾸지 않은 것은 하기 어려운 일이다'라고 들었다."

역주

* 맹장자는 노나라 대부 중손속仲孫速을 말한다. 효성이 깊기로 유명했다.

해설

맹장자의 아버지 맹헌자孟獻子는 훌륭한 정치가였으나 일부 현실에 맞지 않는 정책도 벌였다. 〈학이〉 11장에서 공자는 "3년 동안 아버지가 실천하신 옳은 제도를 바꾸는 일이 없다면 효성스럽다고 말할 수 있다"라고 말한 적이 있다. 맹장자는 삼년상에 있으면서 아버지의 신하와 정책을 그대로 유지했으니 추념하는 바가 참으로 효성스럽다고 할 만하다.

"맹장자는 효자였다. 그가 실천한 여러 가지 효도 가운데 다른 부분은 따라서 할 수가 있으나, 그가 상중에 있으면서 아버지 때 임용되었던 신하와 아버지 때 실행했던 정책을 바꾸지 않은 것은 실천하기 매우 어려운 일이다."

19:19

孟氏使陽膚爲士師, 問於曾子. 曾子曰: "上失其道, 民散久矣. 如得其情, 則哀矜而勿喜."

●

맹씨가 양부陽膚를 사사로 삼자 (양부가) 증자에게 물었다. 증자가 말했다. "윗사람이 도를 잃어 백성들이 흩어진 지 오래다. 그 진정을 얻으면 슬퍼하고 불쌍히 여겨야지 기뻐하지 말라."

역주

* 맹씨孟氏라고만 하고 이름을 밝히지 않은 것은 당시 장공의 서형인 경보慶父가 죽어서 피휘한 것이라 한다. 맹의자일 가능성이 있다.
* 양부는 증자의 제자다.
* 애긍哀矜은 불쌍히 여긴다는 말이다. 애련哀憐과 같은 뜻이다.

해설

증자가 자신의 제자인 양부에게 어진 정치의 기본을 알려주는 대목이다. 사사는 옥을 담당하는 관리다. 옥사를 맡아 사건의 진상이 밝혀지면 일이 처리되었다고 기뻐하지 말고 그런 범죄가 생길 수밖에 없었던 이유와 사정을 헤아리라는 충고다. 백성이 형벌을 받으면 슬퍼하는 것이 애哀이고, 백성들의 무지함과 부득이함을 불쌍히 여기는 것이 긍矜이다.

"지금 군주가 위에서 좋은 정치를 펼치지 못해 민심이 떠난 지 오래되었다. 사건의 진상을 파악했더라도 범죄를 저지른 백성들을 불쌍히 여기고 사건을 해결했다고 기뻐하지 말라."

19:20

子貢曰: "紂之不善, 不如是之甚也. 是以君子惡居下流, 天下之惡
皆歸焉."

- •

자공이 말했다. "주왕이 잘하지 못함이 그렇게 심한 것 같지는 않
다. 그래서 군자는 하류에 사는 것을 싫어하니 천하의 악이 모두
(그곳으로) 돌아오기 (때문이다)."

역주

* 주紂는 은나라 왕 제을의 아들로, 이름은 신辛이고 자가 수受 또
는 주紂다. 주紂가 시호라는 주장도 있다.

해설

자공이 폭군 주왕을 두둔하려는 것은 아니다. 일단 악으로 지목되
면 모든 잘못이 그쪽으로 몰릴 테니 끝없이 경계하고 조심하라는
충고다. 자기 수양을 하지 못해 비천한 구렁텅이에 빠져들면 악인
들이 그쪽으로 몰려와 더 많은 악을 저지르는 악순환이 생기므로
훌륭한 정치가인 군자는 하류에 섞여 사는 것을 싫어한다.

"주왕이 포악한 정치를 했다는데 따져보면 그렇게 심한 것 같지
는 않다. 그러니까 군자 정치가는 잘못을 저질러 하류로 취급당하
는 것을 싫어한다. 천하의 악인이 모두 그곳으로 몰려오고 천하의
잘못된 일은 모두 그에게로 귀결되기 때문이다."

19:21

子貢曰:"君子之過也, 如日月之食焉: 過也, 人皆見之; 更也, 人
皆仰之."

•

자공이 말했다. "군자의 잘못은 일식이나 월식과 같다. 잘못하면 사
람들 모두가 그를 보며, 고치면 사람들 모두가 그를 우러러본다."

역주

* 식食은 여기서 갉아먹는다는 뜻으로, 일식·월식의 식蝕과 같다.
* 경更은 고치다, 개선하다 등의 의미다.

해설

《맹자》〈공손추 하〉에도 똑같이 말하며 오늘날 군자라는 사람들
은 옛 군자와 다르게 변명만 늘어놓는다고 비판한다. 자공의 이 말
을 그대로 인용한 것이다. 민民과 인人이 다를 뿐이다. 정치가로서
군자를 보는 백성들의 시선을 말한다.

"군자 정치가가 잘못을 저지르는 것은 일식이나 월식과 같다.
잘못을 저지르면 사람들 모두가 그를 쳐다보며, 잘못을 고치면 사
람들 모두가 그를 우러러본다."

19:22

衛公孫朝問於子貢曰:"仲尼焉學?"子貢曰:"文武之道, 未墜於
地, 在人. 賢者識其大者, 不賢者識其小者, 莫不有文武之道焉.

夫子焉不學? 而亦何常師之有?"

●

위나라의 공손조公孫朝가 자공에게 물었다. "중니는 어떻게 공부한 것입니까?" 자공이 말했다. "문왕과 무왕의 도가 아직 땅에 떨어지지 않고 사람들에게 있었습니다. 현자는 그중 큰 것을 기억하고, 현명하지 못한 사람은 그중 작은 것을 기억하고 있었으니 문왕과 무왕의 도가 없는 곳이 없었습니다. 스승님께서 어떻게 공부하지 않았겠습니까? 역시 어찌 정해진 스승이 (따로) 있으셨겠습니까?"

역주

* 지識는 여기서 기억한다는 의미로 지로 읽는다.
* 상사常師는 일정하게 정해진 특정한 스승을 말한다.

해설

공자가 무엇을 어떻게 누구로부터 배웠느냐는 질문에 자공은 문무文武의 도를 집대성한 인물이라고 대답한 것이다. 《중용》에서 공자는 "요임금·순임금의 도를 본받아 서술하고, 문왕·무왕의 도를 본받아 밝혔다[祖述堯舜, 憲章文武]"고 한다. 구체적으로 공자는 주공이 만든 예악제도로 이상적인 정치를 회복하자고 주장했다.

　자공은 "문왕과 무왕이 만드신 예법제도가 아직 완전히 추락하지 않은 채 사람들에게 기억되고 있었습니다. 현명한 사람은 그 가운데 치국에 대한 요순과 문무의 대도를 기억하고 있었으며, 현명하지 못한 사람은 그 가운데 국가행정에 관련된 작은 이치를 기억하고 있었으니 문왕과 무왕의 도를 배우지 못할 곳이 없었습니다.

스승님께서 어떻게 그 크고 작은 모든 것을 공부하지 않았겠습니까? 또 어떻게 고정된 특정한 스승이 따로 있으셨겠습니까?"라고 말했다.

19:23

叔孫武叔語大夫於朝, 曰:"子貢賢於仲尼." 子服景伯以告子貢. 子貢曰:"譬之宮牆, 賜之牆也及肩, 窺見室家之好. 夫子之牆數仞, 不得其門而入, 不見宗廟之美, 百官之富. 得其門者或寡矣. 夫子之云, 不亦宜乎!"

•

숙손무숙叔孫武叔이 조정에서 대부들에게 이렇게 말했다. "자공이 중니보다 현명합니다." 자복경백이 자공에게 알렸다. 자공이 말했다. "집 담장에 비유하면 사의 담장은 어깨 정도에 미쳐서 방과 집 안의 좋음을 들여다볼 수 있습니다. 스승님의 담장은 몇 길이어서 그 문으로 들어가보지 않으면 종묘의 아름다움이나 백관의 풍성함을 보지 못합니다. 그 문을 (들어갈 기회를) 얻는 사람이 혹 적으니 (숙손무숙) 어르신의 말 역시 당연한 것이 아닐까요!"

역주

* 숙손무숙은 노나라 대부로, 이름은 주구州仇이고 무武는 시호다.
* 궁장宮牆의 궁宮은 집을 뜻하고 장牆은 사방으로 둘러친 집의 담장을 말한다.
* 규窺는 엿보다, 들여다보다 등의 의미다.

* 인_仞은 길이의 단위로, 8척설, 5척 6촌설, 7척설 등 다양하다. 당시의 1자_尺는 20센티미터 남짓이었다. 사람의 키나 양팔을 벌린 길이로, 우리말로는 '길'이라 한다.

* 부_富는 넉넉하다, 풍성하다 등의 의미다.

해설

아마도 공자 사후 이야기일 것이다. 공자의 사후에 스승을 그리워하는 제자들이 공자의 외모를 닮은 유약을 스승처럼 떠받들었는데 일부는 반대하기도 했다. 외모 외에 공부와 도의 방면에서 자공의 성취가 당시 사람들에게 가장 인정을 받았던 듯하다.《맹자》〈공손추 상〉에도 자공을 칭송하고 있다. 그럼에도 자공은 안연과 마찬가지로 스승을 도저히 쳐다볼 수도 없는 위대한 인물로 예찬한다. 여기서는 담장으로 비유하고 있다. 당시 사서인_{士庶人}은 사람의 키보다 낮은 담장을 쳤으나 대부 이상은 안을 들여다볼 수 없는 높은 담을 쳤다. 자공은 숙손무숙이 공자의 문 곁에도 못 가본 사람이라 공자의 경지를 알아보지 못함이 당연하다는 말을 한 것이다. 또 종묘와 백관을 언급한 것을 보면 공자의 정치적인 성취에 대한 제자들의 존중을 표현한 듯하다.

"집을 둘러친 담장에 비유하자면 나 자공의 담장은 사람의 어깨 높이 정도여서 담장 밖에서 들여다보고 방이나 집의 어떤 점이 좋은지를 알 수 있다. 하지만 스승님의 담장은 몇 길이나 높아서 남쪽에 난 대문으로 직접 들어가보지 않는 한 그 웅장한 종묘의 아름다움이나 백관의 풍성함을 볼 수가 없다. 그 대문으로 직접 들어가서 스승님의 성취를 살펴볼 기회를 얻는 사람은 매우 드물다. 숙손무숙 어르신은 그 대문을 가보지 못한 사람이니 나 같은 사람의 작은 성취를 대단하게 여긴 것 역시 당연한 것이 아닐까!"

19:24

叔孫武叔毀仲尼. 子貢曰:"無以爲也, 仲尼不可毀也. 他人之賢者, 丘陵也, 猶可踰也; 仲尼, 日月也, 無得而踰焉. 人雖欲自絶, 其何傷於日月乎? 多見其不知量也!"

•

숙손무숙이 중니를 헐뜯었다. 자공이 말했다. "하지 마시오. 중니는 헐뜯을 수 없습니다. 다른 사람의 현명함이 구릉이라면 오히려 넘을 수 있으나, 중니는 해와 달이어서 도저히 넘을 수 없습니다. 사람들이 비록 스스로 끊으려 해도 어떻게 해와 달을 다치게 하겠습니까? 다만 (자신의) 분량을 모름을 (드러내) 보일 따름입니다!"

역주

* 훼毀는 상처를 입히다, 헐뜯다, 비방하다 등의 의미다.
* 구릉丘陵의 구丘는 자연으로 흙이 솟아오른 땅을 말하고, 릉陵은 큰 언덕을 말한다.
* 절絶은 끊는다는 뜻인데, 허물고 훼손한다는 의미다.
* 다多는 여기서 지祇 자와 같으며 '다만'이란 의미다.
* 부지량不知量의 량量은 분량·헤아림 등을 뜻한다. 스스로를 헤아릴 줄 모른다, 분수를 모른다는 의미다. 제 힘을 헤아릴 줄도 모른다는 뜻에서 부지량력不知量力이라고도 한다.

해설

자공은 앞 장에 이어서 스승 공자를 해와 달에 비유하고 있다. 보통의 현인이라면 높은 언덕과 같더라도 넘을 수 있고 비방을 할 수도 있겠으나, 공자는 해와 달 같은 현인이어서 사람의 힘으로는 훼손할 수 없는 존재라고 칭송한다.

자공은 "비방을 해서는 안 됩니다. 중니는 범인이 헐뜯을 수 없는 위대한 분입니다. 다른 사람의 현명함이 높은 언덕 같다면 그 또한 사람이 넘을 수도 있겠습니다. 하지만 중니는 해와 달과 같은 존재여서 사람의 힘으로는 도저히 넘을 수 없습니다. 사람들이 아무리 노력해 훼손하려고 해도 어떻게 해와 달을 손상시킬 수 있겠습니까? 그저 자신의 분수를 모르는 사람이란 사실을 드러내는 것일 뿐이지요!"라고 말했다.

19:25

陳子禽謂子貢曰: "子爲恭也, 仲尼豈賢於子乎?" 子貢曰: "君子一言以爲知, 一言以爲不知, 言不可不愼也. 夫子之不可及也, 猶天之不可階而升也. 夫子之得邦家者, 所謂立之斯立, 道之斯行, 綏之斯來, 動之斯和. 其生也榮, 其死也哀, 如之何其可及也."

•

진자금陳子禽이 자공에게 말했다. "선생이 공손한 것이지 중니가 어떻게 선생보다 현명하겠습니까?" 자공이 말했다. "군자는 한마디 말로 지혜로움을 삼고, 한마디 말로 지혜롭지 않음을 삼으니 말에 신중하지 않을 수 없네. 스승님은 (도저히) 미칠 수 없는 분이니 하늘을 사다리로 올라갈 수 없음과 같네. 스승님이 나라를 얻으시면 이른바 (예로) 세우니 이에 일어서게 되고, 이끄니 이에 실행이 되고, 편안하게 해주니 이에 다가오고, 감동시키니 이에 화합할 것이네. 살아 계시니 영광스러웠고 죽으니 슬펐네. 어떻게 그에 미칠 수 있겠는가."

역주

* 지知는 여기서 지혜를 뜻하는 지智 자로 읽는다.
* 계階는 층계·사다리라는 뜻이다.
* 방가邦家의 방邦은 제후의 나라, 가家는 대부의 영지를 말한다. 방가는 국가·나라라는 뜻이다.
* 수綏는 편안하다, 안심하다 등의 의미다.
* 도道는 도導, 즉 앞에서 이끈다는 뜻이다.
* 동動은 흥동興動, 즉 감동을 주어 고무시킨다는 뜻이다.

해설

〈학이〉 10장에도 자금과 자공의 대화가 나온다. 진자금은 공자보다 마흔 살 어린 제자로, 말년의 공자에게 배운 바가 적어 잘 이해하지 못했고 나중에 자공에게 크게 의지했던 듯하다. 거듭 공자의 위대성을 강조하는 자공에게 자금은 지나친 겸양이 아니냐고 묻는다. 그럼에도 자공은 한 걸음 더 나아가 공자를 사다리를 놓고 올라갈 수 없는 저 높은 하늘에 비유한다. 그리고 스승이 정치적으로 세상을 교화시킬 기회를 얻지 못한 것을 못내 아쉬워한다.《순자》〈유효〉에는 "뛰어난 궁수도 활과 화살이 없으면 능력을 발휘할 수 없고, 위대한 유학자도 이상을 펼칠 땅이 없으면 공적을 이룰 수 없다"고 말한다. 공자에게 100리 땅이 주어졌다면 정말 세상이 달라졌을까.

"군자는 상대의 말 한마디만 들어도 그가 지혜로운지 지혜롭지 않은지 금방 알 수 있으니 말에 신중을 기하시게. 스승님은 우리 같은 제자로서는 도저히 미칠 수 없는 하늘과 같은 분일세. 하늘을 어떻게 사다리를 놓고 오를 수 있겠는가. 만일 스승님이 나라를 얻어 직접 정치를 하셨다면 예로 사람들을 일으켜 세웠을 것이고, 예로 앞에서 이끄셨을 테니 모두가 그에 따랐을 것이고, 좋은 정책으로 사회를 편안하게 해주셨을 테니 모두가 모여들었을 것이고, 예악으로 고무시켜서 모든 사람이 그에 화합했을 것이네. 스승님은 살아 계셔서 영광스러웠고 돌아가시니 애통하기 그지없네. 우리 같은 범인이 어떻게 스승님에게 미칠 수 있단 말인가."

20편

요왈
堯曰

모두 세 장이다. 《논어》는 한 사람이 편집한 것이 아니다. 공자의 말씀은 18편 〈미자〉에서 끝났으며, 19편 〈자장〉은 공자 제자들의 말을 기록했다. 마지막 편은 후대의 누군가가 못다 한 이야기의 일부를 끼워 넣은 듯하다. 첫 장인 요왈堯曰과 두 번째 장인 자장의 물음을 다른 편으로 구분해야 한다는 주장도 있다.

20:1

堯曰: "咨! 爾舜! 天之曆數在爾躬. 允執其中. 四海困窮, 天祿永
終." 舜亦以命禹. 曰: "予小子履, 敢用玄牡, 敢昭告于皇皇后帝:
有罪不敢赦. 帝臣不蔽, 簡在帝心. 朕躬有罪, 無以萬方; 萬方有
罪, 罪在朕躬." 周有大賚, 善人是富. "雖有周親, 不如仁人. 百姓
有過, 在予一人." 謹權量, 審法度, 修廢官, 四方之政行焉. 興滅
國, 繼絶世, 擧逸民, 天下之民歸心焉. 所重: 民食喪祭. 寬則得衆,
信則民任焉, 敏則有功, 公則說.

•

요임금이 말씀하셨다. "자! 너 순이여! 하늘의 역수가 너의 몸에
있다. 진실로 그 가운데를 잡아라. 사해가 곤궁해지면 하늘이 (부여
한) 녹이 영원히 끝나리라." 순임금 역시 이로써 우임금에게 명하
셨다. (탕임금이) 말했다. "나 소자 이履는 감히 검은 소를 쓰고 감히
위대하신 하느님께 밝히어 아뢰옵니다. 죄가 있으면 감히 용서하
지 않겠습니다. 하느님의 신하는 가려지지 않으니 간택은 하느님
의 마음에 달려 있습니다. 짐의 몸에 죄가 있으면 만방 때문이 아
니며, 만방에 죄가 있으면 그 죄는 짐의 몸에 있습니다." 주나라에
크게 하사함이 있었으니 선인들이 풍성해졌다. "비록 (은나라에) 지
극한 친지가 있었으나 (주나라의) 어진 사람만 못 했다. 백성들에게
잘못이 있으면 나 한 사람에게 달려 있다." 저울과 분량을 삼가하
고, 버려진 관청을 (새로) 고치니 사방의 정책이 (잘) 실행되었다. 없

어진 나라를 일어나게 하고, 끊긴 세대를 이어주고, (숨은 인재인) 일민을 천거하니 천하 백성들의 마음이 돌아왔다. 백성·곡식·상례·제례를 소중히 여겨야 한다. 너그러우면 (많은) 무리를 얻고, 믿음을 주면 백성들이 신임하고, 영민하면 공이 있고, 공정하면 기뻐한다.

역주

* 자咨는 자문할 자諮 자와 같은 뜻이나 여기서는 차嗟와 같은 발어사로 아! 자! 등의 탄식어로 쓰였다.

* 역수曆數는 해·달·별 등이 운행하는 역법의 순서란 뜻이다. 여기서는 사계절의 운행이 정해진 차례로 변화함을 천명으로 받아들이며, 왕조가 교체되는 순서를 말한다.

* 집중執中은 중도를 사용하라, 중용의 태도를 가지라는 뜻이다. 《예기》〈중용〉에는 공자의 말이라면서 "순임금이 양 끝단을 붙잡고 백성들에게 그 가운데를 사용했다"라는 구절이 있다.

* 이履는 은나라 개국시조 성탕成湯의 이름이다. 《백호통의》〈성명姓名〉에 상세히 나온다.

* 현모玄牡의 현玄은 검다는 뜻이고, 모牡는 수컷이나 남근을 뜻하는데 여기서는 제사용 희생으로 쓰는 검은 소를 말한다. 하나라는 흑黑을 숭상하고 은나라는 백白을 숭상했다. 검은 소를 썼다는 말은 하나라 예법을 변하지 않고 사용했다는 뜻이다.

* 황황후제皇皇后帝의 황皇은 크다는 뜻이고 후后는 임금을 말한다. 후제后帝는 후后 중의 으뜸인 상제上帝, 즉 하느님을 말한다. 걸왕을 축출하고 하늘에 아뢰는 제문이며, 이 구절은 《서경》〈상서商

書·탕고湯誥)와 거의 같다.

* 간簡은 대쪽이란 뜻인데 여기서는 뽑을 열閱 자와 연결된다. 여럿 가운데 선택한다는 의미로, 간택이란 뜻이다.

* 짐朕은 고대에 존비에 상관없이 자신을 칭하는 호칭으로 썼다고 한다. 진시황 이후부터 군주를 겸칭하는 말로 쓰였다. 여기서는 하늘도 짐이라 부르고 있다.[1]

* 만방萬方의 만萬은 전부라는 의미이고 방方은 당시 중원 외의 지역을 뜻한다. 만방은 전 세계, 천하의 모든 지역과 거기에 살아가는 사람을 의미한다.

* 뇌賚는 주다, 하사하다 등의 의미다.

* 주친周親의 주周는 진실로, 지극한 등의 의미로, 주친은 더없이 친근하고 지극한 친지를 말한다. 일부는 주周를 주나라 왕가로 보는 해석도 있으나[2] 문맥상 전자가 맞다.

* 권량權量의 권權은 저울로 무게 측정을 뜻하고, 량量은 분량을 측정하는 그릇들을 뜻한다. 길이를 뜻하는 도度와 더해 도량형으로 해석할 수 있다.

해설

《논어》는 정치가의 일을 주로 다루고 있으나 제후국 군주나 귀족 대신의 일을 훌륭한 정치가인 군자의 입장에서 논하기도 한다. 천

---

1 성백효 역주, 같은 책, 546쪽. 짐을 황제의 겸칭으로 보아 그 앞 구절은 하늘에 대한 기도로, 뒤 구절은 제후들에게 훈계하는 말로 문장을 나누어서 해석한다.

2 유보남, 앞의 책, 761, 762쪽을 참조할 것. 주나라 초 관숙管叔·채숙蔡叔 등을 말한다.

자의 정치를 직접 언급하지는 않는다. 이 장은 공자가 국가를 맡아 정치를 하면 어떻게 될 것인가를 자공의 입을 통해 말하고 있는 앞 편 마지막 장과 이어진다. 여기서는 요·순·우·탕·문왕·무왕에 이르는 천명의 변화과정과 천하 정치의 요체를 언급한다. 사해가 곤궁에 빠지면 천명이 다해 왕조가 교체된다는 이 유명한 구절은 《서경》〈대우모大禹謨〉에도 보인다. 몇 글자만 다를 뿐이다. 《맹자》 〈등문공 상〉과 〈등문공 하〉에는 요임금 때 홍수가 나서 중국이 곤궁에 빠졌다고 말한다. 그래서 순임금이 제위를 계승했다는 이야기다. 마찬가지로 순임금 말기에 황하가 범람해 중국이 큰 고난에 빠지고 우임금이 황하의 물길을 바로잡자 그에게 천명이 옮겨가 새로운 하 왕조가 열린 것이다. 하나라도 중도를 지키지 못해 마침내 오랜 가뭄에 시달리고 끝내 은나라 탕에게 천명이 옮겨갔다.

"아아! 그대 순이여! 왕조를 열어 제위를 계승하라는 하늘의 명령이 이제 너의 몸에 이르렀다. 성심을 다해 중용의 도를 실천하도록 하라. 정치를 잘하지 못해 천하가 곤궁에 빠지면 하늘이 이미 부여했던 녹을 거두시고 너의 왕조를 영원히 끝장낼 것이니라."

우임금까지는 천명의 이동을 현인에게 양위하는 선양 방식이었다. 그런데 은왕 성탕은 폭군 걸왕을 군사력으로 축출하고 새로운 세습 왕조를 개창했다. 그는 걸왕이 천명을 위배하고 큰 죄를 지었기 때문에 벌을 내렸다고 자신의 하극상 행위를 정당화하고, 이제 천명이 자신에게 있다는 증명을 받아야 해서 하나라 예법을 그대로 지키면서 좋은 정치를 하겠다는 수많은 약속을 한다.

"저 어린 자식 이履는 하나라 예법에 따라 검은 소를 희생으로 올리면서 감히 위대하신 하느님께 아뢰옵니다. 누구든 하느님께

죄를 얻으면 감히 용서하지 않겠습니다. 하느님의 신하는 제가 엄폐할 수 없으므로 간택은 오직 하느님의 마음에 달려 있습니다. 모두 천하 창생을 구제하기 위함이었으니 짐의 몸에 죄가 있으면 만방의 천하 창생과는 아무 관련이 없으니 그들을 벌주지 마시고, 만방의 천하 창생들이 하느님의 죄를 얻었다면 그 죄는 짐의 몸에 있으니 제가 책임을 지겠습니다."

은에 이은 주나라는 더욱 사람의 문제에 집중하고 있다. 천명을 받아 새 왕조인 주나라가 만들어지니 하늘은 그에게 풍성한 인재를 선물했다는 것이다. 하늘이 인물로 주나라 성립을 도왔다는 취지다. 은나라 주왕을 토벌하고 주 왕조를 개창한 주 무왕은 하늘에 이렇게 아뢰었다.《서경》〈주서周書·태서泰誓 중〉에 나오는 말이다.

"비록 (은나라에) 지극한 친지가 있었으나 (주나라의) 어진 사람만 못했다. 백성들에게 잘못이 있으면 나 한 사람에게 달려 있다."

그다음 구절부터는 공자의 말이라고 한다.《한서》〈율력지律曆志〉와 하휴何休의《춘추공양전》소공 32년조에 모두 공자의 말이라고 인용되고 있기 때문이다. 공자의 말인지는 정확히 알 수 없으나 정치적인 성취를 위한 정책·사상 아이디어들이다. 도량형을 엄격히 하고, 예법제도를 자세하게 정돈하고, 폐지된 관직을 잘 복구해 다스리니 모든 정책이 순조롭게 실행되어 전국이 평안해졌다. 폭군에 의해 강제로 멸망당한 나라들을 재건해서 제사를 잇게 해주고, 탄압을 받아 대가 끊긴 귀족들에게 대를 이어가도록 땅을 주고, 재능을 감추고 숨어서 지내는 일민 인재들을 모두 발탁해 쓰니 천하 백성들이 모두 마음을 열고 귀의했다. 국가의 최고지도자는 국가의 근본인 백성, 백성들의 목숨인 식량, 인간의 기본인 상례, 사회질서의 핵심인 제례를 소중히 여겨야 한다. 관대한 정책은 민중들의 지지를 얻을 수 있고, 신뢰를 주면 백성들이 믿고 맡기며, 영민하고 민첩하게 일하면 공을 세울 수 있고, 사익을 배제하고 만사를 공정하게 처리하면 백성들이 크게 기뻐할 것이다. 마지막 구절은《논어》곳곳에서 공자가 제자들에게 강조한 정치덕목과 일치한다.

20:2

子張問於孔子曰: "何如斯可以從政矣?" 子曰: "尊五美, 屛四惡, 斯可以從政矣." 子張曰: "何謂五美?" 子曰: "君子惠而不費, 勞而不怨, 欲而不貪, 泰而不驕, 威而不猛." 子張曰: "何謂惠而不費?" 子曰: "因民之所利而利之, 斯不亦惠而不費乎? 擇可勞而勞之, 又誰怨? 欲仁而得仁, 又焉貪? 君子無衆寡, 無小大, 無敢慢, 斯不亦泰而不驕乎? 君子正其衣冠, 尊其瞻視, 儼然人望而畏之, 斯不亦威而不猛乎?" 子張曰: "何謂四惡?" 子曰: "不敎而殺謂之虐; 不戒視成謂之暴; 慢令致期謂之賊; 猶之與人也, 出納之吝, 謂之有司."

•

자장이 공자에게 물었다. "어떻게 하면 정치에 종사할 수 있습니까?" 선생님이 말했다. "오미五美, 즉 다섯 가지 아름다움을 드높이고, 사악四惡, 즉 네 가지 악을 제거하면 정치에 종사할 수 있다." 자장이 "무엇을 오미라 합니까?"라고 말하자 선생님이 말씀하셨다. "군자는 은혜를 베풀되 (재정을) 낭비하지 않고, 힘들게 하되 (백성들이) 원망하지 않고, 바라되 (스스로) 탐욕을 부리지 않고, 느긋하되 교만하지 않고, 위엄이 있되 사납게 (느끼지) 않는다." 자장이 "무엇을 은혜를 (베풀되) 낭비하지 않는다고 합니까?"라고 말하자 선생님이 말씀하셨다. "백성들이 이로운 바로 인해 그들을 이롭게 하니 역시 은혜를 베풀되 낭비하지 않는 것이 아니겠느냐? 힘들 만한 (일을) 택해 힘들게 하니 또 누가 원망하겠느냐? 어짊을 바라서 어짊을 얻었는데 또 어떻게 탐욕을 부리겠느냐? 군자에게는 많고 적음이 없고, 작고 큼이 없고, 용맹함과 거만함이 없으니 역시 느긋하되 교만하지 않은 것이 아니겠느냐? 군자는 자기 의관을 바르게 갖추고, 둘러보는 (시선을) 드높이고, 엄숙해서 사람들이 바라보고 두려워하니 역시 위엄이 있되 사납지 않은 것이 아니겠느냐?" 자장이 "무엇을 사악이라 부릅니까?"라고 말하자 선생님이 말씀하셨다. "가르치지 않고 죽이는 것을 잔학이라 부르고, 경계해 (알려주지) 않고 성공만 책망하는 것을 포악이라 부르고, 명령은 태만하면서 기한을 다그치는 것을 도적이라 부르고, 같이 (취급해) 사람들에게 주면서 출납을 인색하게 하는 것을 집사라 부른다."

역주

* 병屛은 여기서 없애다, 제거한다는 의미의 병摒과 같다.

* 태이불교泰而不驕는 〈자로〉 26장에 "군자는 느긋하고 교만하지 않으나[泰而不驕], 소인은 교만해 느긋하지 못하다[驕而不泰]"라고 말한다. 느긋하고 태연하게 있으나 교만을 드러내지는 않는다는 뜻이다.

* 첨시瞻視의 첨瞻은 쳐다본다는 뜻이고 시視는 자세히 살펴본다는 뜻이다. 첨시는 이리저리 둘러본다는 의미다.

* 시성視成은 성공을 보려고 한다, 성공을 거두지 않았다고 책망한다는 뜻이다.

* 치기致期는 기한을 다그친다, 시간을 각박하게 요구하다 등의 의미다.

* 유사有司는 단순 행정사무를 보는 집사를 말한다.

해설

공자에게 정치를 맡겼으면 이렇게 했을 것이다. 자장의 질문과 그에 대한 대답 형식으로 공자의 덕치와 인정의 실체를 잘 드러낸 구절이다. 오미五美를 드높이고 사악四惡을 제거하는 것을 정치에 종사하는 요령으로 보고 있다. 다섯 가지 아름다움의 핵심은 관대한 정책으로 백성들의 생활을 안정시켜 민심을 획득하는 것이다.

"군자 정치가는 백성들에게 널리 혜택을 주되 재정을 허비하지 않아야 한다. 백성들이 힘들어하는 일을 시키고도 백성들의 원망을 듣지 않아야 한다. 정책의 성취가 있기를 바라되 과도한 욕심을 부리지 않아야 한다. 느긋하고 태연하게 대처하되 백성들의 눈에 교만하게 비치지 않아야 한다. 충분히 위엄을 갖추되 백성들에게 무섭고 사납게 느껴지지 않아야 한다."

쉽지 않다. 정치에 종사하는 것은 이렇게 어려운 일이다. 공자는 더 구체적으로 오미에 도달하는 요령을 가르쳐준다.

"백성들의 여론이 이롭다고 생각하는 방향으로 백성들의 이익을 보장해주는 것이 재정을 허비하지 않고 혜택을 주는 요령이다. 백성들 모두가 힘들어도 꼭 해야 하는 일이라고 생각하는 일을 골라서 시키는 것이 원망을 듣지 않고 백성들을 부리는 요령이다. 어진 정책들을 펼쳐서 어질다는 평가를 받는 데 만족하는 것이 탐욕을 부리지 않는 요령이다. 항상 도의에 입각해 경건한 태도로 임할 뿐 일의 많고 적음이나 물건의 크고 작음, 용기의 있고 없음 따위를 가리지 않는 것이 교만하게 비치지 않고 느긋해지는 요령이다. 항상 의관을 바르게 갖추고, 드높은 시선으로 여기저기를 둘러보고, 사람들이 엄숙하게 두려움으로 그를 바라보게 하는 것이 사납게 느껴지지 않고 위엄을 부리는 요령이다. 이것들이 바로 군자 정치가가 하는 일이다.”

네 가지 악은 주로 현장에서 백성들을 상대하는 관리들에 대한 이야기다. 잔학·포악·도적·집사를 말한다. 백성들에게 인색하게 굴어 오미五美의 정책 효과가 백성들에게 전혀 먹히지 않게 하는 민심 이반의 주범으로서 유사有司를 지목한 것이 특징이다.《순자》〈유좌〉와《한시외전》등에도 학虐·폭暴·적賊 등 정치해악이 등장하지만 유사를 언급한 곳은 거의 없다. 양민養民, 즉 민생문제 해결을 정책 및 행정의 중요한 일로 생각했던 공자의 입장에서 인색한 하급관리인 유사는 정치를 하는 데 큰 방해가 되는 존재였을 수 있다.

“예법으로 거듭 가르쳐 숙지시키지도 않고 법을 어기면 바로 죽이는 것을 잔학이라 부른다. 정책과제를 미리 잘 설명해주지도 않고 성과를 내지 못한다고 책망만 거듭하는 것을 포악이라 부른다. 문제를 파악하고 명령을 내리는 일에 게으르면서도 혹독하게 기한을 정해놓고 다그치는 것을 도적이라 부른다. 모두를 일률적으로 똑같이 취급하면서 다 줄 것처럼 이야기하고는 실제 지원할 때는 출납을 매우 인색하게 구는 것을 꽁생원 유사라 부른다.”

20:3

子曰: "不知命, 無以爲君子也. 不知禮, 無以立也. 不知言, 無以知
人也."

•

선생님이 말씀하셨다. "명을 알지 못하니 군자가 될 수 없는 것이
고, 예를 알지 못하니 설 수 없는 것이고, 말을 알지 못하니 사람을
알 수 없는 것이다."

해설

지명知命은 천명을 아는 것이고, 지례知禮는 사회제도를 이해하는
것이고, 지언知言은 도의에 입각해 옳고 그름을 깨치는 것이다. 이
편 1장의 내용은 지명을 위함이고, 2장의 내용은 지례를 위함이
다. 거기에 더해 중요한 것은 지인知人이다. 사람을 아는 것이 군자
정치의 요체다.

"천명의 규율을 이해하지 못하면 군자 정치가가 될 수 없다. 예
의와 도덕규범을 이해하지 못하면 성공을 거둘 수 없다. 말의 시시
비비를 이해하지 못하면 인간세상을 이해할 수 없다."

《논어》는 '말'이다. 이 말씀을 충분히 숙지하면 사람을 이해하는
진정한 군자 정치가로 우뚝 설 수 있다.

01편_학이

1:1　曰=말하다, 學=공부하다, 時=때, 習=익히다, 亦=역시, 說(열)=기
쁘다, 不=아니다(않다), 樂=즐겁다(기쁘다), 知=알다(지혜롭다), 慍=성내다,
朋=벗, 人=(다른) 사람(들)

1:2　爲人=사람됨, 孝=효(효성·효도), 弟(悌)=공순, 好=좋아하다(좋다),
犯=해치다(해침을 당하다), 鮮=드물다, 上=위(윗사람·최고), 作亂=난을 일으
키다, 未之有(未有之)=아직 없다, 務=힘쓰다, 本=근본, 仁=어짊(또는 인)

1:3　巧=교묘하다, 言=말(이야기), 令=잘 짓다, 色=낯빛(안색)

1:4　吾=나(우리), 日=하루(날), 三=여럿, 省=살피다, 吾身=내 자신, 謀=
도모(모의), 與=더불어, 朋友=친구, 傳=전하다

1:5　道(導)=이끌다, 敬=공경하다, 事=일(일하다), 節=절약, 用=쓰다(쓰
임), 愛=아끼다(사랑하다), 使=부리다(시키다), 民=백성(들)

1:6　弟子=자제(제자), 入=들다(들어가다), 出=나가다(나오다, 내놓다, 내뱉
다), 謹=삼가다, 信=믿다(믿음), 汎=널리, 親=친하다, 行=(실)행하다, 餘=
남다(나머지), 力=힘, 文=글(문장)

1:7　賢=현명하다(현명한 사람), 易=쉽다, 事=섬기다, 能=할 수 있다(능
하다), 竭=다하다, 君=임금, 致=바치다, 其=그(제), 身=몸, 交=나누다(사귀
다), 未=아직 아니다, 謂=(말)하다(평가하다)

1:8　君子=군자, 重=무겁다, 威=위엄, 固=단단하다, 忠=참됨(진심·충
성), 主=앞세우다, 無=없다(않다, 여기서는 毋=말라), 友=친구(로 삼다), 不如

1　명사·동사·부사·형용사에 준해서 가급적 번역어를 일치시켰다. 부득이한 경우에만 각
주를 달아 이유를 밝혔다.

~=(~만) 못하다(~같지 않다), 己=자기, 過=잘못, 勿=말라, 憚=꺼리다, 改=고치다(바꾸다)

1:9　愼=신중하다, 終=죽음, 追=쫓다, 遠=멀다(멀리하다), 德=덕, 歸=돌아오다(돌아가다), 厚=두텁다(후하다)

1:10　問=묻다(질문), 夫子=스승님, 至=닿다(이르다), 邦=나라, 聞=듣다(들리다), 政=정치(정무·정사·정책), 求=구하다(요구하다), 與=주다(건네다, 허여하다), 溫=온화, 良=선량, 恭=공손하다, 儉=검소하다, 讓=사양(양보), 諸=여러 (가지), 異=다르다(달라지다)

1:11　父=아버지, 在=있다(계시다), 觀=살피다(살펴보다), 志=뜻(뜻을 두다), 沒=없다(다하다, 돌아가시다), 道=도(길·방법), 可謂=말할 수 있다(말해도 된다)

1:12　禮=예(예의), 和=화합, 貴=귀하다, 爲=여기다(되다, 위하다, 하다, 삼다, 가꾸다), 先王=선왕, 斯=이, 美=아름답다, 小=작다, 大=크다, 由=말미암다(거치다), 之=그(그것), 所=경우(바, 것), 以=~(로)써, 不可=안 된다

1:13　近=가깝다, 於=~에(에서), 義=의로움(옳음), 復=반복, 恥辱=치욕, 失=잃다, 宗=으뜸 어른

1:14　食=먹다(밥·식사), 飽=배부르다, 居=머물다(살다), 安=편안하다, 敏=재빠르다(영민하다), 就=나아가다, 有=있다(가지다, 갖추다), 正=바르다(바로잡다, 바르게 하다), 察=헤아리다

1:15　貧=가난, 諂=아첨, 富=부유, 驕=교만, 可=옳다(괜찮다), 未若=아직 ~만 못하다, 詩=시(《시경》), 如=~듯(처럼), 切=자르다, 磋=갈다, 琢=쪼다, 磨=문지르다(갈다), 與(歟)=~니까?, 始=처음, 告=알리다(아뢰다), 往=지나다(가다), 來=(다가)오다

1:16　患=걱정하다

02편_위정

2:1　譬如=마치 ~하는 것과 같다, 北辰=북극성, 所=곳(자리), 衆=뭇(무리), 星=별, 共=함께하다

2:2　蔽=덮다(가리다), 思=생각(하다), 邪=어긋나다

2:3　齊=가지런하다(같다), 免=면하다, 恥=부끄럽다, 且=또(또한), 格=바르다(바로잡다)

2:4　立=(일어)서다(세우다), 惑=헷갈리다(미혹), 耳=귀, 順=순하다(순조롭다), 從=따르다(좇다), 欲=하고자 하다(바라다), 踰=넘다, 矩=법도

2:5　違=어기다(떠나다), 御=(말·마차를) 몰다, 對曰=대답하다, 生=살다(살아가다), 死=죽다(죽음), 葬=장사를 지내다(장례), 祭=제사를 (지내다)

2:6　唯=오직, 疾=질병(이 들다), 憂=근심하다

2:7　今=오늘날(지금), 養=기르다(양육·봉양), 犬=개, 馬=말, 皆=모두, 何以=어떻게, 別=구별

2:8　難=어렵다, 勞=노고(힘들다, 힘쓰다), 服=입다, 酒=술, 先生=먼저 낳다(태어나다), 饌=먹다, 曾=일찍이

2:9　終日=종일, 愚=어리석다(어리석은 사람), 退=물러나다, 私=사(적인 생활), 足=충분하다(족하다), 發=발현하다

2:10　視=보다, 所以=까닭, 所由=경유, 焉=어찌(어떻게), 瘦=감추다

2:11　溫=온습하다, 故=예(옛날), 新=새것(새롭다), 可以=될 만하다, 師=스승

2:12　器=그릇

2:13　先=먼저, 後=뒤(이후·나중)

2:14　周=두루, 比=작당하다

2:15　罔=없다, 殆=위태롭다

2:16　攻=전공하다, 異端=이단, 害=해롭다(해치다), 也已=~일 뿐이다

2:17　誨=깨우치다, 女(汝)=너

2:18　干=구하다, 祿=녹(녹봉), 多=많다, 闕=빼다, 疑=의심하다, 寡=적다, 尤=허물, 見=보다(만나다), 悔=후회하다, 干=방패, 戈=창

2:19　服=복종하다, 擧=들다(천거하다), 直=곧다, 錯(조)=두다, 諸(저)=~에(서), 枉=그릇되다(굽다)

2:20　使=하여금, 勸=권면하다, 如之何=어떻게 합니까, 臨=임하다, 莊=장엄하다, 慈=자애, 善=선하다(잘하다, 좋다, 훌륭하다)

2:21　或=혹(혹자, 어떤 사람), 子=선생님(그대·당신), 奚=어찌(무엇), 書=《서경》, 惟=오직, 友=우애 있다, 施=시행하다(드러내다)

2:22　車=수레, 輗=끌채의 끝, 小=작다, 軏=끌채의 쐐기, 行=가다(지나다)

2:23　十=열, 世=세대, 殷=은(나라), 因=따르다(인하다), 夏=하(나라), 禮=예, 損=줄이다, 益=더하다, 周=주(나라), 繼=잇다, 雖=비록 ~하더라도, 百=백

2:24　非=아니다, 鬼=귀신, 勇=용기(용감하다)

03편_팔일

3:1　舞=춤추다, 庭=뜰, 是=이(그것), 忍=참다, 孰=무엇(누구)

3:2　家=집안, 雍=옹 (음악), 徹=거두다, 相=(서로) 돕다, 辟公=벽공, 天子=천자, 穆穆=숙연하다, 取=취하다(얻다), 堂=묘당(당)

3:4 本=근본, 與其~=~보다, 奢=사치, 寧=차라리(낫다), 喪=상(례를 치르다), 易=화이(和易), 戚=슬퍼하다

3:5 夷狄=이적, 亡=없다

3:6 旅=여(제사), 泰山=태산, 弗能~=~할 수 없다, 救=막다, 嗚呼=오호라

3:7 爭=다투다, 必=반드시(꼭), 射=(활) 쏘다, 揖=읍하다, 升=올라가다, 下=내려오다(아래), 飮=(술) 마시다, 也=어조사

3:8 巧=예쁘다, 笑=웃다, 倩=예쁘다, 目=눈, 盼=아름답다, 素=흰(바탕), 絢=색칠하다, 繪=(그림)을 그리다, 起=일으키다, 予=나

3:9 不足=부족하다, 徵=증명하다, 文獻=문장과 현재(賢才), ~故=~때문이다

3:10 禘=체 제사, 旣=이미, 灌=붓다, 往=(지나간) 다음, 不欲~=~하고 싶지 않다

3:11 說=의의, 示=보이다, 指=가리키다, 掌=손바닥

3:12 與=참여하다(관여하다)

3:13 媚=잘 보이다(아첨하다), 奧=아랫목 신, 竈=부엌 신, 然=그렇다, 獲=얻다, 罪=죄, 禱=빌다(기도)

3:14 監=보다, 郁郁=융성하다,

3:15 大廟=태묘, 每事=매사, 子=아들(자식)

3:16 主=주력하다(주재하다), 皮=가죽, 同=같다, 科=등급, 古=옛

3:17 去=없애다(버리다), 告朔=곡삭, 餼羊=희양, 爾=너(너희), 羊=양

3:18 盡=다하다

3:19 臣=신하(가신)

3:20 關雎=《시경》〈관저〉, 淫=어긋나다, 哀=슬프다, 傷=아프다(다치다)

3:21 社=사(제사), 松=소나무, 柏=잣나무, 栗=밤나무, 戰栗=전율하다, 成事=이루어진 일, 遂事=끝낸 일, 諫=따지다(간언하다), 旣往=이미 지난, 咎=허물하다

3:22 三歸=삼귀, 官=관(청), 攝=겸섭하다, 然則=그렇다면, 樹塞門=문을 병풍으로 막다, 兩=두, 反坫=반점

3:23 語=말하다, 大師=태사, 始作=시작, 翕=화합하다, 從(縱)=풀어놓다, 純=조화하다, 皦=또렷하다, 繹=이어지다,

3:24 封人=봉인, 請=청하다, 未嘗~=아직~한 적이 없다, 二三者=여러분(너희들), 喪=관직을 잃다(없애다), 久=오래다, 木鐸=목탁

3:25 韶=소 음악, 盡=다하다, 武=무 음악

3:26 寬=너그럽다, 衣服=의복

04편_이인

4:1 里=마을, 擇=택하다, 處=머물다, 得=~할 수 있다

4:2 約=절약하다(검약), 長=길다, 利=이롭다(이익)

4:3 惡(오)=싫어하다(미워하다)

4:4 苟=진실로, 惡(악)=악(나쁘다, 추하다)

4:5 得=얻다, 賤=천하다, 惡(오)=어떻게, 成=이루다(성공하다), 名=이름(이름을 붙이다), 終=마치다(끝나다), 間=사이, 造次=다급하다, 顚沛=엎어지고 넘어지다

4:6 尙=바라다, 加=더하다, 一日=하루, 蓋=어찌

4:7 各=각기(각각), 黨=무리(마을·고을)

4:8   朝=아침, 夕=저녁

4:9   士=선비, 議=논의하다

4:10   適=나아가다(가다), 莫=부정하다(없다, 않다), 比=따르다

4:11   懷=생각하다(품다), 小人=소인, 土=땅, 刑=법제(형벌), 惠=은혜

4:12   放=두다, 怨=원망하다

4:13   國=나라, 爲國=나라를 다스리다, 何=무엇(무슨)

4:14   位=자리

4:15   貫=관통(꿰뚫다), 唯=네, 恕=용서(너그러움)

4:16   喩=밝다

4:17   內=안(내면), 自=스스로

4:18   父母=부모, 幾=은미하다(작다), 又=또

4:19   遊=여행하다(놀다), 方=방향

4:21   年=나이(해), 不知=모른다, 喜=기쁘다, 懼=두려워하다

4:22   躬=몸(몸소), 逮=따르다(이르다)

4:24   訥=(말을) 더듬다

4:25   孤=외롭다, 鄰=이웃

4:26   數(삭)=자주 (책망하다), 辱=욕(욕되다), 疏=소원하다

05편_공야장

5:1   妻=시집보내다, 縲絏=감옥살이

5:2   廢=버리다(그만두다), 刑戮=죽음의 형벌

5:3   若=답다(같다, 처럼)

5:4   瑚璉=호련

5:5 佞=말재주(를 부리다), 禦=막다, 口給=재빠른 말솜씨, 屢=누누이 (자주), 憎=미움(을 사다)

5:6 仕=벼슬(을 하다)

5:7 乘=타다, 桴=뗏목, 浮=뜨다, 海=바다, 過=넘어서다, 材=재목

5:8 乘=승(수레), 賦=군역, 室=실(집·방), 宰=읍재, 束帶=관대를 두르 다, 朝=조정(조회), 賓客=빈객

5:9 愈=낫다, 敢=감히, 望=바라다, 弗如=~만 못하다

5:10 晝寢=늦잠(낮잠), 朽木=썩은 나무, 雕=새기다, 糞土=썩은 흙, 牆= 담(담장), 杇=흙손질, 誅=꾸지람

5:11 剛=굳세다, 慾=욕심

5:12 及=미치다(이르다)

5:13 文章=문장, 性=본성, 天道=천도

5:14 恐=두렵다(두려워하다)

5:15 是以=~때문에

5:18 居=안치하다, 蔡=거북, 山=산, 節=새김무늬, 藻=마름풀, 梲=동자 기둥

5:19 令尹=영윤, 舊=옛(오래되다), 弒=죽이다, 棄=버리다, 他=다른, 猶= 같다(듯하다), 大夫=대부, 之=가다, 淸=맑다(깨끗하다)

5:20 再=두 번

5:22 小子=어린아이, 狂簡=광간, 비연(斐然)=빛나는(빛나게), 章=문장, 裁=마름질하다

5:23 念=생각하다, 舊惡=구악, 希=드물다(성기다)

5:24 乞=구하다, 醯=초

5:25 匿=감추다

5:26 侍=모시다, 盍=어찌 ~하지 않는가?, 願=원하다, 車=수레, 衣=옷 (옷을 입다), 輕=가볍다, 裘=갖옷, 敝=해지다, 憾=서운하다, 伐=자랑하다, 老=노인, 少=젊은이(젊다)

5:27 已=끝나다(그만두다), 自訟=자책하다

5:28 邑=고을

06편_옹야

6:1 南面=남면

6:2 簡=간략하다

6:3 遷=옮기다, 怒=성내다, 貳=둘(두 번), 不幸=불행하다, 短=짧다, 命=명(운명)

6:4 使=심부름 가다, 母=어머니, 粟=곡식, 釜=부(여섯 말 네 되), 庾=유 (열여섯 말), 秉=병(열여섯 섬), 肥=살찌다, 周=메워주다, 急=급하다

6:5 辭=사양하다, 鄕黨=향당(시골마을)

6:6 犁牛=얼룩소, 騂=붉다, 角=뿔, 山川=산천, 舍=버리다(버려지다)

6:7 三月=석 달, 月=달(한 달), 而已=따름이다(뿐이다)

6:8 果=과단성(이 있다), 達=통달하다(도달하다), 藝=기예(를 갖추다)

6:9 如=만약, 復=다시

6:10 問=문병(문안하다), 自=~로부터, 牖=창, 執=잡다, 手=손, 亡=죽다

6:11 簞=광주리, 瓢=바가지, 陋=누추하다, 巷=골목, 堪=견디다

6:12 中道=중도, 畫=선을 긋다

6:13 儒=유학자

6:14 徑=지름길, 公事=공적인 일

6:15 奔=패주하다, 殿=후미에 서다, 將=장차, 門=성문(문), 策=채찍질
(을 하다), 進=나아가다(진행하다)

6:16 世=세상

6:17 誰=누구, 戶=지게문

6:18 質=바탕, 勝=이기다, 文=꾸미다, 野=야만스럽다, 史=문약하다,
彬=빛나다, 然後=연후

6:19 罔=속이다, 幸=요행(다행)

6:21 中人=중인, 以上=이상, 以下=이하

6:22 鬼神=귀신

6:23 樂=좋아하다, 水=(뭥)물, 動=움직이다, 靜=고요하다, 壽=오래 살다

6:24 變=변하다(바꾸다)

6:25 觚=모난 술잔

6:26 井=우물, 逝=나아가다, 陷=빠지다, 欺=속다(속이다)

6:27 博=넓다(넓혀주다), 約=단속하다, 畔=배반하다(반란을 일으키다)

6:28 矢=가리키다, 否=아니하다, 天=하늘, 厭=싫어하다(싫증내다)

6:29 中庸=중용, 至=지극하다

6:30 濟=구제하다, 聖=성인, 堯=요임금, 舜=순임금, 病=병, 譬=비유,
方=방법

07편_술이

7:1 述=기술하다, 作=창작하다(짓다), 竊=몰래, 比=비유하다

7:2 默=묵묵히, 識(지)=기억하다, 誨=가르치다, 倦=게으르다

7:3   修(脩)=닦다(닦이다), 講=강론하다, 徙=옮기다

7:4   燕=한가롭다, 申申=편안하다, 夭夭=온화하다

7:5   甚=심하다, 衰=쇠약하다, 復=다시, 夢=꿈

7:6   據=의거하다, 依=따르다

7:7   束=묶음, 脩=육포

7:8   憤=분발하다, 啓=열다, 悱=표현하려 애쓰다, 隅=모서리, 反=되돌
리다(되돌아오다)

7:9   側=곁, 飽=배부르다

7:10 哭=곡(을 하다), 歌=노래(를 부르다)

7:11 藏=감추다(간직하다), 三軍=삼군, 暴=맨손으로 잡다, 虎=호랑이,
馮=맨몸으로 건너다, 河=황하, 好=잘하다

7:12 鞭=채찍

7:13 齊=재계, 戰=전쟁

7:14 圖=그리다(그림), 樂=음악

7:15 諾=네, 賢人=현인

7:16 飯=먹다, 疏=거칠다, 曲=굽히다, 肱=팔뚝, 枕=베개, 不義=불의,
如=같다, 雲=구름

7:17 數=몇, 年=해

7:18 雅言=표준어, 執=집행하다

7:19 亥=어찌, 發憤=분발, 忘=잊다, 云=말하다

7:20 生=태어나다

7:21 怪=괴이하다, 力=폭력, 亂=난(변란), 神=귀신

7:24 二三子=너희들(제군들), 隱=숨기다(숨다)

7:25 敎=가르치다

7:26 聖人=성인, 善人=선인, 恒=항심, 虛=비다, 盈=(가득) 차다, 約=빈곤하다, 泰=넉넉하다(느긋하다)

7:27 釣=낚시질(을 하다), 綱=그물질(을 하다), 弋=주살질(을 하다), 宿=잠(을 자다)

7:28 蓋=대개, 次=버금(가다)

7:29 童子=동자, 門人=문인들, 進=들어오다, 潔=깨끗하다, 保=지키다

7:30 我=나

7:31 司敗=사패, 姓=성

7:32 和=화답하다

7:34 豈=어찌, 敢=감당하다, 抑=그러나(아니면)

7:35 疾病=병이 심해지다, 誄=뇌문, 上下=위아래, 神=하늘 귀신, 祇=땅 귀신

7:36 孫=공손하다, 固=고루하다

7:37 坦=평탄하다, 蕩蕩=폭이 넓다, 長=오래, 戚戚=근심스럽다

7:38 厲=엄하다, 猛=사납다

08편_태백

8:1 天下=천하, 稱=칭송하다(부르다, 외치다)

8:2 葸=두려워 보이다, 絞=다급하다(조급하다), 親=친속, 篤=돈독하다, 興=일어나다(일으키다), 遺=버리다, 偸=야박하다

8:3 召=부르다(소환), 門弟子=문하 제자들, 足=발(발걸음), 戰戰兢兢=전전긍긍, 深=깊다, 淵=못, 履=밟다, 薄=엷다, 冰=얼음

8:4　鳥=새, 鳴=울음(울리다), 容貌=용모, 暴=난폭(포악)하다, 慢=거만하다, 顏色=안색(낯빛), 辭氣=어기, 鄙=비루하다(비천하다), 倍=어긋나다, 籩豆=변두, 有司=담당관(유사), 存=있다

8:5　實=가득 차다, 校(挍)=보복하다, 昔=옛날, 嘗=일찍이, 從事=종사하다

8:6　託=맡기다, 尺=척, 孤=고아, 寄=맡기다, 百里=백 리, 節=절의, 奪=빼앗다

8:7　弘=넓다(넓히다), 毅=굳세다(과감하다), 任=임무

8:9　由=따르다

8:10　疾=미워하다

8:11　才=재능(인재), 吝=인색하다, 不足=~할 것도 없다

8:12　穀=녹봉(을 받다), 易=쉽다

8:13　守=지키다, 危=위태롭다, 見(현)=나타나다(드러내다, 배알하다, 뵙다)

8:15　師=태사, 亂=마무리, 洋洋=양양하다

8:16　狂=뜻이 크다, 侗=무지하다, 愿=삼가다, 悾悾=정성스럽다

8:18　巍巍=높고 뛰어나다

8:19　則=본받다, 成功=성공, 煥=빛나다

8:20　治=다스리다(다스려지다), 亂臣=난을 다스릴 충신, 唐=요임금, 虞=순임금, 際=즈음, 盛=무성하다, 婦人=부인, 分=나누다(구분하다)

8:21　間=틈(틈을 타다), 菲=보잘것없다, 飮食=음식, 黻=무릎 장식, 冕=면관, 卑=낮다, 宮室=궁실, 溝洫=봇도랑 물길

09편_자한

9:1 罕=드물다

9:2 博學=박학

9:3 麻=삼(삼베), 純=생사, 拜=절하다, 泰=교만하다

9:4 絶=끊다, 毋=없애다(없다), 意=억측(뜻), 固=완고하다, 我=아집

9:5 畏=두렵다(두려워하다), 茲=이(여기), 不得=~할 수 없다

9:6 大宰=태재, 聖者=성자, 固=진실로

9:7 試=임용되다

9:8 夫=사내, 空空=텅 비다, 叩=두드리다

9:9 鳳凰=봉황

9:10 齊衰=자최복(을 입다), 衣裳=의상(을 갖추다), 瞽=봉사, 作=일어나다, 過=지나가다, 趨=빨리 걷다

9:11 喟=한숨(을 쉬다), 歎=탄식하다, 仰=우러러보다, 彌=~할수록 더욱, 高=높다, 鑽=뚫다, 堅=단단하다, 瞻=쳐다보다, 前=앞, 忽=홀연히, 循循=질서 정연, 誘=이끌다, 罷=그만두다, 不能=~할 수 없다, 卓=우뚝하다, 末=없다

9:12 聞=차도가 있다, 詐=거짓(거짓말), 縱=~할지언정, 道路=도로

9:13 玉=옥, 韞=감추다, 匵=함, 賈=장사, 沽=팔다, 待=기다리다

9:14 九夷=구이, 陋=누추하다

9:16 公卿=공경, 喪事=상사, 勉=힘쓰다, 困=어지러워지다

9:17 川=시내, 晝=낮, 夜=밤

9:18 色=색(여색)

9:19 譬如=비유하자면, 爲=만들다(실천하다), 簣=삼태기, 止=그치다(그

만두다), 平=고르다, 覆=덮다

9:20 惰=게으르다

9:21 惜=애석하다

9:22 苗=싹(이 나다), 秀=꽃이 피다, 實=열매(를 맺다)

9:23 後生=후생

9:24 法=법, 語=타이르다, 貴=소중하다, 巽=공손하다

9:26 帥=장수, 匹夫=필부

9:27 縕袍=솜 외투, 狐=여우(가죽), 貉=담비(가죽), 忮=해치다, 求=탐하다, 臧=착하다, 終身=종신, 誦=외우다

9:28 歲=한 해, 寒=추위, 松柏=송백, 彫=시들다

9:30 權=권력(을 가지다)

9:31 唐棣=당체나무, 華=꽃, 偏=나부끼다, 反=뒤집히다

10편_향당

10:1 恂恂=신실하다, 似=마치 ~처럼 하다, 宗廟=종묘, 朝廷=조정, 便便=정확하다

10:2 侃侃=화락하다, 誾誾=중정을 지키다, 踧踖=평탄하고 민첩하게 걷다, 與與=위의를 갖추다

10:3 擯=인도하다, 勃=바꾸다, 躩=빠르게 가다, 左=왼쪽, 右=오른쪽, 襜=가지런히 하다, 翼=날갯짓, 賓=손님, 復命=복명하다, 顧=돌아보다

10:4 公門=공문, 鞠躬=몸을 굽히다, 容=받아들이다, 中=가운데(속), 閾=문지방, 攝=끌어당기다, 屛=막다, 氣=기운, 息=숨을 쉬다, 降=내려오다, 等=계단, 逞=펴다, 怡怡=화평하다, 階=층계(사닥다리), 復=돌아오다

10:5 圭=홀, 授=주다(내주다), 戰=전전긍긍, 蹌蹌=종종걸음을 치다, 循=뒤쫓다, 享=바치다, 禮=예, 覿=만나다, 愉愉=유쾌하다

10:6 紺=감색, 緅=검붉은 색, 紅=붉은색, 紫=자주색, 褻服=평상복, 當=당하다(만나다), 暑=더위, 袗=홑옷(을 입다), 絺綌=갈포, 表=겉, 緇衣=검은 옷, 羔=염소, 素衣=흰 옷, 麑=고라니, 黃衣=노란 옷, 褻=평상, 袂=소매, 寢衣=잠옷, 半=반, 去=마치다, 佩=노리개(를 차다), 帷裳=휘장치마, 殺=줄이다, 玄=검다, 弔=조문하다, 吉月=초하루, 朝服=조복

10:7 明衣=명의, 布=베(로 만들다), 居=거소, 坐=앉다

10:8 精=정하다, 膾=회, 細=가늘다, 餲=부패하다, 餒=상하다, 魚=생선, 餒=썩다, 肉=고기, 敗=부패하다, 臭=냄새, 失=잘못하다, 飪=조리(하다), 割=자르다, 醬=장, 量=양, 亂=어지럽다, 市=저자, 脯=육포, 撤=거두다, 薑=생강, 公=공실, 疏食=거친 음식, 菜羹=채소 국, 齊=엄숙하다

10:9 席=자리

10:10 鄕人=시골 사람, 杖=지팡이(를 짚다), 儺=굿을 하다, 阼階=동쪽 층계

10:11 送=보내다, 饋=보내오다, 藥=약, 受=받다, 嘗=맛보다

10:12 廐=마구간, 焚=불이 나다

10:13 賜=내리다, 腥=날고기, 熟=익히다, 薦=올리다, 畜=기르다, 東=동쪽, 首=머리(를 두다), 拖=끌어당기다, 俟=기다리다, 駕=멍에

10:15 殯=빈소(를 차리다)

10:16 寢=잠자다, 尸=시체, 容=얼굴, 狎=친하다, 褻=무람한 사이, 貌=용모, 凶服=흉복, 式=몸을 굽히다, 負=지다, 版=도판, 盛饌=성찬, 迅=빠르다, 雷=우뢰, 風=바람(을 쐬다), 烈=세차다

10:17 綏=손잡이 줄, 疾=빠르다

10:18 翔=빙빙 돌며 날다, 集=모이다, 梁=다리, 雌=암(컷), 雉=꿩, 共=바치다, 嗅=냄새 맡다

11편_선진

11:1 於=~보다, 野人=야인

11:3 德行=덕행, 言語=언어, 政事=정사, 文學=문학

11:4 助=돕다

11:5 昆弟=형제

11:6 復=반복하다, 兄=형

11:7 不幸=불행하다

11:8 椁=덧널, 棺=널, 徒行=걸어서 다니다

11:9 噫=아, 喪=망치다

11:10 慟=서럽게 울다

11:13 行行=굳세게 나가다, 然=자연스럽다

11:14 長府=장부, 仍=여전하다, 中=적중하다(맞다)

11:15 瑟=슬(거문고)

11:17 聚=모으다, 斂=거두다, 附=붙이다, 徒=무리, 鼓=북(을 두드리다), 攻=공격하다

11:18 愚=우직하다, 魯=노둔하다, 辟=치우치다, 喭=거칠다

11:19 庶=가깝다, 空=비다, 貨=재화, 殖=번식하다, 億=생각하다(헤아리다)

11:20 踐=밟다, 跡=(발)자취

11:21 論=언론

11:22 父兄=부형, 兼=겸하다

11:24 大臣=큰 신하(대신), 曾=이에, 所謂=이른바, 具臣=숫자만 채우는 신하

11:25 賊=해치다, 民人=인민, 社稷=사직, 讀=읽다, 書=책, 是故=그래서

11:26 率爾=갑작스럽게, 千乘=천승, 攝大=압박을 받다, 大國=강대국, 師旅=전쟁(을 벌이다), 饑饉=기근, 比=가까이, 方=방정하다, 哂=쓴웃음(을 짓다), 方=사방, 會同=회동, 端=예복, 章甫=장보관, 相=보좌역, 鏗=깡(의성어), 撰(선)=가지다, 莫春=늦봄, 春服=봄옷, 冠=갓(을 쓰다), 五六=대여섯, 六七=예닐곱, 浴=목욕하다, 舞雩=기우제를 지내다, 詠=읊조리다, 喟然=한숨 쉬다, 唯=그럼, 安=어떻게, 諸侯=제후

12편_안연

12:1 克=이기다, 聽=듣다, 不敏=불민하다

12:2 大賓=큰 손님, 承=받들다, 大祭=큰 제사

12:3 訒=참다

12:4 疚=오랜 병

12:5 兄弟=형제, 獨=홀로, 死生(生死)=생사, 富貴=부귀, 四海=사해

12:6 明=밝음, 浸潤=차츰 젖어들다, 譖=참소, 膚=피부, 愬=하소연

12:7 食=곡식, 兵=군대, 不得已=부득이

12:8 駟=네 마리 말, 舌=혀, 豹=표범, 鞹=털 제거한 가죽

12:9 饑=흉년, 徹=철법(을 행하다), 百姓=백성

12:10 崇=숭상하다, 辨=변별하다, 誠=참으로(참되다), 祗=(어조사)그저

12:11 君=임금답다, 臣=신하답다, 父=부모답다, 子=자식답다, 信=(부사)정말로

12:12 片言=한쪽 편의 말, 折=결단하다, 獄=옥사, 諾=응낙하다

12:13 訟=소송

12:17 帥=이끌다

12:18 盜=도둑, 欲=욕심내다, 賞=상을 주다, 竊=훔치다

12:19 殺=죽이다, 草=풀, 偃=쓰러지다

12:20 慮=생각하다, 違=어긋나다

12:21 脩=고치다, 慝=사특함, 一朝=하루아침, 忿=분노, 親=부모

12:22 鄉=조금 전, 富=풍성하다, 選=뽑다

12:24 會=모이다, 輔=돕다

13편_자로

13:2 先=앞세우다, 赦=용서하다

13:3 名=명분, 迂=우회하다, 刑罰=형벌, 措=놓다, 苟=구차하다

13:4 稼=농사(를 짓다), 農=농부, 圃=채소(채마밭지기), 情=진정, 四方=사방, 褓=포대기

13:5 使(시)=사신으로 가다, 專=단독으로, 對=응대하다

13:6 令=명령하다

13:8 苟=겨우, 合=모으다, 少=조금, 完=온전하다

13:9 僕=마부(를 하다), 庶=많다

13:10 期=한 해

13:11 殘=잔학하다

13:12 王=왕(왕자)이 되다

13:14 晏=늦다

13:15 幾=거의 그렇다

13:17 速=빠르다

13:18 攘=훔치다, 證=고하다

13:19 居處=사는 곳

13:20 命=명령, 次=다음, 宗族=종족, 硜硜然=완고하다, 斗筲之人=두소
지인, 算=계산하다

13:21 狂=광, 狷=견, 進取=진취

13:22 南=남방, 巫=무당, 醫=의사, 恒=항상, 承=이어지다, 羞=부끄럽다,
占=점을 치다

13:24 鄕人=고을 사람

13:25 備=갖추다

13:26 泰=크다

13:27 木=투박하다, 訥=과묵하다

13:28 切切偲偲=갈고닦다, 怡怡=기쁘고 즐겁다

13:29 卽=나아가다(다가가다), 戎=전투

14편_헌문

14:3 危=높다

14:5 善=잘하다, 盪=끌다, 俱=모두, 尙=숭상하다

14:8 草創=초고를 만들다, 討論=토론하다, 行人=행인, 脩飾=수식하다,
潤色=윤색하다

14:9 彼=그(사람), 齒=나이

14:11 老=원로, 優=넉넉하다

14:12 成人=완성된 사람, 命=목숨, 要=약속

14:13 樂=즐겁다(쾌락), 夫子=어르신

14:14 後=후계자, 要=강요하다

14:15 譎=속이다

14:16 兵車=군대와 전차

14:17 相=재상(을 하다), 霸(覇)=패자(가 되다), 匡=바로잡다, 到=이르다, 賜=은덕, 微=없다, 被髮=머리를 풀어헤치다, 左衽=왼쪽으로 옷깃을 여미다, 匹夫匹婦=필부필부, 諒=믿다, 經=목을 매다, 溝瀆=도랑

14:19 軍旅=군대

14:20 怍=부끄러워하다

14:21 沐浴=목욕(을 하다), 討=토벌, 子=대부

14:22 犯=범하다

14:28 道=말하다

14:29 方=비방하다, 暇=겨를

14:31 逆=맞이하다, 不信=불신, 覺=깨닫다

14:32 栖栖=떠돌아다니다

14:34 報=갚다

14:35 尤=탓하다

14:36 愬=참소하다, 肆=늘어놓다, 市朝=장터

14:37 辟(피)=피하다, 地=땅

14:38 晨門=문지기

14:39 擊=치다, 磬=편경, 心=마음, 旣而=조금 뒤, 硜硜=갱갱거리다, 厲
=옷을 벗다, 淺=얕다, 揭=걷다, 難=꾸짖다

14:40 諒陰=양암, 薨=죽다, 百官=백관, 總=통괄하다

14:42 病=어렵다(괴롭다)

14:43 夷=쪼그려 앉다, 長=어른, 老=늙다, 賊=도적, 脛=정강이

14:44 將=전달하다, 益=늘다, 竝=나란하다

15편_위령공

15:1 陳=진법, 俎豆=제기

15:2 糧=양식, 窮=궁하다, 濫=함부로 하다

15:6 州=고을, 參=참여하다, 輿=수레, 倚=의지하다, 衡=멍에, 書=쓰다,
紳=혁대

15:7 矢=화살, 卷=거두다

15:10 工=장인, 利=날카롭다, 器=연장

15:11 時=책력, 輅=수레, 放=추방하다

15:15 責=꾸짖다

15:17 群=무리(를 짓다), 小慧=잔재주

15:20 疾=걱정하다

15:22 矜=긍지를 가지다, 黨=파당(을 짓다)

15:25 毁=헐뜯다, 譽=기리다, 試=시험하다

15:26 史=사관, 借=빌려주다

15:27 亂=어지럽다

15:31 終夜=온밤

15:32 食=식록, 耕=밭을 갈다, 餒=굶주리다

15:33 涖=임하다

15:34 小知=작은 일

15:35 火=불(불씨), 蹈=밟다

15:37 貞=올곧다

15:39 類=종류

15:41 辭=말

15:42 師=악사, 某=아무개

16편_계씨

16:1 伐=치다, 域=강역, 陳=펼치다, 持=지키다, 顚=엎어지다, 扶=돕다, 兕=무소, 柙=우리, 龜=귀갑, 毁=깨지다, 櫝=궤, 後世=후세, 子孫=자손, 辭=변명하다, 均=고르다, 傾=기울다, 文德=문덕, 崩=무너지다(붕괴하다), 析=떠나다, 蕭牆=병풍

16:2 禮樂=예악(예와 악), 征伐=정벌, 陪臣=가신

16:3 去=떠나다, 三桓=삼환, 微=미약하다

16:4 益=유익하다, 損=손해나다, 便=한쪽으로, 辟=피하다, 柔=부드럽다, 便=말을 잘하다

16:5 節=조절하다, 佚=안일하다, 宴=잔치

16:6 愆=허물, 躁=조급하다

16:7 戒=경계, 血氣=혈기, 定=정하다, 壯=장년, 方=이제, 鬪=싸움

16:8 天命=천명, 大人=대인, 狎=얕보다, 侮=업신여기다

16:10 聰=귀 밝다, 難=환난

16:11 探=더듬다, 湯=뜨거운 물

16:12 千=천, 餓=굶주리다

16:14 妻=아내, 夫人=부인, 小童=소동, 君夫人=군부인, 寡小君=과소군

17편_양화

17:1 歸=보내다, 豚=새끼 돼지, 時=엿보다, 遇=우연히 만나다, 塗=길, 寶=보배, 迷=미혹하다, 亟=자주, 歲=세월

17:3 上知=최고의 지혜, 下愚=최하의 어리석음, 移=옮기다

17:4 弦=현악기, 莞爾=빙그레 웃다, 牛刀=소 잡는 칼, 是=옳다, 戲=농담

17:5 何必=하필, 徒=헛되다

17:6 功=공

17:7 不善=불선, 磷=엷은 돌, 白=희다, 涅=검은 물, 匏瓜=뒤웅박, 繫=매달리다

17:8 六言=육언, 六蔽=육폐, 居=앉다, 蔽=폐단, 蕩=방탕하다, 狂=경솔하다

17:9 邇=가깝다, 獸=짐승, 木=나무

17:10 面=얼굴

17:11 帛=비단, 鐘=종

17:12 荏=나약하다, 穿=구멍을 뚫다, 窬=넘다

17:13 鄕原=시골 위선자

17:16 肆=거리낌 없다, 廉=모가 나다, 忿戾=사납게 성을 내다

17:18 朱=붉은색, 聲=소리, 雅樂=아악, 利口=말 잘하는 사람, 覆=뒤집다

17:19 四時=사계절, 百物=온갖 사물

17:21 壞=무너지다, 穀=곡식, 鑽燧=부싯돌, 稻=쌀밥, 錦=비단옷, 居喪=
상중에 있다, 旨=맛있는 음식, 甘=달다, 通=통용되다

17:22 博=장기, 奕=바둑

17:24 下流=하류, 訕=헐뜯다, 果敢=과감하다, 窒=꽉 막히다, 徼=(뒷)조
사를 하다, 不孫=불손하다, 訐=들추다

17:25 女子=여자

18편_미자

18:1 奴=노예

18:2 黜=쫓겨나다

18:3 待=대우하다, 間=사이, 行=떠나다

18:4 女樂=여악사

18:5 狂=광인

18:6 耦=짝을 이루다, 津=나루, 滔滔=도도하다, 耰=흙을 덮다, 輟=그
치다, 憮然=멍하니 있다, 易=바꾸다

18:7 丈人=노인, 荷=걸머지다, 蓧=삼태기, 四體=사지, 勤=부지런하다,
五穀=오곡, 植=땅에 꽂다, 芸=김 매다, 拱=두 손을 맞잡다, 止=머무르다,
鷄=닭, 黍=기장밥, 隱者=은자, 幼=아이, 節=예절, 倫=인륜(도리)

18:8 逸民=일민, 降=굽히다, 隱居=은거하다, 放=멋대로 하다, 權=권도

18:9 播=흔들다(搖), 鼗=소고, 漢=한중, 少師=소사

18:10 施(弛)=버리다, 以=쓰다, 故舊=옛 동지

19편_자장

19:1 得=이득

19:3 尊=(드)높이다, 拒=거부하다, 嘉=기리다, 矜=불쌍히 여기다, 不能=불능

19:4 致=이르다, 泥=장애

19:6 切=절실히

19:7 百工=온갖 기술자, 致=지극히 하다

19:9 儼然=엄숙하다

19:10 厲=괴롭히다, 謗=비방하다

19:11 閑=울타리, 出入=드나들다

19:12 洒=물 뿌리다, 掃=청소하다, 應對=응대, 進退=진퇴, 區=종류, 誣=속이다, 卒=끝

19:15 然而=그렇지만

19:16 堂堂=당당하다

19:17 親喪=부모의 상

19:18 其他=다른 부분

19:19 士師=사사, 散=흩어지다

19:21 日月之食=일식이나 월식, 更=고치다

19:22 文武之道=문왕과 무왕의 도, 墜=떨어지다, 常=정해지다

19:23 宮=집, 肩=어깨, 窺=들여다보다, 仞=길, 宜=당연하다

19:24 丘陵=구릉, 猶=오히려, 多(祗)=다만, 量=분량

19:25 邦家=나라, 綏=편안하게 해주다, 動=감동시키다, 榮=영광스럽다

20편_요왈

20:1 咨=자, 曆數=역수, 允=진실로, 困窮=곤궁하다, 永=영원하다, 小子=소자, 玄牡=검은 소, 昭=밝히다, 皇皇=위대하다, (后)帝=하느님, 簡=간택, 朕=짐, 萬方=만방, 賚=하사하다, 周親=지극한 친지, 權=저울, 滅=없어지다, 所重=소중히 여기다, 任=신임하다, 公=공정하다

20:2 屛=제거하다, 費=낭비하다, 貪=탐욕을 부리다, 利=이롭다, 衆=많다, 敢=용맹하다, 衣冠=의관, 瞻視=둘러보다, 虐=잔학, 視=책망하다, 慢=태만하다, 致=다그치다, 期=기한, 出納=출납

완역에서 — 완독까지 004

논어

초판 1쇄 인쇄 2019년 3월 8일   초판 1쇄 발행 2019년 3월 15일

지은이 공자 옮긴이 장현근
펴낸이 연준혁

출판 1본부 이사 배민수
출판 4분사 분사장 김남철
편집 이지은
디자인 이세호·김태수

펴낸곳 (주)위즈덤하우스 미디어그룹 출판등록 2000년 5월 23일 제13-1071호
주소 경기도 고양시 일산동구 정발산로 43-20 센트럴프라자 6층
전화 031)936-4000 팩스 031)903-3893 홈페이지 www.wisdomhouse.co.kr

값 20,000원
ISBN 979-11-89938-16-1 04150
ISBN 979-11-6220-145-9 (set)